GAMEplan.



# VOLKS COMPUTER

## Die Geschichte von Pet und VC-20, C64 und Amiga: Aufstieg und Fall des Computer-Pioniers Commodore

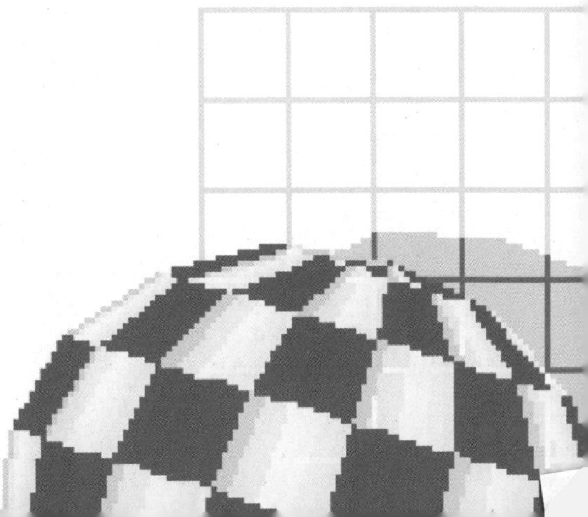

**Brian Bagnall**

Deutsche Fassung von

**Boris Kretzinger** (Übersetzung)

**Winnie Forster** (Herausgeber)

www.gameplan.de

**Titel der Originalausgabe:**
On the Edge

**Autor der Originalausgabe:**
Brian Bagnall

**Deutsche Übersetzung und Redaktion:**
Boris Kretzinger,
Winnie Forster

**Redaktionelle Mitarbeit und technische Unterstützung:**
Silvestre Zabala, Enno Coners,
Thorsten Kuphaldt (Fotos Seite 327)

**Schlussredaktion:**
Stephan Freundorfer,
Mustafa K. Isik

**Layout, Art Direction, Produktion:**
Wolfgang Müller

**Fotografie (Farbteil):**
Christian Boehm

**Texte (Farbteil), technische Tabellen:**
Winnie Forster

**Druck:**
ulenspiegel druck gmbh,
Andechs

**Herausgeber:**
Gameplan
Winnie Forster
Diessenerstr. 30
86919 Utting
www.gameplan.de

**Redaktionsschluss:**
Dezember 2010



**ISBN: 978-3-00-023848-2**

Die deutsche Commodore-Niederlassung wird 1971 in Neu-Isenburg bei Frankfurt eröffnet und erhält 1980 eine eigene Fertigungsstätte in Braunschweig (Foto), in der 200 Angestellte Profi-Rechner, später auch VC-20-Heimcomputer produzieren. Die Fabrik hat eine Kapazität von gut 10.000 Geräten pro Monat, wird nach dem Commodore-Konkurs saniert und umgebaut, und beherbergt heute Gewerberäume, Wohnungen und ein Appartement-Hotel.

# Inhalt

# Vorwort des Verfassers

Am 29. April 1994 stellte Commodore die Geschäftstätigkeit ein. Welche Bedeutung hatte diese Firma für die Welt? Inmitten des Chaos, der Kämpfe und Aufregung leistete sie bemerkenswerte Pionierarbeit: Commodore präsentierte einen Personal Computer noch vor Apple und IBM. Sie setzte als erstes Unternehmen 1 Million Computer ab und produzierte den ersten Multimedia-Computer.

Trotz der Leistungen und Erfindungen erhielt Commodore nur wenig Anerkennung. Die Geschichtsschreibung konzentriert sich auf Microsoft, IBM und Apple: „Es gibt eine Menge Revisionismus und ich glaube nicht, dass das gerecht ist", sagt Robert Yannes, einer der Entwickler des C64-Computers, der sich über 20 Millionen Mal verkaufte.

Exemplarisch für den beschränkten Blickwinkel ist Robert Cringely, der nicht glaubt, dass Commodore die Welt veränderte.[1] „Die Firma versuchte ihren schrumpfenden Taschenrechner-Umsätzen zu entkommen und zog nebenbei einen Anlagebetrug durch" behauptet der ehemalige Apple-Mitarbeiter. In Wahrheit produzierten Commodore-Angestellte Spitzentechnik zu einem Preis weit unter dem von Apple. Michael Malone kritisiert in seinem Apple-Buch *Infinite Loop* (1999): „Das Pseudonym Cringely steht für nachlässigen Umgang mit Fakten."

„Mit dem PC kamen neue Unternehmen, die Vorgeschichte ging einfach verloren", beklagt auch Chuck Peddle, Entwickler des PET-Computers, das Vergessen und die Konzentration auf Bill Gates und IBM. Yannes sieht dafür geographische Gründe: „Westküstenfixierung – die blendet alles aus, was woanders geschieht. Der größte Teil des Revisionismus kommt aus Kalifornien; Commodore war am erfolgreichsten, nachdem sie Kalifornien verlassen hatte." So beschreibt David Kaplan[2] den Börsengang von Apple 1980: „Apple beschwor Konkurrenz herauf: Radio Shack, Commodore und sogar Atari begannen [...] Heimcomputer zu verkaufen." Doch Commodore und Radio Shack starten bereits 1977 mit der PC-Vermarktung, Atari 1979. Das Bild von Apple als Wiege der PC-Industrie ist weit von der Wahrheit entfernt. Erst in den 80er-Jahren erringt Apple die Marktführerschaft – um sie an Commodore abzugeben. VC-20 und C64 prägen die Heimcomputerszene, nicht der teure Apple II. Rechenpower für Privatanwender: Über die 80er-Jahre hat Commodore die besten Preise, oft auch die beste Technik. Der C64 ist der Volkswagen der Computergeschichte und laut Guinness-Buch der meist verkaufte Rechner aller Zeiten.

Im Sommer 2004 begann ich meine Gespräche mit Commodore-Insidern, die mich zurück in die 70er-, 80er- und 90er-Jahre versetzten. Ich bin für diese unvergessliche Reise dankbar, die Ihnen, liebe Leser, hoffentlich genauso viel Freude bereitet.

Brian Bagnall, Mai 2005

---

1) **Robert X. Cringley: ‚*Accidental Empires*: Wie die Jungs vom Silicon Valley die Milliarden scheffeln, die Konkurrenz bekriegen und trotzdem keine Frau bekommen.' (Econ, 1993)**

2) **David A. Kaplan: ‚*Silicon Valley*: Die digitale Traumfabrik und ihre Helden' (Heyne, 2000)**

# Vorwort zur deutschen Ausgabe

Wie der kanadische Journalist Brian Bagnall an Gameplan geriet, weiß ich nicht mehr, wohl aber, worum sich unsere ersten Gespräche drehten: Für eine Geschichte der Computer-Firma Commodore hatte Brian Zeitzeugen aus der Chip- und Software-Entwicklung interviewt, legendäre Macher wie CPU-Pionier Chuck Peddle und SID-Designer Rob Yannes. In Bagnalls Buch ging's um die Väter unserer digitalen und multimedialen Kultur, und um die Schlüsselfirma zwischen High-Tech und Videospiel-Zirkus. Das lag auf Gameplan-Linie, auch war ich von der Masse der Statements aus erster Hand fasziniert.

Brian war fast fertig mit seinem Buch und auf der Suche nach Fachleuten, die seine Kapitel redigieren und für den Druck vorbereiten sollten. Deutschland spielte für Commodore eine besondere Rolle, deshalb gab Bagnall das Kapitel um den „Volkscomputer" VC-20 zum finalen Check an Gameplan. Dem O-Ton der Beteiligten hatte ich nichts hinzuzufügen, kürzte ein paar Worte, und hier und da einen Absatz, dessen Aussage sich an anderer Stelle wiederholte, und sandte Brian einen kompakteren Text zurück.

Als Commodore-Spezialist Boris Kretzinger Jahre später mit der Übersetzung begann, gingen wir vor wie bei der Redaktion des englischen Kapitels: Aus den 550 Seiten des Originals meißelten wir die Kernaussagen heraus, eliminierten Redundantes, ohne Info aufzugeben. So blieben Inhalt und Aufbau des Buchs unverändert, der Text jedoch ist – so hoffen wir – im Deutschen etwas straffer. Wir ergänzten Details und Fußnoten, hauptsächlich Europa betreffend, fügten Querverweise zum Games-Markt und Brians eigene Errata ein, und sorgten dafür, dass sich Inhaltsfehler des Originals nicht in der deutschen Fassung finden.

Schließlich knöpften sich die Videospiel-Profis Stephan Freundorfer und Mustafa K. Isik **Volkscomputer** als Schlussredakteure vor; neben sprachlichen ging 8-Bit Fachmann Stephan historischen Schnitzern nach, Informatiker Mustafa klärte außerdem technische Feinheiten. Sie machten das Buch noch besser.

Was dem Original fehlte, waren Farbbilder: Ohne Fotos der Hardware wollten wir das Buch in Deutschland nicht bringen – schließlich will man legendäre Rechner nicht nur beschrieben wissen, sondern auch sehen. Die deutsche Ausgabe ergänzten wir durch Fotos relevanter Geräte aus dem Gameplan-Archiv und den Sammlungen von Thorsten Kuphaldt, Enno Coners und Klaus Seiner. So bringt **Volkscomputer** Licht in bislang schlecht ausgeleuchtete Hardware-Winkel, wie die analoge Vor-Computer-Ära. Neu sind auch Personen- und Firmen-Index sowie technische Tabellen, die Commodore-Rechner chronologisch vergleichen und so die Tabellen von „Spielkonsolen und Heimcomputer" präzisieren und ergänzen.

Brian führt hinter die Kulissen der IT-Industrie und lässt den Machern von VC-20, C64 und Amiga das Wort. Viel Spaß in der 8-Bit-Urzeit und in den wilden Jahren, die darauf folgten!

Winnie Forster, November 2010

# Commodores Anfang

Wer im New York der frühen 50er-Jahre ins Taxi steigt, befindet sich vielleicht in Gesellschaft des zukünftigen Computer-Tycoons Jack Tramiel. Während es sich der Passagier auf dem Rücksitz bequem macht, schätzen zwei große, hervorquellende Augen den Wert des Gastes durch den Rückspiegel ab: Der Fahrer Tramiel ist auf dem Sprung zu Ruhm und Reichtum. Taxifahren ist ein bescheidener Anfang, doch gleichzeitig ein großer Schritt aus einem KZ des Zweiten Weltkriegs.

Im Juli 1947 heiratete der 19jährige Idek Tramielski in Deutschland Helen Goldgrub, wie er eine Überlebende des Holocaust. Mit Hilfe der hebräischen Immigranten-Organisation HIAS gelingt dem Paar die Ausreise nach New York, wo Tramielski seinen Namen auf Jack Tramiel verkürzt und 1948 der US Army beitritt. Er wird dem „Office Equipment Repair Department" der 1. Armee zugewiesen, das sich um die Instandhaltung von 25.000 Bürogeräten kümmert. Zweimal dient Tramiel im Koreakrieg, 1950 und 1952. Nach dem Ende der Dienstzeit arbeitet er für die Schreibmaschinen-Firma *Ace Typewriter*, wo er den Deutschen Manfred Kapp trifft. Zusammen gründen die beiden die Reparatur-Firma *Singer Typewriter*.

1958 ziehen Tramiel, Kapp und ihre Familien nach Toronto, um dort den Schreibmaschinenhersteller Commodore aufzubauen. Die Firma floriert, bis sie ins Zentrum eines Finanzskandals gerät. Nach dem Ermittlungsverfahren scheint *Commodore* am Ende, wird 1966 aber durch den kanadischen Investor Irving Gould gerettet. Gould führt Tramiel ins boomende Taschenrechner-Geschäft. Als 1973 *Texas Instruments* und japanische Anbieter die Umsätze drücken, sieht sich Tramiel nach billigeren Bauteilen um.

# KAPITEL 1

# MOS Technology

1

1974 - 1976

Für den Erfolg benötigt jede High-Tech-Firma drei Schlüsselfiguren: Einen Finanzier, einen Technik-Guru sowie einen charismatischen Unternehmer mit rastloser Persönlichkeit. *Commodore* hat Mitte der 70er-Jahre Irving Gould, dessen Finanz-Know-how und prall gefüllte Konten, und mit Jack Tramiel einen Unternehmer, der so aggressiv agiert, dass ihn einige Insider als furchterregendsten Mann der Welt bezeichnen. Was noch fehlt, ist ein technischer Visionär.

## Der graue Zauberer des Ostens ****

In den 70er-Jahren des 20. Jahrhunderts sieht das typische Computer-Genie dem jungen Hacker von heute nicht entfernt ähnlich. Wunderkinder wie Bill Gates kennt man noch nicht und auch der Hollywood-Film *WarGames*, in dem ein jugendlicher Matthew Broderick den Programmierer spielt, läuft erst ein Jahrzehnt später in den Kinos. Hinter dem Begriff Technik-Genie erwartet man damals einen leicht ergrauten Mann mit Brille und weißem Labormantel.

Diesem Image entspricht Chuck Peddle mit seiner Drahtbügelbrille, zurückgehendem Haaransatz und leicht schiefen Zähnen. Gut 100 Kilo bei knapp 1,80 Meter Größe - der Ingenieur kämpft mit seinem Gewicht und beschreibt sich selbst als „völlig aus der Form geraten." Davon abgesehen ist Peddle sprichwörtlich optimistisch und hat immer einen Witz oder eine Anekdote auf den Lippen. Er besitzt die Fähigkeit, weiter in die Zukunft zu blicken als die meisten Zeitgenossen. Wie besessen sucht er nach der nächsten großen Erfindung. Peddles Gehirn arbeitet ständig; seit frühester Kindheit leidet er unter Schlaflosigkeit.

Der Vater stammt von der kanadischen Ostküste und hat 20 Geschwister. Da es die arme Region schwierig machte, eine große Familie zu unterhalten, zieht er in die USA, wo 1937 Chuck geboren wird, eines von acht Kindern. „Meine Mutter erzählte mir, dass ich als Kleinkind wach in der Krippe lag, strampelte und schrie. Ich schlief nicht so viel wie andere Kinder."

Peddle wächst in Augusta auf, der 20.000-Einwohner-Hauptstadt des Bundesstaates Maine. Der Umzug von Kanada in die USA verbessert die Lebensverhältnisse der Peddles kaum: „Die Einwanderungsrate war enorm, die Menschen waren bereit für fast Nichts zu arbeiten, um nicht zu verhungern; das hielt die Löhne unten. Maine war immer eine arme Region."

Während seines Abschlussjahres an der High School glaubt Peddle, seine Berufung gefunden zu haben: „Ich arbeitete für das Schulradio und wollte Moderator werden. Heute bedeutet das nicht besonders viel, aber damals war Fernsehen noch nicht verbreitet. Rundfunksprecher waren Idole." So reist Peddle kurz vor seinem Abschluss nach Boston, um sich für ein Rundfunk-Stipendium zu bewerben. Zum ersten Mal in seinem Leben trifft er auf harte Konkurrenz und erkennt, dass ihm das Talent zum Moderator fehlt. Er kehrt nach Augusta zurück und bewirbt sich bei einem regionalen Sender, dessen Inhaber ihn warnt: „Ich nehm Dich als Moderator. Aber da Du nicht gut genug bist, wirst Du wohl immer in Maine bleiben müssen."

Um seine Zukunft zu überdenken, geht Peddle 1955 zum Marine Corps und wird fünf Jahre später in die aktive Reserve versetzt. Im Sommer 1960 schreibt sich Peddle, von seinem ehemaligen Physiklehrer ermutigt, an der Universität von Maine für Technik- und Wirtschaftskurse ein. Nach einem Semester muss er sich entscheiden „Ich hatte keine Ahnung, was ich später werden wollte. Ich wusste nur, dass ich keine Gelegenheitsjobs oder Knochenarbeit mehr machen wollte. Weil ich Physik liebte, studierte ich Ingenieurswissenschaften sowie Elektrotechnik im Nebenfach." Peddle erinnert sich an den jämmerlichen Zustand der Computerei: „Anfangs gab es auf dem Campus keinen einzigen Rechner." Das ändert sich erst kurz vor seinem Abschluss: „Als während meines letzten Semesters der erste analoge Rechner angeschafft wurde, konnte ihn keiner bedienen. Es gab Null Computerwissen an der ganzen Uni." So erhält Peddle eine normale Ingenieursausbildung ohne Computer. Zur gleichen Zeit beginnt, gut 200 Meilen entfernt, am *Massachusetts Institute of Technology* (MIT) eine Revolution, die alles verändert.

Peddles größter Einfluss ist der Erfinder und Mathematiker Claude Elwood Shannon, ein Exzentriker, der seine Umgebung damit erschreckt, dass er nachts jonglierend auf seinem Einrad durch die Gänge fährt. Über die Jahre füllt er sein Haus an der Küste mit Roboter-Mäusen, Schachautomaten, Gedankenlesegeräten und Jonglier-Robotern; seine Kinder rollen im automatischen Stuhl zum Strand. Shannon arbeitet für die renommierten *Bell Labs*, als er 1948 seine Abhandlung *A Mathematical Theory of Communication* vorlegt, in der er die Grundlagen der Informationstheorie aufstellt und die Übertragung von Bildern, Worten und Tönen als Strom von Einsen und Nullen beschreibt. Peddle ist begeistert: „Heutzutage klingt das selbstverständlich, aber man sollte sich daran erinnern, dass sich das irgend jemand erstmal ausdenken musste. Shannon war einer der Leute, die sich aus dem Nichts überlegten, wie Information hin- und herreist. Spätere Arbeiten stehen auf Shannons Schultern; die Meisten wissen das nicht." 1958 kehrt Shannon ans MIT zurück, wo er als Dozent und K.I.-Forscher im *Lincoln Laboratory* seine Informationstheorie verbreitet. „Er veränderte die Welt. Shannon war nicht nur ein Pionier, sondern ein Prophet mit fast kultischer Gefolgschaft", erinnert sich Peddle.

Kurz vor Peddles Abschluss beruft Maine einen Dozenten, der am MIT unter Shannon studierte: „Der Mann verließ das MIT nach einem Nervenzusammenbruch und die Universität von Maine war froh ihn zu bekommen, da er ihren normalen Lehrern haushoch überlegen war. Sie erlaubten ihm, pro Woche nur vier Vorlesungen zu halten, zwischen 11 Uhr und Mittag. Der Mann wurde bemuttert, und das zu Recht, denn er war ein großartiger Dozent. Er stellte einen Kurs zur Informationstheorie zusammen."

Der Kurs beginnt mit einer Erklärung der Augen und Ohren als den primären Sensoren für Information und passt gut in Peddles Stundeplan: „Ich lernte Boolesche Algebra und binäre Logik. [...] das war es, womit ich den Rest meines Lebens verbringen würde. Die ganze Geschichte, wie Information sich bewegt, war essentiell für fast alles was ich seitdem getan habe." Am meisten interessiert ihn das Thema Computer: „Der Computer-Stoff,

Chuck Peddle, der Vater des 6502-Chip

den mir dieser Dozent beibrachte, veränderte mein Leben." Die Erleuchtung kommt spät, in seinem letzten Jahr vergräbt sich Peddle in die Informatik: „Nach einer Diskussion über binäre und Boolesche Arithmetik schloß ich mit einer Eins in Physik ab." Peddle bastelt ein UND-Gatter und versucht sogar, zusammen mit einem Freund einen Transistor-Kristall zu züchten.

Als die Graduierung näher rückt, schaut sich Peddle nach einer Festanstellung um. „Ich hatte bereits zwei Kinder und ein drittes war unterwegs." Die Verantwortung motiviert Peddle, schnell eine gut bezahlte Arbeit zu finden. Er weiß jetzt, dass er in Kalifornien leben und mit Computern arbeiten will. „Ich bewarb mich bei Computer-Firmen, wobei es bei den großen nur um Trainee-Programme ging." *General Electric* (GE) macht auf Peddle den besten Eindruck. Die junge Familie zieht nach Kalifornien und Peddle arbeitet in GEs Computer-Niederlassung in Phoenix, Arizona. Dort hat der Ingenieur mit Großrechnern zu tun, ähnlich den gewaltigen Maschinen des Science-Fiction-Films *Alphaville* von 1965.

Peddle beschreibt seinen ersten Arbeitsrechner, einen GE-225, als „sehr alte, lahme Maschine mit mickrigem Speicher." Programme frisst die Maschine in Form von Lochkarten: „Ich bereitete einen Stapel für sechs oder sieben Stunden vor, fuhr quer durch die Stadt und fiel dann ins Bett: ‚Ruft mich an, wenn etwas schief geht!'. Häufig läutete dann mitten in der Nacht jemand, ich fand innerhalb von zehn Minuten eine Lösung und schlief weiter."

Peddle und zwei Mitarbeiter entwickeln 1961 das Konzept der variablen Disksektoren-Formatierung und melden es zum Patent an. Jahre später wird Peddle diese Idee nutzen, um den Laufwerken von *Commodore* einen Kapazitätsvorsprung gegenüber der Konkurrenz zu geben.

1963 erfinden John G. Kemeny und Tom Kurtz am *Dartmouth College* in New Hampshire die Computersprache BASIC. Da sie auf dem GE-235-Großrechner entsteht, bekommt Peddle Wind davon: „Ich erhielt eines der Handbücher und brachte BASIC meinen Mitarbeitern bereits einen Tag nach dessen Erfindung bei." Ein Jahr später bauen Kemeny und Kurtz das revolutionäre *Dartmouth Time-sharing System* (DTSS), das mehrere Benutzer durch Terminals mit dem GE-235-Zentralrechner verbindet. „Zwei Jahre später betrat GE den Timesharing-Markt und verkaufte Timesharing an jeden – und damit mehr Computer als sie herstellen konnten. Es war ein verdammt gutes Geschäft." Um Timesharing für die Düsentriebwerk-Herstellung einzurichten, schickt die Firma GE Peddle in ihre größte Computer-Niederlassung nach Evendale, Ohio. Die Abteilung enthält zehn IBM-7094, fünf GE-600 und 25 GE-225-Maschinen und wirkt Mitte der 60er-Jahre wegen ihres Kühlsystems, der weiß getäfelten Wände und Mainframe-Türme äußerst futuristisch: „Hier lief Timesharing für rund 4.000 Ingenieure und Programmierer."

Das System hochzufahren ist zeitaufwendig, häufig bleibt Peddle rund um die Uhr im Computer-Zentrum. Während dieser Zeit greift er eine Gewohnheit des *General Electric*-Gründers Thomas Edison auf: „Ich übernahm die Idee vom Feldbett: Wenn ich müde wurde, zog ich mich für eine halbe Stunde in mein Büro zurück, um dort ein Nickerchen zu machen." Peddle wird Administrator für zwei der Timesharing-Systeme: „Ich bekam ziemlich schnell mit, was in Bezug auf Timesharing funktionierte, was nicht, und was die Leute wollten." Peddle trifft die Computer-Pioniere John Paivinen und Mort Jaffe, die später für *Commodore* arbeiten: „Paivinen war mein Manager bei GE. Er war derjenige, der GE ins Computergeschäft brachte. Viele Pioniere der Computer-Industrie kamen ursprünglich von GE." Peddle erinnert sich auch an dunkle Momente für die frühe Informatik-Szene: „Anfangs waren die Leute gewohnt, aktiv am Computer zu arbeiten. Doch nach Hippie-Angriffen in den späten 60er- und frühen 70er-Jahren wurden alle Computerräume verschlossen." Die Sicherheitsmaßnahmen beschneiden die Freiheit, der sich die Anwender bisher erfreuten. „Wenn man nun ein Programm laufen lassen wollte, musste man Lochkarten auf dem Schreibtisch eines anderen hinterlegen. Statt freundlicher Ich-kann-alles-machen-Systeme gab es nun keinen Computer-Zugang mehr." Peddle bemerkt, wie die Nachfrage nach persönlichen Rechnern steigt.

General Electric GE-225
Mainframe Computer System

Das Timesharing-Geschäft, das Peddle bei GE aufbaut, ist extrem erfolgreich, gerät in den späten 60ern aber unter starken Konkurrenzdruck. Peddle sitzt bereits im Management und baut für GE in Phoenix eine weitere Firma auf, als der Markt zusammenbricht. „Die Firmen hatten ausgerechnet, wie viel Geld sie für Timesharing-Dienstleistungen ausgaben, oft waren es Millionen. GE räumte gründlich auf, um kosteneffizienter zu werden, trotzdem stiegen die meisten Kunden aus und holten sich eigene Computer."

Peddle arbeitet an Registrierkassen, als ihm das Konzept der ‚distributed intelligence', der verteilten Intelligenz, in den Sinn kommt: Bisher war das Herz eines Computers eine zentrale, raumfüllende Anlage, über die User nur mittels eines ‚dummen' Terminals, bestehend aus Tastatur und Bildschirm, Zugriff haben. Peddle möchte das Terminal in ein intelligentes Gerät verwandeln, an dem Drucker, Massenspeicher und andere Peripheriegeräte angeschlossen werden können: „Ich entwickelte das Prinzip der verteilten Intelligenz in vier Monaten und konzentrierte mich dabei auf fünf oder sechs Einheiten um einen zentralen Minicomputer. Ich wollte die Intelligenz an den Ort bringen, wo sie benötigt und benutzt wird." Es ist ein erster Schritt zum vernetzten Computer, doch leider hat GE das Interesse verloren.

Als die Computer-Abteilung 1970 an *Honeywell* verkauft wird, verlängert Peddle seinen Vertrag nicht, sondern entscheidet sich für eine Abfindung: „Zwei Kollegen und ich nahmen die Abfindung als Gründungsgeld für unsere eigene Firma. Wir arbeiteten bereits an Registrierkassen und hatten einen Vertrag mit Exxon." Die Drei konzentrieren sich auf ihr intelligentes Terminal und bauen Prototypen. Während dieser Zeit erfindet Peddle viele Konzepte, die ihn im Falle einer Patentierung reich gemacht hätten: „Wir erfanden die Kreditkarten-gesteuerte Zapfsäule, ein Terminal zur Kreditprüfung [Vorläufer zum Kreditkarten-Scanner] und das erste Point-of-sales-Terminal [Computer-Kasse]. Schade, dass wir uns dafür keine Patente sicherten – wir wären reich geworden." Peddle erkennt, dass das intelligente Terminal eine fundamental neue Komponente braucht: „Wir benötigten unseren eigenen Mikroprozessor." Diese Erkenntnis führt Peddle auf eine Entdeckungsreise, die das Leben von Millionen verändert. Anfangs versucht Peddle, die Technik innerhalb seiner Firma zu entwickeln, doch ohne Kapital ist das hoffnungslos. „Alles sprach für uns, doch wir wussten nicht, wie wir an Geld kommen sollten." Es ist Zeit für Peddle und sein Team, weiterzuziehen.

Peddle und seine Frau haben vier Kinder, als Stress und Unsicherheit nach der Kündigung des sicheren GE-Jobs 1971 zum Bruch der Ehe führen. Peddle lässt sich scheiden: „Ich packte ein paar Klamotten und fuhr weg." Innerhalb weniger Wochen verheiratet sich Peddle im Rahmen eines – wie er es nennt – geplanten Übergangs mit einer sinnlichen Blondine, die zwei Kinder aus erster Ehe mitbringt. „Nach der Scheidung und allem nahm ich eine Auszeit", sagt Peddle. 1972 versucht er, eine Firma für Textverarbeitung mit Timesharing-Computern der *Digital Equipment Corporation* (DEC) aufzubauen: „Wir hatten das erste Online-Textsystem und setzten die Schrift für Tageszeitungen." Obwohl es dafür noch zu früh ist und die Firma nicht durchhält, sammelt Peddle wertvolle Erfahrung, die er zur Entwicklung der nächsten Prozessor-Generation benötigt: „Ich wusste, warum kein Weg am Mikroprozessor vorbeiführte, ich wusste wie man einen herstellt und wie man Geräte baut, die einen verwenden. Aber ich hatte keinen, denn damals waren Mikroprozessoren noch nicht frei erhältlich."

1973 liest Peddle eine Stellenanzeige der Firma *Motorola* und steigt dort in die Entwicklung des neuen 6800-Chips ein. „Die Architektur hatte Fehler. Ein paar konnte ich noch ausbessern, doch für andere war es bereits zu spät." Der finale 8-Bit-Prozessor hat 40 Pins, 4.000 Transistoren und einen Satz von 107 Befehlen. Peddle entwickelt auch die Hilfschips des 6800, durch die der Prozessor mit Laufwerk und Drucker zusammenarbeitet. Nicht zuletzt seinem 6820 *Peripheral Interface Adapter* (PIA) ist die spätere Popularität der 6800-CPU zu verdanken. Doch während die *Motorola*-Ingenieure die Bedeutung von dem, was sie schufen, erkennen, verstehen weder Management noch Marketing etwas von Mikroprozessoren. Einige der Manager wollen das Projekt stoppen. „Um zu beweisen, dass Mikroprozessoren funktionieren, bastelte ich eine Demo für den Chip und benutzte dabei Teile meiner Registrierkassen-Hardware." Für die Verkaufsabteilung stellt Peddle eine Schulung zusammen.

Peddle spielt eine wichtige Rolle bei *Motorola*s ersten Vertragsabschlüssen mit Firmen wie *Tektronics*, der *National Cash Register Company*, mit *Ford* und dem Rechenmaschinenhersteller *Burroughs*. „Es endete damit, dass ich die Architektur auf dem Markt vorstellte, da ich der einzige in der Firma war, der Kunden die Technik erklären konnte." Die meisten Präsentationen haben dasselbe Ergebnis: „Die Typen setzten sich, wir erklärten ihnen unseren 6800-Chip und sie verliebten sich in ihn." Doch der Stückpreis von $300 verhindert den Einsatz des Prozessors in preiswerten Produkten. Laut Peddle argumentiert der Kunde so: „Ich möchte damit nicht einen ganzen Minicomputer, sondern nur einen Controller ersetzen – $300 pro Chip sind dafür zu teuer." Peddle glaubt, dass sowohl *Motorola* als auch *Intel* den Markt für preisgünstigere Mikroprozessoren übersehen.

Der 6800 wird im August 1974 eingeführt und so erfolgreich, dass *Motorola* keinen Grund sieht, andere Märkte anzugreifen. Peddle beharrt auf einem preisreduzierten Prozessor. „Als ich eines Tages von einer Präsentation in die Firma zurückkehrte, fand ich einen Brief der mich förmlich informierte, dass Motorola kein Interesse an einem günstigeren Produkt habe", erinnert er sich. „Man forderte mich auf, die Arbeit daran einzustellen." Seinen eigenen Antwortbrief besitzt Peddle bis heute: „Dies ist eine Produktaufgabe, deshalb werde ich den Gedanken auf eigene Faust weiter verfolgen. Motorola hält [am preisreduzierten Prozessor] keine Rechte, da der Brief aussagt, dass die Firma ihn nicht haben möchte." Von diesem Moment an beendet Peddle seine Arbeit an *Motorola*-Mikroprozessoren. Er leitet weiterhin Ausbildungskurse und entwirft den 6820-PIA-Chip, doch sein wahres Ziel ist, einen Weg für die Herstellung seines preiswerten Prozessors zu finden. Noch während seiner Anstellung versucht er, das nötige Geld aufzutreiben und spricht mit dem Risiko-Kapitalgeber *Sevin Rosen*, der Firmengründungen wie *Compaq*, *Lotus* und *Mostek* finanziert. Doch der zeigt kein Interesse. Dann erwähnt ein ehemaliger GE-Kollege, dass John Paivinen sich mit der Halbleiter-Firma *MOS Technology* selbstständig gemacht habe. „Ich kannte Paivinen als Computer-Fachmann", erinnert sich Peddle. „Als ich ihn anrief, meinte er sofort: ‚Komm runter und lass uns darüber reden.' "

Peddle fliegt nach Pennsylvania, um sich MOS anzusehen. Die kleine Firma residiert auf fast sechs Hektar im Industriepark von Valley Forge und beeindruckt Peddle. MOS hat einen guten Ruf und viele Kunden, darunter einen Taschenrechnerhersteller namens *Commodore*. Peddle überzeugt Paivinen von seiner Idee und seinem neuen Projekt. Die beiden diskutieren die Spezifikationen für den Mikroprozessor, doch während MOS lediglich in der Lage ist, Chips im PMOS-Prozess zu fertigen, besteht Peddle auf der fortgeschrittenen NMOS-Fertigung. Paivinen vermutet, dass er den N-Prozess umsetzen könne. „Er hatte sich die Prozessentwicklung in seiner Zeit bei General Instrument selbst beigebracht und kannte sich gut aus. Er sah sich als Mitbewerber von Andy Grove [Intel] und war überzeugt, dass er einen 5-Volt-NMOS-Prozess in der gleichen Zeit realisieren könnte, wie ich für meine Mikroprozessor-Entwicklung benötigte."

Die Partnerschaft zwischen Peddle und Paivinen wirkt vielversprechend: Angesichts des schrumpfenden Taschenrechnergeschäfts benötigt Paivinen dringend ein neues Produkt. MOS-Ingenieur Al Charpentier begründet die Annahme von Peddles Vorschlag so: „Die Firma lag fast im Sterben, da die Taschenrechner-Umsätze schwanden. Die Jungs wollten Marktanteile."

Paivinen baut eine zweite Abteilung in seiner Firma auf und unterstellt sie der Leitung von Peddle, der sieben Ingenieure von *Motorola* mitbringt: Wilbur Mathis, Bill Mensch, Rod Orgill, Ray Hirt, Harry Bawcom, Mike Jaynes und Terry Holt[1]. Mit diesen Top-Technikern verliert *Motorola* eine Menge Know-how.

Am 19. August 1974 beginnt die Gruppe ihre Arbeit am neuen Prozessor. Paivinen stellt dem Team eine Beteiligung an *MOS Technology* in Aussicht: „Der Deal war, dass wir im Besitz eines Teils der Firma wären, wenn Mikroprozessoren sich durchsetzten", erinnert sich Peddle. Gemeinsam mit seinen Ingenieuren wird er bei MOS den Computer-Markt radikal verändern.

## Im Reich von MOS ****

1969 plant Maschinenbauer *Allen-Bradley* den Einstieg in den neuen Halbleitermarkt und finanziert dazu die *MOS Technology*-Gründung. Alle drei Chefs des Start-ups sind zuvor Kollegen von Peddle bei GE: Mort Jaffe, Don McLaughlin und John Paivinen. In den ersten fünf

1) **Holt wird später Präsident der Halbleiterfirma S3, die PC-Grafikkarten und 3D-Beschleuniger liefert.**

Jahren liefert MOS Chips für Taschenrechner und andere elektronische Bauteile. Dann beginnen Peddle und die *Motorola*-Deserteure die Arbeit an einer Revolution der Mikroprozessor-Industrie. Diese Revolution findet in Valley Forge an der Ostküste statt, ungefähr 100 Meilen landeinwärts vom Atlantik und 20 Meilen vor Philadelphia. Ein würdiger Ort: 200 Jahre zuvor war die Schlacht bei Valley Forge der Wendepunkt der amerikanischen Revolution. Dorthin zogen sich Washingtons ausgeblutete Truppen ins Winterquartier zurück, um später mit der entscheidenden Offensive hervorzubrechen. Auch Peddle und sein Team ziehen sich über den Winter zurück und werden im folgenden Sommer mit einer mächtigen Waffe losschlagen.

In den 70er-Jahren ist Valley Forge ein Dorf mit rund 400 Einwohnern. Das Hauptquartier von MOS liegt an einer einsamen Landstraße in einer friedlichen Umgebung mit wilden Tieren. Straßennamen wie Adams Avenue, Monroe Boulevard, Madison und Jefferson Avenue feiern die revolutionäre Vergangenheit. Gegenüber MOS ist ein hübscher Golfplatz, der *General Washington Country Club*, der die MOS-Manager zu einer Partie lockt. Weniger als eine Meile entfernt liegt der Audubon-Wildpark, der kanadische Wildgänse auf ihrem jährlichen Zug nach Süden aufnimmt. Pferdespuren ziehen sich durch die Landschaft. Nicht selten machen Reiter verblüfft vor der High-Tech-Firma halt, die hier völlig deplaziert erscheint. Das zweistöckige, kastenförmige Gebäude stammt aus den 50ern. In den Glasfenstern entlang der Front und den Seiten haben Golfbälle ihre Spuren hinterlassen. Die gewaltigen Parkplätze hinter dem Gebäude stehen leer, da die meisten die Anfahrt vor dem Haus nutzen.

Das Ingenieurs-Labor im zweiten Stock dient der Firma als Wiege neuer Ideen und Technologien. Die Mitarbeiter, die hier über Halbleiter-Chips brüten, unterteilen das Labor in ein Labyrinth kleiner Räume, denen jeweils eine Spezialaufgabe zugeordnet ist. Hier plant Peddle seine Revolution. Obwohl er Mikroprozessoren voraussieht, entwickelt er sie ironischerweise nicht für den Einsatz in Computern: „Nicht in einer Million Jahren stellte ich sie mir als Computer-Bausteine vor", gibt er zu. Stattdessen plant er sie für Haushaltselektronik, Autos, Fertigungsmaschinen – für fast alles außer PCs. Peddle weiß, dass der Preis der Schlüssel zur Marktakzeptanz ist. Er plant eine Serie von Prozessoren unterschiedlicher Größe und Komplexität zu Verkaufspreisen zwischen 20 und 25 Dollar. Die reinen Fertigungskosten dürfen 12 Dollar pro Stück nicht überschreiten.[2]

Um die Entwicklungskosten einzuspielen, muss MOS große Mengen von Chips absetzen. Charpentier beschreibt das Problem der jungen Industrie: „Man hatte eine neue Technik, an der jeder interessiert war. Doch wegen der geringen Mengen waren die Preise hoch und Chips ein wissenschaftliches Kuriosum. MOS wollte das Interesse über diese Stufe hinaus vergrößern, deshalb wurde der 20-Dollar-Preis veranschlagt." Verglichen mit *Motorola* erscheint der Preis unverhältnismäßig niedrig. „Wenn man den Markt beherrschen will, kalkuliert man einen konkurrenzlos günstigen Preis, bei dem man gleichzeitig noch einen guten Gewinn einfährt." erklärt Peddle, der weitreichenden Erfolg sucht. „Wir wollten, dass die Leute Mikroprozessoren überall einsetzen. Wir wollten die Welt verändern."

2) **In der Regel verdoppelt der Hersteller die Fertigungskosten zum Abgabepreis an den Zwischenhändler, der den Preis für den Endabnehmer wiederum verdoppelt. MOS plant Direktverkauf und verdoppelt so die Kosten nur einmal.**

## Die Geburt des 6502-Chips ****

Die ehemaligen *Motorola*-Angestellten teilen sich in drei Gruppen, die völlig unabhängig vom Rest des Unternehmens arbeiten. Über der Architektur des neuen Mikroprozessors brüten Peddle, Mathis und Orgill: „Es war das perfekte Produkt, die perfekte Zeit und das perfekte Team." Die drei gehen wie Stadtplaner vor, die Straßen aus Metall legen. Elektronen sausen über diese Straßen, bis sie einen Transistor erreichen. Das richtige Timing innerhalb dieser Metropole ist unabdingbar, sonst kommt der Verkehr zum Erliegen, der Chip ‚hängt'.

Das Team nummeriert die Chips in Anlehnung an *Motorola* und beginnt mit 6500, einer kostenreduzierten Version des 6800. Geplant ist eine Reihe. Der erste Chip, der 6501, ist Pin-kompatibel zum 6800, was später zu einer gerichtlichen Auseinandersetzung mit *Motorola* führt. „Wir konkurrierten mit dem 6800. Eine kompatible Version dieses Chips anzubieten, war ein Marketing-Schachzug." Das Kernstück ihres Projekts ist jedoch der 6502-Mikroprozessor.

Um die Chip-Architektur zu erschaffen, beginnt das Trio mit einem simplen Block-Diagramm. Wichtige Designarbeit findet dabei oft außerhalb des Labors statt: „Um kreativ zu bleiben, muss man die Arbeit manchmal ruhen lassen. Wenn jemandem eine gute Idee auf einer Party kommt, dann nimmt man sich Zeit und diskutiert sie. So fanden wir z.B. an einem Feierabend unter Kollegen eine gute Lösung für das Bus-System."

Als Ingenieur für MOS-Taschenrechner ist Al Charpentier Zeuge der Entstehung des neuen Chips: „Chuck war ein interessanter Typ, manchmal ein wenig selbstgefällig, aber mit einer Vision. Chuck war der Visionär." Peddle setzt ein Konzept namens ‚Pipelining' ein, das Daten wie ein Fließband bewegt: Statt anzuhalten, während der Prozessor Berechnungen durchführt, nimmt er das nächste Datenpaket bereits an, während er intern die Daten bearbeitet. Das macht den Chip schneller als seine Konkurrenten von *Intel* und *Motorola*: ein 6502 mit 1 MHz ist genau so flott wie ein 8080 mit 4 MHz.

Das Halbleiterteam entwickelt nicht nur den Mikroprozessor, sondern auch die Hilfschips, allen voran den 6520 PIA, einen Klon des *Motorola* 6820. Ferner den 6530 mit 1 Kilobyte ROM, 256 Byte RAM, einem Timer und zwei I/O-Ports. Damit können Ingenieure mit nur drei Chips einen kompletten Computer herstellen. Peddles Team entwirft zudem RAM-Bausteine mit 128 Byte Speicherkapazität.

Das Layout-Team besteht vornehmlich aus zwei Ingenieuren: Bill Mensch, verantwortlich für den 6502, und Rod Orgill, verantwortlich für den 6501. Ihre Aufgabe ist es, aus einem abstrakten Blockdiagramm die Oberfläche des Mikroprozessors in großem Maßstab zu erstellen.

Mensch verbringt seine Kindheit und Jugend mit sieben Geschwistern auf einem Bauernhof: „Ich stand damals jeden Tag um halb fünf auf, melkte die Kühe und ging dann in die Schule." Nach seinem Examen an der Universität von Arizona holt ihn Peddle zu *Motorola*, wo sein Talent beeindruckt: „Er kam direkt von der Schule, doch seine Design- und Layout-Arbeit war einfach spektakulär. Bill hat die einmalige Fähigkeit, sich nur aufgrund der Vorgaben ein Schaltkreis-Layout vorzustellen." Menschs Zuverlässigkeit macht ihn bei seinen Kollegen beliebt. „Er war gut in seinem Fach und wusste, was er tat", lobt auch Charpentier.

Als Jüngster im Team war Rod Orgill für den Herstellungsprozess des *Motorola* 6800 mitverantwortlich. Er ist in vielen Bereichen bewandert, erkennt Peddle: „Rod ist eine Mischung aus Chip-Designer und -Architekt." Seine Layout-Fähigkeiten eignet sich Orgill als Zweitbesetzung für Mensch an. Für ihn ist der 6501 mehr als ein Marketing-Schachzug: „Wir schlossen eine Wette ab, von welchem Chip wir mehr verkaufen würden. Rod meinte: ‚Ohne Frage vom 6501, weil wir Motorola folgen, euer 6502-Design hat keine Chance' ", erinnert sich Mensch.

Er und Orgill ertüfteln im zweiten Stock von MOS über mehreren Lagen Pergament das Chip-Layout, das aus Tausenden von Polygonen besteht, jedes mit einer bestimmten Form und Größe. Dünne Spuren verbinden die Polygone zu einem komplexen Stromkreis. Jedes Polygon einzeln mit dem Bleistift zeichnend, lassen die beiden ein Diagramm mit 4.300 Transistoren entstehen.[3] Doch kurz vor dem Ende der Arbeit stellt das Team fest, dass ihre Architektur um ein Hundertstel zu breit ist. „Das Design war schon fast fertig. Mathis und ich nahmen uns also ein großes Stück Papier und optimierten jede Linie so lange, bis wir die Abweichung los waren", sagt Peddle. Das Zeitfenster ist eng, da die Ingenieure den fertigen Chip auf der Fachmesse *Wescon* im September vorstellen möchten. Immer wieder suchen Mathis und Peddle nach Optimierungsmöglichkeiten, um den vorgegebenen Platz nicht zu überschreiten.

Die Herstellung selbst erfolgt nach dem MOS-Verfahren (‚Metal Oxide Semiconductor'), bei dem sechs Schichten unterschiedlichen Materials übereinander aufgetragen werden, um so die winzigen Komponenten auf der Oberfläche des Silizium-Wafers aufzubauen. Dazu muss das Layout-Team sechs verschiedene Diagramme erstellen, eines über dem anderen. Höchste Präzision ist gefragt, sonst passen die Schichten später nicht exakt aufeinander.

Die Oberflächenstruktur eines Chips ist sehr dicht, damit alles auf kleinstem Raum Platz hat. Dadurch liegen Transistoren und Verbindungen eng beieinander. Schon eine Abweichung von einem Mikrometer kann später zu Überschneidungen und Kurzschlüssen führen. Die Überprüfung des fertigen Layouts ist eine zeitintensive und nervtötende Angelegenheit, wie sich der spätere Commodore-Ingenieur Bil Herd erinnert: „Sie nahmen ihre Messstäbe aus den Taschen – keine gewöhnlichen Lineale – und maßen monatelang, jeden Transistor einzeln, um sicherzustellen, dass er genau zwei mal Nullkommasieben Millimeter groß war." Bis zu zwölf Stunden am Tag sitzen Mensch, Orgill und Bawcom über ihren Zeichnungen, vermessen sorgfältig jeden Punkt. Herd erklärt mit einer Spur von Mitgefühl in der Stimme: „Wenn ein talentierter Designer nicht in der Lage war, seine Arbeit mit dumpfer Routine zu überprüfen, dann funktionierte das Zeug am Ende nicht und seine Reputation war futsch." Mensch und Orgill stellen Feldbetten auf, um länger zu arbeiten und dazwischen ein paar Stunden zu schlafen. „Ab einem bestimmten Designlevel ist das typisch für Leute in der Halbleiterbranche. Man macht einfach immer weiter", meint Peddle.

Im Juni 1975 ist das Chip-Layout fertig. Jetzt müssen die Prozessingenieure das Design auf winzige Halbleiterscheiben, dem oben genannten Wafer, auftragen. Bei der Chipherstellung wird ein großes, dichtes Design auf eine reißnagelgroße Oberfläche geschrumpft – ein ebenso mysteriöses wie unterschätztes Verfahren. Es ist in vielerlei Hinsicht der wichtigste Schritt und hat großen Einfluss auf die Chip-Kosten. Peddle erinnert sich an das explizite Ziel von Paivinen und seinen Partnern, das führende Unternehmen in diesem Bereich zu werden: „Die Voraus-

---

3) **Zum Vergleich: *Intels* Pentium 4 aus dem Jahr 2000 hat 42 Millionen Transistoren**

setzung von MOS war, dass sie sich besser mit dem Prozess auskannten als andere Leute." Zu dieser Zeit dokumentieren Ingenieure nur wenig von ihrer Arbeit; die meisten speichern den Prozess in ihren Köpfen.

Um Transistoren und andere Komponenten auf den Wafer aufzutragen, benötigt man eine sogenannte Maske. Ähnlich wie eine herkömmliche Schablone bedeckt sie die Teile des Chips, die nicht bedampft werden sollen. Ein Material namens Rubylith hilft dabei, aus dem Schaltkreis-Diagramm eine Maske herzustellen. Die junge Halbleiterindustrie arbeitet mit primitiven Mitteln beim Transfer, berichtet Herd: „Mike Jaynes und Harry Bawcom schnitten das Rubylith mit Rasierklingen. Dann zogen sie ihre Schuhe aus, rückten ein paar Tische zusammen und krochen darauf herum." Bob Yannes, der später zu MOS kommt, meint: „Ich kann nicht glauben, dass sie mit diesem Zeug gearbeitet haben. Man steht also vor diesem riesigen roten Plastikteppich und muss alles ausschneiden, was drin bleiben soll. Wenn man hier nicht sehr vorsichtig ist, vertut man sich schnell und muss es wieder irgendwie ankleben." Mehrere Paare frischer Socken liegen bereit, damit Zehennägel die ganze Arbeit nicht zerkratzen und unbrauchbar machen. „Alle trugen frische Socken ohne Löcher, wenn sie auf die Tische stiegen", amüsiert sich Herd.

Auf diese Weise erstellen Orgill und Bawcom sechs Rubylithmasken für den 6502, je eine pro Schicht, die nach ihrer Fertigstellung fotografisch verkleinert werden. Das so entstandene Negativ dient als Grundlage für das Ätzen einer winzigen Metallmaske, die wie ein Stempel zur Produktion von Tausenden von Chips benötigt wird; akkurat arbeitende Maschinen duplizieren das Muster auf die Wafer-Oberfläche. In den frühen 70ern arbeitet man noch mit sogenannten Kontaktmasken, bei denen die Maske aufgedrückt wird. Dabei verschleißt sie schnell und muss in einem zeitraubenden Prozess neu erstellt werden. Bei MOS entwickelt Paivinen jedoch eine andere Idee und verwendet als einer der Ersten Belichtungsmasken - da die Maske das Metall nicht mehr berührt, ist sie unbegrenzt haltbar.

Paivinen und Holt geben die fertige Maske an die Techniker weiter, die den Produktionslauf beginnen. Herd fasst zusammen: „Kein Chip funktionierte im ersten Lauf. Keiner. Man brauchte sieben oder neun Läufe. Bestenfalls fünf oder sechs." Die meisten Fehler passieren beim Layout, immerhin müssen sechs Schichten perfekt passen, andernfalls funktioniert die komplexe Elektronenstadt nicht. Dann müssen die Layout-Spezialisten das Design überarbeiten und der ganze Prozess, einschließlich der Maskenerstellung, beginnt von vorne. Das ist teuer, jeder Produktionslauf verschlingt Hunderttausende. Unglaublicherweise finden die Ingenieure keinen Fehler in Menschs Layout. „Er baute sieben verschiedene Chips völlig fehlerfrei. Er hat fast alles mit der Hand gemacht. Das glaubt mir keiner, aber es ist wahr. Dieser Mensch ist einmalig. Der beste Layouter der Welt", resümiert Peddle.

Die Massenfertigung der Chips beginnt in einem unwirklichen Teil im zweiten Stock, den sogenannten Reinräumen. Die hermetisch verschlossenen Zimmer sind staubfrei, denn ein einziges Korn während des Ätzvorgangs reicht aus, um einen Miniaturkurzschluss zu verursachen und die Chips unbrauchbar zu machen. Die Labortechniker tragen Häubchen, Mundschutz, Handschuhe, Überschuhe und einen weißen Overall. „Wie kleine Häschen", scherzt Peddle. Vor dem Betreten der Luftschleuse gehen die Techniker über eine Klebematte, um sich von letzten

Staubpartikeln zu befreien, und duplizieren den 6502-Schaltkreis in einer Dunkelkammer. Sie bedecken die Wafer mit dünnen Schichten metallischer Substanzen. Nach jeder Schicht kommt der Wafer in eine Maschine, die den Schaltkreis von der Maske auf die Siliziumoberfläche kopiert. Photonen fließen durch die Maske und erhärten eine dünne Schicht Fotolack in der Form des Schaltkreises. Jeder Wafer enthält ca. 50 Chipmuster.

Im nächsten, gelb ausgeleuchteten Raum entwickeln Techniker die Mikrochips wie Kleinbildfilme: Sorgfältig waschen sie jeden Wafer mit Lösungsmitteln, die nur die vom gehärteten Fotolack geschützten Strukturen übriglassen. Für jede Schicht muss diese Prozedur einmal angewandt werden, wobei unterschiedliche Chemikalien verwendet werden. Danach wandert der Wafer in einen Ofen, um den Schaltkreis endgültig zu härten. Abschließend wird eine letzte Schicht[4] aufgetragen, um den fragilen metallischen Schaltkreis vor dem Oxidieren zu bewahren.

Beim Ätzvorgang werden Industrielösungsmittel benutzt, die gefährlich dampfen: „MOS hatte eine kleine Cafeteria unweit des Produktionsabschnitts. Die chemischen Dämpfe von dort färbten all unsere Blaupausen an den Wänden: einige grün, andere gelb. Man konnte nur hoffen, dass das nicht auch passierte, wenn wir das Zeug einatmeten." schmunzelt Robert Russel, ein früher Commodore-Mitarbeiter, über den unbeschwerten Umgang mit diesem Thema in den Anfangsjahren von *MOS Technology*. „Die Halbleiterherstellung erzeugt viele Abfallprodukte", bestätigt auch Yannes, der sich an Gaslecks im vorderen Teil des Gebäudes erinnert: „Dann liefen Leute durch die Gänge und riefen: ‚Los! Raus aus dem Gebäude!' " Die Öffentlichkeit bekommt von Gefahren und Giften der Halbleiterherstellung selten etwas mit. „Damals sahen alle nur die Reinräume und die Leute in den Häschenanzügen. Wie steril das alles war! Jeder wollte eine Halbleiterfabrik in seiner Heimatstadt", meint Peddle. „Es war High-Tech, das große Geld, und sauber im Vergleich zur Schwerindustrie. Niemand sah, dass diese Leute mit dem übelsten Gift hantierten. Der Mist musste irgendwo hin."

Die Chip-Industrie ist noch jung, als John Paivinen und seine Partner *MOS Technology* gründeten. „Niemand in der Branche hatte auch nur einen blassen Schimmer, was sie mit dem Zeug machen sollten, dass sie seit Jahren produzierten. John tat sein Bestes", sagt Peddle. Die Lösungsmittel werden von der Fabrik zu einem unterirdischen Betonbehälter mit 950-Liter-Fassungsvermögen geleitet. 1974 kommt es zum Unglück. Überwachungstechniker stellen fest, dass der Inhalt des Tanks sich verringert. Während der kalten Winter reißt der Behälter und die Chemikalien sickern ins Erdreich. „Paivinen war ein sehr sorgfältiger Mensch, und natürlich konstruierte er die Tanks so gut wie damals möglich", konstatiert Peddle, dessen Chef mit niemandem über das Leck spricht. „Bei allem Respekt: Im Silicon Valley machen sie längst keinen so großen Aufstand wegen solchen Sachen. Dabei gibt es dort eine Menge Geschichten über eine erhöhte Brustkrebsrate und andere Anomalien." Die Umweltschutzbehörde befürchtet durch das Leck eine Verunreinigung des Grundwassers und stoppt ein Wohnungsbauprojekt. Glücklicherweise ergeben Proben, dass die Lösungsmittel noch nicht ins Grundwasser gesickert sind.[5] Paivinen ersetzt den fehlerhaften Tank durch einen aus Massivstahl.

---

4) **Diese letzte Schutzschicht ist für Paivinen schwierig zu perfektionieren: Aus ungeklärten Gründen weist sie vereinzelt winzige Löcher auf, um die herum es nach etwa einem Jahr oxidiert, wodurch der Chip unbrauchbar wird.**

5) **Behörden untersuchen die Anlage im Dezember 1986, entnehmen Boden- und Wasserproben und weisen flüchtige, organische Mischungen unter der MOS-Adresse, 950 Rittenhouse, nach. Die Substanzen werden in unbedenklichem Maß auch in Quellwasser gefunden. Seit 1996 bekommen Anwohner ihr Trinkwasser von einer externen Quelle.**

Während Chips heutzutage in schwarzes Plastik gepackt werden, platziert MOS die eigenen Mikroprozessoren 1975 in markante Gehäuse aus weißer Keramik mit 40 vergoldeten Pins.

Als ob ein Preisrutsch von 300 auf 25 Dollar noch nicht drastisch genug wäre, will Peddles Team noch günstiger werden und einen Prozessor für $5 fertigen. „Der 6507, eine Unterart des 6502, konnte preiswerter hergestellt werden. Er passte in ein sehr kleines Gehäuse." Neben dem Gehäuse sind die Pin-outs kostspielig, daher soll der 6507 nur 28 statt 40 Pins haben.

Idealerweise funktionieren 100% von 10.000 hergestellten Chips, doch in der Praxis sorgen zahlreiche kleine Herstellungsfehler - Staubkörner auf der Maske, Verunreinigung des Wafer - für eine hohe Ausfallrate. Je mehr Fehler vermieden werden, desto größer ist die Chip-Ausbeute. Techniker überprüfen jeden fertigen Chip auf seine Funktion. 1975 gilt eine 30%-Ausbeute als Erfolg, der Rest wird entsorgt. Diese monumentale Ineffizienz sorgt für hohe Chip-Preise. Da Paivinen einen günstigen Prozessor will, muss er die prozentuale Ausbeute steigern.

Die meisten Halbleiterhersteller testen ihre Chips mit einer Anlage von *Fairchild*, die fast eine Million Dollar kostet. „So etwas konnten wir uns nicht leisten", erklärt Bill Mensch, der stattdessen einen eigenen, handlichen Chiptester baut, der wie ein Computer-Motherboard aussieht. Damit testet MOS jeden einzelnen Chip des ersten Produktionsjahrs und die Hälfte der gesamten 6502-Produktion und erreicht durch sorgfältige Planung und Innovation einen Ertrag von über 70%. Peddle führt den Erfolg auf Paivinen und seine Belichtungsmasken zurück: „Das viele Geld, das auf die perfekte Maske aufgewandt wurde, führten zu einer höheren Chip-Ausbeute." Durch die geringen Fertigungskosten wird Peddles Vision Wirklichkeit.

## Die Revolution verkaufen ****

MOS hat nun Hunderte von funktionierenden Mikrochips, aber damit beginnt der Kampf erst. Mangels Geld für Marketing und Werbung liegt es an Peddle und seinen Ingenieuren, mit dem neuen Chip so viel Aufsehen wie möglich zu erregen: „Wir wollten das Produkt spektakulär einführen, weil wir nur eine winzige Firma in Pennsylvania waren. Einige Leute mochten unsere Geschichte und wir landeten auf der Titelseite einer Zeitung."

Vor der Fertigstellung des 6502 engagiert MOS den Tschechen Petr Sehnal aus Peddles Tagen bei GE: „Er war eine Art Programm-Manager, bereitete alles für die Show vor und war Vertriebsleiter für die Westküste", erinnert sich Peddle. Den 6502 will Sehnal zur Massenware machen und sucht dazu die jährliche *Western Electronic Show and Convention* (Wescon), die im September in San Francisco stattfindet, als Bühne aus.

Dem MOS-Mikroprozessor fehlt noch ein Handbuch, ohne das er für die Kunden nutzlos ist. „Sehnal sagte mir: ‚Chuck, du musst diese Handbücher schreiben.' Und ich sagte meinem Freund immer wieder: Ja ja, mache ich noch ", erinnert sich Peddle. Als die *Wescon* kurz bevor steht und kein Handbuch in Sicht ist, wendet sich Sehnal an Paivinen, der Peddle unter Druck setzt: „John holte mich mit einem Wachmann aus dem Büro." Paivinens genaue Anweisungen hat Peddle bis heute nicht vergessen: „Der einzige Mensch, mit dem du in der Firma sprechen darfst, ist deine Sekretärin! Du machst erst dann wieder etwas anderes, wenn du die zwei Handbücher geschrieben hast!" Peddle akzeptiert demütig und schreibt unter Zwang. Wochen später kehrt er aus dem Exil zurück: Der 6502 hat jetzt die nötigen Handbücher für die Messe.

Auf der Messe will das Team Probeexemplare des 6501 und des 6502 sowie deren Hilfschips verkaufen und bucht deshalb im Vorfeld ganzseitige Zeitschriftenanzeigen: „Kommen Sie zu unserem Stand und wir verkaufen Ihnen einen Mikroprozessor für $25!" Am meisten Aufsehen erregt die Anzeige in der *Electronic Engineering Times* vom 8. September 1975.

Alles läuft glatt, bis das Team die *Wescon* erreicht: „Man sagte uns: ‚Auf gar keinen Fall verkauft ihr hier irgendwas. Das gehört nicht zum Programm. Wenn wir diese Anzeige gelesen hätten, hätten wir euch abgesagt' ", sagt Peddle. Er und sein Team haben zu lange gearbeitet um jetzt aufzugeben. Neben dem Messestand 1010 mietet MOS die große McArthur-Suite und schickt die *Wescon*-Besucher ins St. Francis-Hotel, um Chips dort wie Schmuggelware zu verkaufen. „Wir wurden so bekannt auf der Show, dass Leute in den Bus an der Wescon stiegen und fragten: ‚Fährt der zur McArthur-Suite?' ", erzählt Peddle. Der preiswerte Mikroprozessor ist eine Sensation. Viele denken bei $25 an einen Betrug oder einen Chip ohne Leistung. Peddle ist jedoch zuversichtlich, dass alle Zweifel sich legen, sobald die Chips eingesetzt werden.

Erwartungsfrohe Hobbyisten und Ingenieure stehen Schlange vor der Suite, wo Peddles Ehefrau Shirley verkauft. „Meine Frau saß dort und wir hatten eine riesige Kiste voller Chips", schwärmt Peddle. „Daraus nahmen wir einen Prozessor und sie packte ihn in eine kleine Box." Die vollen Kisten erwecken den Eindruck, MOS könne große Mengen des 6502 liefern. Ein Trick, wie Peddle zugibt: „Nur die Hälfte der Chips funktionierte. Die oberen Chips waren getestet, die ganz unten defekt, aber das war egal. Die Box musste voll aussehen." Shirley verkauft auch Handbücher und Hilfschips. „Man konnte ein kleines RAM-ROM-I/O-Gerät für $30 dazukaufen, ebenso die Bücher, die sich als recht populär erwiesen." Die Bücher führen die Leser Schritt für Schritt an den Prozessor heran und erklären, wie man ein System auf der Basis der 6500-Prozessorfamilie aufbaut. Es ist eine Bibel fürs Mikrocomputer-Design: „Alle sagten, sie seien gut zu lesen. Darauf waren wir sehr stolz." Nach dem Kauf werden die Kunden in die Suite gebeten, wo Peddle die 6501- und 6502-Chips zusammen mit kleinen Entwicklungssystemen wie dem KIM-1 Mikrocomputer demonstriert. „Sie sahen das Entwicklungssystem und fanden heraus, wie man sich damit in Timesharing-Systeme einloggt, um zu programmieren." Der Verkauf auf der Messe soll weniger Geld in die Kasse spülen als vielmehr das Entwicklerinteresse am Chip kultivieren: Wenn alles gut geht, entwickeln diese Ingenieure und Hobbyisten Produkte mit dem 6502. In der Schlange vor der Suite wartet auch Steve Wozniak, der den Chip für sein Computer-Projekt verwenden will. Peddles Handbücher beeinflussen ihn unzweifelhaft.

In den Folgemonaten berichten Ingenieure und Hobbyisten über ihre Erfolge mit dem MOS-Mikroprozessor, dessen Nutzerkreis ein Testbericht in der November-Ausgabe des *Byte*-Magazins vergrößert. „Motorolas Sohn" titelt Autor Dan Fylstra, Gründer der Firma, die später die legendäre *VisiCalc*-Tabellenkalkulation verkauft. Bald sind alle Zweifel am 6502 beseitigt. Obwohl er die Finanzlage bei MOS nicht sofort verbessert, schlägt er wie eine Bombe in der Computerindustrie ein. „Er erschuf den ‚Hacker' ", sagt Charpentier. „Er veränderte die Welt", meint Peddle. In der Jubiläumsausgabe vom September 1995 gratuliert *Byte* dem MOS 6502, als dem nach Intel 4004 und Intel 8080 wichtigsten Chip aller Zeiten, zum 20. Geburtstag.[6]

---

6) **Sogar in der Pop-Kultur ist der Mikroprozessor bekannt: In der vierten Folge der 2. Staffel enthüllt die Zeichentrickserie *Futurama*, dass Roboter Bender einen 6502 im Kopf hat.**

2

# Die übernahme

1975 - 1976

Der Verdrängungskampf auf dem Markt der Taschenrechner trifft *MOS Technology* hart, von den wichtigsten Abnehmern bleibt nur *Commodore* übrig. MOS-Chef Paivinen muss schnell handeln und setzt voll auf Chuck Peddles neuen Chip: Kann der 6502 die Firma retten?

## Die ersten Kunden ****

Nach der *Wescon* reisen Chuck Peddle und Wilbur Mathis durch Nordamerika. „Wir bekamen viele Anrufe von Leuten, die wissen wollten, was los war", erinnert sich Peddle. Viele konnten nicht an der *Wescon* teilnehmen. Während das Marketing die übrigen mit Handbüchern versorgt, nimmt sich Peddle mit Mathis die vielversprechendsten 20% vor und stößt dabei auf eine Anschrift im kalifornischen Grass Valley. Die Adresse gehört der *Atari*-Tochter *Cyan Engineering*. Peddle handelt schnell: „Ich griff zum Telefon und sprach mit Steve Mayer, der im Entwicklungsteam der Atari-Spielkonsole VCS 2600 saß." Er vereinbart ein Treffen mit Mayer nach der Messe in San Francisco: „Wir machten die Show, stiegen ins Auto und brausten ins Grass Valley." Bei diesem Treffen besprechen die Ingenieure die Möglichkeit, die *Atari*-Konsole mit dem kostenreduzierten MOS-Chip 6507 zu bauen. „Unter der Regie von Mayer hatten wir in zwei Tagen die Architektur mit meinem Mikroprozessor und preiswerten I/O-Chip entworfen", erinnert sich Peddle. Während der intensiven Arbeit diskutiert das Team auch den Preis – *Atari* will nur lächerliche 12 Dollar für den 6507 und die Hilfschips zahlen. Peddle und Paivinen beraten das Angebot. *Atari* ist mit **Pong**-Automaten erfolgreich und steht kurz davor, das Spiel auf den Massenmarkt zu bringen. Peddle zufolge kommen die beiden überein: „Wenn auch nur ein bisschen Geld für uns rausspringt, sollten wir das machen – die Jungs haben eine gute Chance auf große Stückzahlen." Zwei Tage nach der Premiere des 6502 steht das Geschäft mit Mayer. „Wir verkauften einen Mikroprozessor, RAM, ROM und I/O-Chip für $12 zu einer Zeit, als niemand ein Produkt für unter $150 machen konnte." [1]

*Atari* braucht einen Halbleiterfabrikanten für die Chips der Konsole. Peddle und Paivinen schlagen *Synertek* vor, deren Präsident Bob Schreiner früher ebenfalls bei GE arbeitete. Heutzutage schwer nachvollziehbar, wollen Peddle und Paivinen, dass auch Andere den 6502-Chip fertigen, MOS soll nicht der einzige Lieferant bleibt. „Wenn man zu den Großen im Halbleitergeschäft gehören will, braucht man eine Sekundärquelle für seine Chips." Überglücklich verkauft er die Produktionsrechte an *Synertek*: „Schreiner hatte keinen Mikroprozessor, wollte einen, und wollte das Atari-Geschäft. Atari schloss mit ihm den Vertrag für das Layout der Spiele-Chips." Auf die Frage, warum MOS nicht am 6502-Monopol festhält, antwortet Peddle: „Niemand lässt dir ein Monopol. Man erwartet eine Sekundärquelle. Ohne die hätte Atari das Abkommen mit uns nicht geschlossen." Eine Sekundärquelle gibt *Atari* die Sicherheit, dass die Produktion trotz möglicher Zwischenfälle beim Zulieferer weiterlaufen kann. „Schreiner war dabei, als wir den Chip entwickelten. Es war gut für beide Beteiligten", sagt Peddle.

1 **_Atari_ bringt die Spielkonsole 1977 zu einem Startpreis von $199,95 in die Geschäfte.**

*Atari* baut nicht eine, sondern drei Spielkonsolen: Eine mit dem MOS 6507, eine mit *Motorola*- und eine mit *Intel*-Prozessor. Kein Team weiß vom anderen: „Jedes dachte, es wäre das echte Design-Team, bis sie die Architektur für die Chips fertig hatten. Auch das Motorola-Management dachte, man habe das Atari-Geschäft in der Tasche", erklärt Peddle. Eine voreilige Schlussfolgerung. Monatelang arbeiten die Teams bei *Atari* an ihren verschiedenen Konsolen. Ein ehemaliger *Synertek*-Ingenieur namens Jay Miner (später bei *Commodore*) entwickelt die Grafik- und Sound-Chips. „Das Atari-Team war voller brandheißer Leute", meint Peddle.

Als *Atari* im Oktober die Entscheidung zugunsten des Chipsatzes von MOS bekannt gibt, verklagt *Motorola* MOS am 3. November 1975 wegen Patentrechtsverletzung. „Sie behaupteten, wir hätten ihr geistiges Eigentum gestohlen. Wir hatten gar nichts gestohlen. Unser Chip sah nicht aus wie der 6800 [...] und wir wollten nicht, dass er wie der 6800 war", behauptet Peddle. *Motorola* hätte Peddles 6502 vor einem Jahr selbst haben können, doch erst durch das geplatzte *Atari*-Geschäft wird das Ausmaß des Unterlassungsfehlers bewusst: „Sie verklagten uns, weil ihr Stolz verletzt war." In der Zwischenzeit reist Peddle weiter durchs Land, um seinen Prozessor für alles anzubieten, vom Drucker bis zur Unterhaltungselektronik. „Wenn ich meinen Chip an einen Druckerhersteller verkaufen wollte, musste ich beim Produkt-Design behilflich sein. Ich baute mein Entwicklungssystem irgendwo auf, und innerhalb einer Woche war ein Computersystem fertig. So kurbelte ich die Verkäufe an."

Peddle trifft auch den Automatenhersteller *Allied Leisure*, damals größer als *Atari*. „Ich ging nach Florida, weil der Mann bei Allied Leisure meinte, er hätte eine witzige Anwendung. Er war sehr erfolgreich, hatte Pong aus den Kneipen und Bars verdrängt. Er hatte Atari sozusagen spieletechnisch ausgepongt." Doch die Firma lehnt Peddles Unterstützung ab. „Sie waren groß im Geschäft mit elektromechanischen Spielen. Ich bot an, einen Flipper zu entwerfen", erinnert sich Peddle, der darin eine gute Demonstrationsmöglichkeit für den 6502 sieht. „Ich wollte das machen, weil es Spaß brachte und Unmengen von I/O-Chips brauchte. Ich wollte jedem zeigen, dass der Mikroprozessor all das gut kontrollieren kann. Während meiner Zeit dort habe ich die Nächte durchgearbeitet und auf einer Matte geschlafen". Das fertige Design stellt er auf der *National Computer Conference* vor: den ersten Flipper mit integriertem Mikroprozessor.

Während seines Aufenthalts in Florida entwirft Peddle zudem einen Fotokopierer für die Firma *Saxon*. So sorgt er mehr als jeder andere MOS-Ingenieur für die Marktakzeptanz des 6502: „Jeder Elektro-Ingenieur sagte: ‚Ich höre auf, eine eigenständige Logik zu entwerfen und arbeite ab jetzt mit dem Mikroprozessor.'" Peddles Resümee: „Wir veränderten die Welt."

Peddle hilft jedem, der den 6502 einsetzen will, darunter auch zwei jungen Bastlern in der Garage ihrer Eltern: „Während unseres Besuchs bei Atari meinte Petr Sehnal, mein Vertriebsleiter für die Westküste: ‚Hey, da basteln ein paar Jungs in ihrer Garage an einer Maschine, die nicht funktioniert. Wir haben doch ein Entwicklungssystem dabei, warum gehen wir nicht hin und helfen ihnen?' " Steve Wozniak, der Peddles 6502 auf der *Wescon* erwirbt, ist ein kluger, wissbegieriger junger Mann mit Elektronik-Faible. Er entwirft seinen Computer während der Arbeit bei *Hewlett-Packard*. Der Einfluss anderer Ingenieure auf Wozniaks Arbeit ist unbestreitbar. Ray Holt behauptet, Wozniak habe einen JOLT-Computer mit 6502-Prozessor gekauft und genau studiert. Zudem lernt er aus Peddles MOS-Handbüchern.

Peddle und Sehnal besuchen die beiden Jungunternehmer. Für Wozniak muss das Treffen mit dem Entwickler seines Lieblings-Chips sehr aufregend sein. „Die Jungs saßen in der Bay Area, also verbrachten wir mit unserem Entwicklungssystem einen Nachmittag bei ihnen und halfen, ihr System zum Laufen zu bringen", erinnert sich Peddle. Er benutzt ein System namens ‚In Circuit Emulator' (ICE), um den ROM-Code zu programmieren: „Ein großes, sperriges Ding mit einem alten Lüfter auf der Rückseite. Man steckt es an die Platine, an der man gerade arbeitet, und kann sie an Ort und Stelle programmieren." Die beiden Jugendlichen versprechen den Kontakt zu halten. Trotz Steve Jobs fehlender Ingenieurserfahrung schließt Peddle mit ihm eine lang anhaltende Freundschaft: „Steve ist ein Gauner. Er war damals einer und er ist es noch heute."

Im Februar 1976 stellt Wozniak seinen Apple I, einen Computer auf 6502-Basis, dem *Homebrew Computer Club* vor. Die Reaktion ist verhalten. Ohne gedruckte Leiterplatte wirkt der Computer noch anwenderfeindlicher als der KIM-1-Bausatz von MOS. Wozniak versucht, *Hewlett-Packard* von seinem Design zu überzeugen, stößt aber auf taube Ohren. Im April 1976 gibt HP die Technik offiziell frei. Nachdem Wozniak den Apple I um einen Tastatur- und Bildschirmanschluss erweitert, bieten er und Jobs ihn im Juli für $666,66 beim Homebrew-Club an – ohne Bildschirm, Tastatur oder Netzteil. Alles in allem verkauft *Apple* rund 200 dieser Computer, weit weniger als MOS vom KIM-1.

## Die übernahme ****

Anfang 1976 beginnt *Allen-Bradley* die Investition in MOS zu überdenken. „Wir brachten gerade den 6502 raus und der Kampf gegen Motorola kostete uns viel Geld", erklärt Peddle. „Allen-Bradley entschied sich für eine Trennung, zum einen wegen des Rechtsstreits mit Motorola, zum anderen, weil die Zusammenarbeit mit einigen MOS-Managern schwierig war." Auch macht *Allen-Bradley* der Abstieg des Taschenrechnergeschäfts zu schaffen. „Texas Instruments krempelte den Markt völlig um. Viele der MOS-Kunden wanderten ab. Allen-Bradley meinte dazu: ‚Einer der Gründe in dieses Geschäft einzusteigen war Synergie. Es gibt keine Synergie'." Statt MOS aufzulösen, überschreibt *Allen-Bradley* die Firma für einen geringen Betrag den drei Gründern. „Sie beschlossen, nicht länger involviert zu sein. Sie überschrieben die Firma praktisch sechs Monate vor der Übernahme [durch Commodore]", meint Peddle. Warum stößt *Allen-Bradley* eine Firma ab, die mit einem Mikroprozessor auftrumpft? „Niemand bei Allen-Bradley hielt Mikroprozessoren für besonders heiß", erklärt Peddle. „Mikroprozessoren wurden stark, weil wir sie damals stark machten. Sechs Monate vorher, kurz nach der Veröffentlichung, waren sie in Bezug auf Stückzahlen noch kein großes Geschäft."

Die Gründer besitzen nun ein Unternehmen, das zu einem Großteil mit Fremdkapital aufgebaut wurde. Paivinen, Jaffe und McLaughlin sind aufgeregt. „Sie wussten, dass sie mit dem Mikroprozessor einen Gewinner in der Hand hatten", sagt Peddle. Doch ohne *Allen-Bradley* versiegt ihr Kapitalzufluss. „Jetzt hatten sie zwar das Unternehmen, aber nicht das Geld. Das Halbleitergeschäft ist sehr kostspielig, auch wenn es hohe Umsätze generiert. Der KIM-1 und anderes stand an, und der Rechtsstreit mit Motorola hatte Wunden hinterlassen." Als der

Versuch, das Geldproblem durch einen Börsengang zu beheben, fehlschlägt, ist MOS „reif für jeden Deal", wie Peddle erklärt.

*Commodore* kauft seit 1972 Taschenrechner-Chips bei MOS und ist 1976 der größte Kunde. Peddle erinnert sich: „Jack Tramiel rettete in diesem Jahr ihren Hintern, denn sie waren nicht besonders erfolgreich. Jack kaufte im Grunde nur Entwicklungszeit für seine eigenen Designs." Die Umsätze von MOS sind damit eng an *Commodore* gebunden. Wie die drei Inhaber noch herausfinden werden, bedeutet Abhängigkeit von *Commodore* auch Abhängigkeit von Tramiel. Peddle zufolge leitet Andre Sousan die Übernahme und Integration von MOS: „Sousan erkannte zwei Dinge: Erstens, MOS war der richtige Partner fürs Taschenrechnergeschäft. Zweitens sah mich Andre mit dem Mikroprozessor auf dem richtigen Weg." Tramiel fällt die Entscheidung leicht, denn die Übernahme von *MOS Technology* bringt ihn seinem Ziel näher: „Sein Hauptanliegen war vertikale Integration", sagt Peddle. „Schließlich wurde aus ‚Hey, wir würden gerne einen Batzen Chips kaufen und vielleicht könnt Ihr auch ein paar für uns entwickeln' ein ‚Können wir Euch ganz aufkaufen?' "

Der MOS-Ingenieur Bob Yannes spekuliert darüber, wie Tramiel die Kontrolle der Firma übernahm: „Er bestellte Taschenrechnerchips bei MOS, die fehlerhaft waren. Ich glaube, wenn man den Kosinus einer bizarren Zahl berechnen wollte, lagen sie um 0,000001 daneben. Dann kam die Motorola-Klage, so dass sie damit beschäftigt waren, Geld für den Rechtsstreit auszugeben. So wie ich das verstehe, meinte Jack: ‚Okay, für diese Chips werde ich nicht bezahlen. Wenn ihr wollt, kaufe ich aber gerne eure Firma für fast nichts.' "

Die fraglichen Methoden bei der Übernahme von *MOS Technology* sind legendär, so dass es heute schwer ist, Fakt von Fiktion zu trennen. Stimmt die Legende? Peddle sieht die Geschichte ähnlich wie Yannes: „Jack setzte jeden Hebel in Bewegung. Ganz gleich ob er nun Fehler fand oder nicht, Jack drückte standardmäßig die Rechnung und setzte die Leute so unter Druck."

Unter normalen Umständen müsste *Commodore* die Schulden beim Zulieferer bezahlen. Doch Tramiel spielt nicht nach den normalen Geschäftsregeln: „Wenn Jack dir eine Menge Geld schuldet, hast du ein Problem", sagt Peddle. Aus Tramiels Sicht ist der sicherste Weg zur Übernahme das Zurückhalten der Zahlung, denn ohne Geld kann MOS seine Angestellten nicht bezahlen und ist bereit für jeden Deal: „Er ist ein sehr gerissener Geschäftsmann."

Im September 1976 übernimmt *Commodore* MOS. „Er half ihnen aus der Klemme, indem er die Firma kaufte", sagt Yannes. „Jack gab für das Unternehmen Aktien und ein wenig Geld. Die Gründer erhielten angemessene Anteile an Commodore-Aktien, die zu der Zeit ziemlich unten waren", meint Peddle. Ein schlechter Deal? „Schönheit liegt im Auge des Betrachters. Berücksichtigt man ihre finanzielle Situation [...] haben sie einen guten Preis bekommen." Peddle schätzt den Wert des Aktienpakets im Jahr 1976 auf ein paar hunderttausend Dollar, aus denen in wenigen Jahren mehrere Millionen werden: „Die Gründer durften ihre Commodore-Anteile zwei Jahre lang nicht verkaufen. Im Nachhinein stellte sich das als höchst vorteilhaft für sie heraus", sagt Peddle. Die Ingenieure fahren dagegen weniger gut. Einige von ihnen erhalten ein Anteilsversprechen, als sie von *Motorola* überwechseln, darunter auch Peddle: „Sie haben alle ausbezahlt, die einen Anteil an der Firma hatten. Ich war kein echter Eigentümer der Firma, außer für den Auszahlungs-Deal." Laut Peddle geschieht die Übernahme ohne Kenntnis der Ingenieure, was für interne Reibereien sorgt. Der Vertrag sieht vor, dass MOS das Hauptquartier in Pennsylvania, 950 Rittenhouse Drive, behält. *Commodore* mietet das Gebäude bis 1978 von *Allen-Bradley* und kauft es dann auch. Bald nach der Übernahme wird MOS, zusammen mit *Frontier* – einer weiteren Neuerwerbung Tramiels – zur *Commodore Semiconductor Group*. „Die gehörten alle zusammen. Commodore kaufte Firmen und gliederte sie dort ein", erklärt Charpentier die Strategie des Büromaschinenherstellers.

Als Tramiel *MOS Technology* übernimmt, erahnt er den Reichtum, den ihm dieser Kauf bringen wird, wohl noch nicht. Sein einziges Ziel ist die vertikale Integration des Taschenrechner-Geschäfts. Doch *Commodore* verwandelt sich schnell in eine echte Computerfirma.

## Der Commodore-Fluch, erster Teil ****

Die Jahre mit Peddle sind berauschend für die Ingenieure des 6502-Teams. Ihr Ausscheiden bei *Motorola* macht Schlagzeilen und kommt sogar auf die Titelseite der *Electronic News*, deren Cover in der Firma ausgehängt wird. Der 6502-Chip revolutioniert die Prozessorindustrie. Dagegen muss alles was nun folgt enttäuschen.

Peddle erinnert sich an die Höhen des 6502-Teams und an die schönste Berufserfahrung seines Lebens: „Es war das beste Projektteam und das beste Produkt, mit dem ich je arbeitete. Jeder von uns denkt genauso. Eine einmalige Zeit in der Geschichte – so etwas erlebt man nur einmal." Der Erfolg sorgt für ein Dilemma: „Das Problem war, dass es ein sehr erfolgreiches Projekt mit einer Menge Publicity war. Dann kommt die Zeit danach – das habe ich mit meiner zweiten Frau durchgemacht – und alles wird Routine." Nach dem Debüt kommen die zähen Rechtsstreitigkeiten mit *Motorola*: „Wir gingen durch das Verfahren und den ganzen dazugehörigen Mist", sagt Peddle. Plötzlich verbringen Ingenieure ihre Zeit mit eidesstattlichen Erklärungen und belehren Anwälte und Richter über die Grundlagen von Mikroprozessoren. „Es war ein verdammt großer Prozess, der uns eine Million Dollar kostete", ärgert sich Peddle, der die Schuld auch beim MOS-Management sieht, das die Leistung seiner Ingenieure unterschätzt: „Paivinen ist ein netter Kerl, aber nicht sehr umgänglich. Er hatte seine Lieblinge, den Rest behandelte er schlecht. Es gab auch Probleme innerhalb des Managements: McLaughlin und Paivinen mochten sich nicht besonders." Peddle glaubt, die drei Gründer gaben den Ingenieuren das Gefühl, für MOS entbehrlich zu sein, besonders nach der Übernahme durch *Commodore*: „Die Drei an der Spitze waren ganz auf sich und auf die Übernahme fokussiert."

Während Peddle auf Werbetour für den 6502 ist, bleiben seine Ingenieure planlos zurück: „Ich wurde vom Projektleiter zum Marketingchef und dergleichen mehr. Einige von uns waren voll beschäftigt, aber der Rest des Teams hatte weniger interessante Aufgaben." Im Stress bleibt Peddle keine Zeit, sein Team auf ein Nachfolgeprojekt einzuschwören, wie beispielsweise eine 16-Bit-Version des 6502: „Ich führte sie nicht. Wir hatten keinen konkreten Plan, was wir als nächstes machen sollten. Stattdessen waren wir bemüht, das erste Produkt ins Rollen zu bringen. Als Commodore kam, war das auch das Ende der Fahnenstange, denn Commodore kaufte uns für das Taschenrechnergeschäft." Der Rückschritt vom Mikroprozessor zu Taschenrechnern enttäuscht die Angestellten: „Die Jungs wollten nicht mit Taschenrechnern herumspielen. Das hatten sie schon hinter sich, so dass ihnen der Ausstieg leicht fiel", erinnert sich Peddle.

Als Erster kündigt der wertvollste Ingenieur, Bill Mensch. „Bill war sehr jung bei Motorola, kam gerade aus der Schule, aber war ein echtes Talent. Er reifte bei MOS heran, schnappte eine Menge von dem auf, was er aus seinem Leben machen wollte und bewies sich, dass er fast alles erreichen konnte", sagt Peddle. Mensch zieht es wieder nach Phoenix. Kurz nach seinem Ausscheiden schwärzt jemand mit einem Filzstift sein Bild im Gruppenfoto an der Wand bei MOS. Andere folgen bald. „Die meisten vermissten die Westküste", sagt Peddle. „Das ganze Mikroprozessorteam löste sich auf: Mathis ging zu DEC, Orgill zu HP in Colorado, Bawcom ging irgendwohin. Es geschah innerhalb von drei Monaten."

Ein Gesicht nach dem anderen schwärzen die verbliebenen Kollegen auf dem Foto an der Wand, bis es beinahe völlig schwarz ist. Alle Ingenieure, die in die 16-Bit-Ära hätten überleiten können, verschwinden. Bei *Commodore* erkennt niemand die Bedeutung dieser Leute für den künftigen Erfolg der Firma. Unglücklicherweise wird sich das Muster noch mehrmals wiederholen. Ingenieur Dave Haynie gibt dem Phänomen später einen Namen – der ‚Commodore-Fluch'.

Nach dem Zerfall des 6502-Teams muss Peddle im Rechtsstreit gegen *Motorola* helfen. Heutige Gerichte würden die Klage abweisen, aber dem damaligen Rechtssystem sind High-Tech-Fragen unbekannt. *MOS Technology* hat kein Geld für ein langwieriges Verfahren, also einigt man sich: „Sie konnten den Diebstahl irgendwelcher Geschäftsgeheimnisse nie beweisen, aber sie legten dar, dass unsere N-Kanal-Fertigungsanlage eines ihrer Patente verletzte. Um an die Lizenz zu kommen, mussten wir das Gerichtsverfahren beilegen." MOS willigt ein und stoppt die Produktion des 6501. Peddle steht der Einigung widerwillig gegenüber: „Das unterstellte uns mehr als wir getan hatten. Es war eine gute Entscheidung für die Firma, aber es wurmte mich."

Mensch gewinnt seine Wette mit Orgill: *Motorola* räumte den 6501 aus dem Weg. Peddle zufolge bedeutete dies keinen Einschnitt für MOS: „Wenn sie angerufen und uns gebeten hätten, den 6501 zu stoppen, hätten wir das auch gemacht. Sie hätten uns nicht verklagen brauchen."

3

# Der PET

1976 - 1977

Die Idee für einen Personal Computer kommt Chuck Peddle während seiner Zeit bei *Allied Leisure*, wo er sich mit einem etwas ungepflegten jungen Ingenieur aus Iowa anfreundet: „Pferdeschwanz, kurze Hose und so. Der Junge gehörte gewissermaßen dazu und hing in der Firma ab, während ich dort arbeitete." Der Name des Ingenieurs ist Bill Seiler; auch er arbeitet an Designs für *Allied Leisure*: „Er entwarf analoge Schaltkreise für Spielgeräusche, damit Autos wie Autos klangen und Flugzeuge wie Flugzeuge." Seiler holt sich einen Computer-Bausatz der *The Digital Group*, der Firma eines gewissen Dr. Suding aus Colorado. „Bill war der erste Mensch, den ich mit einem Personal Computer sah. Er war sehr stolz darauf."

Seiler arrangiert die Nationalhymne auf dem Rechner, dann gehen ihm die Ideen aus. „Er hatte keine Ahnung, was er als nächstes machen sollte." Als Peddle ein paar Wochen später zur Wescon reist, um dort den 6502 vorzustellen, macht er einen Abstecher beim *Homebrew Computer Club*: „Dort konnte man eine Raubkopie von Bill Gates' BASIC bekommen. Es war ziemlich mies." Zurück in Florida gibt er Seiler eine Kopie, der sich nichts weiter dabei denkt: 1975 ist das Copyright-Bewusstsein für Software nur schwach ausgeprägt. „Bill Gates schrieb einen offenen Brief an einige Magazine: ‚Ihr stehlt meinen Lebensunterhalt. Ich hab's entwickelt und ihr stehlt es mir. Ich werde kein Geld verdienen und das Geschäft aufgeben.' Seiler fühlte sich so schlecht, dass er Gates Geld für seine Kopie schickte."[1]

„Durch Seiler erkannte ich, dass die Computer-Bastler keine Ahnung hatten, wozu ihre Geräte gut waren. Und wenn sie fertig waren, hatten sie nichts, was richtig funktionierte", erklärt Peddle. „Die Programmierer sagten: ‚Ich will mir meinen Computer nicht selbst bauen.' Oder: ‚Ich weiß nicht, wie man einen baut und habe niemanden, der mir einen bauen kann. Und wenn, funktioniert das Ding sowieso nicht richtig.' " Es war, als ob Henry Ford das Auto zur Massenware machen wollte, indem er einen Karton mit Einzelteilen verkaufte.

„Ich erkannte, dass wir KIM-1-Geräte verkauften, weil viele Leute keine eigenen Kits bauen wollten. Aber der KIM-1 (...) war nicht stark genug für irgendwas und sollte es auch nicht sein. Er war zum Herumspielen mit meinem Prozessor gedacht." Peddle glaubt, bei MOS einen Personal Computer entwickeln zu können: „Mein Vertrag sah die Entwicklung eines Computers vor. Es war klar, dass sie ihr Wort diesbezüglich nicht halten würden. Sie riefen mich eines Tages an und meinten: Wir haben kein Geld dafür." Dafür bekundet *Allied Leisure* Interesse: „Ich sprach mit dem Präsidenten der Firma, zeigte ihm Seilers Computer und sagte: ‚Ich bin überzeugt, dass wir ein komplettes Produkt bauen sollten und ich weiß, wie.' Er meinte: ‚Wenn du das machen willst, komm zu uns.' Also beendete ich meine Arbeit bei MOS."

Peddle stellt sich auf die Arbeit bei *Allied Leisure* ein: „Ich versprach meiner jüngsten Tochter, dass wir nach Florida zögen. Ich war bereit, bei Allied Leisure meinen Computer zu bauen, als Commodore MOS übernahm." Zu Peddles Überraschung ist sein alter Bekannter Andre

1) **Laut Peddle bejaht Bill Gates Jahre später den Eingang des Schecks und erklärt, dass der ihm in Erinnerung blieb, weil damals fast niemand Geld für seine Software sandte.**

Sousan nun der leitende Ingenieur bei *Commodore*. „Wir kannten uns (...), auch wenn wir keine Busenfreunde waren. Er war ein vorsichtiger, intelligenter Franzose mit langem, welligem Haar und Schnurrbart. Er war etwas älter und mit einer erstaunlich schönen Frau verheiratet, mit der er in Palo Alto wohnte." Peddle erinnert sich, wie ihn Sousan vor seiner Ungestümheit bewahrt: „Andre rief mich an und stellte mir ein paar Fragen. Ich sagte: ‚Ich weiß nicht, ob ich hier noch lange bleibe.' Er sagte: ‚Entscheide Dich noch nicht. Nimm deine Frau, setz dich ins Flugzeug und komm an die Westküste, dann besprechen wir alles.' Dort erzählte ich Andre von meiner Computer-Idee. Er sagte: ‚Ich bin überzeugt, dass wir das machen können. Oh, übrigens haben wir eine Spezifikationsliste von Radio Shack für ein ähnliches Produkt.'" *Radio Shack*, eine US-weite Kette von Elektronikgeschäften, will einen Computer für Hobbyisten und schickt dazu Spezifikationen an Zulieferer in der Hoffnung, einer von ihnen könne den Computer produzieren. Peddle zufolge trifft sich *Radio Shacks* Vertriebsleiter mit *Commodore* und meint: „Ihr könnt uns für eine ganze Ladung Taschenrechner fürs Weihnachtsgeschäft eintragen. Übrigens werden wir Euch auf der CES ein Angebot für den Computer machen."

Jack Tramiel steht dem unerprobten Markt skeptisch gegenüber, sieht darin mehr eine Möglichkeit, seine Taschenrechner zu verkaufen: „Der Plan war, dass wir den Computer für Radio Shack machten, was uns einen Direktvertrieb für Taschenrechner einbringen würde. Also traf ich mich mit Tramiel." Peddle hat schon andere Silicon-Valley-Tycoons getroffen, aber keinen so außergewöhnlich kaltblütigen wie Tramiel. „Jack war furchtbar clever. Er nahm eine Menge Dinge in die Hand, die andere links liegen ließen. Er war einer der besten Köpfe, die ich je getroffen habe, aber völlig rücksichtslos."

Peddle und Sousan skizzieren einen Schreibtisch-Computer, der für den täglichen Einsatz mehr als genug Leistung bietet. „Sousan überredete uns, dass wir das tun sollten", sagt Peddle. Die Idee gefällt auch Tramiel und er hört gut zu. Das Übertrumpfen der Konkurrenz liegt ihm im Blut und hier bietet sich die einmalige Möglichkeit, den größten aller Konkurrenten zu übertrumpfen: IBM.

Commodore-Gründer Jack Tramiel

Foto: Ian Matthews

„Sie sagten mir in etwa: ‚Wir bringen dich ins Computergeschäft. Es gehört dir, weil er kein Teil unseres Taschenrechnergeschäfts ist. Je nachdem, wie gut es läuft, bekommst du beachtliche Aktienanteile." Doch Peddle besteht auf eine Besonderheit in seinem Vertrag bezüglich seiner Frau Shirley, die stets mit ihm reist: *Commodore* soll für ihr Ticket und ihre Unterkunft zahlen. „Ich bezog sie in meine Arbeit bei MOS und Commodore ein. Sie war eine helfende Hand mehr für Commodore und Jack zahlte ihr nichts dafür." Der Vertrag steht. „Sie schleppten mich durchs ganze Land und liehen mir Geld, damit ich mir ein Haus in Kalifornien kaufen konnte." Peddle wird den Computer für *Commodore* bauen.

Mit Tramiel und Peddle treffen zwei Welten aufeinander, die eine Philosophie verbindet: der Glaube an erschwingliche Massenprodukte statt hoher Preise für eine Elite. Andere werben mit dieser Philosophie, aber erst *Commodore* macht sie wahr.

Peddle informiert seine Angestellten an der Ostküste über seinen Wechsel zu *Commodore*. Er hat allen Grund zum Enthusiasmus, denn *Commodore* bringt fast das komplette 6502-Team wieder zusammen: „Ich ging zu MOS und sagte: ‚Ich gehe an die Westküste und baue Computer.' Jetzt gehört die Firma Jack Tramiel und dem werden sie nicht sagen, er solle verschwinden." Peddles Kollege Al Charpentier erinnert sich daran: „Chuck ging an die Westküste, ins Zentrum der Macht. Jack lebte in Kalifornien, also wo sollte Chuck hingehen?" Leider muss Peddle dafür sein Florida-Versprechen brechen, das er seiner jüngsten Tochter gab.

Im Oktober 1976 zieht Familie Peddle mit drei Autos nach Kalifornien. „Ich packte alles in einen Lieferwagen, dahinter noch ein Wagen, und meine Frau und Tochter fuhren im dritten. So ging's quer durch die Staaten."

## Bills BASIC ****

Als große Unternehmen die Türen zu ihren Computerräumen verschließen, haben die User keinen Ort mehr zum Programmieren. „Da das während der Arbeit nicht mehr möglich war, kauften sie sich eigene Rechner. Ich wusste, dass es mindestens zwei Millionen versierte Leute gab, denen ich so ein Gerät verkaufen konnte", sagt Peddle.

Heutzutage erscheint es sonderbar, einen Computer mit einer Programmiersprache auszuliefern. 1977 ist das aber unverzichtbar, denn es gibt noch keine Software-Industrie. Die Anwender müssen sich ihre eigenen Programme schreiben und BASIC ist der leichteste Weg dazu.

Für die Rechte an BASIC schließt *Commodore* einen Vertrag mit einem kleinen Unternehmen in Albuquerque namens *Micro-Soft*[2]. Die Firma des Studienabbrechers Bill Gates steht noch am Anfang. *Micro-Soft* verkauft kein Betriebssystem, sondern Umsetzungen und Varianten der Programmiersprache BASIC. Viele Leute glauben, Bill Gates habe BASIC erfunden, was Peddle amüsiert: „Ich kannte BASIC bereits, als Gates noch in der Grundschule war. Sie alle waren nur Hobbyisten und Amateure." Gates und sein Partner Paul Allen sind neu im Geschäft. Ihre Firma besteht aus fünf Mitarbeitern, als sie BASIC zum Industriestandard machen.

Ende 1976 erhält Peddle einen Anruf von *Micro-Soft*: „Sie meinten: ‚Wir haben ein BASIC für den 6502, aber wir finden dafür keinen Kunden. Wollt Ihr es für uns vertreiben?' Wie sich herausstellte war es Rick Wyland." Nur zum Spaß hatte Wyland Gates' Intel-8080-Code auf den 6502 umgesetzt. „Er machte das von sich aus, weil die Firma, die Bill aufbaute, noch ziemlich locker war." Peddle zufolge meint Gates zu Wyland, er solle seine Zeit nicht mit diesem miesen Prozessor vergeuden, sondern zusehen, dass er daraus noch ein wenig Geld schlagen könne und es dann loswerden. Wyland und Peddle telefonieren noch einige Male, bis Familie Peddle ihren Umzug zur Westküste antritt. „Ich nahm die südliche Route, weil es im Norden schneien sollte. So kam ich durch Albuquerque und setzte mich mit Gates und Wyland in ihrem Zwei-Zimmer-Büro zusammen." Gates macht auf den Chip-Ingenieur einen guten Eindruck: „Gates ist

2) **Microsoft beginnt in den Räumen des von Ed Roberts geführten Unternehmens MITS. Da Paul Allen Leiter der MITS-Softwareabteilung ist, glaubt Roberts, MITS gehören die Rechte an BASIC. Das erweist sich 1977 als falsch, als Allen und Microsoft sich vom verärgerten Roberts lösen.**

ein starker Gegner und manchmal auch ruchlos, aber im Grunde ein guter Kerl." Peddle erklärt Gates und Wyland die Features, die er sich für sein BASIC wünscht: „Ich baue einen Computer und will BASIC im ROM. Ich möchte es sehr benutzerfreundlich und brauche dazu folgende Erweiterungen: I/O-Struktur und die Möglichkeit, Zeichen auf den Bildschirm zu malen." Gates antwortet: „Wenn Ihr es Euch leisten könnt, machen wir's." Peddle ist beeindruckt: „Gates ist ein ehrlicher Geschäftsmann. Er machte die Zusage für ein funktionsfähiges BASIC." Mit dem informellen Abkommen zwischen *Commodore* und *Micro-Soft* setzt Peddle seinen Umzug fort.

In Kalifornien trifft er wieder auf Sehnal. „Wir entschieden, wie wir das BASIC I/O-fähig machen wollten und noch ein paar kleine Änderungen bis zur CES. Für einige reichte die Zeit nicht aus, aber die bauten wir noch vor der Produktion ein." Mit der fertigen Spezifikation für ihr BASIC kontaktieren sie *Micro-Soft*. „Wir vereinbarten eine einmalige Zahlung für die Lizenz. Wyland war überglücklich, denn das Geld deckte all seine Entwicklungskosten. Er tat also, was Gates ihm aufgetragen hatte: er wurde es los."

*Commodore* kauft *Micro-Soft*s BASIC günstig: „Den genauen Preis handelte Sousan aus. Er hielt den Ball ziemlich flach, weil wir noch keinen einzigen Computer verkauften. Apple setzte zehn bis 20 Apple-I-Rechner pro Monat ab. Die Industrie steckte noch in den Kinderschuhen, 25.000 und 50.000 Dollar waren viel Geld." Der Vertrag sieht vor, dass *Micro-Soft* die Modifikationen am 6502-BASIC übernehmen und an andere Firmen weiterverkaufen kann: „Der Deal war, dass wir es erweitern würden, sie wiederum das Recht hatten, alles zu verkaufen, was wir taten." Peddle befürchtet nicht, dass andere Unternehmen ihm mit seinen eigenen Innovationen Konkurrenz machen könnten: „Ich unterstützte das, weil ich immer noch von MOS Technology geprägt war. 6502-BASIC sollte für andere zugänglich sein. Sie mochten meine Erweiterungen und akzeptierten sie als Teil ihres normalen BASIC."

Anfangs ist Gates nicht sehr stark ins 6502-BASIC-Projekt involviert: „Das änderte sich, als wir richtig loslegten. Bill schrieb einen Teil des Codes für das fertige Produkt. Es war guter, Interrupt-gesteuerter Code, der funktionierte." In einem Interview des *Smithsonian* von 1993 erinnert sich Gates an seinen Anfang mit *Commodore*: „Sie starteten mit uns. Wir halfen Chuck Peddle, der zu der Zeit dort arbeitete, ernsthaft über das Design des Geräts nachzudenken. Er hat viele witzige Zeichen in den Zeichensatz eingebaut, Sachen wie Smileys und Karten-Symbole. Das war das erste Gerät mit einem derart wild erweiterten Zeichensatz." Peddle erklärt den Ursprung dieses Zeichensatzes: „Eine Spezifikation war, dass er in der Lage sein musste, Karten zu spielen, denn das war eins der Dinge, die Leute mit Computern machten."

Peddle zufolge ist *Micro-Soft* nicht die einzige kreative Kraft hinter *Commodore*s BASIC: „Micro-Soft war für unser Programm entscheidend und sehr hilfreich. Aber nicht sie leiteten es, sondern wir. Es war unsere Idee, unser Konzept. Bill schrieb einen kleinen Teil des Codes, aber an den Diskussionen war er nicht beteiligt."

Bill Gates wird später für seinen gerissenen Geschäftsstil bekannt, doch 1976 lernt er gerade sein Handwerk. Der Deal mit *Commodore* wird eine der größten Fehlentscheidungen seiner Karriere. Nachdem die Firma *Commodore* die Lizenz für *Micro-Soft*s BASIC kauft, kann sie es in alle folgenden Computermodelle einbauen. „So weit ich weiß, war Jack Tramiel der einzige, der Bill Gates gegenüber die Oberhand behielt", meint Yannes. „Sie wollten eine feste Gebühr pro

Einheit, aber Jack war gegen jegliche Lizenzgebühr. Er zahlte nur einmal für etwas. So wusste er genau, was es ihn kostete und er brauchte sich nicht darum zu kümmern, was es ihn in Zukunft kosten würde. Ich schätze, dass Micro-Soft nicht daran dachte, dass Jack erfolgreich sein würde. Daher stimmten sie zu und er erwarb Micro-Softs BASIC." Jack Tramiels Sohn Leonard zufolge bleibt das BASIC über Jahre unverändert: „Es gab verschiedene ROM-Versionen, auch das Betriebssystem änderte sich, aber ich glaube nicht, dass irgendwas am BASIC geändert wurde. Es blieb dasselbe." Die Lizenz erlaubt *Commodore* eine Verbesserung des Betriebssystems: „Neue Funktionen des Betriebssystems kamen nicht von Micro-Soft, sondern wurden intern bei Commodore hinzugefügt". Yannes glaubt, *Micro-Soft* habe Jack Tramiel überschätzt: „Vielleicht dachten sie, dass dieses primitive BASIC in zwei Jahren überholt sein und er ein neues kaufen würde. Aber Jack interessierte sich nicht für die Software seiner Computer", lacht Yannes. „Er steckte dasselbe BASIC in jeden Computer, egal ob veraltet oder nicht."

Wie viel zahlte *Commodore Micro-Soft* für die unbefristete Lizenz? „Ich verrate die Summe aus Höflichkeit gegenüber Gates nicht. Es war eine sehr geringe Summe", meint Peddle. *Commodore*-Ingenieur Bob Russell kennt den Betrag: „Wir kauften es für 10.000 Dollar."

## Fusionieren Commodore und Apple? ****

Bis zur Fachmesse *Consumer Electronics Show* (CES) im Januar bleibt Peddle wenig Zeit. Sein Team muss auf bestehende Hardware zurückgreifen, um den Prototypen fertig zu bekommen. Peddle ruft Wozniak und Jobs an. „Wir hielten Verbindung, weil sie 6502-Kunden waren. Ein Weg, die Sache schnell über die Bühne zu bringen, war, den Apple I als Ausgangsbasis zu kaufen und meinen Vorstellungen anzupassen." Wozniak verbessert seinen Computer im Laufe des Jahres 1976 schrittweise. Peddle erklärt: „Seine Definition eines Computers sprach die Leute an, die Woz kannte: Hobbyisten und Leute, die begeistert etwas besseres machen wollten. Grafik war eine der Hauptsachen." Im September bringt Wozniak Farbe auf den Bildschirm. Das ist nichts Neues, selbst für den MITS Altair gibt es einen Farbgrafik-Adapter namens *Dazzler*. Wozniaks Adapter kann vier Farben gleichzeitig anzeigen, dafür wirkt der Text unscharf. Zudem entwirft er sechs Erweiterungs-Steckplätze für seinen verbesserten *Apple* und stellt ihn damit auf eine Funktionalitätsstufe mit anderen Computern, einschließlich dem Altair und dem KIM-4-Expansionsmodul.

Im Oktober versucht Peddle, Wozniaks Technik als Basis für den geplanten eigenen Computer, den späteren PET, zu erwerben. Jobs und Wozniak sind bereit, ihr junges Unternehmen zu verkaufen. „Andre Sousan organisierte ein Meeting mit Apple, bei dem wir unsere Präsentation auf der CES besprachen", erinnert sich Peddle. Sousan und er versprechen den beiden Steves: „Wenn wir zusammen arbeiten, können wir einen Vertrag machen, zur CES fahren und erhalten ein Produkt, das unseren Anforderungen entspricht." Doch Peddle und Wozniak haben verschiedene Design-Vorstellungen. „Zwei fundamentale Dinge standen der Zusammenarbeit entgegen. Erstens: Woz schrieb einen schönen kleinen Assembler namens *Sweet 16*, der das Programmieren in Maschinensprache erleichterte." Peddle mag den Assembler, glaubt aber, er sei für die meisten potentiellen Anwender zu komplex. Er setzt auf BASIC: „Woz und ich hatten eine lange Diskussion darüber." Der zweite Streitpunkt betrifft die Spezifikationen. „Sie wollten Musik, Audio und Farbgrafik", erklärt Peddle. Ihre Vorahnung täuscht sie nicht, doch Peddle will einen einfachen Computer: „Mein Argument war, dass Grafik und Farbe zwar schön sind, aber dass sie niemand sofort einsetzen könne. Wenn ich dagegen einen grafischen Zeichensatz einbaue und erkläre, wie man ihn benützt, kann man schnell eigene Bilder erstellen." Jobs und Wozniak wollen trotz der Differenzen verkaufen, solange der Preis stimmt. Wozniak erinnert sich: „Wir fuhren zu Commodore und sprachen vornehmlich mit Sousan. Steve Jobs wollte den Apple II für eine große Summe verkaufen, hunderttausende Dollar. Er wollte auch, dass Commodore uns unter Vertrag nimmt. Es gab nichts Konkretes oder Schriftliches."

„Die Diskussionen gingen nie über ein Treffen zwischen Jack und Steve Jobs hinaus", sagt Peddle. „Jacks Ansicht nach verlangte Jobs viel zu viel für die Firma, und bezogen auf den Herbst 1976 hatte er Recht. Ich erinnere mich daran, wie er über Steve Jobs und dessen Zukunftsvision seiner Firma lachte." Tramiel will *Apple*, aber er will so wenig wie möglich zahlen. Um das zu erreichen setzt er Jobs unter Druck, indem er sein Anfangsangebot ablehnt. „Grundsätzlich hatte er sich bereits dafür entschieden, aber er versuchte, Jobs zu erpressen", erklärt Peddle. Wozniak erzählt eine andere Geschichte: „Man sagte uns, dass Chuck sein eigenes Ding durchziehen wollte und dass er es besser machen könnte als wir. Chuck riet Tramiel dazu, so wenig wie möglich zu bieten. Man sagte uns, dass Peddle hauptverantwortlich für diesen geplatzten Deal gewesen sei." Peddle bestreitet das: „Petr Sehnal und ich interessierten uns mehr für unser kurzfristiges Problem, einen Prototyp fertig zu stellen. Ich bin nicht nach meiner Meinung gefragt worden, ich fand nur, dass wir mit dem Apple-I-Board die Prototypen fertigstellen konnten."

Auch ein ehemaliger *Intel*-Angestellter wirft ein Auge auf *Apple*: „Was Jack nicht wusste, war, dass gleichzeitig auch Mike Markkula sich in die Idee eines eigenen Computers verliebt hatte. Er kam aus dem Ruhestand zurück und überschüttete Apple mit Geld, während Tramiel sie auspressen wollte. Also ging Jobs einfach", erklärt Peddle. Hätte die Fusion geklappt, sähe die PC-Welt heute anders aus. „Der Zwischenfall hatte keine Auswirkung auf eine der beiden Firmen, aber ihre Fusion hätte die Industrie verändert", meint Peddle. *Commodore* hätte den ‚Commodore Apple' veröffentlicht und Wozniak wäre einer von Peddles Ingenieuren geworden. Und noch viel wichtiger: *Commodore* hätte für nur für 100.000 Dollar einen frühen Rivalen eliminiert. Doch *Apple* gibt zu dieser Zeit noch keinen guten Rivalen ab: „Damals stieg Jack gerade erst ins Computer-Geschäft ein. In erster Linie wollte er das Ruder seiner Taschenrechnerfirma herumreißen", erklärt Peddle.

## Der Prototyp ****

Ohne *Apple* als Basis muss Peddle sich anderweitig umsehen. „Mein Kollege Sehnal arbeitete an der Westküste an Technik, die klein genug war, um in unser Gehäuse zu passen. Ein 6502 und genug Drumherum für Bildschirm- und Tastaturadapter." Peddle erinnert sich nicht mehr genau, was für Hardware das war: „Ich glaube wir begannen mit einer Steckkarte, die sie als Maschinensteuerung verkaufen wollten, und passten sie an. (...) Es hätte Bewässerungsanlagen kontrollieren können. Es war ein kleines Allzweck-Ding, das für solche Anwendungen entworfen wurde." Peddle trägt seine Idee eines Computers seit seinen Tagen bei GE mit sich.

Er will ein Mikrocomputer-System mit der vollen Funktionalität des *Dartmouth*-Systems. „Ich wollte ein professionelles Produkt, auf das man stolz sein konnte." Sein Computer ähnelt einem Mainframe-Terminal. *Hewlett-Packard* inspiriert Peddle: „HP verkaufte BASIC-Computer mit IEEE-Interface[3] für rund $5.000. Ich wollte, dass jeder glaubt wir böten einen HP für $500." Für seinen Computer entscheidet sich Peddle für ein standardisiertes IEEE-488-Interface. „Das Produkt sollte so viel wie möglich bieten: BASIC im ROM, Demo-Software und Handbücher. Es war ein System, das nach dem Einschalten sofort einsatzbereit war."

Peddle und Sehnal arbeiten im winzigen *Commodore*-Bürogebäude in Palo Alto, 901 California Avenue. „Das war das Büro von Jack und Andre Sousan. Jack war ziemlich knapp bei Kasse, als wir anfingen, weil das Taschenrechnergeschäft abgestürzt war." Sehnal ist mit der vorhandenen Hardware vertraut und deshalb wichtig für die Herstellung des Prototypen: „Petr hatte gute technische Fähigkeiten. Das lag daran, dass er früher Maschinenbauer, Elektro- und Computeringenieur war", erklärt Peddle. Zwei japanische Taschenrechner-Ingenieure runden das Team ab. „Einen nannte ich immer ‚Herrn Fujiyama', weil Jack ihn auch so nannte. Fujiyama war mehr Mechaniker als Techniker, obwohl er beides beherrschte. Er half mir sehr beim Gehäuse. Der kleine Japaner war unglaublich – Fujiyama sorgte dafür, dass Dinge funktionierten", lobt Peddle. „Der andere, Aoji, war der Techniker. Sehr gut und sehr engagiert. Nette Kollegen, mit denen man gern arbeitete."

Peddle weiß, dass das Design eines Gehäuses zeitraubend ist. Er kontaktiert Larry Hittle, der die KIM-1-Serie herstellt. Anfang November hat dieser einige Muster-Gehäuse fertig. „Ein Industrie-Designer und ein paar unserer Kumpels machten Entwürfe und halfen bei der Entwicklung", sagt Peddle. „Von einem Modell orderten wir zwei hölzerne, formschöne Prototypen."[4] Ein Courier-Terminal dient als Inspiration für das Design, wie Peddle zugibt: „Man sieht ihm an, dass es ein Terminal-Imitat ist. Es sah aus wie ein Courier-System. Die Form war sehr ähnlich."

*Commodore* will einen futuristischen Computer und die Zahl 2001 als Namensbestandteil ist nur ein Teil dieses Plans. Damals verkörpert Formplastik die Zukunft. Der glatte Look taucht überall auf, in der TV-Serie *Jetsons*, in George Lucas' Debüt *THX-1138*, im Woody-Allen-Film *Sleepers*. Eine Kontroverse um das Design gibt es mit Tramiel: „Ich konnte keine reguläre Tastatur ins Gehäuse einpassen. Mit den japanischen Ingenieuren erklärte ich Jack das Problem." Tramiel fragt Peddle, woher er wisse, dass sich der Kunde eine Schreibmaschinentastatur wünsche. Peddle gesteht, dass er es nicht wisse, worauf Tramiel vorschlägt: „Ich habe hier einen Taschenrechner ohne Zukunft, dessen Tastatur kannst du nehmen. Sie ist fertig und gehört dir." Tramiel will Commodores vertikale Integration nützen, statt eine Tastatur einkaufen. „Das zeigt Jacks Denkprozess. Er war bereit, mit einer neuen Idee zu spielen." Entgegen seiner Überzeugung folgt Peddle seinem Chef: „Ich hielt den Mund und baute es so, wie er es haben wollte."

Tramiel liefert eine gummierte QWERTY-Tastatur mit 69 Tasten, Groß- und Kleinschreibung sowie Dezimalblock. „Sie war taschenrechnermäßig und unbequem, aber sie passte", sagt Peddle. Eine Fehlentscheidung, denn aus ergonomischer Sicht ist die Tastatur für längeres

---

3) **Hewlett-Packard nennt die Schnittstelle '*General Purpose Interface Bus*' (GPIB). Der Ingenieursverband IEEE akzeptiert sie später als Standard für Minicomputer-Peripherie, Disklaufwerke und Drucker.**

4) **Über den Verbleib des Holz-Prototypen ist nichts bekannt. Leonard Tramiel meint: „Ich wünschte, ich könnte diese Maschine finden. Ich weiß nicht, was damit passierte.**

Arbeiten ungeeignet. Dabei richtet sich der Computer an Geschäftskunden, die lange Texte tippen wollen.

Peddle entscheidet sich für einen eingebauten Bildschirm: „Ein integrierter Monitor war der einzige Weg, das Gerät zu verkaufen." Doch niemand bei *Commodore* kennt sich mit Fernsehtechnik aus. „Wir kauften einen Sony-Fernseher in der richtigen Größe und passten ihn ins Gehäuse ein. Dank dem Buch meines Freundes Adam Osborne darüber, wie man Fernseher baut, schafften wir es. Wir demontierten den Fernseher und bastelten etwas für eine Präsentation zusammen."

Im Dezember 1976 lässt *Commodore* Informationen und Bilder des neuen Computers an das Fachmedium *Electronic Engineering Times* durchsickern. Im selben Monat steigt die Aktie von 4 ½ auf 7 Dollar – ein sicheres Zeichen dafür, dass der Personal Computer *Commodore*s Finanzprobleme im Taschenrechnergeschäft auffangen kann. Um Peddle zu motivieren, verspricht Tramiel ihm einen Dollar pro verkauftem Computer. Peddle akzeptiert, obwohl er an der Ernsthaftigkeit des Angebots zweifelt. Sousan sucht derweil einen Namen für den Computer. Er soll, wie schon KIM und TIM zuvor, drei Buchstaben und einen freundlichen Klang haben. Dabei inspiriert Sousan vielleicht der Commodore 776M-Taschenrechner, dessen Verpackung ihn als *Personal Electronic Calculator* ausweist. Die Bezeichnung *Personal Electronic Computer* liegt nahe, das Akronym PEC klingt aber wenig freundlich. Während Sousan seine Idee überdenkt, erleichtert eine aufkommende Modeerscheinung die Namensfindung.

Im Herbst 1976 verursacht der legendäre kalifornische Werbefachmann Gary Dahl eine Manie, indem er Steine in kleinen Haustier-Transportboxen verkauft und dazu eine Anleitung zur Aufzucht legt, das *Pet Rock Training Manual*. Innerhalb weniger Monate setzt er über eine Million Steine ab, die Box für $3,95. Sousan liebt den Namen. „Wir beide benutzten die Wörter ‚warm' und ‚flauschig'. Ich schlug vor, dass der Computer so sein sollte. Das war genau das Image, das wir haben wollten. Nachdem wir uns dafür entschieden hatten, erzählten wir einigen Leuten davon – sie mochten es", erinnert sich Peddle. Mit PET haben die Designer ein Akronym ohne Bedeutung. „Ich wies den Buchstaben eine Bedeutung zu, damit uns niemand vorwerfen konnte, die Pet-Rock-Idee gestohlen zu haben." Das Computervokabular bietet nur wenige Wörter, die mit T beginnen. ‚Typewriter' (Schreibmaschine) ist im Gespräch, doch Käufer könnten fälschlicherweise an eine elektrische Schreibmaschine denken. Den Vorschlag ‚Terminal' lehnt Peddle ab, weil das eine hirnlose Bildschirm-Tastatur-Kombi impliziere. Schließlich kommt Peddle auf ‚Personal Electronic Transactor': „Ich arbeitete davor mit intelligenten Terminals, ‚Transactions' war ein Begriff aus diesem Bereich. Es passte nicht ganz, aber es passte zu meinem beruflichen Hintergrund." Sousan besteht auf einem futuristischen Namen. Der Film *2001: Odyssee im Weltraum* (1968) verkörpert die Zukunft: „1977 war das die Zukunftsvision, über die jeder sprach, denn damals gab es noch keinen Krieg-der-Sterne- und keinen Star-Trek-Kinofilm. Wenn man zurückblickt sieht man, dass 2001 damals eine erfolgreiche Zukunft implizierte." Sousan hängt dem PET die Zahl 2001 an. „Es war abgekupfert", sagt Peddle, Picassos geflügelte Worte „gute Künstler kopieren, große Künstler stehlen" bestätigend.

Unmittelbar vor der CES-Messe hat das Team wenig Vorzeigbares. „Wir waren Hacker. Wir hatten zwei Monate Zeit und dabei kam absoluter Mischmasch raus. Wir stopften alles in ein

Gehäuse und nichts funktionierte", sagt Peddle. Die Situation ist kritisch: „Jack hatte klargestellt, dass er das Projekt stoppen würde, falls wir es nicht schaffen sollten. Das war großartig. Ich liebe Herausforderungen. Wenn man mich beleidigt, spornt mich das nur noch mehr an." Das Team bucht einen Flug zur CES – ohne funktionierenden Computer. Tramiel will den PET zusammen mit den Taschenrechnern an seinem Stand präsentieren, aber ein Bug verursacht Probleme beim Start des Computers. Leonard Tramiel erinnert sich: „An das Entwicklersystem angeschlossen, funktionierte alles einwandfrei, aber sobald wir den Prozessor einsteckten, war es vorbei." Weil John Roach von *Radio Shack* den Computer am letzten Tag der Show begutachten möchte, steht das Team unter enormem Druck, den Fehler zu beheben. „Wir hatten eine Suite und ich arbeitete den ganzen Tag mit zwei Gruppen von Ingenieuren. Pro Tag schlief ich vielleicht ein, zwei Stunden", meint Peddle.

Auf der CES hält Tramiel nach Konkurrenz Ausschau. Die Disco-Ära erreicht in diesem Jahr ihren Höhepunkt, Besucher mit Schlaghosen belagern die Stände. Firmen benutzen Disco-Kugeln und Lichtorgeln, um auf sich aufmerksam zu machen, während sie aktuelle Tanz-Hits spielen. Nach seinem Rundgang ist Tramiel beruhigt: niemand sonst bietet einen Computer an.

Während der Show suchen die ausgelaugten Ingenieure nach der Fehlerquelle. Inmitten des Tumults verharrt Peddle einen Moment: „Ich werde mich immer an dieses Bild erinnern. Ich saß dort, der Computer funktionierte fast, und ich sah über den See von Chicago. Es war eiskalt und der See war in einen frostigen Nebel gehüllt. Der Sonnenaufgang sah fantastisch aus – ich werde diesen Seeblick immer im Gedächtnis bewahren." Der Sonnenaufgang erweist sich als gutes Omen. „Am letzten Tag der Show fanden wir den Fehler. Es war ein mikroskopisch kleiner technischer Fehler, der aber leicht zu beheben war", erinnert sich Leonard Tramiel.

Der Computer funktioniert, doch ein neues Problem wird sichtbar: „Wir wussten kaum etwas über den TV-Bildschirm: Am Tag bevor wir ihn Roach zeigen wollten, lief das verdammte Ding zwar, aber das Bild stand auf dem Kopf! Wir wussten nicht, wie wir das beheben sollten, also lasen wir im Buch von Osborne nach und schließlich schafften wir es", sagt Peddle.

Die Zukunft des PET hängt vom Treffen mit *Radio Shack* ab. „Am letzten Tag der Show brachte Jack John Roach zur Suite. Ich sah ihn zum ersten Mal." Roach ist im Begriff, die Karriereleiter hinaufzusteigen, 1977 aber noch weitgehend unbekannt. „John war damals nicht der Kopf von Radio Shack. Er war Geschäftsmann und bekam zufällig den Auftrag, sich nach einem funktionierenden Computer umzusehen", erinnert sich Peddle.

Nervös enthüllt Peddle seinen Computer. „Ich zeigte ihm das Ding, prinzipiell funktionsfähig und recht interessant. John sagte: ‚Es funktioniert zwar nicht einwandfrei, aber ihr habt clevere Leute hier. Ich kenne euer Unternehmen und ich weiß, dass ihr es schaffen werdet. Lasst uns über einen Vertrag sprechen.' " Der Deal hätte dem PET sofortigen und weitreichenden Vertrieb durch *Radio Shack* gesichert. Außerdem erhofft sich Tramiel eine große Taschenrechnerbestellung. „Jack wollte im Gegenzug ein großes Zugeständnis für seine Taschenrechner. Das war ein Fehler und Roach überdachte sein Angebot. Er kam zu der Überzeugung, dass sie es selbst machen konnten, weil er wusste, dass wir nicht lange daran gearbeitet hatten." So vertreibt Radio Shack letztlich keine *Commodore*-Computer – ein harter Schlag für Peddle und seine Leute. „Er flog zurück nach Dallas und stellte ein Team für den Radio-Shack-Computer zusammen." Peddle bangt um seinen Traum. Glücklicherweise sieht Tramiel den plötzlichen Kursanstieg seines Unternehmens und zieht die richtige Schlussfolgerung. „Wir kamen von der Show zurück und Jack meinte: ‚Ihr habt Euch abgemüht und etwas auf die Beine gestellt. Daher habe ich beschlossen, das Projekt zu verwirklichen.' " Ein aufbauender Moment für Peddle, der in den vergangenen Monaten unermüdlich arbeitete.

Im Januar 1977 kündigt *Commodore* als erstes Unternehmen einen Computer für den Massenmarkt an und will ihn im April auf der *West Coast Computer Faire* enthüllen. Die Spezifikation übertrifft alle Erwartungen: Integrierter Monitor, Tastatur und Kassettenlaufwerk, BASIC und 4 KB frei programmierbarer Speicher für $495. Die Ankündigung löst eine Schockwelle in der Computerbranche aus. Kein anderes Unternehmen bietet ein vergleichbares Preis-Leistungsverhältnis, die meisten Geräte kosten mehrere Tausend Dollar, z.B. der *Cromemco* Z-1, ein S-100-kompatibler Computer für $2.495 ohne Tastatur und Bildschirm. Hobbyisten fieberten diesem Moment seit der Übernahme von *MOS Technology* durch Commodore entgegen. Dan Fylstra, KIM-1- und PET-Besitzer, beschreibt die Situation 1978 in der Februarausgabe der Zeitschrift *Byte*: „Commodore Business Machines Inc, ein bekannter Taschenrechnerhersteller, erschreckte die Personal-Computer-Industrie durch die Ankündigung des PET (...) Die Ankündigung wurde mit Enthusiasmus und Skepsis aufgenommen, denn Commodore verwandte offenbar neueste Technik in Herstellung und Vertrieb."

Bis zur Sommer-CES will Tramiel ein fertiges Produkt und gibt Peddle die nötigen Ressourcen, um sein Team zu erweitern: Die Firma baut ihre erste Computer-System-Abteilung auf. Peddle will Bill Seiler, den begeisterten Hardware-Hacker aus Florida: „Seiler war ein Hippie: lange Haare, fuhr ein schrottiges kleines Auto, spielte in einer Rock-Band". Seiler ist in verschiedene Hardware-Projekte involviert: „Er war ein Blue-Boxer", sagt Peddle und meint damit die illegale Praxis, mittels eines elektronischen Tricks Telefongespräche zu ergaunern. „Er wurde sogar verhaftet, weil er eine Blue Box hatte. Er war durch und durch ein Hobbyist und Einzelgänger." Seiler schreibt sich beim *Homebrew Computer Club* ein. „Die Jungs trafen sich im SLAC [Stanford Linear Accelerator Center]. Wozniak war dabei, Gordon French – eine Menge Leute", erklärt Peddle. Seilers einziger Bekannter an der Westküste ist Peddle, somit ist der HCC eine willkommene Abwechslung nach der Arbeit.

Ein weiterer Neuzugang im PET-Team ist Leonard Tramiel, Jack Tramiels zweiter Sohn, der schon bei der Winter-CES dabei war. Er ist 23 Jahre alt und hat gerade sein Physik-Diplom an der *Columbia University* abgeschlossen: „Im Frühsommer 1976 hatte ich meinen Universitätsabschluss", erinnert er sich. „Danach nahm ich mir eine Auszeit bis Mitte 1977." In dieser Zeit überdenkt er seine Zukunft, was ihn in Konflikt mit seinem Vater bringt. „Leonard liebt seinen Vater, aber ironischerweise gab es eine Zeit, in der sein Vater ihn nicht liebte", meint Peddle. Leonard Tramiel mag Physik und strebt eine Dissertation an. „Sein Vater dachte, das sei ein Fehler, also übte er finanziellen Druck auf Leonard aus, der mit der Astrophysik liebäugelte. Väter machen so was ständig", sagt Peddle. Jack Tramiel verweigert Leonard die Studiengebühren. „Leonard ist ein lustiger Kerl, sehr sanftmütig und sehr erfinderisch. Jack war definitiv nicht sanftmütig. Das war in gewisser Weise Leonards erste Rebellion und ich half ihm." Peddle holt

Leonard ins PET-Team: „Leonard war für die Qualitäts-Kontrolle zuständig. Er stand unserer Arbeit kritisch, aber fair gegenüber, entlarvte unsere Fehler und bestand auf deren Beseitigung. Ich gab ihm die Rolle des internen Test-Anwenders. Jack drohte, mich deswegen zu feuern. Er hasste mich nicht, aber er legte mir Steine in den Weg. Ich setzte Leonard auf die Gehaltsliste und er kam durch den Sommer, Jack konnte keinen Druck auf ihn ausüben." Vermutlich ist Vater Tramiel trotz allem froh, seinen Sohn in der Firma zu haben.

Peddle plant ein besseres Design für den PET. „Es war ein kleines Team. Chuck war ein heller Kopf und wusste, was der Computer können sollte. Er erklärte es uns und wir setzten es um. Das Design war vergleichsweise simpel", erinnert sich Leonard Tramiel. Die Ingenieure entwerfen ein Schaltbrett voller ICs und Prozessoren: „Wir bauten zwei oder drei Prototypen", sagt Peddle. Das Herz des PET besteht – wie das des KIM-1 – aus einem MOS 6502-Prozessor mit 1 MHz. Daneben befinden sich acht Sockel für RAM-Chips. Peddle verwendet statisches RAM (SRAM), MOS 6550 mit 512 Byte Speicher. Doch MOS stellt keine zuverlässigen RAM-Chips her: „Wir versuchten uns an RAM, aber das ist eine echte Spezialität. Wir bekamen es nie richtig hin", erinnert sich Peddle. Er konzipiert den PET als geschlossenes System ohne Erweiterungsplätze. Peripherie wird über die IEEE-488-Schnittstelle des Computers angeschlossen. „Das brachte Commodore viel Geld", sagt Peddle. Mit dem IEEE-Interface können Anwender bis zu 15 Peripheriegeräte anschließen.

Seiler überarbeitet die provisorisch auf der CES zusammengeschusterte Video-Elektronik, um die Kathodenstrahlröhre zu kontrollieren und den Text 60 mal pro Sekunde anzuzeigen. Der PET beinhaltet alle 128 Zeichen des ASCII-Standards, plus 128 zusätzliche Grafiksymbole. Anwender nennen den Zeichensatz später PETSCII. „Ich mochte diese Bezeichnung nie, da es kein Standard war. Der Teil des PETSCII, der sich mit ASCII deckte, war Standard, der Rest nicht", erklärt Leonard Tramiel, der die Symbole durch Herumexperimentieren festlegt: „Während der Entwicklung des PET erstellte ich den Großteil der Grafikzeichen." Sein Test ist die Konvertierung eines beliebten KIM-1-Spiels, **Lunar Lander**: „Daran arbeitete Leonard voller Stolz. Wir druckten das Programm in jedem Buch über den PET", erinnert sich Peddle. Die meisten der Grafiksymbole – Pfeile, Linien, Winkel – sind per Direkteingabe verfügbar. „Es war eine sehr nützliche und flexible Art der Grafikerstellung", sagt Leonard Tramiel. Der PET benötigt 2 KB für alle Zeichen. Peddle implementiert einen zweiten Text-Modus, der anstelle der Grafiksymbole Groß- und Kleinschreibung darstellt. Das verbraucht weitere 2 KB Speicher. Peddle verwendet einen 6540-ROM-Chip der *Commodore Semiconductor Group* für den gesamten Zeichensatz. „Eines der Dinge, die meinen Computer möglich machten, war das Aufkommen starker ROMs. MOS war gut darin. Die ROMs erlebten einen Durchbruch bezüglich ihrer Dichte. Wir konnten Betriebssystem, BASIC und vieles mehr auf einem ROM-Chip speichern, ähnlich wie die heutigen Flash-Speicher. Das hatte vor uns noch keiner gemacht."

Nach der CES verfeinern *Commodore*-Ingenieure über Monate das 6502-BASIC mit *Micro-Soft*. „Wir testeten, Micro-Soft übernahm die Fehlerbehebung. Als Tester hatte ich wenig mit den Leuten bei Micro-Soft zu tun; das machte meistens Chuck", erinnert sich Leonard Tramiel. Ray Holt, Entwickler der SYM-1- und JOLT-Computer, ist Beta-Tester für *Micro-Soft* BASIC.

Den 9"-Bildschirm von *Sony* wählte Peddle völlig willkürlich; doch da er so perfekt ins

Gehäuse passt, schließt *Commodore* einen Liefervertrag. Jack Tramiel verlässt sich dabei auf Fujiyama und Aoji: „Sie waren die japanischen Verhandlungsführer und halfen, den Deal mit Sony auszuarbeiten", erinnert sich Peddle. Die beiden zeichnen auch für die Wahl des *Sanyo*-Kassettenlaufwerks verantwortlich: „Wir kauften ein japanisches Gerät, schraubten es auseinander und sahen uns die Signale an", erklärt Peddle. Er programmiert den Code für den Kassettenzugriff mit demselben ICE-Entwicklersystem, mit dessen Hilfe er den ersten *Apple*-Rechner zum Laufen brachte. „Ich saß da, mit einem Entwicklersystem und meinem Oszilloskop, und schrieb den Code", erinnert sich Peddle. „Da steckt Cleverness drin, es funktionierte besser als andere Kassettenlaufwerke und hatte sogar eine Fehlerbeseitigung." Leider bleibt sein Code undokumentiert: „Das Problem war, dass mein Entwicklersystem nicht ausreichend Speicher für Randbemerkungen hatte. Ich habe sie mir irgendwo aufgeschrieben, aber der Code wurde buchstäblich auf einer Maschine mit einem Oszilloskop geschrieben und blieb undokumentiert." Dieses Manko bereitet *Commodore*-Ingenieuren noch Jahre später Kopfzerbrechen.

Der fertige PET hat ein einfaches, modulares Design: Auf dem Mainboard befinden sich Anschlüsse für Monitor, Tastatur und Kassettenlaufwerk, das Aufrüsten der Tastatur ist möglich. Vor der Serienproduktion wird Tramiel das Design jedoch entscheidend verändern.

## Die Geburt einer Industrie ****

Seine Premiere feiert der PET im März 1977 auf der *Hannover-Messe*. „Dort wurde er noch im handgeschnitzten Holzgehäuse präsentiert", erinnert sich Peddle, der nicht dabei ist: „Jack dachte, ich hätte für so was keine Zeit." Stattdessen enthüllt Leonard Tramiel dort den Computer, ist über seinen Hannover-Trip aber nicht erfreut. „Das Produkt funktionierte nicht richtig und er musste bei den Taschenrechner-Jungs herumstehen." In den Vereinigten Staaten wird *Commodore* den PET erst einen Monat später präsentieren: Jim Warren, der Herausgeber des *Dr. Dobb's Journal*, kontaktiert Peddle kurz nach der Winter-CES. ‚Big Jim' ist ein großer, bärtiger Computer-Hobbyist, der eine Mikrocomputer-Messe plant. „Ein lustiger Kerl: Er träumte von dieser Idee, kam zu uns und verlangte für einen Stand recht wenig. Er wusste, dass wir gerade erst am Anfang waren." Warren würde an den Eintrittskarten verdienen: „Er verlangte von jedem $25 für den Besuch von etwas, das eigentlich nur ein Computergeschäft war."

Warrens *West Coast Computer Faire* (WCCF) findet vom 15. bis 17. April 1977 statt und ist das erste große Zusammentreffen von Hobbyisten und Mikrocomputerherstellern. Viele sehen darin die Legitimation der kommenden Computerindustrie. „Ein Meilenstein in der Welt der Personal Computer. Jim Warren verdient Anerkennung dafür", sagt Peddle. Keiner der Großrechnerhersteller ist vertreten und *Commodore* somit das Schwergewicht der Messe, von dem die Konkurrenz einen Blick auf den vielgelobten PET-2001 erwartet. Vor der WCCF wird Warren zur Promo-Maschine und erstellt Flyer mit der Überschrift: „Du kannst ein Teil davon sein." Die Anzeige erscheint auch in Fachpublikationen wie *Byte* und *Dr. Dobb's Journal*.

Die Show findet in der Stadthalle von San Francisco statt und öffnet am Freitag, dem 15. April, ihre Tore: „Das war ein wichtiger Moment in der Geschichte", meint Peddle. Hobbyisten stürmen die Messehalle. „Die Warteschlange vor dem Gebäude war phänomenal". Besucher erhalten eine eindrucksvolle, 42seitige Schwarz-Weiß-Broschüre mit Glanzeinband und Beschreibungen der Präsentationen. Zudem bekommt jeder eine braune Tragetasche für Prospekte. „Warren hatte recht: die Leute wollten ein Teil sein, jeder wollte dazugehören. Es wurde viel darüber berichtet, jetzt sollte endlich etwas passieren." In der Halle geht es chaotisch zu: Warren erwartet zwischen 7.000 und 10.000 Besuchern, tatsächlich kommen 13.000. Samstag ist der Höhepunkt der Messe, unzählige Leute wedeln an den durch orangene Vorhänge abgetrennten Ständen mit Dollarnoten. „Es war ein wenig wie Woodstock. Alle trugen Jeans, weit und breit kein Anzug. Das waren die Jungs mit den dicken Brillengläsern und den Linealen in der Brusttasche. Das war ihr Ding", erinnert sich Peddle, der einen modischen Freizeit-Anzug trägt. Sein Bild erscheint später in der Zeitschrift *Personal Computing*, was ihn heute sehr ärgert: „Auf dem Bild trug ich diesen kitschigen Anzug, wog 114 Kilo und war völlig aus der Form."

Neben dem Lärm der Menge tönen merkwürdige Klänge durch die Halle – Computermusik! Der perfekte, fehlerfreie Rhythmus zieht die Zuhörer in seinen Bann, obgleich die Tongeneratoren nach heutigen Standards primitiv sind. Es gibt sogar frühe Demonstrationen von Spracherzeugung, jedoch fast unverständlich artikuliert. Andere Stände bieten Besuchern die Möglichkeit, ihr Bild zu digitalisieren und auszudrucken. Ein junger Künstler bietet Computerbilder für sage und schreibe $650 pro Ausdruck an.

Bei der ersten WCCF geht es ebenso ums Geld wie um das Kennenlernen einer neuen, spaßigen Seite der Computerei. Organisator Warren saust mit einem Funkgerät am Ohr auf Rollschuhen durch die Halle, überall dorthin, wo er gebraucht wird. Viele Computernutzer sind Science-Fiction-Fans und zeigen es: wenigstens drei unlizenzierte **Star Trek**-Spiele finden sich an unterschiedlichen Ständen. Sie sind nicht besonders anspruchsvoll, vermitteln aber anschaulich die Möglichkeiten von Computern. Besucher können in die Rolle des Enterprise-Captains schlüpfen und ihrer Crew Befehle geben. Obwohl sie oft ein „Ich fürchte, Ihr letzter Befehl ergibt keinen Sinn, Captain!" als Antwort erhalten, reizen die frühen Spiele zur Interaktion.

In den Ecken der Festhalle finden unorthodoxe Präsentationen statt. Ted Nelson, Autor des revolutionären Buchs *Computer Lib*, hält eine leidenschaftliche Rede über Software: Sein Buch von 1974 prophezeit Computernetzwerke und vernetzte Bibliotheken. In der Mitte der Halle stellen die größeren Unternehmen aus, darunter *Commodore* mit ihrem Mr. *Calculator*-Stand, ferner *Processor Technology*, IMSAI, MITS, *Sphere*, *Cromemco*, *Digital Research* und *Byte Publications*. Die Besucher drängen von Stand zu Stand und füllen ihre braunen Papiertüten mit Prospekten. Viele von ihnen entscheiden hier, welchen Computer sie kaufen werden.

Im Zentrum des Chaos steht Peddle mit seinem PET, dessen Preis mit $595 höher ist als ursprünglich vorgesehen: „Wir brachten die Prototypen auf der WCCF zum Laufen." Der PET startet fehlerfrei und kann BASIC-Programme ausführen, aber das Design wird sich noch ändern. Äußerlich beeindruckt der PET gegenüber dem Kabelsalat und Platinenkonstruktionen der Konkurrenz, den Besuchern gefallen die sanften Rundungen des Gehäuses. Viele meinen, dass ein Computer exakt so auszusehen habe. Halbstündlich führt Peddle den PET einem interessierten Publikum vor: „Um einen Markt für Computer zu schaffen, erklärten wir den Leuten, wozu sie ihn brauchen. Wir erzählten ihnen, sie könnten damit Schecks ausstellen, und so." Peddle prophezeit den Besuchern, „dass sie nicht nur einen Computer haben werden, sondern zwei oder drei." Und das in einer Zeit, als die meisten Leute noch gar keinen Computer besitzen.

„Sie dachten ich wäre total durchgedreht." Heute nutzen wir einen Computer in der Arbeit, unterwegs ein Notebook oder einen Pocket-PC, daheim einen Desktop-Rechner und womöglich noch einen Spiel-PC für die Kinder. Peddle schließt seine Präsentation mit einem Denkanstoß: „Wir wollten Ideen in die Köpfe der Leute pflanzen. Ein großes Publikum entlässt man mit einem Satz, den es nicht vergisst. Ich sagte ihnen, dass die Computerei so lebensnotwendig sei wie Sauerstoff oder Wasser." Wo stehen Computer in Peddles Hierarchie? „Gleich hinter Sex", gesteht er. „Wer verrückt nach Computern ist, benutzt sie täglich – ob er will oder nicht."

Zwischen den Präsentationen begutachtet Peddle die Konkurrenz, und sieht den Apple II. „Steve Jobs konzentrierte sich auf ein wirklich nettes Gehäuse. Sehr sauber verarbeitet." Sonst hebt sich der Apple II kaum von anderen Computern ab, er bietet weder Groß- und Kleinschreibung noch Cursor-Tasten. *Apple*-Benutzer müssen die Escape-Taste zusammen mit einem Buchstaben drücken, um den Cursor in eine bestimmte Richtung zu bewegen. Der Monitor des Apple II zeigt zufällige Buchstaben, Symbole und Farbblöcke. Um beginnen zu können, muss der User den Reset-Taster oben rechts an der Tastatur betätigen. Dann erscheint ein Sternchen in der oberen linken Bildschirmecke als Indiz für den Maschinensprache-Modus. Um zum BASIC zu gelangen, drückt man Ctrl+B. Verglichen mit dem PET ist das nicht benutzerfreundlich.

Die Messe bringt Peddle kostenlose Publicity: „Die ersten Computer-Magazine standen gerade in den Startlöchern. Wenn Woodstock die Rockmusik und all das zusammenführte, brachte diese Messe gewissermaßen Rechner-Hersteller und deren Kunden zusammen und stellte klar, dass das eine echte Industrie war." Ein Redakteur der *Personal Computing* bringt eine Artikelserie, in der er die Anfänge der Industrie detailliert darlegt. „Er machte seine Sache gut", findet Peddle, der auf der Messe Interviews gibt und einige realistische und einige gewagte Prognosen abgibt: „Ich machte bestimmte Aussagen über die Zukunft der Industrie und darüber, was Computer leisten können. Der Interviewer fragte noch eine Menge andere Leute: ‚Wird das eine richtige Industrie?', und alle sagten: ‚Ja, das wird es.' " Der Artikel wird unter dem Titel *Die Geburt des Personal Computers* veröffentlicht und nennt Peddle den ‚Vater des Personal Computers'. „Das Titelbild zeigte einen Kreissaal, in dem ein Baby zur Welt gebracht wird: es ist der PET", erinnert sich der stolze Vater.

Jahre später zeichnen *Apple*-Revisionisten ein anderes Bild der Messe mit einem triumphalen Erfolg für die beiden Steves[5]. Michael S. Malone schreibt dagegen in *Infinite Loop*, dass andere Hersteller einen stärkeren Eindruck auf die Besucher machten. Zeitgenössische Magazine unterstreichen seine These, allen voran *Byte*, das *Apple* im Messebericht gar nicht erwähnt. Computer-Interessenten stehen vor einer schwierigen Wahl. Einer der entscheidenden Faktoren ist der Preis; hier kann *Commodore* klar gegenüber dem mit $1.298 mehr als doppelt so teuren Apple II punkten, der ohne Monitor und Kassettenlaufwerk spartanisch wirkt.

Drei Computer-Giganten werden nach der WCCF den Markt bis in die 80er Jahre dominieren. „Vor der Messe war ich mir nicht sicher, ob Jack nicht doch alles abblasen würde. Aber er war dort, sah die langen Schlangen vor den Ständen und meinte: ‚Das ist ein Geschäft, in dem ich mitmischen werde.' Er stand voll hinter dem Programm", erinnert sich Peddle. Tramiel ist nicht der einzige, der die Zeichen erkennt: „John Roach sah sich die Messe an und sagte: ‚Ich

5) So zeigt der TV-Film *Die Silicon Valley Story* (1999) z.B. eine Menschentraube um den Apple-Stand, während die restlichen Stände verwaist sind.

werde daraus ein Geschäft machen.' Er flog zurück und stellte seinen Computer fertig, den er noch im selben Jahr auf der East Coast Show in New Jersey präsentierte."

„Die Firma Apple hatte ihre, wir hatten unsere Prototypen dort. Das war die Geburtsstunde des Personal Computers. Vorher versuchten alle, diesen Punkt zu erreichen. Aus dem Nichts beweist Warren, dass es dafür einen Markt gibt, indem er die Techniker zusammenbringt. Das war ein sehr wichtiger Deal", fasst Peddle zusammen.

## Der Commodore-Fluch, zweiter Teil ****

Mitten im Erfolg schlägt der *Commodore*-Fluch wieder zu. Andre Sousan hatte *MOS Technology* und den 6502 ausfindig gemacht, den ersten Personal Computer mitinitiiert, Peddle angeworben und dem PET seinen Namen gegeben. Dann kam der Bruch. Peddle zufolge war eine Trennung zwischen Sousan und Tramiel unvermeidlich. „Andre war Jack gegenüber loyal. Aber Jack geriet mit Andre aneinander, denn Andre war geradlinig. Viele andere um Jack waren verschlagen." Sousan spielt fair: „Er hatte einen klaren Verstand, den er auch benutzte – trotz seiner Nähe zu Jack. Ich bin mir sicher, dass er einige Male bei Verträgen schlecht dastand, weil Tramiel sie machte." Der Auslöser für den Streit ist unbedeutend. „Andre und Jack stritten sich wegen des Taschenrechnergeschäfts. Andre verteidigte seinen Standpunkt und Jack sagte, er solle verschwinden", meint Peddle. Das ist das Aus für Sousan bei *Commodore*. „Der Mann war völlig loyal und strukturierte sein Leben um Jack." Jetzt ist er der Konkurrenz eine große Hilfe: „Er ging praktisch über die Straße zu Apple und sagte: ‚Ich will im Personal-Computer-Geschäft sein, aber sicher nicht mit Commodore.' " Steve Wozniak erwähnt das Treffen mit Sousan später in einem Interview mit dem *Failure Magazine*: „Commodores leitender Ingenieur, Andre Sousan, unterhielt sich mit uns. Er glaubte an uns und verließ Commodore für Apple."

Zu dieser Zeit sucht *Apple* nach Investoren und hat keinen Vermarktungsplan für Europa. „Markkula wusste nichts über Europa. Niemand außer Andre wusste etwas darüber." Peddle glaubt, dass Sousan genügend Geld aus seinen Tagen bei *Commodore* hatte: „Er verdiente sehr gut. Er ging zu Apple und sagte: ‚Ich investiere in die Firma, wenn ich die Vertriebsrechte für Europa bekomme.' " *Apple* akzeptiert Sousans Angebot: „Es war genau der richtige Zeitpunkt für ihn, denn Apple fing gerade erst an und sie wollten jemanden für Europa."

Der Börsengang von *Apple* 1980 ändert die Lage: „Apple kam runter und war bereit, sich zu öffnen. Sie warfen einen Blick auf ihr Unternehmen und fanden einen Mann mit allen Rechten für alle Geräte für den Rest seines Lebens in Europa. Sie meinten: ‚Das wollen wir nicht in unseren Prospekten', und fragten ihn: ‚Was können wir Dir geben, damit Du abtrittst?' " Sousan will Aktien. „Ich glaube, er bekam genau so viele Aktien wie Jobs und Markkula. Er hatte sie in der Hand und er verdiente jeden Pfennig. Er gab ihnen Geld und Rückhalt, als sie es brauchten, und ermöglichte das Europa-Geschäft", kommentiert Peddle. Für Sousan ist der Weggang von *Commodore* das Beste, was ihm passieren konnte: „Jack entließ ihn und der Mann machte Hunderte Millionen." Die Kündigung macht dagegen Tramiel zu schaffen, der es mit dem P.E.T.[6] nicht schafft, auf dem französischen Markt Fuß zu fassen.

---

6) **Das Wort ‚pet' hat eine völlig andere Bedeutung im Französischen. „Andre wusste, dass pet Furz bedeutet", erklärt Peddle. „In Frankreich hieß der Computer deshalb P.E.T." Doch die ungute Assoziation bleibt und behindert dort Commodores Marketing.**

# KAPITEL 4

# Die Veröffentlichung des PET



1977 - 1978

Die *West Coast Computer Faire* weckt Jack Tramiels Instinkt fürs Personal-Computer-Geschäft. Da *Commodore* nur knapp die Taschenrechnerkriege überlebt, wendet er jede Taktik und jedes Talent zur Eroberung des neuen Marktes an: Einfallsreichtum, Cleverness, Flexibilität, Verschwiegenheit, Schnelligkeit, Marktposition, Überraschung, Täuschung und Manipulation. Jede Firma, die nicht gegen Tramiel gewappnet ist, wird aus dem Weg geräumt.

## Die Fertigstellung des PET ****

Gegen Ende des Hardwaredesigns benötigt Peddle einen Software-Ingenieur für die System-Architektur. Da es unwahrscheinlich ist, dass er wieder zufällig auf einen fähigen Ingenieur wie Seiler trifft, greift Peddle auf eine bewährte Quelle zurück: „Bei meiner ersten Unterrichtsstunde bei Motorola saß ganz hinten ein Mann. Er stellte sich als Dr. Roger Camp von der Iowa State University vor." Nach der Stunde unterhalten sich die beiden. Camp hat Forschungsurlaub: „Er war Professor und wir freundeten uns an." Nach seinem Weggang von *Motorola* hält Peddle den Kontakt zu Camp. „Ich rief ihn an und sagte, dass ich an einem Personal Computer arbeite." Camp kennt das PET-Projekt und behauptet, den perfekten Mann dafür zu haben. „Er rief diesen Mann an, doch der meinte: ‚Ich wechsel am Wochenende zu IBM.' Roger Camp sagte: ‚Geh' nicht, bevor Du [Peddle] kennengelernt hast. Er ist verrückt, aber du wirst seine Arbeit mögen.' " Als John Feagans in Kalifornien ankommt, überzeugen ihn Peddle und Seiler, nicht zu IBM zu gehen: „Seiler und ich setzten uns mit ihm zusammen und erklärten unsere Arbeit", sagt Peddle. „Drei Wochen später rief IBM Camp an und meinte: ‚Wir sind sehr verärgert über John Feagans. Wir fürchteten schon, er sei entführt worden.' Roger Camp antwortete: ‚Nun, in gewisser Weise trifft das zu' ", amüsiert sich Peddle. „Danach schickte mir Roger jährlich seinen cleversten, verrücktesten Studenten."

Obwohl Feagans einsiedlerisch ist, entspricht er Peddles Ideal eines Ingenieurs: „Er vertiefte sich voll in seinen Code, verbrachte all seine Zeit damit. Er war anderen gegenüber freundlich, wenn auch distanziert. Er schrieb das System, das alles zusammenhielt."

Der PET verfügt über wesentlich mehr Funktionen als der KIM-1. Das ROM ist umfangreich und schlummert in sieben 6540-Chips. Feagans' Aufgabe ist es, BASIC-Editor, Dateibefehle, Zeichensatz und andere Untersysteme nahtlos in einem Betriebssystem zusammenzufügen. Er programmiert zudem eine 1 KB kleine Diagnose-Routine ins ROM, die einer späteren Funktionsprüfung dient. Die Routine verdrängt Peddles Assembler. Da der Chef-Ingenieur ohnehin die Meinung vertritt, Maschinensprache sei für 90% der Benutzer zu komplex, ergeben sich daraus keine Schwierigkeiten; in Amerika liefert *Commodore* den Assembler auf Kassette nach.

Verglichen mit Apples Zeichenwirrwarr ist die Einschaltmeldung des PET eher freundlich: *** COMMODORE BASIC *** strahlt dem Benutzer entgegen. Darunter wird der verfügbare

Speicher angezeigt. Seine Betriebsbereitschaft signalisiert der PET durch einen blinkenden Cursor unterhalb der Angabe „READY".

Während der hektischen Zeit kämpft Peddle mit gesundheitlichen Problemen: „Meine Gallenblase musste entfernt werden." Der Arzt will Peddle jedoch erst operieren, wenn er 20 Kilo abgespeckt hat. „Er brachte mich zum Joggen und veränderte mein Leben." Bill Seiler begleitet den Ingenieur auf seinen Lauftouren über den nahen Campus der *Stanford University*. Angeregte Unterhaltungen bringen die beiden außer Atem.

Peddle erfährt später, dass für die PET-Entwicklung kaum Geld zur Verfügung stand. „Commodore hatte ernste finanzielle Schwierigkeiten, als wir mit dem PET begannen. Die Taschenrechner brachen ihnen fast das Genick. Natürlich gab Jack nicht zu, dass er pleite war." Das Plastikgehäuse des Computers ist eines der teuersten Teile. Seine sanften Rundungen heben den PET von der Konkurrenz ab und *Commodore* hätte sich durch Rechner mit Stil profilieren können. Doch Tramiel, der eine Büromöbelfabrik in Toronto besitzt, will ein Metallgehäuse. Peddle akzeptiert den Eingriff schweren Herzens. „Wir flogen dorthin, um uns mit den Jungs zusammenzusetzen. Sie überzeugten Jack – und er sich selbst –, dass sie es genau so schön wie mein Gehäuse gestalten könnten. Aber das schafften sie nicht", beklagt Peddle. „Die Kanadier fragten, welche Farbe ich wollte. Ich sagte: ‚Keine Ahnung, eine helle Farbe vielleicht.' Jack meinte: ‚Wir können jede Farbe haben.' Also bauten wir 25 Gehäuse in 10 verschiedenen Farben. Es gab schwarze, rote und gelbe." Den Monitor und das Tastaturfeld eines Modells schmücken Holzzierleisten, ein gängiges Aussehen für 70er-Jahre-Elektronik. „Letztlich blieb uns die Wahl zwischen hellblau und weiß", sagt Peddle. Das Ineinandergreifen seiner Geschäftszweige entspricht Tramiels Vorstellung vertikaler Integration. „Das Büromöbel-Geschäft lief nicht so gut, also nutzte er es anders. Deswegen ist der PET aus Metall." Die Zugeständnisse hinsichtlich Tastatur und Gehäuse frustrieren Peddle: „Ich wollte etwas freundliches, kuscheliges, mit dem man die Nacht verbringen wollte. Daher mochten wir Metall nicht sonderlich."

Ähnlichkeiten zwischen dem PET 2001 und *2001: Odyssee im Weltraum* hält Peddle für zufällig. Dennoch sind Parallelen nicht von der Hand zu weisen: die trapezartige Form des Computers und des Raumschiffs des Science-Fiction-Klassikers mitsamt seiner Bildschirme; die Tastatur des PET mit zahlreichen blau-roten Tasten und die Eingabegeräte im Film, auch die gitterartige Anordnung der Tasten und ihre Beschriftung entsprechen Kubricks Werk. Zufällig oder nicht, die Wirkung auf Käufer ist eindeutig. Richard Mansfield, Redakteur der *Compute!'s Gazette* und PET-2001-Besitzer, beschreibt den Computer als ein „liebenswertes, futuristisches Werk: ein elegantes graues Gehäuse, eine glänzende Tastatur und ein 9-Zoll-schwarz-weiß-Monitor, der wie der Eingang zu einer Raumstation über allem thront." Peddle erklärt, dass niemand den Film adaptieren wollte: „Wir haben 2001 nicht kopiert und hatten ihn schon lange nicht mehr gesehen. Vermutlich suchten wir uns einfach beide dieselbe, verbreitete Schriftart aus." An einen reinen Zufall zu glauben, fällt dennoch schwer. Die Tastatur z.B. entstand in Japan. Womöglich fühlten sich die dortigen

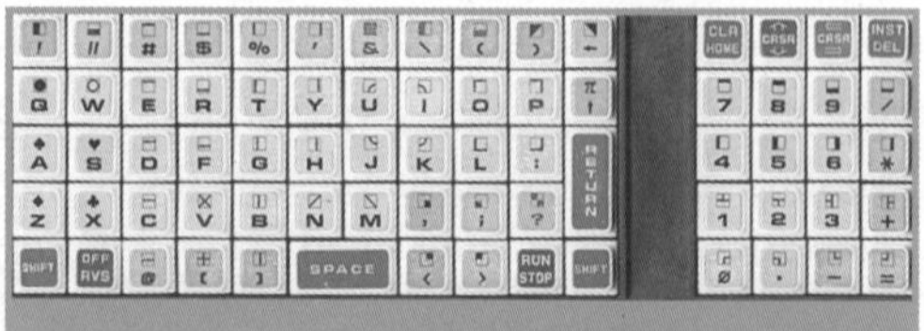

PET-2001 Tastatur

Designer durch die Zahl 2001 ermutigt, Kubricks Film als Inspiration zu nutzen.

Obwohl das Metallgehäuse nicht Peddles Wünschen entspricht, bleibt das Design bemerkenswert einfach und funktional. Wie die Motorhaube eines Autos kann das Gehäuse aufgeklappt werden und bietet Zugriff aufs Innere des Computers. *Apple* und *Radio Shack* versiegeln dagegen ihre Gehäuse. Wird das Siegel beschädigt, verfällt auch die Garantie.[1]

## Die Sommer-CES ****

Tramiel will den PET auf der *Consumer Electronics Show* dem Massenmarkt vorstellen. Auf dieser Veranstaltung treffen sich seit 1967 Elektronikhersteller, die an verschwenderischen Messeständen ihre Produkte anpreisen, mit Händlern auf der Suche nach interessanten Neuheiten. Nie zuvor wurde ein Mikrocomputer auf der CES präsentiert. Hier betritt *Commodore* den Videospielmarkt mit den beiden Telespielkonsolen 2000K und 3000H in der Hoffnung, vom grassierenden **Pong**-Fieber zu profitieren. „Der ganze Spiele-Kram kam von Charpentier", erinnert sich Peddle. Die 'Made in Hong Kong'-Konsolen unterscheiden sich von der Konkurrenz durch einen Vier-Spieler-Modus mit vier Controllern. Das Interesse am Ur-Videospiel Pong sinkt jedoch nach der Veröffentlichung der 'programmierbaren' *Atari*-Konsole VCS 2600, und *Commodore* stellt die Produktion schnell wieder ein.

Peddle will den Mikrocomputer als gängiges Haushaltsgerät neben TV und Video etablieren und Tramiel tut durch die CES-Teilnahme mehr für die Popularisierung des Computers als jeder andere. Der Auftritt hat seinen Preis: Kostete die *West Coast Computer Faire* Commodore etwa $100 für Anreise, Teilnahmegebühr und Stand, so schlägt die CES mit einer halben Million Dollar zu Buche. Und dies zu einem Zeitpunkt, als die Firma fast zahlungsunfähig ist. „[Finanzchef] Chris Fish gab es später zu: ‚Jack war am Ende! Wir brauchten jeden Pfennig zum Überleben' ", erklärt Peddle. Unglücklicherweise hat sein Team bis Juni noch kein produktionsreifes Modell fertig und muss sich auf der CES mit einem Prototypen begnügen. Dafür können Messebesucher über die farbenfrohen PET-Gehäuse aus Kanada staunen.

Am 5. Juni 1977 beginnt die Show. Den Großteil des *Commodore*-Stands nehmen Taschenrechner ein, nur eine kleine Ecke ist für den PET reserviert – der einzige Computer auf der CES. Die Kuriosität wirkt nicht nur auf die Besucher anziehend, sondern auch auf *Commodore*s Aktienkurs, der auf 9¼ Dollar hochschnellt – ein weiteres Zeichen für Tramiel und Firmeninhaber Gould, dass der Computer-Markt Potential hat. Als erster PC-Hersteller profitiert *Commodore* vom aufkeimenden Medieninteresse und der PET wird kurz nach der CES von lokalen TV- und Rundfunksendern, Zeitungen und Magazinen thematisiert. Trotz allem bleibt er eine Kuriosität, für die kein Großhändler seine Karriere aufs Spiel setzen will. „Auf der CES waren keine Computerhändler und die anderen waren unsicher. Die Reaktion war verhalten." Das Interesse eines Mannes macht Tramiel jedoch aufmerksam: „Da war dieser Kerl aus dem Mittleren Westen, der Großcomputer verkaufte. Er kannte den PET von der WCCF", erinnert sich Peddle. Derselbe Mann besucht auch die CES: „Er sagte: ‚Ich will euer erste Kunde sein. Hier ist ein Scheck über 25.000 Dollar. Wenn ihr liefert, schreibe ich noch einen aus.' " Der Name des Mannes ist Rick

1) Ein komfortabel aufklappbares Gehäuse taucht erst 1999 wieder auf dem PC-Markt auf, mit dem Macintosh-Modell G3, das Steve Jobs nach seiner Rückkehr zu *Apple* einführt.

Inatome.[2] Sein Scheck erstaunt Tramiel: Erstmals zahlt ihm jemand Geld für ein nicht-existentes Produkt, um sicherzustellen, dass er es als erster bekommt. Tramiel überdenkt seinen Geschäftsplan: „Jack sagte: ‚Wir werden wie HP.' Ich meinte: ‚Genau das versuche ich die ganze Zeit.' Er sagte: ‚Nein, du verstehst nicht. Als HP als erste einen Taschenrechner rausbrachten, nahmen sie Vorauszahlungen und lieferten innerhalb von 90 Tagen. Das meine ich.' " Peddle lacht heute über das Missverständnis: „Er dachte an ihre Verkaufsstrategie. Es war ihm egal, wie das Produkt aussah." Tramiel führt das Vorauszahlungsmodell nach dem Vorbild von HP ein. Die Anzeigen lauten: „Lieferung der 8K-Geräte ab September 1977. Preis: $795." Die Käufer sollen längstens 90 Tage auf ihren Computer warten – tatsächlich warten sie bis zu sechs Monaten. Doch kaum jemand verlangt sein Geld zurück. Tramiels Idee rettet die Firma, wie Peddle meint: „Wir waren so pleite, dass wir ohne das Geld untergegangen wären."

## Der Todesstoß für Großrechner ****

Eine Woche nach der CES fährt Peddle zur *National Computer Conference* (NCC) nach Texas. Mit 300 Ausstellern auf einer Fläche von fünf Fußballfeldern ist die NCC dreimal größer als die WCCF. Die extravaganten Stände bieten den 36.000 Besuchern ein beeindruckendes Bild. *Data General* baut ein komplettes Planetarium auf, mit Platz für 50 Besucher.

Die erste NCC findet vier Jahre zuvor in New York statt und zieht seitdem Redner wie Douglas Engelbart an, den Erfinder der PC-Maus. Die Konferenz gilt als Domäne der acht großen Computerhersteller, die scherzhaft 'IBM und die sieben Zwerge' genannt werden. Neben den 'Zwergen' *Univac, Burroughs, Scientific Data Systems, Control Data Corporation*, GE, RCA und *Honeywell* stellen *Memorex, National Semiconductor, Datapoint* und *Sperry* aus. Peddle erinnert sich: „Es war mitten im Sommer. Die ersten zwei Stockwerke dieser riesigen Konferenz gehörten den großen Computerfirmen. Es war eine Gala mit IBM-Limousinen und all dem." In diesem Jahr wollen die Veranstalter etwas Neues wagen und reservieren eine Ausstellungsebene nur für Mikrocomputer-Hersteller, die sie *Personal Computing Fair* nennen. „Sie stopften uns ins Untergeschoss", sagt Peddle. Falls die großen Hersteller noch keine Notiz von Mikrocomputern genommen hatten, so würden sie es nun sicher tun.

Peddle baut seine 8-KB-PETs auf und nimmt nach Tramiels Anweisung mit seiner Frau Shirley die Vorbestellungen an – es ist die Bewährungsprobe für Tramiels Verkaufsstrategie: „Ich brachte vier Geräte gerade noch einen Tag vor der Show zum Laufen", erinnert sich Peddle. „Wir bekamen eine Menge Publicity für den 6502." Peddle überzeugt einen Redakteur der *Electronic Engineering Times,* einen Bericht zu schreiben: „Er fragte: ‚Was macht Ihr gerade?' Ich erzählte ihm vom Computer und er sagte: ‚Das passt nicht ganz in unser Konzept, aber warum nicht?' Also kam er vorbei und machte ein Bild von meiner Frau mit dem Computer. Sie war gebaut wie Zsa Zsa Gabor und das Foto sah aus wie ein Pinup, aber das war nicht geplant." Das Bild verbreitet sich wie ein Lauffeuer unter Computernutzern. „Leute kamen zur Show, baten sie, es zu signieren und sagten: ‚Das hänge ich mir ins Büro. Alle werden neidisch sein.' Sie genoss es."

Der *Commodore*-Stand besteht aus einem Ladentisch mit weißer Tischdecke, umrahmt von

---

**2) Inatome baut in den 80er-Jahren die *Inacomp Computers*-Kette auf und geht mit dem Milliarden-schweren Fortune-500-Unternehmen *Inacom* ins 21. Jahrhundert.**

blauen Vorhängen. „Darauf standen die vier Geräte, an denen drei oder vier Leute mit denselben Programmen arbeiteten." *Commodore* zeigt immer noch den hölzernen PET-Prototypen. „Leonard und andere machten die Demonstrationen, während ich die Verkaufsgespräche führte." Software gibt es 1977 noch nicht: „Wir hatten nur triviales Zeug und zeigten, wie man mit BASIC arbeitet." Für das IEEE-488-Interface des PET stellt *Commodore* noch keine Peripheriegeräte her, daher schließt Peddle ein Oszilloskop an.

Auf der NCC verfeinert Peddle seine Verkaufsgespräche und fühlt sich wie ein Moderator: „Am Anfang erklärten wir den uns Umringenden die Funktionsweise. Ich zeigte Demos, führte die Verkaufsgespräche und weckte so ihr Interesse." Ganz klar: Die Besucher wollen einen eigenen Computer. „Man musste die Hysterie sehen, die sich über die Zeit entwickelte. Sie sahen hier eine fertige Maschine, die sie benutzen konnten."

Die Annahme der Vorbestellungen wirkt wie eine zwielichtige Verkaufsshow: „Ich sagte: ‚Wenn Sie einen kaufen wollen, nimmt die hübsche Dame neben mir Ihr Geld und Sie erhalten die Ware innerhalb von 90 Tagen oder ihr Geld zurück.' " Tramiels Plan geht auf: „Jack hatte absolut recht. Diese Leute drängelten, um meiner Frau Schecks zu geben. Dafür bekamen sie eine nummerierte Auftragsbestätigung." Eine der ersten Bestellungen der NCC kommt von Dan Fylstra, der Monate später das Modell Nr. 17 erhält und einen positiven Artikel für *Byte* schreibt. „Der Andrang war groß und meine Frau brauchte so lange, um die Schecks einzusammeln, dass mir eine halbe Stunde Pause blieb. Ich nutzte die Zeit für einen Rundgang am letzten Tag der Show." Im dritten Stock schockieren die Ausstellungen der großen Firmen Peddle: „Auf der ganzen Etage waren keine Besucher! Die Jungs an den Ständen saßen zusammen und unterhielten sich. Unten rangen die Leute miteinander, um ihre Schecks abzugeben und um auf die Warteliste zu kommen. Das war der Todesstoß für die Großrechner."

Frühe Werbeanzeigen zeigen *Commodore* gleich hinter den großen Computerherstellern: „In einer Liga mit IBM und HP. Verwechseln Sie den PET nicht mit Spielzeug zum Anschluss an den Fernseher - es ist ein Minicomputer!" Die NCC zeichnet ein Bild von der Zukunft der Computerindustrie, meint Peddle: „Ich wandelte unter Dinosauriern. Während sie an Kraft verloren, baute sich eine neue Macht unter ihnen auf und sie merkten es nicht einmal."

Mit dem Produktionsbeginn des PET im September erscheinen zahlreiche Zeitschriftenartikel, darunter auch ein *Byte*-Beitrag von Jeff Raskin. Das voll integrierte Design des PET inspiriert Raskin, der später bei *Apple* für den Macintosh verantwortlich zeichnet. Peddle gibt Interviews, ebenso seine Frau: „Sie fühlte sich wie ein Filmstar. Wir wurden im Fernsehen interviewt und so - wir waren Filmstars." Dennoch kritisieren einige Medien Computer. „Ich sagte, dass Computer die Klassenzimmer verändern und ein wichtiger Bestandteil dieser werden würden." Ein TV-Sender verdreht Peddles Worte: „Der Lokalsender in San Francisco fing mich am Flughafen von Toronto mit einer Kamera ab und wollte mit mir über meine Aussage bezüglich Schulen sprechen. ‚Sind sie tatsächlich der Meinung, dass Computer die Lehrer ersetzen werden?' Ich sagte verbessern, nicht ersetzen." Der Sender propagiert einen Konflikt zwischen Lehrern und Computern. „Es kam völliger Mist raus. Sie wollten auf der Linie weitermachen und verhackstückten mein Zitat. Dann zeigten sie einen alten Lehrer, der sagte, dass Kinder die warme, liebevolle Aufmerksamkeit eines Lehrers brauchen, der sie unterrichtet." Besser schneidet der

PET im Magazin *Popular Science* ab. Die Redakteure listen darin die populärsten Mikrocomputer der Zeit auf, darunter Altair 8800, IMSAI 8048, *Processor Technology*s Sol, und sogar den kommenden TRS-80 von *Radio Shack*. Der Apple II wird nicht erwähnt. Das beeindruckende Erscheinungsbild des PET ziert das Titelbild: Er steht auf einer Küchenanrichte und präsentiert ein Rezept für orientalischen Salat. Tramiels Vorbestellungsstrategie zeigt Wirkung. Wie das Wirtschaftsmagazin *Fortune* Jahre später berichtet, „folgen den Anzeigen äußerst ermutigende drei Millionen Dollar in Schecks." So überlebt *Commodore* einen weiteren Beinahe-Bankrott.

Anfang 1977 gibt es rund 250 Computerläden, Tendenz steigend. *Commodore* will den PET über diesen Weg vertreiben und hat zahlreiche Anfragen von Händlern, die auf der CES Peddles Visitenkarte erhielten. Der Artikel in *Popular Science* schürt das Interesse, und zeitweise erhält *Commodore* 40 bis 50 Anfragen pro Tag. Auf diesen Ansturm nicht vorbereitet, kündigt die Firma Lieferzeiten von bis zu fünf Monaten an. Um *Commodore*-Vertragshändler zu werden, müssen Händler über einen Service-Techniker, Schaufenster und Bonität verfügen. Sie leisten eine Anzahlung für die Computer, die sie wiederum über die Vorauszahlung ihrer Kunden finanzieren. So strömt Geld zu *Commodore*, bevor ein einziger Computer ausgeliefert wird.

## Die Herstellung ****

Trotz der hohen Nachfrage gibt es weder ein großes Werk, das sich auf die PET-Produktion konzentriert, noch eine professionelle Werbekampagne, um die Nachfrage anzukurbeln. Die Vorauszahlungen sichern zwar *Commodore*s Überleben, aber Tramiel strebt Marktdominanz an. Mit großen Krediten will er schnellstmöglich die Produktion steigern, doch Irving Gould lehnt ab. „Das war etwas, das Jack über alle Maßen frustrierte", erinnert sich Peddle. Ohne kurzfristiges Kapital kann *Commodore* nicht so schnell Marktanteile erringen wie die Konkurrenz; Gould verhindert eine rasche Eroberung des US-Markts und scheint die Ausdehnung seiner Kontrolle über Tramiel zu genießen. In einem Artikel der Zeitschrift *Forbes* von 1983 heißt es: „Er hielt Tramiel finanziell an der kurzen Leine. ‚Ich wollte ihnen nicht so viel Geld geben, dass sie ernsthafte Risiken eingehen konnten', sagt Gould." Laut Peddle begründete Jack seine Wünsche nicht richtig: „Er sagte nur: ‚Weißt du, ich brauche mehr Geld.' Und Irving dachte: ‚Du warst mit weniger Geld immer besser.' " Nach harter Auseinandersetzung gelingt es Tramiel, Gould von der Notwendigkeit eines Drei-Millionen-Dollar-Kredits zu überzeugen, mit dem er drei Fabriken finanziert: eine in Japan, eine in Deutschland und eine in den USA. Da das US-Geschäft den kleinsten Teil zum *Commodore*-Umsatz beiträgt, erhält diese Niederlassung nur ein Minimum: „Wir übernahmen eine kleine Fabrik in der Reid Street, ganz nah am Flughafen von San Jose."

Um den geringen Verkaufspreis zu halten, müssen die PET-Komponenten so günstig wie möglich eingekauft werden. Dafür ist John Calton verantwortlich, der seit seiner Ankunft als irischer Immigrant 1954 bei *Commodore* arbeitet. Er kennt die Firma wie kein Zweiter und ist nach Tramiel am längsten dabei. Calton folgt Tramiels Philosophie und steigt auf. Seine Einkaufsstrategie ist einfach: Er nimmt den Zulieferer akribisch unter die Lupe und kennt dessen Herstellungskosten, bevor er in Verhandlungen tritt. Auf diese Weise weiß er, wie weit er den Preis drücken kann und ist die Schlüsselfigur für *Commodore*s konkurrenzlose Preise.

Mit heutiger automatisierter Fertigung ist die Computer-Herstellung in den 70er-Jahren nicht zu vergleichen. Reihenweise Bänke mit Werkzeugregalen stehen auf weißem Kachelboden, an denen Arbeiter sich über die Platinen beugen. Die Komponenten kommen aus aller Welt. „Mit den Gehäusen aus Toronto bauten wir ein Board nach dem anderen und errichteten langsam eine kleine Fertigungskette", erinnert sich Peddle. Die Herstellung einer PCB-Platine gleicht der Chipherstellung: Durch eine Schablone wird das Board belichtet, die Oberfläche gehärtet. Danach wäscht Peddles Team die Platine mit speziellen Chemikalien, die alles bis auf die Leiterbahnen ablösen. Arbeiter bohren anschließend Hunderte kleine Löcher für Widerstände, Transistoren und ICs. Die meisten der Fabrikarbeiter sind mexikanische oder koreanische Einwanderer, die für Hungerlöhne arbeiten. Sie biegen die Widerstände und stecken sie in die dafür vorgesehenen Löcher. Die bestückten Platinen werden anschließend maschinell verlötet. Probleme verursacht das geringe Budget: „Wir kauften ungetestete Platinen und verbrachten Weihnachten damit, alle zu prüfen - Seiler, ich und ein paar andere".

Das fertige Board wird im Gehäuse zusammen mit Monitor und Kassettenlaufwerk montiert. Zum Belastungstest stellen Arbeiter die Geräte auf Tische mit Dutzenden von Steckdosen, schalten sie ein und aktivieren die eingebaute Diagnose-Routine. Läuft die Maschine einwandfrei, bleibt sie 24 Stunden eingeschaltet, die sogenannte Einbrenn-Phase. Übersteht das Gerät den Test, hält es vermutlich viele Jahre. Wird ein Problem festgestellt, öffnen die Arbeiter das Gehäuse und gehen auf Fehlersuche. Peddle will *Commodore* trotz des beschränkten Budgets eine gute Reputation für Qualität einbringen. Ende 1977 fertigt die Firma 30 Rechner pro Tag und hinkt damit dem Bedarf hinterher. Verzweifelte Händleranrufe sind an der Tagesordnung.

## Nicht genug für eine Wende ****

Im Sommer 1977 kommt *Der Krieg der Sterne* in die amerikanischen Kinos. Mit einem Mal gelten Computer als cool und die Öffentlichkeit ist bereit für den PET 2001. Die zahlreichen Besteller eines PET mit 4K Speicher überzeugt *Commodore* von der 8-KB-Version für $795.

Einen persönlichen Computer zu haben, erscheint den meisten Menschen damals unglaublich. Noch wenige Jahre zuvor gibt das Pentagon Millionen für Computersysteme aus, die kaum mehr leisten als ein PET. So erkennt Bill Gates den *Commodore*-Rechner als Meilenstein hinsichtlich des Preis-Leistungs-Verhältnisses, wie er 1993 in einem *Smithsonian*-Interview erklärt: „Der Commodore PET bot einen Kampfpreis und zahlreiche Innovationen."

Eifrig wird ein Name für den neuen Computer-Typ diskutiert und gesucht. Er ist kein Bausatz und kein Hobby-Computer; der Begriff Mikrocomputer ist bereits belegt. Einige Schreiber sehen keinen Unterschied zu den Minicomputern von DEC und IBM und stellen auch den PET in diese Kategorie. Dan Fylstra von *Byte* nennt sie 'television-typewriters' (TV-Schreibmaschinen), um sie von Computern wie dem Altair abzuheben. Ein anderer früher Name, verbreitet vom PET-Bericht in *Popular Electronics*, ist 'appliance-computer' (Anwendungs-Computer). *Byte* nennt die Rechner 'personal systems' (Persönliche Systeme). Schließlich setzt sich 'Personal Computer' durch, PC. Eine vergleichbare Unsicherheit besteht bei der Bezeichnung der PC-Benutzer. *Byte* nennt sie 'Computeristen', andere sprechen von Computer-Hobbyisten, -Enthusiasten oder 'Hackern'. Schließlich findet 'User' (Anwender) die größte Verbreitung.

Die neue Technik bereitet sogar jenen Redaktionen Verständnisprobleme, die es eigentlich besser wissen sollten: In der Oktober-Ausgabe 1977 von *Popular Science* missversteht der Autor die Funktion des Kassettenlaufwerks als Audio-Spieler für die Einführungs-Hörkassette des Computers. Ferner glaubt er, der Monitor könne Fotos anzeigen – das aber ist erst Jahre später auf leistungsstärkeren Geräten möglich. Der *Playboy* berichtet im Februar 1978 ganzseitig und veröffentlicht sieben Fotos, von denen eines das Bunny-Logo in PETSCII zeigt und schwärmt: „Ihr eigener PET-Computer!" Sousans freundliche Namensgebung zeigt Wirkung, doch alle Artikel bemängeln das Fehlen einer regulären Tastatur. *Electronics Today* schreibt, dass längeres Tippen am PET anstrengend sei. Die Taschenrechnertasten haben kaum Anschlag, User müssen ihre Eingaben auf dem Monitor kontrollieren. Diese Schwäche öffnet eine Tür für Konkurrenten, doch trotzdem hat *Commodore* einen Vorsprung: Der PET ist der erste voll integrierte Computer und bietet alle nötigen Komponenten für Software-Entwicklung und -Weitergabe.

PET und Apple II werden in der März-Ausgabe von *Byte* getestet: Dan Fylstra ist beeindruckt vom leicht zu bedienenden PET, kritisiert aber dessen mangelnde Lieferbarkeit. Sein Kollege Carl Helmers bezeichnet den Apple II zwar als „Beweis für das Konzept" eines Personal Computers, hält aber das Design für überarbeitungswürdig. Er kritisiert das mangelhafte Gehäuse, Jobs' einzigen Design-Beitrag. Mechanische Probleme machen die Verschlüsse des Gehäuseoberteils brüchig, die Tastatur kann aus der Verankerung reißen. Zudem ist der Computer nicht richtig abgeschirmt, was zu Interferenzen auf dem Fernsehschirm führt. Helmers sieht jedoch Potential in der hochauflösenden Darstellung, falls Anwender mehr Speicher nachrüsten. 1978 erlauben die Speicherpreise den meisten Usern keine Aufrüstung, doch mit deren Verbilligung hat der *Apple*-Rechner das Potential zum Videospiel-Computer.

Da Tramiel weiterhin kostenlose Publicity erwartet, finden sich in den meisten Fachzeitschriften keine Werbeanzeigen für den PET; auch die Kampagne von *MOS Technology* für den KIM-1 endet nach der Übernahme durch *Commodore*. Die fehlende Werbung lässt *Commodore* weniger bedeutend erscheinen als *Apple* und verärgert gleichzeitig die Verleger, die auf Werbeeinnahmen hoffen und *Commodore* in der Folge redaktionell ignorieren.

Trotz aller Kinderkrankheiten wird der PET ein Erfolg, auch für den Aktienkurs von *Commodore*: „Der Kurs stieg, weil die Leute das große Geschäft sahen", sagt Peddle. „Nach zwei oder drei Monaten hatten wir Lieferschwierigkeiten." Einige Kunden reagieren ungeduldig und aggressiv: „Ein Mann kam in die Firma und meinte: ‚Ich bin Börsenfachmann und werde aller Welt sagen, dass Sie lügen. Ihr seid Anlagebetrüger! Ein neues Viatron[3].' Ich sagte: ‚Das stimmt nicht. Lassen sie mich ihnen unsere Fabrik zeigen und sie werden sehen, dass wir liefern.' " Der bestellte Computer des verzweifelten Mannes ist noch nicht eingetroffen und Peddle fürchtet den schlechten Ruf. „Ich sagte: ‚Wir machen das so: Ich klebe ihre Nummer auf *dieses* Gerät.' Plötzlich war er der netteste Mensch der Welt! Er wollte nur seinen Computer." Zufrieden kehrt er zurück nach New York, „gab uns eine ausgezeichnete Empfehlung und der Kurs stieg. Er wurde sogar ein Vertragshändler!" Bis Ende 1977 fertigt *Commodore* magere 500 Geräte. „Lachhaft für heutige Maßstäbe". Tramiel kann die Gunst der Stunde nicht optimal nutzen.

---

3) **1968 versucht *Viatron* ein Timesharing-System, das *Viatron Everything Terminal*, zu vermarkten und kassiert vorab Monatsgebühren von Kunden. Bis 1970 sammeln sich Rückzahlungsforderungen in Höhe von 100 Millionen Dollar und *Viatron* meldet Insolvenz an.**

## Ein neuer Markt ****

Mit dem Eintreffen der PETs in Läden der *Mr. Calculator*-Kette passiert etwas Unerwartetes: Kinder und Jugendliche interessieren sich für das Gerät. Die Ladenbesitzer glauben zunächst, die Kinder schrecken die erwachsenen Kunden ab. Tramiel erkennt jedoch in diesem Phänomen einen neuen Verkaufsweg und die Marketingabteilung schlägt eine neue Anzeigenstrategie ein: „Bisher kauften Eltern eine teure Enzyklopädie für die Bildung ihrer Kinder. Mit dem PET eröffnet sich ihrem Kleinen eine neue Straße des visuellen Lernens für nur $595. Spielend lernen mit dem bemerkenswerten PET." Peddle glaubt an die Massentauglichkeit des PET: „Die Leute wollten unbedingt einen Computer."

1977 stellt der blinkende Cursor noch nicht die Frage, was der Computer für den Anwender tun kann, sondern umgekehrt. Software ist Heimarbeit. Die vielleicht einzige Ausnahme ist Peter Jennings' **MicroChess** für den KIM-1. „Er war ein sehr früher Entwickler und sein Schachprogramm war für den PET-Verkauf sehr wichtig. Jennings war einer meiner ersten Partner. Wir fuhren zusammen auf Shows und aßen gemeinsam zu Abend. Er war ein wichtiger Teil unseres Lebens", erinnert sich Peddle. Jennings kann sein MicroChess dank des ebenfalls darin verbauten 6502-Chips leicht auf den PET übertragen. Die vierfache Speicherkapazität gegenüber dem KIM-1 ermöglicht eine Überarbeitung des Spiel-Algorithmus sowie eine grafische Anzeige des Schachbretts.

Das erste Handbuch zum PET ist kaum mehr als eine Loseblattsammlung verglichen mit dem des KIM-1. „Wir stellten sofort ein kleines Handbuch zusammen, erklärten wie man in BASIC programmiert und das Spiel Lunar Lander erstellt." Peddle erklärt den Missstand: „Gordon French sollte ein besseres Handbuch schreiben, aber er machte das nicht gut. Raskin schrieb ein absolut großartiges Buch für den Apple. Das war eines der Dinge, die sie uns voraus hatten." Erst 1978 ändert sich die Lage, als *Commodore* extern ordentliche Handbücher schreiben lässt. Außerdem liegt jedem PET das 430 Seiten starke Buch von Adam Osborne bei.

Das Fehlen einer Dokumentation verärgert die Anwender, doch bald machen Newsletter wie *The PET Gazette, The Computerist* und *The PET Paper* die Not zur Tugend. Sie setzen den Schwerpunkt auf *Commodore* und sind voller Neuigkeiten, Hardware-Tipps, Einführungskursen und Programm-Listings. Größere Magazine lösen die Pioniere später ab.

## Rund um die Welt ****

1976 entsteht *Commodore International Limited* (CIL) auf den Bahamas. Diesem Konstrukt sind die Niederlassungen in Deutschland, Kanada, Schweiz, Japan, Hong Kong, Großbritannien und Nordamerika (*Commodore Business Machines*, CBM) unterstellt. „Commodore war eine europäische Firma, als ich dort anfing", erinnert sich Peddle. „Die Taschenrechner waren nicht sehr erfolgreich in Amerika, aber ein großer Name in Europa."

Der Mitarbeiter Dave Haynie erklärt die zellenartige Unternehmensstruktur: „Jede Zelle zog ihr Ding durch und lief unabhängig von der Mutter CIL. Darum war auch die Marketingstrategie bei allen unterschiedlich." Vertriebswege, Werbung und Verpackung sind landesspezifisch. Die internationalen Geschäftsführer treffen sich einmal jährlich mit Tramiel, um ihre Produkte und Strategie zu besprechen, genießen ansonsten aber Autonomie. Sie können wenig vielversprechende Commodore-Produkte ignorieren. "Jede Marketingabteilung bestellt bei *Commodore*, die alles tun, um diesen Bestellungen nachzukommen", erklärt Haynie. „Commodore sagte: ‚Hier ist ein neues Produkt!' Die Marketingabteilungen bestellen es oder nicht. Nur die Stärksten überleben - das funktionierte gut."

Der US-Geschäftsführer heißt Dick Sanford und beginnt seine Karriere als Buchhalter bei *Arthur Anderson*, bevor er im Controlling bei *Commodore* anfängt. Gemeinsam mit Tramiel drängt er auf die Verlagerung des Unternehmenssitzes auf die Bahamas. Sanford ist der Mann fürs Grobe. Manager, die inkompetent sind oder in Konflikt mit Tramiel geraten, werden von ihm zur Kündigung aufgefordert, gefeuert oder für den Abgang vorbereitet, indem er – so ein Mitarbeiter – „ihnen genug Seil zum Erhängen gibt." Will Tramiel jemanden aus der Firma, findet Sanford einen legalen Weg. Mit Sanfords Beförderung zum Geschäftsführer kontrolliert er theoretisch das Nordamerika-Geschäft, praktisch ist er jedoch nur zweiter Mann hinter Tramiel.

Mit dem PET wird *Commodore* Marktführer in Europa, wo *Apple* und *Radio Shack* bzw. *Tandy* geschlagen werden; auch in Japan werden von Anfang an PETs hergestellt.

Auf der *Hannover-Messe* 1978 wird er ‚Computer des Jahres'. „In Hannover hatten wir anfangs wirklich unglaubliche Stände", erinnert sich Mitarbeiter Robert Russell. Harald Speyer, Geschäftsführer der *Commodore Büromaschinen GmbH*, möchte das Unternehmen in Deutschland bekannter machen und den Computer im professionellen Sektor etablieren. Daher erhöht er den Verkaufspreis: „Die Deutschen zahlten mehr für ihre Geräte als alle andere", meint Peddle. Tramiel greift nicht ein, denn 1978 ist der ‚richtige' Markt für Personal Computer noch unklar. Speyer hat Erfolg und der PET zieht in deutsche Büros ein.

Das Juwel des Imperiums ist *Commodore UK*. Die Firmenzentrale liegt 35 km östlich von London in Slough, Berkshire. Die Büros sind alt, die Wände in einem dumpfen Gelb gestrichen und die Fenster lassen auf einer Seite in die Landschaft, auf der anderen Seite in die Fließbandproduktion von Taschenrechnern blicken. Trotz des tristen Arbeitsplatzes ist *Commodore UK* voll enthusiastischer Leute, die für einen der besten Manager des Konzerns arbeiten: Kit Spencer. „Er begann im Vertriebs- und Werbebereich", erklärt Leonard Tramiel. Christopher Spencer wird während des Zweiten Weltkriegs geboren und ist ein abgebrühter und charismatischer Mann, den seine Angestellten verehren. Neben dem unternehmerischen liegt ihm der sportliche Wettbewerb: Als Tennisspieler schaffte er es bis nach Wimbledon. Seit 1974 arbeitet er für *Commodore* und kann seine Marktposition in einer Zeit schrumpfender Taschenrechner-Umsätze dank brillanter Kunden- und Händlerwerbung ausbauen. Sein Geheimnis liegt in der Arbeitsethik: Er schafft Seite an Seite mit seinen Angestellten und bringt viel Markterfahrung ein. Spencer macht alles, einschließlich Präsentationen, Werbeslogans, Pressemitteilungen, Interviews und Newslettern. Ein Hauch von Jugendlichkeit weht durch die Büros, die englischen Angestellten sind sehr zufrieden. Nicht von ungefähr, denn es werden hauptsächlich Hobbyisten eingestellt. Der Markenname *Commodore*, den Spencer über Jahre unermüdlich aufbaut, ist ein bedeutender Pluspunkt in Großbritannien. Er steht für Qualität, Innovation und kleine Preise. Die meisten Leute besitzen *Commodore*-Taschenrechner. Tramiel weiß, dass die englische Nachfrage die PET-Produktion weit übertrifft und erhöht den Preis von $795 auf $1.295 für Europa. „Die Engländer sind arm, aber sie kaufen anständige Produkte", kommentiert Peddle.

Im April 1978 erreichen die ersten Lieferungen England: Die Briten lieben den Rechner, unter ihnen auch Science-Fiction-Autor Douglas Adams, der später schreibt: „Ich erinnere mich an den ersten Computer, den ich je sah. Es war bei Lasky's, auf der Tottenham Court Road, und es war ein Commodore PET. Er war recht pyramidenförmig und hatte einen Bildschirm in der Größe einer Schokoladentafel. Ich schlich eine Weile fasziniert um ihn herum."

Weniger dank Werbung, als durch gut funktionierende Händlerbeziehungen sichert sich *Commodore* fast 80% Marktanteil in Großbritannien. Spencer verkauft mit 30.000 Computern im ersten Jahr sogar mehr als Tramiel im größeren US-Markt zum niedrigeren Preis. Auch in Deutschland gelingt es mit ähnlicher Taktik, rund 80% Marktanteil zu gewinnen. Die Zeitschrift *Forbes* blickt im Januar 1983 zurück: „Commodore hatte mehr Erfolg in Europa, wo die Firma über ein funktionierendes Vertriebssystem aus Taschenrechnerzeiten verfügte. Der europäische Preis schaffte zudem eine hohe Gewinnspanne und ermöglichte eine offensive Verkaufspolitik." Der Erfolg in Europa hilft *Commodore International*, schwächt aber die amerikanische Position. Tramiel konzentriert seine begrenzten Ressourcen auf den alten Kontinent, wie Peddle beklagt: „In Nordamerika machte Tramiel weniger Druck, weil unsere Produktion beschränkt war und wir in Europa mehr dafür bekamen - mit limitierten Möglichkeiten konzentriert man sich auf den Ort, an dem das meiste Geld zu holen ist."

Selbst auf dem Gipfel des Erfolgs ist Gould nicht bereit, über eine Aktienemission finanziellen Spielraum zu schaffen. „Commodore ging an die Börse, der Kurs stieg, aber sie nutzen es nicht aus", meint Peddle. Stattdessen ist Tramiel auf Gewinne und gelegentliche Kredite angewiesen. „Wir waren zwar in den USA vertreten, aber nicht annähernd auf europäischem Level." Trotzdem dominiert der PET in den ersten zwei Jahren auch den Computermarkt der Vereinigten Staaten. So verkauft der Börsenfachmann aus New York massig Computer, wie Peddle weiß: „Er wurde zu einem unserer größten US-Händler." Peddle beschließt, dem Geheimnis des Erfolges auf den Grund zu gehen und stattet ihm einen Besuch ab: „Er verkaufte aus einem Keller in der Wall Street." Das erste, was Peddle dort ins Auge fällt, sind die Geräte der Konkurrenz. „Überall waren Apple. Ich fragte: ‚Sie verkaufen viele Commodore-Computer. Wo sind die?' Er meinte: ‚Die sind hinten.' Wie sich herausstellte, verkaufte er sie nicht in den USA, sondern als Schwarzhändler nach Europa." Als der Mann vom europäischen Graumarkt erfuhr, stellte er den PET-Verkauf in den USA allmählich ein. Die Situation schädigt die europäischen Niederlassungen, da Händler die günstigeren Import-Computer der US-Händler vorziehen.[4]

Commodore betritt die meisten europäischen Märkte, doch nicht alle. „Spanien war damals noch kein so großer Markt wie später", erklärt Peddle. „Die Skandinavier zahlten einen sehr guten Preis." Das interessanteste Schlachtfeld ist jedoch Frankreich, wo *Commodore* gegen den ehemaligen Angestellten Sousan antritt. Sousan errichtet *Euroapple* und besucht dieselben Messen wie Konkurrent *Commodore*, der dort mit großen Ständen dominiert. „Sie machten keine bessere Figur, weil Andre nicht mit den Summen arbeitete, die wir um uns warfen." In Europa ist *Apple* im Gegensatz zu *Commodore* eine unbekannte Firma, deren Etablierung viel Geld kostet. Die meisten Käufer sehen den Apple II als überteuerten Computer, dem viele Funktionen des PET fehlen. Lediglich in Frankreich behält Sousan die Oberhand.

---

4) **In Deutschland entsteht aus dem Grauimporteur *Vero* die erfolgreiche Einzelhandelskette *Vobis*.**

5

# Das Triumvirat

1977 - 1979

Kurzzeitig dominiert die Firma *Commodore* die PC-Industrie. Ihr praktischer PET 2001 stellt die Computer der ersten Generation von MITS, IMSAI, *Ohio Scientific* und *Processor Technology* mit Leichtigkeit in den Schatten. Da Apple II und *Radio Shacks* TRS-80 mit dem PET im selben Jahr erscheinen, ernennt das Fachmagazin *Byte* die Rivalen zum „1977er-Triumvirat".

Der Ingenieur Bob Yannes ist Zeuge der beginnenden Personal-Computer-Ära: „Der große Durchbruch kam mit den voll integrierten Computern PET und TRS-80; in kleinerem Umfang mit dem Apple II, dessen Beitrag ich aber nicht so hoch anrechnen würde, wie sie es gerne hätten." Der frühe Spieldesigner und PET-Besitzer Chris Crawford meint zum Triumvirat von 1977: „Viele übersehen Apples schwachen Start. Anfangs war's ein Rennen zwischen dem PET und dem TRS-80. Der Apple war zu teuer und zu wenig bekannt." Alle drei Unternehmen bremst die schleppend anlaufende Produktion – sogar das größte Computermagazin *Byte* hat Schwierigkeiten, Testgeräte zu bekommen. Obwohl *Commodore* und *Apple* Vorbestellungen ab Juni 1977 annehmen, erscheinen die ersten Testberichte erst März 1978.

## Ein Apfel reift ****

*Apple*-Chef Mike Markkula hat 250.000 Dollar seines Privatvermögens investiert und verwandelt die Klitsche jetzt in ein professionelles Unternehmen. „Markkula ist ein Marketing-Genie", meint Peddle, der den Erfolg von *Apple* mehr Markkula als Steve Jobs zuschreibt. „Er war es, der die Firma zusammenhielt, und er brachte Regis McKenna ein." McKenna, zuvor bei *Intel*, zeichnet für *Apple*s eingängigste Werbestrategie verantwortlich: „Regis porträtierte diese beiden wunderbaren Jungs in ihrer Garage. Er und Markkula entwickelten die PR-Legende sorgfältig und kontrolliert." Ohne die beiden ehemaligen *Intel*-Angestellten wären Jobs und Wozniak nur zwei Hobbyisten unter vielen gewesen: „Es gab sechs Jungs, die zu dieser Zeit solche oder bessere Computer-Kits herstellten. Wenn Markkula nicht gewesen wäre, hätten wir weder von Woz, noch von Jobs je wieder etwas gehört", vermutet Peddle.

Laut Leonoard Tramiel ist Jobs sehr charismatisch, doch der mäßige Absatz des Apple I im Vergleich zu anderen Computer-Kits spricht gegen sein Verkaufstalent: „Es fällt leicht, sich von ihm einwickeln zu lassen, aber was Produktionsvolumen und Umsatz angeht, war Commodore weitaus besser." *Apple*-Ingenieur Wozniak ist weniger repräsentativ. „Markkula nahm Woz auf zwei Veranstaltungen mit und ließ ihn dann fallen, weil er nicht so clever und interessant rüberkam wie Jobs", erzählt Peddle. *Apple* zieht im Mai 1977 in die erste Firmenzentrale in Palo Alto, unweit von *Commodore*. McKenna schaltet Werbeanzeigen in der Juli-Ausgabe von *Byte*, einen Monat nach dem PET-Start. Im Vergleich zu den amateurhaften Computerwerbungen früherer Tage sind die *Apple*-Anzeigen raffiniert. „Apple erfand das Marketing", lobt Leonard Tramiel. Doch die Produktion des Apple II mutet steinzeitlich an, im Vergleich zu *Commodore*: Da *Apple* nicht genug Geld für eine Fabrik besitzt, müssen Arbeiter die Platinen in Heimarbeit zusammenbauen. Hildegarde Licht lädt dazu Kisten voller Einzelteile in ihren weißen Van und liefert sie an die Arbeiter-Häuser, wo sie die fertigen Platinen des Vortages einsammelt. Dieses unausgeklügelte System führt zu einer hohen Fehlerquote bei *Apple*-Geräten der ersten Serie.

Das Titelbild der August-Ausgabe der *Byte* 1977 zeigt Isaac Newton unterm Apfelbaum sitzend. Doch das hat nichts mit *Apple* zu tun, sondern mit der Programmiersprache APL, „Apple" ausgesprochen. Das Debüt des Apple II ist kaum wahrnehmbar. Während *Commodore* Dutzende Händleranfragen pro Tag bekommt, verkauft *Apple* weniger als fünf Computer pro Tag. In den folgenden Monaten erhält *Apple* 300 Bestellungen. Das wirkt vielversprechend verglichen mit dem Vorgängermodell, aber enttäuschend verglichen mit *Commodore* und *Radio Shack*. Zum Teil ist der unfertige Status des Apple II daran schuld, wie Yannes erklärt: „Der Apple II war komplett zusammengebaut, aber besaß keinen TV-Anschluss, weil er die FCC-Auflagen nicht erfüllte." Die *Federal Communications Commission* reguliert in den USA unter anderem Radio-Signale. Der Apple II erhält keine FCC-Zulassung, da er nicht funkentstört ist.[1] Um die Regeln zu umgehen, behauptet *Apple*, der Computer sei nicht für den Haushalt gedacht. „Sie sagten: ‚Es ist ein Datenverarbeitungsgerät, daher gehört es in die FCC-Klasse A.' Sie konnten keinen HF-Modulator einbauen, weil das etwas für den Heimgebrauch war." Unerfahrene Anwender verstehen nicht, wie sie den Apple II an einen Bildschirm anschliessen können. „PET und TRS-80 hatten eigene Monitore und waren damit die beste Lösung für die meisten Anwender", meint Yannes.

Wozniaks ursprüngliches Design hat zahlreiche Fehler. „Nach der Veröffentlichung des Apple II schrieb die Electronic Engineering Times über die drei größten Design-Fehler des Apple II. Woz verstand u.a. die Arbeitsweise des 6502-Chips nicht", erinnert sich Peddle. „Apple beauftragte einen Ingenieur mit der Überarbeitung des Apple-II-Boards, ohne Woz zu beleidigen. Woz war ein Techniker, kein Ingenieur."

Des Weiteren ist das eingebaute Integer-BASIC für den kommerziellen Einsatz unbrauchbar. „Drei Monate nachdem wir beide in Produktion gegangen waren, kaufte Markkula ein Apple-BASIC von Microsoft", sagt Peddle. „Gates vereinbarte wieder eine Pauschale und verdoppelte unseren Preis für Apple [auf $20.000]." Peddle glaubt, dass die Computer etwa zeitgleich erschienen: „Wir hatten einen ähnlichen Zeitplan. Sie mussten den Apple II noch überarbeiten und danach BASIC einfügen." Klarheit bringt ein Artikel der *Byte* vom November 1982, der den PET als ersten Personal Computer bezeichnet.

Ende 1977 schreibt *Apple* einen Umsatz von $775.000 für das Fiskaljahr einschließlich der Apple-I-Verkäufe. Damit rangiert die Firma hinter *Radio Shack* und *Commodore*. Trotzdem propagiert McKenna *Apple* als den klaren Gewinner. „Apple vermarktete seinen Scheinerfolg großartig", meint Leonard Tramiel. „Lange Zeit behaupteten ihre Werbeanzeigen, sie seien die Nummer Eins, was nicht stimmte. Jeden Monat diese Anzeige mit der Frage: ‚Warum ist Apple die Nummer Eins bei den Personal Computern?' Die Antwort war natürlich, weil sie Nummer Drei waren, hinter Radio Shack und Commodore. Sie logen einfach."

*Apples* Durchbruch und *Commodores* erster Irrtum heißt *ComputerLand*. Die größte Computerhandels-Kette der USA verkauft Computer von IMSAI, *Proc Tech*, *Polymorphic*, *Southwest Tech* und *Cromemco* an Hobbyisten. Ein scheinbar idealer Vertriebsweg für das Triumvirat, doch

---

1) Die FCC unterscheidet zwei Klassen: Klasse-A-Computer können im industriellen Bereich eingesetzt werden, während Klasse-B-Geräte (für die strengere Auflagen gelten) zusätzlich auch im Haushalt benutzt werden dürfen.

*Tandys* TRS-80 wird exklusiv in *Radio-Shack*-Filialen verkauft, *Commodore* wiederum verspielt den Vertriebsweg durch Tramiels starrsinnigen Verhandlungsstil. So macht *Apple* das Rennen. Im Dezember 1977 bewirbt *ComputerLand* den Apple II mit 4 KB RAM für $1.298, die 16-KB-Version für $1.698. Die Ladenkette hat Erfolg, expandiert landesweit – und mit ihr *Apple*. Obwohl *ComputerLand* nicht mit *Radio Shacks* Verbreitung mithalten kann, ist es eine solide Basis für *Apple*. Anders als *Commodore* respektiert *Apple* seine Händler, wie Bill Gates in einem Interview 1993 erklärt: „Apple ging auf die Computerhändler zu und war darin viel besser als MITS oder IMSAI. Sie erkannten, dass der Markt Vertriebskanäle und Innovationen braucht."

## Der Trash-80 ****

Der TRS-80 der texanischen *Tandy Corporation*, Besitzer der *Radio-Shack*-Ladenketten, ist in den ersten Jahren der unbestrittene Marktführer. Der offiziellen Unternehmensgeschichte zufolge hat ihr Mitarbeiter Don French die Idee für *Radio Shacks* ersten Computer 1976. Im Dezember desselben Jahres erhalten die Designer grünes Licht für den Bau des Geräts. Die Geschichte klingt zweifelhaft, da John Roach *Commodore* noch auf der CES im Januar 1977 ein Angebot für den PET machte. Vielleicht will er dort aber auch nur die Konkurrenz einschätzen.[2]

Der erste Prototyp ist im Januar 1977 fertig und kostet *Radio Shack* in der Entwicklung weniger als $150.000, inklusive Gehäuse. Die Marketing-Abteilung setzt den Verkaufspreis mit $199 an und kalkuliert einen jährlichen Absatz von 3.000 Geräten. Ausgerüstet mit einem Z80-Prozessor von *Zilog*, 4 KB RAM (auf maximal 16 KB erweiterbar), 4 KB ROM, einer Tastatur mit 53 Tasten, 12"-Schwarz-Weiß-Monitor und Kassettenlaufwerk ist der TRS-80 ein Kind seiner Zeit. Mit *Commodores* ROMs kann die Konkurrenz nicht mithalten. „Wir hatten genug ROM um darin Basic, Betriebssystem und alles andere unterzubringen. Unsere ROMs erreichten eine höhere Dichte, so konnten wir mit viel mehr Speicher spielen als Radio Shack. Ihnen brachte das noch einigen Ärger." Unter anderem fehlt dem TRS-80 ein Kleinschriftmodus. *Radio Shack* setzt schließlich $599,95 als Komplettpreis an. Dafür erhält der Markt ein modulares System, dessen Einzelteile auch separat erworben werden können: der Mikrocomputer für $399,95, der Bildschirm für $199,95 und das Kassettenlaufwerk für $49,95.

Am 3. August 1977 enthüllt Firmenchef Lewis Kornfeld das Modell I des TRS-80 im *Warwick Hotel* in New York. „Der TRS-80 war nicht so schlecht, er hatte eine Reihe netter Features", meint Yannes. Als *Tandy* den Rechner einführt, ist Peddle schon fleißig am Verkaufen und kann bereits Software wie **MicroChess** für den PET präsentieren. Bei der Premiere des TRS-80 produziert *Radio Shack* erst 25 Geräte und plant, den Computer an ein Drittel seiner 3.500 Niederlassungen auszuliefern. Obwohl es kaum Presseberichte über den Computer gibt, erhält *Radio Shack* innerhalb eines Monats 10.000 Bestellungen. Die Nachfrage überrascht neben *Tandy* auch *Commodore* und *Apple*. Während letztere sich noch in Konkurrenz zur Firma *Commodore* wähnt und diese ihrerseits IBM im Visier hat, beweist *Radio Shack*, dass es ein Rennen um den Massenmarkt gibt. „Der Erfolg begann in den Radio-Shack-Läden", erklärt Yannes. Die gibt es

2) Wenigstens zwei weitere Firmen erhalten ein Angebot von *Radio Shack*: *Sphere Corporation* und *Microcomputer Associates*. Jahre später behauptet Michael D. Wise von *Sphere*, *Radio Shack* habe Teile seines Systems gestohlen. Ray Holt (der den ROM-Code für den KIM-1 schreibt) von *Microcomputer Associates* glaubt ebenfalls, dass sein Prototyp Grundlage für den TRS-80 ist.

in jeder nordamerikanischen Stadt. Einkaufsbummler werfen einen Blick auf die Maschine und gehen neugierig in den Laden. Nach wenigen Minuten an der Tastatur kehren sie überwältigt nach Hause zurück. Ein beinahe unschlagbares Marketing. Bill Gates im *Smithsonian*-Interview von 1993: „Radio Shack setzt den Markt mit seinem Namen und Vertrieb in Brand."

Obwohl *Commodore* einen starken Start hat, verliert die Firma bald jeden Vorteil gegenüber ihren Rivalen: Bis Ende 1978 werden *Byte* zufolge ca. 4.000 PET verkauft. Radio Shack setzt dagegen im ersten Produktionsjahr 55.000 TRS-80 ab. Alles was *Commodore Radio Shack* entgegenzusetzen hat, sind die *Mr-Calculator*-Läden, die sich kaum rechnen und mit *Radio Shacks* Vertrieb und Fachkompetenz nicht mithalten können. Aber auch *Radio Shack* plagen Produktionsengpässe: Lange Zeit erhält jede Niederlassung nur einen TRS-80, den Nutzer wegen seines grauenhaften Kassettensystems und des untertakteten Z-80-Prozessors schnell zum „Trash-80" (Schrott-80) erklären. Nicht ausreichend abgeschirmt, erzeugt der Monitor ein gräßlich verrauschtes Bild. Auch das BASIC ist schwach: „Roach integriert Tiny BASIC ins kleine ROM", sagt Peddle. Wenig später wendet auch er sich an Bill Gates und *Micro-Soft*. „Unser Geschäft lief, weil die Leute BASIC wollten. Jetzt hatte Gates also auch John Roach und verdoppelte den Apple-Preis. Roach meinte: ‚Soviel zahle ich nicht dafür. Wer weiß, wie viele wir verkaufen. Wie wäre es, wenn wir Euch am Umsatz beteiligen?' Doch Gates bestand auf einen Festpreis – zum letzten Mal", erklärt Peddle. Obwohl Gates bei den ‚Großen Drei' durch die Pauschalgebühr viel Geld entgeht, meldet er doch einen bedeutenden Erfolg: „Diese drei Computer dominierten den Markt und hatten ein Jahr nach ihrem Debüt unser BASIC".

*Radio Shack* beherrscht den Markt für den Rest der 70er-Jahre und stellt am 30. Mai 1979 den überarbeiteten TRS-80, Modell II vor. Bis Ende 1979 verkauft sich der TRS-80 über 150.000 Mal und macht 35% des PC-Markts aus. Einschließlich Drucker und Disklaufwerk kostet ein Komplettsystem 4.000 Dollar. *Tandy* verkaufte nach eigenen Angaben Peripheriegeräte für 100 Millionen Dollar, insgesamt 12,7% des US-Gesamtumsatzes. *Radio Shack* scheint unschlagbar.

## Eine richtige Tastatur ****

Der Überraschungserfolg des PET rettet *Commodore*. Peddle ist unübersehbar stolz auf seinen Beitrag: „Der offizielle Insider-Witz bei Commodore war, dass PET ‚Peddles Ego-Trip' bedeutete," schmunzelt er.

Der Europa-Start des PET ist holprig: *Philips* hält die Namensrechte für ‚PET' und will einen Computer „Programm-Entwicklungs-Terminal" nennen. Tramiel ist nicht zu einem kostspieligen Rechtsstreit bereit, sondern tauft den Computer in Anlehnung an Big Blue einfach in ‚CBM' um.

Peddle will den PET professioneller machen, doch dazu muss die Taschenrechner-Tastatur einer richtigen weichen. „[Tramiel] sah das ein und meinte: ‚Das hat wohl nicht funktioniert, machen wir's anders.' " Die größere Tastatur verdrängt das interne Kassettenlaufwerk, das nun separat für $95 angeboten wird. Ein integrierter Laufsprecher gibt dem PET die Soundfähigkeiten des Apple II. Nur ein Bug im System des PET kann vor Produktionsbeginn nicht ausgemerzt werden: „Nach einer gewissen Zeit stürzte das Ding wegen eines Rechenfehlers ab", erinnert sich Peddle. Leonard nutzt den Computer für sein Studium und löst das Rätsel „aus Langeweile", wie Peddle meint. Leonard Tramiel versucht den Bug zu reproduzieren und kommt ihm so auf die Schliche: „Ich erstellte ein Beispielprogramm, das den Bug auslöste." Überraschenderweise liegt der Fehler im Code, den Bill Gates selbst geschrieben hatte: „Bill war nicht besonders vertraut mit dem 6502", kommentiert Peddle. *Microsoft* korrigiert den Fehler und *Commodore* verkauft das Upgrade-BASIC[3] als ROM. Der wichtigste Aspekt der neuen Version ist der Diskettenzugriff für ein geplantes *Commodore*-Laufwerk.

Ende 1978 werden massenweise PET produziert. Kunden können zwischen zwei Modellen wählen, einem mit grafischer (PET 2001-N) und einem mit kaufmännischer (PET 2001-B) Tastatur. Beide sind mit 8, 16 oder 32 KB RAM verfügbar und bilden dank Peddles Änderungen die professionellste Ausprägung des 77er-Triumvirats.

## Made in Japan ****

Peddles Pläne für ein IEEE-488-Interface nehmen Gestalt an: „Ich wollte einen Computer für Büroanwendungen und, da die Leute Textverarbeitungs-Software brauchten, auch einen günstigen Drucker."

Die Dominanz auf dem Textverarbeitungsmarkt könnte *Commodore* den entscheidenden Vorsprung vor der Konkurrenz sichern, auch weil der flexible Zeichensatz den PET als Bürocomputer prädestiniert. Peddle wendet sich an den amerikanischen Druckerhersteller *Centronics*: „Die Centronics-Schnittstelle war nach dem führenden Druckerhersteller für Minicomputer benannt", erläutert Peddle. „Ich traf den Geschäftsführer zu einem Gespräch in New York. Wir sprachen darüber, dass Personal Computer Millionenseller werden würden, aber nicht zu dem Preis, den er für seine Drucker verlangte. Er musste seine Kosten senken." Peddle schlägt *Centronics* ein Geschäft vor: „Wir wollten einen neuen Drucker mit unserem Mikroprozessor entwerfen." Das hätte die Kosten für *Centronics* drastisch gesenkt und die Geräte massenmarkttauglich gemacht. Die Antwort enttäuscht Peddle. „Er sah mir in die Augen und sagte: ‚Das habe ich nicht nötig. Die Welt gehört mir, ich habe einen Standard geschaffen und weiß, was ich tue. Ich muss nicht wettbewerbsfähiger werden, ich diktiere den Preis.' " So entgeht *Centronics* ein Millionengeschäft. „Ich sagte ihm, dass er mich damit zwinge, ihn zu ruinieren. ‚Ich werde einen Zulieferer finden, der in den Massenmarkt einsteigen will. Heute ist er noch kein Gegner für Sie, aber morgen wird er Sie übernehmen. Sind Sie sicher, dass Sie es sich nicht überlegen wollen?' " Peddles pathetische Prophezeiung bleibt ohne Wirkung. „Sein Standpunkt war klar: ‚Ich muss nicht, ich will nicht und ich werde nicht.' Es war ein US-Unternehmen, ein amerikanisches Produkt und all das patriotische Zeug", erklärt Peddle. „Das machte mich wütend, weil wir dringend einen günstigen Drucker für den Massenmarkt brauchten."

Peddle erteilt *Centronics* eine Lektion in freier Marktwirtschaft. Tramiel sucht einen Hersteller unter seinen japanischen Partnern: „Wir benutzten Kassettenlaufwerke und Monitore, also war Japan wichtig für uns. Jack kannte Epson-Seiko sehr gut. Von denen bezog er Taschenrechnerteile." Die beiden japanischen Ingenieure in Kalifornien stellten ein weiteres Mal ihren Wert unter Beweis: „Mr. Fujiyama arrangierte ein Treffen mit dem Entwickler der LCD-Uhr. Ein wirklich liebenswerter Japaner." Peddle entwickelt die Elektronik, während die Mechanik in Japan

3) **Später wird es in BASIC 2.0 umbenannt und enthält ein Easter-Egg, das die Meldung „MICROSOFT!" anzeigt. Jim Butterfield zufolge reagierte Leonard Tramiel gereizt auf den Scherz: „Diese Mistkerle! Ich sagte ihnen, dass wir jedes Byte brauchen und sie machen so was."**

entsteht. „Er unterstützte mich bei der Programmierung. Sie hatten 20- und 30-Spalten-Drucker für Taschenrechner." Für normales DIN-A4-Papier ist das zu wenig. „Wir entschieden uns für einen 80-Spalten-Einzug." Peddle sieht *Epson-Seiko* gleichzeitig als potentiellen Konkurrenten und schließt ein Gentlemen's Agreement: „Sie versprachen mir, sich aus dem Computer-Geschäft herauszuhalten." Der Kampf gegen *Centronics* motiviert die Japaner. „Ich überreichte ihnen die Elektronik zusammen mit einem Großauftrag."

*Epson* erhält freien Zugang bei *Commodore Japan*. „Sie verstanden, was wir taten und wie wir es taten. Bei den Treffen waren sie stets clever, charmant und sehr hilfsbereit. Dann wollten wir einige Details klären und fuhren zu ihrer Fabrik ins Tokioter Hinterland. Wir wohnten in kleinen Hotelzimmern mit Badewanne ohne Dusche. Wir aßen japanisch und sangen in Karaoke-Bars. Am Bahnhof kaufte ich dann einen Handheld-Computer von Seiko, obwohl die Firma mir versichert hatte, nicht in das Computergeschäft einzusteigen. Das Gerät lief mit BASIC. Keine direkte Konkurrenz, aber ein Indiz, dass sie darüber nachdachten. Ich wollte darüber sprechen." Doch die geplante Fabrikbesichtigung entfällt. „Sie ließen mich nicht in die Fabrik, die meinen Drucker herstellte. Sie sagten: ‚Unsere Vorschriften verbieten eine Fabrikbesichtigung durch Fremde.' Ich war verärgert und sprach mit einem der größten Patentbesitzer, ein sehr geradliniger Mann. Er meinte: ‚Meine Leute erklärten mir, sie wollten nicht von den Amerikanern bestohlen werden, sondern selbst von den Amerikanern stehlen.' "

Obwohl Peddles Japan-Reise einen bitteren Nachgeschmack hinterlässt, liefert *Epson* termingerecht. „Epson baute den günstigen Drucker und wir verkauften eine Menge davon." Ein OEM[4]-Abkommen ermöglicht die Vermarktung unter dem *Commodore*-Logo. Der erste Drucker, CBM 2020, erscheint 1978. Er ist beinahe so groß und schwer wie der PET und beherrscht dessen kompletten Zeichensatz. 1979 folgen die Modelle 2022 und 2023 für $795 bzw. $695. Diese Matrixdrucker erlauben sowohl Text- als auch Grafikausgabe. *Epson* vermarktet auch günstige Drucker mit *Centronics*-Interface. „Wir haben sie aus dem Geschäft verdrängt, indem wir Epson reinbrachten[5]", meint Peddle. 1982 erscheint der erste PC von *Epson*. „Sie traten in Konkurrenz zu uns." Ist dieses Verhalten nicht leicht zwiespältig? „Leicht zwiespältig?", lacht Peddle. „Absolut! Die Geschichte ist nicht neu." Letztlich hilft das Abkommen *Commodore* jedoch mehr als es schadet. „Es war ein Schlüssel zu Commodores Erfolg", sagt Peddle. „Commodore erschloss den PC-Druckermarkt. Bei Apple waren Drucker und Büroanwendungen weniger wichtig." Mit einer professionellen Tastatur, mehr Speicher, Lautsprecher und Drucker sieht Peddle sich weit vor der Konkurrenz. „Wir hatten das bessere Gerät und die bessere Peripherie."

## Jack verändert sich ****

Während es mit *Commodore* dank des PET wieder aufwärts geht, „verändert sich Jack spürbar", sagt Peddle. Der Grund dafür ist eine familiäre Tragödie. 1976 findet Tramiels ältester Sohn die Liebe seines Lebens. „Sam heiratete und es entstand ein sehr enges Band zwischen Jack, seiner Frau und ihrer Schwiegertochter", erklärt Peddle. Bald darauf wird Jack Tramiel Großvater. 1977 verändert eine Krankheit alles: „Seine Schwiegertocher bekam Krebs und

4) **Original Equipment Manufacturer stellen Komponenten für den Vertrieb unter anderem Markennamen her.**

5) **Als IBM 1982 den eigenen PC veröffentlicht, profitiert Epson und wird zum führenden Zubehörhersteller.**

machte zahlreiche Therapien durch. Alle hofften auf Besserung." Nur Sam Tramiel spricht nicht von Hoffnung. „Er glaubte nicht daran." Und er hat seine Gründe: „Nach dem, was ihm die Ärzte sagten, glaubte er, dass die Therapie ihr für ein Jahr helfen würde, sie dann aber sterben müsste. Jack und Helen nahm das sehr mit."

Ende 1977 gibt es einen Funken Hoffnung. „Eine zeitlang schien es ihr besser zu gehen und alle glaubten, dass sie es schaffen würde." Die Familie feiert dies 1977/78 mit einer Weltreise. Sam Tramiel glaubt jedoch immer noch nicht an eine Besserung. „Sam tat alles, um ihr letztes Jahr so angenehm wie möglich zu gestalten", meint Peddle.

Mitte 1978 kehrt der Krebs zurück und mit ihm der Schmerz der Tramiels. „Aus dem Nichts heraus wurde sie wieder krank und starb nach sechs Monaten. Das nahm die Familie furchtbar mit. Es war, als habe Gott ihnen ein Geschenk gemacht, nur um es ihnen wieder weg zu nehmen." Der Verlust verändert Jack Tramiel: „Danach war er nicht mehr derselbe", sagt Peddle. „Er wurde verbittert. Ein Teil von ihm starb mit ihr, und es war sein netter Teil. Er war oft niedergeschlagen. Ich sah ihn nie weinen, stattdessen wurde er ein wütender Mensch, alles erzürnte ihn. Er kam nie darüber hinweg", sagt Peddle. „Vielleicht fünf oder zehn Jahre später, aber während dieser Zeit war er noch erbarmungsloser."

## Das Rennen ums Diskettenlaufwerk ****

Peddle entwickelt den massentauglichen PET zum Bürocomputer weiter: „Die Europäer setzten uns auf ein Level mit HP." Ende 1977 steht fest, dass Kassetten als Datenspeicher nicht optimal sind: „Alle wollten bessere Speichergeräte".

Das erste 8"-Disketten-Laufwerk erfindet IBM-Ingenieur Alan Shugart 1971 und entwickelt. fünf Jahre später die 5,25"-Diskette, die schnell zum Standard wird. „Ich wurde zu selbstsicher", gesteht Peddle. „Ich wusste, dass ein echter Bürocomputer zwei Diskettenlaufwerke brauchte." Diese Auffassung stammt noch aus Peddles Zeit bei GE. „Ich stellte ein Team für die Arbeit am IEEE-Bus zusammen." Abermals ist Roger Camp von der *Iowa State University* die erste Adresse für Peddles Bedarf. Dessen Empfehlung Glen Stark baut die Elektronik für die Doppelfloppy. „Stark kam mit seiner Freundin in den Westen. Er war extrovertierter als Seiler oder Feagans – bis seine Freundin ihn verließ. Das machte auch ihn für zwei Jahre zum Einsiedler", erklärt Peddle. „Das Gute an solchen intelligenten Einsiedlern ist, dass sie sich voll auf ihre Arbeit konzentrieren." Der Neuzugang begeistert Peddle: „Stark war brillant, man gab ihm eine Aufgabe und er erledigte sie."

Für die Programmierung des Laufwerks holt Peddle Scott Paterson. Der Perfektionist passt gut ins Team: „Er wollte saubere Sachen wie den Kernel und so was." Paterson ist neben Peddle der einzige Familienvater im Team: „Er hatte Frau und Kinder. Sie war ihm sehr wichtig, ein typisches Paar aus Iowa: nette, fleißige, hart arbeitende Leute. Sie hatten alles, was den Mittleren Westen ausmacht." Paterson und Stark verstehen sich gut. „Sie arbeiteten über Jahre zusammen. Ein verheirateter Mann unter Ledigen war schon witzig anzusehen. Scott war das genaue Gegenteil von Glen." Das Team ist komplett und die Arbeit am Disklaufwerk beginnt.

Verglichen mit dem PET ist die Laderoutine des Apple II langsam und unzuverlässig. „Woz nervte die lange Ladezeit seiner Programme. Gewöhnlich traten Fehler auf, weil seine Programmroutine [für das Kassettenlaufwerk] instabil war", sagt Peddle. „Jobs wusste, dass sie eine Floppy brauchten. Alle anderen arbeiteten daran. Also sagte er zu Woz, er müsse bis zur CES eine Floppy haben."[6] Monate vergehen, aber nichts passiert. „Sie rechneten fest damit. Aber Woz wusste nicht, wie er es angehen sollte, und musste darüber nachdenken", meint Peddle. „Jeder übte Druck auf ihn aus. Jobs schmeichelte ihm, setzte sich mit ihm zusammen, tat alles, was er konnte." Wozniak studiert das Design eines IBM-Disklaufwerks und schafft kurz vor der CES den Durchbruch: „Woz entwickelte die Gruppenkodierte Aufzeichnung (GCR)", sagt Peddle. „Das war brillant." Den Floppy-Prototypen stellt *Apple* auf der Winter-CES 1978 vor. Tramiel und Peddle sind über den technischen Vorsprung der Konkurrenz verärgert.

Bereits vor der CES macht *Commodores* Firmenpolitik Chuck Peddle Sorgen. „Alles begann im Herbst 1977. Jack wollte Dick Sanford als Finanzchef, weil er dachte, dass Chris Fish den Job nicht richtig machte." Gleichzeitig wird Tramiel Peddles Leitung des Computergeschäfts ungeheuer. „Jack wollte, dass ich mich auf die Entwicklung konzentriere. Um Chris Fish von seinem hohen Ross herunterzuholen, sagte Jack ihm: ‚Chuck ist zu sehr beschäftigt, und Du bist der einzige, für den er arbeiten würde.' Zur CES im Januar erfuhr ich erstmals, dass ich das Geschäft nicht mehr führte." Ein niederschmetterndes Erlebnis für Peddle. „Unsere Freundschaft zerbrach. Das Personal-Computer-Geschäft, das ich aufbaute, sollte eigentlich mir gehören." Fish überzeugt Peddle, weiter zu arbeiten. Dessen überambitioniertes Doppel-Floppy-Design verlängert die Entwicklungszeit derart, dass *Commodore* ohne Disklaufwerk an der CES teilnimmt. Da an das IEEE-488-Interface mehrere Laufwerke angeschlossen werden können, erscheint das Projekt ziemlich überflüssig. Auch die Unerfahrenheit des Teams ist ein Grund für die langsame Entwicklung. „Ich hatte zwar Paterson und Stark, aber keine Zugpferde. Sie kamen frisch von der Uni, verzettelten sich in der Hardware und ich hatte keine Zeit, ihnen zu helfen", erklärt Peddle.

In dieser Zeit stellt sich Peddle seiner Operation: „Vor meiner OP lief ich Marathons, nahm 27 Kilo ab und dachte, ich sei geheilt, weil mein Körper sich veränderte. Aber der Arzt sagte: ‚Sie verstehen nicht: Wir müssen ihre Gallenblase entfernen.' Sie nahmen sechs große Steine aus meiner Gallenblase. Der Arzt sagte, jeder von denen hätte mir großen Ärger bereiten können."

Während seiner Reha besuchen ihn Familie und Freunde, darunter Leonard Tramiel, der, gleichwohl an die Universität zurückgekehrt, den Kontakt zu *Commodore* hält. „Ich arbeitete im Sommer 1978 und war danach lange Jahre inoffiziell als Berater tätig", sagt er. Auch Peddles Rivalen statten ihm einen Besuch ab: „Die beiden Steves kamen vorbei. Wir blieben uns freundschaftlich verbunden", sagt Peddle, der nach seiner Entlassung aus der Klinik das Floppy-Projekt vorantreibt. „Wir bestellten Laufwerksköpfe bei Simon Connors von Shugart Associates, nachdem Alan Shugart herausgetrieben worden war."

Der Laufwerkskopf liest und schreibt Daten auf eine Diskette. Auch *Apple* bestellt bei *Shugart* und bietet Vorbestellern im Juli 1978 ein Disklaufwerk für $495, danach für $595 an. Eine gewaltige Preissenkung für den teuersten Computerhersteller des Triumvirats. „Die Floppy verhalf Apple zum Durchbruch", meint Peddle. Das von Tramiel verlachte Unternehmen wird zur Bedrohung. Wozniaks Disklaufwerk ist viel simpler als *Commodores* Doppel-Floppy und

6) **Die meisten Berichte nennen Mike Markkula als Initiator der Floppy-Entwicklung.**

genügt dem Großteil der Kunden. „Ihr Laufwerk konnte keine komplexen Daten verarbeiten, aber Programme sehr schnell laden und speichern", sagt Peddle. „Jack Tramiel brachte mich fast um: ‚Du hast mit deinem Doppellaufwerk herumgestümpert, während die Anderen unser Mittagessen verspeisten.' " Peddle erhält seine erste Jack-Attacke: „Er schrie nicht und er hasste mich nicht. Ich hatte Mist gebaut und er sagte mir, dass es der Firma sehr geschadet habe. Seiner Ansicht nach verbrachte ich zu viel Zeit mit anderen Dingen. Zur Strafe zog er mich komplett aus dem Computer-Management ab. Er sagte: ‚Du bist kein Manager mehr, sondern nur noch Entwickler.' "

## Der Überläufer ****

Nach seiner Degradierung fühlt sich Peddle betrogen. „Wir hatten eine Abmachung. Ich sollte das Computer-Geschäft übernehmen." Auch andere Entscheidungen Tramiels geben Peddle zu denken. So konzentriert Tramiel seine Ressourcen auf die Entwicklung von RAMs bei *MOS Technology* auf Kosten von Peddles Computer: „Nicht ich erhielt die Ressourcen, sondern das Speichergeschäft", meint Peddle. Doch MOS kann mit den Japanern nicht Schritt halten. „Die Japaner erreichten eine höhere Dichte als die Amerikaner. Es war offensichtlich, dass sie uns lange Zeit voraus sein würden."*Commodore* will dynamischen Speicher (DRAM) für den PET, mit dem sich mehr Kapazität trotz weniger Chips realisieren lässt. „Wir begannen mit statischem RAM, was nicht funktionierte, und mussten aus dem Speichergeschäft aussteigen." Peddle stört zudem, dass Tramiel unerfahrene Manager einstellt. „Jack hatte immer einen ‚Helden des Tages'. Er stellte Leute ein, die ihm sagten, sie seien die Größten im Computergeschäft und könnten ihn reicher machen. Solche Leute wurden meine Vorgesetzten statt umgekehrt. Das war nichts für mich." *Commodore* gilt bald als Firma mit Drehtüren-Management. „Sie kamen und gingen sehr schnell. Manchmal stellte ich jemanden ein, Jack sah was derjenige tat und war so begeistert, dass er ihn beförderte. Ich bekam dafür einen Neuen. Das konnte er einfach nicht lassen." Tramiel beeinflusst Peddles Projekte sehr früh. „Bei der Floppy lag ich daneben, aber meistens tat ich das Richtige für ihn. Ich fühlte mich langsam unwohl."

Tramiels permanente Einmischung fordert ihren Tribut. „Unsere persönliche Beziehung war zerstört. Er hatte schlechte Laune und spielte mit meinem Leben wie mit dem der anderen." Peddles Loyalität schwindet. Gleichzeitig sucht *Apple* händeringend nach einem neuen Chef-Ingenieur. Nachdem Wozniak nur zögernd mit der Entwicklung eines Disklaufwerks begann, wünscht sich das Management zukünftig mehr Stabilität. „Schlagartig fiel ihnen auf, dass ihr Erfolg von einem 26jährigen bockigen Jungen abhing", sagt Peddle. „Markkula, Jobs und Mike Scott meinten: ‚Das kann nicht sein. Wir brauchen bessere Techniker als Woz.' " Das Angebot von *Apple* kommt genau richtig: „Jack machte mich fertig und Jobs kam mit einem großartigen Angebot." Demnach würde Peddle „Woz ersetzen und der Technologie-Guru sein. Ich traf mich mit Scott und Jobs. Der Deal machte mich zu einem der fünf größten Anteilseigner der Firma."

Im Sommer 1978, der Song „Flying High" der Commodores ist weit oben in den Charts, verlässt Peddle *Commodore*. „Weil er dachte, es dort besser machen zu können oder flexibler zu sein", vermutet Leonard Tramiel. Peddle schlägt damit einen großen *Commodore*-Aktienanteil aus. „Eine schlechte Entscheidung. Ich ging, ohne mich ausbezahlen zu lassen." Außerdem hält der neue Arbeitsplatz nicht, was Jobs versprach. Peddle hat keine Aussicht auf den Status, den er bei *Commodore* genoss. „Wie sich herausstellte, hatten sie Wozniaks ehemaligen Vorgesetzten von HP engagiert." Der Name des Ingenieurs ist John Couch. „Woz hielt ihn für den Größten."

Peddle versucht sich auf seine Arbeit zu konzentrieren, aber nach einer Weile sieht er ein, dass es ein Fehler war, *Commodore* zu verlassen. „Die Firma hatte nicht damit gerechnet, dass wir beide die Stelle annehmen würden." Peddle konkurriert mit Couch. „Dieser Kerl war ein guter Taktiker, eben ein typischer HP-Mann, der einen schönen Schreibtisch und solche Vergünstigungen wollte. Ich habe keine teuren Büros, so was brauche ich nicht." Während Peddle sich auf die Arbeit konzentriert, taktiert Couch. „Er spielte Macht-Spielchen, untermauerte seine Position, erweiterte seine Befugnisse, stellte Leute ein und wurde zum Chef-Ingenieur. Plötzlich arbeitete ich für ihn, und das war nicht der Deal."

Peddles erste Aufgabe bei *Apple* ist es, Jobs beim Lisa-Projekt zu helfen. Zu diesem Zeitpunkt hatte Jobs *Xerox'* beste Ideen noch nicht übernommen. „Wir arbeiteten eng zusammen, gingen gemeinsam Mittagessen und im Wald spazieren." Peddle erinnert sich, dass Jobs erstmals mit ihm über ein grafisches User-Interface sprach: „Jobs ging zu Xerox PARC. Beim Mittagessen meinte er dann: ‚Das müssen wir haben.' Lisa sollte wie der Xerox Star werden." *Xerox* präsentiert den teuren Minicomputer 1981, noch vor *Apples* Lisa. „Xerox hatte einen wunderbaren Rechner. Er besaß einen hochauflösenden Bildschirm und eine sehr gute Textverarbeitung. Lisa war wie der Xerox Star, aber nicht festplattenorientiert." Peddle sieht *Apples* Misserfolg voraus. „Ich stieg aus, als klar war, dass es ein 10.000-Dollar-Ding würde. Ich sagte: ‚Apple kann keinen Computer dieser Preisklasse verkaufen, und der Markt braucht auch keinen.' Das nahm man mir übel und wies mich dem Apple III zu."

Wenig später treibt das Management auch Jobs aus dem Projekt, dessen Leitung nun Couch übernimmt. „Er ist schuld am Lisa-Fiasko", meint Peddle, der sich auf die Architektur des Apple III konzentriert: „Ich entwarf ihn als Übergangslösung, aber das fertige Produkt sah anders aus. Ich stellte zwei oder drei Leute ein, die mit mir arbeiteten. Mir wurde klar, dass ich meine eigentliche Schöpfung zurückließ. Die Arbeit bei Apple war interessant, aber ich war nie mit Leib und Seele dabei." Peddle verlässt *Apple*. „Als wir uns trennten, sagte Steve Jobs: ‚Du sahst nie so aus, als ob es dir hier gefiel.' Er hatte recht."

Ohne weiteres Zögern gibt Peddle seinen millionenschweren Aktienanteil preis. „Ich wollte zurück zu Commodore. Wäre es mir ums Geld gegangen, wäre ich geblieben und jetzt ein reicher Mann. Eine dumme Entscheidung, aber ich wollte unbedingt zurück." Der Luxus-PC Lisa floppt, wie Peddle es befürchtete. Auch der Apple III, schlecht konzipiert und fehlerhaft montiert, wird eine Enttäuschung. „Es stellte sich heraus, dass der Verantwortliche ein paar böse Fehler machte", erklärt Peddle.

Jobs sieht keinen Nutzen mehr in der Freundschaft zu Peddle und bricht den Kontakt ab. Ein Charakterzug, den andere ehemalige Angestellte von Jobs bestätigen. „Keiner von uns blickte je zurück. Er gibt heute nichts auf mich, weil er eben er ist. Er wurde zu jemandem, der er eigentlich nicht war, oder vielleicht schlummerte das immer schon in ihm", philosophiert Peddle. „Steve Jobs war mein Freund, aber er verlor die meisten seiner positiven Charaktereigenschaften, als er reich wurde. Er wurde unausstehlich und arrogant."

## Die Heimkehr ****

Ende 1978 findet Chuck Peddle einen Weg zurück zum PET. Während er noch bei Apple sitzt, führt Tramiel die Strategie vertikaler Integration fort, kauft dazu eine CMOS-und eine LCD-Firma und beginnt mit der Herstellung eines unerwarteten Produkts: Digital-Uhren.

Tramiel will einen Anteil am Boom-Markt der späten 70er-Jahre. Erst vermarktet *Commodore* LED-Uhren und -Taschenrechner, bis japanische LCD-Produkte diesen Markt untergraben. Tramiel braucht nun LCD-Teile, scheitert aber bei seinen Verhandlungen mit japanischen Lieferanten. „Jetzt stellten sie zum ersten Mal fest, wie clever die Japaner waren. Die lehnten mit der Begründung ab, dass die Nachfrage im Inland zu groß sei. Dann preschten sie in den US-Markt, allen voran Seiko", erinnert sich Peddle. „So kaufte Tramiel sich eigene LCD- und CMOS-Firmen."[7] Commodore schluckt *Frontier* in Süd-Kalifornien und tauscht 1979 ein paar Aktien gegen die *Seiko*-Tochter *Micro Display Systems* (MDS), einen von Tom Hyltin gegründeten LCD-Hersteller; doch die Preise für Digital-Uhren fallen und versalzen *Commodore* das Geschäft.

Tramiel hofft auf Synergie zwischen den neuen Abteilungen, Chip- und LCD-Herstellung. „Projektleiter Bud Fry wollte Taschenrechner machen und erhielt grünes Licht, mich einzustellen." Peddle weiß genau, wen er für den CMOS-Prozessor braucht: „Wir wollten Bill Mensch."

Seit dem Zerfall des 6502-Teams arbeitet Mensch als Berater für einen Designer in Phoenix. Arizona. Jetzt gewinnt ihn Tramiel zurück: „Wir schufen das *Western Design Center* für ihn. Er erhielt Nutzungsrechte am 6502, im Gegenzug sollte er Halbleiter entwickeln", sagt Peddle. Mensch bekommt sein eigenes Techniklabor in der 2166 East Brown Road in Mesa, Arizona, und genießt dort weitgehende Autonomie. Gleichzeitig verhandelt Peddle mit Tramiel, um seinen alten finanziellen Status wieder zu erlangen. „Man versicherte mir, dass ich meinen Aktienanteil wiederbekommen würde." In vollem Umfang kann sein alter Vertrag jedoch nicht wiederhergestellt werden. „Ich sollte ursprünglich einen Dollar pro verkauftem Computer bekommen. Das war nicht mehr drin, aber das habe ich sowieso nie ernst genommen." Peddles finanzielle Situation ist schneller wiederhergestellt als seine Beziehung zu Tramiel. „Jack hat mir den Weggang wohl nie verziehen. So wie früher verstanden wir uns nicht mehr."

Peddle und Mensch hoffen, an alte Erfolge anknüpfen zu können. „Wir entwickelten einen Mikrocomputer mit LC-Anzeige", erinnert sich Peddle. *Commodore* plant, damit Hersteller von Taschenrechnern und Messuhren zu beliefern. „Wir wollten die Grundlage für intelligente LCD-Produkte bieten, vielseitig und leicht zu programmieren."

Im Gespräch mit der *Stanford University* erklärt Bill Mensch 1995: „Mein erstes Projekt war eine Kopie, die Vorlage war ein Toshiba-Taschenrechner. Wir nannten ihn den LC5K3." Um mit japanischen Anbietern zu konkurrieren, bestimmt der Preis das Design. „Ich entwickelte einen Chip für Taschenrechner und Tramiel bekam ihn für den, wie er es nannte, Japan-Preis, also die Hälfte des US-Preises." Menschs Chip ist seinem japanischen Pendant überlegen: auf der Hälfte der Größe des Vorbilds bringt Mensch eine 64-Bit-Architektur zustande, 1979 ein Novum. „Dieser kleine Chip konnte 4-Bit-, 8-Bit- bis zu 64-Bit-Berechnungen mit einem Opcode durchführen", sagt Mensch. Leider ist *Frontier* damit überfordert und kann den CMOS-Chipsatz nicht fertigen.

---

7) **Peddle vermutet, dass Commodore die LCD-Technik auch für ihren ChessMate nutzen will. Letztendlich erhält der Schachcomputer aber eine rote LED-Anzeige.**

„Die Firma wurde überbewertet", sagt Peddle. „Um CMOS zu bauen, wäre eine Großinvestition nötig gewesen. Damals bestimmten die Japaner die Regeln. Wer keine 100 Millionen Dollar in gute Produktionsanlagen investierte, hatte keine Chance." Indirekt ist Gould für den *Frontier*-Fehlkauf verantwortlich. „Der Kauf war eine Hintertür für Jack", meint Peddle. „Jedes Mal, wenn er Geld für eine Investition in Produktionsanlagen brauchte, winkte Irving ab."

Das *Frontier*-Scheitern beraubt Bill Mensch aller Einnahmen von *Commodore*. „Die Arbeit mit Bill Mensch war beendet. Jack sah keine Notwendigkeit mehr für ein Design Center und warf Bill den Wölfen zum Fraß vor."

Der Schritt trifft Mensch unerwartet, aber der gibt nicht auf. Sein Kommentar zum *Commodore*-Chef: „Tramiel drängte mehr Unternehmen vom Markt als sonst jemand in der Elektronik-Industrie – und er war stolz darauf. Er brachte mich ins Geschäft. Ich dachte mir also, wenn ich mit Jack Tramiel zwei Jahre überleben kann, dann schaffe ich es überall."

## Die Killer-Applikation ****

Verglichen mit dem Rest des Triumvirats geht es *Apple* 1979 weniger gut. „Die Firma stand vor großen Problemen. Ihre Umsätze und ihr Marktanteil sanken und wir machten ihnen zu schaffen. Radio Shack veröffentlichte zwei oder drei neue Modelle und schlug sich gut, und CP/M-Computer starteten. Apple wäre fast untergegangen", sagt Peddle.

Trotz des schlechten Umsatzes behauptet die Firma, sie sei die Nummer Eins. „Markkula ließ McKenna von der Leine und sagte: ‚Ich gebe nichts um die Lügen, die McKenna erzählt. Sind ja nicht meine.' " Im Dezember 1978 bezeichnen Werbeanzeigen den Apple II erstmals als den weltweit meistverkauften Personal Computer. Eine luftige Behauptung: Bis Ende 1979 setzt *Radio Shack* über 150.000 TRS-80-Rechner ab, *Apple* lediglich 35.100 Computer im Geschäftsjahr 1979, dem bislang erfolgreichsten Jahr. „Sie wollten ein Image und logen weiter. McKenna war darin schon immer gut, sehr überzeugend. Während dieser Zeit begann das ganze revisionistische Zeug", sagt Peddle. Sehr bald wird aus Lügen Wahrheit.

Die Geschichte von *VisiCalc* beginnt mit **MicroChess**-Entwickler Peter Jennings, dessen Schachprogramm im Sommer 1978 für PET und TRS-80 erhältlich ist, gefolgt von einer Apple-II-Version. Jennings vertreibt seine Software unter dem Label *Micro-Ware* auf Messen, über Computerhändler und per Postversand. Die Verpackung ist zeitgemäß amateurhaft: Programmkassette und Anleitung werden im versiegelten Plastikbeutel geliefert.

Auf der Computer-Show PC-78 in Atlantic City lernt Jennings Dan Fylstra kennen. Fylstra schreibt für *Byte*, ist MBA-Student in Harvard und erfahrener 6800-Programmierer. Mit seiner Firma *Personal Software* vertreibt er das legendäre *Infocom*-Adventure **Zork** und andere Software sogenannter 'Drittanbieter'. Die beiden beschließen ihre Zusammenarbeit. „Ich erinnere mich, dass Fylstra uns vier Computer auf einer Show abnahm. Sie wollten eine Menge Software dafür schreiben, was sie auch taten", sagt Peddle, der die beiden nach Kräften unterstützt. „Er und Jennings hingen an Commodore, wir waren Freunde und wir halfen ihnen beim Europa-Geschäft." Dennoch versucht sich *Personal Software* auf dem Apple II-Markt. „Sie hatten einen Apple, aber ihr Steckenpferd war Commodore, da das erfolgversprechender war."[8]

8) **Laut Jennings ist das bloße Verkaufstaktik: „Natürlich sagten wir das Peddle. Wir sagten auch Steve Jobs, dass wir vorrangig Apple unterstützten und Tandy, dass wir uns auf Radio Shack konzentrierten."**

Mit seiner Idee eines Tabellenkalkulationsprogramms weckt Harvard-Student Dan Bricklin das Interesse von *Personal Software*. „Eines Tages spazierten ein paar Jungs aus Harvard dort vorbei und sagten: ‚Wir haben eine Idee für ein Programm.' Fylstra sagte: ‚Die PETs sind alle besetzt, aber nehmt doch den Apple, der hat dasselbe BASIC' ", so Peddle.

Der PET ist der führende Büro-PC, während der Apple II als Spielmaschine gilt. Die Büro-orientierte Anwendung VisiCalc erscheint dennoch für den Apple. „Purer Zufall", meint Peddle. „Diese Leute hatten eine Idee für ein Programm, der Computer war ihnen egal."

„Es ist wahr, dass Bricklin die erste Tabellenkalkulation auf einem Apple II schrieb, weil der gerade frei war", bestätigt Jennings. Er und Fylstra diskutieren später das Für und Wider und veröffentlichen die erste Version auf diesem Computer. Die beiden übernehmen auch die Entwicklungskosten in Höhe von 4.000 bis 5.000 Dollar pro Monat; den größten Teil dieses Geldes verschlingt der Zugang zu einem Timesharing-System. Jennings nutzt seine MicroChess-Einnahmen für die Entwicklung von VisiCalc. So speist das mit PET- und TRS-80-Software verdiente Geld ironischerweise eine *Apple*-Anwendung. „VisiCalc war einer der kreativsten Software-Titel überhaupt und schaffte es ohne Mainframe-Äquivalent direkt auf PCs", lobt Peddle. „Alles, was es für den Personal Computer gab, gab es auch für Großrechner – außer VisiCalc."

Nach der Veröffentlichung am 17. Oktober 1979 wird VisiCalc auf Anhieb zum Verkaufsschlager und zum Motor der Apple-II-Verkäufe. Peddle vermutet, dass „VisiCalc Apple rettete. Die Leute kauften Apples und nutzten sie zur Arbeit. Der Apple II wurde die VisiCalc-Maschine." Allein im ersten Monat werden über 1.000 Exemplare für je $100 abgesetzt. Trotz einer Preiserhöhung auf $150 steigen die Verkäufe. *Personal Software* wächst zum Software-Giganten und lässt *Microsoft* weit hinter sich.

Die Marktentwicklung braucht eine Zeit, um ihre volle Wirkung zu entfalten, wie Spieldesigner und Software-Theoretiker Chris Crawford im Rückblick erklärt: „Ab 1980/81 setzte sich VisiCalc durch und Apple hob ab." Trotzdem bleibt *Tandy* dank der 8.000 Händler des eigenen Vertriebsnetzes uneinholbar und verkauft weltweit bis Ende 1980 300.000 TRS-80-Model-I-Computer. Das bedeutet 150 Millionen Dollar Einnahmen aus dem Computer-Geschäft. *Apple* dagegen kommt auf 75 Millionen Dollar – 10 Millionen mehr als im Vorjahr. Da der TRS-80 wesentlich preiswerter ist als der Apple II, bedeutet das weitaus mehr Verkäufe für *Tandy*, als die Umsätze vermuten lassen.

1980 überholt *Apple* die Firma *Commodore*, die einen Umsatz von 55 Millionen Dollar erzielt. *Apple* kann den Umsatz im Vergleich zum Vorjahr um 650% steigern, *Commodore* dagegen nur um 150% und *Tandy* um 131%. Die VisiCalc-Software bringt die Wende für den Apple II: Als Spielcomputer kann er nicht mit *Atari*-Geräten mithalten, jetzt zieht er in die Büros ein und „machte Apple zum Nummer-Eins-Computer auf dem US-Markt", sagt Peddle. „Die Firma war nicht sehr erfolgreich vor ihrem zweiten oder dritten Jahr. Als Apple 1980 an die Börse ging, war das die erste völlig überbewertete Aktie. Das brachte ihnen wahnsinnig viel Geld und hielt sie bis zum Macintosh über Wasser, der noch mehr Geld einfuhr", meint Leonard Tramiel.

In den USA hat der PET keine Chance gegen *Apple* und *Radio Shack*. „Es war nie geplant, das US-Geschäft zu vermasseln", sagt Peddle. „Wir waren einfach nicht schnell genug."

# KAPITEL 6

# Geschäft ist Krieg

1979 - 1980

Nachdem die PET- und CBM-Computer *Commodore* profitabel machen, verlegt Jack Tramiel die Firma 1979 von Palo Alto in ein wesentlich größeres Gebäude am Scott Boulevard in Santa Clara, gleich neben das von AMD.

Eine mächtige Glasfront ziert das Produktions- und Entwicklungszentrum, auf dem Dach prangen Solarzellen. Erdbebensichere Architektur soll in der seismisch aktiven Region den nötigen Schutz bieten, gewaltige Stahlfedern dämpfen Erschütterungen. Die Büros der leitenden Angestellten befinden sich im Erdgeschoss. Jack Tramiel hat ein Eckbüro, das viel Fensterraum, aber auch die größte Gefahr bei Erdbeben bietet. „Die Fenster waren sechs Meter hoch", sagt Robert Russell. „Während eines Bebens hüpfte alles auf und und ab und die Scheiben verbogen sich. Nur einmal zerbrach eine – natürlich in Jacks Büro." Tramiel bleibt unverletzt.

Gleich neben dem Chef-Zimmer befindet sich der Konferenzraum, in dem die Manager ihre Schlachtpläne entwerfen. Die Verwaltungsleute schart Tramiel wie einen Hofstaat um sich: Buchhalter, Einkaufsabteilung, Vertrieb. Ihre Büros sind die chaotischsten im gesamten Gebäude. An den Verwaltungsteil grenzt die Fabrik, die Tom Mitchell beaufsichtigt, dahinter das Warenhaus. Hier lagern Kartons bis zur Decke, bevor sie von Arbeitern in Lieferwagen verladen werden. Der Platz ist knapp, wie sich Russell erinnert: „Manchmal stapelten sich die Kisten in den Gängen der Ingenieursabteilung." Die Abteilung im ersten Stock, dort wo er und seine Techniker brüten, gerät 1979 in Schwierigkeiten.

## Endlich Disketten! ****

Während Mensch im *Western Design Center* am LCD-Projekt arbeitet, wirft Peddle einen Blick auf die Evolution seines PET: „Als ich zu Apple ging, engagierten sie Tim Kennedy als Nachfolger. Obwohl ich nur kurze Zeit weg war, brachte er alles durcheinander". Die Doppel-Floppy wird nicht fertig, das Team ist vom ursprünglichen Konzept weit entfernt. „Das Management ließ sie vom Weg abkommen", meint Peddle. „Das Ding sollte ein serielles Schreib-Lese-Gerät sein, nicht besser als ein Doppel-Kassettenlaufwerk. So etwas brauchte niemand." Peddle nimmt das Steuer wieder in die Hand. „Ich übernahm als Chefingenieur die Leitung und stoppte das. Damit war Kennedy raus. Wir begannen wieder von vorne." Das verzögert die Fertigstellung um weitere Monate, aber Peddle ist entschlossen, diesmal alles richtig zu machen.

Um gegenüber *Apple* einen Vorsprung zu haben, nutzt Peddle seine Erfindung von 1961 und sein inzwischen ausgelaufenes Patent: Während *Apple*-Disketten 150 KB Daten fassen, verarbeitet Peddles 2040-Disklaufwerk Datenträger mit 170 KB. Es bietet noch mehr: „Es war ein echter Datei-Manager. Man konnte Aufzeichnungen laden und speichern und alles, was man sonst nur mit teureren Geräten machen konnte."

Das 2040 ist ebenso massiv wie der PET und verfügt auch über eine ‚Motorhaube' für einfachen Zugriff, unter der zwei Prozessoren, 6502 und 6504, sowie eigenes RAM und ROM schlummern - ein kompletter Computer. „Wir folgten weiter dem Prinzip der ‚distributed intelligence', so gab es keine Aktivität auf Betriebssystem-Ebene." Das unterscheidet die Hardware von der *Apple*-Floppy, deren DOS den Speicher und den Prozessor belastet und die nicht erweiterbar ist – bei einem Takt von 1 MHz und weniger als 32 KB RAM ist jedes Bit kostbar. Peddles Design greift nicht auf Rechner-Ressourcen zurück und lässt dem PET so seine Leistung.

Da das alte BASIC 1.0 noch keinen Diskettenzugriff unterstützt, überarbeitet John Feagans das PET-Betriebssystem. „Er wollte weg vom BASIC, weil der Code ein wildes Durcheinander war", sagt Russell. „John meinte: ‚Lasst uns die ganzen Hardware-Zugriffe in eine eigene Sektion des Codes packen.' " Feagans plant als erster einen ‚Kernel' für die nächste Computergeneration, einen System-Kern, der grundlegende Sachen steuert, z.B. die Bewegung des Cursors, die Darstellung von Zeichen auf dem Bildschirm und den Laufwerkzugriff. Sein Kernel trennt diese Aufgaben von anderen Betriebssystemteilen, wie der ‚Shell' und der Programmiersprache BASIC, und zerlegt das Ganze in einzelne Module.

Mit Robert Russell erhält Peddle im Mai 1979 einen weiteren Neuzugang, der sich mit *Commodore*-Computern auskennt, von der *Iowa State University*. „Ich war für die Einführung der PETs in unseren Labors verantwortlich", erklärt Russell. „Wir boten Computer-Kurse an." Russell kennt die meisten Ingenieure, einschließlich Stark, Paterson und Feagans. „Ich stritt damals mit ihnen wegen der Prozessoren, die sie in den Labors einsetzten. Ich war für Intel, sie waren für Motorola und MOS." Während des Studiums kauft Russell einen Sol-Computer von *Processor Technology*. „In meinem ersten Semester baute ich ihn zuhause auf. Er beanspruchte meinen ganzen Schreibtisch." Die neue Technik ist nicht ungefährlich. „Ich musste mir ein eigenes Netzteil bauen, das in Flammen aufging, während ich auf den Bildschirm starrte. Zum Glück bemerkten es meine Zimmergenossen."

Nach seinem Abschluss empfiehlt ihn Dr. Camp an Peddle. „Camp vermittelte die anderen Jungs an Commodore und hatte Verbindungen zur 6502-Szene. Auch mich und Feagans brachte er dorthin." Russells Entscheidung steht schnell fest. „Was macht man im Mittleren Westen? Man sucht woanders Arbeit. Die Angebote, die ich hatte, waren in kalten Gegenden. Da bekam ich aus dem Nichts das Angebot, für Commodore in Santa Clara zu arbeiten und dort meine Freunde wieder zu sehen. Kalifornien schien mir angenehmer als ein Job in Minneapolis."

Im Vergleich zu seinen Kollegen wirkt Russel ‚normal'. „Er ist recht rundlich, sieht aus wie ein satter Farmer aus Iowa", scherzt Peddle. „Ich mochte Peddle sehr. Er behandelte uns Ingenieure gut, wir waren Teil seiner Familie. Die anderen mochte er etwas lieber als mich." sagt Russell. „Ich erinnere mich, dass ich ihn besuchte. Er hatte ein Auto in seiner Garage zerlegt – ein Triumph oder Stag, irgendein britisches Auto. Ob er es je wieder zusammenbaute?"

Im August 1979, ein Jahr nach dem Disklaufwerk von *Apple*, stellt *Commodore* die Doppelfloppy 2040 vor. Mit einem Preis von $1.295 zielt sie auf den professionellen Markt, leidet jedoch unter Kinderkrankheiten. „Wir mussten ziemlich oft Laufwerksprobleme beheben, egal ob wir zum Team gehörten oder nicht", sagt Russell. Defekte Laufwerke wurden von den Fabrikarbeitern an die Ingenieure weitergegeben. „Sie wollten eine Software-Lösung für das Problem", sagt Russell. „Wir stapelten die 2040 Doppelfloppies bis unter die Decke, dann war klar: ‚Wir sollten langsam eine Lösung finden.' " Ebenso wie den PET verkauft Tramiel die teuren Laufwerke vornehmlich in Europa, wo Kunden dafür fast doppelt so viel zahlen.

## Neue Konkurrenten ****

1979 betreten mit *Atari* und *Texas Instruments* (TI) zwei weitere Rivalen den Markt. Erstgenannte Firma gehört damals noch zu *Commodores* Kunden: „MOS verkaufte viel an Atari", erklärt Al Charpentier. „Apple handelte nicht mit MOS, aber wir verkauften tonnenweise 6502er." *Atari* ist außerdem auf ROMs für Spielmodule angewiesen, von denen jedes einen 4-KB-Chip braucht. „Wir waren ihr größter Zulieferer", sagt Yannes. *Commodore* entwickelt einen Trick, um die in die Jahre kommenden *Atari*-Spiele aufzupolieren: „Das VCS konnte nur 4 KB ROM ansprechen, aber Atari wollten mehr. Wir entwarfen ein 8 KB ROM mit Adressspeicherumschaltung. Wir taten alles, um es bis zum Weihnachtsgeschäft fertig zu haben." Im Januar 1979 stellt *Atari* seine Computermodelle 400 („Candy") und 800 („Colleen") auf der CES vor, Tastaturcomputer mit TV-Anschluss und Farbgrafik. *Atari* besitzt zeitgemäße Technik und über *Sears* einen breitflächigen Vertrieb. Das Modell 400 kostet $549,95, der Atari 800 kostet $999,95.

Im Juni 1979 erscheint mit TI ein Konkurrent, der *Commodore* beinahe in den Taschenrechner-Kriegen ruiniert hätte. Für Tramiel stellt TI mit seiner vertikalen Integration die größte Bedrohung dar. Der TI-99/4 kommt mit 13"-Monitor für $1.150, als Herz schlägt eine auf 3 MHz getaktete Eigenentwicklung namens TMS9900. Wie die meisten Unternehmen kann TI die Nachfrage anfangs nicht bewältigen. Bis März 1980 erscheinen nur 30 Programme für den Computer. Diesmal behält Tramiel die Oberhand über seinen Erzrivalen.

## Der Rückzug aus Nordamerika ****

*Commodore*-Inhaber Irving Gould verbringt viel Zeit in New York, um die Werbetrommel für seine Firma zu rühren. „Irving ist ein Geschäftsmann", sagt Peddle. „Um den Kurs anzukurbeln prahlte er, wie clever wir seien." Seit der Einführung des PET verdoppelt sich *Commodores* Aktienkurs jährlich mindestens – zu einer Zeit, als andere Unternehmen sich glücklich schätzen, ihren Umsatz um 10% zu steigern. Im Juni 1979 kostet eine Aktie $41,63. Das ist zehnmal so viel wie 1976.

Tramiel will Gould überzeugen, über Aktienemissionen Geld für Schuldentilgung und Produktionsausweitung aufzubringen, um den PET in den USA offensiv zu vermarkten. „Das Unternehmen war im Umbruch und Jack hatte kein Geld", schildert Peddle. Gould besteht auf eine schrittweise Vergrößerung mit europäischen Gewinnen. Tramiel und Peddle tragen Gould ihr Anliegen vor. „Wir fuhren nach New York. Jack ging zum Vorstand und sagte: ‚Ihr spielt mit meinem Leben. Gebt mir 20 Millionen Dollar. Der Kurs ist gut, wir können es uns leisten.'" Laut Peddle ist diese Forderung gerechtfertigt. „Die Aktie war dreißig Mal mehr wert als zu der Zeit, als ich anfing. Es wäre ein Leichtes gewesen, der Firma mit einer großen Investition ein Fundament zu geben."

Während *Apple* durch den Börsengang die Firma vergrößert, verbietet Gould diesen Schritt. „Er war so verdammt engstirnig", wettert Peddle, den die Begründung immer noch wütend macht: „Irving sagte: ‚Der Kurs steigt und ich will die Anteile nicht zu einem kleinen Preis abgeben.' Das kam noch öfter vor." Gould hatte den Sinn des Aktienmarkts völlig vergessen. „Tramiel kam wütend aus dem Meeting. Irving hatte ihm den US-Markt verdorben, den er nicht mit wenig Geld erobern konnte. Er war sauer und hatte allen Grund dazu."

Europa kauft PETs zu hohen Preisen, also verschifft *Commodore* beinahe die gesamte Produktion. Doch die Vernachlässigung des US-Marktes ist langfristig fatal. „In Kalifornien konnte man keinen Commodore-Computer kaufen, obwohl wir hier produzierten", sagt Russell. „Anfangs gab es eine große Nachfrage in den USA. Wir fragten, warum so wenig Geräte zu haben seien. Tramiel sagte: ‚Wir bekommen das Doppelte dafür in Europa.' "

Der schwache US-Markt frustriert Tramiel. In England und Deutschland hält *Commodore* trotz höherer Preise 80% Marktanteil. „Man sieht die europäischen Preislisten und sagt: ‚Unglaublich! Kein Wunder, dass Jack seine Geschäfte nicht in Amerika macht' ", erklärt Russell, der einräumt, dass Tramiel finanziell keine andere Wahl bleibt, als den Heimmarkt zu vernachlässigen. „Wenn man versucht eine Firma zu vergrößern, lernt man, Tramiels Entscheidungen zu respektieren. Er war kein großer Geschäftsmann, aber er führte das Unternehmen nach oben." Die Konzentration auf Europa schwächt *Commodore*, wie Russell meint: „Sie bescherte uns kurzfristiges Wachstum, kein langfristiges wie bei IBM." Dazu Peddle: „Der Druck auf Tramiel war immens. Sie sagten immer: ‚Jack, Du findest einen Weg.' "

Im Gegensatz zu *Commodore* investiert *Apple* langfristig. „Wir konnten dem Vorstand nie klarmachen, wie man ein echtes Technologie-Unternehmen wird", sagt Peddle. „Wir reagierten stets kurzfristig. Das funktionierte meist, aber auf Dauer kam man damit nicht weit."

„Wir lagen technisch vor Apple, konnten den Vorsprung aber nicht halten", erklärt Russell. „Sie hatten mehr Ingenieure und Entwickler." Peddle denkt, dass der Druck zusammen mit dem Verlust seiner Schwiegertochter Tramiel verändert, der andere Leute zunehmend verletzt. „Vorher war Tramiel alles recht, um zu überleben. Er dachte: ‚Ich bin ein Überlebender, ich arbeitete in den Lagern und ich werde alles tun, um die Firma am Leben zu erhalten.' Er war gut darin, aber er änderte sich." Yannes erinnert sich an Tramiels Philosophie: „Geschäft ist Krieg, war sein Motto. Man gewann nicht, indem man im offenen Wettbewerb die Konkurrenz ausstach, sondern indem man sie vernichtete." Damit macht er auch seinen Verbündeten zu schaffen. „Angebote von Zulieferern befand er als zu teuer und diktierte einen Preis. Sie sagten, dass sie dabei Geld verlieren würden, er meinte nur: Wollt Ihr den Deal oder nicht?" Die meisten akzeptieren Tramiels Bedingungen. „Sie ruinierten sich und Jack fand andere. Es war bekannt, dass er so Geschäfte machte. Wer sich darauf einließ, war selbst schuld", meint Yannes.

Einer der Betroffenen ist Bob Schreiner von *Synertek*, der MOS bei der Entwicklung des 6502 half. „Ich schloss ein Abkommen mit Synertek", sagt Peddle. „Wir vereinbarten, mehr Speicher bei ihnen zu kaufen. Später meinte Jack dann: ‚Ich weiß, dass wir einen Vertrag unterschrieben haben. Ich weiß, dass die Jungs mir halfen. Aber jetzt bin ich nicht mehr auf sie angewiesen.' "

„Wenn Jack der Meinung war, Rechnungen nicht zahlen zu müssen, zerriss er den Scheck und sagte, sie sollten ihn doch verklagen", erklärt Peddle. Diese Einstellung hilft *Commodore* kurz, verschreckt langfristig aber wichtige Verbündete in der Elektronik-Branche. „Bob Schreiner sagte: ‚Ich werde Jack nie mehr vertrauen.' " Die gebrochenen Verträge bringen Peddle, der für deren Zustandekommen verantwortlich zeichnet, in eine zwiespältige Situation. „Jack brach im Prinzip meine Versprechen. Ich sagte ihm eines Tages: ‚Ich stehe zu den Verträgen, die ich abschließe. Wenn jemand sich auf Dich einlässt, okay, aber ich vereinbare nichts mehr.' " Trotz Peddles Rebellion bricht Tramiel weiterhin seine Versprechen. „Jack hielt sein Wort nicht, wenn er es nicht für nötig hielt. Ich sah ihn das mit fünf Leuten machen." Am meisten verletzt Peddle, dass es auch seine Freunde trifft. „Er beförderte Sehnal, der mich beim PET unterstützte, nur um ihn anschließend aus der Firma zu drängen. Einen meiner Kumpels, Larry Hittle, der uns beim KIM-1 half, ließ er trotz Vertrag hängen. Einige sagen auch, dass er den Vertrag mit Bill Mensch brach." Dessen *Western Design Center* hatte Tramiel einfach allein gelassen. Aber ruinierte Tramiel jemals jemanden ohne Grund? „Das ist nicht *nicht* richtig", windet sich Peddle. „Einige Leute zerstörte er, weil er es konnte. Er war nicht so schlecht, wie er später oft gezeichnet wurde, aber er war sicher kein Engel." Tramiels Geschäftspraktiken bringen ihm den Ruf einer Bombe im Anzug. Seine Visite in einer Abteilung kann eine Spur der Zerstörung in Form von plötzlichen Kündigungen hinterlassen. Die Ausbrüche bekommen den Namen ‚Jack-Attacken'. „Das wurde zur Routine", sagt Peddle. „Wenn Jack Leute fand, die Mist bauten, wurde er wütend. Und einer baute immer Mist."

Obwohl Peddle Tramiels Methoden nicht gutheißt, bewundert er seine Fähigkeit, Inkompetenz innerhalb der Firma aufzuspüren. „Lange Zeit unterschrieb Tramiel jeden Scheck des Unternehmens", erklärt Peddle. „Eine ‚Jack-Attacke' begann damit, dass ihn ein Scheck verärgerte, er den Betreffenden zu sich rief und zusammenstauchte." Tramiel überwacht *Commodores* Ausgaben akribisch. „Es gab ihm ein Gefühl dafür, was in der Firma ablief. Immer wenn ein Unternehmen erfolgreich ist, werden einige Leute größenwahnsinnig. Du musst herausfinden, wer unbefugt dein Geld zum Fenster hinauswirft.", erklärt Peddle. Diese unkonventionelle Methode macht Tramiel zum Monarchen, führte aber auch zu unglücklichen Terminen in seinem Büro. „Beinahe täglich fand er jemanden, der etwas Betrügerisches oder Dummes im Schilde führte", sagt Peddle, der die Notwendigkeit und Häufigkeit der Jack-Attacken auf Tramiels Einstellungspolitik zurückführt: „Er stellte inkompetente Leute ein, gewährte ihnen eine Probezeit, und sie fuhren etwas an die Wand." Russell ist Zeuge der chaotischen Anfangszeit: „Ich war dabei, als es wegen der Manager Unruhe gab." Eine Befehlskette gibt es nicht: „Jack kam sporadisch zu uns und meinte: ‚Ich will, dass Ihr das fertigstellt, ganz egal, wer euer Vorgesetzter ist.' " Russell schmunzelt noch heute über diese Eigenart. „Jawohl! Wir wussten, wer der Chef war." Die Drehtür-Politik im Management verwirrt die Ingenieure. „Kam ich aus dem Urlaub zurück, wartete ein neuer Manager. Ich glaube es waren zehn, allein im ersten Jahr." In dieser Zeit stoppt Tramiel die Taschenrechner-Entwicklung, wie sich Peddle erinnert: „Alle Taschenrechner-Leute von MOS Technology gingen. Nur die Spiele-Jungs blieben."

Ende 1979 engagiert Tramiel den 32jährigen Michael Tomczyk, der ihm sagt, dass *Commodores* Marketing Schuld an den schwachen PET-Verkäufen sei. Eine gewaltige Jack-Attacke entläd sich, Tramiel feuert die gesamte Marketingabteilung. Nur Dick Powers, zuständig für Messen, und Tomczyk bleiben.

## Software für den PET ****

Bei der Einführung des PET wird die Software-Entwicklung vernachlässigt, einzig Peddle umwirbt Programmhersteller. Dennoch bildet sich eine Software-Industrie um den PET.

1980 veröffentlicht *Personal Software* eine PET-Version von *VisiCalc*. Als Kopierschutz wird dem Programm ein Dongle beigelegt, der in einen freien Sockel des PET gesteckt wird.

Peddle zufolge ist die PET-Version des Bestsellers dem *Apple*-Original überlegen: „Wir boten 80 Spalten, Apple nur 40. Die Tabellen waren blitzschnell erstellt." Wäre *VisiCalc* zuerst für den PET erschienen, hätte *Commodore* auch den US-Markt beherrscht.

In England verkauft *Commodore* spätere PET-Modelle im Bundle mit *VisiCalc*. Die Verfügbarkeit von Büro-Programmen macht den PET in Europa zum Verkaufsschlager. Mit *WordPro* und *Wordcraft* (für 400 Pfund) verfügt der PET zudem über zwei hervorragende Textverarbeitungsprogramme. Auch Datenbanken für professionelle Anwender sind wichtig. Die erste Anwendung dieser Art ist *Compsofts* DMS, danach veröffentlicht *Commodore* ein eigenes Programm mit dem Namen *The Manager*. Die Anwender finden zudem zahlreiche Programm-Listings in Magazinen wie *Byte* und *Dr. Dobb's Journal*. Ein weiteres erfolgreiches Magazin ist die *PET Gazette*, die im April 1978 von Len Lindsey gegründet wird. Während des ersten Jahres versendet Lindsey sein Heft an 4.000 Abonnenten. Später verschmilzt die *PET Gazette* mit *Compute! Publications* und bildet das populäre 8-Bit-Magazin *Compute!*.

Die Privatanwender interessieren sich für Spiele. Viele der ersten PET-Spiele stammen vom KIM-1 und machen auf dem PET erstaunlich viel Spaß: Die Simulation **Lunar Lander** und der Knobelklassiker **Tic-Tac-Toe**, **Hunt the Wumpus**, **Horse Race**, **Maze** und **Nim**. Im Labyrinth des **Nightmare Park** löst der Spieler zufällig auftauchende Mini-Spiele. Auch ein **Star-Trek**-Spiel gibt es für den PET: Unlizensierte Raumschiff-Enterprise-Spiele sind in vielerlei Hinsicht die ‚Killer-Applikationen' der Software-Urzeit, reichen aber nicht aus, um Computer in Millionenstückzahlen zu verkaufen. Die populärsten Star-Trek-Spiele zeigen die Suche nach Klingonen-Schiffen in einem schlichten Gitter-Universum. Daneben gibt es Textabenteuer für den PET. Scott Adams gehört zu den Pionieren dieses Genres und veröffentlicht sein **Adventureland** 1978. Das Spiel ähnelt dem legendären Großrechner-Adventure **Colossal Cave**.

Eines der populärsten Genres, das Computer-Rollenspiel, entsteht auf dem PET: Ein junger Programmierer namens Jeff McCord entwickelt es auf dem 4-KB-Gerät seiner Hochschule in Lexington, Kentucky, auf dem er auch BASIC lernt. Seine Schulkameraden sind begeistert von den zufällig generierten Dungeons des BASIC-Programms. Im ersten Semester auf der Universität von Tennessee verkauft McCord sein Spiel als **Sword of Fargoal** an die Firma *Automated Simulations* (später *Epyx*), kassiert dafür $2.000 und zieht nach Kalifornien, um Programmierer zu werden.

Bei *Epyx* erscheint auch das ähnliche **Temple of Apshai**, ein Rollenspielklassiker, bei dem das Handbuch ins Spielgeschehen einbezogen ist: Da dem PET-Programm nur 4 KB zur Verfügung stehen, schlagen Spieler nach, um eine detaillierte Raumbeschreibung zu erhalten: „Ein seichter Teich erfüllt den Großteil des Raums. Weiße Schlieren bedecken die Wasseroberfläche. In der nordöstlichen Ecke ist ein Büschel goldbraunes Seegras zu sehen." Rollenspiele werden schnell komplexer, man benötigt bald Wochen, dann Monate, um sie durchzuspielen. Eines der ersten Mehrspieler-Netzwerk-Spiele ist **Flash Attack** von Ken Wasserman und Tim Stryker, das 1980 erscheint und über ein mitgeliefertes Kabel zwei PETs verbindet.

PET-Spiele bieten eine magische Erfahrung, sind aber monochrom (grün oder orange auf dem schwarzen Hintergrund des Monitors) und mit PETSCII-Grafik eher trist, verglichen mit ähnlichen Programmen auf Apple II und Atari 800.

## Der engste Familienkreis ****

Mit 48 Jahren ist Tramiel nicht länger ein muskulöser Kämpfer, sondern ein rundlicher Haarkranzträger in den mittleren Jahren mit wildem, grauem Haar. Sein Ehrgeiz schwindet jedoch nicht. „Jack führte sein Unternehmen nicht wie ein Unternehmen", erklärt Yannes. „Für ihn war Geschäft Krieg, seine Angestellten waren Soldaten. Wenn man ihm etwas bedeutete, gehörte man zur Familie."

Tramiel lebt für die Arbeit, reist deshalb viel und sieht seine drei Söhne kaum. „Jack kam aus dem Konzentrationslager in die USA, baute ein Unternehmen auf, verlor es und baute es wieder auf", resümiert Peddle. „Die Firma war sein Leben. Dafür opferte er seine Beziehung zu seinen Söhnen. Neben Glückspiel und ein paar anderen Sachen bestand sein Leben aus Arbeit."

Als die Söhne erwachsen sind, will sie Tramiel in die Firma holen. Von diesem Traum erzählt er einigen Vertrauten Anfang der 80er Jahre. Er erwägt, eine Klausel in sein Testament einzufügen, die seinen Söhnen die Zusammenarbeit finanziell lohnenswert macht. Sam, sein Ältester, ist zu diesem Zeitpunkt 32. Er lebt in Kanada und studiert Wirtschaftswissenschaften an der *York University*. Sam geht bei seinem Vater in die Lehre und ist der einzige der drei, der Einblick ins Tagesgeschäft erhält. Ende der 70er empört er seine Eltern mit dem Verhalten nach dem Tod seiner Frau. „Er war ein gesunder junger Mann und er war mit einer todgeweihten Frau liiert. Also ging er aus und haute auf den Putz", meint Peddle. Jack und Helen Tramiel finden das überstürzt. „Jack war sauer und schickte Sam nach Hong Kong", erklärt Peddle. Dort rettet Sam das Digitaluhrengeschäft von *Commodore*. Mit stromsparender LCD-Technik, statt LED, und kostensparender Produktion in Fernost reagiert er auf die sinkenden Marktpreise.

Leonard, der Zweitälteste, ist der Wissenschaftler und Intellektuelle der Familie. „Leonard war anders", sagt Charles Winterble, leitender Ingenieur bei *Commodore*. „Leonard und Sam waren wie Tag und Nacht. Leonard war für Software zuständig und hatte kein Interesse, die Firma zu übernehmen." Leonard schreibt zudem seine Doktorarbeit in New York.

Gary, der Jüngste, ist der Finanzexperte. Noch vor seinem Studienabschluss verwaltet er das mehrere Millionen Dollar schwere Familienkapital. Nach seinem Abschluss arbeitet er als Börsenmakler für *Merrill Lynch*. Charpentier schätzt die Tramiel-Söhne, sieht in ihnen aber weniger Potential als in ihrem Vater. „Keiner von ihnen war wie er. Sie waren alle begabt und waren keine schlechten Jungs, aber nur Jack hatte den unbedingten Willen zum Erfolg." Jack Tramiel bleibt der Mentor für seine Söhne, damit sie eines Tages die Firma übernehmen können.

Neben seinen Blutsverwandten schart Tramiel weitere Vertraute um sich. „Wir nannten sie den engsten Familienkreis", erklärt Winterble. „Er sorgte sich um sie als wären sie ein Teil seiner Familie. Sie kamen zur Ranch, lernten seine Frau kennen und tranken nach der Arbeit mit ihm." Der engste Familienkreis besteht aus Mitarbeitern aus der ganzen Welt, vom Geschäftsführer bis zum kleinen Ingenieur. „Es gab in jedem Land welche", sagt Winterble. „Nur weil man Geschäftsführer war, gehörte man noch nicht dazu." „Jack vertraute nur einem kleinen Personenkreis. Soweit ich weiß, waren alle, die dazugehörten, sehr reich", meint Yannes. Zur Familie zu gehören, bedeutet denen, die es tun, sehr viel. Charles Winterble gehört dazu: „Er fragte nach dir, deinen Zielen, deiner Familie. Man hatte Privilegien und er kümmerte sich stets ein bisschen mehr um einen."

Mit seiner persönlichen Art der Geschäftsführung erzieht Tramiel die ‚Familie': „Wer wie ich mit Jack arbeitete, der lernte sein Handwerk", sagt Winterble. „Er wollte mir beibringen, japanisch zu sein, und er wollte mir beibringen, jüdisch zu sein. Das war sein Trainingsprogramm. Ich lernte viel über den Massenmarkt direkt und indirekt von ihm. Er schickte mich nach Japan, um mit den Leuten dort zu arbeiten. Das war sehr interessant."

Angehörige des engsten Familienkreises werden ermahnt, aber selten aufgegeben. „Wenn man als loyaler Angestellter Jack verärgerte, schickte er einen mit irgendeinem Auftrag auf eine Reise um die Welt", erläutert Peddle, der diese Freistellung als Strafexpedition bezeichnet. „Chris Fish gehörte dazu", sagt Peddle. Fish übernahm das PC-Geschäft nach Peddles Weggang 1978. „Er machte das sechs bis neun Monate, bevor Jack ihm sagte: ‚Du machst das nicht gut genug, ich schicke dich Vertriebskanäle ausheben.' " Solche Strafexpeditionen verteilt Tramiel oft, auch seinen Sohn Sam erwischt es. „Es gibt viele Geschichten über eine regelrechte Verbannung aus diesem Personenkreis für eine lange Zeit", sagt Peddle. Auf der Sommer-CES 1980 erlangt Fish Tramiels Gunst zurück. „Jack erklärte ihm, dass seine Strafe vorüber sei", sagt Peddle. „Fish wurde Europa-Manager. Das war sein Comeback."

Auch John Calton, ein Tramiel-Weggefährte seit den frühen Schreibmaschinenjahren, wird auf Strafexpeditionen geschickt. „Man hörte von ihm, er sei drei Monate hier, dann wieder dort. Manchmal verließ er die USA und seine Familie für ein Jahr, weil er von Jack auf eine Strafexpedition geschickt wurde", sagt Peddle. Das Verbannungskonzept wirkt wie das Äquivalent des ‚Fensterplatzes' der japanischen Geschäftswelt: Wer einen Fehler macht, wird so lange mit einer unwichtigen Aufgabe betraut, bis er aus seinem Fehler gelernt hat. Was immer Tramiels Inspiration war, er machte häufig Gebrauch davon. „Die Idee war, jemanden zu bestrafen, weil er nicht das tat, was er tun sollte", erklärt Peddle. „Eine interessante Bestrafung: Man wurde nicht entlassen oder in die Ecke gestellt, sondern von allem Bekannten weggeschickt. Auch Sam machte das einige Male mit."

1979 eingestellt, steigt der junge Ingenieur Robert Russell in den engsten Familienkreis auf. Er arbeitet im selben Gebäude wie Jack Tramiel, 3330 Scott Boulevard, daher schaut Tramiel öfters vorbei, um bei den Ingenieuren nach dem Rechten zu sehen. „Als ich ein paar Dinge fertig hatte, mochte er mich", sagt Russell. „Er schleppte mich mit. Es war interessant für ein Greenhorn wie mich mit dem Firmenpräsidenten auf Shows in Las Vegas zu fliegen und andere Firmenpräsidenten zu treffen." Russell überraschen einige Angewohnheiten Tramiels: „Ich hörte ihn deutsche Militärmärsche singen und dachte mir, das sei ziemlich bizarr. Er kannte die Lieder. Er sagte mir, dass er beim Einmarsch der Deutschen ihre Uniformen, ihren Marsch und ihre Lieder bewunderte. Als Kind hielt er den Einmarsch in Polen für etwas Großartiges. Offensichtlich war es eine große Parade, die da an ihm vorbeizog." Russell bemerkt auch das enge Band zwischen Jack Tramiel und seiner Frau Helen. „Sie war eine sehr liebevolle Person." Russel zufolge sagte Jack manchmal neckisch „Mama, schneid' mir das Brot", und sie tat es und fütterte ihn. „Als 21-Jähriger war ich peinlich berührt, aber irgendwie fand ich's auch komisch."

Tramiel hat den europäischen Markt erobert, ist nur zeitweise hinter *Radio Shack* gefallen und bietet *Apple* Paroli. Als das neue Jahrzehnt beginnt, sucht er nach Wegen zur Herrschaft über den nordamerikanischen Computermarkt.

# KAPITEL 7

# Die Farbcomputer I

1979 - 1980

7

Der PET übertrifft den *Apple* II in vielerlei Hinsicht, was ihm jedoch fehlt ist Farbdarstellung. „Wir hängten die Messlatte für Apple im europäischen Profi-Bereich sehr hoch", sagt Peddle. „Es lief gut für uns, aber die Amerikaner wollten Farbcomputer, und die hatte nur Apple. Wir bereiteten uns also darauf vor, Farbe zu liefern."

## Der VIC-Chip ****

Nach dem Ausstieg aus dem Taschenrechner- und RAM-Geschäft konzentriert sich *MOS Technology* auf andere Halbleiter und lässt den jungen Ingenieur Albert Charpentier an einem neuen Videospiel-Chip arbeiten. „Sie wollten einen Spielcomputer in Konkurrenz zu Atari – das war ihr letzter Versuch", erklärt Peddle.

Charpentier wird 1952 in Philadelphia geboren und will schon immer Ingenieur werden. „Mit sieben Jahren war ich von der TV-Übertragung fasziniert. Ich wollte wissen, wie man Fernseher kontrolliert, und so kam ich zum Videospiel-Design." Anfang der 70er studiert er an der Universität von Pennsylvania, die noch keine Kurse in Halbleiterdesign anbietet. „Es gab zwar Halbleiterphysik, aber VLSI [Very Large Scale Integration] befand sich noch in der Entwicklung." 1975 schließt Charpentier als ‚Bachelor of Science in Electrical Engeneering' ab und beginnt bei *MOS Technology*, wo ihn John May und Don Schneider unter ihre Fittiche nehmen. „Die MOS-Ingenieure führten meine Ausbildung fort und wiesen mich in alles ein, was über Prozesstechnik hinausging." Seine Lehrjahre verbringt Charpentier mit dem Design von Taschenrechner-Chips, dabei stets in eine dichte Tabakrauchwolke eingehüllt. „Er hatte sogar eine Zigarette im Mund, wenn er nicht rauchte", scherzt Kollege Yannes. „Angezündete Zigaretten lagen in drei oder vier Aschenbechern an verschiedenen Plätzen in seinem Büro." Charpentier beeindruckt seinen Chef Winterble: „Er war ein spindeldürrer, hyperaktiver Kettenraucher. Außerdem trug er bei der Arbeit immer eine Krawatte."

In der **Pong**-Welle entwickelt MOS Videospiel-Chips für Firmen wie *Coleco*. „Die Konsole bestand nur aus Netzteil und TV-Modulator. Dagegen waren die Spielmodule keine Software, sondern enthielten ganze Custom-Chips für das jeweilige Spiel", sagt Yannes. „Charpentier fand das recht unbefriedigend. Warum sollte der Mikroprozessor nicht in die Konsole und das Modul nur die Software liefern? So machte es dann Atari."

Nach der Übernahme von MOS arbeitet Charpentier für Tramiel. „Ich mochte ihn. Er war nicht unterzukriegen, hatte auch Fehler, aber dahinter verbarg sich eine Menge, was er einem beibringen konnte", meint Charpentier, der nach dem Absturz des Taschenrechnergeschäfts eigenen Projekten nachgehen kann. „Es gab eine große Entlassungswelle bei MOS und Charpentier wurde Leiter der Chip-Abteilung. Für seinen Video-Chip wollte er die Funktionsweise eines Fernsehers verstehen", erklärt Yannes.

Charpentier schlägt *Commodore* die Entwicklung eines Video-Chips vor: „Ich begann Ende 1976, bekam den Chip aber erst ein Jahr später zum Laufen." Als Teil der 6500-Familie erhält der Chip die Bezeichnung 6560, Charpentier nennt ihn den ‚Video Interface Chip', kurz VIC. Er kann acht Farben – schwarz, weiß, rot, blau, zyan, violett, grün und gelb – und dank 8 KB internem RAM auch Bitmap-Grafik darstellen. Zudem unterstützt er Eingabegeräte wie Lichtgriffel und Bildschirmpistole. Charpentier plant sogar Soundausgabe. Peddle weiß, dass *Atari* einen weiterentwickelten Chip plant: „Wir sagten ihm, dass er da nicht mithalten könnte, denn wir hatten einen guten Überblick über Ataris Entwicklungen." Doch die Vertraulichkeitsklausel im Vertrag mit *Atari* verbietet Peddle die Weitergabe technischer Details an Charpentier.

„[Mit dem VIC 6560] war ein Team beschäftigt", erklärt Charpentier. „Es gab einen Designer für die Logik, einen für die Schaltkreise – beide Aufgaben übernahm meist ein Mann – und einen Layout-Designer. Heute erscheint unsere Arbeitsweise primitiv, aber ohne starke Rechner machten wir noch alles in Handarbeit." Charpentier kontrolliert das fertige Design wochenlang von Hand, bis der Chip 1977 produktionsreif ist. Winterble ist beeindruckt von Charpentiers Arbeit: „Er schaffte unglaublich viel. Wir schliefen damals auf Feldbetten, die Jungs waren hart. Charpentier war beinahe genial." Der 40-Pin-Chip funktioniert wie gewollt, erinnert sich Charpentier: „Wir hatten die ganze Farbpalette." Ein VIC-Feature erlaubt sogar die Änderung des Zeichensatzes – nicht machbar auf PET-Computern –, was spezifische Spielgrafiken ermöglicht.

MOS bietet den fertigen Chip verschiedenen Elektronikfirmen an und präsentiert ihn auf der *Winter-CES* 1978 mit der farbenfrohen Demo eines springenden Balls. Zusätzlich werden Broschüren mit Anwendungsvorschlägen wie preiswerten CRT-Terminals, biomedizinischen Monitoren und Kontroll-Systemanzeigen verteilt. Zum ersten Mal nimmt *Apple* an der Show teil. „Jobs und Wozniak kamen zu uns", erinnert sich Charpentier. „Sie waren beeindruckt. Woz fragte, wie wir die Farben erzeugten, aber ich verriet es nicht."

Charpentier stellt den Chip auch auf der *Hannover-Messe* vor. Doch die Interessenten bleiben aus. „Wir wollten ihn auf dem OEM-Markt absetzen, aber das klappte nicht". Der Nachteil des VIC besteht in seinem klobigen Zeichensatz und der auf Videospiele ausgelegten 22-Spalten-Anzeige. Der VIC läuft Gefahr, in der Bedeutungslosigkeit zu verschwinden.

## Das Labor im Moorpark ****

1979 sieht Peddle die Möglichkeit, aus der kleinen Computer-Systemabteilung bei *Commodore* ein Technik-Unternehmen nach dem Vorbild von *Hewlett-Packard* zu formen. „Wir machten zu dieser Zeit gute Umsätze, Commodore lief – wir expandierten." Peddle plant drei separate Forschungslabors fernab der Firmenzentrale. Tramiel hat keinen Einwand. „Die Kosten waren gering. Irving sprang rüde mit Jack um, weil es den Analysten nicht gefiel. Sie sagten, wir würden nicht genug in die Ingenieursabteilung investierten", sagt Peddle. „Wir schrieben alles und jeden als Ingenieur ein, damit es nach mehr aussah."

Um junge Ingenieure frisch vom College anzuwerben, gründet Peddle eine kleine Entwicklungsabteilung an der *California Polytechnic State University* in San Luis Obispo, außerdem ein Forschungszentrum mit ehemaligen GE-Kollegen: „Ich kannte eine Menge clevere Leute in Phoenix, die extern für eine Firma namens Courier arbeiteten. Mein Freund Larry Hittle bot an, ein Design Center ähnlich dem von Bill Mensch zu bauen, das Commodore gehören sollte." Phoenix soll sich auf den High-End-Markt konzentrieren und *Commodore* als technische Speerspitze dienen. Das dortige Team beginnt mit Speicherlaufwerken, die Daten von Großrechnern verarbeiten können. Peddle will ein 8"-Laufwerk, das sowohl Gruppenkodierte Aufzeichnung (GCR) beherrscht, als auch kompatibel zum IBM 3740 ist. So entstehen in Phoenix unterschiedliche Floppy-Laufwerke: Als erstes das 8060, eine Single-Floppy mit 750 KB Speicher, dann die Nachfolger 8061 und 8062 mit 1,6 bzw. 3,2 MB. 1980 verkauft *Commodore* die Doppelfloppy 2040 für $1.295, plus $80 fürs Kabel. Das Modell 8050 bietet doppelt so viel Speicher und kostet $1.695. „Unsere Disketten-Dichte gab uns einen großen Vorsprung", meint Peddle.

In Kalifornien entsteht *Commodores* wichtigstes Forschungszentrum, dessen Resultate dem Unternehmen einen langfristigen Vorsprung sichern. Peddle liebt die florierende Computerszene im Silicon Valley und hofft auf Synergie mit anderen Unternehmen.

Die Entwicklungsabteilung liegt im Industriezentrum Moorpark in San Jose, knapp zehn Minuten von der *Commodore*-Zentrale entfernt. „Moorpark sollte vom Fabrikalltag abgeschieden sein. Wir teilten die Gruppe. So blieb Russell in der Fabrik, während wir am Design kommender Dinge arbeiteten." Die Moorpark-Ingenieure sind allesamt junge, aber *Commodore*-erprobte Recken. „Sie zogen alle erstklassigen Ingenieure ab", erinnert sich Russell. „Dafür erhielten die älteren von uns ihr eigenes Büro. Das war im anderen Gebäude nicht möglich." Das Team um Peddle besteht aus Seiler, Feagans, Glen Stark, Scott Paterson und anderen. Russell ist gerade erst angestellt worden und damit zu unerfahren, um dort mitzumachen.

Das Forschungscenter ist unscheinbar, ein zweistöckiges Gebäude, unterteilt in Büros und Labors. Es gibt Hard- und Softwarelabore sowie einen Konferenzraum. „Wir gaben nicht viel aus", erklärt Peddle. „Wir hatten ein freies Budget für Spielzeug, studierten Bücher und Konkurrenzprodukte. Für Commodore-Verhältnisse war der finanzielle Freiraum enorm, aber nichts Außergewöhnliches. Etwa zehn Leute, die mehr ihren Verstand als Jacks Geld nutzten."

Die Abnabelung ist in Tramiels Interesse. Er glaubt, dass das Marketing die Ingenieure ausbremse und verbietet Marketing-Leuten sogar, Moorpark zu besuchen. So können die dortigen Ingenieure ihren Visionen freien Lauf lassen. „Wir wollten bei jeder Technik ganz vorne mitmischen", sagt Peddle. „Dazu mussten wir sie verstehen und uns Einsatzmöglichkeiten für kommende Produkte überlegen." Peddle will in Moorpark Verbraucherprodukte fürs nächste Jahr erfinden, während die Entwicklungsabteilung in Phoenix ohne konkretes Ziel arbeitet. „Moorpark war sowohl Technologiezentrum als auch Entwicklungsabteilung; Phoenix war dagegen nur eine Entwicklungsabteilung." In Moorpark arbeiten die Ingenieure an Dutzenden Projekten gleichzeitig. „Wir forschten an Sprachausgabe, Stimmerkennung und allen möglichen Kommunikationsanwendungen. Wir arbeiteten auch an einem primitiven Netzwerk", erinnert sich Peddle. Entwicklungen wie der funktionierende Prototyp eines Touchscreens sind ihrer Zeit weit voraus: „Dafür nutzten wir LEDs am Rand des Monitors."

Das Team erfindet sogar eine Digitalkamera ähnlich den Webcams des Windows-Zeitalters, zwei Jahrzehnte später. „Wir wollten einen Computer, mit dem man andere Menschen anrufen, sie sprechen und dabei sehen kann", sagt Peddle. In den späten 70ern, lange vor dem Durchbruch der Digi-Kameras, experimentiert sein Team mit CCD-Technik. „Wir hatten einen Fachmann auf diesem Gebiet. Ein verrückter Kerl, aber er schaffte es. Wir waren die Ersten, die eine CCD-Kamera an einem Personal Computer nutzten."

Das Team entwickelt auch Modems zur Datenfernübertragung über herkömmliche Telefonkabel. „Wir hatten dafür einen guten Mann", erinnert sich Peddle. „Wir strebten keine 56 Kilobaud, sondern 20 an. Nicht rasant, aber unter den Blinden ist der Einäugige König."

Um das Interesse an Video-Kommunikation zu testen, präsentiert Peddle die Erfindung hinter verschlossenen Türen. „Wir hatten kleine kitschige Demos, die es besser aussehen ließen. Wir wussten, dass die Modems schneller sein mussten." *Commodore* veröffentlicht das 8010-Modem Mitte 1980. „Der moderne Kram war das direkte Resultat der Moorpark-Entwicklung", sagt Peddle. Das 8010 ist ein Akustik-Koppler, in den der Anwender nach manueller Anwahl des Empfangs-Computers den Telefonhörer einlegt. Das $395 teure Modem schafft 300 Baud, was ungefähr der Übertragung einer 40-Zeichen-Zeile pro Sekunde entspricht.

Die Vielzahl von Peripheriegeräten stellt das Team um Peddle vor die Frage, wie ein Personal Computer diese alle ansprechen kann. „Der Knackpunkt war das Betriebssystem. Johnny Feagans und einige Software-Leute hielten das alles zusammen. Wir hatten interessante Ansatzpunkte", sagt Peddle. Die Überlegungen des Teams münden in die nächste Computer-Generation von *Commodore*.

## Der Apple-Killer ****

„Nach dem PET-Drucker und anderen Peripheriegeräten konzentrierten wir uns auf neue Dinge", sagt Peddle. Computerspiele gewinnen an Bedeutung. „Die Computerei hatte verschiedene Schwerpunkte. Einer davon waren gute Spiele, wie der Erfolg von Atari zeigte. Es war offensichtlich, dass sich die Grafik weiterentwickelte und Farbdarstellung sehr wichtig wurde."

Der Apple II gewinnt dank *VisiCalc* 1979 deutlich an Fahrt. „Jack wollte einen Apple-Killer", erklärt Peddle. Tramiel will ihn auf der Winter-CES 1980 vorstellen. Robert Russell erinnert sich an frühe Design-Vorschläge für den Computer: „Er ähnelte dem Apple II und dem Atari 800. Um mehr Erweiterungsmöglichkeiten bei höherer Integration zu haben, bot er ein größeres Gehäuse mit mehr Steckplätzen."

Je mehr das Konzept an Substanz gewinnt, desto mehr sieht Peddle die Unzulänglichkeiten des 6502-Prozessors. „Der Apple-Killer änderte die Richtung, weil wir für den Business-Markt einen High-End-Computer brauchten: mehr Diskspeicher, mehr RAM, einen besseren Prozessor", erklärt Peddle. Zu Tramiels Entsetzen vernachlässigt das Team durch die Neuorientierung den *Apple*-Killer. „Wir entfernten uns vom Apple-II-Konzept. Das ärgerte Jack." Tramiel favorisiert einen günstigen Spielcomputer. „Wir planten beides, aber mit Schwerpunkt auf dem Low-End-Computer, den Jack anfangs wollte." Für dessen Entwicklung zeichnet Bill Seiler verantwortlich. „Er hatte interessante Ideen und kam gut mit Kindern zurecht. Und er kannte sich mit Videotechnik aus", attestiert Peddle. Seiler nennt sein Konzept TOI[1], um ihm ein verspieltes Image zu geben. Peddle nennt es ‚The Other Intellect' und erinnert sich: „Die kleine Maschine sollte der grafikstärkste Spielcomputer seiner Zeit werden." Dazu arbeitet Seiler bei MOS an einem weiterentwickelten Grafik-Chip. „Wir wollten einen guten, preiswerten Farbchip", sagt Peddle. „MOS Technology brachte ihn mit unserer Hilfe fertig. Eine Gruppe entwarf einen Computer der nächsten Generation, während die andere Gruppe an den Chips dafür arbeitete."

1) **In Anlehnung an 'toy', das englische Wort für Spielzeug**

Als Test baut Seiler eigene Platinen: „Er machte interessante Grafiksachen, die es aber nie nach draußen schafften", erinnert sich Russell. Charpentier und Seiler arbeiten eng zusammen. „Die Chip-Architektur machte Charpentier. Es gab zahlreiche Gespräche zwischen Seiler und seinen Jungs einerseits und Charpentier und seinem Team andererseits", meint Peddle.

Während Moorpark beschränkte Ressourcen hat, entwickelt MOS neue Chips. „Als wir zu dem Ergebnis kamen, dass wir einen leistungsstarken Grafik-Chip brauchten, waren wir MOS gnadenlos ausgeliefert", klagt Peddle. „Es gab keinen Grund für uns, Diagramme zu zeichnen, weil sie noch nicht so weit waren." Stattdessen konzentriert sich Moorpark auf die Realisierung kleiner Prototypen, um verschiedene Aspekte des neuen Systems – wie beispielsweise DRAM – auszuloten.

Yannes erinnert sich an das reduzierte Layout des TOI. „Es hatte 16 KB oder 32 KB und es gab keine Steckplätze." Anstelle eines speziellen Monitors ist ein normales TV-Gerät anschließbar. „TOI war ein Color-PET zum Anschluss an den Fernseher", erinnert sich Russell. „Ein Vorläufer des Commodore 64."

Zu dieser Zeit beginnt Tramiel an Moorpark zu zweifeln. „Jack meinte, wir verbrächten zu viel Zeit mit Spielereien anstatt unseren Auftrag zu erfüllen", sagt Peddle. „Er hatte Recht, aber uns fehlte auch der dazu notwendige Chip."

## Der PET-Jet ****

In den 60er-Jahren wird Tramiel mit seinem Schreibmaschinengeschäft reich, aber erst 1980 befindet er sich auf dem finanziellen Höhepunkt: *Commodore* setzt 125 Millionen Dollar um – 1979 waren es noch 79 Millionen – und verbucht einen Nettogewinn von 16,2 Millionen Dollar. Die Aktie wird mit 90 Dollar gehandelt – und das nach mehreren Splits seit 1976. Tramiels Vermögen beläuft sich auf über 50 Millionen Dollar.

Obwohl er einen bescheidenen Lebensstil pflegt, hat Tramiel eine Schwäche für teure Autos. „Er hatte eine stolze Sammlung, einen roten Ferrari 308 und paar ausgefallene Autos", erinnert sich Russell. „Er hatte Modelle mit abgelaufenem kanadischen Nummernschild und einen Schrottwagen, der irgendwann mal ein ansehnliches Auto war." Den Stolz seiner Sammlung bildet ein Jaguar mit V12-Motor. „Für den Jaguar hatte er spezielle Mechaniker." Trotz seines Reichtums fährt Tramiel täglich selbst zur Arbeit.

Während eines Besuchs auf Tramiels Ranch schlägt er Russell einen ungewöhnlichen Deal vor: „Ich bewunderte seinen Ferrari und er sagte mir: ‚Er gehört Dir, wenn Du in den kommenden Jahren auf Dein Gehalt verzichtest.' " Russell lehnt höflich ab.

Dagegen führt Firmeninhaber Irving Gould einen rundum exklusiven Lebensstil. „Alle gratulierten Irving zu seiner hervorragenden Arbeit", erinnert sich Peddle. „Er frönte vielen Lastern: Rauchen, Trinken, Frauen. Er genoss sein Leben in vollen Zügen." Peddle respektiert Gould. „Er war ein wichtiger Teil meines Lebens und behandelte mich stets gut. Er war immer für mich da und ich lernte viel von ihm." Gould verbringt seine Zeit in New York, Toronto und auf den Bahamas, wo seine 24 Meter lange Yacht anliegt. „Wir reden hier über ein Trimaran, eine verdammt große und schöne Yacht", kommentiert Peddle. „Wenn er damit irgendwo hin wollte, dann vereinbarte er einen Treffpunkt mit dem Kapitän und flog dorthin." Linienflüge langweilen Gould. „Irving hatte ein Büro in Toronto und eines in New York. Lange Zeit flog er mit Linienmaschinen hin und her", sagt Peddle. Gould hätte sich ein eigenes Privatflugzeug leisten können, doch daran hatte er kein Interesse. Derselbe Gould, der die Produktionsanlagen für den PET nicht ausbauen will, besteht darauf, dass sein Jet von der Firma bezahlt wird.

Firmenvergünstigungen und Statussymbole haben dagegen für Tramiel keine Bedeutung. Bei Linienflügen bucht er stets Economy Class. Teure Tickets hält er für Verschwendung. Gould sieht das anders. „Irving sagte: ‚Für meinen Lebensstil brauche ich einen eigenen Jet' ", erinnert sich Peddle. „Jack suchte nach einer Turbo-Prop, aber Irving wollte einen echten Jet." *Commodore* kauft eine siebensitzige Westwind IAI-1121 und ist damit die erste PC-Firma mit eigenem Düsenflugzeug.[2] In Anerkennung des Produkts, das diesen Jet ermöglicht, taufen Tramiel und Gould ihn den ‚PET-Jet'. Tramiel erlaubt seinen Ingenieuren, das Flugzeug für Messeauftritte zu nutzen. „Für uns war es praktisch, denn wir konnten den Jet vollladen und nach Deutschland oder in die Schweiz düsen", erinnert sich Winterble. „Jack flog damit, so oft er konnte", sagt Peddle. „Ihn ärgerte, dass Irving den Jet zu 90% nutzte, um seinen Lebensstil aufrecht zu halten, obwohl Jack die Firma aufgebaut hatte und das ganze Geld erwirtschaftete."

## Der Color-PET ****

Der VIC 6560 war *Commodores* erster Farbchip. Sein Nachfolger 6566 (VIC-II), erscheint 1982. Dazwischen liegen fehlgeschlagene Versuche, einen verbesserten Grafikchip zu produzieren.

Als Tramiel Ende 1979 erkennt, dass seine Ingenieure sich nicht genug um den Farb-Computer kümmern, drängt er auf die Entwicklung eines Farbchips. „Jack wollte einen Color-Computer mit 40 Spalten", erklärt Yannes. „Wir begannen Ende 1979 mit der Arbeit am 6562. Jack wollte einen Color-PET für die CES 1980 – er kam immer kurz vor den Shows mit einer neuen Idee zu uns."

Charpentier erinnert sich an den Ursprung des 40-Spalten-Computers: „Wir stellten Jack den VIC-40 ursprünglich als Videospielprojekt vor, das den 6562 benötigte. Jack segnete das Projekt 1979 ab." Da nur zwei Wochen bis zur CES bleiben, entschließt sich Charpentier für die schnellste Lösung. „Wir nahmen den VIC-I und verdoppelten seine Taktfrequenz, damit wir doppelt so viele Zeichen anzeigen konnten", sagt Yannes. „Charpentier verbesserte den Farbgenerator, während ich den Videoausgang für die Anzeige von mehrfarbigen Bitmaps überarbeitete."

Die doppelte Taktfrequenz des VIC war Yannes zufolge schwer zu erreichen: „Das führte zu Timing-Problemen, die heute lachhaft klingen. Die besten RAMs hatten damals eine Zugriffszeit von 450 Nanosekunden, wir brauchten aber 200." Yannes ist zwar noch neu, lernt aber schnell. „Das 6562-Design war mein erstes. Ich fing direkt nach dem College im Juni 1979 bei Commodore an. Als Elektronikingenieur hatte ich keinerlei Erfahrung mit Chip-Design. Ich hielt es für unklug, mich in ein Projekt einzuteilen, das schnell und gut fertig werden musste." Dennoch findet Yannes die Zeit, mit Synthesizern zu arbeiten. „Ich überarbeitete auch den Sound-Generator. Der 6560 hatte schrittweise Annäherungen an Sinuskurven, was schlecht klang. Charpentier wusste nicht viel über Synthesizer." Anstatt dieselben Sounds durch Sinuskurven

2 *Israel Aircraft* Industries produziert den Westwind IAI-1121, der seit seinem Baubeginn 1963 „Commodore Jet" heißt.

zu erzeugen, fügt Yannes verschiedene Wellenformen ein. „Sinuskurven ergeben uninteressante Töne ohne Harmonik. Also fügte ich Wellenform-Generatoren für Sägezahn-, Rechteck-, Dreiecks- und Puls-Wellenform hinzu."

Normalerweise dauert es ein Jahr vom Konzept eines Chips bis zu seiner Realisierung. Da Charpentier und Yannes mit dem existierenden VIC beginnen, brauchen sie nur eine Woche. Eine weitere Woche später liefert MOS den funktionsfähigen Chip. „Wir modelten einen Chip in zwei Wochen um. Das gab es noch nie", sagt Yannes. *MOS Technology* ist *Commodores* ultimative Waffe. „Wir mussten ihn umgestalten, simulieren, layouten und emulieren, um einen fertigen Chip für die Show zu erhalten", erinnert sich Yannes. „Ohne MOS Technology hätten wir das nie geschafft. Kein Chiphersteller wäre für uns durch brennende Reifen gesprungen." Trotz der Eile unterlaufen Charpentier und Yannes kaum Fehler. „Wir hatten nur einen Layout-Fehler, nach dessen Korrektur wir die Wafer produzieren konnten", sagt Yannes.

Seiler baut den Chip in ein modifiziertes PET-Motherboard, während Russell den ROM-Code umschreibt, damit er den neuen Chip unterstützt. Äußerlich sieht der Prototyp wie ein herkömmlicher PET aus, aber unter seinem Gehäuse schlummert Farbdarstellung.

Tramiel will einen 40-Spalten-Farbcomputer für die CES. Den überholten VIC zu nutzen, ist eine Notlösung, eine Notwendigkeit, um das Zeitfenster einzuhalten.

## Der Nebenjob ****

Während der Apple-Killer auf einen neuen Grafik-Chip wartet, erkennen die Moorpark-Ingenieure, dass sie nichts Vorzeigbares für die CES in der Hand halten. Ein Behälter mit ungenutzen VIC-Chips bringt die Lösung: „Wir begannen, damit herumzuspielen", sagt Peddle, dem Seiler einen alternativen Billig-Computer vorschlägt: „Ich kann einen Computer um den VIC herum bauen. Wenn wir unser eigentliches Ziel sowieso nicht erreichen können, wecken wir vielleicht damit Interesse."

Selbst in den 70ern sticht Bill Seiler mit seinem ungepflegten Bart und seinem langen blonden Pferdeschwanz hervor. „Er hatte eine athletische Figur und trug immer abgeschnittene Jeans und Sandalen", erinnert sich Peddle. Seilers Philosophie ist ebenso auffallend wie sein Äußeres. „Er zog mit seinem kleinen Honda Civic nach Kalifornien. Ich sprach ihn darauf an und er meinte: ‚Ich bin wie eine Schildkröte – ich möchte nichts besitzen, das nicht in meinen Honda passt.' Seine Lebensphilosophie war es, immer auf dem Sprung zu sein", erklärt Peddle, der selbst einen Porsche fährt und Seiler übergangsweise aufnimmt. „Er lebte bei uns. Alle liebten ihn, besonders die Kinder." In seiner Freizeit geht Seiler typisch kalifornischen Hobbys nach. „Er schwamm, surfte und joggte", sagt Peddle. „Wir liefen oft zusammen." In Sachen Computergrafik ist Seiler auf dem Laufenden und besucht Fachmessen wie die *Siggraph*, ein Treffen von Computer-Anwendern, die dort seit 1973 jährlich nach Verbesserungsmöglichkeiten für Computergrafik suchen. „Seiler war von Anfang an dabei, ein echter Pionier", meint Peddle.

Seilers Technikbegeisterung läßt ihn nie los. Bei einem Betriebsausflug nach Disneyland sticht ihm ein Laserprojektor ins Auge. Während die anderen Ingenieure sich vergnügen, studiert Seiler fasziniert den Laserprojektor vor dem Hotel. Mit einem silbernen Helium-Ballon testet er die Lichtbrechung der Laserstrahlen und experimentiert bis zur Abfahrt am nächsten

Morgen. Seiler ist zudem ein talentierter Programmierer und Autor zahlreicher Softwaretitel wie *BASIC-Aid* für den PET, das zusätzliche Befehle bereitstellt, oder *Extramon*, einem Assembler für professionelle Ansprüche. Und Seiler zeichnet für das Design des CBM 8032 verantwortlich, der lange vor *Apple* 80-Spalten-Darstellung bietet. Er ist Peddles bester Ingenieur in Moorpark. Sein ‚Nebenjob' ist mehr eine Art Freizeitbeschäftigung als echte Arbeit für ihn.

Die übrigen Moorpark-Ingenieure sind weniger enthusiastisch. „Seiler zog das alleine durch", erinnert sich Peddle. „Er verteidigte sein Konzept gegen den Vorwurf eines Kollegen, es sei minderwertig. Alles sollte größer, schneller, besser werden. Die 22-Spalten-Anzeige passte nicht in diese Vorstellung, und viele meinten, es sei eine Totgeburt." Peddle unterstützt das Konzept in der Hoffnung, dass es Tramiel beruhigt. „Wir wollten keine Ideen unterdrücken", sagt er. Seiler konzipiert seinen Computer für Kinder. „Vieles von dem, was wir taten, kam so gut an, weil Seiler sich in Kinder hinein versetzen konnte. Er wollte einen freundlichen Spielcomputer." Als Ausgangsbasis dient Seiler ein halbiertes PET-Mainboard, das er mit dem VIC-Chip versieht. Das Ergebnis ist ein funktionierendes, farbenfrohes Kabelwirrwarr. „Wir hatten ein fertiges, aber kein produktionsreifes Produkt", sagt Peddle. Die ursprünglichen PET-ROMs funktionieren mit dem CRTC-Chip, aber nicht mit dem VIC. Die Aufgabe den ROM-Code für die Farbdarstellung zu ändern, fällt Seilers Freund und Kollegen John Feagans zu.

Feagans wird in Oregon an der Westküste geboren und interessiert sich schon als Kind für Elektronik und kreative Dinge. Mit elf Jahren konstruiert er eine elektronische Orgel. In der Highschool veröffentlicht er ein Bilderbuch mit dem Titel „The Train that Ran by the Sea". Er stellt eigene hochwertige Möbel her, braut Bier und keltert Wein. Jetzt ist er einer der wichtigsten Ingenieure bei *Commodore*. „Man könnte ihn für einen Highschool-Lehrer halten. Er ist ein großer, schmaler, sanftmütiger Brillenträger mit einer ruhigen Stimme", sagt Peddle. „Ein cleverer junger Mann", lobt Winterble.

Hardware-Ingenieure werden oft glorifiziert, Software-Ingenieure sind aber nicht weniger wichtig. „Hätten wir einen Leiter der Software-Abteilung gehabt, Feagans wäre es gewesen", meint Peddle, der ihn als ruhig und introvertiert in Erinnerung hält. „Er integrierte sich nicht sonderlich. Er war nur John. Man konnte sich auf ihn verlassen, er bekam alles hin. Ein sehr gewissenhafter Mensch." Bil Herd sekundiert: „Er wurde als Spinner angesehen, aber er erfüllte stets seine Jobs." Als Feagans' engster Freund bei *Commodore* erinnert sich Russell: „Er besuchte die Iowa State University. Wir stritten uns dort, weil er ein Verfechter des 6502 war und ich nicht." Russell und Feagans wohnen eine zeitlang zusammen. Die beiden sind ein merkwürdiges Paar. „Feagans war zeitweise anstrengend", erinnert sich Russell. „Er war ein Perfektionist, ein Saubermann. Einmal kochte ich Sauerkraut in seinem Topf. Als es überkochte flippte er aus, weil es das Kupfer angriff. Wir unterstützten uns gegenseitig und blieben Freunde, auch wenn wir manchmal unterschiedliche Herangehensweisen hatten."

Feagans gibt die weniger anspruchsvollen Programmieraufgaben an Russell ab, als dieser bei *Commodore* anfängt („Ein Architekt, kein Handlanger", sagt Russell) und entwickelt Werkzeuge für seine Programmierer. „Wir nutzten einen Compiler, den er geschrieben hatte", sagt Herd. „Damals schrieben wir den Code auf PETs und das Kompilieren dauerte die ganze Nacht. Es gab keinen VAX-Rechner bei uns, der das hätte schnell übersetzen können." Feagans überarbeitet die BASIC-2.0-ROMs für den VIC in Seilers ‚Nebenjob'. Der Low-End-Computer erlaubt lediglich PETSCII-Farbgrafik. Als Gehäuse für Seilers Schöpfung dient ein alter *Commodore*-Tischrechner aus dem hauseigenen Abfallcontainer, den Seiler anpasst und mit PET-ähnlicher Gummi-Tastatur ausstattet. Damit hat das Moorpark-Team einen Prototypen für die CES.

## Die CES in Las Vegas ****

„Entwicklungen mussten immer bis Januar fertig sein", erinnert sich Peddle. „Die Januar-CES bot einen Blick auf das, was einen im Laufe des Jahres erwarten würde. Auf der Juni-CES nahmen wir dann die Bestellungen entgegen."

Auf der Winter-Messe zeigt Peddle die neuesten Erfindungen von Moorpark. „Wir hatten einen Hinterraum, in dem wir Commodores Potential unter Beweis stellten und das große Diskettenlaufwerk, Sprachverarbeitung und CCD zeigten." *Commodore* präsentiert drei konkurrierende Systeme: Den Color-PET, den *Apple*-Killer TOI, von dem nur Datenblätter zu sehen sind, sowie Seilers ‚Nebenjob', den die Entwickler als Brücke zum TOI anpreisen. Der Color-PET ist das ausgereifteste Produkt. „Sie stellten einen PET mit Farbgrafik aus", erinnert sich Robert Yannes, der  Feagans bei der Erstellung eines Musik-Demos hilft, denn der Color-PET bietet dank 6562-Chip auch Sound. Seilers Nebenjob ist ebenfalls funktionstüchtig. „Er präsentierte die Grafikfähigkeiten", sagt Peddle. „Wir hatten kaum Software dafür, aber er stellte es vor. Es war eigentlich nur Augenwischerei. Auf dem Tisch war etwas Vorzeigbares, darunter herrschte ein heilloses Durcheinander. Das gehört zum Geschäft." Peddle erklärt sein Ziel und stellt den ‚Nebenjob' mit dem Hinweis vor, das fertige Produkt werde besser. Die Presse glaubt ihm. So berichtet das Magazin *Byte*: „Die Liste führte der Color-Computer TOI (The Other Intellect) an. Er zielt auf den Low-End-Markt und läßt sich an einen Fernseher anschließen. Bei einer Auflösung von 160x192 bietet das Gerät 16 Farben (drei bei hochauflösender Darstellung) und kommt mit Microsoft BASIC sowie einer Standard-Tastatur. Der Preis wird unter $700 liegen."

Die Ingenieure sind dennoch enttäuscht, keinen echten TOI präsentieren zu können. „Wir verpassten die Show, weil wir nicht auf Chips von MOS Technology zurückgreifen konnten", sagt Peddle und räumt ein, dass das Konzept seiner Ingenieure an der Verzögerung mit schuld ist. „Sie könnten sagen, dass sie mit einer falschen Architektur begannen und alles ändern mussten. Das ist zwar richtig, aber sie entwarfen die Architektur eigenverantwortlich, wir gaben nur die Spezifikationen vor." Peddle ahnt, dass Tramiel kaum beeindruckt sein wird. „Er wollte ein vorzeigbares Produkt, das er vermarkten konnte."

Die gute Beziehung, die Peddle nach seiner Rückkehr von *Apple* dank der neuen CBMs und der Disk-Laufwerke zu Tramiel wieder herstellt, ist nicht von Dauer: „Unser Verhältnis war gut und wurde dann schlechter. So ging es fast jedem mit Jack", sagt Peddle. Er gibt sein Bestes, um etwas ohne funktionierenden Video-Chip zu präsentieren, aber Tramiel sieht das anders. „Jack sah sich auf der Show verschiedene Dinge an. Zum ersten Mal hatte er die Chance, alles selbst in Augenschein zu nehmen, sprach mit jedermann. Er war verärgert, weil wir nicht schnell genug mit dem Apple-Killer vorankamen. Jack lehnte Seilers Computer wütend ab und meinte: ‚Das ist nicht das, was ich wollte. Ihr habt versagt!' Er hatte recht." Tramiel durchschaut Seilers Täuschungsversuch. Laut Peddle sagte er: „Dieser VIC-Computer ist nur ein Deckmantel dafür, dass ihr kein Produkt fertig gebracht habt, mit dem wir dieses Jahr Apple auslöschen können, so wie ich es wollte." Tramiel denkt, Peddle arbeite nicht hart genug am Farb-Chip. Hinzu kommt, dass er selbst in letzter Minute bei MOS auf die Fertigstellung des Color-PET mit dem 6562 drängte. Peddle weist die Schuld von sich: „Unsere Grundlage war ein eigener Chip", erklärt er. „Wenn wir preislich konkurrenzfähig sein wollten, brauchten wir einen Chip; der aber wurde nicht planmäßig fertig." Tramiel akzeptiert nicht, dass die Entwicklung neuer Technik ihre Zeit benötigt und gibt nicht MOS, sondern Peddle die Schuld. „Jack mochte keine Ausreden und er war sehr ungeduldig. Jack ärgerte sich über wen immer er wollte", erklärt Peddle, gesteht aber gleichzeitig ein: „Ich trug die Verantwortung." Nach der Show stoppt Peddle die Entwicklung an Seilers VIC-Computer und konzentriert sich auf TOI.

Obwohl der 6562-Chip gut genug für den CES-Auftritt des Color-PET ist, passt er nicht in einen Personal Computer. „Als Jack herausfand, dass der Chip RAM mit einer Zugriffszeit von 200 Nanosekunden brauchte, flippte er aus, weil das sehr teuer war", erinnert sich Yannes. „Wir mussten es ändern." So verschwindet der Color-PET aus den Planungen. „Es war unmöglich, ihn fertig zu stellen", meint Yannes. „Er verschwand, weil er von Grund auf neu hätte entwickelt werden müssen, nicht aus bestehenden Teilen zusammengeflickt."

Peddle treibt nun die Arbeiten am *Apple*-Killer voran. „Wir übten Druck auf die Jungs aus, die den Chip verbesserten. Wir diskutierten auch die Möglichkeit, uns vom voll integrierten System zu verabschieden, um ohne den Chip schon beginnen zu können."

*MOS Technology* beginnt die Arbeit am 6564-Chip, der für TOI vorgesehen ist. „Es war ein überarbeiteter 6562, der mit langsameren DRAMs arbeitete", erklärt Yannes. „Die Auflösung betrug 320x200 Pixel und 40 Spalten bei der gleichen Farbzahl wie beim VIC-20. Wir mussten einen Video-Chip entwickeln, der 40 Spalten schaffte, gleichzeitig aber mit langsamerem Speicher arbeitete. Das war der Plan für den TOI – ein Albtraum. Wir blähten den ursprünglichen VIC ziemlich auf, es war reine Flickschusterei. Ich habe noch unordentliche schematische Zeichnungen vom TOI-Prototyp. Peddles Gruppe hatte auch Probleme mit der Zuverlässigkeit der Speicher, wenn das System heiß wurde." Das enge Zeitfenster demoralisiert die Ingenieure. „Wir hatten von Januar bis Juni Zeit, um diesen Chip zu entwerfen, und sie mussten ein System entwickeln, das mit diesem Chip arbeiten würde. Es war einfach ... puh", stöhnt Yannes.

Die Deadline ist mehr Hindernis denn Ansporn. „Uns fehlte die Zeit für eine vernünftige Überarbeitung, darum waren die TOI-Prototypen so unzuverlässig. Wenn die Teile heiß wurden, wurde das Timing asynchron." Russell ist Zeuge des TOI-Desasters: „Es funktionierte einfach nicht. Die Chips und das andere Zeug passten nicht zusammen."

## Der Computer der nächsten Generation ****

Während der 6564 ins Trudeln gerät, entwickelt Peddle einen neuen Bürocomputer. „Wir mussten voraussehen, was als nächstes kommen würde", sagt Peddle. „Ich überzeugte Commodore, dass Festplatten die Zukunft seien." Die Entwicklung beginnt 1980 in Phoenix, doch die Technik ist unzuverlässig. „Wir entschieden uns für die Firma Memorex, aber die stellten das Laufwerk nie fertig", sagt Peddle. *Commodore* produzierte zwei externe Festplatten für den PET: Die CBM D9060 mit 5 MB und die CBM D9090 mit 7,5 MB. „Das war eine echte Pionierleistung. Wir überlegten, vieles vom Disk-Management in den Festplatten-Controller zu packen, aber damit hätten wir uns zu weit vom Prozessor entfernt", meint Peddle. „Die High-End-CBMs waren mit dem 6502 schlecht bedient: Wir konnten weder Programmiersprachen noch ein besseres Betriebssystem dafür entwickeln. Wir hatten den falschen Prozessor. Eine harte Erkenntnis, wenn man ein ganzes Geschäft darum aufgebaut hat."

Während die Arbeit am TOI weitergeht, entwickelt das Team in Phoenix den verbesserten Bürocomputer. „Er sollte bessere Grafik bieten, aber nicht zwingend Farbe", sagt Peddle. „Eine monochrome 80-Spalten-Darstellung war leicht realisierbar. Er musste um ein großes Floppy-Laufwerk und eine Festplatte erweiterbar sein." Kopfzerbrechen bereitet dem Team das Konzept eines multifunktionalen PCs, der auch mit der CCD-Digitalkamera arbeiten kann. „Wir brauchten ein neues Betriebssystem und mehr Speicher, als mit dem 6502 möglich war." Der 8088-Chip von *Intel* scheint der geeignete Kandidat für eine neue CPU. Peddle will, dass Tramiel seinen Computer der nächsten Generation ernst nimmt. „Wir versuchten Jack vom enormen Potential zu überzeugen; ein grundlegend neues Konzept für den Bürocomputer-Markt. Doch er sah darin keine Vorteile für die Firma oder den Aktienkurs." Tramiel besteht auf einem *Apple*-Konkurrenten: „Er meinte: ‚Wir hatten mit den Bürocomputern Erfolg in Europa, aber jetzt konzentrieren wir uns wieder auf das, was wir am besten können: Haushaltselektronik.' "

Peddle ändert seine Taktik. „Wir schlugen ihm vor, die Firma aufzuteilen: Jack sollte für uns eine Abteilung für den Büro-Markt schaffen. Wir würden ihm im Consumer-Markt helfen, bis er dafür ein neues Team gefunden hätte." Tramiel verstimmt der Vorschlag. „Er antwortete nie darauf. Jack dachte, wir rebellierten gegen ihn. Es ärgerte ihn, dass wir eine interne Konkurrenzposition zu ihm einnahmen." Tramiel hat allen Grund zur Beunruhigung, denn Peddles Idee fällt auf fruchtbaren Boden: „Die Europäer glaubten daran. Eine große Anzahl, ein Drittel bis die Hälfte des Unternehmens sagte: ‚Wir waren sehr erfolgreich. Wenn es einen geraden Weg gibt, sollten wir ihn einschlagen. Consumer-Produkte können wir ja trotzdem herstellen.' Niemand war von Anfang an dagegen, es überwog die Einsicht, dass zwei separate Märkte und zwei separate Technologien auch verschieden angesprochen werden müssen", erinnert sich Peddle. „Wir wollten einen massiven Umbau seiner Firma und er war dagegen. Aber das war kein Staatsstreich." Peddle zeigt Verständnis für Tramiels Unsicherheit. „Die Firma war sein Leben, dessen Bedrohung schrecklich für ihn war, besonders wenn man an seine Vergangenheit denkt. Bei all dem Schrecklichen, das ihm widerfuhr, war er keine sehr gefestigte Person." In der Folge vernachlässigt Tramiel seinen Chef-Ingenieur und sucht bei *MOS Technology* nach einem Ersatz für Peddle. „Management-Theorien besagen, dass niemand unersetzlich sein darf. Jack handelte stets danach. Die Aktionäre bei Commodore sahen das genauso", sagt Peddle.

„Im April 1980 wollte Jack von uns einen Color-PET für eine große Messe in Europa, die in nur wenigen Wochen anstand", erklärt Yannes. „Er war mit der Gruppe an der Westküste unzufrieden: sie kamen seinen Anweisungen entweder gar nicht nach oder sie brauchten zu lange." Yannes hält die Anfrage für einen Test seiner Gruppe an der Ostküste: „Jack hatte kein echtes Interesse an dem Produkt. Er wollte vielmehr sehen, ob Winterble, Charpentier und ich liefern konnten, was und wann er wollte. Er sagte: ‚Ich will, dass ihr das macht. Ihr habt zwei Wochen.' Ich dachte, er macht Witze. Wer wollte dieses Produkt und wann sollte es in Produktion gehen?

Er wollte sehen, ob wir für ihn durch Reifen springen würden."

Aufgrund der knappen Zeit entwirft das MOS-Team ein Schaltbrett statt eines neuen Chips. „Ich schusterte ein Farb-Board zusammen, das an den alten PET passte; davon bauten wir einige Ausstellungsstücke", sagt Yannes. „Das System blieb unverändert. Aber anstatt dass man ein Bit in den Speicher schrieb, das einen weißen Punkt auf den Bildschirm brachte, schrieb man nun rote, grüne oder blaue Pixel. Farbnuancen gab es nicht." Yannes programmiert eine Demo für die Show. „Es gab keine Software, also zeigten wir ein eingescanntes Farbbild."

Obwohl die Ingenieure den Zweck des Geräts bezweifeln, bauen sie es. „Ich glaube nicht, dass Jack vorhatte, es in Produktion zu geben. Er traute niemandem außerhalb seiner Familie; deshalb musste man sich beweisen." Winterble denkt ähnlich über das Projekt: „Das war Murks. Es war beispielsweise nicht gut eingepasst, sondern mehr eine Erweiterung. Ich bin sicher, Chucks Idee wäre der richtige Weg gewesen." Doch Tramiel zeigt sich beeindruckt von den drei Ostküsten-Ingenieuren. „Er hoffte, dass wir Designs oder Projekte von der Westküste übernahmen, wenn die Gruppe dort nicht voran käme oder gegangen wäre", sagt Yannes. „Ich weiß nicht, was da lief, aber es war offensichtlich, dass Jack eine Ersatzmannschaft aufstellte. Als Peddles Team rebellierte, gab er uns die Leitung über die Ingenieursabteilung."

Nachdem das Publikum der *Hannover-Messe* kühl auf die Vorstellung des Color-PET reagiert, gibt Tramiel das Projekt auf.

## Die Wende in London ****

Im April 1980 hält Jack Tramiel ein internationales Meeting in London ab. „Jack brachte einige von uns nach Europa für eine duale Planungssitzung", erinnert sich Peddle. Vor dem Treffen informiert sich Tramiel über den britischen Computer-Markt und entdeckt seinen alten Taschenrechner-Konkurrenten *Sinclair*. Tramiel sieht, dass Billig-Computer auf dem Vormarsch sind, eingeleitet durch den Atari 400, der im vergangenen Jahr für rund $600 erschienen war.

Clive Sinclair vereint die Persönlichkeiten von Tramiel und Peddle in einer Person: Er leitet *Sinclair* und entwirft Produkte. Er erfindet den mittelmäßig erfolgreichen Einplatinen-Computer MK-14 und veröffentlicht im Februar 1980 den ZX-80 ohne Grafik oder Sound. Der Preis von 100 Pfund macht ihn zum Erfolg. „Der Sinclair führte zur Entwicklung des VIC-20", sagt Peddle. „Jack sah, dass Sinclair Erfolg hatte. Sein Markt kaufte das Sinclair-Gerät."

Am ersten Tag in London hält Tramiel viele private Besprechungen mit seinen Top-Managern. „Dick Sanford und ich aßen mit Jack und Irving zu Abend", erinnert sich Peddle. „Wir unterhielten uns gut, es war eine sehr angenehme Besprechung." Nach dem Dinner geraten die vier an die Londoner Polizei. „Wir hatten etwas zu viel getrunken und Jack wurde auf dem Heimweg angehalten. Er fuhr falsch herum in einen Kreisverkehr, aber die Polizisten waren nett und ließen ihn nach Hause", sagt Peddle.

Die Konferenz findet im abgelegenen Country-Club Burnham Beeches statt. Hier sitzen *Commodore*-Größen wie Harald Speyer (Deutschland), Kit Spencer und Bob Gleadow (England), Tony Tokai und Yashi Terakura (Japan), Jim Dionne (Kanada) und Ernst Demuth (Schweiz). Ferner Chris Fish, Dick Sanford, Dick Powers, Chuck Peddle, Jerone Guinn und Tramiels persönlicher Assistent, Michael Tomczyk. „Jack kam zu spät, also begannen wir ohne ihn", sagt Peddle. „Alle waren sich einig, dass wir einen Nachfolger für den PET im professionellen Bereich brauchten."

Ohne Tramiel, der bis vor kurzem noch voll im Taschenrechnergeschäft steckte, ist die Diskussionsatmosphäre entspannt. Es geht um Computer, und damit kennen sich Fish, Sanford und Peddle bestens aus. Peddle stellt sein Konzept eines Büro-Computers vor. Tramiel stößt später dazu. „Er kam rein, nachdem er die Sinclair-Sache recherchiert hatte", sagt Peddle. „Und er war entschlossen, das Ruder wieder an sich zu reißen. Es war seine Chance, wieder in die Verbraucherelektronik einzusteigen, die er besser beherrschte als sonst jemand."

Nach der CES ist Tramiel klar, dass sein Chef-Ingenieur nicht länger auf ihn hört, sondern zunehmend eigene Entscheidungen trifft. Mit sinkenden Taschenrechner-Verkaufszahlen wird die Computer-Abteilung bedeutender und Tramiel läuft Gefahr, in seiner eigenen Firma zum Außenseiter zu werden. Er verlangt einen *Apple*-Killer, aber Peddle liefert keinen. Die Rebellion scheint sogar auf seine Manager überzugreifen. Tramiel muss handeln. Peddles Enthusiasmus für einen professionellen Computer teilt er nicht. „Wir hatten schon einen Geschäftsplan aufgestellt, da kam Jack herein und meinte: Vergesst es, wir machen das anders!" Der neue Plan zielt auf den Billigmarkt. „Er wollte in Konkurrenz zu Sinclair treten", erinnert sich Peddle und wundert sich, dass Tramiel zuvor Seilers preiswertes Computermodell verdammte. „Er wollte so schnell wie möglich einen Apple-Nachfolger von uns."

Die Manager reagieren verhalten auf Tramiels Vorschlag. Einige befürchten, dass ein Billig-Computer den Absatz des PET untergraben könne. Andere meinen, die Gewinnspanne eines solchen Produkts sei nicht hoch genug. Aber Tramiel ist sich sicher: Er sah das gleiche im Taschenrechnermarkt und weiß, dass es auch im Computermarkt geschehen würde. *Commodore* verfügt über eine eindrucksvolle vertikale Integration, ein großer Vorteil gegenüber der Konkurrenz. Nur eine Handvoll Leute unterstützen diese Idee: Tokai, Terakura, Spencer und Tomczyk. Einige Manager, die anfangs Peddles Idee favorisieren, lassen sie nun fallen, da Tramiel nicht überzeugt davon ist. „Spencer war der vollendete Politiker: er unterstützte die Idee, bis Jack reinkam und anderer Meinung war. Er wechselte sofort auf Jacks Seite", meint Peddle. „Natürlich pflichteten ihm alle anderen Länderchefs bei." Tramiel regt zu weiterer Diskussion an und geht. Peddle ist am Boden. Er ist Purist, was Computer angeht. Er will Kraft und Eleganz. Nun muss er ein Projekt fördern, dessen Ergebnis weit hinter *Atari*, *Apple* und dem japanischen Hersteller NEC zurückbleiben wird. Als Tramiel der Raum verlässt, versucht Peddle einen Gegenvorschlag. „Ich hatte die europäischen Verkaufsabteilungen auf meiner Seite, denn die hatten ihre Reputation auf professionelle Computer gegründet. Unser Gegenvorschlag lautete: ‚Jack, wir akzeptieren Deine Richtung, aber die Firma ist groß genug, um beides zu handhaben. Du forcierst Dein Projekt und wir entwickeln die Bürocomputerlinie.' "

In der Nacht nach der Sitzung verfestigt sich Tramiels Vorstellung eines preiswerten Computers. Am nächsten Tag fragt er nach den Ergebnissen. Stattdessen schlägt Sanford, gestützt auf Peddle, vor, eine neue Computer-Division einzurichten. Tramiel empfindet das als offene Rebellion. „Ohne Frage war es für ihn eine Absage an seine Idee zur Rückkehr in den Markt für Verbraucherelektronik. An dem Tag hielt er uns alle an der kurzen Leine", sagt Peddle. Der Gegenvorschlag bringt zahlreiche Manager auf Tramiels Abschlussliste. „Er war unzufrieden mit Fish und ließ es ihn spüren. Er war unzufrieden mit Sanford und drängte ihn schließlich aus der

Firma. Er war unzufrieden mit Mitchell und mit allen anderen, die seine Vision nicht teilten", erklärt Peddle. Doch dabei waren die Männer überglücklich, Tramiels Plan umzusetzen: „Das Problem war, dass wir seine Vision teilten. Wir wussten, was er brauchte und wir sahen, wie wir beides hätten umsetzen können. Aber er hatte eine andere Vision. Wir wollten eben auch das, was schließlich der PC-Markt wurde, aber er sah es nicht", sagt Peddle.

Die Diskussion verfällt in kleine Gruppen von Managern, die sich untereinander beratschlagen. Tramiel lässt sie gewähren, dann steht er auf und schlägt mit der Hand auf den Tisch. Plötzlich ist es ruhig, alle sehen Tramiel an. „Die Japaner sind auf dem Vormarsch, also werden wir zu Japanern", erklärt er. Seine Worte stimmen die Runde nachdenklich.

Tramiel bezeichnet schon früh die Japaner als seine Hauptkonkurrenz, ähnlich wie Firmen wie *Apple*. In der frühen 80ern sind japanische Produkte für viele Amerikaner allgegenwärtig: Seit den späten 60ern übernehmen Japaner eine US-Industrie nach der anderen – zuerst die kleinere Elektronik, dann Haushaltsgeräte, Fernseher, Radios, Stereoanlagen, zuletzt Autos. Nun richten sie ihr Augenmerk auf den PC-Markt. Tramiel weiß um die japanische Stärke, günstige Produkte herzustellen. Er muss ihre Preise unterbieten. „Er hatte Preisvorstellungen, die sie entsetzten", erinnert sich Russell. Als brillanter Taktiker trägt Tramiel die Schlacht zu seinen Feinden. „Jack wollte die Japaner in ihrem Land mit einem preiswerten Computer konfrontieren, bevor sie das umgekehrt in Amerika tun konnten." Tramiel wurde vom dramatischen Preisrutsch der Taschenrechnerkriege fast ruiniert, jetzt will er selbst die Preise runtertreiben.

Normalerweise stellt *Commodore* neue Produkte zuerst in Amerika vor, doch seinen Billig-Computer will Tramiel zuerst in Japan verkaufen. „Es war nichts Exklusives für Japan, aber Jack wollte die Japaner einschüchtern", sagt Russell. In der Zeitschrift *Data-Welt* legt Tramiel seine Ansichten zur japanischen Konkurrenz später dar:[3] „Die Japaner können in der Computerbranche nur erfolgreich sein, wenn es Leute wie mich nicht mehr gibt. Japaner denken immer nur langfristig, sie brauchen einen Drei-Jahres-Plan. Sie sind nicht innovativ, können also nur erfolgreich sein, wenn innovationsfreudige Menschen aus der Branche verschwinden."

Ironischerweise ist Tramiel den Japanern viel ähnlicher als seinen amerikanischen Landsleuten. Die Japaner leben Sun-Tsus ‚Kunst des Krieges'. Für Tramiel ist Geschäft Krieg. *Commodore* würde nicht warten, bis die Japaner eine weitere Industrie übernehmen. Ein Lieblingszitat von Tramiel lautet: „Sobald Du aufhörst Dich zu verändern, bist Du am Ende." Nun veränderte er *Commodore*. Die Pop-Band The Vapors liefern mit „Turning Japanese" 1979 die passende Hymne zur Firmenphilosophie.

Das Ergebnis des radikalen Kurswechsels wird ein Spaß-Computer. Tramiel hat vieles hergestellt, von Schreibmaschinen über Büromöbel bis hin zu Uhren. Nun steckt er einen Großteil der Ressourcen in ein neues Produkt und behindert damit den Fortschritt des Bürocomputers.

Jerone Guinn, ein großer, ruhiger Ingenieur aus Texas, leitet jetzt *MOS Technology*. Gemeinsam mit seinem Team will er den neuen Rechner bauen. Die Schwerpunktverlagerung an die Ostküste verweist Peddle in die Schranken. Tramiel besitzt eine Alternative. Peddle ist über die Entscheidung verärgert. Die Computerei ist sein Metier und er will den nächsten großen Computer bauen. Stattdessen muss er zusehen, wie Tramiel einen eigenen Kurs einschlägt.

---

3) **Achim Becker führt das Gespräch zu ‚Was Jack Tramiel zu sagen hat, geht jeden etwas an!' 1986 in deutscher Sprache; das Zitat ist wörtlich.**

# KAPITEL 8

# Der VIC-20

1980

Oberflächlich betrachtet wirken *Commodore*-Rechner unschuldig und brav. Doch hinter den Kulissen lösen die ersten Heimcomputer einen firmeninternen Bürgerkrieg aus. Tramiel dirigiert die Schlacht, er kommandiert eine Seite gegen die andere. „Er spielte Spielchen, ständig und mit jedem", klagt Peddle.

Auch Al Charpentier wird Zeuge von Tramiels Teile-und-Herrsche-Taktik: „Er schuf ein Klima der Konkurrenz. Ich bin mir nicht sicher, ob das gut oder schlecht war; damals war ich nicht davon überzeugt. Es gab konkurrierende Ingenieursabteilungen in Japan, Pennsylvania und Kalifornien, Jack spielte uns buchstäblich gegeneinander aus. Er sandte meine Version nach Japan, um sie kritisieren zu lassen, und umgekehrt. Das Prinzip ist nicht schlecht, aber es machte uns zu Gegnern." Tramiel nutzt die interne Konkurrenz, um das Beste aus den Angestellten herauszuholen. Der größte Wettstreit entsteht zwischen der System-Abteilung von *MOS Technology* und Peddles Team in Moorpark im kalifornischen Silicon Valley, welches die Ostküsten-Ingenieure spöttisch ‚Silly Valley' nennen, das Tal der Verrückten. Würden sich die *Commodore*-Tüftler zusammenraufen, um den nächsten Computer zeitgerecht zu liefern?

## Der Micro-PET ****

*Commodores* nächstes Produkt, ein Kind der 70er, stammt von Bob Yannes. Der ist 22 Jahre jung, ein Luke Skywalker mit Brille. „Bob war ein dünner, junger Kerl mit sandblondem Haar. Der netteste Typ der Welt", erinnert sich Winterble.

1979 gehen MOS die Ingenieure aus. „Ich suchte Leute, denn nach der Übernahme von Commodore begann ein einjähriger Exodus. Uns blieben nur ein paar in der Halbleiterabteilung", sagt Charpentier, der an den Universitäten im Großraum Philadelphia um Personal wirbt. „Yannes war in seinem Abschlussjahr an der Villanova, als ich ihn erstmals sprach", erklärt er. „Beim Vorstellungsgespräch interessierte er sich sehr für den VIC-I-Chip, an dem ich gerade arbeitete. Er wollte ihn in seiner Abschlussarbeit verwenden." Yannes erinnert sich daran: „Als Charpentier mir vom VIC-Chip erzählte, wollte ich mehr darüber wissen. Ich erhielt einige Beispiel-Chips für mein Abschlussprojekt, eine Videokarte für S-100-Computer, die Farbgrafik und Sound lieferte. Das war der Altair-8800-Bus, der später als Industriestandard übernommen wurde." Während seine Altersgenossen in Spielhallen ballern, brütet Yannes über einem Videospiel-Chip. „Ich arbeitete in meinem Schlafzimmer und im Labor an meinem Projekt. Es war nicht allzu kompliziert, da der VIC die meiste Arbeit übernahm. Ich musste nur noch Speicher hinzufügen und das Bus-Interface erstellen." Yannes ist mit dem Ergebnis sehr zufrieden, doch es übersteigt die Kenntnisse seiner Professoren. „Vieles von dem Zeug war zu hoch für sie. Es war der neueste Stand der Technik und ich assemblierte den Code von Hand."

Yannes schließt im Mai 1979 sein Studium ab und beginnt im Juli als Ingenieur bei *Commodore*. Charpentier protegiert den Neuzugang, der zügig Halbleiter-Design lernt, mit ihm an verschiedenen Taschenrechnern arbeitet und Gefallen findet am VIC-Chip. Er fragt sich, warum ihn kaum jemand benutzen will. „MOS Technology war ein Halbleiter-Lieferant", meint Yannes. „Sie verkauften an andere Hersteller, und nun hatten sie einen Chip, dessen Entwicklung viel Geld kostete, und für den sie einen Abnehmer suchten."

Laut Winterble gehen einige Vorserien-Chips nach Japan, doch die meisten Firmen lehnen den Chip ab. „Eine japanische Firma benutzte ihn in einem Arcade-Spiel", sagt Yannes und bezieht sich auf einen Nachbau von **Space Invaders.** „Es war sehr frustrierend. Wir hatten einen großartigen Chip, den kaum jemand wollte. Ich sollte herausfinden, wie man Interessenten für den VIC gewinnen konnte." Yannes erstellt ein Entwickler-Board auf der Basis seines Abschlussprojekts. „Ich nannte mein Video-Interface ACE-Board. Es konnte an einen KIM-1 oder einen S-100-Bus angeschlossen werden. Dieses Entwicklungssystem sollte die Fähigkeiten des VIC unter Beweis stellen." Charpentier fasst die Situation zusammen: „Wir suchten nach Anwendungen und nach Verkaufsmöglichkeiten für den VIC auf dem OEM-Markt."

Yannes sieht eine Chance für einen Computer auf Basis des VIC, als der englische Billigrechner Sinclair ZX-80 herauskommt. „Das Sinclair-Debüt im Frühjahr 1980 und dessen Publicity frustrierten mich. Ich hielt den ZX-80 für furchtbar: Die Anzeige war schwarz-weiß und bei jeder Eingabe wurde der Bildschirm kurzzeitig schwarz, weil die Aktualisierung Software-gesteuert war." Yannes meint, er könne etwas Besseres für weniger Geld bieten. „Wir konnten für $200 etwas wirklich Cooles machen, verglichen mit dem verstümmelten Sinclair für $250", erklärt Yannes. „Die ganzen positiven Testberichte und aufgeregten Leute kamen mir irre vor. Wir hatten diesen kleinen Video-Chip, der einen hervorragenden Farb-Computer für weniger Geld als Sinclair ermöglichen würde. Wir konnten sogar eine echte Tastatur dranbauen und ein freundliches Produkt daraus machen anstelle dieses schrecklichen Dings." Yannes entwickelt seine Idee weiter. „Niemand war an dem Chip interessiert. Warum bauten wir nicht selbst etwas damit? Es würde Farbgrafik bieten und der Bildschirm würde nicht bei jeder Eingabe dunkel. Man konnte mehr damit machen als nur spielen."

Dank seines Abschlussprojekts kennt Yannes die Schwachstelle des VIC: „Wir mussten uns von der Vorstellung lösen, dass eine 22-Spalten-Anzeige nicht ausreiche. Ich erstellte den ersten Prototypen dessen, was später der VIC-20 werden würde." Der Chip erhält Funktionen der gescheiterten Chips 6562 und 6564. „Als wir die Arbeit an der neuen Video-Sektion abgeschlossen hatten, integrierten wir das in den 6560-VIC mit 22 Spalten. Wir hofften immer noch, damit Abnehmer zu gewinnen", sagt Yannes. Außerdem soll der Chip besseren Sound erhalten. „Der Tongenerator des ursprünglichen VIC-I-Chips war nicht sehr gut", erklärt Yannes. Er kopiert den verbesserten 6562-Tongenerator. „Dieser Chip wurde nie produziert, aber seine Design-Änderungen setzen wir im VIC-I ein."

„Mein Prototyp war das Ergebnis von zwei bis drei Tagen Arbeit. Ich schusterte ein paar Boards zusammen, die schon im Abfalleimer lagen." Yannes baut seinen Prototyp zuhause. „Es kursiert die Legende, ich hätte den VIC-20 in meiner Garage gebaut, aber es war in meinem Schlafzimmer. Ich hatte keine Garage", sagt Yannes, der damals ohne Lötzinn arbeitet: „Ich verzwirbelte die Drähte. Dann nahm ich das alte Speicher-Board eines KIM-1, setzte eine Lochplatine an die Seite und einen Prozessor sowie den VIC-Chip oben drauf. Das Gehäuse bastelte ich aus Kunststoff und versah es mit der Taschenrechner-Tastatur der ersten PET-Serie."

Nach drei Tagen hat Yannes einen Computer, den er direkt an seinen Fernseher anschließen kann. „Ich nannte ihn Micro-PET. Wenn der PET ein Mikrocomputer war, dann war das ein Picocomputer."

Die Ersten die sein Gerät zu Gesicht bekommen, sind Charpentier und Winterble. „Er tüftelte herum und eines Tages kam er rein und Al tippte mich an und meinte: ‚Das musst du sehen' ", erinnert sich Winterble. „Yannes hatte ein provisorisches Zeichensatz-ROM und einige Interface-Chips zusammengesteckt, so dass der VIC Zeichen auf dem Bildschirm darstellen konnte. Nach seiner Demonstration sagten wir: Heiliger Strohsack!" Yannes will damals nur ein Konkurrenzprodukt zum ZX-80, vermutet heute allerdings, dass das MOS-Management seinen Computer nutzen wollte, um das System-Design an die Ostküste zu bringen. „Als Al und Charlie das sahen, dachten sie: ‚Das ist interessant.' Ich war sehr naiv was Politik anging. Ich machte nur meine Arbeit. Wir entschieden, einen schöneren Prototypen zu bauen und ihn Jack bei der nächsten Manager-Versammlung bei MOS Technology zu zeigen."

Davor präsentieren Winterble und Charpentier den Prototypen ihrem direkten Vorgesetzten, Jerone Guinn. „Mit Microsofts BASIC wollten wir einen kleinen BASIC-Computer daraus machen", erklärt Winterble, der auch für ein ansehnlicheres Gehäuse sorgt. „Wir ließen uns in einem örtlichen Geschäft ein kleines Gehäuse formen. Es war kein Spritzguss, sondern vakuumgeformt. Wir schraubten eine Metallplatte auf den Boden und integrierten eine Tastatur." Das MOS-Team bewahrt Stillschweigen gegenüber den Moorpark-Ingenieuren. „Bis zum Meeting war alles geheim, damit Peddles Team nicht aufholen konnte", sagt Yannes.

Ohne erfahrene Programmierer wie Russell oder Feagans kann Yannes das BASIC-ROM nicht an den VIC-Prototypen anpassen. Daher fehlt dem Gerät sowohl ein Betriebssystem als auch BASIC. „Es war ein minimalistischer Prototyp", sagt Leonard Tramiel. „Er zeigte lediglich, wozu das Gerät imstande war." Ohne Betriebssystem kann Yannes keine Programme laden, also speichert er sein Demo im ROM. „Meine Routine zeigte die Spezifikationen an", erinnert sich Yannes. Das Scrolling ist eindrucksvoll: Nachrichten erscheinen auf dem Schirm und gleiten aufwärts, während eine Hintergrundmusik ununterbrochen düdelt. Die Zeichen scrollen auch nach links und rechts. Yannes sieht den Micro-PET als Konzeptstudie, nicht als produktionsreifes Modell: „Es war kein funktionierender Computer. Es gab kein Betriebssystem oder ähnliches".

Im Mai trifft Jack Tramiel zu einer Versammlung der Generaldirektoren in West Chester ein. „Er kam aus New York und sie zeigten ihm ihre Studie", sagt Peddle. „Charlie Winterble erstellte die Präsentation für Jack", erinnert sich Yannes. „Weder Jack noch sonst jemand außer Al und Charlie wusste davon." Dazu Peddle: „Yannes erkannte nicht, dass sein Vorgesetzter, Jerone Guinn, die Chance ergreifen und das System-Design an die Ostküste ziehen wollte", sagt Peddle, der Guinn mehr als Taktiker denn als Führer sieht. „Guinn kam aus Texas und sollte Jack im LCD-Geschäft helfen. Das war keine gute Position, also übernahm er die Leitung bei MOS Technology von Mike Canning. Er war ein großartiger Taktiker."

Tramiel ist vor dem Meeting schon unzufrieden mit Peddle und sucht nach einer Alternative. „Ich kenne die Hintergründe nicht, aber Tramiel wollte einen günstigen Heimcomputer. [Peddles Team] lieferte zu komplexe und zu teure Entwürfe", sagt Yannes. Als Tramiel sitzt, enthüllen Charpentier und Winterble den Micro-PET. Das Demo-Programm zeigt alle Fähigkeiten des

VIC-Chips. „Es war sehr eindrucksvoll, weil man so etwas nicht einmal auf High-End-Monitoren sah", sagt Yannes. „Ich hielt beinahe die ganze Demo in schwarz-weiß, und erst am Schluss kam die Einblendung: ‚Übrigens: Er hat auch Farbe' und zeigte dann ein buntes Kaleidoskop. Eine sehr dramatische Demonstration."

Obwohl Yannes lediglich das Potential des VIC zeigen will, verliebt sich Tramiel in das Gesamtkonzept. „Ich war nicht beim Meeting, aber es beeindruckte Jack. Als er es sah, sagte er: ‚Wir wollen es. Damit wollen wir etwas machen.' " Charpentier zufolge verlief die Konversation mit Tramiel etwa so:

Charpentier: „Das ist der Chip. Was meinst du?"
Tramiel: „Okay, bringt es heraus."
Charpentier: „Du meinst den Chip?"
Tramiel: „Nein, ich meine das!" (zeigt auf den Prototypen)
Charpentier: „Das?"
Tramiel: „Das."
Charpentier: „Wirklich?"
Tramiel: „Ja, das!"

Trotz der begrenzten Fähigkeiten des Computer-Rohbaus ist Tramiel beeindruckt. „Der Sinclair konnte auch nicht viel mehr", sagt Peddle. „Das war einer der Gründe, warum es ihn nicht störte, was die Jungs ihm zeigten." Tramiel will den günstigen Farbcomputer zum Jahresende verkaufen. Ein ambitioniertes Ziel angesichts der notwendigen Zeit für Design und Aufstellung einer Fertigungsstrecke. Der Prototyp soll auf der Sommer-CES in Chicago gezeigt werden, die knapp zwei Wochen entfernt ist.

Nach dem Meeting wird Yannes hereingerufen. Der junge Ingenieur fürchtet sich vor Tramiel: „Er war eine eindrucksvolle Persönlichkeit, jemand, mit dem man sich besser nicht anlegte." Tramiel bietet dem nervösen Yannes einen PET an. „Als er mich fragte, ob ich schon einen PET hätte, war ich so naiv ja zu sagen. Charlie sagte mir später: Er wollte Dir einen schenken, also hättest Du nein sagen müssen."[1]

Als Peddle und sein Team erfahren, dass der Prototyp der Ostküste auf der CES vorgestellt werden soll, wächst ihr Frust. „Die Jungs von der Westküste liefen neben der Spur", erinnert sich Yannes. „Das sorgte für Streit zwischen ihnen und MOS Technology." Yannes fürchtet, das Team von der Westküste sei auf ihn persönlich sauer. „Ich wäre nicht überrascht, wenn Peddles Team dächte, wir hätten sie sabotiert, indem wir ihnen einen defekten 40-Spalten-Chip (den 6564) gaben, um dann mit dem VIC-20-Prototypen zu überraschen. Dabei wollte ich nur gegen den ZX-80 antreten und den 6560 irgendwie nutzen! Winterble und Charpentier mögen darin eine taktische Chance gesehen haben, aber ich wollte nur meiner Firma helfen."

Peddle zufolge sagt Tramiel später: „Ich wünschte, mein Team in Moorpark hätte das geschafft." Peddle fühlt sich beleidigt, da das Team einen Computer mit VIC schon auf der CES im Januar vorstellte, den Tramiel aber ablehnte. „Somit hörte Jack schließlich doch auf unseren Vorschlag, den VIC-20 umzusetzen", lamentiert Peddle. Die Situation ist explosiv. „Jack sagte:

1) Tramiel dankt Yannes auf anderem Weg, wie sich Winterble erinnert. „Yannes bekam später einen Scheck über $5.000 - viel Geld für einen jungen Mann. Den Großteil gab er für eine neue Küche für seine Mutter aus."

‚So etwas wollte ich schon immer.' Ich antwortete: ‚Wir haben Dir so was gezeigt, Du wolltest es nicht. Du wolltest etwas Apple-ähnliches.' Aber als er den erfolgreichen Sinclair sah, und dessen Verkaufserfolg, wollte er genau so was", sagt Peddle, der hilflos mitansieht, wie sein Team an Bedeutung verliert: „Plötzlich waren sie die neuen Helden der Firma, und sie bauten den VIC-20. Guinn ging auf Jack zu: ‚Wir brauchen Moorpark nicht länger.' Sein Team könne all das leisten." Peddle kocht vor Wut. Die Ideen seines Teams werden verworfen, bis ein anderer, den Tramiel lieber mag, sie ihm vorstellt. „Guinn zeigte Tramiel Yannes' Drahtgewirr und sagte, das sei ein fertiger Computer. Aber das war es nicht. Yannes hätte zugeben sollen, dass er nicht wusste, wie er es fertig stellen konnte. Der einzige, der das konnte, war Seiler."

Nach dem Meeting streiten Peddle und Tramiel. „Jack wollte das Ding auf der CES zeigen und ich meinte: ‚Ich will unseren guten Ruf nicht gefährden. Wenn wir etwas zeigen, das nicht funktioniert, sind wir fällig' ", sagt Peddle. „Jack meinte: ‚Du bist nur sauer, weil Ihr nicht auf die Idee gekommen seid.' Aber das war nicht wahr, wir hatten es initiiert." Während Peddle im PET-Jet zurück nach Kalifornien düst, trifft Tramiel eine bemerkenswert schnelle Entscheidung. Vor dem Treffen wusste er nichts vom Micro-PET-Prototyp. „Gleich nach der Vorstellung sagte Jack: Macht das!", meint Yannes. „Wie ich Jack kenne, traf es die Jungs in Kalifornien danach hart." Nach dem Meeting baut *MOS Technology* weitere Prototypen für die anstehende CES.

„Peddle rief aus Kalifornien an, das war noch bevor es Flugzeugtelefone gab, und sprach von einem Design-Problem, das er gefunden habe. Ich musste schmunzeln, denn das war nur ein Prototyp und nicht zur Produktion bestimmt. Er wollte uns so schnell wie möglich abschießen", meint Yannes. Peddle sieht seinen Anruf anders: „Ich wollte ihn dazu bringen, seinem Boss zu erklären, dass das kein fertiges Produkt war." Nach der Landung informiert Peddle sein Team und entscheidet, einen besseren Prototyp zur CES zu bringen. „Wir erstellten einen Prototyp dessen, was schließlich der VIC-20 wurde. Daran arbeiteten wir die ganze Nacht, denn wir hatten nur zwei Tage Zeit", sagt Peddle. Ein interner Wettstreit beginnt: Welcher Prototyp setzt sich durch? Die PET-Gruppe in Moorpark hat fähige Programmierer und kann ein Betriebssystem einbauen, aber sie hat nur wenig Zeit. Das MOS-Team hat einen Vorsprung, aber nicht mehr als eine farbenfrohe Demonstration. Die Besucher der CES werden entscheiden.

## Die Show in Chicago ****

Am Tag vor der Eröffnung der CES treffen die Ingenieure in Chicago ein, darunter auch Leonard Tramiel, der mit einem Linienflug aus New York anreist. Alle übernachteten im *Conrad Hilton* im Zentrum Chicagos. Yannes hat die seltene Gelegenheit, als Youngster dabei zu sein: „Nur für den Fall, dass etwas kaputt ging. Ich war der einzige, der wusste, wie man's repariert."

Die CES ist eine teure Angelegenheit: Ein kleiner Stand im Juni kostet 100.000 Dollar, ein großer, zweistöckiger Stand im Januar eine volle Million. Letztere sind derart groß, dass sie auch Büroräume im zweiten Stock beherbergen. Auf dieser Show bleibt Tramiel bescheiden. Er reserviert einen kleinen, einstöckigen Stand im hinteren Bereich der Halle.

Jedes Jahr werden auf der CES die neuesten Verbrauchergeräte vorgestellt, diesmal z.B. die umschwärmte Spielkonsole Intellivision von *Mattel*. Dennoch ist Ataris 2600 immer noch das Highlight der Show. *Atari* präsentiert Geräte und Spiele auf einem großen zweistöckigen Stand in der Mitte der Halle. *Radio Shack* stellt den TRS-80 mit Zubehör aus. Die Firma *Apple* fehlt, da sie sich auf ihre Computerhändler, nicht den Elektronikhandel verlässt.

Der Stand von *Commodore* wirkt unbedeutend verglichen mit den anderen. Die Abteilung für Verbraucherelektronik ist der eigentliche Grund für die Anwesenheit. Dementsprechend nehmen Taschenrechner, Digitaluhren und – als neuestes Produkt – digitale Thermostate den Großteil der Fläche ein. Ken Hollandsworth und ein kleines Team von Verkaufsleuten zeichnen für diese Division verantwortlich. Neben Produktinformationen liegen Prospekte und Preislisten aus. Kleine Konferenzräume dienen für Verhandlungsgespräche: Zwölf Verträge schließt *Commodore* durchschnittlich pro Stunde.

Die Sommer-CES ist ein eigenartiger Platz für die Prototypen: Normalerweise präsentieren die Hersteller dort Produktionsmodelle und nehmen Großbestellungen der Vertriebe entgegen. Tramiel will testen, wie Handel und Presse auf seine günstigen Computer reagieren. *Commodore* hat 1980 keine Reputation für Spaß und Spiel, CBM gilt als Büromaschinenhersteller.

Die Micro-PET-Prototypen befinden sich in einem großen Konferenzraum mit getönten Scheiben. „Es waren ein halbes Dutzend", erinnert sich Winterble. „Sie fielen aus oder wurden sabotiert. Man musste ein Auge auf sie haben."

„Auch die Jungs von der Westküste waren da: Peddle, Seiler und Feagans. Sie hatten einen eigenen Prototyp mit dem VIC-Chip", erinnert sich Yannes. „Ich wusste nichts davon, Charpentier und Winterble sicher auch nicht. Sie stellten ihn buchstäblich Stunden vor ihrer Abreise fertig." Yannes ist beeindruckt. „Ihrer war voll funktionsfähig! Er war sehr nah am späteren VIC-20, weil er auf der Architektur des PET basierte. Er hatte BASIC, aber noch keine Anwendungen." Peddle favorisiert seinen Prototyp. „Sowohl Yannes als auch Seiler hatten Maschinen vorgestellt. Seilers Prototyp entsprach mehr einem Computer als Yannes'. Wir wollten etwas mit mehr Potential bieten", sagt Peddle. Das Konkurrenzmodell beeindruckt Yannes, aber die Präsentation ist weniger ausgeklügelt. „Es sah nicht aus wie der VIC-20", sagt Yannes. „Sie verbauten die alte PET-Tastatur. Sie hatten keine Zeit für ein Gehäuse, also steckten sie es in ein altes Tischrechner-Gehäuse. Ein Commodore-Aufkleber auf der Front sollte das kaschieren." Das umgebaute Tischrechnergehäuse ist klein, etwa 13x23 cm und acht cm hoch.

„Wir hatten zwei Geräte: eines sah gut aus, funktionierte aber nicht. Das andere funktionierte, sah aber schrecklich aus. Es bestand aus Schrott-Teilen und niemand konnte sich darunter das fertige Produkt vorstellen", sagt Yannes. Peddle ist auf der Show immer noch verärgert über Tramiel und Guinn. „Weil sie mit etwas da waren, das nicht funktionierte", sagt Peddle. „Wir sagten es jedem, aber Guinn war so dumm, Jack etwas anderes zu erzählen. Ich hatte allen Grund wütend zu sein."

Trotz der Spannungen kommen sich die beiden Teams auf der Veranstaltung näher. Yannes lernt Peddle kennen. „Ich sprach mit Peddle. Er war höflich. Ich fürchtete, er könnte wütend sein, und soweit ich weiß, war er das auf jeden Anderen. Aber bei mir dachte er wohl: ‚Er ist nur ein Ingenieur, er versucht nicht, mein Imperium zu untergraben.' Er war sehr nett zu mir."

Die Firma kündigt den Micro-PET nicht offiziell an, obwohl sie eine Reihe von Produktbeschreibungen druckt. „Wir präsentierten ihn nicht am Stand, sondern in einem kleinen Raum. Nur geladene Gäste, vielleicht noch die Presse, durften ihn sehen." Draußen pressen sich Leute an die Scheibe, um durch das getönte Glas eine 1,2 m hohe Theke mit einer Reihe kleiner Computer zu erblicken. Vor jedem flimmert ein Farbfernseher. Yannes steht wie ein stolzer Vater daneben, während Charpentier die Fähigkeiten des VIC zusammenfasst und sich mit dem Hinweis auf das frühe Entwicklungsstadium für auftretende Fehler entschuldigt. Tramiel ist überglücklich, den Computer zu haben, den er so dringend wollte. Er beobachtet die Reaktionen der Zuschauer und fragt ab und an, wie viele sie davon bestellen würden.

Durch Mundpropaganda wächst das Interesse am Micro-PET. Leute bitten darum, einen Blick auf den Computer werfen zu können und einige reagieren gereizt auf die Abweisung durch das Marketing. „Alle waren aufgeregt", sagt Yannes. Als klar wird, dass der neue Billigcomputer ein Hit werden würde, verwandelt sich die Konkurrenz zwischen Ost- und Westküsten-Team in Kooperation. Während der Pausen vergleichen Yannes, Seiler, Charpentier, Feagans und Winterble die Vorteile ihrer Prototypen und diskutieren mögliche Features für das Endprodukt: Gemeinsam werden sie etwas Besonderes schaffen!

Beim Mittagessen treffen sich viele *Commodore*-Angestellte in der Messe-Cafeteria. Tramiel wünscht sich einen besseren Namen als Micro-PET. In der Tradition freundlicher Drei-Buchstaben-Wörter schlägt er VIC vor: Video Interface Computer.

Japanische Unternehmen nutzen die CES als Chance, die Konkurrenzprodukte Monate oder Jahre vor ihrer Serienproduktion genau zu studieren. Als der Konferenzraum leer ist, schleichen sich zwei japanische Ingenieure mit Notizblock und einem Satz Schraubendreher ein. „Das kam vor", sagt Winterble. „Sie kamen herein und begannen, ihn auseinander zu nehmen." Aber bevor sie ihre Untersuchungen beginnen können, bemerkt jemand die Unruhe im Raum und verjagt die beiden. Zu Tramiels Beruhigung haben die Japaner diesmal keinen Vorsprung.

Am letzten Tag der Show bemerkt Peddle, dass Tramiel einen neuen Ingenieur anwirbt. „Er suchte stets nach einem Ersatz für mich. Das ärgerte uns", sagt Peddle. Es erscheint undankbar angesichts des Erfolgs, den Peddle der Firma brachte. „Jack wollte unabhängig sein. Je erfolgreicher ich war, desto mehr wuchs das Gefühl der Abhängigkeit in ihm", mutmaßt Peddle. Nach dem Treffen in London will Tramiel einen gehorsamen Ingenieur. „Jack brachte Tom Hong von Apple zu Commodore", erklärt Peddle. „Hong besaß einen guten Aktienanteil dort, den er für ein vergleichbares Versprechen von Tramiel zurückließ. Er sollte mich ersetzen und war verantwortlich für die Fertigstellung des VIC-20. Tatsächlich war Hong überbewertet, Jack ließ sich von seiner Reputation blenden. Das kam öfter vor."

## Codename Vixen ****

Nach der CES gibt Tramiel seinen Ingenieuren einen Monat für die Fertigstellung des VIC-Computers. Trotz des engen Zeitfensters ignorieren die Ingenieure in Moorpark das Projekt. „Sie wollten nichts damit zu tun haben", sagt Russell. „Sie waren mit ihrem TOI beschäftigt."

Als Tastaturcomputer ohne integrierten Monitor oder Laufwerk verlässt der VIC-Computer das voll integrierte Konzept des PET. Anstatt mit dem fortgeschrittenen Prototyp Seilers zu beginnen, entscheidet sich das Management für Yannes' Version als Ausgangsbasis. „Das Original von der Westküste fiel mir in die Hände. Es war ein Board zur Chip-Demonstration", sagt Russell. Die Entscheidung basiert auf der Fehlannahme des Managements, dass Yannes'

Prototyp fortgeschrittener sei. „Sie sagten: ‚Bob, pass die Software in diese Hardware ein!' Ich dachte: ‚Das soll wohl ein Scherz sein?' Es fehlten sämtliche Peripherieanschlüsse und das ROM war winzig", erinnert sich Russell.

Während sich auf Management-Ebene der Name VIC etablierte, geben die Ingenieure dem Gerät den Codenamen ‚Vixen', auf deutsch: Füchsin. „Das geschah recht früh", sagt Russell, der einzige VIC-Befürworter im Team der Westküste. „Ich war ein überzeugter Verfechter des VIC. Im VIC-Team waren noch Andy Finkel und Michael Tomczyk." Der Großteil der Pro-VIC-Fraktion sitzt an der Ostküste. „Der VIC-20 wäre ohne die Jungs von der Ostküste undenkbar gewesen, aber aus dem, was sie uns gaben, konnte man keinen Computer machen."

Durch Peddles Team erhält Russell kaum Unterstützung: „Sie wollten das VIC-Projekt offensichtlich sterben lassen. Ich hatte die Wahl und entschied mich für die Jungs von der Ostküste, weil mir die Arbeit mit den japanischen Ingenieuren Spaß machte. Ich wollte sicherstellen, dass es gelingt."

Obwohl Russell im *Commodore*-Büro am Scott Boulevard arbeitet, besucht er regelmäßig Moorpark. „Ich ging zu Besprechungen rüber, denn die Jungs wollten, dass ich auch ein paar Dinge für ihr TOI-System machte. Peddle war kein Unterstützer des VIC-20, er wollte den TOI." Russell versucht, den VIC ins Gespräch zu bringen. „In den Meetings versuchte ich, die Priorität auf den VIC statt auf den TOI zu legen." Einigen Mitarbeitern zufolge ist Peddle keineswegs erfreut, dass seine Ingenieure beim VIC-Projekt helfen. „Sie kämpften um Ressourcen", meint Russell. Der Software-Ingenieur bittet und umschmeichelt Seiler, die Hardware des Vixen weiterzuentwickeln. „Seiler war der Hardware-Guru, der alles zusammenbrachte. Ich brauchte ihn, um die Sache am Leben zu halten, denn ich hatte immer weniger Zeit für den VIC."

Das mangelnde Interesse im Moorpark ist frappierend. „Sie halfen mir als Kollegen", sagt Russell. Während der Besprechungen macht er Scherze über den TOI: „Die Abkürzung stand vor der Bedeutung fest. Ich nannte es ständig ‚Tool Of Idiots', was aber nicht so gut ankam", lacht Russell. „Natürlich hatten sie wiederum verächtliche Bezeichnungen für den VIC."

Silly Valley wird zum Hexenkessel von TOI und Vixen, aber die Ingenieure genießen die Erfahrung. Peddle hat einen Namen im Silicon Valley und lädt andere Ingenieure zu Vorträgen über ihre neuesten Entwicklungen ein, darunter Bob Metcalfe, der dem Team eine neue Technologie namens Ethernet vorstellt.

Russell hat fast völlige Freiheit für seine Arbeit am Vixen. „Es gab selten einen leitenden Ingenieur, nur solche, die die Verantwortung für einzelne Teilbereiche trugen. Chuck war zwar leitender Ingenieur in Moorpark, aber er machte uns keine Vorschriften. So konnte ich unbehelligt am VIC-20 arbeiten. Es war wahrscheinlicher, dass Jack hereinkam und Anordnungen gab."

Als einziger Befürworter des VIC an der Westküste steigt Russell in der Gunst Tramiels. „Ich arbeitete gerade am VIC-20, als Jack reinkam und meinte: ‚Ich brauche jemanden, der meine Tasche zum Flughafen bringt. Ich fliege nach Vegas.' Und er zeigte auf mich! Also trug ich seine kleine Tasche, die höchstens ein oder zwei Kilo wog." Russell findet sich wenig später unversehens im PET-Jet auf dem Weg zur *Comdex*. „Wir flogen mit dem Mann, der später Präsident von Commodore wurde. Jack führte das Bewerbungsgespräch auf dem Weg nach Vegas", erinnert sich Russell, dem Tramiel bei der Ankunft eine unbegrenzte Aufenthaltserlaubnis erteilt. „Er gab mir eine Handvoll Chips fürs Casino und meinte: ‚Sag dem Piloten, wann du abfliegen möchtest. Viel Spaß.' " Eine unwirkliche Situation für den jungen Ingenieur aus Iowa, der bis heute nicht weiß, warum Tramiel ihn dabei haben wollte. „Vielleicht wollte er nur nett sein?"

Tramiel verhandelt selbst mit seinen Ingenieuren, denen er verlockende Angebote im Gegenzug für Lohnkürzungen macht. „Er wollte ausloten, wie weit er gehen konnte", erinnert sich Russell. „Das tat er immer. Ernsthaft oder nicht, darauf sprach man Jack nicht an. Wenn er Deine Hand schüttelte, war die Sache fest." Tramiel macht Russell das gleiche Angebot wie Peddle: „Er bot mir einen Dollar für jeden VIC-20, wenn ich auf mein Gehalt verzichtete. Zu der Zeit musste ich über die Runden kommen, also lehnte ich ab." Das Angebot hätte Russell zum Multimillionär gemacht.

Russell erkennt den Vorteil, Tramiel hinter sich zu wissen. „Wenn die Leute einmal kapierten, dass du Jacks Liebling warst, konntest du so ziemlich alles machen. In Besprechungen sagte ich: ‚Jack hat mich beauftragt.' Ich spielte ständig die Jack-Karte aus. Ich konnte viel Mist erzählen, weil die Leute Angst vor Jack hatten. Es hieß: ‚Jawohl, mein Herr. Öffnet die Tore!' Jack gab dir Rückhalt, selbst wenn er dir nichts aufgetragen hatte." Mit diesem Trumpf verleiht Russell dem VIC-Projekt das nötige Gewicht. „Ich stand zwischen den Fronten. Ich brachte Seiler dazu, mir bei Verbesserungen zu helfen und bei einem Speicher-Add-On, damit man mit dem Ding etwas anfangen konnte."

Trotz Tramiels Rückendeckung hat Russell Probleme, an Equipment zu kommen. „Die hochkarätigen Entwickler in Moorpark verfügten über die nötige Ausrüstung. Ich musste also rübergehen und den VIC-20 mit ihrer Hardware überprüfen", sagt Russell. „Tagsüber arbeitete ich im Büro am Scott Boulevard, nachts fuhr ich dann rüber."

Der VIC-20 ist ein Spielcomputer, verfügt aber nur über einen Joystick-Port. Der Atari 800 bietet im Vergleich dazu vier Buchsen. Da viele neuen Spiele – **Asteroids**, **Night Driver**, **Breakout** – Drehregler, sogenannte Paddles, nutzen, von denen zwei an jeden Port passen, ist der Mangel verzeihbar; erst Namcos **Pac-Man**, das noch nicht in Nordamerika erschienen ist, leitet den Siegeszug des Joysticks ein. „Die Paddles waren mit dem VIC-Chip verbunden", erinnert sich Yannes. „Der konnte entweder einen analogen Joystick mit X-Y-Achse oder zwei herkömmliche Drehköpfe verarbeiten." Erstaunlicherweise veröffentlicht *Commodore* keinen analogen Joystick für die eigenen Computer. Der VIC-20 übernimmt die 9-Pin-Anschlüsse des Atari 2600.[2]

Den Modulschacht für den VIC-20 entwirft Bill Seiler. Dessen Module unterscheiden sich durch ihre schiere Größe von denen des Atari 2600: Da Speichererweiterungen und Spiele denselben Schacht des Computers nutzen, sind mehr Adress-Leitungen nötig.

Ein einmaliges Merkmal des Vixen ist sein serielles Interface, das den Anschluss mehrerer Disklaufwerke, Drucker und anderer Peripheriegeräte erlaubt. Das Konzept ähnelt dem IEEE-488-Anschluss des PET, ist aber günstiger. Die Idee entstammt dem TOI-Projekt. „Beim IEEE brauchten wir einen zweiten Prozessor für das Peripherie-Interface. Die Idee beim seriellen Bus war, das ganze mit einem einzigen Prozessor zu realisieren", erklärt Russell. *Commodore* kann günstigere Disklaufwerke und Drucker herstellen. Der Nachteil liegt in der Geschwindigkeit.

---

2) **Da die Anschlüsse kein Atari-Patent sind, verwendet sie *Commodore* ohne Angst vor einem Rechtsstreit. Sogar japanische Hersteller nutzen die 9-Pin-Buchse und schaffen damit einen Standard für Joysticks.**

„IEEE-488 war dank des Parallelanschlusses wesentlich schneller", sagt Russell. Dafür ermöglicht das kleine Interface einen kompakten Computer: Während der IEEE-488-Anschluss 5,5 cm breit ist, beträgt der Durchmesser des runden seriellen Anschlusses nur 1,5 cm. „IEEE-Kabel kosteten ein Vermögen. Das allein war Grund genug, davon Abstand zu nehmen", erklärt Russell.[3] Entwickler der seriellen Schnittstelle ist Glen Stark in Moorpark. „Er entwarf das Interface, das Commodore patentierte und das das IEEE-Interface durch ein einzelnes Drahtkabel ersetzte", sagt Peddle. Während Stark das Interface konzipiert, implementiert Russell den Code und sorgt dafür, dass der serielle Anschluss funktioniert.

Zudem muss Russell Peddles Kassetten-Code zerlegen. „Etwa acht Leute versuchten, ihn zu dokumentieren", erinnert sich Peddle. Russell tappt im Dunkeln: „Der Code beinhaltete bizarre Frequenzbereichsgeschichten, die ohne Erläuterung keinen Sinn ergab. Peddle verbrachte viel Zeit damit, mir bei der Dokumentation zu helfen. Niemand sonst wusste, wie das funktioniert. Wir gingen den Code gemeinsam im Büro durch, und er versuchte sich zu erinnern, was er da angestellt hatte." Russell mag die Arbeit mit Peddle, trotz dessen Abneigung für das VIC-Projekt. „Er beeindruckte mich, denn obwohl er Projektleiter des PET war, brachte er sich persönlich durch die Erstellung des Kassetten-Codes ein. Ich bewunderte seine Arbeitsethik."

Als das serielle Interface des TOI fertig ist, entschließt sich Russell, es für den VIC-Computer zu nutzen. „Das tat ich von mir aus", erklärt Russell. „Ich wollte eine serielle Anschlussmöglichkeit, also schrieb ich ein serielles Software-Interface für den VIC. Wenn ich es nicht gemacht hätte, wäre das keinem aufgefallen und es wäre nicht im Computer gewesen." Seiler fügt zudem einen so genannten User-Port hinzu. Dieser Erweiterungsschacht erlaubt es Firmen und Hardware-Bastlern, Peripherie für den VIC-Computer herzustellen.

RAM-Speicher ist das kritische Element, das Tramiels Vorstellung eines 300-Dollar-Computers sprengen kann. MOS verfügt über unzählige 1-KB-Chips, die nicht länger in PETs verbaut werden. Um seine Lager zu räumen, steckt Tramiel diese Chips in die neuen Computer.

Der VIC profitiert vom Fortschritt des TOI-Betriebssystems. „Feagans war der Architekt des Kernel", erklärt Russell, der für die TOI- und Vixen-Umsetzung verantwortlich zeichnet. „Als er sich anderen Dingen zuwandte, übernahm ich."

Der VIC 6560 kann hochauflösende Grafik mit 192x200 Pixeln darstellen. Da dies viel Speicher verbraucht, müssen Anwender ein spezielles Erweiterungsmodul kaufen. „Ich arbeitete gemeinsam mit einem Kollegen am Code für die Anzeige", erinnert sich Russell. „Der war bereits für die 80-Spalten-Darstellung des PET ausgelagert worden, aber dennoch am schwierigsten anzupassen." Der Zeichensatz des VIC ist in einem 4-KB-ROM-Chip gespeichert. Jedes Zeichen ist 8x8 Pixel groß. Im Gegensatz zum PET ist der Zeichensatz variabel. Beim Vixen können Programmierer jedes Zeichen modifizieren. So kann der Buchstabe A beispielsweise ein Männchen werden.

Da *Commodore* keinen Monitor zum Vixen liefert, müssen die Ingenieure die Darstellungsgrenzen unterschiedlicher Fernsehgeräte beachten – die Geburtsstunde des bekannten *Commodore*-Rahmens. Die Rahmenfarbe wird vom User aus den 16 Farben des VIC ausgewählt.

---

3) **Die IEEE-488-Kabel gibt es nur von einer Firma. Jim Butterfield sagt: „Im Vorjahr des VIC-20 waren diese Kabel aus irgendeinem Grund nicht mehr erhältlich. Commodore baute Disklaufwerke und Drucker, die man nicht mehr anschließen konnte."**

Da TV-Standards weltweit unterschiedlich sind – Nord-Amerika und Japan nutzen NTSC, Europa das PAL-System – baut die *Commodore Semiconductor Group* neben dem VIC 6560 (NTSC) auch den 6561 (PAL). Tramiel kommt das sehr entgegen: Da NTSC-Computer nicht in Europa laufen, kann er unterschiedliche Preise verlangen, ohne Grauimporte zu fürchten.

In einem Tastaturcomputer ist nicht genug Platz für das Netzteil, so dass dieses Teil ausgelagert wird. Das externe Netzteil lässt den Vixen weniger gut aussehen; Marketingfotos zeigen ihn selten mit Kabeln und Netzteil. Ferner ist Hitze ein großes Problem des VIC-20. „Der ursprüngliche VIC-20-Prototyp wurde so heiß, dass das Mainboard durchbrannte. Also bauten wir einen überproportionierten Temperaturregler ein", sagt Russell.

Während des monatelangen Designs hofft Peddle, das Projekt werde untergehen, bevor die Produktion beginnt. Peddle versucht, Tramiel vom TOI als Low-End-Lösung zu überzeugen und sich auf Bürocomputer zu konzentrieren. Als Antwort kann man Tramiels Brüllen durch den ganzen Flur hören. Viele fragen sich, ob Peddle verrückt geworden sei. „Er stellte klar, dass er den VIC wollte. Das war entscheidend", sagt Russell. Nach einem Monat ist ein Vorserienmodell fertig: „Wir hatten einen engen Zeitplan, aber wir schafften es". Das Ergebnis ist näher an Seilers Prototyp als an dem der Ostküste. „Ohne Frage war Seiler der Architekt des VIC-20", sagt Peddle. „Wir mussten außer den I/O-Sachen nichts neu entwickeln. Wir steckten alles zusammen und es lief."

„Seiler hatte seine Finger in fast allem, was das Design anging. Er lieferte die produktionsreife Hardware", sagt Russell. Yannes bestätigt, dass der fertige VIC-20 nichts mit seinem Prototypen gemeinsam hat: „Der VIC-20 ist ein PET mit VIC-Chip statt dem 6845 Video-Controller. Er hat dieselbe I/O-Struktur, denselben Prozessor und denselben Kernel." Eigentlich war Hong dafür angestellt worden, den VIC-20 zu bauen. Tatsächlich sind es Peddles Ingenieure, die den VIC-20 fertig stellen.

## Jack-Attacke! ****

Russell steht als Vixen-Befürworter zwar in Tramiels Gunst, ist aber keineswegs immun gegen dessen Zorn: „Es war meine Aufgabe, TOI- und VIC-Prototypen für eine Besprechung mit Börsenfachleuten in New York im Four Seasons Hotel mitzubringen." Meetings mit *Commodore*-Managern sind wichtig, Besprechungen mit Investoren weit wichtiger. Russell weiß um den Stellenwert des Treffens und will den Prototyp auf einem Linienflug mitnehmen. „Meine Manager an der Westküste wollten nicht, dass ich ihn als Handgepäck mitnahm", sagt Russell. „Ich gab ihn als Gepäckstück auf, und natürlich ging er verloren." Tramiels Präsentation wirkt peinlich ohne den TOI-Prototypen. „Ich war bei der Besprechung dabei", sagt Russell. Anschließend wirkt alles normal. „Ich hatte ein herrliches Abendessen mit Jack und den Ingenieuren im Tavern of the Green in New York." Danach fliegen alle zurück nach Pennsylvania zu MOS. Russell steht seine erste Jack-Attack bevor. „Es passierte im Büro des Präsidenten von MOS Technology. Jack rief mich herein und stauchte mich zusammen." Obwohl er nur einen Befehl befolgte, bekommt er Tramiels vollen Zorn zu spüren. „Er war sehr verärgert, sehr frustriert und wollte wissen, warum ich Mist gebaut hatte", sagt Russell. Er erklärt, dass ihm sein Manager verboten hatte, das Gerät als Handgepäck mitzuführen, doch Tramiel sieht darin ein Fehlurteil

Russells: „Warum habe ich Dich wohl einfliegen lassen? Ich wollte nicht Dich, sondern den funktionierenden Prototypen!" Jack-Attacken sind sehr persönlich und kommen von Herzen. „Du denkst nur: Reizüberflutung! Er nennt Dich Idiot und wer-weiß-was-noch-alles, Du fühlst dich wie ein Pickel an seinem Hintern", fasst Russell zusammen.

Um eine Jack-Attacke zu provozieren, muss man der Firma ernsthaften Schaden zufügen, und das nimmt Tramiel persönlich. Der 22jährige Russell befürchtet das Schlimmste. „Eben dachte ich noch an meine Zukunft in der Firma, dann sah es aus, als sei meine Karriere beendet." Russell hört Tramiel aufmerksam zu. „Jack sagte: ‚Du hörst nicht auf den Unsinn, den Dir Dein Vorgesetzter erzählt, sondern tust einfach das Richtige.' Ich sollte meinen gesunden Menschenverstand benutzen, meinte er damit." Anschließend fragt Tramiel: „Hast Du noch etwas zu sagen?" Russell antwortet kleinlaut: „Ich habe verstanden und ich werde Sie nie wieder enttäuschen." Die Jack-Attacke hat eine elektrisierende Wirkung. „Wenn man das Konzept verstand, überlebte man es, so wie ich. Ich erlebte eine oder zwei Jack-Attacken, aber ich machte nie zweimal den gleichen Fehler. Tramiel hatte keine Geduld mit Dummköpfen."

„Die Sekretärin des MOS-Präsidenten wartete draußen und konnte nicht glauben, dass ich das überlebte. Sie sagte: ‚Ich war mir sicher, dass Du entlassen wirst", sagt Russell, der das alles auch heute noch kaum glauben kann. „Nur weil ich auf meinen Chef hörte! Ich war nicht verantwortlich." Jetzt blickt er mit Humor zurück. „Das ist eine Auszeichnung, besonders für die Überlebenden. Er sagte das vielen, aber die meisten verstanden es falsch und fühlten sich angegriffen." Russell ist auch Zeuge von Jack-Attacken, die weniger glimpflich enden: „Wer Tramiel herausforderte, lief Gefahr entlassen zu werden. Ich sah oft Leute, die so abgingen". Manager überleben nur selten eine Jack-Attacke. „Ich sah meine Manager herauskommen und dachte: ‚Kommt er wieder ins Büro um das Steuer herumzureißen? Nein! Er geht raus. Schätze, der ist nicht länger mein Boss.' "

Das bleibt nicht ohne Folgen. „Wir fanden keinen leitenden Ingenieur mehr, nachdem ein paar kamen und gingen. Das ging so weit, dass wir unsere Hochgeschwindigkeitsdrucker im Büro des leitenden Ingenieurs abstellten, weil es ohnehin meist leer stand", erinnert sich Russell. Die stressige Arbeitsumgebung verursacht selbst in Tramiels innerer Familie Kollateralschäden. Bei einer Verkaufsveranstaltung in Deutschland erleidet einer aus diesem Kreis einen Nervenzusammenbruch. „Wir waren auf dem Weg irgendwohin, als plötzlich jemandem auffiel, dass Jack weg war. Niemand wusste, wo er war und was mit ihm los war", erinnert sich ein ehemaliger Angestellter, der anonym bleiben möchte. „Dann nahmen uns ein paar Leute zur Seite und wir gingen zu seinem Büro. Dort sahen wir, dass Jack, seine Frau Helen, John Calton und eine Managerin von einem Angestellten mit einem Messer bedroht wurden." Die gefährliche Patt-Situation dauert Stunden. „Wir warteten in einem Raum und wurden über Neuigkeiten informiert. Es dauerte den ganzen Tag. Dann war der Mann in einem Raum zu Gange und sie liefen raus, die Treppen runter. Er verfolgte sie durch die Lobby. Dort fiel er schnell auf, weil er nackt war", erinnert er sich. „Er wurde überwältigt."

Zum zweiten Mal in seinem Leben überlebt Tramiel eine bedrohliche Situation. Wie sich herausstellt, will der Mann nicht nur Tramiel und Calton umbringen, sondern trägt eine Liste mit fünf oder zehn Leuten mit sich. Tramiel stellt sicher, dass er die nötige Pflege in einem lokalen Hospital erhält. „Wenn man in Deutschland der Geisteskrankheit überführt wurde, konnte das ernste Konsequenzen haben. Man konnte eingesperrt werden. Also arrangierte Jack einen Abholdienst für den Mann, sobald er entlassen wurde und ließ ihn ausfliegen." Trotz des persönlichen Angriffs fühlt Tramiel Mitleid für den Mitarbeiter: „Jack stellte sicher, dass man sich um den Mann kümmerte. Er hegte keinen Groll gegen ihn. Er war ein Mitglied der inneren Familie und Jack sorgte für ihn."

## Die Sonne geht auf ****

Yannes weiß, was Tramiels berühmtes Zitat wirklich bedeutet: „Man sagte, die Japaner würden den Markt ebenso übernehmen wie bisher jeden anderen Markt für Verbraucherelektronik. Jack sagte: ‚Wir werden zu Japanern.' Niemand verstand es wirklich, aber es klang gut und man stellte Jack keine Fragen. Er wollte mit Hilfe Japans den VIC-Computer produzieren." So übernimmt Tony Tokai, Geschäftsführer von *Commodore Japan*, den VIC. „Er war nicht für den US-Markt vorgesehen", sagt Russell.

Tramiel will die Japaner auf ihrem eigenen PC-Territorium besiegen und schickt im Juli 1980 Seilers Prototyp nach Tokio. Nur sein persönlicher Assistent Tomczyk hält Kontakt nach Japan. Alle Fragen und Anweisungen laufen über ihn, was ihm indirekt die Kontrolle über das Projekt gibt. Tomczyk kommuniziert mit Tokio über eine Telex-Maschine. Er versendet eine Reihe von kostspieligen Telexen, was Tramiels Aufmerksamkeit erregt. Als Tomczyk einmal in der Halle steht, spürt er plötzlich einen Tritt in den Hintern. Er dreht sich um, es ist Tramiel.

Die Produktion des VIC beginnt in Fernost. Wie in anderen Ländern auch sind die Gebäude von *Commodore* in Japan wenig eindrucksvoll. Die Firmenzentrale liegt in einem kleinen vierstöckigen Haus im Zentrum Tokios, wo *Commodore* nur einer von vielen Mietern ist. Land ist kostbar und Aufzüge befördern Autos in die Tiefgarage.

Da Seiler das Motherboard schon fertig gestellt hat, muss nur das Layout überarbeitet werden. „Die Japaner arbeiteten am Layout, an den Tastaturen, den Gehäusen und ähnlichem", sagt Russell. Yasaharu Terakura, oft nur Yash oder Yashi genannt, ist Chefingenieur bei *Commodore Japan*. Tatkräftig und von frohem Gemüt ist Terakura allen US-Ingenieuren bekannt und von Anfang an ein Befürworter des VIC. Peddle kennt ihn von seinen frühen Besuchen in Japan und wird Zeuge von dessen Amerikanisierung: „Yashi war früher mal sehr japanisch. Er half uns bei der Sache mit Epson und lehrte mich viel über die japanische Kultur. Ich lernte inne zu halten und für mein Essen dankbar zu sein. Er ist aufrichtig, ernst, intelligent, fleißig, sehr konzentriert und mischte sich nie in irgendwelche Taktikspielchen ein." Auch Yannes hat eine gute Erinnerung an seine Zeit mit Terakura. „Er war ein großartiger Kerl: sprach fließend englisch, war stets gut gelaunt und immer für einen Streich zu haben. Ich liebte Yashi, er war ein Freund."

*Commodore Japan* hat eine bescheidene Ingenieursabteilung, die über die Jahre zu einem wichtigen Teil der Firma wird. „Japan war die Quelle unserer Disklaufwerke und eines Teils unserer Chips", erklärt Russell. Nun beschäftigen sich die Ingenieure dort mit den VIC-Prototypen und brüten über dem Board, um die Schaltkreis-Layouts zu studieren. Das Produktionsdesign ist buchstäblich eine fließbandtaugliche Kopie des Prototyps. Die japanischen Ingenieure beherrschen diese Aufgabe meisterhaft. „Der Großteil des Produktionsdesigns fand in Japan statt. Sie bekamen das Board von der Westküste und passten es ihrer Produktion an", sagt Yannes.

Einer der weniger freundlichen Aspekte des VIC-20 ist sein Betriebssystem. Der Prototyp hat das umständliche BASIC 2.0. Um das Inhaltsverzeichnis einer Diskette anzuzeigen, muss man LOAD"$",8 und anschließend LIST eintippen. Auf anderen Betriebssystemen, wie beispielsweise CP/M, erfüllt die Eingabe von DIR den gleichen Zweck. Doch die *Commodore*-Ingenieure erwarten, dass ohnehin die meisten User entweder Module oder Kassettenlaufwerke nutzen werden. Es besteht also keine Notwendigkeit für Kopier-, Lösch- oder List-Befehle.

Das Disklaufwerk ist der wichtigste Test für das neue serielle Interface. „Bob Fairborne spezifizierte die Schnittstelle", erinnert sich Russell. „Er machte seine Arbeit gut, aber der 6522-Chip war fehlerhaft." Der 6522 PIA soll einen schnellen Zugriff auf das Disklaufwerk ermöglichen, doch „die Hochgeschwindigkeitsroutine des 6522 funktionierte nicht. Fairborne hatte also umsonst so lange Zeit damit verbracht, denn als alles fertig war, klappte nichts. Der Computer blieb hängen." Die Ingenieure versuchen das Problem zu beheben, aber die Zeit läuft ihnen davon. „Jack kam in mein Büro und sagte: ‚Wir versenden planmäßig in zehn Tagen' und ich musste die Programmierung abschließen." Russell braucht eine schnelle Lösung. „Die Geschwindigkeit der Routine war uninteressant, sie musste nur funktionieren."

Russell brennt seinen überarbeiteten Code jedes Mal auf einen Chip, um ihn zu testen: „Wir brannten auf EPROMs, um im Zeitplan zu bleiben – die Dinger kosteten ein Vermögen. Zum Glück hatten wir MOS Technology. Wenn wir die Masken hatten, konnten wir die ROMs schnell herstellen." Russells Ingenieure sind beeindruckt von der schnellen Lösung. „Es war eine große Leistung den seriellen Bus trotz des fehlerhaften PIA zu retten", meint Ingenieur Bil Herd.

Eine Eigenschaft lässt den VIC aus der Konkurrenz hervorstechen: „Der cleverste Einfall – ich glaube er kam von Jack – war der Einbau einer richtigen Tastatur", sagt Yannes. „Andere Geräte dieser Preisklasse hatten eine Gummitastatur wie der TI-99/4, oder eine Folientastatur wie der Atari 400. Die Firmen übersahen, dass man ihre Rechner deshalb nicht ernst nahm." Laut Peddle geht die Entscheidung für eine solide Tastatur auf die Probleme mit dem PET zurück. „Wir brauchten eine richtige Tastatur, weil der Markt uns damals so lange abstrafte, bis wir eine hatten." Was dem VIC-Computer an Leistung fehlt, macht er mit seiner professionellen Tastatur wett. „Seine Grafik war schlechter, die Anzeige bot weniger Spalten, er hatte viel weniger Speicher als die anderen, aber die Tastatur ließ ihn wie einen richtigen Computer und die anderen wie Spielzeug aussehen", sagt Yannes.

Obwohl das endgültige Design in Japan stattfindet, entwickeln die Ingenieure in Amerika den Zeichensatz und das Tastatur-Layout. „Das ursprüngliche Zeichensatz-Layout war auf japanisch", sagt Russell. Tomczyk übernimmt die Leitung des Projekts. „Auf einmal kam Mike Tomczyk rein und sagte: ‚Ich übernehme das Marketing für das Teil.' Wir hatten vorher noch nie von ihm gehört und meinten nur: Aha!", sagt Yannes. „Tomczyk war sehr enthusiastisch."

Für die Ausarbeitung des Zeichensatzes schickt *Commodore Japan* eine Mitarbeiterin nach Amerika, um Russell zu unterstützen. „Ich arbeitete mit einer Japanerin am Tastatur-Layout, weil ich nichts von japanischen Symbolen verstand", erklärt Russell, der einen ROM-Chip integriert, um die Kanji-Zeichen darzustellen. Im Großbuchstabenmodus kann der VIC auch das westliche Alphabet anzeigen, was ihn zu einem von nur zwei japanischen Computern mit dieser Fähigkeit macht. Peddle weist den Erfolg des fertigen Designs Terakura zu: „Yashi verdient große Anerkennung für seine Arbeit. Er sorgte dafür, dass der Tastatur-Kram planmäßig fertig wurde. Der Erfolg hat viele Väter, so war es auch in diesem Fall."

Der Chef von *Commodore Japan* ist Taro Tokai, bei westlichen Kollegen als Toni bekannt, und seit dem Einstieg ins Taschenrechnergeschäft 1968 dabei. Sein Verhandlungsgeschick mit fernöstlichen Zulieferern und sein Können beim Aufbau und Verwalten von Produktionsanlagen machen ihn zu einem der wichtigsten Regional-Geschäftsführer. Bevor *Commodore* die Niederlassung in Hong Kong errichtet, überwacht Tokai Fertigungsanlagen in Korea und Taiwan. Durch ihn erhält *Commodore* Zugang zu denselben Chips wie japanische Firmen. „Sie hatten drüben zehntausend Chips, die man in den USA nicht bekam", sagt Russell. „Japan war im Begriff, zum Zentrum der Chip-Technik zu werden. NEC holte gegenüber der Konkurrenz aus den Staaten auf, besonders was Chips anging." Tokai kann *Commodore* auch in der RAM-Krise Anfang der 80er weiterhin beliefern. „Wir stöberten verzweifelt nach RAMs und ähnlichem. Er war ein wichtiger Lieferant von Computerteilen", sagt Russell.

Tokai spricht formelles Englisch und fügt sich in die westliche Kultur gut ein. Wie andere Geschäftsführer ist er bei allen wichtigen Konferenzen und Shows dabei. Tokai ist beängstigend dünn: Reist er in die USA, sorgen sich die amerikanischen Kollegen um seine Gesundheit und ermuntern ihn, mehr zu essen. Tokai hat ein längliches Gesicht mit hauchdünnem Schnurrbart und eine sanfte, tiefe Stimme. Er ist der erste japanische Geschäftsmann, den Russell trifft. „Ich wusste nicht viel über Japaner und war sehr beeindruckt. Dann erfuhr ich, dass er ein wilder Einzelgänger war. Seinem Ruf zufolge war er ein intelligenter, unkonventioneller japanischer Manager", sagt Russell. „Er vermarktete den VIC gegen japanische Produkte in deren Markt, und er verkaufte PETs. Wie hat er das nur gemacht? Die anderen Jungs hatten alle spezielle Tastaturen mit unterschiedlichen Shift-Tasten, um alle dortigen Zeichensätze anzeigen zu können." Russell sieht bald, dass Tokai die Ausnahme unter seinen japanischen Kollegen ist. „Die meisten japanischen Manager sowie auch deren Untergebene waren firmenhörig. Aber nicht Tokai: er war sein eigener Chef. Er war von sich aus erfolgreich. Commodore war ein gutes Mittel zum Zweck, aber man merkte, dass er davon unabhängig war."

Tokais ungewöhnliche Art sorgt für Schlagzeilen in Japan. „Es gab Artikel, die ihn zum Vorbild für japanische Manager stilisierten", erinnert sich Russell. „Wenn japanische Manager auf mich Eindruck machten, waren sie wie Toni Tokai. Ich habe dort viele sanftmütige kennen gelernt, aber diejenigen, die mich mitrissen, waren wie Toni." Tokai gehört zu den wenigen Befürwortern von Tramiels preiswertem VIC-Computer. Er sieht den Marktanteil des PET in Japan in drei Jahren von 50% auf 15% fallen und wartet nur auf ein neues Produkt, um die Trendwende einzuleiten. Sein stärkster Gegner ist NEC, das 1976 mit dem TK-80 den ersten japanischen Heimcomputer veröffentlichte.[4] 1978 folgt der Compo BS/80, der eine Tastatur sowie einen TV-Modulator enthält. 1979 veröffentlicht NEC den PC-8001 mit acht Farben und hochauflösender Darstellung von 160x100 Pixeln sowie Groß- und Kleinschreibmodus. Anfang der 80er besitzt NEC mit diesem Modell 45% Marktanteil.

4) TK steht für „Training Kit" (Übungs-Bausatz), der Computer ähnelt dem KIM-1.

Als Geschäftsführer kann Tokai unter den Produkten des Mutterkonzerns frei wählen. Er benennt Vixen in VIC-1001 um, um eine Kontinuität zum PET 2001 herzustellen. Dagegen ist das VIC-1001-Gehäuse einmalig. „Kunststoffdesign und Gehäuse wurden in Japan gemacht", sagt Russell. Im Gegensatz zum Metall des PET setzen die Japaner auf Spritzguss-Kunststoff. Eine Konzeptgruppe kümmert sich um das Design. „Sie hatten ein großes Büro für die Konzept-Leute", erinnert sich Russell. Die japanischen Ingenieure erstellen ein denkwürdiges Äußeres: Andere Computer sind eckig und sehen weit weniger freundlich aus. Das abgerundete Gehäuse des VIC-1001 dagegen wirkt wie ein kuscheliges Kopfkissen, ein Kissen mit CPU im Inneren.

In nur zwei Monaten erstellen die Japaner eine kleine, saubere, zuverlässige und leicht zu produzierende Maschine. Im September laufen die ersten VIC-1001 in Fernost vom Band.

Für Spielumsetzungen auf den VIC schließt Tokai einen Vertrag mit der Software-Firma *HAL Laboratories*, deren drei japanische Gründer der Film *2001: Odyssee im Weltraum* und der darin vorkommende HAL-Computer inspirieren. Tokai schickt VIC-Rechner an HAL, damit die Programmierer sie mit mit akkuraten Umsetzungen der Arcade-Hits **Space Invaders**, **Galaxian**, **Night Driver**, **Rally-X**, **Lunar Lander** und **Pac-Man** an die technischen Grenzen bringen.[5]

Ende September 1980 feiert der VIC-1001 sein Debüt im *Seibu Department Store* im Zentrum Tokios. Das japanische Äquivalent zu Bloomingdales in New York oder KaDeWe in Berlin verkauft auf mehreren großen Etagen High-End-Produkte. Im Rahmen einer internen Computer-Show zeigen hier 100 Hersteller ihre Produkte. Tokai und Tomczyk leiten den *Commodore*-Stand. Der Preis des VIC-1001 lehrt die Konkurrenz das Fürchten. „Jack nannte $300 und alle meinten, er sei verrückt. Aber er jagte ihnen gehörig Angst ein", erinnert sich Russell.

Am Abend telefoniert Tokai mit Tramiel, um ihm die Ergebnisse der Konferenz mitzuteilen. Durch die schlechte Verbindung kann Tramiel Tokais sanfte Stimme kaum verstehen, aber er hört etwas von 1000 Bestellungen am ersten Tag. Ein großer Erfolg, bedenkt man, dass weltweit bislang nur einige hunderttausend Personal Computer existieren. Tramiel schläft gut in dem Wissen, dass sein preiswerter Computer die Japaner verdrängen kann.

## Das Ende des PET-Jets ****

Es gibt viele berüchtigte Unglücke mit Geschäftsflugzeugen, und der letzte Flug des Commodore-Jets gehört dazu. „Es war ein dramatisches Desaster", sagt Charles Winterble.

Am 2. September 1980 fliegt Tramiel zusammen mit seiner Frau Helen, Controller Dick Sanford, Sales-Manager Dick Powers und Ken Hollandsworth, dem Chef der Consumer-Abteilung, von der Ostküste nach Kalifornien. In Chicago liest Tramiel zwei *Commodore*-Kunden auf, Vater und Sohn, die er mit dem Trip beeindrucken möchte. Die beiden saßen nie zuvor in einem Flieger und erhalten eine Sicherheitseinführung; keiner denkt, dass die Notfallprozedur tatsächlich zum Einsatz kommen könnte. Neben dem Piloten sitzt ein Veteran im Cockpit: „Der Pilot war ein junger Typ, um die 30. Der Copilot war 50 und in Vietnam geflogen", sagt Sanford.

Kleinflugzeuge sind für Unebenheiten und Böen anfällig, Take-Off und Landung kritische Momente. Die beiden Gäste klammern sich an ihre Armlehnen und hoffen das Beste.

5) Der frühe *Commodore*-Partner schließt sich später *Nintendo* an; im 21. Jahrhundert wird der ehemalige VC-20-Programmierer, spätere *Hal*-Manager Satoru Iwata Präsident und Geschäftsführer von *Nintendo*.

Wer an der Bordküche sitzt, ist für Essen und Getränke zuständig. An jenem Tag ist Hollandsworth der Küche am nächsten und kocht Kaffee. Doch der Kocher hat einen Defekt: „Er saß nicht fest in seiner Halterung, sondern rutschte während des Flugs vor und zurück und zerrieb dadurch die Isolation des Stromkabels", sagt Sanford, der mit Tramiel und den Gästen den Vertrag bespricht. „Beim Essen begann das Licht plötzlich zu flackern. Ich sah nach oben und erblickte Flammen. Das Hauptkabel, dass das Flugzeug nach Achtern durchlief, brannte!"

Auch die Piloten bemerken, dass etwas schief läuft. „Der Kapitän kam und griff nach dem Feuerlöscher, konnte den elektrischen Brand aber nicht löschen. Rauch breitete sich aus." Auf Anweisung des Piloten zieht Sanford einen zweiten Feuerlöscher hinterm Sitz hervor. Doch der speit kaum mehr als eine seichte Pulverwolke – offenbar hatten vorherige Passagiere damit gespielt. Hilflos beobachten der Pilot und die sechs Passagiere, wie Flammen die Decke entlang wandern: „Das Feuer verbrannte das Stromkabel von vorne nach hinten, quer durchs Flugzeug, und schmolz das umliegende Metall. Heiße Tropfen fielen herab."

Die Passagiere fürchten um ihr Leben, als die Elektrik in der Kabine ausfällt. „Es wurde dunkel. Außer den Taschenlampen der Piloten war der Mond das einzige Licht, das wir hatten." Im Cockpit diskutieren Kapitän und Copilot die Situation. „Wir sahen, wie sie die Bücher durchgingen. Zu diesem Zeitpunkt wussten wir nicht, dass ihr ganzes Armaturenbrett tot war."

Die Luft im Flugzeugrumpf wird giftig: Das Feuer verbrennt Kunststoff und verbraucht die verbliebene Atemluft. Für die Passagiere beginnt ein verzweifelter Kampf um Sauerstoff. Sie kriechen auf den Boden, um dem Qualm zu entkommen. „Ich war nie zuvor einem Feuer ausgesetzt", sagt Sanford. „Es fühlte sich an, als ob Dir ein Messer direkt in die Brust schneidet."

Hitze wie in einem Backofen lässt den Schweiß von den Gesichtern der Männer tropfen. Das Plastik kocht und wirft Blasen. Als Tramiel zu ersticken droht, zieht ihn Sanford, der selbst ein Pilot ist, in die Flugzeugmitte und versorgt ihn mit einem kalten Umschlag.

„Natürlich waren wir jetzt etwas beunruhigt, deshalb forderte ich den Piloten auf: Bring die verdammte Maschine runter!" Doch Sanford ahnt nichts von den Problemen, mit denen sich die Crew im Cockpit konfrontiert sieht: „Wir wussten nicht, dass wir überhaupt keine Elektronik mehr hatten. Von den drei Funkgeräten waren zwei ausgefallen; nur der Mayday-Kanal war noch übrig." Da die Piloten auf letzterem keinen erreichen, bleiben sie auf ihrer Flughöhe, bis sie einen neuen Flugplan erhalten. „Als Pilot gibt man Flugraum nicht auf, weil der als Kissen dient", erklärt Sanford. „Ist das Flugzeug in Schwierigkeiten, gehst Du nicht gerne runter, weil es dann vielleicht nicht mehr gelingt, wieder Höhe zu gewinnen. Also flogen die Jungs weiter."

Der junge Pilot hat wenig Flugerfahrung. „Ein Computer-Pilot – als sich die Computer verabschiedeten, war er wie gelähmt." Sanford spürt die Verachtung des ehemaligen Militär-Fliegers: „Es kam offensichtlich zum Streit im Cockpit." Der Copilot ist in Vietnam gewesen, Gerüchten zufolge für die CIA geflogen. Er kann mit kritischen Situationen umgehen und übernimmt das Steuer: „Er befahl dem Jungen, Ruhe zu geben und ihn das Ding runterbringen zu lassen."

Sanford ist dankbar, dass die Piloten nicht lüften, denn das würde in dieser Flughöhe automatisch die Sauerstoff-Masken auswerfen. „Das hätte unser Flugzeug in die Luft gejagt", erklärt Sanford. „Sauerstoff und Feuer sollte man nicht mischen." Nun bricht Panik aus: „Der Rauch hatte uns fast überwältigt, doch die Maschine behielt ihre Höhe. Wir wussten nicht, was vorne los war, wollten einfach nur noch runter." Schließlich fängt ein Linienflugzeug ihr Notsignal auf und leitet es an den nächsten Flughafen weiter. Während die Piloten ihre Höhe aufgeben und den Iowa City Airport ansteuern, weichen die Passagiere dem heißen Metallregen in der Kabine aus, der den synthetischen Teppich wegschmilzt. „Wir waren uns sicher, dass das Flugzeug abstürzt. Wir brannten und waren am Ersticken." Sanford erinnert sich an seine schwierigste Stunde: „Woran denkst Du, wenn Du kurz davor bist, das Leben zu verlieren? Kaum jemand sprach, alle waren mit ihren eigenen Gedanken beschäftigt."

Die Passagiere fühlen sich gefangen, sind geschwächt und nah am Delirium. In Tramiels linkem Auge platzen die Äderchen, was ihm ein groteskes Aussehen gibt. Doch der Sauerstoffmangel hat auch einen Vorteil – das Feuer breitet sich langsamer aus. Als die Maschine tief genug ist und der Außendruck nah dem Druck in der Kabine, können die Piloten lüften, ohne die Masken zu aktivieren. Der Rauch verzieht sich etwas, das Atmen fällt nun leichter.

Ohne Elektrik ist der Pilot auf manuelle Bedienung angewiesen. „Da die Automatik versagte, mussten sie das Fahrwerk von Hand ausfahren. Der Pilot kam nach hinten, gab mir die Taschenlampe und sagte: ‚Dick, schau aus dem Steuerbord-Fenster und lass mich wissen, ob das Fahrwerk draußen ist!' Ich schritt über Tramiel hinweg und bestätigte."

Die Passagiere sehen eine weiße Landebahn unter sich, Lichter und Feuerwehrfahrzeuge: „Sie hatten die Bahn eingeschäumt. Wie in einem Katastrophenfilm! Wir wendeten und hielten darauf zu." Doch der gefährliche Flug ist noch nicht vorüber. „Die Landeklappen funktionierten nicht mehr, so dass wir die Maschine nicht genügend bremsen konnten. So steuerten wir eine andere Landebahn an." Ohne Elektronik haben die Piloten keinen Umkehrschub und müssen sich stattdessen auf die Handbremsen verlassen. „Wir waren viel zu schnell. Sie schlossen die Treibstoffzufuhr und hämmerten auf die Bremsen, woraufhin die sofort verbrannten. Funken umwirbelten den Flieger." Die Landebahn ist zu kurz, der Jet schießt darüberhinaus. Mit dem, was von den Bremsen noch übrig ist, lenkt ihn der Pilot ins offene Feld, wo er zum Stehen kommt. Die Passagiere gurten sich ab, so schnell sie können. „Das Feuer näherte sich unserem Tank." Nach 45 Minuten in Flammen, öffnen die Piloten die Türen. „Vater und Sohn überrannten Frau Tramiel und stürzten rechts und links aus dem Flugzeug. Sie ist eine kleine Lady. Wir halfen erst ihr, dann brachten wir Jack auf die Beine." Im freien Feld atmen die Passagiere die Frischluft tief ein, nehmen dann ihre Beine in die Hand und werden von Rettungskräften in Asbest-Kleidung empfangen. Als ein Arzt Tramiel eine Sauerstoffmaske überziehen will, weigert der sich – die frische Luft fühlt sich zu gut an!

Nach der Qual erholen sich die sechs Passagiere und der Pilot bei Getränken in der Flughafen-Lounge. Reisende, die die rußbedeckte, zerzauste, rotäugige Truppe dort sehen, müssen sie für Obdachlose halten, die sich irgendwie in den Flughafen schmuggelten. Tramiel ist das egal. Es ist das dritte Mal in seinem Leben, dass er fast umgekommen wäre.

Die Nachricht schockiert die Ingenieure, die den PET-Jet oft nutzten. „Wie aus dem Nichts wäre das Ding fast abgestürzt", graut es Winterble; umittelbar vor dem Unglück fliegen Scott Paterson und John Feagans damit zu einer Entwicklerkonferenz nach Basel. Unterschiedliche Leute ziehen unterschiedliche Lehren aus Ereignissen ihres Lebens. Laut Michael Tomczyk reflektiert Tramiel das Pet-Jet-Unglück als Botschaft: „Gott sagte mir: Bleib auf dem Boden!"

# KAPITEL 9

# Computer für die Masse

9

1981

Nach dem Erfolg des VIC-1001 in Japan hängt die Eroberung des US-Markts von der Vertriebsbreite und der Werbung ab. Jack Tramiel hofft, dass Peddle und alle anderen bei *Commodore* den VIC-20 unterstützen, sobald klar wird, dass er auf die Dominanz des Privatkunden-Marktes zielt. Unglücklicherweise teilen die wenigsten Manager und Angestellten Tramiels Vision. Die Wunde der Uneinigkeit eitert, ein Machtkampf bricht aus.

## Der Commodore-Fluch, dritter Teil ****

Der Kern des Machtkampfes liegt im Niedergang von Tramiels Taschenrechnergeschäft und im Aufstieg der Computer-Abteilung von Chuck Peddle. „Unser Geschäft lief gut und Jack sah ein, dass er aus dem Taschenrechner-Geschäft raus war", sagt Peddle. „Die Japaner verdrängten ihn. Er kaufte eine LCD-Firma und es rentierte sich nicht. Er kaufte eine CMOS-Firma und es rentierte sich nicht. Also war er raus aus dem Geschäft."

Mit seiner Idee vom preiswerten Farb-Computer formt Tramiel den Satz: „Wir produzieren Computer für die Masse, nicht für eine Klasse." Doch nach dem preiswerten PET 2001 entwickelt sich die PET-Reihe zu den teuren CBM-Büromaschinen. „Jack fand, und damit hatte er Recht, dass wir uns zu weit vom ursprünglichen Konzept entfernten. Bürocomputer waren nicht sein Metier", erklärt Peddle. Tramiel fühlt sich als Außenseiter. „Wir sprachen auf Konferenzen ständig von Bürocomputern und dergleichen, aber Jack war nicht besonders interessiert. Er hatte das Gefühl, als hätten sich alle verschworen, ihm seine Firma zu nehmen", sagt Peddle.

Tramiels Sohn Leonard sieht beide Seiten des Konflikts. Er ist mit Peddle befreundet, der wie ein Mentor für ihn ist, und er versteht die Qual, die die Rebellion seinem Vater bereitet. „Peddle nahm ungern Weisungen an. Er hatte seine eigene Vorstellung von der Zukunft und wie man sie erreichte", sagt Leonard Tramiel. „Chuck war egozentrisch, aber nicht im negativen Sinne; er hatte nur ein starkes Selbstbewusstsein." Leonard versteht, warum Peddle einen weiterentwickelten Bürocomputer will: „Peddle schwamm nicht mit dem Strom. Man kann nichts Neues entwickeln, wenn man ein Mitläufer ist".

Die größte Hürde ist die Sprachbarriere zwischen Ingenieuren und Management. Obwohl Peddle halb Marketing-Mann, halb Ingenieur ist, kann er seine Ideen Tramiel gegenüber nicht erklären. Er gibt zu, dass er nicht energisch genug versuchte, Tramiel zu überzeugen. „Wir hatten ein gutes Team, das architekturmäßig weitsichtig war, aber das erklärten wir bei Commodore nicht richtig." Stattdessen diskutiert Peddle mit dem Teil des Managements, das ihm ohnehin zustimmt. „Wir sprachen mehr mit Sanford, Fish und anderen als mit Jack." Tramiel aus den Besprechungen herauszuhalten, ist ein Fehler.

Tramiel diskutiert das VIC-20-Projekt mit Peddle. „Als Du bei mir anfingst, hast Du eine preiswerte Maschine für die Masse gebaut", beginnt Tramiel. „Jetzt arbeitest Du an einer Maschine für eine bestimmte Klasse." Peddle antwortet: „Das ist nicht ganz richtig. Wir versuchen dorthin zu gehen, wohin uns die Architektur führt." Die Sprachbarriere verhindert Tramiels Zustimmung. „Er verstand es nicht. Er war clever, aber Computer-Architektur war zu hoch für ihn. Er hatte sich in das Zeug von Sinclair verliebt und hörte einfach nicht mehr zu", meint Peddle, der weiterhin für zwei getrennte Abteilungen eintritt. „Es war offensichtlich, dass die Firma in zwei verschiedene Richtungen gehen musste. Commodore hätte sowohl den High-End-Sektor – aus dem der professionelle PC-Markt hervorging – als auch den Hobby-Sektor beherrschen können." Als Tramiel ihn anweist, die Arbeit am Bürocomputer einzustellen, ignoriert Peddle seinen Chef. „Ich stoppte die Arbeit nicht. Wir waren schließlich eine Entwicklungsabteilung!"

Peddles Rebellion bringt auch Tramiels Manager gegen ihren Chef auf. Peddle bedroht Tramiels Position und dieser muss handeln. Es ist nicht schwer, die Unruheherde auszumachen. „Sanford war ein Problem. Fish war ein Problem. Ich war das größte Problem", sagt Peddle, dessen Unzufriedenheit mit Tramiel mit der Anwerbung von Tom Hong beginnt. „Jack war während der Zeit nicht da. Er gab Hong den Auftrag, den VIC-20 produktionsfertig zu machen. Als Tramiel zurückkam, war das geschehen und er dachte, dass dieser Kerl es fertig gebracht hätte". Zu dieser Zeit glaubt Peddle, dass der VIC-20 ein Fehlschlag wird. „Wir schlugen Hong vor, dass er den Ruhm dafür einstrich, weil wir uns nicht in Querelen verwickeln wollten. Wir fühlten uns sicher genug, um darauf zu verzichten."

Im September 1980 überrascht Peddle seinen Chef nach dessen Rückflug aus Kalifornien. „Ich holte ihn vom Flughafen ab, weil ich mit ihm über das Design-Center sprechen wollte. Er war nicht sehr glücklich, weil er von jemand anderem abgeholt werden wollte. Er fühlte sich gefangen, und das war er auch", erinnert sich Peddle. „Jack und ich unterhielten uns darüber, was zu tun sei. Ich erzählte ihm von ein paar Sachen, die ich umsetzen wollte. Beinahe sagte ich ihm, dass ich den VIC-20 für ihn fertiggestellt hatte." Peddle beschwert sich zudem, dass er das PC-Geschäft nicht mehr leite, obwohl ihm das vor seinem Umzug nach Kalifornien versprochen wurde. „Jack, Du kümmerst Dich nicht um mich. Du arbeitest nicht mit mir, wie wir es ursprünglich absprachen." Als Peddle fortfährt, entwickelt sich die Diskussion zum Streit. Peddle fühlt sich ermutigt und sagt: „Jack, jedes Mal, wenn Du nicht auf mich gehört hast, ging etwas schief. Anstatt mit mir zu streiten, solltest Du mich besser behandeln." Die Unterhaltung ist Peddles Sache nicht dienlich. „Als ich ihn absetzte, war er stinksauer ." Tramiel ist sich nun sicher, dass sein Ingenieur die Arbeit am Bürocomputer nicht einstellt. Peddle scheint außer Kontrolle.

Es ist leicht zu erklären, warum Tramiel unzufrieden mit Peddle ist: Der hätte ohne ihn keine einflussreiche Position in der Computerindustrie, könnte keine Zukunftsprodukte entwerfen und keine Entwicklungslabors leiten. Peddle will zu viel Freiraum. Er will seine eigene unabhängige Firma innerhalb *Commodore* und zeigt damit eine geringschätzige Einstellung gegenüber dem Mann, der ihm so viele Möglichkeiten eröffnete.

„Am Tag danach schloss er Moorpark", sagt Peddle. Ein Memo zitiert die betroffenen Ingenieure in die Büros in Santa Clara. Peddle bekommt seine eigene Aufgabe. „Ich wurde nach Pennsylvania versetzt. Du willst etwas von Jack-Attacken hören? Er ging morgens zu seinem Anwalt Richard Blumenthal und sie schlossen Moorpark innerhalb einer Stunde. Wir hatten keine Zeit, etwas einzupacken oder zu dokumentieren, es war eine sehr abrupte Entscheidung."

Tramiel schließt zudem die Forschungsabteilungen in Phoenix und San Luis Obispo. Letztere ist kein großer Verlust, wie Peddle sich erinnert. „Ich konnte sie nie richtig zum Laufen bringen. Commodore machte sie zu früh dicht." Peddle glaubt, dass Tramiel die Labors aus Wut schließt: „Es war nicht wegen Guinn oder Hong, sondern weil ich Jack in der Nacht verärgerte. War er bereits unzufrieden? Ja. War er sauer, weil ich ihn auf ein anderes Geschäftsfeld drängte? Ja. Waren das alles Auslöser für die Geschehnisse? Ja. Er zeigte mir: ‚Das ist meine Firma und ich mache daraus, was ich für richtig halte.' " Tramiel ernennt Peddles Rivalen Hong zum Chef-Ingenieur bei *Commodore*. „Nach der Schließung von Moorpark arbeiteten die dortigen Angestellten für Hong", sagt Peddle. Das Ende der Forschungsabteilung verletzt Peddle. „Es tat mir Leid um Moorpark. Wir leisteten dort gute Arbeit."[1]

Tramiel bricht auch sein Versprechen gegenüber Fish, vermutlich wegen dessen Unterstützung für den Bürocomputer. „Jack engagierte Jim Finke als Europa-Geschäftsführer", sagt Peddle.[2] Das gebrochene Versprechen verärgert Fish. „Chris meinte: Vergiss es, Jack – eben versprichst Du mir noch, ich würde Europa-Chef und dann ernennst Du diesen Kerl!", sagt Peddle. Fishs Anteil ist groß genug, um auszusteigen: „Er konnte seine Aktien jetzt verkaufen. Die waren 1979 drei bis vier Millionen Dollar wert." Eine Woche nach der Schließung von Moorpark verlässt Fish Commodore. „Jack dachte wohl, er würde irgendwann zurückkommen", erinnert sich Peddle. Aber Fish kommt nicht wieder.

Mitte 1980 beginnt *Commodore* den Umzug an die Ostküste. Tramiel ist es müde, seine Leute an Konkurrenten im Silicon Valley zu verlieren, außerdem will er Steuererleichterungen nach Goulds Vorbild. „Er wollte weg von den kalifornischen Steuersätzen", erklärt Peddle. „Er wollte mehr Zeit in New York verbringen und er wollte eine zweite Staatsbürgerschaft als Kanadier." Als Kanadier zahlt Tramiel keine Steuern auf Aktienverkäufe seiner Firma.

Im August 1980 bittet Tramiel Peddle, Vorbereitungen für einen Umzug an die Ostküste zu treffen, vermutlich für eine Straftour. „Er wollte mich nicht feuern, er schickte mich zurück, um unter Sanford in Valley Forge zu arbeiten. Er erwartete, dass ich die Bestrafung annahm und dort eine Weile herumhing, bis ich wieder ein liebes Kind war." Aber Peddle will die Westküste nicht verlassen. Er hat sich an das kalifornische Klima gewöhnt und will keinesfalls von der starken Technik-Umgebung abrücken. Peddle spricht mit Tramiel und Sanford über seinen bevorstehenden Umzug. „Meine einzige Option war die Straftour und der Umzug, wie bei allen anderen. Ich sagte ihnen: ‚Das war nicht unsere Abmachung. Ich will nicht gehen.' Sanford meinte: ‚Dann muss ich Dich entlassen.' Und ich sagte: ‚OK, entlass' mich.' "[3]

Damit ist der Mann, der *Commodore* ins Computergeschäft brachte, weg. „Ich bin sicher, dass mein Abgang eine völlige Überraschung für Jack war." Peddle braucht viele Jahre, um zu begreifen, warum Tramiel ihn so behandelte. „Nach allem, was ich für ihn tat – warum drängte er mich raus? Weil ich seine Firma stahl, ohne es zu wollen. Der Mann, dessen Name an der Tür hängt, geht ungern. Jack sah seinen Namen an der Tür von Commodore."

---

**1) Moorpark wird kurz revitalisiert (Feagans et al. forschen dort an VHS-Massenspeicher), 1982 endgültig geschlossen.**

**2) Vielleicht will Tramiel mit Finke sich selbst ersetzen. Peddle meint: „Jack erzählte jedem, er bringe Finke ein und ziehe sich selbst auf den Sitz des Firmenpräsidenten zurück, aber das tat er nicht.**

**3) Vor Gericht bestreitet Sanford, eine solche Unterhaltung geführt zu haben.**

## Zähnefletschen wegen Sirius ****

Peddle plant schon vor der Kündigung, *Commodore* zu verlassen: „Ich sprach mit Chris Fish und John Paivinen über eine neue Firma. Die beiden meinten: ‚Warum machst du das nicht selbst?' Chris und ich hatten die Idee. Wir entschieden uns bei einem Umtrunk, nachdem wir einen Marathon gelaufen waren. Chris war bei der Diskussion über eine Ausdehnung der Firma dabei. John Paivinen kam die Idee, dass die Welt bereit sei für einen neuen Computer." Das Trio plant den Bau eines Personal Computers auf Basis der Arbeit von Moorpark. „Ich arbeitete an allen Teilen, von denen die meisten direkt oder indirekt in unseren PC einflossen", sagt Peddle.

In einem Zug, der Tramiel gegen sie aufbringen muss, beginnt Peddle mit der Rekrutierung von *Commodore*-Angestellten für seine neue Firma. Der erste ist Tom Mitchell, ein leitender Angestellter in der Produktion. „Wir waren sehr vorsichtig bei der Abwerbung", erklärt Peddle. „Wir erwarteten, verklagt zu werden, also ließen wir die Leute ein Papier unterzeichnen, das uns absicherte." Die meisten ehemaligen Ingenieure aus Peddles Team sind enttäuscht von Tramiels leichtfertigem Verwerfen ihrer Arbeit. Peddle spricht Seiler, Stark, Feagans und Russell an. Seiler und Stark akzeptieren umgehend, aber Feagans und Russell haben Vorbehalte. Russell spürt Differenzen zwischen Feagans und den Überläufern: „Sie verhielten sich so, als ob sie John nicht wollten. Sie dachten, er stünde nicht auf ihrer Seite".

Im Gegensatz zu Peddle erinnert sich Russell, dass sich die *Commodore*-Ingenieure zu Besprechungen treffen. „Ich organisierte eine Reihe ultra-geheimer Treffen. In einer Nacht waren wir in einem japanischen Restaurant und aßen Shabu-shabu." Zuerst denkt Russell, es sei das Beste, *Commodore* zu verlassen, weil die Westküste ihre Bedeutung verlor. „Es war klar, dass es eine gute Idee wäre, mit diesen Jungs zu arbeiten." Russell sitzt zu dieser Zeit an einem fortgeschrittenen BASIC für *Commodore*. „Es sollte exakte mathematische Berechnungen für den Büroeinsatz beherrschen und es war frei von den Microsoft-Bugs. Sie sagten: ‚Kannst du das mit rüberbringen? Das fällt niemandem auf.' Das erschien mir einfach falsch. So sehr ich Peddle und sein Team auch mochte, aber ich wollte nicht weggehen." Während Tramiel die verbliebenen Ingenieure einschließlich Feagans in die Zentrale nach Santa Clara versetzt, gründet Peddle gemeinsam mit seinen Überläufern *Sirius Systems Technology* in Scotts Valley, Kalifornien.

Das Ende von Moorpark und der Weggang von *Commodore* bedeuten auch eine Zäsur in Peddles Privatleben. Seine zweite Frau Shirley war bei *Commodore* fest eingebunden; ohne die Firma fehlt etwas. „Wir hatten so viel Wunderbares getan", erinnert sich Peddle. „Sie wurde vierzig und entschied, dass sie andere Sachen ausprobieren wolle. Ich gründete eine neue Firma, also ging sie ihren Weg und ich meinen. Wir versuchten es später noch einmal miteinander, aber es klappte nicht."

„Ich nahm fast das gesamte Team mit zu Sirius. Das machte Tramiel wirklich sauer", sagt Peddle. Es ist eine offene Kriegserklärung. Tramiel fühlt sich umso mehr betrogen, als er erkennt, dass Hong seiner Aufgabe nicht gewachsen ist. „Er dachte, Hong hätte das Design des VIC-20 fertig gestellt und könne mich ersetzen. Doch als er ihm eine neue Aufgabe gab, verbockte er sie. Er war nicht so kompetent, wie Jack dachte, also feuerte er ihn.[4]

---

**4) Hong verklagt Commodore später, berichtet Peddle: „Er stand ohne Apple- und ohne Commodore-Aktien da und war verzweifelt. Er verklagte Commodore. Erfolglos, so weit ich weiss: Jack war ziemlich geschickt bei solchen Sachen."**

Seit seiner Rückkehr von *Apple* sammelt Peddle geschätzte drei Millionen Dollar in Aktien an. Einen Monat nach Peddles zweitem Weggang geht Tramiel vor Gericht. Er behauptet, Peddle besäße unverdiente Aktienanteile. „Es gab zwei Klagen: eine gegen mich persönlich und eine gegen Sirius Systems." Peddle bleibt dabei, dass *Sirius* kein intellektuelles Eigentum von *Commodore* stiehlt. „Wir machten etwas völlig anderes." Er lanciert einen Gegenschlag: „Ich klagte auf 10 Millionen Dollar wegen falscher Anklage. Meine Gegenklage war nicht unbegründet, weil sie nur mich persönlich treffen wollten."

Trotz der Gerichtsverhandlungen behalten Peddle und seine Partner anfangs einen freundlichen Ton gegenüber Tramiel. „Lies die damalige Presse! Wir sagten ihm nichts Schlechtes nach, sondern nur höfliche Dinge." Doch einer der *Sirius*-Partner begeht einen Fehler. „Dadurch wurde es wirklich ernst und wir vermasselten alles. Es war ein dummer, dummer Fehler", bedauert Peddle. „Fish war wütend wegen der Klage und sagte: Ich habe Informationen, die Jack und Irving ins Gefängnis bringen können und ich werde auspacken."

Fish will Gould und Tramiel einschüchtern. „Um es aus dem Rechtsstreit herauszuhalten, aber gleichzeitig eine ernste Warnung zu senden, gaben wir ein Interview, aus dem eine Artikelserie über Jack in *Barons* wurde", erinnert sich Peddle. Die Zeitschriftenartikel thematisieren Tramiels Verwicklung in den *Atlantic-Acceptance*-Skandal und Goulds Machenschaften auf den Bahamas. „Damit hatten wir eine schlechte Situation nur weiter verschlimmert. Wir warfen den Fehdehandschuh und stellten klar, dass das eine persönliche Sache zwischen uns und Tramiel war." Die Anschuldigungen sind jedoch haltlos. „Wie sich herausstellte wirbelte mein Freund nur Staub auf, er hatte keine Beweise. Er spekulierte nur und musste alles widerrufen. Das Ergebnis war eine nutzlose Anfeuerung der Gegenseite."

Der Fall wird vor einer zwölfköpfigen Jury verhandelt. „Ich sollte mich mit Tramiel treffen, um einen Vergleich zu schließen. Aber zur gleichen Zeit startete ich unsere neue Firma in Vegas", erklärt Peddle. Tramiel und seine Anwälte erscheinen zum Termin und sitzen vor leeren Stühlen. „Jacks Anwälte hatten ihm sicher gesagt, dass er den Fall nicht gewinnen könne und dass wir nichts von ihm gestohlen hatten. Er erschien dort, um sich zu versöhnen", glaubt Peddle. Warum war Peddle nicht anwesend? „Die Wahrheit ist, dass ich so verdammt sicher war zu gewinnen, dass ich es nicht für nötig hielt. Nicht zu erscheinen und Jack damit zu beleidigen, das war wohl das Schlimmste, was wir taten. Ich hätte die Sache wahrscheinlich durch die Bezahlung ihrer Anwaltskosten beilegen können. Das wäre eine viertel oder eine halbe Million Dollar gewesen. Ich besaß damals vier Millionen in Aktien.[5] Die Möglichkeit bestand und ich warf nicht mal einen Blick darauf, weil ich mir so sicher war." Peddle sieht die Ursache seiner Fehler in seiner Selbstgerechtigkeit. „Ich war juristisch und moralisch im Recht. Darunter litt mein Urteilsvermögen. Recht zählt nicht. Ich traf falsche Entscheidungen im Umgang mit dem Gesetz und mit Jack, weil ich so überzeugt war, richtig zu liegen." Tramiel wird durch Peddles respektloses Verhalten angespornt, den Fall zu gewinnen. Seine Anwälte feuern ihr ganzes taktisches Arsenal auf Peddle. „An dem Tag, als wir vor die Jury treten wollten, hatte sich der ganze Fall geändert", sagt Peddle, der nun knapp ein Jahr lang das Geld für seinen Anwalt aus

---

**5) In Interviews nennt Peddle verschiedene Zahlen, von zwei bis fünf Millionen Dollar, was auf den bewegten Kurs der Commodore-Aktie zurückzuführen ist.**

dem Fenster geworfen hat. „Sie hatten uns ausgeblutet und gaben uns den Rest, indem sie den Fall einfach fallen ließen." Statt des Geschworenenverfahrens gegen *Sirius* besteht nur noch die Klage gegen Peddle, die von einem Einzelrichter entschieden wird. „Als sie ihre Taktik änderten, hätte ich fragen sollen: ‚Wie legen wir das jetzt bei?' Sie wären darauf eingegangen."

Die Anklage überzeugt den Richter davon, dass Peddle unverdiente Aktien besitzt. „Ihr Standpunkt war, dass sie mir die Aktien zwar gaben, aber ich zugestimmt hätte, sie zurück zu geben. Ein Beweisdokument gab's nicht." Die Verhandlung endet zu Ungunsten Peddles. „Wir wurden übertrumpft. Sie trieben uns vor sich her und mein Anwalt war zu naiv. Wir waren so sicher, dass wir gewinnen würden. Wir verloren." Ein zweiter Richter weist später die Berufung zurück. „Ich verlor alles. Ich hatte zwei oder drei Millionen in Aktien, um die mich Jack betrog."

Im Kielwasser des Urteils ist Peddle nicht auf die Zerstörung gefasst, die dies für seine Familie bedeutet. Sowohl seine Ex-Frau als auch seine Tochter werden depressiv. „Meine Frau war auf Schritt und Tritt bei mir, als wir das Computergeschäft aufbauten. Tramiel machte ihr Versprechungen wie jedem anderen auch. Sie wusste genau, welche Entbehrungen wir als Familie auf uns genommen hatten. Er ging vor Gericht und nahm uns jeden Pfennig, nach allem was wir durchgemacht hatten. Beide sagten, die Welt sei unfair."

Heute, mit Distanz zu der Tragödie, nimmt Peddle das Urteil mit Humor: „Was sind zehntausend Rechtsanwälte in Ketten auf dem Grund des Meeres? Ein Anfang."

## Der Produkt-Manager ****

Während der Deserteur Peddle verliert, steigen die wenigen Unterstützer des VIC-Projekts in der Firmenhierarchie. So erhält Russell mehr Einfluss an der Westküste, und Tomczyk übernimmt das unpopuläre Projekt. Nach kurzer Zeit drängt er die Marketing-Leitung dank Tramiels Rückendeckung in den Hintergrund. Die enge Zusammenarbeit ist vorteilhaft, aber auch gefährlich. Tomczyk ist unerfahren und macht daher Fehler. Tramiel toleriert Fehler kaum.

Zwischen Tramiel und Tomczyk, die beide in der Armee dienten, stimmt die Chemie. „Michael Tomczyk und Jack hatten eine großartige Beziehung", erinnert sich Russell. „Jack wollte die Marketingabteilung auf den Kopf stellen, weil er mit ihr nicht zufrieden war." Tramiel spielt Tomczyk und seine Marketing-Angestellten gegeneinander aus. „Tomczyk war ein aggressiver Marketing-Mann. Jack erlaubte ihm, auf seine Visitenkarten zu drucken, was immer er wollte."

*Commodore* ist eine lose strukturierte Firma und Tomczyk gibt verschiedene Visitenkarten in Druck. „Jack ließ Tomczyk freie Hand, um die übrigen Marketing-Leute abzuschrecken. Wenn also jemand sagte, er sei Vizepräsident der Marketing-Abteilung, zückte Tomczyk eine Karte mit dem Titel ‚Leitender Vizepräsident' der Marketingabteilung", lacht Russell. „Tomczyk besaß eine Menge Ego, und das nutzte Jack für sich. Er dachte, das sei witzig." Beleidigte Angestellte beschweren sich vergebens bei Tramiel. „Jack sagte: Macht das unter Euch aus!", sagt Russell. „Ich stand am Ende solcher Auseinandersetzungen immer gegen Tomczyk. Die anderen Marketing-Jungs bedrängten mich und sagten: ‚Wir müssen auf diesen Tomczyk aufpassen! Er ist eine große Gefahr für die Firma.' Das interessierte mich nicht, weil ich nur Ingenieur war. Aber weil ich zu den Shows flog, wussten alle, dass ich gut mit Jack stand. Sie versuchten immer, mich in ihre Reibereien zu ziehen."

Obwohl Tomczyk Einfluss hat, will er den Titel ‚Produkt-Manager' für den VIC-Computer. Damit wäre er verantwortlich für das Zusammenspiel von Marketing, Werbung, Ingenieursarbeit, Produkt-Support, Produktion, Verpackung und Vertrieb. Doch dies ist der einzige Titel, den Tramiel Tomczyk nicht zusprechen will. Er glaubt nicht an Produkt-Manager.

Nachdem Tomczyk zum Schnittpunkt der japano-amerikanischen Diskussionen um den VIC-20 wird, übernimmt er die Führung. „Ich arbeitete viel mit Tomczyk zusammen", sagt Russell. „Er war überall, wo der VIC war. Wenn der an der Westküste auftauchte, ließ Tomczyk nicht lange auf sich warten. Er war der eigentliche Marketing-Verantwortliche für den VIC."

Auch die Entwicklung des VIC will Tomczyk beeinflussen. „Ich glaube nicht, dass er etwas mit dem Design des VIC-20 zu tun hatte", meint Yannes. „Er hatte übertrieben optimistische Vorstellungen vom VIC-20. Dabei war das ein sehr primitiver Computer."

Tomczyks Einfluss liegt im Namen: Die Commodore-Ingenieure schlagen Vixen (Füchsin) vor, aber Tramiel lehnt ab, weil das zu anrüchig klingt. Auch Tomczyk Vorschlag ‚Commodore Spirit' wird fallengelassen, da der Begriff ‚Geist' in Japan negativ besetzt ist. Letztlich entschließt sich Tomczyk für den Namen VIC-20, so dass Anwender nach der Veröffentlichung über die Bedeutung der Zahl 20 rätseln. Einige denken, es sei die 2001 ohne die letzten beiden Ziffern. Denkbar ist auch die Gesamtgröße des ROMs: 8 KB für BASIC 2.0, 8 KB Kernel und 4 KB Zeichensatz. Tomczyk jedoch behauptet, er habe die Zahl wegen ihres freundlichen Klangs gewählt.

Im Oktober ruft Sanford zur Konferenz der regionalen Vertriebsleiter in Valley Forge, Pennsylvania. Nach Sanfords Ansprache befördert Tramiel Tomczyk zum Leiter der US-Marketingabteilung und erfüllt so dessen Wünsche – als Marketingdirektor kann Tomczyk einiges verändern. Er steigt sehr schnell sehr weit. Als Sanford Ende 1980 einen Assistenten zu Tomczyk schickt, der bei der Aufstellung eines VIC-20-Geschäftsplans helfen soll und man feststellt, dass kein Zeitplan für die US-Veröffentlichung existiert, nutzt Tomczyk die Gelegenheit, um seine Position als Produkt-Manager zu festigen, und fixiert das zweite Quartal 1981.

Tomczyk benötigt neue Visitenkarten für die nächste CES-Messe und fragt Sanford, ob er den Titel eines Produkt-Managers für den VIC-20 nutzen könne. Sanford hat keinen Einwand. Tomczyks Plan ist es, sich als Produkt-Manager derart zu etablieren, dass ihm diese Position niemand mehr absprechen kann. Er hofft, dass Tramiel dies entweder nicht bemerken oder es ihn nicht genug interessieren würde, um den Titel zu widerrufen.

Anfang Januar 1981 ist *Commodore* voll auf der CES in Las Vegas vertreten. Sam Tramiel ist von seiner Straftour aus Japan zurück und bringt Digitaluhren zur Ausstellung mit. Einige haben ein schwarzes Leder-Armband, ein silbernes Gehäuse und eine schwarze Oberfläche mit Commodore-Logo. Andere haben dehnbare Metallarmbänder und goldene, ovale Gehäuse. Wieder andere haben eingebaute Beleuchtung und automatische Wecktöne – der neueste Stand der Technik. *Commodore* versucht, mit Nachdruck Uhren zu verkaufen, und verlangt von den Händlern große Abnahmemengen. Doch Kunden verbinden den Namen *Commodore* nicht mit Uhren, die Verkäufe bleiben hinter den Erwartungen zurück.

Eine der großen Überraschungen der CES ist das Fehlen der Japaner, deren Einstieg ins PC-Geschäft die Computer-Industrie erwartet. Doch als *Commodore*-Angestellte den Stand von NEC besuchen, finden sie dort keine Computer. Viele glauben, dass die Einführung des VIC-20 in

Japan ein paar Monate zuvor dazu führt, dass die dortigen Unternehmen ihre Pläne angesichts eines derart günstigen US-Computers verwerfen. *Commodore* stellt seine VIC-20-Rechner breitflächig aus – japanische VIC-1001 mit neuen Etiketten. „Wir zeigten sie jedem. Es gab lange Schlangen, einfach phänomenal", erinnert sich Winterble.

In einem Hinterraum verhandelt Tramiel mit potentiellen Kunden, Zigarre-paffend wie ein dampfbetriebener CEO. „Jack sprach ständig", sagt Winterble. „Es wurden Gruppen von Leuten nach hinten geführt – Investoren, wichtige Vertriebsleute, Verkäufer und Kunden." Tramiel wiederholt sein Mantra: Computer für die Masse, nicht für eine Klasse. Die Ingenieure der Ostküste beschreiben das Produkt. „Jack begann mit einer kurzen Einführung, Bob Yannes und ich machten eine Modenschau", sagt Winterble. „Ich gab einen Überblick über die Technik. Wollte ein Ingenieur etwas über die Bits und Bytes wissen, antwortete Bob."

Der Computer kommt bei Einzelhändlern gut an, aber *Commodore* akzeptiert noch keine Bestellungen aus dem regulären Handel. Zuerst werden die autorisierten Händlern des *Commodore*-Vertriebsnetzes bedient, das Sanford im Oktober 1980 neu organisiert hat.

Nach der CES treffen ein paar tausend VIC-20 in blau-weißen Packungen aus Japan ein, deren Handbuch Feagans' Frau grob übersetzt. Die Japaner hatten alle VIC-1001 im Weihnachtsgeschäft abgesetzt. Nun muss Tomczyk sein Können unter Beweis stellen.

Tramiel erlaubt seinen leitenden Angestellten zwar, ihre eigenen Pläne aufzustellen, aber er stattet ihnen regelmäßig einen Besuch ab, um den Fortschritt zu beaufsichtigen. „Wenn Jack da war, gab es großes Durcheinander", sagt Winterble. „Er hielt die Zügel fest in der Hand. Einige mochten das, andere nicht." Tramiel geht den Flur entlang, besucht ein Büro nach dem anderen und hinterlässt eine Spur aus Zigarrenasche. Die meisten leitenden Angestellten mögen den Umgang mit Tramiel. „Jacks Art bewirkte, dass jeder sich sehr wichtig fühlte", sagt Winterble. Doch ebenso leicht kann er Angestellte mit einer Jack-Attacke herunterputzen. „Es war Jacks Art, jemanden wachzurütteln, der es nicht brachte. Ich bezweifle, dass jemand eine Jack-Attacke abbekam, wenn er wie versprochen lieferte. Fehler waren erlaubt, er reagierte nur auf dumme oder häufige Fehler. Mit einem einzigen Ausrutscher handelte man sich noch keine Jack-Attacke ein", erklärt Winterble.

Tomczyk ist zu schnell zu weit aufgestiegen. Er verfügt nicht über die nötige Erfahrung, um seine Arbeit auf einem solch hohen Level auszuführen. Tramiel kritisiert ihn unverblümt und erklärt Tomczyk später: „Ich rede so mit Dir, weil ich weiß, dass wir Freunde sind."

Am Ende der CES bringt Tramiel *Commodore* auf Hochtouren, den VIC-20 für die US-Einführung fertig zu stellen. Eine gewaltige Aufgabe: Eine Fabrik muss für die Produktion eingerichtet werden, der Computer braucht ein Verpackungsdesign, ein gutes Handbuch, Software und Peripheriegeräte, Disk-Laufwerk und Drucker. *Commodore* muss tausende Händleranfragen erfüllen und eine Werbekampagne aufstellen; letzteres ist die Aufgabe von Tomczyk, dem Tramiel für die Präsentation zwei Wochen Zeit gibt. Im Stress fängt sich Tomczyk eine Lungenentzündung ein. Trotzdem arbeitet er weiter.

Zwei Wochen nach der CES betritt Tomczyk das Büro seines Chefs und ist trotz Krankheit bereit für Tramiels Zustimmung. Sein Tag verwandelt sich in einen Alptraum. Normalerweise ist eine professionelle Werbeagentur bei der Besprechung dabei und übernimmt einen Teil der

Präsentation. Der Marketing-Direktor bringt zudem noch einige Angestellte mit alternativen Vorschlägen mit. Doch der unerfahrene Tomczyk kommt allein, ohne Unterstützung. Seine Krankheit lässt ihn zudem unentschlossen wirken. Tramiel hat Blut geleckt.

Tomczyk beginnt seine Präsentation mit einem Bild der Verpackung, die der Spruch „Lightning strikes twice" (Der Blitz schlägt zweimal ein) in Anspielung auf den vorhergehenden Erfolg des PET ziert. Das Bild auf der Verpackung erinnert an Kubricks *2001: Odyssee im Weltraum* und zeigt einen VIC-20 in der Erdumlaufbahn, der von einem Blitz durchzogen wird. Tramiel hält den Vorschlag für amateurhaft: „Was ist freundlich an einem Blitz? Blitze erschlagen Leute." Er denkt kurz nach und fügt hinzu: „Ich will Menschen auf der Verpackung, die Spaß mit ihrem Computer haben. Das ist freundlich."

Tramiel schlägt einen Markenbotschafter für *Commodore* vor. „Daran habe ich nicht gedacht", antwortet Tomczyk. Tramiel ist verärgert über die mangelnde Vorbereitung. „Man konnte ihm nichts vormachen, vor allem nicht in den Bereichen Marketing und Verkauf. Die beherrschte er blind", sagt Winterble. „Er erwartete Ergebnisse." Tramiel bittet Tomczyk, mit der Präsentation fortzufahren, doch der Rest der Werbebilder basiert auf der bereits verworfenen Bitz-Idee. Eine Jack-Attacke steht bevor. Selbst in Vietnam erlebte Tomczyk nichts Vergleichbares. Winterble hörte Tramiels Tiraden durch den ganzen Gang schallen. „Da musste sich jemand eine Menge anhören", sagt er. „Er kam kaum zu Wort und ihm wurde gesagt, wie schlecht seine Arbeit sei." Am Ende des Ganges lauschen die neu eingestellten Marketing-Leute der dröhnenden Tirade. Das Meeting endet nach einer gefühlten Ewigkeit. Tomczyk verlässt den Raum erleichtert, doch das war nur der erste Tag seiner Jack-Attacke. Als seine Untergebenen ihn fragen, ob er entlassen sei, antwortet er: „Nein, das war nur eine Jack-Attacke. Das passiert auch den Besten." Er behält recht, denn der zweite Tag deprimiert Tomczyk weit mehr: Tramiel nimmt ihm den Titel des Marketing-Direktors und schickt ihn auf eine Strafexpedition außerhalb der Firmenzentrale. Tomczyk räumt sein Büro und arbeitet jetzt in der Consumer-Abteilung. Verglichen mit seinem alten Platz sitzt er hier in einer Abstellkammer.

## Startvorbereitungen ****

Nach der Winter-CES beginnt *Commodore* mit der Auslieferung des VIC-20 an US-Händler. „Sie verkauften sie anfangs in Läden wie ComputerLand", sagt Yannes. Tramiel beauftragt Ken Hollandsworth, die große Einführung auf der CES im Juni vorzubereiten – hier soll *Commodore* damit beginnen, reguläre Bestellungen entgegenzunehmen. Die Firma versucht den VIC-20 über dieselben Vertriebswege zu verkaufen wie ihre Digitaluhren und Taschenrechner.

Einige Tage nach der Dusche bezieht Tomczyk seinen neuen Arbeitsplatz in der engen Consumer-Abteilung und zwängt sich an einen kleinen Schreibtisch neben die Bestellannahme. Von Hollandsworth wird er mit der Erstellung des Handbuchs und der Software für den VIC-20 beauftragt. Tomczyk engagiert Neil Harris, einen Studienabbrecher der *Cornell University*, der für einen PET-Händler in Philadelphia arbeitete. Harris wird zu einer Schlüsselfigur, als es darum geht, den VIC-20 in die Läden zu bekommen. Wenig später stellt Tomczyk auch Harris' engen Freund Andy Finkel ein, der ebenfalls von der Cornell University kommt. Beide Neuzugänge arbeiten im Büro des Service Managers.

Die Gruppe kommt nur schwer an die benötigten VIC-20-Rechner für die Software-Entwicklung. „Anfangs besaß ich alle", sagt Russell. „Wenn es einmal ein paar mehr waren, gaben wir sie an Leute wie Tomczyk und Finkel." Die Programmierer arbeiten auch am Handbuch und beziehen die technischen Informationen direkt von den Ingenieuren. „All unsere Dokumentationen kamen ins Programmier-Handbuch", erinnert sich Russell. „Finkel und andere übernahmen Tabellen, Speicherübersichten und meine Aufzeichnungen."

Ein Tippfehler führt zu *Commodores* eigenwilliger Schreibweise des Kernels, wie sich Russell erinnert: „Ich verschrieb mich in der Überschrift auf der ersten Seite. So wurde der ‚Kernal' geboren." Unter starkem Zeitdruck liefern die Programmierer das Handbuch fristgerecht. „Tomczyk hatte clevere Leute wie Finkel, die ihm den Hintern retteten, indem sie sicherstellten, dass das geschah, was Tomczyk wollte", sagt Russell.

Für die CES braucht der VIC-20 eine große Softwarebibliothek. „Wir schrieben PET-Spiele um und gaben ihnen Farbe. Einige waren in BASIC geschrieben", erinnert sich Russell. *Commodore* portiert zwei Spiele, **Cosmic Jailbreak** und **Draw Poker**, ergänzt um besseren Sound und Farbgrafik. Ersteres ist ein packender Titel mit verdrehtem Humor, den *Commodore UK* entwickelte: Außerirdische versuchen ihre intergalaktischen Kameraden aus dem Gefängnis zu befreien, indem sie es Stein für Stein zerlegen. Der Spieler muss sie abschießen, bevor sie entkommen.

Nach Abschluss des Handbuchs wird aus der VIC-Truppe ein Softwarehaus, Tomczyk ihr Leiter. Charles Winterble hält letzteres für einen Fehler: „Er war nicht mal ein echter Marketing-Mann und ganz sicher kein Software-Manager." Doch Hollandsworth beeindruckt Tomczyk Handbuch und er erbittet bei Tramiel mehr Ressourcen für dessen Softwareentwicklung. Tramiel stellt der Gruppe Arbeitsplatz in King of Prussia in Pennsylvania zur Verfügung, nur zehn Minuten entfernt von *MOS Technology*. Das Team bezieht dort ein Großraumbüro mit Wänden und Schränken um jeden Platz; in den ‚Cubicles' hat Jeder einen 1,2 m breiten Arbeitstisch. Das Trio verbessert seine Fähigkeiten und produziert anspruchsvolle Softwaretitel. Harris entwickelt zwei Spiele auf Kassette: **Blackjack** und **Super Slither**. Duane Later schreibt das Lernspiel **Space Math** und arbeitet bis zu seinem Abgang an weiteren Steckmodulen wie **Blue Meanies**. Finkel sticht aus der Gruppe heraus. Er wird später ein Programmier-Ass, doch jetzt entwickelt er seine Fähigkeiten noch. Seine Beiträge heißen *Loan-Mortage Calculator*, *Music Composer* und **Car Chase**.

In den folgenden Monaten wächst Tomczyks Gruppe um weitere Programmierer: Bill Hindorff, Rick Cotton, David Street, Lee Ancier. „Im Team waren etwa sechs junge Leute", erinnert sich Winterble. Die Programmierer arbeiten zu Beginn mit BASIC und erstellen Grafiken in PETSCII. Keines der Spiele nutzt einen Joystick, was Tomczyks Unerfahrenheit als Software-Manager zeigt. Die Spiele können sich nicht mit Arcade-Automaten messen. „Anfangs machten sie keine gute Software", meint Winterble. „Das kam daher, dass sich bis auf Finkel keiner mit Software-Architektur auskannte oder wusste, wie man ein Spiel plant und umsetzt. Sie dachten, sie könnten einfach dort sitzen und gleich loslegen. Das Ergebnis war dementsprechend."

Die Programmierer schaffen eine spaßige Atmosphäre abseits von Einflüssen des Managements. Nach der Arbeit besuchen sie Science-Fiction-Veranstaltungen und treffen sich zum

Brettspiel. Sie verbringen auch lange Mittagspausen zu ‚Forschungszwecken' in der örtlichen Spielhalle. Schnell fällt auf, dass ihre Eigenheiten in keinem Verhältnis zur Arbeit steht, die sie abliefern. „Wir sollten sie wie Superstars behandeln", klagt Winterble „Sie brauchten nicht zu arbeiten, wenn sie nicht wollten, und so was."

In Japan hatte der VIC-20 einen hervorragenden Start und schon eine umfangreiche Software-Bibliothek. Tokai schickt seine Spiele nach Nordamerika, wo Tomczyk nicht widerstehen kann, sie seiner Software-Serie hinzuzufügen, obwohl *Commodore* die entsprechenden US-Lizenzen fehlen. Tokai schickt auch Eigenentwicklungen wie **Mole Attack** und **Super Alien**. Die Spiele aus Japan und England beeindrucken Russell: „Damals hat es mich ziemlich umgehauen, so gute Spiele auf dem kleinen VIC zu sehen."

Tomczyk verhandelt die ersten US-Lizenzen für *Commodore*, darunter fünf Textadventures von Scott Adams: **Adventure Land**, **Pirate's Cove**, **Mission Impossible**, **Voodoo Castle** und **The Count**. Deren Code passt Finkel an den VIC-20 an und muss dafür die 24KB großen Spiele in 16K-Modulen unterbringen. Zusätzlich unterstützen die Spiele das externe Sprachausgabegerät *Type N Talk*. Tomczyk lizenziert ferner das Schachprogramm **Sargon II**; Finkel, der zum Software-Guru des Teams aufsteigt, stutzt auch diesen Code auf 16 KB zurecht. Sobald die Spiele fertig sind, schickt Tomczyk sie an die Händler. Große Titel vertreibt *Commodore* als Modul, kleinere Spiele und Anwendungen auf Kassette. Tomczyk fasst die Kassetten als Sechser-Packs zusammen, was sie zu idealen Discount-Produkten macht. Die Herstellung von Modulen ist kein Problem, da *Commodore* bereits ROMs für *Atari* liefert.[6] „Commodore produzierte beinahe alle VCS-Module. MOS war damals der günstigste ROM-Hersteller", sagt Russell.

Die Software-Bibliothek ist fertig, doch andere Probleme müssen vor dem Start des VIC-20 noch gelöst werden. Ein Hauptproblem des japanischen Hardware-Designs besteht in einem Kontakt der Wärmeableitung mit dem Modulschacht: Beim Moduleinlegen konnte man sich die Finger verbrennen! Die Ingenieure lösen das Problem, indem sie den Kühler leicht verschieben. Ein weiteres Problem ist die fehlende Funkentstörung: Die FCC verordnet eine Metallabschirmung für Computer, worüber man sich wegen des Metallgehäuses des PET früher keine Gedanken machte. „Vorher musste niemand die FCC-Richtlinien erfüllen. Das war ein gewaltiger Stolperstein kurz vor der VIC-Fertigstellung", sagt Russell. Die Ingenieure versehen den Videoschaltkreis mit einem Metallschild, was die Produktionskosten erhöht. „Wir mussten das Geld investieren, da wir den Computer sonst nicht verkaufen durften", erklärt Russell.

Auf der *National Computer Conference* im Mai 1981 stellen die Europa-Statthalter Harald Speyer und Kit Spencer das Verpackungsdesign für den VIC-20 vor. *Commodore Deutschland* liefert eine Aufsehen erregende silbergraue Box mit einem farbenfrohen Regenbogen-Logo, darunter der Slogan „The Friendly Computer".

Bis Ende Mai verkaufen die Händler eine große Zahl von VIC-20-Computern und *Commodore* verzeichnet steigende Kundennachfrage. Für die *Commdore*-Hotline stellt Tomczyk sechs Studenten ein – der erste offizielle Technik-Support der Firma. Der VIC-20 ist nun bereit für den amerikanischen Markt.

6) *Commodore*-Mitarbeiter sind immer die ersten, die neue *Atari*-Module spielen: „Wir bekamen das Zeug noch vor der Veröffentlichung."

10

# Das Rennen um die erste Million

1981 - 1983

Vor 1980 werden weniger als eine Million Heim- und Personal-Computer weltweit abgesetzt. 1981 übernimmt *Apple* die Führung. Als die Popularität der Computer zunimmt, beginnt ein Wettlauf: Welches Gerät und welche Firma überschreitet als erstes die Millionengrenze?

## Lizenzgerangel ****

Im Juni 1981 beginnt *Commodore* auf der CES mit der Annahme von Handelsbestellungen für den VIC-20. Der Messestand ist der bis dato beste, fünf VIC-20-Computer sind um eine mächtige Säule arrangiert. Dank der vielen Spielmodule, die zum Test bereitliegen, erregt der Rechner viel Aufsehen. Auch Robert Russell ist aufgeregt, seine Entwicklung präsentieren zu dürfen: „Ich saß rund um die Uhr bei meinem Baby. Mit Tomczyk hatte ich einen großen Bildschirm aufgetrieben und verklickerte unseren Stand-Damen den ganzen Mist für die Presse." Im Jahr davor zeigt *Commodore* den CBM 8032 mit Disklaufwerken und Drucker für $5.000. Jetzt bietet die Firma einen Computer mit Farbe und Sound für $299. Der Preis schockt die Konkurrenz.

Der Publikumsmagnet der Chicago-CES ist noch immer die 2600-Spielkonsole von *Atari*, doch Russell zufolge fällt es leicht, die Leute vom Kauf eines VIC-20 statt des 2600 zu überzeugen: „Wir boten einen kompletten Computer, sie nicht."

Als Russell den Vertriebsleuten erklärt, dass der VIC-20 für Spiele und Anwendungen gleichermaßen geeignet sei, fragen die: „Wozu brauche ich einen Computer? Warum sollte ich $300 dafür ausgeben?" Angesichts der Spiele-Stärke des VIC-20 sind diese Fragen berechtigt. Die Modulpalette ist beeindruckend: Mit **Invaders**, **Super Alien**, **Pac-Man**, **Jupiter Lander**, **Mission Impossible**, **Mole Attack**, **Car Race**, **The Sky is Falling**, **Star Battle** und **Sargon II**-Schach sowie fünf Adventures von Scott Adams ist der Markt über Monate abgedeckt.

Pac-Man erregt das meiste Aufsehen, da in Amerika gerade das Pac-Man-Fieber grassiert. Die Umsetzung ist nahezu identisch zum Originalautomaten von *Namco*, hat die gleiche Musik, die gleichen Farben für Held und Geister und das gleiche Labyrinth. Das freundliche Image der japanischen Spielfigur nutzt *Commodore*, um für den VIC-20 zu werben. „Auf dem VIC-20 spielte ich Pac-Man gerne – eine sehr gelungene Umsetzung", lobt Russell. Diese vielleicht beste Heimversion des Spiels ist allerdings illegal auf dem US-Markt: *Atari* besitzt die exklusive Lizenz und wirbt mit einer eigenen Version für die 2600-Konsole. Die Veröffentlichung ist lang ersehnt und *Atari* rechnet mit starken Umsätzen; leider mag fast kein Spieler die *Atari*-Fassung.

Als *Atari*-Mitarbeiter das VIC-20-Spiel sehen, geht ihnen wohl zweierlei durch den Kopf: Respekt vor der hervorragenden Umsetzung und Ärger über die augenfällige Lizenzverletzung. Es gibt weitere unlizenzierte Spiele: **VIC Invaders** ist ein Klon von *Taitos* **Space Invaders**, aus **Night Driver** und **Lunar Lander** von *Atari* werden **Midnight Drive** und Jupiter Lander, die japanischen Automaten **Rally-X** und **Galaxian** laufen bei *Commodore* als Car Race und Star

Battle. Kurz nach Öffnung des *Commodore*-Stands informieren *Atari*-Anwälte Tramiel und Tomczyk über die Lizenzverletzung. Tomczyk wird blass, die Softwarepalette des VIC-20 steht auf dem Spiel.

Das Problem scheint aber weniger im Spielprinzip, als im ähnlichen Namen zu liegen. Dies gilt vor allem für **Space Invaders** von *Taito*, das von zahlreichen Herstellern kopiert und darum, bis auf den Namen, als Public Domain gilt. Der Name Midnight Drive ist wiederum Night Driver zu ähnlich, so dass *Commodore* das Spiel auf Druck von *Atari* in **Road Race** umbetitelt; der Spielablauf bleibt unverändert. Mit Jupiter Lander gibt's keine Probleme, da *Atari* sich mit dem eigenen Lunar Lander selbst bei Vorgängerspielen auf Minicomputern und PET bedient.

Nach der CES verwickeln zwei Firmen *Commodore* in Gerichtsverfahren: *Atari* und *Bally-Midway*. In England veröffentlicht *Commodore* den Pac-Man-Klon unter dem Namen **Jelly Monsters**. Eine weitere Version namens **Cosmic Cruncher** ersetzt Pac-Man durch das *Commodore*-Logo, das sich durch ein Labyrinth mit Raumschiffen frisst. *Atari* klagt gegen beide Spiele und gleichzeitig gegen den Pac-Man-Klon für die Odyssey-2-Konsole der *Philips*-Tochter *Magnavox*. Atari gewinnt den Rechtsstreit gegen *Magnavox* 1982 und einigt sich außergerichtlich mit *Commodore*. *Bally-Midway* erwirkt wiederum einen sofortigen Verkaufsstop der unerlaubten Umsetzung des Rally-X-Automaten des japanischen Partners *Namco*.

Der Investment-Berater Steven Greenberg vertritt sowohl *Commodore* als auch *Bally-Midway* und wittert eine Gelegenheit. Als Vermittler arrangiert er ein Treffen zwischen den beiden Firmen. Tramiel, Gould, Greenberg und Tomczyk verhandeln in Chicago über die Lizenzen und sitzen dabei erstaunlich freundlichen *Bally-Midway*-Managern gegenüber. Tramiel kauft die Rechte für **Omega Race**, **Wizard of Wor**, **Gorf**, **Seawolf** und **Clowns**. Die letzteren beiden sind die ältesten Spiele – erste Seawolf-Automaten gibt's ab 1975, Clowns stammt aus den späten Siebzigern – und damit am leichtesten für den VIC-20 umzusetzen. *Commodore* wird beide als ‚Arcade Classics' vermarkten.

Entsprechend der Vereinbarung entwickelt *Commodore* die Heimumsetzungen der Automaten und führt an *Bally-Midway* pro verkauftem Spiel Tantiemen ab. *Bally-Midway* besteht nicht auf die Lizenzierung von Rally-X, für das der Entwickler *Hal Labs* nur eine Lizenz für den japanischen Markt erwarb, direkt von *Namco*. Doch der Anwalt Sid Sheinberg sieht hier Ärger im Anmarsch und besteht auf einer vollständigen Überholung des Spiels. So macht Programmierer Bill Hindorff aus den Rally-X-Autos Mäuse, aus den Fässern Katzen und aus den Flaggen Käsestücke. Das VIC-20-Spiel wird Ende 1981 als **Radar Rat Race** neu veröffentlicht.

## The Transformed Man ****

Der Erfolg von *Commodore UK* ist zum Großteil der Verdienst von Kit Spencer. *Commodore* lanciert viel mehr Werbung in Großbritannien als in Nordamerika, Spencer selbst wird zur Galionsfigur der englischen *Commodore*-Kampagne.

Tramiel wünscht einen guten US-Start für den VIC-20 und macht nach Tomczyks enttäuschendem Debüt Spencer zum Marketingchef für Amerika. Im Oktober 1981 bittet Tramiel ihn, nach Pennsylvania zu ziehen, wo er nicht länger am jährlichen Junior-Wimbledon-Turnier teilnehmen kann. Spencer gehört zu den frühesten Befürwortern des VIC-20. Sein erstes Ziel ist es, Tramiel von einer millionenschweren Werbekampagne für den Computer zu überzeugen. Ein schwieriger Plan, denn Tramiel ist sparsam. Doch Spencers herausragender Erfolg in England überzeugt Tramiel und er genehmigt die Kampagne.

Mit Spencers Werbeoffensive wird der VIC-20 Millionen Amerikaner über TV und Zeitschriften erreichen. Dazu greift Spencer Tramiels Idee eines Firmensprechers auf. Anfang der Achtziger haben die meisten Computerfirmen einen Markenbotschafter namens Bill: *Radio Shack* hat Bill Bixby und später Bill Gates (in weißem Pullover mit rosa Kragen); *Texas Instruments* hat Bill Cosby. *Commodore* soll ebenfalls durch einen Bill vertreten werden.

Spencer weiß, dass Anfang der 80er beinahe jeder Computer-Freak auch Raumschiff-Enterprise-Fan ist, was die zahlreichen Computerspiele mit Star-Trek-Bezug belegen. Die Darsteller erscheinen regelmäßig auf dem Cover des *Byte Magazine*. Von den beiden Hauptcharakteren der TV-Serie bevorzugt Spencer zunächst Spock-Darsteller Leonard Nimoy, der für Wissenschaft und Technik an Bord der USS Enterprise steht. Doch Nimoy wirbt bereits für *Magnavox*-Computer, so dass Spencer bei William Shatner anfragt, dem ‚Captain Kirk' der Serie.

Dieser führt seit der Absetzung der TV-Serie 1969 ein ungeregeltes Leben und veröffentlicht ein unkonventionelles Rock-Album mit psychedelischen Cover-Versionen unter dem Titel ‚The Transformed Man' (Der verwandelte Mann). In den 70ern lebt Shatner von Gastrollen in TV-Serien und tourt mit einem Pickup als Schlaf- und Wohnzimmer von Bühne zu Bühne. Seinen Tiefpunkt erreicht er 1978 mit der Veröffentlichung eines Doppelalbums mit Liedern, Gedichten und Geschichten unter dem Titel ‚Captain of the Starship' (Kapitän des Sternenschiffs). Ein Jahr später beginnt sein erneuter Aufstieg mit dem ersten Star-Trek-Kinofilm, der eine erfolgreiche Serie nach sich zieht. Als *Commodore* Shatner 1981 kontaktiert, steht er kurz vor den Dreharbeiten zu *Der Zorn des Khan*, der ihn zum Superstar machen wird. Spencer hat Glück.

Für *Commodores* Werbung und Anzeigen zeichnet die renommierte Agentur *Kornhauser & Calene* in New York verantwortlich. Beim ersten Foto-Shooting stellt Spencer Shatner den VIC-20 vor. Die *Commodore*-Crew um Tomczyk und einen Marketing-Angestellten namens David Rogers ist gespannt, wie der Kapitän der Enterprise auf neue Technik reagiert. Shatner setzt sich vor den VIC-20, der an einen Farbfernseher angeschlossen ist, und beginnt langsam zu tippen. Wenige Klicks später hat er mit seinen beiden Zeigefingern das Wort „Hallo" eingegeben und füllt den Rest des Bildschirms mit wirren Buchstabenfolgen; er scheint begeistert, dass Fernseher mehr als das TV-Programm darstellen können. Offensichtlich benutzt er zum ersten Mal einen Computer. *Commodores* neuer Sprecher ist kein Computer-Freak, aber enthusiastisch.

Der Fotograf macht hunderte Bilder von einem lächelnden Shatner im grauen Bloomingdales-Anzug. Auf der ersten Anzeige präsentiert Shatner den VIC-20 mit dem Satz: „Der erste echte Farbcomputer, den Sie für nur $299,95 kaufen können." *Kornhauser & Calene* produziert auch lebensgroße Pappaufsteller für Händler, die Shatner in einem blauen Nadelstreifenanzug mit einem PET in den Händen zeigen. In der TV-Werbung wird Shatner vor einen Weltraum-Hintergrund gebeamt, und stellt den VIC-20 mit folgendem Slogan vor: „Warum nur ein Videospiel kaufen? Der Wunder-Computer der 80er. Für unter $300."

Den Schauspieler als *Commodore*-Sprecher zu engagieren, entpuppt sich als Geniestreich – die Leute assoziieren den VIC-20 mit dem High-Tech-Image von Star Trek. „Das war großartige

Werbung", erinnert sich Russell, der Shatner auf einigen Shows für *Commodore* trifft[1] „Shatner war ein Knaller". Zum ersten Mal übertrifft *Commodore* das Marketing der Firma *Apple*, der professionelle TV-Werbung fehlt. Innerhalb weniger Monate schafft Spencer die erfolgreichste Kampagne der Computerindustrie. Eine angenehme Überraschung bereiten die *Paramount-Studios* *Commodore* im Juni 1982 mit ihrem Enterprise-Kinofilm „Der Zorn des Khan": In einer frühen Szene mit Captain Kirk und Doktor McCoy ist ein PET 2001 als Teil von Kirks preisgekrönter Sammlung von Antiquitäten des 20. Jahrhunderts zu sehen.

Spencer produziert zudem VIC-20-Literatur für Europa. „Davor kam beinahe alles aus den Staaten", erklärt Russell. Unglücklicherweise klingen die Bücher für *Commodore Deutschland* unabsichtlich obszön; das Kürzel VIC wird deshalb zum harmlosen VC für ‚Volks-Computer'. Dieser Name klingt vertraut und erinnert an den umschwärmten VW Volkswagen. Die von Spencer nach Deutschland versandten Hochglanzposter lässt Speyer notdürftig mit VC-20-Logos überkleben. Speyer ruft Spencer an und erklärt ihm die Unmöglichkeit des VIC-Namens, ebenso allen Ingenieuren, die zu Messepräsentationen nach Deutschland kommen.

In England und Deutschland wird der kleine *Commodore* auf Grund seiner Gehäuseform bei Käufern schnell als ‚Brotkasten' bekannt. Härtester Konkurrent des VIC-20 ist hier der ZX-81 von *Sinclair*, der jedoch mangels Sound und Farbe technisch zurückbleibt.

*Commodore UK* errichtet eine Fabrik in Northamptonshire, um VIC-20-Rechner vor Ort herzustellen. Die Popularität der Firma steigt in der Weihnachtszeit erheblich: Zuvor war *Commodore* kaum bekannt. Dank Spencer und Shatner kennt jetzt jeder den Computerhersteller.

## Aufgepasst, liebe K-Mart-Kunden! ****

Alle Marketing-Anstrengungen Spencers sind vergebens, wenn der US-Massenmarkt nicht geknackt wird. Tramiel will Computer nicht länger nur durch spezialisierte Händler verkaufen. Er will sie in allen Geschäften anbieten. So arrangiert der Marketing-Mann David Harris Ende 1981 ein Treffen zwischen Tramiel und Fred Shimp, zuständig für den Elektronikwareneinkauf der US-weiten *K-Mart*-Einzelhandelskette. Tramiel verspricht Shimp, er werde seine „erste Frau" im Massenmarkt nie vergessen. Shimp erwidert, einige Männer würden wieder heiraten. Tramiel widerspricht: „Wir werden nie vergessen, dass Ihr die Ersten gewesen seid. Unsere erste Frau bleibt etwas besonderes." *K-Mart* wird schnell zum weltgrößten Computergeschäft. Jeder Laden besitzt eine Abteilung mit aufgebauten VIC-20-Rechnern. Für die neuen Geräte und für die breite Soft- und Hardware-Palette in den Glaskästen interessieren sich viele Kunden.

Der neue Vertriebsweg unterscheidet sich wesentlich von spezialisierten Fachgeschäften. In *ComputerLand*-Ketten spricht ein Verkäufer den Kunden an und führt ihn nach einem kurzen Gespräch, das dessen Budget offenbart, möglichst in Richtung Apple II. *ComputerLand* verdient an einem Apple für $1.200 weit mehr als an einem VIC-20 für $299.[2] In Supermärkten und Ketten wie *K-Mart* beeinflusst dagegen niemand die Kunden. Sie untersuchen ein Produkt so gut es geht und kaufen es dann. Es ist der perfekte Ort für *Commodore*.

---

1) **2003 fragt Shatner- und Commodore-Fan Robert Bernardo den Schauspieler, ob er sich an Commodore erinnere. Dessen Antwort: „Gibt es die noch?"**

2) **Jim Butterfield zufolge führen ComputerLand-Angestellte Kunden auch routinemäßig weg vom weniger profitablen PET. Als Commodore dies erfährt, löst die Firma ihre Geschäftsverbindung.**

Tramiel verkauft seine VIC-20 günstiger an *K-Mart* als an die reinrassigen Computerhändler. Bald fällt der Preis unter $200 und der Fachhandel sieht sich mit einem Berg überteuerter VIC-20 konfrontiert, die er nur mit Verlust absetzen kann. „Jack verbrannte ComputerLand", meint Yannes. „Anfangs kostete der VIC-20 299 Dollar. Über K-Mart verkaufte er sie für Einhundertnochwas." Der Preisrutsch verärgert alle traditionellen *Commodore*-Händler. Yannes erinnert sich: „ComputerLand fragte: ‚Wie könnt Ihr uns das antun?' Jack sagte: ‚So ist das Geschäft' ". Auf die Frage, ob Tramiel den Computerläden im Gegenzug Rabatte anbot, lacht Yannes. „Das soll wohl ein Scherz sein! Jack Tramiel? Nie!" Lang anhaltend gute Beziehungen mit Händlern interessieren ihn nicht. „Tramiel hat nichts für langfristigen Nutzen übrig. Es ist mehr: ‚Was kannst du jetzt für mich tun?' Es ist die Gier."

Weihnachten 1981 ist ein Wendepunkt für *Commodore*: *K-Mart* verkauft landesweit VIC-20 und die Fabriken produzieren täglich Tausende. Es folgen Verträge mit *Sears*, *Toys'R'Us*, *Musicland* und *J.C. Penny* – der VIC-20 verspricht ein sicherer Erfolg zu werden, *Commodore* ist eine Macht in den Staaten. Verliert der PET sein Moment noch durch mangelnde Distribution, so verfügt *Commodore* nun über den besten Vertrieb der Computer-Branche. Die neue Vertriebsstrategie stellt alle anderen Hersteller in den Schatten, einschließlich *Radio Shack*.

Irgendwann 1981 beschließt Tramiel den Ausstieg aus dem Taschenrechnergeschäft. Er stoppt auch die Produktion des Uralt-Computers KIM-1. Der VIC-20 gibt ihm Zuversicht, dass Heimcomputer *Commodores* Zukunft sind.

## Peripherie für den VC-20 ****

Tramiel weiß durch seine PET-Erfahrung, dass sich für jeden VIC-20 Zubehör verkaufen lässt. Peripherie ist ebenso wichtig wie der Computer, ein Kassettenlaufwerk z.B. unerlässlich. Da VIC-20 und PET dasselbe Interface nutzen, liefert *Commodore* weiterhin die alten Kassettenlaufwerke für $75. Daneben entwirft Russell ein Expansionsmodul, das dem VIC-20 die Welt der PET-Peripherie eröffnet: „Ich entwarf IEEE-Karte und IEEE–Kernel für den VIC-20, weil wir die Laufwerke nutzen wollten; so weit ich weiß, vermarktete Commodore das nicht. Ich entwarf auch VIC-Zubehör wie die Speichererweiterung." Durch letztere können Anwender größere Programme im Speicher ablegen, maximal 32 KB kann der VIC-20 adressieren. Bei seinem Debüt sind bereits drei Speichererweiterungen verfügbar: 3 KB für $39,95, 8 KB für $59,95 und ein spezielles 3-KB-Modul mit zusätzlichen BASIC-Befehlen und hochauflösender Grafik für $69,95. Speichererweiterung wird zum Muss für VIC-20-Besitzer: *Commodore* verkauft beinahe ebenso viele RAM-Module wie Computer. Auch ein 16-KB-Speicher für $109,95 ist später zu haben.

Anfang der 80er gewinnt die Computer-Telekommunikation an Fahrt. Tomczyk erkennt das und sucht in Eigenregie nach Herstellern für ein *Commodore*-Modem. Erfunden wurde das Modem 1977 vom US-Ingenieur Dennis Hayes, Hayes-kompatible Geräte werden zum Industriestandard. „Tomczyk bezog Hayes ein, um das Modem fertig stellen zu können", erinnert sich Russell. „Ich arbeitete mit Hayes an meinem Design für den seriellen Bus." Modems kosten damals $400. Tomczyk will ein Modem für unter $100. Um profitabel zu bleiben, dürfen die Herstellungskosten $33 nicht überschreiten. „Wir wollten das preiswerteste, einfachste Gerät", erklärt Russell. „Wir bauten einen Prototyp in Santa Clara."

Tomczyk überwacht den Fortschritt des Projekts. „Er kam dann und wann vorbei und störte uns in dem kleinen Raum." Das Modem ist der erste Test für Russells serielles Interface. „Ich war unsicher, ob wir das Ding mit meinem Interface zum Laufen bringen", gesteht Russell. „Zum ersten Mal versuchte jemand etwas anderes als einen dämlichen seriellen Anschluss. Das erforderte eine gute Verbindung." Hayes beeindruckt Russell: „Er war ein Genie. Was er da zusammenbaute, haute mich um." Die meisten Modems dieser Zeit arbeiten mit einem Akustik-Koppler, doch Commodore verzichtet aus Geldgründen darauf. „Es wurde direkt ans Telefon angeschlossen", sagt Russell. „Hayes versuchte Sachen, die vorher noch niemand ausprobiert hatte." Russell und Hayes erstellen eine Platine, die in einem 7x15-cm-Gehäuse Platz hat.

Um dem Modem einen praktischen Nutzen zu geben, arrangiert Tomczyk mit führenden Online-Diensten Schnupperangebote für VIC-20-Kunden; andere Online-Provider übernehmen später diese Marketing-Strategie. Jeder Modem-Käufer kann sich kostenlos bei *CompuServe* anmelden und erhält eine Stunde Online-Zeit gratis. Auch *The Source* und der *Dow Jones Information Service* gewähren eine Freistunde, wollen aber nicht auf die Anmeldegebühr verzichten.[3] Gemeinsam mit *CompuServe* liefert *Commodore* das Online-Magazin *Commodore Information Network*, das Techniktipps, Erste Hilfe bei Problemen sowie Nachrichten veröffentlicht.

Auf die Vorstellung des VIC-1210-Modems auf der Winter-CES 1982 reagieren Handel und Presse enthusiastisch. *Byte* druckt eine positive, dreiseitige Produktbeschreibung im März 1982 und zitiert darin Tomczyk: „Dieses Modem wird ebenso viele VICs verkaufen wie die Spielmodule." Auch die *Compute!'s Gazette* veröffentlicht einen positiven Bericht und hebt den unschlagbar günstigen Preis hervor. Ab März 1982 ist das Modem für $109,95 erhältlich. Tomczyk proklamiert in der Produktbeschreibung: „Science-Fiction ist jetzt Realität. Science-Fiction-Autoren schrieben, dass wir eines Tages ‚elektronische Bibliotheken' daheim oder bei der Arbeit nutzen würden ... Ihr Commodore öffnet Ihnen die Welt der elektronischen Kommunikation schon heute ... Sie erleben eine neue Ära – das Computer-Informations-Zeitalter!"

Die Frage nach dem Sinn des Userport ist damit beantwortet: Das Modem wird zum Hauptanschlussgerät für diese Schnittstelle. Bis 1983 verkauft *Commodore* 100.000 VIC-Modems, die zur Basis für das Telekommunikationsnetz der privaten Computerwelt werden. Innerhalb weniger Monate wird das *Commodore Information Network* zum meistbesuchten Portal bei *CompuServe*. Tomczyk zufolge setzt *Commodore* insgesamt über eine Million VIC-Modems ab.

Die Veröffentlichung des Diskettenlaufwerks ist weniger erfolgreich, da Manager Alan Fink die Nachfrage unterschätzt: Während Spencer damit rechnet, dass 15% der VIC-20-Besitzer ein Diskettenlaufwerk kaufen, geht Fink von nur 1,5% aus. Das Laufwerk 1540 ist praktisch baugleich mit dem alten 2031LP, nutzt aber das neue seriellen Interface. Der ROM-Code stammt von Scott Paterson. „Ich modifizierte den seriellen Bus, so dass er im 1540 lief", sagt Russell. Das neue Laufwerk benötigt zudem weniger Prozessorleistung. „Die PET-Laufwerke brauchen zwei 6502 CPUs: Eine für die GCR-Codierung und eine für das IEEE-Interface. Das 1540 benötigt dazu nur einen Prozessor." Obwohl das 2031 ein schnelles Laufwerk ist, kann es seine Geschwindigkeit an einem VIC-20 nicht entfalten. Russell stellt schockiert fest, dass der VIC-20 einen Fehler in einem I/O-Chip hat. „Wir saßen vor den abgestürzten 1540ern. Keines funktionierte",

3) Nach der Veröffentlichung des VIC-20 überholt *CompuServe* den Rivalen *The Source* in der Gunst der Anwender.

erinnert sich Russell. Tramiel wird ungeduldig. „Jack kam rein und sagte: ‚In 10 Tagen läuft das.' Wir antworteten: Jawohl, Sir!" Die Lage ist verzwickt, und zu allem Übel verlässt Russells Kollege Bob Fairborne *Commodore* und kehrt zurück in den Mittleren Westen. Russell muss eine schnelle Lösung finden. „Ich entschied mich für die langsamste, sicherste Lösung." Da das Timing des I/O-Chips nicht richtig funktioniert, verringert er die Transfergeschwindigkeit auf ein Viertel. „Später sagte mir jemand, ich hätte Millionen Leute sinnlose Stunden gekostet."

Aufgrund der Schätzung von Fink werden nur sehr wenige Laufwerke gefertigt, die die Nachfrage bei weitem nicht abdecken: Etwa 15% der VIC-20-Besitzer kaufen schließlich ein 1540, was *Commodore* völlig überrumpelt. Fink bleibt noch bis Sommer 1982 bei *Commodore*.

## Auf nach Osten! ****

Nachdem Tramiel seine Forschungszentren schließt, will er *Commodore* näher nach New York bringen. Russell erkennt die Notwendigkeit für diesen Entschluss: „An der Westküste konnte er wegen seines Rufs keine Leute mehr anheuern. Niemand wollte für Jack arbeiten." Das intensive Werben um fähige Ingenieure macht Kalifornien zusätzlich unattraktiv. „Damals brauchte man nur über die Straße zu gehen, wenn man genervt war, und bekam $5.000 mehr", sagt Russell. „Bei Commodore verdiente man $18.000. Aber wenn man erstmal ein Jahr in der Region war und die Leute einen kannten, konnte man leicht mehr bekommen."

Tramiel greift auf eine andere Taktik der Gratifikation zurück, um seine Angestellten zu binden. „Jack bot den Leuten Aktienoptionen an, von denen er wusste, dass sie sie nicht wahrnehmen konnten. Er lieh ihnen das Geld dafür, so dass sie sich bei der Firma verschuldeten. Erst mit seiner Erlaubnis konnten sie ihre Anteile verkaufen und alles zurückzahlen", erklärt Yannes.

Tramiels kurzfristige Politik rächt sich. „1981 sagte er: ‚Alle Ingenieure ziehen nach Pennsylvania um!' Man fragte mich, aber ich wollte nicht", sagt Russell, der sein Möglichstes tut, um an der Westküste zu bleiben. „Die Leute kamen und gingen in den beiden Jahren, aber sie wollten das Team stets an der Ostküste konsolidieren. Ich sagte nein, und so harrten die Möbelpacker zwei Tage vor meinem Haus aus." Schließlich gibt Russell nach und zieht an die Ostküste.

Die wenigen Ingenieure, die den Umzug mitmachen, finden bei den Halbleiteringenieuren Quartier. „Wir verbrachten ein paar Jahre bei MOS Technology", sagt Russell. Die meisten Ingenieure bleiben weitere Jahre an der Westküste. „Leute wie Feagans wollten nicht umziehen. Wir verloren viele gute Ingenieure, wie Bob Fairborne, der nach Illinois zurückging." Auch die japanischen Ingenieure Aoji und Fujiyama verlassen *Commodore*. Charles Winterble hält den Umzug somit für einen Fehler: „Man brauchte die Verbindung nach Kalifornien. Dort arbeiteten viele kreative Leute an interessanten Dingen. Der Austausch beim Mittagessen war wichtig."

## Die Spielhalle im Wohnzimmer ****

Monate nach dem Abkommen mit *Bally-Midway* beginnen die Programmierer bei *Commodore* mit den VIC-20-Umsetzungen. Anstatt in BASIC arbeiten sie diesmal in Assembler, die ein CBM-Computer kompiliert. Eine der erfolgreichsten Umsetzungen ist der *Bally-Midway*-Titel **Omega Race**: Programmier-Guru Andy Finkel zeichnet für die beinahe exakte Portierung des Automaten von 1981 verantwortlich. Das Spiel wird sofort zum Hit. **Gorf** wiederum ist ein weiterentwickeltes **Space Invaders**: Erst greifen Aliens im Sturzflug an, wie in **Galaxian**, dann taucht ein großes Raumschiff auf, das man so lange beschießen muss, bis der Außerirdische im Inneren getroffen ist. Gorf ist anspruchsvoll, also verteilt Tomczyk das Projekt auf sechs Programmierer: Hindorff, Finkel, Jeff Bruette, Eric Cotton, Mike Scott und Jimmy Snyder. Finkel spart Zeit durch die Wiederverwendung seines Codes aus Omega Race und realisiert auch mit Gorf eine beinahe exakte Umsetzung der Spielhallenvorlage.[4] „Der VIC-20 bot die gleiche Auflösung und Grafik wie zeitgenössische Arcade-Automaten", meint Yannes.

Die meisten Spielmodule kosten $29,95, nur Gorf, Omega Race und die Adventures von Scott Adams sind $10 teurer. Tramiel und Gould sind angenehm überrascht, dass jeder Titel der Firma Millionen einbringt. Da die meisten Spiele nur einen oder zwei Programmierer haben, ist die Software-Abteilung der profitabelste Geschäftszweig von *Commodore*. Tomczyk verhandelt auch mit *Nintendo* über US- und Heimcomputer-Rechte. **Donkey Kong** ist sehr beliebt und hätte auch ein lukrativer Titel für den VIC-20 werden können. Doch Tramiel verhindert den Vertragsabschluss zugunsten des Abkommens mit *Bally-Midway* und stellt Tomczyk damit bloß.

Im Frühjahr 1982 will Tomczyk die Spielabteilung in eine neue Richtung führen und eigene Titel entwickeln. Als Ansporn sollen die Programmierer dafür prozentual am Gewinn beteiligt werden. Tomczyk bereitet einen Vergütungsplan vor und arrangiert ein Treffen mit Tramiel. Unglücklicherweise ist Tramiel unzufrieden mit Tomczyks Leitung der Software-Abteilung: Die einzigen Erfolge stammen aus Japan sowie aus dem Vertrag mit *Bally-Midway*. Tomczyks Vorschlag wird daher ungnädig aufgenommen.

Winterble erinnert sich an Tramiels Unzufriedenheit mit dem Team: „Sie brachten nichts heraus und Jack war daher etwas verärgert. Ich wollte mir ihre Arbeit einmal ansehen. Ein Typ zeigte mir ein Raketen-Spiel, an dem er vier Monate arbeitete. Auf dem Schirm waren nur ein paar Linien. Wenn man sehr genau hinsah, konnte man eine dürre Rakete erkennen, aus der ein paar Punkte kamen. Er erklärte mir, was ich dort sah. Es war, als würde jemand Wüste in Arizona verkaufen: Hier wird einmal ein Swimmingpool stehen!" Nur Andy Finkel sticht aus der Gruppe heraus: „Finkel war ein intelligenter Kerl. Mit dem richtigen Manager hätte er alles machen können", ist sich Winterble sicher.

Zum zweiten Mal innerhalb eines Jahres stellt Tramiel Tomczyks Welt auf den Kopf: Er bittet Winterble, die Spiele-Division zu übernehmen. „So kam ich zur Gruppe", sagt Winterble. Tomczyk hält die Entscheidung für unfair, da er den Großteil des Teams anstellte und überwachte. Nun wird er zum PR-Direktor für *Commodore*, was ihn nicht befriedigt.

Die stetig wachsende Nutzerzahl macht den VIC-20 auch für externe Software-Anbieter unwiderstehlich. Der kleine Rechner zieht über 100 Firmen an, darunter *Avalon Hill*, *Broderbund*, *Cosmi*, *Creative Software*, *Epyx*, *HES*, *Imagic*, *Parker Brothers*, *Sega*, *Sierra On-Line* und *Sirius*. In England programmieren *Llamasoft*, *Anirog*, *Romik*, *Mastertronic*, *Ocean*, *Firebird*, *Thorn EMI* und *Virgin* Titel für den VIC-20, und sogar *Ultimate*, die Firma die später zu *Rare* wird, setzt eines ihrer *Sinclair*-Spiele um. In Deutschland dominiert *Kingsoft* den VC-20-Markt. Die meisten europäischen Publisher vertreiben ihre Software günstig auf Kassette.

---

4) **Das letzte Spiel des Bally-Midway-Abkommens, Wizard of Wor, erscheint trotz Ankündigung nicht für den VIC-20, da sich Commodore bereits auf die nächste Computergeneration konzentriert.**

So finden die beliebtesten Spiele anderer Computersysteme ihren Weg auf den VIC-20, zum Beispiel *Apple*- und Atari-800-Erfolge wie **Choplifter**, **Lode Runner**, **Miner 2049'er** und **Shamus**. Sogar der Rivale *Atari* verkauft Umsetzungen seiner erfolgreichsten Automatenspiele für den VIC-20 (und für alle anderen gängigen Systeme), kassiert dabei aber Kritik für die schlechten Portierungen.

Der VIC-20 erfreut sich einer kurzen, aber intensiven Software-Unterstützung: Insgesamt erscheinen bis Ende 1983, als die kommerzielle Entwicklung ausläuft, 530 Spiele, 35 Anwendungen, 30 Lerntitel und 15 Programmier-Tools; davon produziert allein *Commodore* 106 Titel. Die meisten Programme, über 400, erscheinen auf Kassette, gut 100 auf teurem ROM-Modul. Floppy-Software gibt es aufgrund der geringen Laufwerkproduktion nicht.

## IBM greift an ****

Mit Beginn der 80er-Jahre erregen Personal Computer die Aufmerksamkeit der Manager großer Unternehmen, die bisher mit Minicomputern von IBM arbeiten. Die Entscheidungsträger erkennen die Vorteile von Anwendungen wie *VisiCalc*, die auf Terminals nicht laufen.

Tramiel ignoriert Peddles Ideen für künftige Bürocomputer. Nach dessen Weggang versucht Bill Robinson, ihn von einem Angriff auf den professionellen Computermarkt zu überzeugen. Robinson kommt aus der Minicomputer-Industrie und meint, dass Mikrocomputer an die Stelle von Minicomputern treten werden. Doch Tramiel winkt auch diesmal ab; *Commodore* sei nicht bereit für den professionellen Markt. Tramiel will stattdessen ein Jahr warten. Robinson verlässt *Commodore* frustriert und IBM macht den ersten Schritt.

Im September 1981 stellt der Rechner-Gigant den IBM PC 5150 vor. Auf diesen Computer hat die Industrie gewartet: Ein modulares System mit großzügigen Erweiterungsmöglichkeiten. Das *Byte Magazine* ist begeistert: „Er hat eine Reihe interessanter Fähigkeiten und wenige Fehler, er ist der derzeit durchdachteste Mikrocomputer."

Der erste PC von IBM enthält einen CGA-Adapter und kann 16 Farben hochauflösend darstellen. Ferner besitzt er, wie auch der VIC-20, einen programmierbaren Zeichensatz. In seinem 40-KB-ROM schlummert ein ähnliches *Microsoft* BASIC wie in PET und VIC einschließlich der Befehle NEW, LOAD, SAVE, LIST und RUN.

Bill Gates, der seine Lektion von Tramiel gelernt hat, lässt sich zusichern, dass *Microsoft* nicht mehr pauschal, sondern pro verkaufter Betriebssystem-Kopie entlohnt wird. Da MS-DOS nicht ins ROM eingebaut ist, kann *Microsoft* es kontinuierlich verbessern und macht mit neuen Versionen ein Vermögen.

Der erste IBM PC hat lediglich 48 KB Arbeitsspeicher, nutzt wie der VIC-20 billige Kassetten zum Laden und Speichern von Programmen[5] und kostet $1.745. Den Verkauf des Hobby-Computers VIC-20 beeinträchtigt er nicht, aber der neue PC entpuppt sich als *Apple*-Killer. Mit Disklaufwerk kostet er $2.575, der Apple II einschließlich 80-Zeichen-Karte und Disklaufwerk fast $2.800. Allein im ersten Jahr setzt IBM 250.000 Geräte ab. *Apple* dagegen braucht fünf Jahre, um 500.000 Rechner zu verkaufen. Die Veröffentlichung des IBM-PC wird zum Angelpunkt für die PC-Industrie. Die Welt will einen Standard für PCs und PC-Software. Jetzt gibt es einen.

---

5) **Die Kassettenkommandos bleiben bis MS-DOS 5, Anfang der 90er-Jahre, Teil des Befehlssatzes.**

## An der Ziellinie ****

Tramiel erreicht sein Ziel von Computern für die Masse: Der VIC-20 wird der beliebteste Computer für die breite Mittelklasse der Computer-Anwender.[6]

Während *Apple* laut *Time*-Magazin bis Ende 1982 700.000 Computer absetzt, holt der VIC-20 auf und steuert auf die magische Millionen-Grenze zu. „Der VIC-20 war der erste Computer, der sich über eine Million mal verkaufte", glaubt Yannes. „Und das Monate vor Apple, obwohl der Apple II seit 1977 auf dem Markt war.[7] Der VIC-20 erreichte die erste Million schon nach einem knappen Jahr Produktion. Das gibt einen Eindruck davon, wie langsam Apples Verkäufe waren." Auch verglichen mit dem Debüt des IBM-PC ist der Absatz des VIC-20 beeindruckend: IBM verkauft 13.000 Computer zwischen August und Dezember 1981. *Commodore* produziert zu Spitzenzeiten 9.000 VIC-20 pro Tag.

1984 senkt *Commodore* den Preis auf $79 und fertigt laut *Byte Magazine* 2,5 Millionen VIC-20 bis zur Einstellung der Produktion im Januar 1985. Im gleichen Jahr würdigt *Computer Chronicles* den VIC-20 als Auslöser des Heimcomputer-Phänomens. „Es war ein cooler kleiner Computer und der erste, der sich über eine Million Mal verkaufte. Die Leute müssen ihn wohl gemocht haben", kommentiert Yannes.

Auf der Spitze des Erfolgs bedauert Russell, Tramiels Angebot – ein Dollar pro verkauftem VIC – abgelehnt zu haben. „Sie verkauften eine Million davon. Ich bin ein Idiot", sagt Russell. Etwas anderes macht ihn jedoch noch weitaus unglücklicher. „Commodore stellte einen Gewinnverteilungsplan auf und legte dafür Aktien beiseite", erklärt Russell. „Sie wollten die Kurssteigerung an die Angestellten entsprechend deren Einkommen weitergeben. Als sie den Plan erstellten, ahnte niemand, dass innerhalb weniger Monate aus der 50-Millionen-Dollar-Firma eine 500-Millionen-Dollar-Firma werden würde. Die Aktie ging durch die Decke." Die Angestellten sind aufgeregt. „Jeder hätte etwa ein doppeltes Gehalt als Bonus bekommen."

Diesen Plan bietet Tramiel allerdings nicht der gesamten Firma an, sondern nur der Abteilung *MOS Technology*, die nach seiner Ansicht den VIC-20 zur Welt brachte. „Niemand außer den Leuten bei MOS hatte einen Bonus-Plan." Vor dem Umzug an die Ostküste wusste keiner der Westküsten-Ingenieure davon. „Als ich dahin zog, sagten alle: ‚Wir werden einen Haufen Geld machen, weil der VIC-20 unseren Kurs so hochgetrieben hat.' Wir fragten: ‚Wovon redet Ihr da? Wieso hat uns das niemand angeboten?' Wir Jungs von der Westküste waren stinksauer", klagt Russell, der gemeinsam mit Seiler die meiste Zeit in den VIC-20 investiert. „Das war eines der Dinge, die mich verletzten. Sie bekamen ein doppeltes Gehalt wegen des Erfolgs des VIC-20. Ich hätte wesentlich mehr verdient als das."

Als Tramiel das Ausmaß des Bonusplans erkennt, zieht er sich aus der Affäre. „Jack wollte nicht so viel Geld abgeben", meint Yannes. „Sie veranstalteten ein paar krumme Dinger mit dem Plan. ‚Ihr missversteht das, wir meinten das anders.' " Russell glaubt, dass Tramiel keine andere Wahl hat: „Das Ungleichgewicht zwischen ihnen und dem Rest der Firma hätte das

---

6) **Einer davon ist Linus Torvalds, der im Alter von neun Jahren einen VIC-20 von seinem Opa bekommt, darauf BASIC lernt und später mit Linux eine Revolution im Computerbereich auslöst.**

7) **Steve Wozniak behauptet noch im Dezember 2004 (in der BBC-Sendung „Most Powerful"), dass der Apple II als erster Computer die magische Grenze überschritt: „Die Verkaufszahlen schnellten in die Höhe. Apple verkaufte als erster hunderttausend; [dann] eine Million Computer."**

Unternehmen zerrissen. Die Jungs sahen das vielleicht anders, aber es war so." So beruft Tramiel eine Konferenz bei *MOS Technology* ein. „Ich war dabei, als sie vom Plan zurücktraten. Alle saßen in der Cafeteria bei MOS", sagt Russell. Gemeinsam mit MOS-Präsident Jerone Guinn stellt Tramiel seine neue Version des Bonus-Plans vor. „Viele Leute waren unzufrieden", erinnert sich Russell. „Sie hatten Poster und Tabellen an den Wänden, die ihnen zeigten, was sie bekommen sollten." Angesichts des großen Erfolgs stößt der Bruch des Versprechens bei den MOS-Ingenieuren auf Unverständnis. Um sein Versprechen zu halten, hätte Tramiel nachträglich auch die paar Ingenieure der Westküste einbeziehen können. Stattdessen hält er den Großteil der versprochenen Boni zurück.

Nach umständlicher Revidierung des Plans bittet Guinn die Angestellten, einen Vertrag zu unterzeichnen. „Sie hatten eine komplizierte Art darzulegen, was sie wirklich meinten. Auf den Blättern stand, wie viel Geld man bekommen würde – nicht annähernd ein doppeltes Gehalt, sondern nur einen Bruchteil", erinnert sich Yannes.

Tramiel übt Druck aus: „Man musste unterzeichnen oder man bekam gar nichts", sagt Russell. Die Ingenieure haben keine Wahl. Yannes und seine Kollegen bei MOS sind wütend. „Jeder Angestellte von MOS wurde betrogen. Es war immer noch viel, aber wenn man ein doppeltes Gehalt als Bonus zugesichert und weniger als ein halbes bekommt, dann führt das zu bösem Blut", sagt Yannes, der das neue Angebot annimmt. „Er war niemand, der den Aufstand geprobt hätte. Er war wütend, aber er trug es nicht nach außen", erklärt Russell. „Ein Gerichtsverfahren gegen den Arbeitgeber ist nicht karrierefördernd", entschuldigt Yannes sein Verhalten. „Ich unterschrieb und dachte: Fein, gebt mir, was immer Ihr wollt."

Nach der Besprechung ist die Stimmung unter den MOS-Angestellten auf dem Tiefpunkt. „Viele Leute waren außer sich und sprachen über eine Sammelklage", erinnert sich Yannes, der sich immerhin trösten kann. „Ich hatte das Glück einen separaten Bonus von Jack für den VIC-20 zu bekommen." Trotzdem macht ihn die Besprechung nachdenklich: „Wenn man nicht zu Jacks elitärem Freundes- und Vertrautenkreis gehörte, konnte man bei Commodore nicht viel Geld machen. Ganz egal, wie hart man arbeitete oder wie viel man zum Erfolg der Firma beitrug."

Das revidierte Abkommen lässt die Ingenieure der Westküste weiterhin außen vor. „[Die anderen] erhielten dafür einen außergewöhnlichen Bonus. Ich wurde bei Commodore immer um Boni gebracht. Glaubt mir, es war weder das erste, noch das letzte Mal", beklagt Russell.

# KAPITEL 11

# Das Geheimprojekt

11

1981

Anfang 1981 plant *Commodore* eine neue Computerserie – ohne das Genie von Chuck Peddle. „Jack wollte, dass zukünftige Entwicklungen von der Ostküste kommen", sagt Robert Russell. Der VIC-20 entpuppt sich als Goldgrube für das Unternehmen, jetzt braucht Tramiel einen leistungsfähigeren Nachfolger. Al Charpentier erklärt: „Der VIC-20 hatte seinen Höhepunkt noch nicht erreicht, er kam gerade erst auf den Markt. Es war Zeit für ein anderes Projekt."

## Kein Happy End für die TOI-Story ****

Der Abgang von Peddle und weiteren Ingenieuren bedeutet den Untergang des TOI-Projekts, das auf Manager-Ebene keine Unterstützung findet. *Commodore* legt den Schwerpunkt nun auf den VIC-20. „Nachdem Jack den VIC-20 gesehen hatte, war der TOI passé", sagt Bob Yannes. „Er machte zu viele Probleme, war zu teuer und entsprach nicht Jacks Vorstellungen."

Obwohl Charpentier 1980 durchgehend am 6564-Chip arbeitet, bleiben die meisten Probleme bestehen. Bill Seiler gibt sein Bestes, aber nichts funktioniert. „Es gab technische Schwierigkeiten. Wenn Seiler die über Hardware-Modifikationen hätte beheben können, hätte er das sicherlich getan. Aber es misslang wegen des Hauptchips", erklärt Russell.

So gibt *MOS Technology* den 6564-Chip schließlich auf. „Wir konnten Peddles Team kaum helfen", sagt Yannes. „Die einzige Lösung wäre ein neuer Chip gewesen, aber dazu fehlten Zeit und Geld." Die Geschichte des TOI ist eine Anhäufung von Fehlschlägen. Die Ingenieure arbeiten zu sehr an den Grenzen der RAM-Zugriffszeit. „Sie kämpften gegen den neuesten Stand der Technik", meint Russell. Al Charpentier gibt sich nicht geschlagen. Er beginnt seinen Grafikchip zu überarbeiten – der neue wird noch ambitionierter als der 6564.

## Jetzt erst recht! ****

Nach Peddle und Hong benötigt *Commodore* einen frischen Computer-Visionär. Doch der Erfolg des VIC-20 droht, die Innovationen zu lähmen. „Der VIC-20 verkaufte sich, er brachte viel Geld und erhielt viel Software", sagt Charles Winterble. „Plötzlich hatten wir ein VIC-20-Geschäft." Winterble und sein Team wollen einen Nachfolger mit 40 Spalten, den sie vorläufig ‚VIC-40' nennen. Unglücklicherweise verehren einige Manager den VIC-20 derart, dass sie allem anderen feindlich gegenüber stehen: „Man musste aufpassen, mit wem man über den VIC-40 sprach, denn einige würden dich abschießen."

Um den Erfolg des VIC-20 nicht zu untergraben, blockt die Verkaufsabteilung andere Produkte. „Es gab eine große Kontroverse darum, ob man ein Produkt bringen könne, das den VIC-20 deplaziert hätte", sagt Winterble. „Reden wir von mieser Strategie! Die Marketing-Jungs sagten uns, wir könnten keinen VIC-40 haben. ‚Redet nicht einmal davon, Ihr ruiniert unser Geschäft.' " Das Marketing will ein ebenso langlebiges Produkt wie die 2600-Spielkonsole von *Atari*, die sich bereits über fünf Jahre ohne Verbesserungen verkauft. „Eine typisch verkaufsorientierte, kurzsichtige Taktik", findet Winterble.

Die MOS-Ingenieure wissen, dass sie sich nicht lange auf dem technisch minderwertigen VIC-20 ausruhen können. „So diskutierten wir eben im Stillen über einen VIC-40", sagt Winterble. „Charpentier und ich waren eng befreundet und gingen Freitag nachts in ein kleines Restaurant, um Wein zu trinken. Dort besprachen wir unsere Pläne. Wir hatten eine fantastische Design-Abteilung, die ungenutzt blieb." Winterble will *MOS Technology* profitabel machen. „Die Verkäufe von MOS stagnierten, also brauchten wir etwas Großartiges. Aus der Idee entstand eine Reihe von Chips." Als erstes ein neuer 6502-Prozessor. „Wir erstellten einen 6502-Kern, den wir in andere Prozessoren einsetzen konnten. Ähnlich wie eine Plätzchenform", erklärt Winterble. Es ist die Geburtsstunde des 6510. „Der 6510 war ein 6502 mit I/O-Funktion."

Für Peripheriegeräte entwickeln sie einen anspruchsvolleren Chip. „Wir entwarfen den 6526 CIA – ‚Charlie's Interface Adapter', weil ich die Architektur erarbeitete. Später nannten wir ihn ‚Complex Interface Adapter'. Yannes führte ihn zu Ende."

Sound und Grafik sorgen für aufgeregte Diskussionen. Charpentier und sein Team sind bereits zwei Mal mit einem 40-Spalten-Farb-Chip für Color-PET und TOI gescheitert. Nun ermöglicht Winterble Charpentier einen neuen Versuch. Dazu fassen die Ingenieure den Markt für Unterhaltungselektronik ins Auge. „Es sollte ein Spielcomputer-Chip werden", erklärt Winterble. „Spiele waren damals heiß. Wir wollten den weltbesten Spiele-Chip machen."

Winterble stellt Tramiel das Projekt vor. „Ich fragte Jack, ob ich mit ihm reden könne. Damals saß ich in meinem Büro im 2. Stock von MOS Technology." Winterble hört Jacks vertraute Stimme im Gang. „Plötzlich kam er in mein Büro und setzte sich hin. Er rauchte eine dicke Zigarre und aschte auf den Boden. Ich hasste diese Zigarre, aber ich beschwerte mich nicht."

Winterble holt tief Luft und stellt sein Anliegen vor: „Wir haben eine Idee – einen Spiele-Chip mit 40 Spalten, der auch ein Computer sein kann. Wir wollen ein Projekt dafür organisieren." Winterble lacht: „Er hatte schon ‚Macht das!' gesagt, bevor ich fertig gesprochen hatte." Um einen erneuten Fehlschlag zu vermeiden, will er das Projekt sorgfältig planen. „Ich sagte: ‚Warte Jack, wir wollen die Sache untersuchen. Ich will mich wirklich eingraben, einen Blick auf die Konkurrenz werfen, sie analysieren und einen Geschäftsplan aufstellen; alles von Anfang an richtig machen.' " Tramiel erkennt, dass Winterble es ernst meint. „Er sah mich an und fragte, wie lange ich dafür brauchen würde. Wir besprachen das und er sagte: ‚Du hast zehn Tage.' "

Charpentier weiß, dass der Chip, um auf dem zu Markt bestehen, alle anderen übertreffen muss; mit Winterble studiert er die besten Spielkonsolen: „Wir kauften jeden Computer, den wir in die Finger bekamen, das Mattel Intellivision und alles von Atari." Das *Intellivision* beeinflusst sie am stärksten. Zudem untersuchen sie auch den TI 99/4A und den Atari 800 und erstellen eine Liste mit allen Features, die ihr Chip haben soll. „Alle Ressourcen unserer kleinen Einrichtung bei MOS waren für zehn Tage belegt", erinnert sich Winterble. „Wir nahmen alles auseinander, um die aktuellen und zukünftigen Fähigkeiten einschätzen zu können."

Charpentier interessiert sich besonders für die Implementierung von Sprites. Das sind zweidimensionale Spiel-Objekte, die sich – mit den Cell-Animationen des Zeichentrickfilms vergleichbar – vor einem statischen Hintergrund bewegen. Programmierer können Sprites zwar auch ohne spezielle Hardware erstellen, aber nur langsam und flackernd. Charpentier will Hardware-unterstützte Sprites.

Die Ingenieure untersuchen die Sprites anderer Systeme. *Ataris* Äquivalent, ‚Player-Missile Graphics' genannt, enttäuscht Yannes. „Sie sind schrecklich. Ihnen fehlt Farbe, sie sind nicht groß genug und sie tun nicht was man will."

Dagegen beeindrucken ihn die Sprites des *Texas Instruments* TI 99/4A mit ‚Extended-BASIC'-Modul, die sich, einmal angestoßen, sanft über den Bildschirm bewegen. Yannes erkennt dennoch Verbesserungsmöglichkeiten: Die TI-Sprites sind klein und einfarbig. Um der Technik nicht hinterher zu hinken, müssen die Ingenieure die Sprites verbessern und die nächste Stufe der Computergrafik schaffen.

Charpentier diskutiert seine Ideen mit Winterble und Yannes. „Al kannte sich mit Video-Architektur aus", sagt Winterble. „Wir diskutierten oft bis spät in die Nacht über den VIC, besprachen die Zahl der Sprites, ihre Funktionsweise und die Interrupts." Die beiden entscheiden sich für mehrfarbige Sprites, die sich mit minimalem Programmieraufwand bewegen lassen. Die vier Sprites von *Atari* will man verdoppeln, außerdem erfinden die Ingenieure zusätzliche Features: Jedes Sprite kann zweifach vergrößert werden und eine automatische Kollisionsabfrage soll die Programmierer unterstützen.

Winterble erstellt eine umfangreiche Analyse. „Wir fügten unserem Bericht großartige Farbbilder hinzu. In diesen zehn Tagen bekamen wir nur zwei Stunden Schlaf." „Das VIC-II-Projekt, das wir Jack vorstellten, war eine High-End-Spielkonsole", sagt Charpentier. Zehn Tage nach dem ersten Treffen erscheint Tramiel wieder bei Winterble. „Er setzte sich mit Zigarre in denselben Stuhl, während ich unseren Bericht durchging. Das Dokument war 2 cm dick. Er blätterte es eine Minute lang durch, sah mich an, dann blätterte er weiter. Er las vielleicht einen Satz, blickte auf und meinte: ‚Okay, macht Ihr's jetzt?'." Obwohl Tramiel sie kaum zur Kenntnis nimmt, gibt die Analyse den Ingenieuren klare Vorgaben für ihre nächsten Chips.

Winterble hält das Projekt geheim. „Niemand durfte davon wissen, vor allem nicht die Marketing-Abteilung. Jack sagte: ‚Ihr seid das Marketing. Die Ingenieure machen etwas fertig, dann reden wir mit der Marketing-Abteilung."

Tramiel gibt dem Team um Winterble großzügigen Freiraum. „Ich wollte mit einem Budget arbeiten, mein Wissen aus dem Management-Studium irgendwie anwenden." Doch als Winterble Tramiel um ein Budget bittet, antwortet der: „Ihr bekommt keins, denn Budgets sind Lizenzen zum Stehlen. Ich behalte Euch im Auge: Gebt Ihr zu viel aus, dann schreite ich ein."

Winterble erkennt die einmalige Gelegenheit unabhängig von Marketing und Management zu arbeiten. „Er legte die Firma in unsere Hände. Das war unglaublich", sagt Winterble.

## VIC-II ****

Charpentiers vorherige Fehlschläge stärken seinen Siegeswillen. Er ist verantwortlich für die Chip-Architektur des VIC-6566. Die größte Einschränkung beim Design stellt die Integrationsdichte dar. Komponenten und Bahnen sind fünf Mikrometer breit.[1] „Damals waren das unter 10.000 Transistoren, mit vielleicht 100 Kondensatoren auf einem Chip". Charpentier darf so viele Features wie möglich auf die Chip-Oberfläche bringen, doch muss er wegen der technischen Beschränkung Prioritäten setzen. Beginnend mit den wichtigsten Fähigkeiten erweitert

1) Das vier Jahre ältere Atari VCS 2600 nutzt 6-Mikrometer-Technologie.

er sein Layout, bis der Chip voll ist. „An einigen Stellen fiel die Entscheidung automatisch", sagt Winterble. Zwei Drittel der Chip-Oberfläche sind den Sprite-Funktionen gewidmet.

Wegen des begrenzten Speichers entscheidet sich Charpentier für eine Bildschirmgröße von 320x200 Pixeln. Jedes Pixel wird durch ein Bit dargestellt, so dass man 64.000 Bits (8.000 Bytes) für den ganzen Bildschirm benötigt. Da jedes Pixel 50 Mal pro Sekunde dargestellt wird, muss der Chip damals unerhörte 3,2 Millionen Pixel pro Sekunde darstellen.

Charpentier spendiert seinem Chip 16 KB Speicher. Davon stehen 8 KB für den Hintergrund, der Rest für Zeichensätze und Sprites zur Verfügung. Um Programmierern Freiraum zu lassen, erlaubt der Chip verschiedene Auflösungen. Ein Bild mit 320x200 Pixeln kann nur zweifarbig dargestellt werden. Programmierer, die vier Farben auf einmal wollen, nutzen eine Auflösung von 160x200 Pixeln.

Die Farberzeugung begeistert Charpentier: „Ich erstellte ein ziemlich komplexes Farb-Generator-Schema, das seiner Zeit weit voraus war." Charpentier weiß auch um die Bedeutung von Scrolling, also implementiert er eine Routine, die das Bild, wie beim ersten VIC-Chip, einen oder mehrere Pixel in jede Richtung verschiebt.

Video-Chips können Bitmap-Grafik Pixel für Pixel anzeigen. Charpentiers Bitmap-Funktion geht nicht über das Setzen einzelner Pixel hinaus. Es fehlen Hardware-Routinen für das Zeichnen von Linien, Kurven oder das Füllen von Polygonen. Vektor- und Polygon-Berechnungen muss die 6502-CPU übernehmen, was sich später in langsamen 3D-Spielen niederschlägt.

Nach der Architektur beginnen die Arbeiten am Layout. Die Werkzeuge der Ingenieure haben sich seit dem ersten VIC verbessert. „Das Layout erfolgte jetzt computergestützt, wurde aber noch per Hand überprüft", sagt Yannes. „Sie zeichneten die Chip-Layouts immer noch auf eine Silberfolie und digitalisierten sie anschließend."

Yannes ist Zeuge der Evolution im Halbleiterdesign: „Ursprünglich war das eine Entwurfsabteilung mit großen Tischen, Bleistiften und Linealen. Sie hatten nur eine Computerstation, so dass sie alles von Hand zeichneten und an den Mann am Computer weitergaben, der es digitalisierte. Wo nötig editierten sie das Layout. Später hatten alle ihre eigenen Workstations." Charpentier arbeitet mit zwei Zeichnern und einem CAD-Operator, der auf einem *Applicon*-System die Chip-Blaupause erstellt. Die beiden Zeichner nutzen dieses Schema für die Erstellung der Chipoberfläche, gebeugt über große Lagen von Pergament. „Er machte das Chip-Design von Hand. Sein Team war phänomenal", sagt Winterble. „Das Layout war Handarbeit."

Stundenlang brütet Charpentier über Diagrammen, qualmt und misst Abstände. Dank eines entscheidenden Vorteils kommt er schneller voran als andere Halbleiter-Designer: Er verfügt über eine angeschlossene Chip-Fabrik. „Das war der Schlüssel", sagt Winterble. „Unsere Leute arbeiteten rund um die Uhr, damit wir eine sehr schnelle Umsetzung in der Chip-Abteilung hatten." Die Herstellung eines Chips dauert einige Wochen, aber im Notfall kann die Fabrik neue Chips in nur vier Tagen liefern. Um Fehler aufzuspüren, erstellt Charpentier einen Test-Chip. „Wir hatten keine nennenswerten Emulationsmöglichkeiten", erklärt Winterble. „Also brachten wir bestimmte Schaltkreise auf einen speziellen Test-Chip." Das System vollbringt Wunder für die Entwicklung. „Ist etwas erst im kompletten Chip-System, kommt man nicht mehr dran", sagt Winterble. „Wir brachten jeweils fünf bis zehn verschiedene Schlüsselschaltkreise auf einen

Chip und ließen sie schnell produzieren. Dann konnten wir sie testen und sicherstellen, dass alles sauber funktionierte." Wenn es ihre Zeit erlaubt, besuchen Winterble und Charpentier den örtlichen Golf-Club. „Wir schlichen uns manchmal am späten Nachmittag raus und spielten neun Löcher", gesteht Charpentier. „Wir hackten rum und hatten etwas Spaß."

Bald kommen die Ingenieure kaum noch aus ihrem Büro. „Wir arbeiteten unchristliche 16 Stunden pro Tag. Einige Male auch 24 und 36 Stunden am Stück", sagt Charpentier. „Man muss Leidenschaft einbringen, wenn man an vorderster Front steht." Ohne Einmischung des Marketing können sich die Ingenieure voll auf ihre Aufgabe konzentrieren. „Wir taten, was wir für richtig hielten", sagt Charpentier. „Es machte uns Spaß. Das war unser Wilder Westen: wir steckten neues Land ab, niemand wusste, was als nächstes kam."

Nach der Fertigstellung des Layouts geht der Chip in Produktion. Ein aufregender Moment. „Was man sich keinesfalls wünscht, ist ein totes Datenbit, ein toter Bus oder eine tote Adresse im Chip, denn daran kann man nichts mehr ändern", sagt Yannes. Winterble muss den MOS-Prozess modifizieren, um einen funktionierenden Chip zu erhalten. „Wir spielten mit dem Verfahren, um die Geschwindigkeit zu erhöhen", sagt Winterble. „Stück für Stück verringerten wir unsere Oxidschicht." Schon die erste Serie des 6566-VIC funktioniert. „Ich hörte, wie Charlie sagte, dass bis auf ein Sprite alles funktionierte", meint Yannes.

Die Ingenieure verschwenden keine Zeit, die Anzeige des Chips mit einem Behelfs-Computer zu testen. „Im ersten Durchgang funktionierte genug, um einen Computer damit zusammenzuschustern", sagt Winterble. „Ein unglaublich erfolgreicher erster Durchgang."

## SID gibt den Ton an ****

Während Charpentier am Video-Chip arbeitet, entwirft Bob Yannes einen neuen Sound-Chip – davon träumt der 24-Jährige aus Pennsylvania seit seiner Einstellung bei *MOS Technology*. Seine Kollegen respektieren den ruhigen Ingenieur. „Er machte seine Arbeit, ohne darauf aus zu sein, dass sein Name bei allem genannt wurde", sagt Russell, der damals Yannes bester Freund ist. „Bob war ein blonder, cleverer junger Kerl." Yannes sieht jünger aus als er ist. „Alle dachten, ich sei ein Kind", lacht Yannes, der sich schon früh für Elektronik interessiert und für kleines Geld Bausätze bei *Radio Shack* kauft. „Als Kind der 60er-Jahre interessierte ich mich für alles, was mit Technik zusammenhing. Eine der ersten Sachen, die ich baute, war eine Digitaluhr." Yannes kauft zusätzliche Teile gemäß der Beschreibung, die dem Uhren-Chip beiliegt, und verlötet alles auf einer Lochplatine. „Sie hatte eine große LED-Anzeige, überhitzte schnell und stürzte ab. Aber immerhin funktionierte mein erstes Projekt." Yannes interessiert sich auch für Fotografie und richtet sich eine Dunkelkammer ein. Er verbindet seine beiden Hobbys durch elektronische Hilfsmittel: „Ich baute einen Timer für die Dunkelkammer." Anstelle einer Lochplatine ätzt Yannes eine spezielle Platine. „Ich übersah, dass Eisen(III)-chlorid heftig mit meinem Aluminium-Becken reagieren würde. Es qualmte und roch ziemlich übel. Ich lernte meine Lektion und benutzte nur noch Glasbehälter zum Ätzen von Platinen."

Yannes hat das Glück, früh mit Computern in Berührung zu kommen. „Zum ersten Mal spielte ich in der Junior-Highschool mit einem Timesharing-Computer." Während seiner Schulzeit Anfang der 70er vernarrt er sich in elektronische Musik. Diese innovative Bewegung ist voll mit Leuten, die das musikalische Potential der neuen Technik ausloten wollen. Die künstlichen Töne prägen Yannes' Lebensweg, vor allem ein Lied hat auf ihn großen Einfluss: „Das Synthesizer-Solo in ‚Lucky Man' von *Emerson Lake & Palmer*. Wir fragten uns alle: Was macht diesen Sound? Die Suche nach der Antwort trieb viele an, und wer es herausfand, der entwickelte ein Interesse dafür." Mit wachsender Begeisterung für elektronische Musik hört Yannes die Pioniere der elektronischen Musik aus Deutschland und England, *Kraftwerk* und Mike Oldfield. „Ich hatte all ihre Alben."

1974 kauft Yannes seinen ersten analogen Musik-Synthesizer als Bausatz von *PAiA Electronics* in Oklahoma. „Die PAiA-Bausätze waren primitiv aber günstig. Die Geräte anderer Hersteller kosteten mehrere tausend Dollar." Sein erster echter Synthesizer ist wenig beeindruckend. „Der Gnome-Synthesizer kostete 40 Dollar. Er war kein Musikinstrument, aber er machte interessante Sounds." Yannes lernt damit wertvolle Lektionen der Tonerzeugung.

Im Jahr, als Yannes sein Studium an der *Villanova University* beginnt, bringt MITS den Low-Cost-Mikrocomputer Altair 8800 in den Handel. „Ein Freund kaufte sich 1975 einen der ersten Altair 8800. So kam ich auf Mikrocomputer." Yannes verschlingt Computer-Hefte: „Byte war ein großartiges Magazin. Anfangs richtete es sich nur an Hacker und Hobbyisten. Obwohl es kein Mainstream-Magazin war, wurde es wie eines publiziert. Es war dick und glänzend, aber nicht aufpoliert oder kitschig. Die Anfangszeit war wie der Wilde Westen."

Seine Studiengebühren verdient sich Yannes durch den Zusammenbau von Computern. „Das war eines der Dinge, die ich tat – ich setzte Computer-Bausätze für Forschungs- oder Computer-Laboratorien im örtlichen Geschäft zusammen. Viele Leute wollten ihre Rechner nicht selbst zusammenbauen und nach Fehlern suchen. Viele der frühen Bausätze waren unzuverlässig." Einen Teil seines Einkommens gibt Yannes für einen teureren Bausatz von *PAiA* aus. „Im College kaufte ich eines ihrer modularen Systeme. Das war ein brauchbares Musikinstrument, mit dem ich einiges aufnahm."

Vom Studienmaterial seiner Universität ist Yannes enttäuscht. „Ich interessierte mich sehr für Mikroprozessoren, aber die meisten Schulen waren weit hinter dem Stand der Technik", erklärt er. „In einem von vier Kursen untersuchten wir Intels 4004-Prozessor. Ich war schon wesentlich weiter, also verhandelte ich mit meinem Professor über unabhängige Studienkurse und Projekte." Yannes favorisiert den 6502. „Den konnte ich mir leisten, und das war toll. Man konnte einen 8080 für $200 kaufen, oder einen 6502 für $25. Damals entwickelte man eine gewisse Beziehung zu einem Prozessor. Es gab die 8080-Leute, die 6502-Anhänger und diejenigen, die den 6800 bevorzugten. Wir stritten darum, welcher der bessere Prozessor sei. Ein wenig wie Ford gegen Chevrolet." Oder wie *Sega* gegen *Nintendo*, 20 Jahre später.

So bringt die Musik Yannes zum Computer. „Ich bin kein Musiker, aber ich interessierte mich für Synthesizer-Sound. Ich träumte von einem Computer mit mehrspurigem Sequencer, auf den ich die Informationen aufspielen und korrigieren konnte. Ich interessierte mich auch für Grafik. Es war ziemlich cool, was man auf einem Computerbildschirm machen konnte." In Yannes' letztem Jahr an der *Villanova* 1978 sucht Al Charpentier dort nach Nachwuchsingenieuren. „Er sprach mich auf dem Campus an", erinnert sich Yannes. „Ich kannte MOS Technology, da ich zu dieser Zeit schon einige Jahre mit dem 6502 herumspielte. Ich wollte für diese Leute arbeiten.

Al sagte mir, einer der Gründe für meine Einstellung sei mein Synthesizer-Know-How gewesen. Er meinte, dass das der Firma einmal nutzen würde. Al ist ein sehr kluger Mann."

Yannes erkennt schnell die harte Realität der Arbeit unter Konkurrenzdruck. „Als ich an meinem ersten Arbeitstag bei MOS Technology mein eigenes Büro mit eigenem Schreibtisch sah, dachte ich: Wow! Als ich meine Schreibtischschublade öffnete, fand ich das Entlassungsschreiben meines Vorgängers. Um ehrlich zu sein, wusste ich nicht, worauf ich mich da einließ, aber das war, was ich wollte und ich bedauere nichts." Yannes sieht sich nicht als Angestellter von *Commodore*, sondern von *MOS Technology*: „Für die arbeitete ich gerne. Für Commodore zu arbeiten, war auch gut, aber sie bezahlten ihre Angestellten wohl nicht angemessen."

In den folgenden Jahren lernt Yannes viel über Halbleiterentwicklung. Wegen seines jugendlichen Äußeren wird er manchmal für einen Teenager gehalten, der versehentlich bei *Commodore* gelandet ist. „Das brachte einem nicht viel Respekt ein", sagt er. Russell zufolge ist die Arbeit für MOS nicht das, was Yannes sich vorgestellt hatte. „Er war ein frustrierter Musiker. Er wollte unbedingt etwas mit Musik machen, alles andere tat er, weil er musste." Bei der Verbesserung des VIC-6560 kann Yannes sein Talent beweisen. Anfang 1981 stellt Winterble dann einen Sound-Chip für *Commodore* in Aussicht. Yannes steht vor der Erfüllung eines Traums.

Winterble erinnert sich an den Einsatz, mit dem Yannes das Projekt angeht. „Der Sound-Chip war für ihn das Wichtigste im Leben." Die Ingenieure nennen den neuen Chip ‚Sound Interface Device' 6581 (SID), und Winterble stellt sicher, dass Yannes es bis zur CES im Januar 1982 schafft: „Ingenieure haben zu viele Ideen und verlieren die Prioritäten aus den Augen. Dann wird nichts fertig". Winterble sagt zu Yannes: „Ich schreibe Dir nicht vor, was Du in den Chip einbringst, aber wir haben ein Zeitlimit und ein Budget. Innerhalb dieses Rahmens kannst Du so kreativ sein, wie Du willst."

Yannes und Winterble stellen eine Liste mit Features zusammen. „Er wollte etwas Ausgereiftes", sagt Winterble. „Ich stellte eine Prioritätenliste auf und bestimmte die Größe des Roh-Chips." Yannes darf so viele Features einbauen, wie die Oberfläche des Chips fasst. „Als kleines Team tüftelten wir ziemlich gute Verfahren aus. So schafften wir in kurzer Zeit sehr viel."

Anders als Charpentier holt sich Yannes seine Inspiration nicht von der Konkurrenz. „Die gängigen Sound-Chips, einschließlich die der Atari-Computer, waren primitiv und stammten von Leuten, die nichts von Musik verstanden", sagt Yannes. Der größte Unterschied zwischen Yannes' Chip und anderen besteht in der genauen Amplitudenkontrolle. „Bei den meisten Soundeffekten in Spielen gibt es entweder keinen Ton oder volle Lautstärke", erklärt Yannes. „Das macht Musik unmöglich. Kein Instrument hat so eine Hüll-Kurve, außer vielleicht eine Orgel." Ein Sound-Synthesizer ist die richtige Strategie, um Töne auf Computern mit wenig Speicher zu erzeugen. Heute werden die meisten Sounds vorher aufgenommen und digital gespeichert. Dadurch sind einzelne Dateien viele Megabytes groß. Doch der SID muss aus einer winzigen Datenmenge einen großartigen Sound erzeugen.

Viele Leute fragen sich, wie ein fingernagelgroßer Chip Töne hervorbringen kann. Das Geheimnis liegt in einem kleinen Schaltkreis auf dem Chip, dem Oszillator. Dieser produziert ein elektronisches Signal, das zunächst an einen Signalverstärker und von dort zum Lautsprecher weitergeleitet wird.

Die Tonqualität hängt von der Anzahl der Stimmen ab, die der Chip erzeugen kann. Jede Stimme ahmt ein Instrument nach, so dass ein Chip mit zwei Stimmen weniger dynamisch klingt als einer mit acht. Yannes strebt 32 Stimmen an und müsste dafür einen Sound-Multiplexer-Schaltkreis entwerfen. Doch daran wagte sich vor ihm noch niemand. „Ich wünschte, ich hätte es getan. Es wäre der erste Chip-implementierte Wellenform-Oszillator gewesen." Doch Multiplexing rangiert zu weit unten auf der Prioritätsliste. „Wir hatten nicht die nötige Zeit. Also nahmen wir die erste funktionierende Stimme und replizierten sie drei Mal. Wenn man sich einen SID unter dem Mikroskop ansieht, erkennt man drei gleiche Strukturen", erklärt Yannes.

Der SID kann vier Grundtöne erzeugen. Yannes implementiert vier Wellenformen: Sägezahn, Rechteck, Dreieck und Puls. Seine Kollegen denken, er arbeite an einem Sound-Chip nur für Computer und Videospiele. „Das dachten Al und Charlie, aber ich wollte einen mehrstimmigen, polyphonen Musik-Synthesizer." Yannes integriert auch einige Features, die irrelevant für Computer sind. So kann ein Eingangs-Pin des SID Signale einer anderen Quelle, wie beispielsweise einer E-Gitarre, verarbeiten. „Wir arbeiteten so schnell an VIC und SID, dass mir niemand über die Schulter schaute." Yannes will auch eine Look-up-Tabelle einbauen, die Noten eine entsprechende Frequenz zuweist. „Charlie verwarf die Idee und hatte völlig recht damit. Es wäre eine große Verschwendung von Silizium für eine kleine Bequemlichkeit." Nach nur vier bis fünf Monaten ist SID produktionsreif. Yannes implementiert den Großteil seiner Wunsch-Features. „Er schaffte zwei Drittel oder sogar drei Viertel seiner Liste", sagt Winterble.

Der Sound-Chip nutzt 7-Mikrometer-Technologie im Gegensatz zur 5-Mikrometer-Technik des VIC-II. Das sichert einen hohen Ertrag bei gleichzeitiger Kostenreduktion.

Yannes wartet gespannt auf die ersten Chips. Er weiß zwar, wie der SID aussehen, aber nicht, wie er klingen wird. „Beim ersten Mal lief alles gut", sagt er. „Er erzeugte Sound. Alles was wir für die Show brauchten, war nach dem zweiten Durchgang fertig."

Yannes ist zufrieden mit dem SID. Enttäuscht zeigt er sich jedoch von dessen hörbarem Rauschen. Die meisten Programmierer stoppen den Oszillator, sobald die Note ausgeklungen ist, was das Rauschen senkt. „Viele Dinge im SID funktionieren nicht so gut wie sie könnten, weil wir zu wenig Zeit hatten. Wenn ich mir die Zeit für den Multiplex-Oszillator und das Timing-Design genommen hätte, wären wir nicht rechtzeitig fertig geworden." Als Perfektionist gehen Yannes die Probleme mit dem Chip nahe. „Wir waren so eng mit dem Ding verbunden, dass wir uns über jede Kleinigkeit aufregten." Winterble unterstreicht hingegen Yannes Leistung: „Das ist zehn Mal besser, als alles da draußen, und zwanzig Mal besser als es sein müsste."[2]

Neun Monate nach dem Gespräch mit Tramiel haben Charpentier und Yannes die Chips fertig. „Wenn ich daran zurück denke, bin ich immer noch baff", sagt Charpentier. VIC-II und SID benötigen nur die Hälfte der üblichen Fertigungszeit. „Das schaffte keiner vor uns und das machte uns bei Commodore auch niemand nach", meint Yannes.

Charpentier sieht den Hauptgrund der rasanten Entwicklung in der Freiheit der Ingenieure. „Uns kamen nicht viele Leute während des Chip-Designprozesses in die Quere. Wir kontrollierten das Design. Bob, Charlie und ich wussten, was wir wollten, und wir taten es ohne großes

---

2) In der Jubiläumsausgabe zum 20. Heftgeburtstag (September 1995) feiert das Byte Magazine den SID als einen der 20 wichtigsten Chips aller Zeiten.

Brimborium." Die Ingenieure signieren ihre Chips wie Kunstwerke, einschließlich MOS-Logo. „Die Initialen der Beteiligten verstecken sich im Chip. Ich erfuhr das erst, als sie schon produziert waren", sagt Winterble.

Yannes erinnert sich an die anfänglichen Versuche, die neuen Chips an andere Firmen zu verkaufen: „Wir suchten Interessenten und zeigten die Chips im frühen Entwicklungsstadium den Herstellern von Empfangsboxen fürs Kabelfernsehen. Die brauchten Grafikfähigkeiten für ihre Bildschirmmenüs." Yannes Ziel, den SID an Hersteller von Synthesizern zu verkaufen, bleibt ebenfalls unverwirklicht. „Die Synthesizer-Firma Sequential Circuits interessierte sich für den Chip, machte aber nichts damit."

Die Vermarktungsversuche enden mit Tramiels neuen Anweisungen. „Als die Sache los ging, versiegelte Jack das Projekt", sagt Winterble. „Wir durften es niemandem zeigen und niemandem davon erzählen. Es sollte ein reines Commodore-Produkt werden." Yannes hätte gerne Abnehmer für seinen Sound-Chip gefunden, erkennt Tramiels Entscheidung aber an: „Wir wussten von Anfang an, dass Jack der Boss war. Man regte sich nicht auf, wenn etwas Unvorhergesehenes geschah, denn das war seine Art, Geschäfte zu machen."

## Die Porsche-PETs ****

Nach dem Weggang von Peddle kündigt Tramiel High-End-Bürocomputer in Konkurrenz zu IBM und *Apple* an. Die Entwicklung dieser Computer-Systeme verläuft parallel zum Chip-Design. „Tandem-Design" nennt Yannes das. „Wir arbeiteten Hand in Hand, um etwas Funktionsfähiges für ihr System-Design zu liefern."

*Commodore* entwickelt mehrere Computer um den neuen Chipsatz. „Es sollte eine vollständige Produktlinie werden", sagt Charpentier. Die neuen Systeme werden die alte PET-Linie ersetzen. „Wir planten die gleiche Architektur mit zusätzlichem Speicher durch Banking. Eine ganze Computerserie, die den Platz des PET einnehmen sollte", erklärt Winterble.

Die B256-Serie (B für ‚Business') nutzt den 6545-CRTC-Chip für Schwarz-Weiß-Anzeige sowie den SID für Soundausgabe. Der 6509-Prozessor verwaltet 256 KB Speicher. Über einen Steckplatz kann ein 8088-Prozessor von *Intel* mit 5 MHz nachgerüstet werden; das Modell BX256 verfügt serienmäßig über diesen Zusatz-Chip. Ferner entwickeln die Ingenieure das Modell P128 für den Heimgebrauch; das P steht für ‚persönlich'. Es verfügt über 128 KB RAM und enthält sowohl den SID als auch den VIC-II-Chip, um ihn für Heimanwender attraktiv zu machen.

Yannes hat auf diese Rechner keinen Einfluss: „Ich war nicht im System-Design, sondern Chip-Designer. An diesen Computern war ich nicht beteiligt, außer jemand wollte wissen, wie die Chips funktionierten." Tramiel ernennt Winterble zum Entwicklungsleiter neuer Systeme. „Charlie war damals der leitende Ingenieur bei Commodore", erinnert sich Yannes. „Al war Chef des System- und Chip-Designs." Winterble und sein MOS-Team haben jedoch keine Erfahrung mit System-Design: „Al und ich waren Chip-Leute und wurden erst während dieses Projekts zu System-Spezialisten."

Winterble und Tramiel wünschen ein Gehäuse, das auffällt. „Wir wollten ein exotisches Design für die P-Serie", erinnert sich Winterble. „Ich sollte zu Porsche gehen. ‚Du kannst das beste Design Center der Welt haben', sagte er." Winterble reist zum *Porsche Design Studio* nach

Zell am See in Österreich, 1972 von Ferdinand Porsches Enkel gegründet. Laut Eigenwerbung zeichnen sich dessen Designarbeiten „durch eine klare, funktionale Formensprache, sorgfältige Materialauswahl sowie eine hochwertige Verarbeitung aus, die handwerkliche Tradition mit modernster Technologie verbindet." *Porsche* entwirft damals alles, vom Kugelschreiber bis zur Sonnenbrille. „Ich flog zu Porsche, um am Gehäuse zu arbeiten. Ein schönes Gehäuse, das eine Reminiszenz an den Porsche 928 war", erinnert sich Winterble. „Es war großartig, all die Porsche-Leute kennen zu lernen, denn zu dieser Zeit fuhr ich einen 911er."

Das neue Design macht einen neuen Namen notwendig. „Wir nannten sie Porsche-PETs", sagt Yannes. Das Gehäuse ist exotisch, aber auch unpraktisch. „Der Porsche-PET war nur ein Entwurf, der aussah wie ein Weltraumhelm. Der drehbare Röhren-Monitor wäre unglaublich teuer in der Herstellung gewesen." *Commodore* verwirft das europäische Konzept und beauftragt eine US-Firma. „Die Firma von Ira Velinsky in Boston gestaltete ein neues Gehäuse. Commodore engagierte ihn später", sagt Yannes. „Die Jungs in Boston leisteten gute Arbeit. Auch dieses Gehäuse hatte geschwungene Linien."[3] *Commodore* bewirbt das Konzept aus Boston weiterhin mit dem Namen Porsche. „Die Leute dachten, dies seien die neuen Porsche-PETs und es gab bei Commodore einige, die diesen falschen Eindruck unterstützten."

Die Aufgabe, einen Computer für die bevorstehende CES zu entwerfen, ist schwierig für das kleine Team von Ingenieuren. „Wir versuchten es mit einer Handvoll Leute gleichzeitig. Das war anstrengend", erklärt Winterble. „Zusätzlich mussten auch die Peripheriegeräte, Disklaufwerk, Modem und anderes bis zum Stichtag fertig werden." Russell erstellt den Code für die neuen Computer. „Ich begann mit dem, was als P- und B-Serie bekannt wurde. Wir arbeiteten am erweiterten BASIC 4.0, das wir ‚Business BASIC' nannten."

## Ein radikaler Kurswechsel ****

Charpentier und Yannes zielen mit ihrem Chipsatz anfangs auf den Videospielmarkt. „Ursprünglich wollten wir die Chips sowohl in der nächsten Konsolengeneration als auch in zwei Computern nutzen", sagt Yannes. Im Lauf des Jahres 1981 geben die beiden ihre Gedanken an Videospiele auf.

Nach Design des VIC-20 entschließt sich der japanische Ingenieur Yashi Terakura, zu seinen Kollegen nach Pennsylvania zu wechseln. Als Terakura von den neuen Chips hört, will er damit eine Spielkonsole namens Ultimax bauen und ist der Erste, der diese Idee konkret vorschlägt. „Zu diesem Zeitpunkt planten wir noch keinen Commodore 64 und auch kein Ultimax", sagt Yannes. Kurz nachdem Terakura mit der Arbeit beginnt, wird der Name des Projekts geändert. „Wir nannten es ursprünglich Ultimax, bis jemandem auffiel, dass das wie ein weibliches Hygieneprodukt klang". Stattdessen setzt sich der Name ‚Max Machine' durch.

„Terakura arbeitete an der Technik und wir berieten ihn", sagt Russell. Die Ingenieure können sich nicht auf eine angemessene Speichergröße einigen. „Um die Kosten gering zu halten, entschieden wir uns für 4 KB RAM", sagt Yannes. Russell ahnt, dass das nicht genug sein würde. „Die Software-Gruppe wollte 8 KB, um den Bildschirminhalt als Bitmap speichern zu können." Tramiel fällt ein salomonisches Urteil. „Es gab einen großen Streit, bis Jack einschritt. Er ver-

3) **Velinsky erhält dafür 1983 den iF Product Design Award.**

ordnete, dass wir 6 KB RAM einbauen sollten", sagt Yannes. Die Ingenieure sind geschockt und fassungslos, da diese Entscheidung niemandem hilft. „6 KB kosten mehr als 4 KB, reichen aber nicht für Bitmap-Grafik", sagt Yannes. „Wir starrten uns an."

Im Verlauf des Jahres 1981 ändert sich die Einstellung der *Commodore*-Angestellten gegenüber dem VIC-20 von Verachtung zu Respekt. Der kleine Computer deckt immerhin einen signifikanten Anteil von Gehältern. „Als die Chips fertig waren, war klar, dass der VIC-20 ein Erfolgsprodukt werden würde", sagt Charpentier. Low-End-Computer versprechen ein verlockendes Geschäft.

In der Zwischenzeit geht die Entwicklung der High-End-Computer weiter, doch der Glaube an die neue Computerlinie schwindet. „Yannes, Charpentier und ich sagten Winterble: ‚Wir mögen die P-Serie nicht. Wir möchten ein möglichst einfaches Teil bauen", sagt Russell. „Wir können es sogar kompatibel zu Terakuras ‚Max Machine' machen." Die Ingenieure erörtern das Konzept in einem spontanen Meeting mit Tramiel. „Jack hielt einige Male Hof, wenn man so sagen will", erklärt Charpentier. „Er war der Kaiser. Mal waren es die Jungs vom Marketing, mal die Ingenieure. Er nahm die Informationen auf und fällte eine Entscheidung." Die Ingenieure schlagen einen Nachfolger zum VIC-20 vor. „Wir sagten: ‚Warum bringen wir nicht einen VIC-40 im Gehäuse des VIC-20?' Das war der ursprüngliche Name", sagt Charpentier.

Die wichtigste Entscheidung beim VIC-40 ist die RAM-Größe. „Beim Layout wünscht man sich viel RAM, aber das war immer noch sehr teuer", erklärt Charpentier. Die Ingenieure wissen, dass der Computer mehr Speicher als der VIC-20 braucht und wollen ursprünglich 16 KB. Doch RAM-Herstellung ist die entscheidende Schwachstelle in Tramiels vertikaler Integration. Die Kosten machen das Gerät zu teuer für einen echter Nachfolger zum VIC-20. Mit kleinem Speicher wird wiederum die Konkurrenz zum neuen Apple II plus, der 48 KB besitzt, unmöglich. „Jack meinte, wir sollten das Gerät mit 64 KB entwerfen", sagt Charpentier. Tramiel schätzt, dass der Speicherpreis bis zur Massenfertigung des Computers sinkt. „Es war ein brillanter Schachzug mit 64 KB herauszukommen, als andere höchstens 48 KB boten", findet Yannes.

Winterble schätzt, dass der neue Computer bis zur Sommer-CES in sieben Monaten fertig sein muss. Normalerweise brauchen Ingenieure etwa ein Jahr, um einen Rechner zu entwerfen, aber Winterble weiß, dass er es schaffen kann, wenn sich sein Team voll einbringt. Doch Tramiel plant noch kurzfristiger. „Jack wollte den 64-KB-Computer schon auf der CES im Januar 1982 vorstellen", sagt Yannes. Als diese Deadline bekannt wird, ist es bereits November. „Ich wusste nicht einmal, dass er die Absicht hatte, in Produktion zu gehen."

Tramiel erwartet mal wieder Wunder von seinen Ingenieuren. „Er kam immer vor einer Messe und meinte: ‚Ich brauche etwas für die Show.' Man musste durchs Feuer gehen, um das zu schaffen". Die Ingenieure können angesichts des unrealistischen Zeitlimits nur kapitulieren oder ihr Bestes geben. Die neue Deadline kommt unerwartet. „Wir begannen erst zu Thanksgiving '81 mit der Arbeit", erinnert sich Yannes. Winterble beauftragt Yannes, Russell und den Techniker Dave Ziembicki mit dem Projekt.

12

# Der Commodore 64

1981 - 1982

Die Ingenieure bei *MOS Technology* haben weniger als zwei Monate, um ein komplettes Computersystem auf die Beine zu stellen - jetzt verlassen sie ihren Arbeitsplatz kaum noch. „Wir übernahmen eine Ecke des Raums und arbeiteten 20 Stunden am Tag, sieben Tage in der Woche, um die Prototypen fertig zu bekommen", sagt Russell. Als Manager sind Winterble und Charpentier nicht mehr direkt involviert. „Yannes, Ziembicki und ich legten los und schufen den Commodore 64", erinnert sich Russell. „Zum Glück ließ uns Winterble machen, obwohl wir uns eigentlich um P- und B-Serie hätten kümmern müssen. Die Hardware-Architektur erstellten Yannes und ich." Für Bob Yannes ist das eine Herausforderung: „Ich landete beim C64, weil ich mich als einziger mit den Chips auskannte und wusste, wie man sie zügig zusammensetzte".

Yannes ist ein gewissenhafter Ingenieur, der innerhalb von zwei Tagen die Architektur des VIC-40 in seinem Büro ertüftelt: „Die Architektur war ziemlich simpel. Ich erstellte ein minimalistisches System mit so wenigen Komponenten wie möglich: VIC, SID und 64 KB DRAM." Laut Yannes dient der VIC-20 dabei nicht als Vorlage: „Es gab kaum Chips im C64, die wir schon vorher benutzten". Lediglich der serielle Anschluss sowie Kassetten-, User- und Joystickport bleiben gleich. Statt der sperrigen Module des VIC-20 leiht sich Yannes die schlanke Technik der Max Machine und passt die Speicherkonfiguration des C64 auf deren Module an. So wird der VIC-40 zum Computer mit integrierter Spielkonsole.

Wie sollen die Ingenieure ein derart komplexes Speicher-Layout bis zur CES realisieren? Ihre Rettung ist der ‚Programmable Logic Array'-Chip (PLA), der die verschiedenen Teile des Systems zusammenhält. „Ich erinnere mich, dass ich den Chip fand und sagte: ‚Genau den brauchen wir'" sagt Russell. Den PLA kann Yannes einfach einbauen und dann später programmieren: „Ich konnte nicht die gesamte Logik vor dem Board erstellen. Also nahm ich einen PLA, sagte ihnen die Signale, die ich brauchte, und ließ sie das Layout machen. Währenddessen saß ich am Code für den PLA. So schafften wir es bis zur Messe."

Wollen Ingenieure schnell eine Schaltung bauen, zwirbeln sie die Drähte zusammen. Diesmal ist das nicht möglich: „Man konnte mit DRAM keine Wickelverbindungen herstellen, denn das Timing musste exakt sein." Stattdessen stellen sie eine gedruckte Schaltung her.

Die Software-Entwicklung benötigt den Computer schnell. „Wir mussten das Board einen Monat früher fertig stellen, um Software zu schreiben, denn wir wollten den Rechner komplett mit BASIC präsentieren", sagt Yannes. „Alles sollte perfekt werden", sagt Russell. „Wir machten es simpel und sauber, schnitten die Boards und all das innerhalb eines Monats."

Mit Russells Umzug an die Ostküste entwickelt sich zwischen ihm und Yannes eine enge Freundschaft. „Wir arbeiteten Hand in Hand am C64 und verbrachten die ganze Zeit im Labor. Wir waren die besten Freunde", sagt Russell. Auch Yannes hat gute Erinnerungen an diese Zeit: „Wir machten viel gemeinsam. [Russel] musste von Iowa nach Kalifornien umziehen, und dann nach Pennsylvania, also war er vermutlich alleine. Ich konnte zumindest immer in meiner gewohnten Umgebung bleiben." Yannes erinnert sich an ihr Faible für Science-Fiction-Filme und an zwei bahnbrechende Streifen mit Computergrafiken: *Tron* und *Starfight*. „Wir gingen gemeinsam ins Kino und so. Wir waren beide Singles, Außenseiter ohne Sozialleben."

Der Zeitplan für den VIC-40 zerstört zwei der größten Feiertage für Russell und Yannes. „Wir setzten alles daran, ein neues Ding, an dem wir gar nicht zu arbeiten beabsichtigten, zwischen Thanksgiving und Anfang Januar fertig zu bekommen, mit einer kleinen Weihnachtspause mittendrin", erklärt Yannes. „Ich erinnere mich, das Board-Layout über Thanksgiving überprüft zu haben. So knapp war die Zeit." Obwohl Yannes die Ferienzeit komplett entgeht, hält er Tramiel nicht für einen Schinder. „Es war unwichtig. Ich war unverheiratet und lebte allein. Ich fand's großartig."

Das Projekt bleibt während der gesamten Entwicklungszeit geheim. „Wir sprachen nicht mit dem Marketing, sondern reichten unsere Ideen an Jack weiter. Aber der interessierte sich nicht für Einzelheiten", sagt Winterble. Selbst John Feagans, dessen Kernel der neue Computer verwendet, ist nicht eingeweiht. „Er schrieb keinen Code auf dem C64 und erfuhr erst nach der Veröffentlichung davon", sagt Russell. „Es war seine Architektur. Ich wiederum baute auf meiner Arbeit am VIC-20 auf." Von allen Ingenieuren bei *Commodore* entspricht Yannes' Philosophie eines Billig-Computers am ehesten der von Tramiel. „Es lag in meiner Natur, das günstigste Gerät zu bauen. Ich mochte keine teuren Sachen, denn ich hatte selbst wenig Geld und sah keinen Grund, warum alles teuer sein sollte."

Während die P- und B-Computer spezielle Gehäuse haben, wird für den VIC-40 kein neues entwickelt. „Allen, die sich seit jeher fragen, warum VIC-20 und C64 im selben Gehäuse stecken, sei gesagt, dass wir keine Zeit für ein neues hatten. Wir steckten ihn in ein lackiertes VIC-20-Gehäuse. Der C64 ist wegen des unglaublich engen Zeitfensters so, wie er ist". Winterble glaubt, dass die Entscheidung fürs VIC-20-Gehäuse im

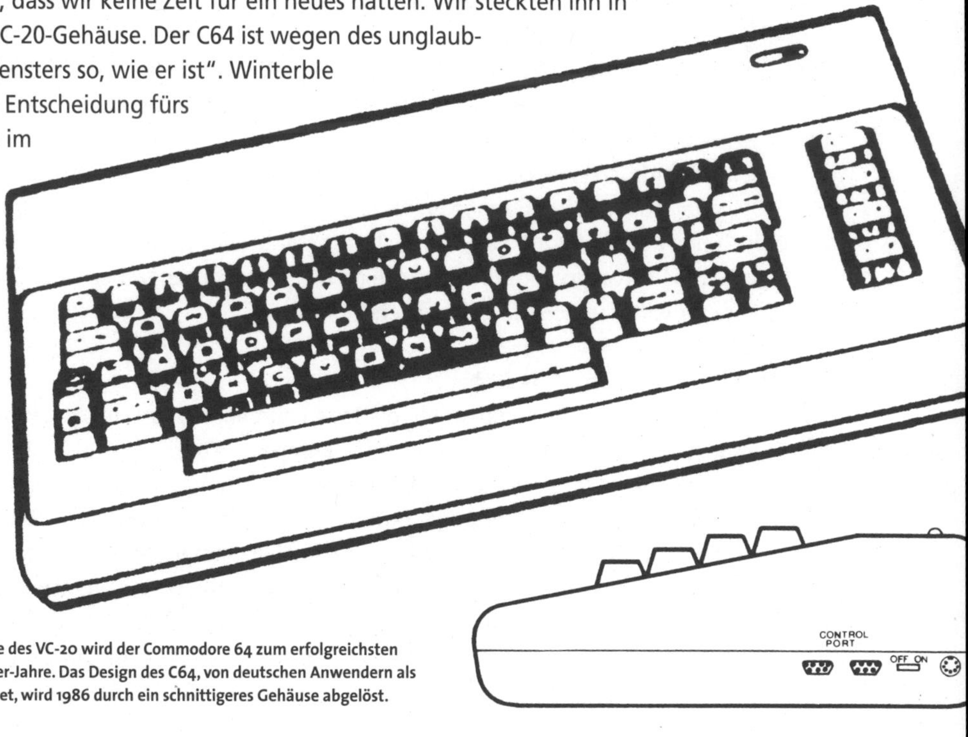


**Im bewährten Gehäuse des VC-20 wird der Commodore 64 zum erfolgreichsten Heimcomputer der 80er-Jahre. Das Design des C64, von deutschen Anwendern als „Brotkasten" bezeichnet, wird 1986 durch ein schnittigeres Gehäuse abgelöst.**

Endeffekt viel Zeit kostet, statt sie zu sparen. „Eines unserer Design-Kriterien war, das Plastikgehäuse des VIC-20 zu nutzen. Das war ein Fehler, weil wir viel Zeit damit verbrachten, das Motherboard in dieses dämliche Gehäuse einzupassen."

Für die Bildschirmdarstellung müssen die Ingenieure Text- und Hintergrundfarbe festlegen: „Wir entschieden uns für blau und weiß. Das ergab den besten Farbkontrast. Schwarz-weiß war uns zu langweilig", erklärt Charpentier. „Die Leute sollten unsere Farben sehen."

Die Chips bereiten den Ingenieuren noch bis Dezember Probleme. „Wir hatten die Video-Chips erst am Wochenende vor der CES", sagt Charpentier. Dennoch sind die Designarbeiten Ende Dezember abgeschlossen und *Commodore* kann den Computer auf der Messe vorstellen, worauf Yannes zu Recht sehr stolz ist. Die Demos für den VIC-40 entwickelt Russell: „Alle in BASIC mit unzähligen POKE-Befehlen. Man programmierte diese frühen Demos nicht mit Assembler, sondern mit POKEs. Die Demos waren in furchtbarem BASIC geschrieben".

Der Ingenieur Fred Bowen hilft bei der Erstellung eines verspielten Demos, in dem ein kleiner Bildschirmmann alle Fähigkeiten von VIC-II und SID zeigt. „Freddie schrieb eine Menge von diesem Zeug", sagt Winterble. „Wir hatten ein Sprite und Musik dazu", erklärt Russell. „Wir nutzten Transparenzeffekte und ähnliches, um die Sprites zu zeigen. Ich programmierte gemeinsam mit Yannes daran." Auch Feagans, der an der Westküste bleibt, erstellt einige Demos. „Feagans machte etwas mit Musik, um die Klangfähigkeiten zu demonstrieren", sagt Yannes. „Sie hatten dort verschiedene Musik-Programme für PETs, die sie konvertierten."

Auch Yannes und Russell vertreiben sich die Zeit mit dem Erstellen von Musik. „Wir saßen am Tag vor Heiligabend am Prototyp und bekamen keinen Radiosender rein", erinnert sich Russell. „Also schrieben wir Musik, die unser SID abspielen konnte." Russel schafft es, das 1540-Diskettenlaufwerk an den VIC-40 anzupassen: „Wir luden alles vom 1540-Laufwerk". Ende Dezember hat das Team mehrere VIC-40 fertig. „Bis dahin hatten wir zwei oder drei gebaut, und alles lief gut."

Es ist eine eindrucksvolle Leistung, die Computer bis zur CES zu haben. Umso mehr, als VIC-II und SID erst im April 1981 begonnen werden. „Neun Monate später hatten wir genügend Prototypen und konnten zur Messe fliegen", sagt Winterble. Yannes sieht den Zeitdruck positiv: „Es ergab ein besseres Produkt. Wir hatte keine Zeit herumzuexperimentieren." Das letzte Wort zum Computer wird auf der CES gesprochen.

## Winter-CES ****

In der Nacht vor dem Abflug bereiten die Ingenieure ihre zerbrechlichen Prototypen auf den Transport vor. In Las Vegas angekommen, schleppen sie die Computer in Tramiels Suite und bauen sie in einer Ecke auf. Er entscheidet, ob sie präsentationswürdig sind. „Wir waren durch den Stress ziemlich ausgebrannt", sagt Yannes. Russell erinnert sich an eine Unterhaltung zwischen Tramiel und seinem ‚engsten Familienkreis'. „Ich bereitete eine Demonstration in Jacks Suite vor und bekam seltsame Sachen mit. Er diskutierte mit europäischen und asiatischen Kumpels darüber, wie man Sachen in und aus Ländern heraus bekam. Ich weiß nicht, ob das alles legal war. Einiges davon wollte ich gar nicht wissen, denn es klang als könnte man dafür irgendwo in einer Tonne enden." Für Russell ist damals klar, dass Tramiel und seine Vertrauten fürs Geschäft fast alles machen würden. „Sie waren so böse“, Russell muss lachen, wenn er daran zurückdenkt. „Manchmal waren sie sauer auf jemanden. Kunden und Zölle waren damals noch komplizierter als heute. Jedes Land in Europa war anders. Sie sprachen Drohungen aus, weil sie Probleme mit einigen Ländern in Bezug auf deren Produkthandhabung hatten.“

Obwohl die jungen Ingenieure hart arbeiteten, ist die Ausstellung des VIC-40 nicht vorgesehen, denn nur Jack und die Ingenieure wissen von dem Projekt. „Wir zeigten es ihm und seinen Kumpanen in der Suite. Die anderen wussten von nichts.“ Die nervösen Ingenieure präsentieren das Ergebnis eines arbeitsintensiven Monats. „Wir sagten ihm, was es war, wie einfach es war und was es kosten würde“, erinnert sich Russell. „Er sagte: Stellt es aus!“ Wie Winterble erwartete, ist das Marketing nicht erfreut von dem Projekt zu erfahren. „Als diese Jungs das sahen und herausfanden, dass sie nicht beteiligt waren, gab es ein Durcheinander.“

Ohne die Vorankündigung muss Kit Spencer nonstop arbeiten, um Werbematerial für den Prototyp zu erstellen. Die Ingenieure diktieren den Inhalt: „Wir sagten den Marketing-Jungs, was sie schreiben sollten und bastelten Schilder.“ Das Marketing will den VIC-40 umbenennen, damit er in die *Commodore*-Reihe passt. Der PC mit 128 KB heißt P128, der 256-KB-Bürocomputer B256. Für einen Consumer-Computer mit 64 KB liegt somit die Bezeichnung C64 nahe; die meisten nennen ihn Commodore 64. Verglichen mit anderen Prototypen ist er bemerkenswert weit entwickelt. „Viel auf der Messe war schnell zusammengezimmert, um das Interesse der Presse und der Leute zu wecken. Der C64 war vielleicht eines der realsten Dinge der Show.“

Yannes ist zu unerfahren, zu ruhig und zu sehr Ingenieur, um sich in die Demonstration einzubringen. „Ich war nur für den Fall dort, dass etwas repariert werden musste“, sagt er. „Ich stand am Rand und wurde ab und zu gerufen, um einige Features zu erklären. Vor allem, wenn es um den Sound ging.“ Es gibt kaum Konkurrenz auf der Messe. *Commodores* Rivale *Atari* zeigt immer noch seine alten Modelle 400 und 800. *Mattel* stellt in diesem Jahr den Aquarius, *Spectravideo* den SV 318-Computer vor. Beide ähneln hinsichtlich ihrer Spezifikationen dem VIC-20, sind aber wegen ihrer billigen Taschenrechner-Tastaturen dem Untergang geweiht.

Yannes hat noch einen weiteren Geheimauftrag. „Al und Charlie baten mich, die Konkurrenz zu inspizieren. Aber da gab es kaum etwas. Apple, Atari und alle anderen zeigten so ziemlich das, was sie schon [länger] hatten. Mit kleinen Zusätzen hier und da.“ Zum C64 präsentiert *Commodore* das komplette Zubehör: „Disklaufwerk, Drucker und andere Peripheriegeräte des VIC-20 passten“, sagt Yannes. „Wir hatten keine Zeit, neues Zubehör zu entwickeln.“ Die Ingenieure bringen auch Prototypen der P- und B-Computerserie sowie die Max Machine mit, die *Commodore* in einem kleinen Büro versteckt und dort Journalisten, Software-Entwicklern und manchmal sogar vertrauenswürdigen Kollegen anderer Firmen zeigen. „Wir hatten verschiedene Sachen im Hinterzimmer für spezielle Kunden“, sagt Winterble.

Die C64-Präsentation ist eindrucksvoll, obwohl von der Marketingabteilung erst im letzten Moment ausgearbeitet. „Es war ein aufwendiger Stand. Wir hatten eine Reihe von Stationen, die verschiedene Aspekte und Teilbereiche zeigten und von je einer erfahrenen Person betreut wurden. Einer zeigte eine Spieldemo, ein anderer etwas anderes.“, sagt Winterble. Ein C64 demonstriert die Fähigkeiten des SID mit dem Programm von Feagans. Die merkwürdige schöne Musik erfüllt den Raum und wirkt wie eine Sirene auf Technik-Freunde. „Sie standen Schlange“, sagt Winterble. Die meisten Moderatoren nutzen Bowens Demo-Programm, um die Fähigkeiten des C64 zu zeigen. „Dafür, dass er die Maschine nur kurze Zeit in den Händen hatte, war es wirklich beeindruckend", meint Winterble. „Er schrieb ein ‚Willkommen beim Commodore 64', das mit einem großen Platschen erschien. Dann lief ein Männchen über den Bildschirm, drehte sich um und begann herumzuwurschteln. Eine tolle kleine Demo mit Sprites."

Die boomende Computerpresse schürt das Interesse. „Um den PC entstand eine ganze Zeitschriftenindustrie", sagt Russell. Als das Wort vom neuen *Commodore*-Computer die Runde macht, wird die Schlange vor dem Stand noch länger. „Es war eine Sensation, die jeder sehen wollte." Yannes ist begeistert von der positiven Reaktion: „Der C64 haute einfach jeden um, da er aus dem Nichts kam. Er kam unerwartet, war erschwinglich und bot die magische Speichergröße von 64 KB, während andere nur 48 hatten." Der Computer gefällt auch Chuck Peddle, der keine CES verpasst. „Der C64 war ein enorm erfolgreicher Computer. Eine großartige Spielkonsole. Aber nicht wegen des 6502 und auch nicht wegen des Speichers, sondern wegen Charpentiers Bemühungen", sagt er.

Der schärfste Aspekt des neuen Computers ist sein Preis, den Tramiel vor der Messe auf $595 festsetzt. Die Konkurrenz ist geschockt. „Wir hatten ihre Aufmerksamkeit", sagt Winterble. „Die Jungs von Atari kamen rüber und meinten: ‚Das ist unmöglich zu diesem Preis.' " Winterble schätzt anhand der Reaktionen, dass der C64 den Absatz des VIC-20 überholen wird. „Als wir die CES verließen, wussten wir, dass wir ein fantastisches Produkt hatten."

*Commodore* gelingt ein unglaublicher Sprung in der Rechnerleistung verglichen mit ihren vorangegangenen Bemühungen. Niemals zuvor hat eine Computerfirma alles so richtig gemacht und gut zusammengeführt. „Es war ein Riesenhit auf der Messe", sagt Yannes. Die Pressemeldungen sind positiv, dabei aber nicht so zahlreich wie noch vor einigen Jahren. David Thornburg erwähnt den VIC-40 im Magazin *Compute!* folgendermaßen: „Commodore stiehlt anderen mit der Ankündigung von zwei neuen Farb-Computern die Show!" Dagegen berichtet das *Byte Magazine* nichts über *Commodore*. Nach Color-PET und TOI hat die Firma den Ruf, Produkte anzukündigen, aber nicht zu produzieren. Stattdessen ist *Byte* viel interessierter am günstigen VIC-Modem, das sein Debüt ebenfalls auf der Winter-CES feiert.

Tramiel ist sich über die Bedeutung des C64-Debüts im Klaren. Jetzt hat er seinen *Apple*-Killer. Für den entscheidenden Schlag muss der Computer schnell produziert werden.

## Marketing-Schlachten ****

Tramiel will den C64 direkt nach der CES produzieren. Zu früh, meint Winterble: „Wir waren nicht bereit für die Produktion. Nach der Show hatten wir noch eine Menge Arbeit, um daraus ein fertiges Produkt zu machen." Obwohl die Ingenieure bei *MOS Technology* damit keine Erfahrung haben, müssen sie ein produktionsreifes Modell in Rekordzeit bauen. „Wir wollten in drei Monaten produzieren", sagt Russell. Auch das Marketing hat noch viel vor sich.

Winterble glaubt, dass die Geheimhaltung gewisse Vorbehalte in der Firma schürt. „Es gab oft Reibereien. Zwischen Marketing- und Ingenieursabteilung bestand eine große Distanz. Feindseligkeit wäre das falsche Wort, aber Commodores Marketing und die Ingenieure verstanden sich nicht. Uns war das egal." Wie die meisten anderen Marketing-Kräfte klammert sich

Tomczyk an den Erfolg des VIC-20. „Tomczyk bekämpfte den C64", enthüllt Peddle. „Ich schrieb ihm zwei oder drei Mal und sagte: ‚Ich verstehe nicht, warum Du das damals gemacht hast.' Der VIC-20 hat seinen Zweck erfüllt: Er ebnete den Weg für den C64." Der Gegensatz erklärt sich zum Teil durch die starke Position der Ingenieure, die von Tramiel gestützt werden. Dagegen ist die Marketingabteilung schwach und ohne Einfluss auf die Entwicklung. „Die Ingenieure hatten es leichter, denn jeder ist ein Marketingexperte. Aber wenn man ein Technikexperte sein will, muss man die Technik kennen", erklärt Winterble.

Kit Spencer will, dass die Ingenieure den C64 verändern. „Als wir die Jungs vom Marketing trafen, gab es eine Reihe von Dingen, die sie geändert haben wollten", sagt Winterble. Spencer bringt einige legitime Punkte an: Das Betriebssystem ist hoffnungslos veraltet und stammt noch vom fünf Jahre alten PET. Ferner sei der Computer nicht abwärtskompatibel zum VIC-20, dessen großen und etablierten Softwaremarkt Spencer nicht aufgeben will. Und das BASIC unterstützt keine Sprites, Sounds oder Grafikfunktionen, so dass BASIC-Programmierer mit umständlichen POKE-Befehlen hantieren müssen. Winterble widerspricht Spencer in jedem Punkt. „Eine meiner Aufgaben war es, Kämpfe auszutragen. Ich war bereit, für meine Überzeugungen zu kämpfen."

Spencer sieht die Bedeutung von DOS für die neuen IBM-PCs und wünscht ein ähnlich anspruchsvolles Betriebssystem für *Commodore*-Computer. Er besteht auf einer Adaption von CP/M, einem verbreiteten Betriebssystem mit Hunderten von Büroanwendungen. Eine der wichtigsten Funktionen von CP/M ist das Erstellen von Disketten-Verzeichnissen; ohne die werden Diskinhalte schnell unübersichtlich. Damit ein alternatives Betriebssystem automatisch lädt, müssten die Ingenieure eine Funktion einbauen, die auf Diskette zugreift, sobald der User den Computer einschaltet. „Alle nötigen Routinen sind vorhanden. Aber es sollte noch einen Mechanismus geben, der die erste Spur einer Diskette liest und ein anspruchsvolleres Betriebssystem lädt", sagt Software-Entwickler Brian Dougherty, der Mann, der später das alternative GEOS-Betriebssystem entwickelt.

Winterble widerspricht Spencer hinsichtlich CP/M. „Einer der Kämpfe ging um CP/M", sagt er. „Sie sagten: ‚Wir brauchen einen Computer mit CP/M.' " Winterble schätzt dieses Betriebssystem zu gering, um es in seinen neuen Rechner zu implementieren. Stattdessen entwickeln die Ingenieure ein externes CP/M-Modul mit Z80-Prozessor. „Wir entwarfen den Computer von Anfang an so, dass er ein Z80-Modul aufnehmen konnte", sagt Russell. Da die Ingenieure davon ausgehen, dass der Computer CP/M nutzen wird, sieht Russell keine Notwendigkeit, das Betriebssystem zu überarbeiten. Speicherbeschränkungen verhindern die Nutzung des BASIC 4.0, über das die P- und B-Serie verfügt. „Warum wir BASIC 2.0 hatten? Weil nur dafür Platz im ROM war", sagt Russell. Zeit ist der entscheidende Faktor. „Wir wollten ihn fertig bekommen. Wir sahen Computer mit besserem BASIC und echtem Betriebssystem kommen, aber wir wollten das einfachste, günstigste und schnellste System überhaupt." Yannes stimmt zu, dass BASIC 2.0 1982 überholt ist. „Es war ein sehr primitives BASIC", sagt er. „Es hatte weder Grafik- noch Sound-Erweiterungen." BASIC 2.0 ist das genaue Gegenteil von Benutzerfreundlichkeit. Um eine Datei zu löschen, müssen Anwender folgendes eingeben: OPEN 15,8,15:PRINT#15,"S0:*Date iname*":CLOSE15. Im Gegensatz dazu ist der BASIC 4.0-Befehl einfach SCRATCH *Dateiname.*

Eine weitere Eigenheit des *Commodore* BASIC ist die Speicherbezeichnung. Die Ingenieure geben die Dateigrößen in Blöcken statt in Kilobytes an. Nur wenige User verstehen, was ein Block ist. Sie wissen, dass ihr Computer 64 KB hat, aber es ist schwer zu sagen, wie viel Speicher ein Programm auf Diskette beansprucht. Spencer wendet sich an Tramiel, doch der winkt ab. „Jack war egal, welche Software seine Geräte hatten. Er steckte dasselbe BASIC in jede Maschine, auch wenn es obsolet war und nur wenige Fähigkeiten hatte", sagt Yannes.

Tramiel übersieht, wie wichtig das Betriebssystem für den Erfolg eines Computers ist. Da er sich mit mechanischen Geräten wie Schreibmaschinen oder Tischrechnern auskennt, konzentriert er sich auf die Hardware. Die nicht greifbare Software in ROM-Chips nimmt er nicht wahr. „Commodore war eine Verlängerung von Jack Tramiel", sagt Charpentier. „Für ihn war Software nichts Greifbares, man konnte sie nicht anfassen und daher war sie es auch nicht wert, dass man Geld dafür ausgab", sagt Charpentier. Ein zusätzlicher ROM-Chip hätte 1982 einen Aufpreis von drei Dollar pro C64 bedeutet – und damit das System entscheidend verbessert.

Die Abwärtskompatibilität zur VIC-20-Software, für die sich Spencer einsetzt, steht seit Feagans' Implementierung des Kernel auf dem Plan. Doch Russell sieht ein unüberwindliches Hindernis: Der VIC-II kann nicht dieselben Auflösungen erzeugen wie der VIC-I im VIC-20. Ohne die 22-Spalten-Anzeige macht Abwärtskompatibilität keinen Sinn. Russell erinnert sich an die Diskussion: „Wir wollten einen Kompatibilitätsmodus, aber der hätte zu viel Platz auf dem Chip verbraucht. Wir entschieden uns für Sprites statt für Kompatibilität." Winterble nimmt an der Diskussion teil. „Al baute den Chip ursprünglich kompatibel, aber wir sprechen hier von zwei verschiedenen Systemen. Jeder Cent zählte. Wir wollten nicht mehr Hardware für Abwärtskompatibilität. Es war besser, die Software umzuschreiben und die neuen Fähigkeiten zu nutzen."[1] Auch bei Tramiel findet Spencer keine Unterstützung. „Nichts interessierte Jack damals weniger als Kompatibilität", sagt Russell. „Er sagte: ‚Kümmert Euch nicht um Kompatibilität. Wir verkaufen einen günstigen neuen Computer, da wird keiner nach Kompatibilität verlangen.' Was uns anging: er war kompatibel, wenn er BASIC hatte." So muss Spencer Tramiels Entscheidung akzeptieren. „Für die Marketing-Leute um Spencer spielte Abwärtskompatibilität eine große Rolle. Sie bedrängten uns, aber Jack sprach ein Machtwort als er sagte, Kompatibilität interessiere ihn nicht. Die Ingenieure gewannen den Kampf", sagt Russell.

Dem BASIC fehlen Befehle für Sound und Grafik. Laut dem ursprünglichen Vertrag mit *Microsoft* hätte *Commodore* Befehle für den VIC und SID implementieren können, aber Tramiels Unwillen, für Software Geld auszugeben, verhinderte dies. Im Ergebnis sehen sich BASIC-Programmierer mit komplizierten PEEKs und POKEs konfrontiert, die ein vollständiges Wissen über Speicheradressen voraussetzen. Das dämpft den Enthusiasmus vieler Anfänger, die hofften, in Heimarbeit BASIC-Spiele schreiben zu können. Die zusätzlichen Befehle hätten teurere ROM-Chips benötigt. „Es hätte deutlich mehr Geld gekostet, da wir einen zweiten Chip gebraucht hätten; unser Verfahren erlaubte nur bestimmte Chip-Größen", sagt Russell. Winterble dagegen macht den Mangel an Ingenieuren für den Mangel an Features verantwortlich. „Wir sprachen über die Implementierung von Makros und dergleichen, aber wir hatten nicht genügend Ressourcen", sagt er. „Uns fehlten die Leute. Es gab nur eine kleine Software-Grup-

1) Charpentier erinnert sich nicht, einen VIC-I-Modus für den VIC-II in Betracht gezogen zu haben.

pe. Wir entschieden, diese Sachen später nachzuholen." Ein spezielles Modul mit zusätzlichen Befehlen, das *Commodore* später veröffentlicht, findet kaum Absatz. „Der ‚Super Expander' bot viele BASIC-Erweiterungen, die die Fähigkeiten des C64 ausschöpften", sagt Yannes.

Der begrenzte ROM-Speicher bietet Russell kaum Platz für seine Initialen: „Wir dachten nicht einmal daran, Easter Eggs einzubauen. Der C64 hatte noch 5 Bytes übrig als ich fertig war. Ich wollte ‚BYRSR' einbauen, aber Yannes war nicht einverstanden, also schrieb ich nur ‚RRBY'."

Winterble ist zunehmend verärgert über das Vorgehen des Marketings. „Es gab Marketing-Leute, die bei den Ingenieuren anriefen und Stimmung für Veränderungen machten", klagt er. Die Beziehung zwischen ihm und Spencer verschlechtert sich. „Wir gerieten aneinander", sagt Winterble. „Ich wollte, dass man die Jungs in Ruhe lässt, damit sie ihren Job machen konnten." In einer hitzigen Auseinandersetzung tadelt Winterble Spencer: „Rede nicht mit ihnen! Lass sie in Ruhe!" Danach können die Ingenieure ihre Arbeit ungestört zu Ende bringen.

Wider besseres Wissen wirbt *Commodore* mit der Abwärtskompatibilität des C64. Das Marketing verkündet begrenzte Abwärtskompatibilität und meint damit die Anschlussmöglichkeit von alten VIC-20-Peripheriegeräten an den neuen Heimcomputer. Außerdem laufen dank BASIC 2.0 einfache Programme ohne POKE-Befehle auf beiden Systemen. *Commodore* hofft, dass VIC-20-User sich dadurch zum Umstieg auf den C64 verlocken lassen.

Angesichts der Limitationen des VIC-20 ist es wahrscheinlich klug, echte Abwärtskompatibilität fallen zu lassen. Unglücklicherweise gibt das auch das Muster für die späteren Jahre vor.

## Das Spiel verzögert sich ****

Jack Tramiel erwartet von seinen Ingenieuren, dass sie ihr C64-Design in drei Monaten fertig stellen. Ende März zeigt sich, dass dieses Ziel zu optimistisch ist.

Für den unrealistischen Zeitplan der Geschäftsführung macht Yannes den Eindruck des C64 auf der CES verantwortlich. „Nach der CES dachte jeder, er wäre schon ein reales Produkt, weil es so echt aussah. Es war ein umlackiertes VIC-20-Gehäuse, aber es sah produktionsreif aus." Mit mehr Ingenieuren könnte *Commodore* die Arbeit verteilen. „Wir hatten vielleicht zehn oder zwölf echte Ingenieure in der Firma einschließlich Hardware-, Software- und Chip-Design", sagt Russell. „Zusammen mit den Leuten in Japan macht das 15 Ingenieure für den C64." Die meisten von ihnen arbeiten gleichzeitig an verschiedenen Projekten. „Dazu zählen die PET-Leute sowie ein paar Jungs in Texas, die das Registrierkassengeschäft erledigten. Sie arbeiteten später alle mit uns am C64, weil wir so wenig Ressourcen hatten."

Eine der offensichtlichsten Veränderungen nach der CES betrifft die Bildschirmfarbe. „Der Kontrast war gut, der Übergang von blau nach weiß aber eher unschön", erklärt Yannes. „Wir entschieden uns für hellblau auf dunkelblau." Das endgültige Design muss die Kosten stärker berücksichtigen. „Wir drehten jeden Transistor zweimal um", sagt Al Charpentier. Sein Chef Winterble ist gegen zusätzliche Funktionen.

Obwohl das Gehäuse so bekannt und beliebt wird wie die Form des VW Käfer, ist Charpentier damals wenig angetan. „Ich fand das Gehäuse des VIC-20 klobig." Auch Winterble missfällt die Brotkastenform. „Wenn wir mit einem größeren Gehäuse begonnen hätten, wäre es schneller produktionsreif geworden. Es war die Hölle für die armen Hersteller. Wir minimierten alles bis an die Grenzen, um es auf die Platine zu bekommen. Es war völlig herstellungsfeindlich." Yannes plant das Gehäuse in acht bis zehn Monaten durch ein neues zu ersetzen. „Wir wollten ein neues Gehäuse für den Commodore 64. Wir wollten ihn nicht mit dem VIC-20-Gehäuse produzieren. Ich hätte gern ein schöneres gehabt." Charpentier beschreibt das angekündigte Design. „Es war vorne dünner und eher keilförmig."[2]

Das Produktionsdesign geht zügig voran, bis die Ingenieure den Video-Chip verbessern wollen. „Wir nahmen uns die Zeit für eine Design-Änderung im Video-Chip. Das würden Al und Charlie heute sicher nicht mehr machen", lacht Yannes. Die Ingenieure wollen die Farben verbessern. „Es war das gleiche wie bei Atari und Apple", erklärt Yannes. „Helligkeit und Farbton überlappen sich und die Farben auf dem Bildschirm sahen nicht so aus wie gewünscht; das liegt in der Natur des NTSC-Signals."[3] Um die Farben zu klären, wagt Charpentier in letzter Minute einen riskanten Eingriff. „Al hatte die Idee, dass diese Überlappung aufhören würde, wenn wir die zwei Timer trennten. Also kappten wir den Farb-Timer von der Bildwiederholrate", erklärt Yannes. Das Ergebnis ist eindrucksvoll, aber fehlerhaft. „Wir hatten zwar keine falschen Farben mehr, aber da die Timer nicht mehr phasensynchron liefen, wellte sich die Anzeige böse", sagt Yannes. Die Ingenieure lösen das Problem mit einem Chip von *Texas Instruments*. „Wir mussten einen Phasenregler einbauen, was die Kosten erhöhte." Yannes zufolge ist Tramiel nicht glücklich über den zusätzlichen Chip. „Es war unerfreulich, dass Texas Instruments der einzige Hersteller dieses Chips war. Deren TI-99/4A-Heimcomputer konkurrierte mit unserem C64. Wir waren also für ein entscheidendes Teil auf einen unserer größten Gegner angewiesen." Schließlich gelingt es *MOS Technology*, den Chip zu kopieren, und *Commodore* erhält die Kontrolle über die Chip-Versorgung zurück.

Das komplette System kostet $130 in der Herstellung. Selbst Tramiel ist beeindruckt. Seine Strategie, seinen Ingenieuren unrealistische Ziele zu setzen, zahlt sich aus. „Das konnten wir nur wegen unserer vertikalen Integration", sagt Winterble. „Wir packten viel in wenige Chips." Ohne vertikale Integration wären VIC-II und SID wesentlich teurer geworden. Weder *Atari* noch *Apple* verfügen über einen hauseigenen Halbleiterhersteller, sondern müssen teure Designs von externen Firmen wie z.B. *MOS Technology* kaufen. Daher sind die Rechner von *Apple* und *Atari* nicht nur teuer, sondern auch weniger ausgeklügelt. Für *Commodore* bedeutet der niedrige Herstellungspreis einen Verkaufspreis von unter $600. „Man teilte den empfohlenen Verkaufspreis durch vier", erklärt Yannes. „Man hat Rohkosten, die man verdoppelt, wenn man an den Händler verkauft. Der wiederum verdoppelt den Preis für den Kunden. Das ist das Modell."

Im Juni 1982 geht der C64 in Produktion. „Wir brauchten sechs Monate, in denen wir wahnsinnig wurden", sagt Russell.

## Das Mooresche Gesetz ****

Das Mooresche Gesetz, 1965 von *Intel*-Mitgründer Gordon Moore aufgestellt, besagt, dass sich die Anzahl von Transistoren pro Prozessor alle achtzehn Monate verdoppelt. Der Preis für Computerleistung halbiert sich dementsprechend alle 18 Monate. Während *Commodore* und

2) Jahre später setzt Commodore das flachere Design mit dem C64c um.
3) TV-Techniker verspotten NTSC als ‚Never The Same Color'. Das europäische PAL-Signal kennt dieses Problem nicht.

deren Kunden ihre Vorteile aus den günstigen Produkten ziehen, kann *MOS Technology* mit dieser Vorhersage nicht Schritt halten.

Der C64 verfügt über den 6510-Prozessor, eine überarbeitete Version des 6502. Heute messen wir den Fortschritt in der Computertechnik an der Taktfrequenz, doch das Herz des C64 schlägt nicht schneller als das des VIC-20, PET oder gar des KIM-1 von 1975. Tatsächlich ist der C64 unmerklich langsamer als der VIC-20. Obwohl *MOS Technology* auf dem Markt mit seinem 6502 mit *Motorola* und *Intel* mithält, liegt die Firma bei der Mikroprozessorforschung zurück. Bill Mensch versuchte sich früh an einem 16-Bit-Nachfolger des 6502, wie er sich 1986 in einem Interview erinnert: „Wenn es um die nächste Generation ging, dachten wir schon 1976 an 16 Bit." Russell meint, das 16-Bit-Projekt sei damals in Partnerschaft mit *Synertek* entstanden. „Ich fand eine Beschreibung des SY6516, ein 6502 mit 16 Bit", sagt er. „Synertek sollte das entwerfen. Ich habe ein Spezifikationspapier mit Timing und Temperatur-Einstellungen. Das alles klingt sehr realistisch." Doch *Synertek* fällt dem harten Wettbewerb im Halbleitergeschäft zum Opfer. „Synertek hatte finanzielle Probleme. Das waren harte Jahre."

Vor der Übernahme durch *Commodore* verhindern finanzielle Probleme bei *MOS Technology* die Entwicklung eines 16-Bit-Chips. „Lange Zeit passierte nichts, zum Teil wegen der finanziellen Ressourcen bei MOS. Sie konnten es sich nicht leisten. Ich bin mir sicher, wenn sie gekonnt hätten, wäre das eine phänomenale Arbeit gewesen, denn auch der 6502 hatte eine hervorragende Architektur", sagt Winterble. Das 16-Bit-Projekt geht bei MOS unter. „Es wurde nicht unterstützt", sagt Charpentier. „Prozessoren muss man im OEM-Markt absetzen. Commodore errichtete aber keinen OEM-Halbleitermarkt. Die Firma war ein Systemhaus, das damit selbst Computer baute. Das war kein Firmenschwerpunkt."

Nachdem Bill Mensch einen Taschenrechner-Chip für *MOS Technology* entwickelt, will er einen stromsparenden 6502-Chip produzieren. Der ehemaliger Arbeitgeber MOS lehnt sein Angebot ab, auch andere Hersteller wie *Rockwell*, GTE, *Synertek* und *Mitel* zeigen wenig Interesse. Mensch entwirft den Prozessor trotzdem. Winterble glaubt, dass viele bei *MOS Technology* entwickelten Features in Menschs Chip Einzug halten. „Viele Ideen kamen durch unsere Leute im Western Design Center." Mensch will einen CMOS 6502. Dieses Verfahren ist effektiver als das alte NMOS-Verfahren: ein NMOS-Chip besteht aus 13, ein CMOS-Chip aus sechs Schichten. CMOS ist günstiger und schneller.

Anfang 1981 entwirft Mensch einen 6502 im CMOS-Verfahren, den er 65C02 nennt und bietet die Lizenz zur Fertigung wieder GTE, *Synertek* und *Rockwell* an, die diesmal annehmen. *Commodore* jedoch klagt wegen Patentverletzung, da der 65C02 denselben Befehlssatz wie der MOS 6502 nutzt. *Commodore* einigt sich außergerichtlich mit Mensch, der im Gegenzug die Lizenz für die Hälfte der üblichen Gebühr abgibt. Tramiel genießt das Abkommen.

Ohne Peddle und Mensch fällt *MOS Technology* hinter die Erwartungen des Mooreschen Gesetzes zurück. Während *Intel* und *Motorola* Fortschritte mit 16- und 32-Bit-Prozessoren machen, konzentriert sich MOS auf Custom-Chips wie VIC und SID. Erst 1982 beginnt bei MOS die Entwicklung eines 16-Bit-Prozessors. „Es gab ein 16-Bit-6502-Programm", erinnert sich Charpentier. Im August des Jahres berichtet *Byte*, dass *Commodore* an Prototypen einer neuen Prozessorfamilie von 16- und 32-Bit-Chips arbeite.

Im November taucht die Bezeichnung 65000 auf. Es kursieren Gerüchte, dass *Commodore* den Prozessor in einem neuen Computer verwenden will. „Wir versuchten das gleiche noch einmal mit weniger Leuten", schildert Winterble in Bezug auf die Entwicklung des 6502. „Wir begannen 1982 und ließen für Publicity-Zwecke etwas durchsickern." Chef-Designer ist ein ehemaliger Ingenieur aus Peddles Team, Will Mathis, der schon im ursprünglichen 6502-Team arbeitete. Winterble verfolgt das Projekt mit wenig Enthusiasmus: „Es war eine andere Zeit nach der Fertigstellung des C64. Wir engagierten den Architekten des 6502, der in der Nähe wohnte, sowie einige andere Leute und stellten ein Team auf. Aber zu diesem Zeitpunkt waren Al und ich weniger begeistert und wir dachten über unsere Zukunft nach."

Winterble will den 16-Bit-6502 so einfach wie möglich halten. „Wir erlaubten ihnen, ihren Ideen freien Lauf zu lassen und über neue Architekturen zu grübeln. Sie diskutierten verschiedene Herangehensweisen an die Fertigung eines Prozessors. Ich mochte das nicht, denn ich wollte in erster Linie einen 6502 mit 16 Bit. Wir fragten uns: ‚Warum tun wir das?' " Winterble zufolge verliert das Team das Ziel aus den Augen. „Sie erstellten Layouts, aber die für die Architektur zuständigen Jungs waren undiszipliniert. Ab einem gewissen Punkt war klar, dass daraus nichts wird."

Wenn Tramiel ein Projekt antreibt, motiviert das seine Ingenieure und sie stellen das Produkt fertig. Doch Tramiel ist der 16-Bit-Prozessor gleichgültig. „Es gab keinen Druck", sagt Winterble. „Wir kamen nicht voran." Das Fehlen eines 16-Bit-Prozessors verschlechtert *Commodores* Zukunftschancen auf dem umkämpften Computermarkt.

Obwohl *Commodore*-Computer mit 1 MHz laufen, behauptet Winterble, dass der 6502 zu mehr imstande wäre: „Wir reduzierten die Oxidschicht und erzeugten so einige Hochgeschwindigkeitsversionen. MOS Technology hatte hochwertiges Oxid. Je dünner diese Gatter waren, desto schneller konnten wir takten. Zu Testzwecken suchten wir die Schnellsten heraus. Wir erstellten eine Reihe von heißen Prozessoren für ein Schachturnier. Jemand nutzte Wasserkühlung für einen Chip, der mit 8 MHz lief. Es war unglaublich."

Yannes erklärt, dass die schnellen Chips wegen der RAMs nicht im C64 verbaut werden konnten. „Das hätte nicht funktioniert. Die Geschwindigkeiten, mit denen wir arbeiteten, mussten ein Mehrfaches der Video-Rate betragen. Das RAM-Timing hätte das nicht ausgehalten. Video und Prozessor hätten den BUS so verändert, dass die RAMs doppelt so schnell wie üblich gelaufen wären." Zudem wären die Kosten für einen C64 mit 2 MHz höher gewesen, wie Winterble erklärt: „Die Kosten wären exponentiell gestiegen, denn neben dem Prozessor hätten auch RAM und ROM schneller sein müssen. Das wäre zu teuer gewesen."

Letztendlich schadet die geringe Taktrate dem Erfolg des Commodore 64 nicht. 1982 machen die meisten Käufer gerade ihre ersten Schritte in der Computerwelt. Für sie ist der Preis viel wichtiger als die Geschwindigkeit.

# KAPITEL 13

# Der Verkaufsschlager I

13

1982

Den Zeitpunkt für die Veröffentlichung eines technisch überlegenen ‚Volkscomputers' wählt *Commodore* optimal: Computer werden zur Massenware, der Markt ist bereit für einen Champ.

## Sommer-CES 1982 ****

Kurz vor der Juli-CES stellen die Ingenieure ihren C64 fertig und *Commodore* bringt eine komplette Rechnerserie zur Messe: C64, P128, B256 und BX256 sowie die Max Machine. Wie im Januar erregt der C64 die meiste Aufmerksamkeit. „Die Japaner konvertierten mehrere VIC-20-Spiele für den C64", erzählt Yannes, der die Qualität der Software jedoch bemängelt. Die japanischen Programmierer halten sich streng an die ursprünglichen Spezifikationen des SID. „Das brachte mich auf die Palme", sagt Yannes. „Sie waren so in die Spezifikationen vertieft, dass sie alles danach ausrichteten. Auch wenn es nicht funktionierte." Keines der CES-Spiele zeigt das volle Potential seines SID-Chips. „Einige hatten überhaupt keinen Sound."

Robert Russell erinnert sich an die Vorstellung der Max Machine durch ihren Schöpfer Yashi Terakura: „Es gab verschiedene Ausführungen, darunter ein abgespeckter, tastaturloser C64 mit senkrechtem Modulschacht." Eine andere Variante besitzt eine Folientastatur. Obwohl Kit Spencer die Max Machine nicht unterstützte, lässt er einen Flyer drucken, der das Gerät als Spielmaschine der dritten Generation anpreist: „Sie wird die Konkurrenz ausschalten, besser klingen, besser denken, besser lehren und sich besser verkaufen."

Jack Tramiel hofft, dass sich die *Commodore*-Konsole gegen *Mattel* Intellivision, Colecovision und VCS durchsetzt. Sie bietet die beste Grafik und den besten Sound, ist jedoch unglücklich zwischen Spiel- und Computermarkt positioniert und findet wenig Anklang. Ein BASIC-Modul lässt die Max Machine wie einen Computer aussehen, doch dafür wiederum erscheinen die 4 KB RAM und die Folientastatur wenig geeignet. Die Zukunft der Max Machine ist unsicher.

## Turbulente Produktion ****

Mit drei Monaten Verspätung reicht das Team um Winterble das C64-Design an die Produktion weiter. Viele Probleme sind ungelöst. Der leitende Produktions-Ingenieur David Ziembicki muss zunächst eine PCB-Platine herstellen. „Wir hatten keine Erfahrung mit Produktionsfähigkeit und machten viele Fehler", erklärt Winterble die Situation in der Nach-Peddle-Ära. „Wir quetschten alles eng zusammen, um es auf die Leiterplatte zu bekommen. Wir waren keine Platinen-Leute. Wir machten Fehler, weil wir sparen wollten. Dazu gehört auch die Wahl des VIC-20-Gehäuses." Für letzteres zahlt *Commodore* schlussendlich mehr, als ein neues, größeres Gehäuse gekostet hätte.

Im April 1982 führt der rücksichtslose Zeitplan zu einem kostspieligen Fehler. Russell schickt seinen ROM-Code ungeprüft an die Fabrik an der Westküste, wo die Versuchung groß ist, sofort mit der Produktion zu beginnen. Als Russell an der Ostküste den Code weiter testet, entdeckt er einen schwerwiegenden Bug: Einige Großbuchstaben werden klein dargestellt! Russell ruft die Techniker an der Westküste an und ist entsetzt. „Sie hatten bereits eine Million davon produziert. Dann kam ich und sagte: Hups! Stopp - das können wir nicht veröffentlichen!“ Doch es ist zu spät: *Commodore* sitzt auf Hunderttausenden von nutzlosen ROM-Chips, deren Herstellung mehr als eine Million Dollar kostete. Russell erwartet eine Bestrafung, aber das Management nimmt es mit Humor. „Der Präsident der Firma kam in mein Büro und sagte: ‚Das kostet Dich einen Dollar pro Tag für den Rest Deiner Zeit bei Commodore.‘ “

Danach gefährden Chip-Engpässe den Zeitplan der C64-Produktion. „Die Industrie rechnete noch in Tausenden, und wir sprachen plötzlich von einer Million“, sagt Russell. „Niemand erwartete solche Mengen. Wir versuchten, Teile in Russland zu beschaffen, weil wir sie sonst nirgendwo bekommen konnten.“

Der C64 hat einen angeborenen Fehler im Video-Chip: Wird dieser heiß, tauchen hellblaue Punkte im Bildschirm-Hintergrund auf. Der Fehler ist weit verbreitet, die Benutzer nennen ihn später ‚Sparkle Bug‘. Da die Hardware nicht mehr geändert werden kann, muss Russell eine Software-Lösung finden. „Sie schrieben den Code so um, dass aus hellblauen Flecken vor dunkelblauem Hintergrund dunkelblaue Flecken wurden, die man nicht mehr sehen konnte“, sagt der spätere *Commodore*-Ingenieur Bil Herd, der sich erinnert, dass Russel für diese Lösung einen $20.000-Bonus einstreicht. Die Endkontrolle ist primitiv: „Wie testete man damals Farben? Für eine Weile hatten wir Leute vor den Bildschirmen stehen, die sagten: ‚Oh ja, das ist blau‘ “, erinnert sich Winterble. Da auch die gesetzlich vorgeschriebene technische Abnahme die C64-Fertigstellung bremst, beginnt die Produktion erst im Juni.

Als Charpentier später die ersten C64-Presseberichte liest, erstaunt ihn die Kritik an den grellen Farben. Er findet die Aussage merkwürdig, da er die Farben für lebendig und gut ausgewählt hält. Er geht der Kritik nach und entdeckt, dass die Fließbandarbeiter die Farbausgabe am Board so lange hoch stellen, bis sie die Farbe klar und deutlich sehen. Viele drehen die Farbsättigung voll auf, was eine Übersättigung zur Folge hat.

Die inadäquate Testphase des C64 wird außerhalb der Firma schnell bekannt. Ein Programmierer der Spielefirma *Epyx*[1] berichtet 1985: „Als ich einen brandneuen C64 öffnete, sah ich durchtrennte Leiterbahnen. Sie benutzten offensichtlich einen elektrischen Schraubendreher, mit dem sie manchmal die Schrauben verfehlten und die Bahnen zerstörten. Wie konnte die Endkontrolle das übersehen? Ganz einfach: Diese Leiterbahnen gehörten zum Laufwerksanschluss, und den testeten sie offensichtlich nicht.“

Glaubt man Herd, nehmen die Fließbandarbeiter bei Engpässen des VIC-II einfach das Defekt!-Schild von der Ausschuss-Kiste und greifen auf die kaputten Chips zurück: „Wir mussten das Ding bis Weihnachten hinbekommen. So konnten wir alles im Dezember verkaufen, doch im Januar kamen die Leute wieder zurück.“

Die flächendeckende Auslieferung beginnt im August 1982. „Der Verkauf lief anfangs über ComputerLand und ähnliche Ketten“, erinnert sich Yannes. Hausbrände, verursacht durch einen

---

1) *Epyx* liefert 1984 mit Pitstop II, Summer Games und Impossible Mission drei der erfolgreichsten und technisch besten C64-Spiele und gehört mit letztlich über 50 Titeln zu den größten C64-Software-Lieferanten.

C64, bereiten *Commodore* damals zusätzlichen Kummer. „Im Rahmen meiner beruflichen Tätigkeit musste ich auch Feuer untersuchen", sagt Russell. „Es war weniger der VIC-20, sondern der C64, dessen Netzteil völlig überfordert war. Es verursachte Wohnungsbrände bei Leute, die es unter ihren Vorhang stellten." Der ‚Sparkle Bug' taucht weiterhin auf. Charpentier konzentriert seine Suche auf den VIC-II, der jedoch einwandfrei funktioniert. Als er die Logik unter die Lupe nimmt, findet er den Fehler in einem ROM-Chip.

Mit derart vielen Problemen droht der C64 zum Desaster werden. Doch das Team meistert die Herausforderungen. Ziembicki sagt später: „Der Schlüssel ist, die Probleme während der laufenden Produktion zu lösen." Kaum ist der letzte Fehler beseitigt, droht der nächste Schlag.

## Ausgebremst! ****

Tramiel weiß um die Bedeutung von Peripheriegeräten, die beim VIC-20 und C64 über den seriellen Anschluss verbunden werden. Der enge Zeitplan des C64 vermindert die Qualität des Buses. „Der C64 ist das Ergebnis unserer Anstrengungen, etwas Vorzeigbares für die CES und ein Produktionsmodell zu schaffen; für alles andere war die Zeit zu knapp", sagt Yannes.

Russell ist enttäuscht vom langsamen seriellen Bus des VIC-20 und will die Leistung beim C64 drastisch erhöhen: „Die Langsamkeit hängt mit dem seriellen Bus zusammen, nicht mit dem Laufwerk". Er überarbeitet den C64-Bus, implementiert eine Hochgeschwindigkeitsroutine und ersetzt den 6522-I/O-Chip. „Wir verbauten den 6526-Chip, der funktionierende Hochgeschwindigkeitsleitungen enthält. In meinen Diagrammen verband ich die mit dem seriellen Anschluss."

Russell will zudem ein verbessertes Diskettenlaufwerk, das ebenfalls einen 6526-Chip enthält, genannt 1541. „Ursprünglich wollten wir den 6526 sowohl im 1541-Floppy-Laufwerk, als auch im C64 einbauen. Das hätte das System 20 bis 30 Mal schneller gemacht. Das Laufwerk hätte die Grenzen gesetzt, nicht der serielle Bus."

Kurz vor der Veröffentlichung hat Russell den ROM-Code noch nicht aktualisiert. „Die 1541-Floppy wäre selbst bei den ersten 64ern schnell gelaufen, aber ich konnte den Code nicht fertig stellen, weil wir mit anderen Problemen des Chipsatzes zu kämpfen hatten." Russell will den ROM-Code ändern, sobald er finale Produktionsexemplare des C64 hat.

Die Ingenieure der Ostküste senden ihr fertiges Design an die Westküste und warten auf die Leiterplatten für die Produktion. „Unsere Diagramme sowie alle Produktionszeichnungen fertigten wir in Santa Clara, da wir dafür keine Leute an der Ostküste hatten", sagt Russell. Niemand bei *Commodore* überprüft die Modelle sorgfältig, bevor sie in Serienproduktion gehen. „Wenn wir etwas veröffentlichten, bauten sie so viel davon, wie sie konnten", erklärt Russell. „Seht euch die Verkaufsrate des VIC-20 an – zu Spitzenzeiten verkauften sich 1.000 pro Tag. Man sagte uns: ‚Wenn Ihr zwei Wochen länger dafür braucht, wie viele Millionen Dollar wären das?' Wir sahen das ein. Das konnte man nicht wegdiskutieren", sagt Yannes.

Schließlich erhält Russell ein fertiges C64-Board und untersucht es. „Ich testete es und alles funktionierte, da wir die Hochgeschwindigkeitsroutine noch nicht geschrieben hatten. Dann sah ich mir das Board an - die Leitungen dafür waren gar nicht vorhanden!" Jemand an der Westküste hatte Russells Diagramm verändert. Als Russell das erfährt, wird er wütend. „Ich stellte alles auf den Kopf." Er ist entschlossen herauszufinden, wer dafür verantwortlich ist.

„Die Produktionsingenieure in Kalifornien waren es", sagt er. Ironischerweise dachten die Ingenieure, es sei effizienter die Verbindungen wegzulassen. „Die Jungs, die das Board erstellten, ließen die Verbindungen weg, um Geld zu sparen", erklärt Russell. „Sie dachten: ‚Wozu liegen diese zusätzlichen Leitungen an?' Sie löschten sie und wir waren aufgeschmissen." Das Ergebnis ist vergleichbar mit einem Achtzylinder, dem sieben Treibstoffzuleitungen fehlen.

Russell will die desaströse Situation retten. „Ich ging damit zu Charlie. Er fragte, ob es immer noch funktioniere. Ich sagte: ‚Ja, es arbeitet wie eine 1540.' " Winterble stellt fest, dass bereits zu viele Boards hergestellt wurden. „Wir konnten es nach Hunderttausend fertigen Boards nicht mehr ändern." Die Produktion des C64 anzuhalten und mit neuem Design fortzusetzen, kommt nicht in Frage. „Technisch wäre das möglich gewesen, aber sie wollten ausliefern", sagt Russell. „Ich hätte einige Wochen für ein neues Gerät gebraucht." Nachträgliche Änderungen hätten außerdem alle frühen Kunden verärgert. „Dann hätte es eine Menge inkompatibler Maschinen da draußen gegeben", erklärt Russell.

Damit ist das Design eines schnelleren 1541-Laufwerks sinnlos. „Wir interessierten uns nicht weiter dafür. Die 1541-Floppy wurde eine 1540 mit etwas anderer Software." Das Entfernen der paar Leiterbahnen wird die C64-Anwender viele Millionen Stunden kosten.

Noch langsamer wird das 1541-Laufwerk, als *Commodore* versucht, es mit dem VIC-20 kompatibel zu machen. „Das größte Kompatibilitätsproblem war das dumme VIC-20-Disklaufwerk", sagt Charpentier. „Wir wollten es nicht, aber das Marketing zwang uns dazu." Der 6522-Chip des VIC-20 muss mit dem 6526-Chip im 1541 korrespondieren. „Wir dachten, der neue I/O-Chip sei ein guter Schritt voran, aber das war er nicht. Es machte eine Menge Probleme, das Laufwerk mit dem 6526 zum Laufen zu bringen", sagt Winterble. Russell kämpft mit dem Problem, wird jedoch von Tramiel unter Druck gesetzt. Herd zufolge „sagte Jack: ‚Es läuft am Montag, Du wirst es hier an Ort und Stelle richten.' Er zeigte ihm den Schreibtischplatz, an dem es stehen und funktionieren würde. Russell schrieb den seriellen Bus an einem Wochenende als Software." Russell hat keine Zeit, das Problem sauber zu lösen. „Wir begannen langsam und machten es noch langsamer", sagt Yannes. „Der Prozessor wurde derart vom Video-Chip in Anspruch genommen, dass das Disklaufwerk nicht mithalten konnte." Um VIC-20-kompatibel zu bleiben, reduziert Russell die Geschwindigkeit des 1541 auf ein Viertel, obwohl der C64 den neuen 6526-Chip besitzt. Das 1541 braucht zwei Minuten, um ein Programm von 64 KB zu laden – das langsamste Disklaufwerk der Heimcomputer-Welt. Den *Commodore*-Ingenieuren läuft ein Schauer über den Rücken. „Man ließ solche Sachen geschehen, um Deadlines und den eigenen Job, vor allem aber, um Jack bei Laune zu halten."

Charpentier drückt seine Frustration über das Marketing aus: „Das Problem war, dass Marketing und Verkauf keine Ahnung hatten, worum es bei Computern geht. Für sie war es ein Ding mehr, das kompatibel sein musste, ganz gleich, ob es die Maschine verstümmelte oder nicht." Er hält die Kompatibilitätsentscheidung für kurzsichtig. „Sie haben eine Inventarsliste auf dem Tisch. Wenn wir den C64 verändern und ein neues Disklaufwerk herausbringen, haben sie unverkauftes Inventar. Solche Dinge trüben das Urteilsvermögen." Der Perfektionist Yannes glaubt, dass das Endprodukt unter dem unbedingten Absatzwillen litt. „Sie sagten: ‚Es funktioniert, also verkauft es.' Wir sagten: ‚Aber es funktioniert nicht gut.' Und sie darauf: ‚Das ist nicht wichtig, weil es nicht gut funktionieren muss. Es muss nur funktionieren, damit wir es verkaufen können.' " Auch Charpentier hält es für einen Fehler, das veraltete Design der 1540 zu nutzen. „Das war ein interessantes Problem, denn Spencer war anwesend, als wir das Marketing davon zu überzeugen versuchten, dieses schreckliche Disklaufwerk nicht zu benutzen. Wir wollten ein neues, schnelleres Laufwerk, aber wir konnten sie nicht überzeugen. Ich weiß bis heute nicht, ob das ihre eigene oder Jacks verordnete Überzeugung war."[2]

Es sind Drittanbieter, die für Abhilfe sorgen. „Bald erschienen Software-Revisionen, die schneller liefen", sagt Yannes. Unter den Schnelllade-Modulen unabhängiger Hersteller stammt das bekannteste von *Epyx.* Es verfünffacht die Geschwindigkeit des seriellen Anschlusses.[3]

Abgesehen von der Langsamkeit ist das 1541 ein einzigartiges Stück Technik. Der interne Speicher und der 6502-Chip ermöglichen ein Umprogrammieren des Laufwerks. Anwender können ein Programm ins Laufwerk laden, den Computer abstecken und das Programm läuft weiter. Durch Diskettenwechsel kopiert das 1541 Programme ohne den C64. Auch lädt es Programme, während der C64 mit anderen Aufgaben beschäftigt ist. So laden Spiele wie **Mars Saga** ihre Daten, während im Hintergrund Musik läuft. Trotz aller Kritik vollbringt das Laufwerk Dinge, die kein Konkurrenzsystem leistet. Bald entdecken Hacker weitere erstaunliche Fähigkeiten. Einige davon sind eher seltsam, wie beispielsweise die Musikerzeugung mit dem Laufwerkskopf. Dieser kann in verschiedenen Frequenzen rattern, die ein findiger Hacker passend arrangiert. Kein anderer Computerbesitzer kann sich damit rühmen, dass sein Laufwerk ‚Amazing Grace' oder ‚Daisy Bell (A Bicycle Built for Two)' spielt.[4]

Spencer schätzt, dass 70% der C64-Besitzer ein Floppy-Laufwerk kaufen werden, was großzügig scheint, angesichts der geringen Anzahl von Laufwerken für den VIC-20. Das könnte in einem teuren Überangebot für *Commodore* enden. Letztendlich holen sich jedoch 90% der amerikanischen C64-Besitzer eine 1541-Floppy. „Ich schätze auf jeden fünften oder sechsten Computer kam ein Drucker, aber wahrscheinlich alle kauften ein Disklaufwerk", sagt Chuck Peddle. „Preiswerte Peripherie war für Commodores Erfolg sehr wichtig."

Die Firma gerät schnell in Lieferschwierigkeiten. Von August bis September 1983 gibt es keine 1541-Floppy im Handel, weil die Produktion nicht nachkommt. „Auf dem Gipfel der C64-Popularität konnten wir keine Laufwerke liefern", sagt Russell und erklärt die Hintergründe. „Sie funktionierten nicht. Ich schrieb ein einfaches Testprogramm um festzustellen, ob die Laufwerke richtig justiert waren. Zu der Zeit wurden die Laufwerke in Japan hergestellt. Sie hörten dort auf, mein Testprogramm zu benutzen, weil die Ausfälle den Japanern zufolge zu hoch waren." Auch die Anwender melden eine hohe Fehlerrate: Die Laufwerksköpfe dejustierten sich. Tom Halfhill, Redakteur der *Compute!'s Gazette*, beschwert sich, dass vier der sieben Laufwerke der Redaktion auf diese Weise ausfallen.

Russell denkt an die Berge von Laufwerken zurück, die sich in der *Commodore*-Zentrale türmen: „Unser Parkplatz hinter der Firma war zur Hälfte belegt durch Anhänger voller Geräte

---

2) Das 1540 ist nicht einmal richtig kompatibel: Ein Fehler im VIC-II lässt C64er mit diesem Disklaufwerk abstürzen.

3) In Europa verbreiten sich später Beschleuniger-Module wie das *Final Cartridge III* und das englische *Action Replay.*

4) Letzteres ist quasi die Hymne der Computer-Ära: In *2001: Odyssee im Weltraum* singt HAL ‚Daisy Bell', als die Besatzung den Rechner aussteckt. Es ist auch das erste Lied, das der Altair des *Homebrew Computer Club* abspielt.

aus Übersee", erinnert sich Russell. „Es waren 30 Anhänger mit 1541-Laufwerken, die dort in den Asphalt sanken. Ich weiß nicht, wie viele Hunderttausend es waren." Die Laufwerke verschwinden nach und nach auf mysteriöse Weise. „Am Schlimmsten war es, dass Leute Sachen aus der Produktion heraus stahlen. Ganze Wagenladungen wurden von hier vertrieben."

## Der C64 wird Kult ****

Das Ingenieurs-Team wendet sich schnell vom C64 ab. „Wir akzeptierten die Tatsache, dass unsere Arbeit getan war", sagt Winterble. „Ich hatte nichts dagegen einzuwenden, dass die Marketing- und Verkaufs-Teams nun ihre Arbeit machten. Es war wie ein Staffellauf, und es war Zeit, den Stab weiter zu reichen."

Sein Können stellt Kit Spencer bereits unter Beweis, als er den PET zum populärsten Bürocomputer in Großbritannien macht und den VIC-20 spektakulär in Amerika einführt. Obwohl ihm die Ingenieure Einfluss auf die C64-Entwicklung verwehren, ist er nun entschlossen, die Massen *Commodore* zuzuführen. Als erfahrener Werber weiß er, wie wichtig der Bekanntheitsgrad einer Firma ist. Spencer will *Commodore* zur Coca-Cola der Computerwelt machen und dazu vertraute Klänge und Bilder nutzen, die jeder mit der Marke assoziiert. Zuerst muss er an Tramiel vorbei. „Das Marketing hatte es schwer, weil Tramiel sich für den besten Verkaufs-Strategen hielt. Ich denke, Spencer konnte mehr, als Jack ihn tun ließ. Jack wusste, was er wollte, und die Leute um ihn mussten das umsetzen, anstatt den Sachen ihren eigenen Stempel aufzudrücken", sagt Charpentier.

Für die Werbung will Spencer ein großzügiges Budget, über 12 Millionen Dollar[5] - die teuerste Kampagne der Firmengeschichte. Vom Erfolg des VIC-20 beeindruckt, stimmt Tramiel zu, behält Spencers Aktivitäten jedoch im Auge. Spencer scheint es, als habe jeder in der Firma etwas zur Kampagne zu sagen. Gestandene Manager entpuppen sich als Texter und Regisseure, die Spencer ihre Ideen zwischen Tür und Angel aufdrängen. Spencer steht unter enormem Druck, die Kampagne muss ein Erfolg werden. Er weiß, dass William Shatner die beste Wahl als Fürsprecher wäre, doch dessen Vertrag mit *Commodore* endet im September 1982. Zudem ist Shatner nach dem Kinohit *Star Trek II: Der Zorn des Khan* und der TV-Serie *T.J. Hooker* wieder Superstar, sein Agent pocht auf eine höhere Gage. Tramiel lehnt ab, da er es gewohnt ist, für Anschlussverträge weniger zu zahlen. So muss Spencer die Kampagne anders aufziehen.

Um das Weihnachtsgeschäft anzukurbeln, produziert Spencer eine Serie von VIC-20-Werbespots, die ‚Ganzer Computer zum Preis einer Spielkonsole!' thematisieren, und erreicht mit britischem Humor das junge Publikum. Die witzigen Spots richten sich vor allem gegen das ‚Video Computer System' (VCS) von *Atari*, das trotz seines Namens kein echter Computer sei. Jeder Spot betont den erzieherischen Wert des VIC-20. In einem sitzt ein 30jähriger vor einem Aquarium und stellt sich vor, er spiele Atari, während er seinem Goldfisch in die Augen starrt. Ein Wink mit dem Zaunpfahl. Viele Eltern fürchten, dass Videospieler dumm sind und bleiben.

Im Bezug auf den neuen C64 weiß Spencer, dass der der Konkurrenz überlegen ist, und entschließt sich zum Direktvergleich mit den bekanntesten Computern dieser Zeit: Apple II,

5) ...schreibt Tomczyk in seinem Buch *The Home Computer Wars*. Das *Byte Magazine* dagegen berichtet im Februar 1983, die Kampagne habe 22 Millionen Dollar gekostet.

IBM PC, Atari 800 und TRS-80. So kann er ehrlich und gleichzeitig offensiv sein. Für die Spots engagiert er die Werbeagentur *Ally & Gargano*, diese wiederum den Sprecher Henry Morgan, den die *Internet Movie Database* als „Persönlichkeit aus Radio und Fernsehen mit urkomischem, sarkastischem Humor" beschreibt. Morgan ist die perfekte Wahl, um die Konkurrenz zu verhöhnen, seine Stimme wird schnell zum Markenzeichen von *Commodore*.

Der erste 30-Sekunden-Spot zur C64-Einführung betont Speicher und Preis: Der Computer thront auf einem schwarzen Sockel, während Morgan den Zuschauer informiert, dass er 64 KB Speicher für nur $595 bietet. Im Vergleich dazu kostet der 16-KB-IBM $1.565, der Apple II mit 48 KB $1.530 und der 16-KB-*Atari* $899. Der Spot schließt mit der Prognose: „Der Commodore 64 könnte das bedeutendste Produkt seit der Geburt der Computerindustrie werden."

Spencer kreiert eine Serie, die sich gezielt gegen ausgewählte Rivalen richtet; die Spots sind günstig und halten *Commodore* im öffentlichen Bewusstsein. Der erste 10-Sekunden-Spot behauptet, dass man vier Atari-800-Computer zum Preis von je $899 kaufen müsse, um den Speicherplatz des Commodore 64 zu erhalten. Die TV-Werbung gegen *Apple* ist simpel aber effektiv. Ein grüner Apfel, der nach und nach zerbissen wird, während Morgan kommentiert: „Es gibt einen neuen Personal Computer von Commodore. Mit einem Drittel mehr Speicher als der Apple II – zum halben Preis." Am Ende fällt das abgenagte Kerngehäuse um.

Der Film gegen IBM ähnelt der Werbung gegen *Atari* und zeigt einen einsamen Elefanten: „Wenn das der Speicher eines IBM PC für $1.565 ist ..." woraufhin drei weitere Elefanten ins Bild drängeln. „...was ist dann das? Der Speicher des Commodore 64 für unter $600."

In einer anderen Werbung steigt ein armer Student in einen Zug, kehrt aber Sekunden später an den gleichen Bahnhof zurück. Der Sprecher meint, mit einem C64 hätte es klappen können. „Sie rieten Eltern einen C64 zu kaufen, weil ihr Sohn planlos von der Uni kam", sagt der spätere *Commodore*-Ingenieur Dave Haynie. „Das waren hervorragende Werbespots." Yannes verweist auf den erzieherischen Anspruch von *Commodore*: „Ein Teil von Commodores Marketingprogramm war: ‚Wollen Sie Ihrem Kind eine Konsole kaufen, die verdummt, oder einen Computer, mit dem man nebenbei auch spielen kann?' Das war eine sehr erfolgreiche Kampagne." Doch in den frühen 80er-Jahren herrscht immer noch eine große Unsicherheit gegenüber Computern. Da die Behauptung, Computer seien erzieherisch wertvoll, längst nicht bewiesen ist, kritisieren einige kalifornische Pädagogen die Werbung als unehrlich.

Im letzten 30-Sekunden-Spot der Serie setzt Spencer schließlich die Rechner der Konkurrenz gegen ihre Hersteller ein. Er zeigt das BASIC-Listing eines *Apple*-Computers, während der Sprecher erklärt: „Wir befragten die Computer, welcher von ihnen hinsichtlich Preis und Speicher besser sei." Apple II, IBM PC und TRS-80 wählen den Commodore 64. Der Sprecher spottet: „Das schätzen wir am meisten an unseren Konkurrenten: sie sind so ehrlich."

Die Hintergrundmusik aller Spots ist unvergesslich. Spencer lizenziert den Titel „Switched on Bach" von Walter Carlos[6], der Teile der Zweistimmigen Invention Nr. 13 von Johann Sebastian Bach enthält. Noch heute verbinden Leute diese Melodie mit *Commodore*. Das Stück ist perfekt ausgewählt und erweckt den Eindruck von Technik, hohem Entwicklungsstand und Verspieltheit. Wer die Spots sieht, behält die Melodie im Ohr und denkt dabei an *Commodore*.

---

6) **Als Pionier der elektronischen Musik schreibt Carlos u.a. die Filmmusik zu *A Clockwork Orange* und Disneys *Tron*.**

Außerdem produziert Spencer Radio-Jingles, wie das bekannte „I Adore my 64". Die Jingles sind ebenso unvergesslich wie die von *Coca-Cola* und *McDonalds*. Das erste klingt fast wie ein Lied der Beatles:

> I adore my 64, My Commodore 64.
> I sing with it, write with it,
> figure my path to flight with it,
> My Commodore 64.
> I rate with it, create with it,
> telecommunicate with it,
> My Commodore 64.

Das zweite Stück ist etwas kerniger:

> I adore my 64, My Commodore 64.
> I cook with it, steam with it,
> educate the team with it,
> My Commodore 64.
> I pitch with it, catch with it,
> count my chicks before they hatch with it,
> My Commodore 64.

Die Werbespots rücken aber weder den überlegenen Sound, noch die Grafik des C64 in den Vordergrund, da die bis 1982 intern entwickelte Software diese Fähigkeiten kaum nützt. So bleibt es den Anwender überlassen, die audiovisuelle Power des Rechners zu entdecken.

Spencer entwirft auch Print-Anzeigen. Die erste behauptet: „Als wir den Commodore 64 für $595 anboten, meinte die Konkurrenz, das sei unmöglich. Weil es für sie unmöglich war." Im Gegensatz zur Radio- und TV-Werbung enthalten die Magazinanzeigen technische Details, betonen Preis, Speichergröße, Software, Peripherie, Spiele, Grafik und Sound. Die Anzeigen stellen zudem ein CP/M-Modul in Aussicht. Dieses Versprechen bereitet *Commodore* später noch Unannehmlichkeiten.

Insgesamt bringt die Kampagne 12 verschiedene Printanzeigen, TV- und Radio-Spots. *Commodore* massiert die Werbungen vor Weihnachten und verteilt den Rest übers folgende Jahr. „Commodore war wohl die erste Firma, die Computer-Werbung zur Hauptsendezeit brachte", schätzt Yannes. Spencers Werbekampagne wird sogar ausgezeichnet: 1983 erhalten *Ally & Gargano* zwei ‚Clio Awards' für ihre TV-Spots und die Radiokampagne, und damit die wichtigsten Auszeichnungen der Werbebranche.

Die Kampagne erfüllt ihren Zweck und erreicht die Leute. Spencers Strategie mit vergleichender Werbung zeigt Wirkung. Diese sowie *Commodores* Preispolitik zwingen *Atari*, *Radio Shack* und sogar *Apple* in die Knie. Es sind goldene Jahre fürs Marketing. Unglücklicherweise wird *Commodore* nie wieder so viel Aufmerksamkeit in den Medien erreichen.

## Der Commodore-Fluch, vierter Teil ****

Tramiels Befürchtung, dass nach Peddles Weggang fähige Ingenieure für neue Computer fehlen, wird schnell durch das bis dahin erfolgreichste *Commodore*-Produkt und das Team von der Ostküste zerstreut. Doch auch diese Ingenieure fühlen sich bei *Commodore* nicht mehr wohl. Der geringe Gehaltsbonus ist ein Grund dafür, wie Yannes weiß: „Das trug jeder mit sich herum. Es half mir zu erkennen, dass man bei Commodore nicht viel Geld machen konnte."

Nach dem Erfolg des C64 erwarten die Ingenieure eine bessere Bezahlung, doch trotz ihrer außergewöhnlichen Arbeit ist Tramiel unzufrieden. „Wir sollten das in drei Monaten machen und brauchten sechs", sagt Russell. „Niemand von uns bekam einen Bonus für den C64, weil der Rechner in Jacks Augen verspätet kam." Keiner macht sich größere Hoffnung als Yannes: „Mein Gehalt war nicht sonderlich hoch. Sie gaben mir netterweise einen Bonus für den VIC-20. Aber ich erhielt keinen für all meine C64-Überstunden - das war ein Schlag ins Gesicht."

Tramiel entlohnt Winterble und Charpentier angemessen, aber die beiden fragen sich, was nach dem C64-Projekt folgt. „Wir waren nicht unzufrieden", sagt Winterble. „Ganz im Gegenteil, wir freuten uns, dass der C64 jetzt verkauft wurde. Aber wir spielten keine so große Rolle mehr wie zuvor. Jetzt behoben wir nur noch Probleme. Wer will das schon? Wir waren ein kreatives Entwicklerteam und wollten es bleiben." Beide wissen, was sie als nächstes tun wollen, doch sie genießen nicht mehr die gleiche Freiheit wie früher. „Tramiel beauftragte uns mit einem tragbaren CMOS-Computer", erinnert sich Winterble, dessen Ingenieure davon wenig begeistert sind. „Es gab nichts, dass so aufregend war wie das, an dem wir gearbeitet hatten."

Al Charpentiers Technikverständnis unterscheidet sich fundamental von Tramiels Philosophie: „Der Business-Markt war der richtige Markt für Entwicklungen", sagt er. „Jack fand den Einsteigermarkt ansprechender, das war seine Welt." Charpentier erkennt den Low-End-Markt an, aber er strebt nach technischer Innovation im High-End-Sektor. Tramiel hingegen will einen Computer auf dem Preisniveau von *Sinclair*. „Ich wollte Apple ins Visier nehmen, aber Jack sah einen anderen Markt", sagt Charpentier. „Er wollte einen billigen Computer. Wir waren uns nicht einig über den weiteren Weg." Diese Uneinigkeit erinnert an den Streit mit Peddle.

Charpentier plant *Commodores* nächsten Rechner. „Sozusagen ein C80 mit 80 Spalten in Konkurrenz zum Apple II. Tramiel und ich sprachen oft darüber." Als Videochip-Designer weiß Charpentier, welche Fähigkeiten er im nächsten VIC-Chip implementieren möchte. „Ich wollte variable Sprite-Strukturen einbauen." Der C80 kann nicht an einen Fernseher angeschlossen werden. „Man hätte einen Spezialmonitor gebraucht, da Fernseher keine 80 Spalten darstellen. Er hätte ein schnelleres Disklaufwerk, 80-Spalten-Darstellung sowie 256 KB RAM erhalten." Charpentier strebt zudem Abwärtskompatibilität zum C64 an. „Das wäre vernünftig gewesen, wurde aber nicht umgesetzt." Trotz Charpentiers Erfolge setzt Tramiel sich durch. „Jack hatte die Karten in der Hand. Er führte seine Firma gut, aber er hatte keine Ahnung, was sich im Computermarkt abspielte. Ich wusste, dass der billige Computer die falsche Wahl war. Ich versuchte ihn zu überzeugen, aber er blieb anderer Meinung. Es war schließlich sein Geld."

Charpentier glaubt, dass hochrangige Manager mit Computer-Know-How bei *Commodore* fehlten. „Die einzigen, die Computer benutzten, waren Ingenieure und Freaks. Und die saßen nicht im Management." Yannes schließlich denkt, dass das Management dem Design-Team nicht genügend Anerkennung für die Erfolge zugestand. „Für uns stand fest, dass alle zukünftigen Produkte vom Marketing vorgeschrieben sein würden. Wir hatten nie wieder die Freiheit zu tun, was wir wollten."

Mit dem finanziellen Erfolg für *Commodore* geht die wohl schlimmste Beleidigung der Ingenieure einher. „Umsatz und Aktienkurs wuchsen gewaltig", erinnert sich Yannes. „Als wir unsere Bewertungen und Gehaltserhöhungen bekommen sollten, verkündeten sie, dass sie die Gehälter einfrieren würden." Der junge Ingenieur kann es kaum fassen. Die Begründung ist umso unglaublicher: „Wenn sie uns eine Gehaltserhöhung gäben, hätte dies die Gewinnkurve des Unternehmens verringert. Sie wollten aber den Börsenanalysten eine stetig steigende Kurve vorzeigen." Yannes ist sich nicht sicher, wer die Entscheidung zum Einfrieren der Gehälter trifft. „Ich wäre nicht überrascht, wenn das von Jack kam." In Anbetracht von Goulds Besessenheit vom Aktienkurs scheint die Idee aber eher dessen Handschrift zu tragen. Egal ob Tramiel oder Gould: Der kurzsichtige Versuch, den Aktienkurs zu heben, schadet der Firma langfristig.

Den Umsatz verdankt die Firma zu großen Teilen ihren Ingenieuren. Doch jetzt, dank ihres Erfolgs, erfahren diese finanzielle Restriktionen. „Das sollten wir verstehen? ‚Na klar, kein Problem.' Das motivierte mich, zu gehen", sagt Yannes. Als Charpentier Yannes für dessen Bewertung zu sich bittet, eröffnet er ihm eine neue Möglichkeit. Charpentier sagte: „Zuerst die schlechte Nachricht: Dein Gehalt wird eingefroren. Hier die gute Nachricht: Ich gründe eine Firma. Bist du dabei?" Yannes stimmt sofort zu: „Wir hatten den C64 ermöglicht. Wir waren das Marketing, die Designer und alles andere. Wir unterlagen keinen Einflüssen von außen und schafften es. Also dachten wir uns: Warum machen wir das für jemand anderen?".

Winterble initiiert den Plan, *Commodore* zu verlassen. „Ich hatte eine Idee für ein Produkt und sprach mit Al darüber. Er und ich lachten bei einem Wein über die Millionen-Dollar-Idee. Wir sprachen darüber, was wir unabhängig von Commodore tun könnten." Da das VCS von *Atari* 1982 immer noch populär ist, schlägt Winterble eine Erweiterung vor. „Uns kam die Idee, daraus einen Computer mit Namen ‚Mein Erster Computer' zu machen - eine Folientastatur, die über ein ROM-Modul mit BASIC an das VCS angeschlossen wurde. Statt ein Spielmodul für $29,95 zu kaufen, erhielt man zum gleichen Preis einen kleinen Computer. Es war eine tolle Idee." Winterble unterbreitet seinen Vorschlag *Atari*. „Wir hatten damals nur eine vage Idee". *Atari*-CEO Ray Kassar will das Produkt für eine Million Dollar kaufen und die Software dafür im eigenen Haus entwickeln. Charpentier verlässt *Commodore,* ohne zu zögern. „Jack sagte, er wolle einen billigen Computer, und ich sagte: ‚Ich bin raus.' Ich hatte ein gutes Gefühl. Es boten sich viele Gelegenheiten und es war eine ziemlich aufregende Zeit damals."

Yannes verlässt *Commodore* mit einer anderen Einstellung. „Ich hatte Angst davor, zu gehen. Ich arbeitete gerne dort und hatte viel Spaß." Doch Yannes rechnet sich mit Charpentier und Winterble größere Chancen aus. „Wir gingen Ende August, Anfang September 1982." Um Tramiels Rache auszuweichen, kündigen die Ingenieure, während der Chef auf Geschäftsreise ist. „Wir gingen absichtlich, als er in Japan war", sagt Winterble. „Wir machten uns Sorgen, ob sie sich auf Yannes einschießen würden. Wir sagten uns: ‚Wir brauchen Freiraum ohne Leute um uns herum.' " Winterble versucht, andere *Commodore*-Ingenieure zu rekrutieren. „Sie fragten mich, ob ich mitginge", meint Russell, der dazu bereit ist. „Wenn sie das Ding fertig hatten, bekamen sie ihre Million Dollar." Als Russell erfährt, dass die Ingenieure die Hardware entwickeln, während *Atari* die Software liefert, sieht er dort für sich wenig Platz: „Ich wäre mitgegangen, wenn sie mich gebraucht hätten". So lehnt er ab und meint: „Sagt Bescheid, wenn Ihr etwas mit Software macht. Dann komme ich nach." Trotz des Versprechens kommt Russell nicht. Er ist niedergeschlagen, da er den Kontakt zu seinem besten Freund verliert. „Man muss wissen, dass Yannes und ich eng befreundet waren. Wir aßen täglich miteinander."

Unterm Strich gehen fünf der sechs wichtigsten C64-Ingenieure mit Winterble, darunter die Produktionsleute David Ziembicki und Bruce Crockett. Charpentier hinterlässt eine Dokumentationslücke für den VIC-II. „Wir wollten ursprünglich mehr Informationen herausarbeiten, aber wir gingen, bevor ich ein Handbuch über die Chip-Finessen fertig stellen konnte."

Die anfängliche Arbeitsumgebung der Abtrünnigen ist bescheiden. „Nach unserem Weggang arbeiteten wir ohne Geld in meinem Keller", sagt Winterble. Kurz nach der Gründung ihrer neuen Firma *Peripheral Visions* erhalten die Ingenieure Post von Tramiels Anwalt. „Jack hörte, dass wir etwas machten und wollte wissen, was das war. Also verklagte er uns", erinnert sich Winterble. „Wir erhielten das Schreiben und fragten uns: ‚Wofür?' ‚Wegen Diebstahl von Handelsgeheimnissen.' ‚Was genau haben wir denn gestohlen?'" Die Anklage ist nicht näher spezifiziert. Offensichtlich weiß Tramiel nichts über das neue Projekt. Winterble erklärt sich bereit, den Anwälten von *Commodore* sein Projekt darzulegen. „Wenn wir ihnen zeigten, woran wir arbeiteten, würden sie sehen, dass es nichts war, woran Commodore arbeitete, und die Anklage fallen lassen", erklärt Winterble. „Wir zeigten ihnen, woran wir arbeiteten und er sagte: ‚Tut mir leid, aber das ist mein Produkt. Das könnt ihr nicht haben. Ich verklage Euch trotzdem.' Dabei hatten wir bei Commodore nie daran gearbeitet!"

Auch ohne rechtliche Grundlage für die Anklage gegen Winterble, hat Tramiel jeden Grund, wütend zu sein: Winterble gehörte zu seinem ‚Familienkreis' und hatte offensichtlich einige der besten Ingenieure zum Konkurrenten *Atari* gelockt. „Es waren Rachegefühle im Spiel, weil er wütend war. Und ich weiß, weswegen er wütend war", gibt Winterble zu. „Er war sauer auf mich, weil wir das durchzogen, während er nicht da war." Das leichtfertig angezettelte Verfahren enttäuscht Winterble. „Wir halfen Commodore, und das war der Dank? Es verletzte uns. Man darf doch eine Firma verlassen! Die Sklaverei war schon längst abgeschafft, warum sollte man uns für etwas bestrafen, was unser gutes Recht war?"

Während der Treffen mit ihren Anwälten lässt Tramiel seine ehemaligen Ingenieure wissen, was er von ihrem Bündnis mit *Atari* hält. „Wer ging war ein Verräter. Und Jack war sehr rachsüchtig, auch wenn es zum Nachteil seiner Firma war", sagt Yannes. „Ich erinnere mich daran, wie er am anderen Ende des Verhandlungstisches saß und grollte, wie ‚diese Troika ihn betrogen hatte'. Wenn ich noch für ihn gearbeitet hätte, hätte ich mich gefürchtet, aber so war es eher komisch. Es erinnerte mich an Nikita Chrustschow, wie er in einer UN-Sitzung mit seinem Schuh auf den Tisch hämmerte." Robert Russell befindet sich in einer zwiespältigen Situation, hin- und hergerissen zwischen seiner Loyalität gegenüber *Commodore* und seinen ehemaligen Kollegen: „Ich hörte, dass Jack nicht sehr glücklich war und einige Klagen anstrengte. Ich hielt mich aus der Sache raus, da es meine Freunde waren."

Der Fall sollte leicht zu entscheiden sein, aber 1982 sind Gerichte nicht vertraut mit IT-Streitigkeiten. „Wenn jemand eine Ahnung von Technik gehabt hätte, wäre die Anklage abgewiesen worden. Anders gesagt: In Kalifornien, wo man täglich mit solchen Klagen zu tun hatte, wäre sie abgewiesen worden. Die Schwierigkeit bestand darin, ein Rechtssystem zu belehren, und das ist eine teure Aufgabe für drei kleine Leute", sagt Winterble.

Erstaunlicherweise hilft *Commodores* Management Winterble bei der Beweisführung – es bestätigt, dass es kein VCS-Computerprojekt bei *Commodore* gab. „Die Manager, Elton Suthard und einige andere sagten, das sei Unsinn", erinnert sich Winterble. „Sie bezeugten, dass daran nicht gearbeitet wurde. Ihre Leute stimmten uns zu." Doch die Anwälte von *Commodore* behaupten sogar, das *Atari*-Projekt sei Diebstahl geistigen Eigentums, weil die Tastatur einen 6502 benutze. „Wir entwarfen ein Produkt, das mit dem 6502 arbeitete. Commodore besaß den 6502. Also verstießen wir gegen ein Gesetz", lacht Winterble. „Der 6502 wurde an jeden verkauft, der ihn haben wollte. Die Datenblätter waren weltweit zugänglich. Das ist eine gute und kurze Erklärung, die uns vor Gericht dennoch drei Jahre kostete." Winterble gewinnt die Auseinandersetzung, doch Tramiel erzielt den gewünschten Effekt: Die Arbeiten bei *Peripheral Vision* ziehen sich hin. „Die Belehrung des Rechtswesens kostete uns $300.000."

Trotz der rauen Behandlung durch Tramiel schätzen die Ingenieure ihre Zeit bei *Commodore*. „Ich genoss es sehr", sagt Charpentier. „Jack war ein strenger Boss, aber im Ingenieursbereich ließ er uns kreative Freiheit. Ich hatte viel Spaß dort." Charpentier hat seine Lektion von Tramiel gelernt. „Er war ein harter Brocken, von dem ich viel lernte. Ich lernte, vieles nicht zu tun. Ich möchte seine Handhabung mancher Dinge nicht nachahmen, aber was den Aufbau einer Firma angeht, war es ein gutes Training." Winterble blickt ähnlich wohlgesonnen zurück. „Selbst heute bin ich Jack Tramiel noch dankbar. Ich lernte viel von ihm. Leider waren die Umstände, unter denen wir gingen, nicht die besten. Aber es war eine großartige Erfahrung."

## Das Aus für die Max-Maschine ****

Nach dem gelungenen Debüt des C64 plant *Commodore* die Veröffentlichung der Max Machine, von der sich Tramiel einen ähnlichen Erfolg erhofft. „Als wir den C64 entwarfen, sollte es ein $600-Computer werden, das Ultimax dagegen für Einhundertnochwas Dollar zu haben sein und die Module abspielen können, die wir für den C64 entwickelt hatten", sagt Yannes. Tramiel gibt Terakuras fertiges Design nach Japan weiter. „Wir hatten die Architektur dafür erstellt", sagt Winterble. „Japan arbeitete am Produktionsdesign."

Mit der Max Machine möchte Tramiel an den Erfolg des VIC-20 anknüpfen und einen Computer für $179 in Japan anbieten. Zum zweiten Mal will er die japanische Konkurrenz in ihrer Heimat schlagen. Wenn das Gerät sich dort verkauft, würde es auch in den USA laufen.

Technisch übertrifft die Max Machine alle andere Spielkonsolen und verfügt bereits über die Grafik- und Soundeigenschaften des NES von *Nintendo*, das erst zwei Jahre später auf den Markt kommt. Als Computer ist sie dagegen weniger geeignet, denn das Mini-BASIC-Modul lässt nur 512 Bytes Speicher zum Programmieren. Damit lässt sich kaum etwas anfangen. Ein anderes BASIC-Modul verfügt über 2 KB zusätzlichen RAM-Speicher, was kaum besser ist.

Die Entscheidung, trotz Widerständen in der Firma an dem Produkt festzuhalten, zeigt, dass Tramiel den Übergang von Taschenrechnern zu Computern noch nicht vollzogen hat. Er glaubt, der geringe Preis entschädige für ein minderwertiges Produkt. Kit Spencer soll die amerikanische Werbekampagne vorbereiten und arbeitet wieder mit *Ally & Gargano* zusammen. Tomczyk hilft bei der Erstellung des Verpackungsdesigns und des Handbuchs. Beide erkennen das Offensichtliche, machen sich aber trotzdem an die Arbeit. Gemäß ihrer Prospekte plant *Commodore* die Max Machine als Konsole der dritten Generation.

Für eine echte Konsole müssten die Ingenieure Farbe bekennen und die Tastatur weglassen; so könnte *Commodore* eine Spielkonsole mit überlegener Grafik und Sound preiswert anbieten. Stattdessen bleibt die Max Machine ein spärlich ausgestatteter Computer, den *Commodore Japan* produziert und parallel zum C64 verkauft. Wie vorausgesagt, wird sie zu einem monumentalen Flop. Trotzdem plant *Commodore* im November 1982 immer noch den US-Verkaufsstart. Doch die Situation hat sich seit der Planung des Geräts geändert.

Als das Projekt beginnt, gibt's den VIC-20 für $299. Die $179 teure Max Machine macht bis zum Preiskrieg der Branche Sinn, danach aber nicht mehr: Kurz vor dem geplanten Einführungstermin fällt der Preis des VIC-20 unter $200 und Anfang 1983 gerät selbst der C64 preislich in die Nähe der Max Machine. „Nicht lange nach der Veröffentlichung des C64 sank dessen Preis auf $300, dann auf $130", sagt Yannes. „Es gab keinen Grund mehr, die Max Machine herzustellen. Warum sollte man die Max Machine mit ihrer Folientastatur und dem winzigen Speicher kaufen, wenn man den C64 beinahe zum gleichen Preis bekam?"

Tramiel überträgt die US-Veröffentlichung Bill Wade, der klar erkennt, dass das Produkt keine Zukunft hat. Er überzeugt Tramiel, davon abzurücken. Der Preis des VIC-20 ist unter den der Max Machine gefallen, die damit überflüssig geworden ist.

## Epilog der P- und B-Serie ****

Nach der Veröffentlichung des C64 plant *Commodore* die Vermarktung der P- und B-Computerserie, um den alten PET zu ersetzen. P-Serie steht für Tastaturcomputer, während B-Rechner mit monochromem 80-Spalten-Bildschirm voll integriert sind. Ausgewählte Händler erhalten Demogeräte und das *Byte Magazine* kündigt im November 1982 den P128 für $995, den B128 für $1.695 und den BX256 für $2.995 an. Charpentier findet den P128 nicht sinnvoll. „Das Problem war, dass er mit der 80-Spalten-Anzeige des Apple nicht mithalten konnte."

In Europa tragen die neuen Computer die Bezeichnung CBM-II. CBM 505 und 510 sind Personal Computer mit 64 bzw. 128 KB RAM, CBM 610 und 620 haben 128 bzw. 256 KB. Die Topgeräte der Serie sind CBM 710 und 720 mit abnehmbarer Tastatur und verstellbarem Monitor, eine Meisterleistung der Designabteilung: Sie gelten als die schönsten Computer der frühen 80er, ihrer Zeit weit voraus. Die runden Formen erinnern an *Apple*-Macintosh-Monitore, die über ein Jahrzehnt später erscheinen. Die Modelle 710 und 720 beherbergen jeweils zwei Disklaufwerke. Nach der *National Computer Conference* in Texas berichtet das *Byte Magazine* in Ausgabe 9/82 über diese Modelle: „Der Preis für das außergewöhnlichste Computer-Design der Show geht an Commodore."

Spencer macht Vermarktungsvorschläge für die P- und B-Serie. Er will sie in Konkurrenz zum IBM PC setzen und treibt die Entwicklung einer optionalen CP/M-Karte mit Z80-Prozessor voran. *Commodore* produziert eine begrenzte Anzahl der Computer und gibt sie an Händler weiter. Aber da für sie kaum Software existiert, finden die Neuen keine Kunden. Bald verkaufen die Händler ihre Bestände unter Wert. Der Erfolg des C64 überschattet die P- und B-Serie.

14

# Commodore-Manie

1983

Weihnachten 1982 wird zum Wendepunkt für *Commodore*: Von einer massiven Werbekampagne getragen, wird der C64 in Tausenden von US-Geschäften seinen potentiellen Kunden vorgeführt. Jetzt entscheiden die Verbraucher über den Erfolg des Heimcomputers.

## Medienwahnsinn ****

1982 gibt *Disney* der Computerwelt durch den Trickfilm *Tron* ein neues Image. Die fantastische Reise ins Innere eines Rechners erzeugt ein ideales Verkaufsklima für den Jüngsten von *Commodore*. Michael Tomczyk erklärt in der Oktober-Ausgabe der Zeitschrift *Compute!*: „Das Konzept von Tron - man selbst ist der Computer und umgekehrt - wird definitiv eintreten. Das ist der Endpunkt. Die Trends hinsichtlich Preis, Leistung und Technologie deuten darauf hin. Die Physik dieser Filmfantasie ist vielleicht unmöglich, aber wir bewegen uns in diese Richtung. Wir gehen auf ein ultimatives Tron zu."

1982 verkauft *Commodore* den C64 über den Computer-Fachhandel und setzt in den ersten zwei Wochen nach der Veröffentlichung im August 12.000 Geräte ab - ein neuer Rekord. Zwischen September und dem 1. Dezember verkaufen sich weitere 65.000 Systeme. C64-Kunden finden ihre Erwartungen übertroffen, da Spencers Werbekampagne zwar Preis und Speicher betont, aber nichts über die hervorragenden Grafik- und Soundfähigkeiten sagt. *Commodore* erntet extreme Markentreue. Besprechungen in Magazinen sind einhellig begeistert. *Byte*-Redakteur Stan Wszola hebt Grafik und Sound des C64 hervor, kritisiert aber das schwache BASIC 2.0. Er bemängelt auch die mangelhafte Qualitätskontrolle bei *Commodore*, da er zwei Computer umtauschen muss, bevor er einen funktionierenden erhält. Ron Jeffries von *Creative Computing* schätzt die hohe Computerleistung für $600, kritisiert aber die verschwommene Grafikdarstellung.

Die Umsätze des Weihnachtsgeschäfts übertreffen alle Erwartungen, doch erst 1983 wird das Jahr des C64. Am 4. Januar wählt das *Time Magazine* den PC zum ‚Mann des Jahres'. Erstmals ziert ein Rechner das Neujahrstitelblatt, erstmals ist es kein Mensch, der die journalistische Würdigung erhält. Das öffentliche Interesse an Computern steigt.

Das Magazin *Compute!* erkennt als eines der ersten das Potential des C64. Im Januar 1983 kündigt Herausgeber Robert Lock den Ableger *Commodore Gazette* an, die spätere *Compute!'s Gazette*. Im gleichen Jahr erkennt das US-Fernsehen die Bedeutung von Computern in der Gesellschaft und startet die Sendung *Computer Chronicles*, die wöchentlich Neuheiten zeigt und so die Popularität der Rechner steigert. *Commodore* wird regelmäßig erwähnt, Jack Tramiel und seine Söhne sind gelegentlich zu Gast. Auch an Hollywood geht die Computerwelle nicht vorbei. Im Juni 1983 feiert der MGM-Film *WarGames* Premiere. Darin wird das ‚Hacken' glorifiziert, das bei Tron nur Randthema ist. Mit einem starken Bezug zum Kalten Krieg spielt der Film knapp 80 Millionen Dollar allein in den USA ein. Der Umsatz reflektiert die Akzeptanz von Computern. Für *Commodore* beginnt ein goldenes Zeitalter.

Ab Januar 1983 verkauft *Commodore* auch über Ketten wie *K-Mart* und *Sears* und Tramiel senkt den Preis nochmals. „Er ging mit dem C64 für $595 zu ComputerLand, und die fragten: ‚Du machst doch nicht noch mal dasselbe wie mit dem VIC-20, oder?' Und Jack sagte: ‚Natürlich nicht.' Natürlich tat er's doch. Einige Monate später wurden die Rechner von K-Mart für $399 verkauft", erinnert sich Yannes. Die traditionellen Fachhändler bleiben auf überteuerten Beständen sitzen. Yannes empfindet kein Mitleid mit *ComputerLand*. „Wie dumm waren die? Jack interessierte sich nicht dafür, ob seine Händler Geld verdienten. Um den Markt zu übernehmen, würde er auf so viel Gewinn verzichten, wie nötig."

Dieses Vorgehen vergrault kleine und große Händler. „Damit machte Commodore einen schweren Fehler", meint Ingenieur Dave Haynie. „Die klassische Geschichte war, dass die kleinen Händler den C64 günstiger über K-Mart kaufen konnten als über den örtlichen Vertrieb. Das brachte Commodore einen schlechten Ruf." Tramiel hätte seine Händler vor dem Preissturz warnen und ihnen damit eine Chance geben können, ihr Inventar zu verkaufen. Stattdessen zerstört er sein Händlernetz. Den Beschwerden der Fachhändler entgegnet *Commodore*, sie sollen sich auf die P- und B-Serie konzentrieren, die jedoch kaum jemanden anzieht.

„Winterble erzählte mir diese Fabel in Bezug auf Jack", sagt Yannes. „Schildkröte und Skorpion stehen am Ufer eines Flusses. Der Skorpion fragt die Schildkröte, ob sie ihn über den Fluss bringen könne. Darauf die Schildkröte: ‚Nein, Du wirst mich stechen und ich werde sterben.' Der Skorpion antwortet: ‚Ich steche Dich schon nicht, sonst ertrinken wir doch beide.' Die Schildkröte stimmt zu und der Skorpion klettert auf ihren Rücken. Als sie in der Mitte des Flusses sind, spürt die Schildkröte einen stechenden Schmerz. Sie dreht sich zum Skorpion um und fragt: ‚Warum hast Du das getan? Jetzt sterben wir beide.' Darauf der Skorpion: ‚Das ist nun mal meine Natur.' "

Zu einem beherrschenden Computer-Händler wird die *Sears*-Kette, die eine separate Ecke mit fünf aufgebauten C64, Disklaufwerken, Datassetten, Druckern und Bildschirmen einrichtet. Obwohl die Verkäufe des C64 1983 stetig steigen, muss sich der Markt erst etablieren. Die Verkäufe des VIC-20 dominieren 1983 noch, hauptsächlich wegen der schnellen Fertigung und des sinkenden Preises.

*Commodore* verkauft in der ersten Hälfte 1983 den Einmillionsten C64. Auf der CES im Juni wollen die Ingenieure den Erfolg feiern. „Wir gingen zur Show und jemand sagte: Wir müssen den einmillionsten präsentieren!", erinnert sich Bil Herd, der in diesem Jahr zu *Commodore* stößt. Doch am Fließband hat niemand darauf gewartet, diesen besonderen C64 herauszufischen. „Ich ging zurück ins Labor, wo ich Gayle Moyer traf, der den Abfall durchstöberte. Ich fragte ihn, was er da tat, und er sagte: ‚Das weiß ich, wenn ich es finde.' Dann meinte er: ‚Das ist er!' Und er zog den Einmillionsten C64 aus einem Haufen Schrott. Tatsächlich war es irgendeiner. Er sprühte ihn golden an und stellte ihn auf der CES aus."

*Microsoft* nimmt den Verkaufsrekord des Computers mit ihrem BASIC zu Kenntnis. „Der C64 hat Microsoft wohl zu schaffen gemacht. Sie verdienten nichts daran, obwohl zig Millionen verkauft wurden", sagt Yannes. „Es gab einen ausgehandelten Vertrag mit Gates, der unbegrenzte Nutzung erlaubte", sagt Winterble. „Die andere Vertragspartei war nicht sehr glücklich darüber. Das Verhältnis zwischen Commodore und Microsoft war nicht allzu gut."

## Aufbau einer Software-Bibliothek ****

Der größte Kritikpunkt, den der C64 ab Veröffentlichung überwinden muss, ist der Mangel an Software. Im Rückblick erscheint das Programmangebot für diesen Rechner riesig. Doch im ersten Jahr kommt die Software-Entwicklung nur schleppend voran, auch weil das Disklaufwerk erst Ende 1983 in großer Stückzahl verfügbar ist. „Einen C64 kaufte man nicht, weil es Unmengen von Anwendungen dafür gab", sagt Yannes. „Man kaufte ihn, weil man ohne Computer hinter den Anderen zurückgeblieben wäre."

*Commodore* bewirbt anfangs CP/M-Kompatibilität und damit Zugriff auf die vielen CP/M-Programme. Doch wegen technischer Schwierigkeiten kommt das Modul nicht zeitgleich mit dem C64 auf den Markt. Ein namentlich nicht bekannter Ingenieur zeichnet für das CP/M-Modul verantwortlich. Russell will die Entwicklung des Moduls beschleunigen, indem er die Konkurrenz analysiert. „Ich gab ihm die Schemata des Apple II einschließlich Dokumentation und sagte: ‚Das wollen wir!' Es interessierte mich nicht, ob er das kopierte, aber er tat es sicherlich, weil er kein guter Ingenieur war", sagt Russell. „Er brauchte lange, um etwas Funktionierendes zu erstellen. Es gab ernste Timing-Probleme im Modul, die uns von der Veröffentlichung abhielten." Die Verbraucherschutzbehörde FTC moniert *Commodores* falsche Werbung. Das *Byte Magazine* berichtet in Ausgabe 10/84: „Commodore Business Machines unterzeichnet im August 84 eine Einigung, mit der Commodore zustimmt, keine Features zu bewerben, die noch nicht existieren. Commodore warb mit der CP/M-Fähigkeit des C64, lange bevor der optionale Z80-Koprozessor erhältlich war."

Die amerikanische Software-Abteilung von *Commodore* hält den ungebrochenen Rekord bei der Anzahl von vermarkteten Programmen für den VIC-20. „Wir hatten von Anfang an Software-Teams, die an VIC-20-Spielen arbeiteten, aber die hatten schlechte Manager", meint Russell. „Sie produzierten viele schwache Titel." Die Verkaufsschlager kommen von *Commodore* in Japan. Obwohl Russell System-Software für die ROM-Chips erstellt, hat er anfangs nichts mit der US-Software-Abteilung zu tun. „Die Software-Gruppe war damals zuständig für Anwendungen und Spiele", sagt er. Nachdem Tramiel Tomczyk von dort abzieht, wechseln die Manager der Abteilung. Auch Russell leitet sie zeitweise: „Nach Winterbles Weggang wurde ich ihr Chef. Die Abteilung arbeitete an guten Spielen für den VIC-20, die sie auf den C64 portierten. Es waren nie mehr als zehn Leute; dafür war ihre Arbeit recht beeindruckend."

Ende 1982 erkennt Tramiel, dass Software ein ernstes Geschäft ist. Er überträgt die Leitung der Software-Division seinem Freund Sigmund Hartmann. Russell trifft Hartmann erstmals in Deutschland. „Ich war auf der Hannover-Messe für den Fall, dass jemand Spezifikationen haben wollte. Jack kam zu mir und meinte: ‚Nimm bitte meinen Freund Sig mit und zeig ihm, was du hier auf der Messe interessant findest.' " Hartmann, in Deutschland geboren, in Belgien ausgebildet, ist ein cleverer Geschäftsmann. Er arbeitet 18 Jahre für *TRW Automotive*, wo er Projekte für die *NASA* und *General Motors* leitet. Hartmann entschuldigt sich häufig für seinen starken deutschen Akzent. Wenn man ihn nicht versteht, buchstabiert er, um sicherzustellen, dass er verstanden wird. Unter seiner Führung arbeitet die Software-Abteilung unabhängig innerhalb des Firmen-Gefüges und enthält drei Unterabteilungen: Spiele, Geschäftsanwendungen und

Lernsoftware. Die VIC-Gruppe wird zur Spiele-Abteilung, während die PET-Gruppe Geschäftsanwendungen erstellt. Hartmann engagiert die ehemaligen Manager der Abteilung, Tomczyk und Wade, damit das Team auf ihre Erfahrung zurückgreifen kann. Finkel wird zum technischen Manager der Gruppe und Tramiel beauftragt Hartmann mit der Erstellung einer vollständigen Software-Bibliothek für die CES im Juni 1983.

Chef für Lernsoftware wird Dr. Dan Kunz, der früher PETs an Schulen verkauft; die ersten C64-Titel kommen aus seiner Abteilung. Hartmann erkennt, dass der Markt für Lernsoftware klein ist und entscheidet, solche Titel kostenlos – als ‚Public Domain' - zu vertreiben und damit das erzieherische Image des C64 zu fördern. Die Lernsoftware besteht größtenteils aus BASIC-Umsetzungen von Titeln für den PET und den VIC-20. Insgesamt entstehen zwischen 1982 und 1983 knapp 100 Lernprogramme. Als der C64 Anfang 1984 Fuß gefasst hat, schließt Commodore die Abteilung für Lernsoftware. Ihr letztes Spiel, **Lemonade**, ist eine Kopie des beliebten Lernprogramms *Der Limonaden-Stand*.

Die Spielabteilung ist erfolgreicher. Mit Ausnahme des *Broderbund*-Titels **Choplifter** dominiert *Commodore* die Verkaufscharts des C64, nicht nur wegen des frühen Starts, sondern auch wegen der überraschend guten Qualität der Spiele. *Hal Laboratories* in Japan produzieren viele der frühen C64-Spiele, darunter **Night Driver**, **Le Mans**, **Avenger** und **Jupiter Lander**.[1] Jetzt kennt sich *Commodore* mit Copyrights aus und wiederholt das **Jellyman**-Desaster nicht.

Russell erklärt Hartmanns größte Stärke: „Er konnte mit externen Firmen verhandeln. Das machte ihn sehr effektiv." Eine der lukrativsten Beziehungen für den C64 stammt aus Zeiten des VIC-20. Hartmann verlängert die Lizenz für *Bally-Midways* Spielhallen-Hits, und die Programmierer bei *Commodore* erstellen zwischen 1982 und 1983 würdige Versionen von **Sea Wolf**, **Clowns**, **Kickman** (**Kick** in Spielhallen), **Blueprint**, **Lazarian**, **Omega Race**, **Gorf** und **Satan's Hollow**. Russell ist neidisch auf Programmierer wie Finkel, die täglich spielten. „Sie hatten ein Spielzimmer mit den neuesten Automaten", sagt er. „Ich weiß nicht einmal, ob sie dort überhaupt gespielt haben, aber zumindest ich wollte das immer."

Yannes verfolgt aufgeregt den Aufbau einer Software-Bibliothek für das Gerät, das er mit entwickelte. „Ich hing ständig an meinem C64. Ich mochte Omega Race." Nicht alle Spielumsetzungen sind qualitativ hochwertig. Die erste Version von **Wizard of Wor**, die 1982 erscheint, fällt hinter dem Automatenvorbild weit zurück, so dass *Commodore* 1983 eine verbesserte Version veröffentlicht, mit Sprachausgabe für Besitzer eines Magic-Voice-Moduls. Nach dem Ablauf des Vertrags mit *Bally-Midway* adaptiert *Sega* deren Spiele für den C64.[2]

*Commodore* arbeitet zudem mit unabhängigen Anbietern, sogenannten ‚Third Parties'. Mit *Infocom* arrangiert Hartmann eine lukrative Partnerschaft und setzt die Textadventures **Deadline**, **Starcross**, **Suspended** und die **Zork**-Trilogie um; letztere hat als bekannteste Abenteuerserie eine breite Anhängerschaft. Als *Infocom* Anfang 1983 einen eigenen Vertrieb aufbaut, endet die Zusammenarbeit. Dafür erweitert *Commodore* die Partnerschaft mit Scott Adams und veröffentlicht 1983 sieben seiner Adventures, die mäßig erfolgreich sind. Um das Interesse an Abenteuerspielen zu beleben, schließen sich die Adams-Firma *Adventure International* und

1) Dies sind die letzten *Commodore*-Titel, die *Hal* produziert, bevor sich die Firma MSX, schließlich *Nintendo* zuwendet.

2) *Sega* veröffentlicht Hits wie Tapper, Up'n Down und Spy Hunter für den C64.

*Commodore* mit *Marvel Comics* zusammen und bringen **The Incredible Hulk**, **Spiderman** und **Fantastic Four** als Grafikadventures. Hartmann veröffentlicht diese Comic-Spiele zudem für IBM PC, Apple II und Atari 800 und erklärt Ende 1984 im Interview mit dem Magazin RUN: „Es wäre ein Fehler, sie nur für ein System zu verkaufen. Auf diese Weise wollen wir Marktführer werden." Die Anzeigen rühmen: „Sie werden sehen, warum Commodore so schnell zum Software-Giganten aufstieg." Die Spiele sind jedoch kaum innovativ und verkaufen sich trotz ihrer prominenten Helden schlecht. Traditionelle Adventures haben es schwer gegen Action-Titel. Die Zusammenarbeit zwischen Adams und *Commodore* endet mit dem Bankrott des ersteren.

Dafür gelingt mit **International Soccer**, einem Fußballspiel, das der junge Programmierer Andrew Spencer 1983 in England entwickelt, ein Super-Hit. Das Spiel ist ein Meilenstein in der Geschichte der Sportspiele und entzückt mit netten Features: die Spieler laufen vor Spielbeginn aufs Feld, der Siegerpokal wird angezeigt und es gibt eine animierte Zuschauermenge. Der Titel findet besonders in Europa viele Fans.

1984 veröffentlicht Andrew Spencer **International Basketball**, das ähnlich wie der Vorgänger programmiert ist. Das Spiel enthält eine Tabelle und Bandenwerbung für *Kellogg's*, *Coca Cola* und *Commodore* unter den Zuschauerrängen. Mit **International Tennis** schließt die International-Sports-Serie ab. Peddle meint, dass der C64 wegen dieser Spiele lange vor dem IBM PC rangiert. „PC-Spiele waren lange Zeit weniger gut", sagt er. „Man kaufte ihn nicht als Spielkonsole. Commodore war dagegen lange Zeit eine gute Wahl für Spiele."

Russell zufolge sorgt sich *Commodore* schon vor dem Erscheinen des VIC-20 um Software-Piraterie: „Wir überlegten uns Sicherheitsmethoden. Das Problem war nur, dass wir uns eine ausdachten und dann innerhalb einer Stunde einen Weg fanden, sie zu umgehen." Ironischerweise ist sich *Commodore* selbst der größte Feind, wenn es um Raubkopien geht. Selbst Spielmodule sind vor illegaler Verbreitung nicht sicher. „Jemand bei Commodore knackte die Module und kopierte sie auf Diskette", sagt Yannes.

Seit der Veröffentlichung des 1541-Disklaufwerks Ende 1983 lässt sich Software leichter vertreiben, sowohl für Softwareunternehmen als auch für Cracker. „Commodore war die vielleicht größte Quelle für gecrackte Spiele", sagt Herd. „Das Schlimmste was man machen konnte, war der Spiele- oder Anwendungsgruppe eine Kopie zu geben." Ein Cracker namens ‚The Giant Clam' (Die Riesenmuschel) sitzt in der Softwaregruppe. „Der Rest waren gute Leute, aber es gab einige skrupellose, die innerhalb von Wochen ein Spiel crackten." Russell erinnert sich an das Pseudonym. „Das war jemand in Finkels Team", bestätigt er. „Dort gab es viele seltsame Leute." ‚The Giant Clam' bleibt unentdeckt, bis *Commodore* eine Vorabversion von **International Soccer** aus England erhält. Als Raubkopien davon in Amerika auftauchen, steht fest: der Täter ist ein Insider. „Später wurde das FBI eingeschaltet. Die einzigen, die das Spiel erhielten, saßen bei Commodore in West Chester", sagt Herd. Es ist nicht bekannt, ob das FBI die Riesenmuschel knackte.

Alle Top-Hersteller dieser Zeit veröffentlichen C64-Spiele, *Broderbund*, *Epyx*, *Electronic Arts* und *Sierra Online*. Andere Häuser kommen und gehen, wie *Spinnaker*, *Sirius*, *Hesware*, *Creative Software*, *Synapse* und *Tronix*. Seit der Veröffentlichung des C64 wenden sich die Softwarehäuser von *Apple* ab und produzieren für *Commodore*. Im Produktkatalog von *Epyx* dominieren 1982 noch Spiele für Apple II und TRS-80. Daneben finden sich einige *Atari*- und IBM-Titel sowie eine Handvoll für VIC-20 und PET.

1983 verändert sich die Situation: Jetzt gibt es Spiele wie **Pitstop** und **Jumpman Junior** erst einmal für *Commodore*- und *Atari*-Computer. Spiele für den TRS-80 sind kaum noch zu finden. 1984 werden Erstveröffentlichungen wie **Impossible Mission** für den C64 angeboten.

Oft erliegen *Commodore*-Ingenieure ihrer Spielwut. „Mein Lieblingsspiel war **Kennedy Approach**, ein Fluglotsen-Spiel", erinnert sich Bil Herd. „Es nahm mich so mit, dass ich mit verschwitzten Händen und zitternd mein Büro verließ. Später hatte ich Albträume von schreienden Menschen, die in den Bergen hinter Denver abstürzten, weil ich ihre Maschine nicht schnell genug einwies." Die Ingenieure finden die Zeit, den ersten Hit von *Epyx* zu spielen. „Jumpman war das bekannteste Spiel mit Langzeitwirkung bei den Ingenieuren und vermutlich auch in anderen Abteilungen". *Commodore* selbst veröffentlicht ein Spiel namens **Jack Attack** von zwei jungen Kanadiern. Ein Scherz, den die meisten Angestellten bei *Commodore* begrüßen. „Man musste ein Insider sein, um das zu verstehen", sagt Winterble.

Anfang der 80er wird es Mode, dass Hersteller ihre eigenen Zeitschriften haben, z.B. *Atari Age*. *Commodore* lanciert zwei Publikationen: ein ‚ernstes' Computermagazin und, ab Mitte 1982, ein Heft namens *Power/Play*, dessen leitender Redakteur der ehemalige VIC-20-Software-Entwickler Neil Harris wird. *Power/Play* bewirbt *Commodore*-Eigenproduktionen, nachrangig auch Software von Fremdanbietern. So wird Jack Attack zum Titelthema und füllt acht Seiten, während populäre Spiele wie **Frogger** und **Q-Bert** nicht beachtet werden. Mit steigender Popularität erscheint das Magazin monatlich. Ab Ende 1984 gesteht man Fremdhersteller-Titeln wie **M.U.L.E.** und **Archon**, den ersten Spielen von *Electronic Arts*, mehr Raum zu.

Das zweite *Commodore*-Magazin geht auf den *PET User Club Newsletter* von 1981 zurück. Der *Commodore*-Angestellte Dennis Barnhart[3] wandelt den Newsletter in ein vollständiges Magazin namens *Interface* um. „Er startete es während seiner Zeit bei Commodore; es war ein weiteres Marketing-Ding", sagt Peddle. Interface klingt stark nach einem anderen Magazin namens *Interface Age*, also wird der Name Mitte 1981 in *Commodore - The Microcomputer Magazine* (ab Juli 1984 *Commodore Microcomputers*) geändert. Die Verlagsabteilung erwirtschaftet einen beträchtlichen Umsatz. Jeder fünfte *Commodore*-Kunde kauft ein Handbuch. Das macht allein 1983 600.000 Bücher.

Im Bereich der Business-Software produziert *Commodore* mittelmäßige Titel wie *Easy Calc 64*, *Easy Finance I-V*, *Easy Mail* und *Easy Spell*. Ferner bringt die Firma eine Reihe begrenzt erfolgreicher Anwendungen für mittelständische Unternehmen wie *General Ledger*, *Accounts Payable* und *Inventory Management* auf den Markt. Feagans, der immer noch an der Westküste arbeitet, initiiert *Commodores* erfolgreichste Büroanwendung. In den frühen 80ern wissen Computer-Hobbyisten von der Entwicklung einer grafischen Benutzeroberfläche im *Xerox Palo Alto Research Center*. Das Konzept eines ‚Graphical User Interface' (GUI) bringt Feagans auf die Idee für ein eigenes C64-Projekt. Er entwirft eine Textverarbeitung sowie einen Dateimanager, die via GUI, Cursor und Joystick bedient werden. Feagans nennt sein Programm *Magic Desk*. „John entwarf gerne Dinge", sagt Russell. „Er machte wirklich interessante Grafik-Geschichten für den C64. Das spätere GEOS kopiert die Architektur des Magic Desk." Feagans stellt sein

3) **Dennis Barnhart arbeitet später für Peddle, bevor er seine eigene Computerfirma gründet. Am Tag des Börsengangs erwirbt er eine Yacht, feiert und verunglückt tödlich mit einem $70.000 teuren Ferrari.**

Projekt auf der CES im Juni 1983 vor. Er verständigt Tomczyk, der ihm beim Design helfen soll. Während des Flugs zeichnet Tomczyk eilig die Arbeitsoberfläche auf Millimeterpapier. Sie zeigt einen Schreibtisch mit Uhr, eine Tür, einen Papierkorb und andere Bürogegenstände. Obwohl primitiv, ist sie ein Blick auf künftige Benutzeroberflächen.

Durch den Erfolg des C64 beflügelt, wird 1983 ein großes Jahr für die Software-Division von *Commodore*. Laut *Wall Street Journal* vom Februar 1984 ist die Firma der drittgrößte Softwarehersteller. „Das war der Höhepunkt der Gruppe unter Sig Hartmann", sagt Russell.

## Spur der Zerstörung ****

1983 ist der Computermarkt übersättigt, das *Byte Magazine* kommentiert Anfang des Jahres: „Die Hersteller haben zwar ein aggressiveres Marketing, aber nur die finanziell gesicherten und etablierten Firmen haben Erfolg. Berücksichtigt man die Rezession, so ist es kein Wunder, dass Experten eine Bereinigung des PC-Markts voraussagen, auf dem Marketing wichtiger ist, als das Produkt." *Byte* nennt den Vorgang später ‚The Great Shakeout'. *Commodore* tritt mit der stärksten Waffe in den Krieg ein, dem C64. Während der kommenden Jahre wird er die wichtigste Artillerie auf dem Schlachtfeld sein, mit dem VIC-20 als Unterstützung. Zwischen 1982 und 1984 hinterlässt der C64 eine Spur der Zerstörung bei der Konkurrenz.

Tramiel muss *Commodore* dort positionieren, wo kein Konkurrent mithalten kann. Mit seiner schlanken Firma und dank der vertikalen Integration senkt er den Preis bis zu einem Punkt, den andere nicht unterbieten können. Als einziger Mitbewerber verfügt *Texas Instruments* über eine vertikale Integration bis hinunter zum Halbleitergeschäft. Doch deren Heimcomputer ist nicht so stark wie der C64. Ende 1982 fällt der Preis des VIC-20 unter $200 und *Commodore* verkauft 70.000 Geräte pro Monat. Die meisten davon über *Toys'R'Us*, die spezielle Computerabteilungen einrichten. TI reagiert im August und bietet einen Rabatt in Höhe von $100 auf den $300 teuren TI-99/4A. TI will denselben Weg einschlagen wie im Taschenrechnergeschäft. Der C64 beherrscht das Weihnachtsgeschäft und zwingt Ataris 800 unter die 500-Dollar-Marke. Als der C64 Januar 1983 auch über *K-Mart* verkauft wird, senkt Tramiel den Preis auf $399. „Er reduzierte den Preis des C64 erst nach Weihnachten, um mehr Geld zu machen", sagt Haynie. Im Februar sinkt der Preis für den TI-99/4A auf $150 und liegt damit Kopf an Kopf mit dem VIC-20. *Commodore* reagiert im April und senkt die Preise für alle Peripheriegeräte, was den Händlern eine Verbilligung des VIC-20 unter $100 ermöglicht: Im Gegenzug versprechen sie sich erhöhten Profit durch Mehreinnahmen im Zubehörgeschäft.

Im selben Monat startet *Commodore* ein Angebot, das die Konkurrenz buchstäblich aus den Wohnzimmern holt. „Als ich anfing, hatte Jack eine großartige Marketing-Idee", sagt Dave Haynie. „Das Angebot, strategisch lanciert wie es seine Art war, besagte: ‚Schicken Sie uns Ihren Computer und Sie erhalten $100 Nachlass auf Ihren C64.' " Bald hat *Commodore* ein ganzes Lagerhaus voller Konkurrenz-Computer. „Viel Schrott darunter", sagt Haynie. „Ich sah es einmal durch und fand einen Sol-20 – den Rechner, den ich als Kind immer wollte." Die vielen Fremd-Computer im Lager verleiten die Ingenieure dazu, ihr Gehalt damit aufzubessern. Herd zufolge tauschen Angestellte die Computer gegen Musik-Equipment oder andere Elektronikgeräte, sofern sie sich trauen, mit Hardware unterm Arm an den Managern vorbei zu schleichen.

Die Ingenieure spekulieren, dass das *Commodore*-Angebot den Absatz von *Timex-Sinclair*-Computern beflügelt. Kunden kaufen einen Sinclair für $50 nur deshalb, um *Commodore*s 100-Dollar-Rabatt zu kassieren. Die vielen Sinclair-Computer werden zum Running-Gag bei *Commodore*. „Wir hatten massig davon", sagt Herd. „Ich setzte sie als Türstopper ein."

Im Mai 1983 bietet *Atari* einen Nachlass von $100 auf das Modell 800, das damit preislich mit dem C64 auf Augenhöhe kommt. Tramiel verkündet auf der CES im Juni, er werde den C64-Preis von 360 auf $200 senken. Der intensive Konkurrenzkampf schafft paradiesische Bedingungen für die Kunden. Hart trifft die Preissenkung TI, die Firma befürchtet einen Verlust von 100 Millionen Dollar für das zweite Quartal 1983. *Commodores* Gewinn dagegen steigt im dritten Quartal auf 25 Millionen Dollar. Es wird klar, dass *Commodore* seinen stärksten Gegner überdauert. Am Freitag, den 28. Oktober, kündigt TI den Rückzug aus dem Computergeschäft an. Tramiel hat seinen alten Rivalen aus den Taschenrechner-Kriegen besiegt. Zwei Tage nach der Ankündigung des Rückzugs steigt die Aktie von TI um 30%.

Mitte 1983 liquidiert Tramiel die PET-Verkaufsabteilung – ein klares Indiz für seine Konzentration auf den Privatanwender-Markt. Außerdem sortiert die Firma ihre kleinen Händler aus: Statt mit Tausenden von Läden verhandelt *Commodore* nun mit etwa 65 Großhändlern.

*Atari* kann mangels vertikaler Integration nicht mithalten, bezieht sogar einige Teile vom Mitbewerber. Nach einem Umsatz von 2 Milliarden Dollar 1982 bricht der Umsatz 1983 auf 1,1 Milliarden Dollar ein und *Atari* fährt einen Verlust von 538,6 Millionen Dollar ein. *Warner Communications* erkennt die Trendwende und will aussteigen, bevor die *Atari*-Verluste den Mutterkonzern ausbluten. Tramiels Philosophie, Geschäft sei Krieg, bewahrheitet sich. „Jack wollte stets den Preis so weit heruntertreiben, dass niemand mehr mithalten konnte. Und er hatte Erfolg", sagt Yannes. „Der C64 war eine Dampfwalze, gegen die niemand ankam."

*Radio Shack*, früher einmal ein potentieller Distributor des PET, scheidet ebenfalls aus. Der ursprünglich vorteilhafte Vertrieb über 7.000 eigene Geschäfte wird mit fortschreitender Zeit zur Beschränkung. *Radio Shack* kann damit den Massenmarkt nicht erschließen und stellt die Produktion des TRS-80 zugunsten der Herstellung von IBM-kompatiblen PCs ein. Auch der dezent verbesserte Apple II wirkt im Vergleich zum C64 veraltet, teuer und uncool für Spiele.

*Apples* Angst vor *Commodore* geht auf das Jahr 1977 zurück, als die Firma feststellt, dass *MOS Technology* dem Rivalen einen unschlagbaren Vorteil verleiht. Mit dem C64 werden *Apples* schlimmste Befürchtungen wahr, der Pieps-Sound und die verwaschene Grafik des Apple II wirken nun völlig rückständig. *Commodore* kann dank intern entwickelter CPU, Sound- und Grafikchips einen unglaublichen Computer für einen Bruchteil des Preises liefern. *Apple* hätte wohl weniger für den Apple II verlangen können: Zwischen 1977 und 1982 gibt es viele Gelegenheiten für eine Preissenkung, die Kosten für die Komponenten fallen jährlich. Doch *Apple*-Hardware bleibt überteuert. Im Gegensatz dazu senkt Tramiel seine Preise, sobald die Komponenten billiger werden.

Im Januar 1983 veröffentlicht *Apple* den Apple IIe für $1.395, ohne Disklaufwerk und Monitor, um gegen den C64 zurück zu schlagen. Der Neue hat 64 KB RAM (der Apple II plus davor 48 KB), aber außer der internen Erweiterbarkeit keinen technischen Vorteil gegenüber dem C64; sein unrealistischer Preis macht Positives irrelevant. 1984 folgt der Apple IIc, der keine

Erweiterungssteckplätze bietet: Nur der Preis und die unterlegene Technik unterscheidet ihn vom C64. Die Kunden monieren, *Apple* verlöre den Bezug zum Markt.

Dem Giganten IBM schadet der Preiskrieg nicht, da er sich aus dem Consumer-Markt heraushält. IBM verkauft Computer an die Geschäftswelt und setzt damit einen Büro-Standard. Erst Ende 1983 dringt ‚Big Blue' mit dem 700-Dollar-Computer IBM PC Jr. in den Heimmarkt vor. Tramiel reagiert mit Verachtung. Dem *Wall Street Journal* sagt er: „Weit mehr Leute haben $200 für einen Computer übrig, als $700." Tramiel erobert den Hobby-Sektor mit seiner Niedrigpreis-Strategie, während der IBM PC Jr. zum Flop wird.

Die große Marktbereinigung stärkt *Commodores* Position verglichen mit der Konkurrenz. Tramiel hat *Atari*, TI, *Timex*, *Radio Shack*, *Osborne*, *Coleco* und *Mattel* an den Rand des Ruins getrieben und *Apple* geschwächt. Nur IBM zeigt sich vom mächtigen C64 unbeeindruckt. Mit viel Geduld baut Tramiel eine vertikal integrierte Firma auf und erntet die Früchte seines Schaffens. Zum ersten Mal seit Jahren übertrifft *Commodore* den Umsatz von *Apple*: 681 Millionen Dollar Warenwert werden 1983 umgesetzt. Eine Steigerung um 124% im Vergleich zum Vorjahr. Tramiels Führungsposition steht außer Frage.

## Groß in Japan? ****

Als sich die deutsche Popband *Alphaville* Anfang 1984 mit ‚Big in Japan' in die Charts singt, hat *Commodore* den Fernostmarkt bereits verloren; selbst der mächtige C64 sticht dort nicht. Ein neuer Computertyp dominiert Japan und droht, auf den Rest der Welt überzugreifen.

Die japanische Erfolgsstrategie stammt von Dr. Kay Nishi, den Peddle bei der Veröffentlichung des PET trifft. „Da war dieser 19jährige, der ein Magazin namens ASCII schrieb. Ich traf ihn zum ersten Mal auf der Hannover-Messe. Er war einfach gaga. Er machte Fotos, die er zuhause verkaufte", erinnert sich Peddle. 1981 arbeitet Nishi für IBM. Der 26jährige wird Zeuge der zunehmenden Beliebtheit von Heimcomputern und entschließt sich, selbst einen zu entwerfen: „Dazu schloss er sich mit Bill Gates zusammen. Beide waren etwa gleich alt und Nishi zog nach Seattle, wo er Gates dazu drängte, einen Computer mit den Japanern zu entwerfen". Nishi will einen Standard, an dem sich mehrere Hersteller beteiligen. „Sie nannten es MSX. Alle japanischen Hersteller waren beteiligt"[4], meint Peddle. Laut Dr. Nishi steht MSX für ‚Machines with Software Exchangeability' (Maschinen mit austauschbarer Software).

Alle MSX-Computer folgen denselben Spezifikationen: 8-Bit-Z80-CPU mit 3,58 MHz, TI-Videoprozessor mit 16 KB Videospeicher sowie Audio-Chip AY-3-8910 von *General Instrument*, *Atari*-kompatible Joystickports und mindestens 8 KB Speicher, wobei die meisten MSX-Rechner serienmäßig 64 KB bieten. *Sony* und *Matsushita* (*Panasonic*) greifen als erste Nishis Konzept auf. Die beiden Giganten sprechen sich ab, und bald springen elf weitere Firmen auf den MSX-Zug: *Sanyo*, *Hitachi*, *Canon*, *Mitsubishi*, *Toshiba*, *Fujitsu*, *Kyocera*, *General*, *Yamaha*, *Pioneer* und *JVC*. Der MSX-Standard schließt *Microsoft*-BASIC in einem 32 KB großen ROM ein. „Sie gaben Gates eine Anzahlung auf seine Beteiligung pro Gerät", sagt Peddle. „Nishi dachte, dass er den Markt umstürzen werde. Er wollte japanisches Geräte nach japanischer Art zu verkaufen."

---

4) **Hier täuscht sich Peddle: Der japanische Marktführer NEC sowie die Elektronik- und Halbleiterriesen *Fujitsu* und *Sharp* stellen dem MSX-Standard eigene, nicht kompatible Rechner entgegen.**

Den C64 veröffentlicht Tony Tokai Anfang 1983 mit kosmetischen Veränderungen in Japan: Katakana-Zeichen anstelle der westlichen PETSCII-Symbole, Text steht nun schwarz auf violettem Hintergrund. Der Einstiegspreis beträgt 99.800 Yen, umgerechnet etwa $400. Japanische *Commodore*-Nutzer werden von einem Magazin namens *Vic! The Magazine for Computer Age* unterstützt. Die Markteinführung des C64 in Japan ist durchaus erfolgreich.

Die ersten MSX-Rechner erscheinen im Herbst 1983. Wie geplant, werden sie in ihrer Heimat als Computer-Äquivalent zum Video-Standard VHS begrüßt. Obwohl die Geräte dem C64 technisch unterlegen und teurer sind, zahlt sich das Versprechen eines universellen Standards aus. Die japanischen Käufer glauben, dass sich die Softwarehersteller auf den MSX-Markt konzentrieren, und haben recht: Für MSX-Computer werden bis in die 90-Jahren 70.000 Softwaretitel entwickelt. Der C64 hat keine Chance gegen die japanische Phalanx. *Commodore* kann nicht gegen die geballte Werbekraft von *Sony*, *JVC*, *Panasonic*, *Yamaha* & Co. antreten. *Commodore Japan* gibt auf und verkauft das C64-Inventar unter Wert, um die Verluste zu verringern.

1984 will Japan mit dem MSX-Standard auch den amerikanischen Markt erobern und *Microsoft* organisiert eine großzügige Einführungsveranstaltung auf der Juni-CES. Doch MSX findet im Westen kaum Anklang. „Der C64 vernichtete MSX", meint Peddle. „Atari und TI bekriegten sich, also kam MSX nicht weit." Obwohl der C64 den japanischen Markt nicht erobert, verhindert er den weltweiten Siegeszug der japanischen Computer. In der Dezember-Sendung der *Computer Chronicles* 1982 sagt Tramiel: „Was die Japaner angeht: die habe ich in den letzten sieben Jahren vom US-Markt abgehalten, und beinahe auch vom Weltmarkt abhalten können. [...] Ich versuche sie mit dem besten Produkt, der besten Qualität und dem besten Preis fernzuhalten. Dank Gott habe ich das bislang geschafft." Moderator Gary Kildall stimmt zu: „Der C64 war definitiv eines der Geräte, dass die Japaner draußen hielt."

## Die Schlacht um Europa ****

Der europäische Markt unterscheidet sich wesentlich vom amerikanischen und japanischen: Hier hat der IBM PC noch nicht Fuß gefasst, CBM-Computer dominieren den Business-Sektor. Zudem gibt es in Europa viele Computer, die der Rest der Welt nicht kennt. Die meisten davon stammen aus England. Einer der frühesten 8-Bit-Computer ist der BBC Micro, benannt nach der englischen Rundfunkanstalt ‚British Broadcasting Corporation', die Anfang der 80er eine Serie über Computer sendet. Sie beauftragen *Acorn* mit der Produktion eines fortgeschrittenen Computers. Der ‚Beep', wie ihn seine User nennen, wird zu einem beliebten Lern-Computer in Schulen und für daheim. *Acorn* verkauft mehr als eine Million davon.

Auch der Sinclair ZX-81 verkauft sich bis zur Einführung des VIC-20 und des C64 wie geschnitten Brot, ein simpler Heimcomputer mit wenigen Features, dem wegen akutem Sound- und Grafikmangel die Puste ausgeht. Im April 1982 veröffentlicht *Sinclair* den verbesserten ZX Spectrum mit wahlweise 16 oder 48 KB RAM, Farbe und integriertem BASIC - ein durchschlagender Erfolg. Verglichen mit dem C64 bietet der Spectrum kaum technische Vorteile. Er hat eine Taschenrechner-Tastatur, nur acht Farben und nur einen Piepser statt Soundchip.

Mit der Einführung des C64 in Großbritannien erwächst BBC B und Spectrum ein harter Konkurrent. *Commodore UK* bleibt der von Spencer initiierten Werbekampagne treu und produziert TV-Spots, die den erzieherischen Wert des Computers betonen. In England liegt jedem C64 eine Datassette bei, wodurch die Magnetband-Kassette, nicht die Floppy, zum Standard-Datenträger für Software wird. Die meisten europäischen Hersteller bieten ihre Software auf Audio-Kassetten an, Floppy-Disklaufwerke bleiben in England selten.

*Commodore* dominiert Deutschland und die skandinavischen Länder. Russell zufolge verehrt niemand *Commodore* mehr als die Deutschen, besonders die im Großraum Braunschweig. „Dort denken sie immer noch mit Stolz an diese Zeit zurück", sagt Russell.

Harald Speyer, Geschäftsführer der *Commodore Büromaschinen GmbH*, liefert die Erfolge. „Er war derjenige, der den C64 in Europa zu einem so bedeutenden Produkt machte", lobt Peddle. „Harald brachte Commodore mit diversen Sponsorenverträgen ganz nach oben. Er sponserte ein Rund-um-die-Welt-Rennen und zwei oder drei andere Sachen, die Commodore in Europa bekannt machten." Russell stimmt zu: „Er kümmerte sich ums Geschäft. Was Absatz und Reputation angeht, lagen wir in Deutschland lange Zeit vor IBM. Wir kämpften mit HP um den besseren Ruf hinsichtlich der Qualität." Speyer ist in Europa sehr gefragt, bleibt aber loyal. „IBM tat alles, um ihn fürs PC-Geschäft zu gewinnen, denn er war ein ausgezeichneter Marketing-Mann", sagt Russell. „Er wäre nie zu IBM Deutschland gegangen, weil er das als Rückschritt gegenüber Commodore ansah." Russell besucht ab und zu die Fabrik in Braunschweig. „Einmal flog ich mit meinen Ingenieuren und allen Prototypen für die Hannover-Messer im Firmen-Jet hinüber. Sie hatten nicht genügend Treibstoff, also wurden wir nach Hannover umgeleitet. Der Jet war noch nie in Deutschland und die Leute dachten, Jack würde kommen." Die Umleitung erspart Russell und seinem Team einige Peinlichkeiten. „Wir konnten es kaum glauben, als der Pilot uns sagte: ‚Da habt Ihr was verpasst. Sie hatten den Bürgermeister, einige Würdenträger und eine Band aufgefahren, weil sie dachten, dass Jack käme.' "

Während des Kalten Krieges will Tramiel den osteuropäischen Markt ausbeuten. „Jack flog mit dem Jet nach Osteuropa und wurde auf dem Weg nach Ungarn oder einem anderen osteuropäischen Land von einem Begleitjäger eskortiert. Der Eiserne Vorhang hing noch", sagt Russell, den jeder Grenzübergang nervös macht. „Wir wurden am Zoll aufgehalten, weil wir merkwürdige Boxen voller Computer hatten, mit denen sich die Jungs vom Zoll nicht auskannten", sagt er. „Sie wollten bei jedem Computer-Prototypen wissen, was das sei. Da ich ihre Sprache nicht sprach und sie Maschinengewehre hatten, wollte ich keinen Ärger."

Während eines Grenzübergangs kommt es beinahe zur Katastrophe. „Sie waren extrem paranoid", sagt Russell. „Wir waren eine komische Truppe: Frank Hughes, ein großer alter Südstaatler, ich aus dem Mittleren Westen und eine orientalische Dame namens Madeleine Shaw, die auf dem Rücksitz saß. Sie fragten sich, was zum Teufel wir in Ostdeutschland suchten." Hughes kennt die Verhaltensregeln für den Grenzübertritt nicht und begeht einen Fehler. „Die Wachen winkten ihn heran, um seine Papiere zu sehen. Frank dachte, er sollte zum Zollhäuschen kommen", erinnert sich Russell. „Er öffnete die Tür und die Wache flippte aus. Plötzlich waren rings um uns Gewehre. Wir wären fast erschossen worden!" Russell schreit: „Frank, lass die Tür zu!" Obwohl die gespannte Situation sich klärt, hat Russell wenig Lust wieder nach Osteuropa zu fahren.

Die MSX-Computer werden in einigen Teilen Europas populär. 1982 und 1983 arbeitet *Philips* noch gemeinsam mit dem franzöischen *Thomson*-Konzern an einem europäischen Computer-Standard. Da das Projekt nicht schnell genug vorankommt, springt *Philips* ab und schließt sich der MSX-Front an. Nur in England fasst der größte MSX-Hersteller Europas nicht Fuß. „Was Nishi die Tour vermasselte, war Sinclairs schrottige Maschine, die den Preis runtertrieb", meint Peddle. Dafür sind die MSX-Computer in kleineren Märkten wie Frankreich, Spanien, den Niederlanden, Korea und der Sowjetunion erfolgreich.

Seit den Tagen des PET ist *Commodore* eine feste Größe in Europa. Vor allem in England und Deutschland kann sich Tramiel auf starken Absatz verlassen. Später werden Europa, Australien und Kanada die einzigen Märkte sein, die das Unternehmen am Leben halten.

## Der Commodore-Fluch, fünfter Teil ****

Bei jeder anderen Firma stände Kit Spencer nach seiner erfolgreichen Einführung von VIC-20 und C64 hoch im Kurs. Nicht bei *Commodore*. „Wer im Marketing saß, hatte einen schweren Stand", sagt Winterble. „Man musste mit Jack verhandeln, man wurde ausgenutzt und man blieb nicht lange."

Während seiner Werbekampagne für den C64 wird Spencers Plan ständig von allen, einschließlich Tramiel, in Frage gestellt. Winterble zufolge findet Spencer keinen festen Platz in Tramiels engstem Familienkreis. „Mal gehörte Spencer dazu, mal nicht." Russell glaubt, dass der Erfolg des C64 eng mit den Anstrengungen Spencers verknüpft ist. „Am Anfang war Spencer der Schlüssel", sagt er. „Er war eine wirklich wichtige Person." Trotz seines Erfolgs beschränkt Tramiel Spencer auf Verkauf und Werbung. Wenn Spencer als Marketingleiter auftritt, findet er keinen Rückhalt bei Tramiel, der eher seine Ingenieure stützt. „Vor 1984 gab es weder den Begriff noch das Konzept von Marketing", sagt Leonard Tramiel. „Es gab Verkauf, Werbung und Entwicklung, die von verschiedenen Gruppen geleitet wurden." Er glaubt, sein Vater handelt richtig, als er den Ingenieuren die Entwicklung von Produkten überläßt. „Das funktionierte meiner Ansicht nach besser. Ich habe nie verstanden, warum ein Werbefachmann an der Entwicklung beteiligt sein sollte. Sie wissen weder, wie ein Produkt funktioniert, noch was man machen kann und was nicht. Wie könnten sie da neue Produkte schaffen?" Obwohl sie mit Spencer uneins sind, ist der Engländer den Ingenieuren sympathisch. „Sie mochten ihn, weil er einen guten Charakter hatte", sagt Russell. „Er kam sowohl mit den neuen als auch mit den alten Leuten aus."

Spencer wäre wahrscheinlich stellvertretender Verkaufs- und Werbeleiter geblieben, hätte Commodore nicht Geschäftsführer Jim Finke verloren, der mit Tramiels autoritärem Herrschaftsstil nicht klar kommt. „Der Geschäftsführer verkündete eine Entscheidung auf einer Pressekonferenz", sagt Yannes. „Jack bat ihn später zu sich: ‚Warum triffst du Entscheidungen?' " Finke realisiert, dass unter Tramiel selbst ein Geschäftsführer kaum etwas zu sagen hat. Er kündigt im Juni 1982, nach 18 Monaten. Nach seinem Weggang macht er kryptische Aussagen über seinen zigarrenrauchenden CEO im *Philadelphia Enquirer*: „Jack betritt einen dunklen Raum wie eine helle Fackel. Er erleuchtet den Raum derart, dass man fast blind wird. Seine Rauchspur entzieht dem Raum die Luft. Und wenn er den Raum verlässt, ist es dunkel."

Im November 1982 wird Robert H. Lane neuer Geschäftsführer. Viele in der Firma denken, Gould hätte Lane hinter verschlossenen Türen engagiert. Lane beginnt seine Karriere als Produktmanager bei einer kanadischen Eiscremefirma und wird später Geschäftsführer der *Northern Telecom* für Nordamerika und Europa. Er nimmt Veränderungen bei *Commodore* vor, ohne sich lange mit der Firma zu beschäftigen oder ihre Stärken zu untersuchen. Eine seiner ersten Handlungen ist die Ersetzung von Spencer durch Myr Jones. „Mit dem Erfolg des C64 blähte sich die Firma auf", sagt Russell. „Sie brachten Zeitschriften und anderes heraus. Spencer wurde hin- und hergeschoben." Russell empfindet Sympathie für Spencer. „Als die Firma größer wurde, kam mehr Politik dazu. Leute wie Spencer und ich waren Macher, keine Politiker. Wir wollten nicht die Leiter hinaufklettern, um Politik zu machen. Wir wollten das tun, was uns Spaß machte." Trotz seines erheblichen Anteils an zwei von *Commodores* größten Erfolgen wird Spencer an den Rand gedrängt. „Das passiert in vielen Firmen, wo kreative Leute die Sachen erledigen. Manchmal verbrauchen sie sich, manchmal werden sie ausgetauscht und manchmal wollen sie einfach keine Politik mehr machen. ‚Warum muss ich mit diesen Idioten, die erst seit gestern in der Firma sind, darüber streiten, wie man die Dinge anpackt? Lass' sie Fehler machen und ich kümmere mich um etwas anderes.' Das passiert ständig und manchmal ist es den Kampf nicht wert."

Spencer denkt an Kündigung. Bliebe er in diesem Klima bei *Commodore*, würde ihn das verändern. Zu bleiben hieße, sich selbst preis zu geben. Er hat eine Familie, die auf ihn angewiesen ist. Spencer ist finanziell abgesichert, da er seit den 70ern *Commodore*-Aktien hält. „Er machte ein Vermögen mit den Aktien, und das reichte ihm", sagt Leonard Tramiel. „Er sagte: Ich spiele jetzt Tennis!" Gould und Tramiel wollen Spencer nicht ziehen lassen, sondern ihm eine minimale Aufgabe auf den Bahamas zuweisen. Winterble beschreibt den dortigen Sitz als reine Fassade. „Ich war dort ein- bis zweimal pro Jahr. Es war nur ein Büro." Spencers neue Position ist nicht sehr einflussreich. „Er konnte rausgehen und auf den Bahamas sein Leben genießen", sagt Russell. „Er tauchte nur ab und zu bei Besprechungen auf und er verfasste den Unternehmens-Newsletter, der auf den Bahamas verlegt wurde."

Spencer leitet das Marketing 15 Monate. Vor ihm ist *Commodore*-Werbung erbärmlich. Sein Rückzug ist einer der größten Schläge für die Firma, die sein Talent für die Veröffentlichung anderer Computer hätte nutzen können. Obwohl es damals niemand erkennt, bringt Spencers hervorragendes Marketing den Durchbruch. Er macht den PET in England zum Erfolg – und dort doppelt so teuer. Der VIC-20 durchbricht als erster Computer die Millionengrenze und der C64 lässt Jahre erfolgreicher Verkäufe erwarten. Spencer hatte die Fähigkeit, beinahe jedes *Commodore*-Produkt in einen Markterfolg zu verwandeln. Jetzt ist seine Herrschaft über Anzeigen und Spots zu Ende.

## Auf dem Gipfel ****

Der C64 betritt den Markt zum richtigen Zeitpunkt. Der Niedergang der Videospielkonsolen bedeutet das Aus für Atari 2600, Intellivision, ColecoVision und andere Geräte. Die Spiele selbst bleiben dagegen beliebt. Da die Konsolen keine Nachfolger hervorbringen, schließt der C64 eine Lücke.

Das stärkste Jahr des C64 ist 1984. Er gewinnt Preise als Heimcomputer des Jahres und überragt die Verkäufe jedes anderen Systems. Der C64 führt viele Menschen an Computer heran. Das *Wired Magazine* vergleicht ihn später mit Fords Modell T - der erste Massencomputer. Yannes, der Designer des C64, ist Zeuge des Siegeszugs seiner Schöpfung. „Ich fühlte mich gut. Ich hatte etwas gebaut, das offensichtlich viele Leute mochten. Über die Jahre sagten viele: ‚Das war mein erster Computer und ich lernte viel daraus.' Ich treffe Geschäftsführer von High-Tech-Unternehmen, die sagen: ‚Der C64 ist der Grund, warum ich ins Geschäft einstieg.' Das ist sehr befriedigend."

Der große Shakeout beweist auch Tramiels Führungsqualitäten. Während andere erfahrene Firmen aufgeben, floriert sein Geschäft. *Commodore* steigert den Umsatz von 50 Millionen Dollar zu PET-Zeiten auf eine Milliarde Dollar in vier Jahren. 1978 verkaufte *Commodore* 4.000 PETs. Nun verkauft die Firma 5.000 C64 pro Tag.

Niemand genießt den Erfolg mehr als Jack Tramiel. Trotz seines Unbehagens der Presse gegenüber verrät er dem *MacNeil-Lehrer Report* ein Lieblingsmotto: „Geschäft ist wie Sex. Man muss dabei sein." Tramiel sieht sich den Bericht in seinem Büro mit einem Dutzend weiterer Leute an. Als er sein Motto aufsagt, bricht rundherum schallendes Gelächter aus. Tramiel ist sichtlich entrüstet.

Irving Gould, *Commodores* Mehrheitsaktionär, sollte von Tramiels Management begeistert sein. Sein Anteil in Höhe von 17,9%, der ihn 1966 eine halbe Million Dollar kostet, ist 1983 rund 200 Millionen wert.

Im Dezember 1983 feiert *Commodore* das 25. Firmenjubiläum. Tramiel, Gould und ihre Top-Manager besuchen aus diesem Anlass die Geburtsstätte von *Commodore* in Toronto. Das Unternehmen feiert im großen Stil und veranstaltet die ‚World of Commodore'-Show mit über 38.000 Besuchern. Jahre zuvor hat Tramiel Kanada nach einem Finanzskandal verlassen, nun kehrt er als gefeierter Held zurück. Regierungsvertreter empfangen ihn. Es könnte eine bedeutende Zeit werden. Doch irgendwann zwischen der Veröffentlichung des C64 und 1984 läuft etwas schrecklich schief. Der Januar wird Tramiels letzter Monat bei *Commodore*.

15

# TED

1983

Der Erfolg des C64 überschattet andere *Commodore*-Computer, wie die P- und B-Serie, die Jack Tramiel auf den europäischen Markt abschiebt. 1983 veröffentlicht *Commodore* den SX64 – die teure C64-Variante ist der erste tragbare Computer mit Farbgrafik und Diskettenlaufwerk. Abgesehen davon kommt in diesem Jahr kein wichtiges Produkt, da es sinnvoller erscheint, den C64 zu unterstützen. So ist *Commodore* ohne ernstzunehmenden Bürocomputer: Die CBM-Serie ist veraltert, Tramiel braucht einen Ersatz im Kampf gegen IBM.

## Die Jagd auf IBM ****

Im Januar 1983 schafft *Compaq* mit der Veröffentlichung eines IBM-kompatiblen PC eine neue Industrie. Der Nachbau ist legal, da der IBM PC frei erhältliche Komponenten und keine Spezialchips enthält. Nur das BIOS ist geschützt; *Compaq*-Ingenieure entschlüsseln den Code und schreiben ihn nach. Bald produziert auch *Commodore* IBM-kompatible Rechner, doch nicht in Amerika. Deutschlands Harald Speyer steigt auf eigene Initiative in den Markt für PC-Klone ein. „Er baute die Fabrik in Braunschweig, ohne Jack oder Irving zu fragen", sagt Peddle. Anfang 1985 präsentiert Speyer den Commodore PC-10, der dank seines günstigen Preises einen großen Teil des europäischen Markts erobert. „Hervorragende Marketing-Arbeit" lobt Peddle. Die PC-Produktion erscheint wie ein Zugeständnis an IBM, doch in Wirklichkeit nimmt *Commodore* damit IBM Profit ab und stärkt die eigene Computerentwicklung.

Davor arbeiten die amerikanischen Ingenieure an einem PC-Konkurrenten. Tramiel benötigt einen 16-Bit-Prozessor für den High-End-Büromarkt, den *MOS Technology* nicht liefern kann. „Damals stritten wir uns noch mit Motorola, so dass die von uns gewünschte Zusammenarbeit keine Option war", sagt Russell. Statt Ingenieure für die Entwicklung eines 16-Bit-Prozessors anzustellen, will Tramiel die Technik kaufen. Mit dem Z8000 von *Zilog* scheint ein potentieller Kandidat gefunden. „Ich war nur in das Z8000-Projekt involviert, weil wir die Firma Zilog übernehmen wollten", erklärt Russell.

Federico Faggin, einer der Ingenieure des Intel 8080, gründet *Zilog* 1976 und präsentiert als ersten Mikroprozessor den Z80. Auf den Bestseller folgt der 16-Bit-Chip Z8000. „Wir hatten eine Reihe von Besprechungen mit Zilog", sagt Russell. „Commodore wollte die Firma übernehmen, um einen Z8000-basierten Bürocomputer zu entwerfen." Dieser Computer nutzt UNIX, ein bekanntes Betriebssystem, das auch heute noch verbreitet ist. Damals besitzt AT&T die populärste Version von UNIX, *Coherent*. „Es gab eine Zusammenarbeit mit einer Firma in Chicago, die einen UNIX-Ableger besaß." sagt Leonard Tramiel. „Wir arbeiteten zudem an einer regulären Lizenzierung von AT&T."

Die Übernahme von *Zilog* scheitert. „Ich erinnere mich an Verhandlungen zwischen Commodore und dem Top-Management von Zilog. Es war eine Preisfrage", meint Russell. Das *Byte Magazine* berichtet, *Commodore* habe den Z8000 nun lizenziert. *MOS Technology* soll die CPU produzieren. „Unser Ziel war vertikale Integration. Man beließ mir das Projekt, weil sie über die

Teilekosten verhandelten, während wir an der Technik weiterarbeiteten." *Commodore* kündigt die UNIX-Maschine im *Byte Magazine* unter der Bezeichnung ‚Next Generation' an. Unglücklicherweise zieht sich die Entwicklung über Jahre hin.

## Zugabe! ****

*Commodore* schafft mit dem C64 eine breite Gemeinde von Anwendern, die gespannt ist, was als nächstes kommt. Die meisten hoffen auf ein leistungsstärkeres System, das kompatibel zum C64 ist. Tramiel kennt die Regeln wie kein Zweiter im Computergeschäft. Seine Philosophie ist simpel: Kleiner Preis bedeutet großen Absatz. „Er dachte, dass der Markt günstige Multifunktionscomputer verlange", sagt Charpentier. „Jack wuchs im Taschenrechnergeschäft auf und sah Computer als große Taschenrechner. Darum sind die Nachfolger in gewisser Hinsicht verstümmelt." Doch Computer-Software und Taschenrechner sind nicht das gleiche. „Das verstand er nicht." Tramiel unterschätzt die Bedeutung von Abwärtskompatibilität sowie Software und gefährdet damit die Firma. C64-Besitzer geben ein Vermögen für ihre Software aus und erstellen Dokumente und Anwendungen. Keiner will mit dem Kauf eines inkompatiblen Computers wieder von vorne beginnen.

Da Tramiels vertrauteste Ingenieure weg sind, steigen Russell und ein anderer Techniker aus Kalifornien auf, Shiraz Shivji. Die beiden besprechen ihr nächstes Produkt. „Shiraz und ich diskutierten unser weiteres Vorgehen mit Tramiel", sagt Russell. „Ich war in vielen Besprechungen und wir entwarfen Strategien." Der vom Markt gewünschte Nachfolger wäre ein abwärtskompatibler C64 mit mehr Speicher, einer schnelleren CPU, mehr Sprites, mehr Stimmen auf dem Soundchip und höheren Bildschirmauflösungen. Doch Leonard Tramiel findet es nicht gut, dem Markt zu folgen: „Wenn sie den Markt fragen, was er sich wünscht, kommt dabei niemals etwas Neues heraus, weil er nicht weiß, was machbar ist." *Commodore*-Produkte entspringen stets den Ideen ihrer Ingenieure. „Über die Jahre war Commodore ungewöhnlich Ingenieurs-fixiert", sagt Haynie. „Die Leute um uns herum betrieben nicht viel Marketing. Diejenigen, mit denen wir direkten Kontakt hatten, gaben nicht viel Input." Charpentier meint, dass die Ingenieursabteilung zwar Talent, aber keine Langzeitstrategie hat. „Sie hatten Designer, aber ihnen fehlte eine Vision. Unser Ziel und das von Jack hatten sich entfernt. Es war eine Fehleinschätzung des Markts. 1983 kamen die PC-Nachbauten und der Markt änderte sich entscheidend. Commodore erkannte die Möglichkeit nicht." Russell gesteht, dass er keine visionären Ziele verfolgte. „Mein Ziel als

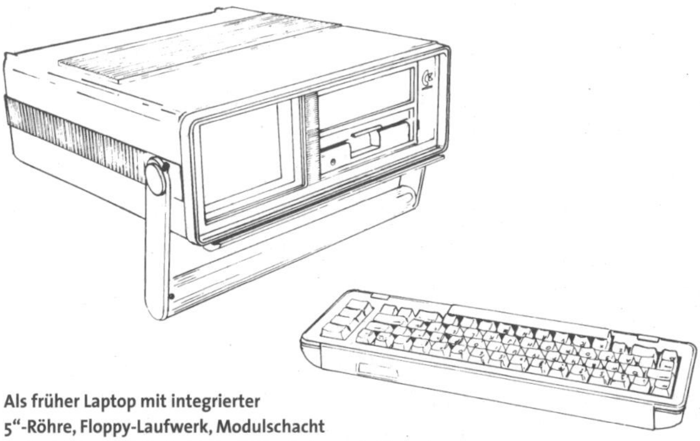

**Als früher Laptop mit integrierter 5"-Röhre, Floppy-Laufwerk, Modulschacht und zwei Joystick-Ports ist der SX64 die teuerste Variante des Millionen-Sellers C64 – und heute ein beliebtes Sammlerstück.**

Ingenieur war die Fertigstellung eines Produkts, nicht weitreichende Vorausschau." Tramiel hört weder auf den Markt, noch auf seine Ingenieure. Er will einen Rechner, der mit *Sinclair* konkurriert. Die bloße Existenz eines günstigeren Computers lässt ihm keine Ruhe. „Ich war sehr früh an dem Projekt beteiligt, half bei der Erstellung der Spezifikationsliste", erklärt Russell. „Wir sollten ein Anti-Sinclair-Gerät erstellen, um den Farb-Sinclair zu verdrängen. Er sollte weder kompatibel noch der kommende C64 sein, sondern unter $100 kosten und mit Sinclair konkurrieren. Er musste für $50 hergestellt werden können." Russell erklärt, dass Tramiel keineswegs an Kompatibilität zum C64 dachte. „Sie zogen es in Erwägung, aber Jack meinte: ‚Sie werden die Computer wegwerfen.' " Tramiel ist zuversichtlich, dass ein billiger Computer das richtige für den Markt sei. Immerhin ignoriert er vorherige Bedenken gegen den VIC-20 und fährt damit einen gewaltigen Erfolg ein. Der VIC-20 bietet nur 5 KB RAM, als *Commodore* bereits Bürocomputer mit 32 KB herstellt. Tramiel hat kaum Grund an einem erneuten Erfolg zu zweifeln.

Russell glaubt zwar nicht an einen *Sinclair*-Killer, aber er befolgt die Anweisungen des Chefs. Er und Shivji sind jung und besonnen. Es ist unwahrscheinlich, dass sie sich gegen Tramiel stellen, selbst wenn dessen Ideen fehlgeleitet sind. „Es war ein Einhundert-Dollar-Computer. Was kümmerte mich das? Zu der Zeit wollte ich etwas Fortgeschritteneres bauen", sagt Russell. Unvorstellbarerweise plant *Commodore* einen Computer mit weniger Fähigkeiten als die vorhergehenden Modelle. Für die Ingenieure steht fest, dass der Neue keine Chance hat.

## Das Tier ****

*Commodore* hat ein Problem: Wie soll *MOS Technology* vorankommen, nachdem die Erfinder der Sound- und Videochips weg sind? Russell versucht, die Technik aus Peddles Tagen wieder zu beleben. „Wir hatten wirklich gutes Zeug von Seiler, zum Beispiel das hochauflösende Board. Das war ein Projekt aus der TOI-Ära. Ich wollte es wiederbeleben."

Tramiel versucht, die Struktur bei *Commodore* dahingehend zu ändern, dass *MOS Technology* nicht länger die Systeme entwirft. „Vor der Umstrukturierung arbeitete jeder bei MOS in der Chip-Gruppe", erklärt Haynie. „Danach gab es getrennte System-, Software- und Chip-Gruppen. Jeder erstattete dem stellvertretenden Leiter für Technologie, Joe Krasucki, Bericht." Obwohl Tramiel einen *Sinclair*-Killer will, ist er so sehr damit beschäftigt die Firma zu leiten, dass er seine Ingenieure kaum noch besucht. Stattdessen verlässt er sich darauf, dass Shivji seine Anweisungen ausführt. „Shiraz war sein Sprachrohr", sagt Ingenieur Bil Herd.

*MOS Technology* soll neue Video- und Soundchips für den Computer entwickeln. „Wir hatten den VIC, jetzt hatten wir den TED", sagt Haynie. „Er lieferte bessere Grafik, schlechtere Sprites und der Sound war recht simpel." Das TED-Projekt hat einen lahmen Start. „Als ich dort ankam, hieß der Plus/4 noch TED - für ‚Text Display'", sagt Herd. „Er hatte einen holprigen Start, weil niemand für das Design zuständig war. Sie verbrachten fünf Monate damit, ihn mit dem VIC zu emulieren, was ziemlich blöd war, da er nichts mit dem VIC zu tun hatte."

Der erste Ingenieur des TED-Projekts bleibt nicht lange, als Tramiel herausfindet, dass er nur kleine Fortschritte macht. „Er war zu konservativ für Commodore", sagt Herd. „Er versuchte stets zu zeigen, dass etwas nicht funktionierte. Bei Commodore konnte man nicht überleben, wenn man sich fragte, warum etwas nicht funktionierte. Man musste einen Weg finden, es zum

Laufen zu bringen." Das TED-Projekt geht an viele andere Ingenieure, die sich kaum darum kümmern. „Das waren keine aggressiven Ingenieure", erinnert sich Herd. Nur ein Ingenieur, der neu zu *Commodore* stößt, zeigt sich begeistert vom TED, erinnert sich Russell: „Die Sache wurde an Herds Gruppe heruntergereicht."

Wie andere Ingenieure stammt Bil Herd aus dem Mittleren Westen. 1959 im Bundesstaat Iowa geboren, beginnt er mit 23 seine Arbeit bei *Commodore*. Herd verdankt seine Liebe zur Elektronik dem Vater. „Mein Vater schenkte mir einen dieser 150-in-1 Elektro-Bausätze. Ich erstellte elektrische Schaltkreise in der dritten oder vierten Klasse und brachte mir so viel wie möglich selbst bei." Der wissbegierige Junge zerlegt andere Elektrogeräte im Haus wie das Stroboskoblicht seines Vaters. „Er gab mir vier Dollar und ich sagte: ‚Ich brauche Dein Geld nicht.' Er sagte: ‚Sohn, Du solltest für dein Talent bezahlt werden.' Ich dachte: ‚Vielleicht ist das etwas, was ich tun könnte.' " Die Rockband *Emerson Lake & Palmer* beeinflusst Herd als Teenager. „Keith Emersons Musik brachte mich dazu, einen Synthesizer zu entwickeln, mit dem ich nachbilden konnte, was er spielte." Mit der Ermutigung und der finanziellen Unterstützung seines Vaters beginnt der langhaarige Teenager, seinen eigenen Synthesizer zu bauen. „Er subventionierte den Bau mit ein paar Dollar hier und da", sagt Herd, dessen Erziehung vorzeitig endet, als seine Highschool ihm den Zugang zum Fach Elektronik verwehrt. „Ich war auf einer kleinen Schule in Indiana und ich hatte Probleme, mich auf die Schule zu konzentrieren", sagt er. „Als ich das Fach Fernsehtechnik belegen wollte, durfte ich es nicht. Sie dachten, ich sei dafür nicht geeignet. Also ging ich ab. Ich bin ein Highschool-Abbrecher."

Herd zieht zuhause aus und ist entschlossen, sich mit seinem Wissen über Elektronik selbst durchzubringen. „Ich gehörte zu denen, die rausgingen, um sich das Leben schwerer zu machen – besser kann ich's nicht beschreiben." Der Teenager erweitert seine Elektronikkenntnisse auf der Straße. „Ich erzog mich buchstäblich selbst. Im Alter von 16 oder 17 bekam ich meine Lizenz zur Reparatur von Fernsehern. Ich hing im Park herum und reparierte Kassettenspieler, um mir mein Essen zu verdienen. Man lernt, gut zu sein, wenn die eigene Mahlzeit davon abhängt." Herd verpflichtet sich bei der Armee, wie Tramiel und Peddle vor ihm. „Eines Tages meldete ich mich bei der Nationalgarde." Dort verliert Herd seine Löwenmähne. „Ich absolvierte die Grundausbildung und wurde mit 17 als Reparateur für Fernschreiber ausgebildet." Auch während dieser Zeit unterstützt ihn sein Vater: „Er setzte mich nicht unter Druck wenn ich nach der Schule am Synthesizer arbeitete. Auch nicht, als ich abging und zur Nationalgarde ging." Nach sechs Monaten Grundausbildung kehrt Herd nach Hause zurück und erhält ein neues Angebot seiner Highschool. „Als ich zurückkam sagten sie: ‚Du kannst nun in den Elektronik-Kurs.' Ich ging zurück und ging später wieder ab. Ist man in der Armee gewesen, war es danach nicht leicht, mit den Regeln der Highschool klar zu kommen. Dafür machte meine Schwester dort drei Jahre später ihr Diplom." Herd findet einen anderen Weg, seine Liebe zur Musik mit Elektronik zu verbinden: er wird Roadie. „Ich machte die Beleuchtung für eine Rockband. Da man damals keine Lichtsteuerung kaufen konnte, baute ich eine. Ich erstellte meine eigenen gedruckten Schaltbretter und hatte eine Orgeltastatur, auf der jede Taste eine andere Lichtfolge hervorrief. Mit den Tasten am Rand musste man vorsichtig sein, denn die waren für das Feuerwerk. Eine schöne Zeit!" Herd erhält seinen ersten technischen Job bei einer Firma, die Digitalanzeigen für

Waagen herstellt. „Die Pennsylvania Scale Company produzierte Digitalanzeigen. Der Kerl, der sie entwarf, war ein Pionier. Wir benutzten einen 6530-Chip von MOS Technology. Wir waren einer ihrer ersten Kunden." Herd arbeitet dort mit zwei zukünftigen *Commodore*-Ingenieuren zusammen: Hedley Davis, ein Programmierer und Hardware-Entwickler, sowie Terry Fischer, der die gedruckten Schaltbretter entwarf. Dank seines Talents steigt Herd schnell auf. „Ich arbeitete in der Fabrik als Techniker, dann stieg ich in die Reparaturabteilung auf. Wir hatten Probleme mit den Schaltkreisen in der Produktion. Ich beschwerte mich nicht, sondern kaufte mir Datenbücher von Radio Shack und lernte genug, um aufzuschreiben, was falsch lief." Das Schreiben bringt Herd die Anerkennung seines Arbeitgebers, er wird in die Entwicklungsabteilung versetzt: „Als unterstützender Design-Ingenieur kam ich ins Mach-es-oder-halt-die-Klappe-Geschäft und arbeitete mich zum vollwertigen Ingenieur hoch. Wir hatten eine siebenstellige LED-Anzeige, die für Ende der 70er, Anfang der 80er unglaublich war. Ich führte die grüne LED-Technik bei Pennsylvania Scale ein." Außerdem programmiert Herd. „Bei Pennsylvania Scale machten wir sowohl Hard- als auch Software." Die Digitalanzeigen benötigen kleine Routinen, die die Ingenieure auf dem KIM-1 schreiben.

Fürs nächste Projekt kauft die *Pennsylvania Scale Company* ein AIM-65 Entwicklungssystem von *Rockwell*. „Das ist ein großer KIM-1 mit beinahe derselben Schaltung plus einem Terminal zur Befehlseingabe. Man drückte auf ‚compile' und er kompilierte eine 2 KB große Routine in ein paar Stunden. Das war großartig!" Der AIM-65 fesselt Herd, der sich näher damit beschäftigt. „Ich nahm ihn nachts mit nach Hause und brachte ihn morgens wieder zurück", sagt er. Die privaten Nachtschichten machen Herd zu einem Experten für 6502-Maschinensprache.

Herd verfügt nun über das notwendige Wissen, um eigene Computersysteme zu entwickeln. In vielerlei Hinsicht ist Herd eine Ingenieurs-Version von Tramiel. Er hat kein Diplom in seinem Fachbereich, ist aber in einigen Punkten seinen Zeitgenossen mit Hochschulabschluss voraus. „Ich denke, dass damals ein kleiner Jack Tramiel in mir steckte", sagt er. Am Anfang seiner Karriere bleibt er in der Nationalgarde. Sein ungepflegtes Haar und sein flegelhaftes Benehmen bringen ihm dort einen Spitznamen ein. „Beim Panzerbataillon war ich ‚Das Tier'. Das schrieb ich auf meinen Helm. Ich fasste die ursprünglich abfällige Bemerkung als Kompliment auf." Im März 1983 wird Herds Position in der *Pennsylvania Scale Company* schwächer. „Ich hatte Streit mit meinem Chef. Hedley Davis las in der Zeitung und meinte: ‚Willst du ein Bewerbungsgespräch machen?' Ich fragte: ‚Wo?' Er sagte: ‚Commodore.' "

Nach der Veröffentlichung des C64 sind Russell und der Leiter der Ingenieursabteilung Hughes auf der Suche nach neuen Ingenieuren. „Sie beauftragten Headhunter, die ihnen jede Nacht acht bis zehn Leute vorstellten", sagt Herd. „Sie suchten den Highway 202 rauf und runter nach Talenten. Wir nannten es Silicon Valley Ost." Herd ist einer von vielen Bewerbern. „In dieser Nacht waren Bob Russell und Frank Hughes da." Herd spricht zuerst mit Hughes. Ohne formalen Bildungsweg weist Hughes Herd als Möchtegern-Ingenieur ab. Herd glaubt, es habe an dem Aufeinandertreffen zweier Persönlichkeiten gelegen. „Frank wollte gern die wichtigste Person im Raum sein. Ich sprach mit ihm über magneto-optische Laufwerke und wie aufregend das sei. Er sagte in etwa: ‚Ja ja. Ich bin fertig.' Ich dachte: ‚Mist! Ich hab's versaut!' Ich war so aufgeregt und fragte mich, warum ich nicht mit dem anderen sprechen konnte. Ich hielt ihn für einen guten Elektro-Fachmann." Herd weiß, dass sein Bewerbungsgespräch daneben ging, aber er hat noch eine Chance. „Man musste nur von einem der beiden eingeladen werden. Ich war fertig mit Hughes, und das hatte nicht geklappt. Als nächstes sprach ich mit Russell, der genug von Bewerbungsgesprächen hatte." Russell diskutiert ein *Commodore*-Projekt und erwähnt einige Opcodes des 6502. Sobald er einen nennt, plappert Herd die hexadezimale Eingabe nach. „Ich flüsterte den Maschinensprache-Code zu den Befehlen, die er nannte. Bob war ein aufmerksamer Kerl und bekam das mit. Das Bewerbungsgespräch war vorüber." Es ist offensichtlich, dass Herd Maschinensprache beherrscht, und Russell veranlasst ein weiteres Gespräch bei *MOS Technology.* „Sie gaben mir einen Termin bei Commodore in King of Prussia. Dort sprach ich mit Shivji." Herd macht einen schlechten ersten Eindruck. „Ich setzte mich in Shiraz' Sessel, weil er seinen Schreibtisch anders als üblich ausgerichtet hatte. Als er reinkam sagte er: ‚Entschuldigung, sie sitzen auf meinem Platz.' Er hielt es mir vor! Ich dachte, ich hätte es schon wieder vermasselt." Herd ist zudem unvorbereitet. „Shiraz sagte: ‚Haben Sie den Lebenslauf?' Ich sagte: ‚Nein, ich habe keinen mitgebracht.' Davon sagte man mir nichts, also hatte ich keinen dabei. Russell hatte meinen Lebenslauf bereits. Hughes kam mir zu Hilfe und brachte den Lebenslauf des ersten Gesprächs." Herd unterhält sich mit den Ingenieuren über ein persönliches Elektronikprojekt. „Ich zeigte meinen Ideenreichtum und meine Liebe für Elektronik. Das drang zu ihnen durch und führte zu meiner Einstellung."

Herd fühlt sich unter den studierten Ingenieuren nicht minderwertig: „Ich war nie auf dem College, hatte dafür mit 22 schon vier Jahre Erfahrung als Ingenieur. Das war damals bereits eine ganze Menge." Shivji engagiert Herd als Techniker, um den Ingenieuren beim Design zu helfen. „Ich begann im MOS-Gebäude in King of Prussia. Die Wände waren hellblau und wir teilten uns zu dritt einen Raum. Als ich anfing, waren nur noch die Übriggebliebenen wie Terakura, Russell und einige Jungs aus Kalifornien da". Herd versteht sich mit Terakura und verspricht ihm, japanisch zu lernen. „Yash' echter Name war Yasaharu, aber ich war der einzige Gaijin, der das korrekt aussprechen konnte. Laut Yash zufolge machte das den Japanern zu schaffen." Herd mag die zwanglose Atmosphäre bei *Commodore*, wo Angestellte sich oft mit C64-Spielen vergnügen. „An meinem ersten Tag stellte ich fest, dass Leute in ihren Büros spielten und sich keiner darüber beschwerte. Ich mochte den Gedanken, dass man nach seiner Arbeitsleistung und nicht nach seinem Auftreten bewertet wurde. Später fand ich heraus, dass diese Leute kaum Nützliches leisteten. So viel zur Realität hinter der Utopie."

An seinem ersten Arbeitstag sitzt Herd mit Benny Pruden, dem Programmierer des ROM-Codes für das 4040-Laufwerk, zusammen in einem Büro. „Sie hatten keine Aufgabe für mich, also sollte ich die Routine für ein Disklaufwerk programmieren." Shivji weist Herd aufgrund seiner Programmierkenntnisse eine Aufgabe im Software-Bereich zu. Das enttäuscht den Hardware-Freak. Herd erhält eine Schonfrist, als Pruden auf Geschäftsreise geht. „Der Kerl, der mir die langweilige Software zeigen sollte, war eine Woche nicht da", sagt Herd. Pruden hinterlässt ihm einen Stapel Bücher zum Lesen. Herd unternimmt stattdessen einen Rundgang durch *MOS Technology*. Er besucht das Labor, in dem der 6502 entwickelt wurde. Herd sieht sich traurig im leeren Raum um. „Ich habe sie verpasst. In den Aschenbechern brannten noch ihre Zigarren und ihre Stühle waren noch warm. Aber sie waren weg."

Herd sieht ein merkwürdiges Bild an der Wand. „Dort hing ein Foto der PET-Entwickler. Sie hatten jeden geschwärzt, der nicht mehr bei Commodore war. Schließlich waren nur noch Terakura und Michael Angelina zwischen den gespenstischen schwarzen Blöcken zu sehen." Herd geht weiter in die Systemabteilung, wo die Ingenieure an Tramiels neuestem Low-Cost-Projekt arbeiten. „Ich fragte: ‚Was ist das?' Sie sagten: ‚Das ist der TED.' Ich meinte: ‚Cool. Macht Ihr auch Bus-Sharing?' Damals arbeitete ich zuhause an einem 6502-Board mit Bus-Sharing. Augenbrauen gingen hoch, als ich die Diagramme durchspähte. So wurde ich zum Projektleiter."

„Herd wurde ursprünglich als Universal-Techniker engagiert und stolperte in die Position des leitenden Systemverantwortlichen bei Commodore", erklärt sein Mitarbeiter Dave Haynie. Herd gehört nicht länger zu den Software-Ingenieuren. „In der ersten Woche wechselte ich von der Programmierung des Disklaufwerks zum Verantwortlichen für die TED-Serie", sagt Herd. Als Pruden von seiner Geschäftsreise zurückkommt, muss er feststellen, dass sein Neuzugang nun in der Systemabteilung arbeitet. „Zum Glück schlug ich den Hardware-Weg ein, denn das machte ich am liebsten." Herd ist nun verantwortlich für das nächste Consumer-Produkt. Ohne formalen Bildungsweg und mit viel Wagemut erhält er einen Spitzenjob bei *Commodore*. Ein schneller Aufstieg für einen neuen Ingenieur.

## Die Geburt des TED ****

Das erste, was Herd am TED auffällt, ist das Fehlen eines Reset-Schaltkreises. Dafür braucht es einen zusätzlichen Chip. „Der TED war an eine Bedingung geknüpft: Sie sagten, er müsse mit neun Chips auskommen. Niemand wollte Jack sagen, dass wir einen weiteren brauchten. Mich interessierte das nicht. Ich sagte: Ihr hättet es fast mit neun geschafft, wir brauchen aber zehn." Shivji gibt dies widerwillig an seinen Chef weiter. „Jemand ging zu Jack und sagte: ‚Wir müssen einen letzten Chip hinzufügen, damit das Reset funktioniert.' Man sagte mir, er habe nur ‚Gut' geantwortet. Er hatte, was er wollte, nämlich keine 28 oder 30 Chips", erklärt Herd.

Russell hat Bedenken, ob Herd ein komplettes System entwerfen kann. „Anfangs war ich mir bei Herd nicht sicher, aber er wusste, was er tat. Er gab 200% und hatte auch noch Spaß dabei." Herd erstattet dem Leiter der Ingenieursabteilung Bericht. Joe Krasucki gilt als hartherzig: „Er kam herein, bevor wir gingen, blieb in meinem Büro und rauchte eine verdammte Zigarre an seinem ersten Tag. Das konnte ich nicht ausstehen", sagt Russell. „Er war ein Arschloch-Manager, der vielleicht etwas von Hardwaredesign verstand." Mit Krasucki, der als Manager von neuen Produkten und Leiter der Systemgruppe eine mächtige Position bei *Commodore* hat, kommt Herd gut zurecht. „Ich war der einzige, der mit ihm klar kam. Wenn er einen Raum betrat, hassten ihn alle. Ich hörte, wie er den Gang hinunterging und die Leute fragte, an was sie arbeiteten. Sie antworteten: ‚Warum fragen Sie? Wofür brauchen Sie das?' Ich hörte den ganzen Morgen mit, hinter was er her war. Als er dann in mein Büro kam, war ich vorbereitet. Das gab mir einen Vorteil, weil ich ihn nicht bekämpfte." Die meisten Manager haben Schwierigkeiten, ihre Arbeit unter Tramiel zu behalten. Krasucki bleibt. „Ohne Leute wie Herd oder Greg Berlin, die die Sachen zum Laufen brachten, wäre er nicht so weit gekommen", meint Russell. „Ich war sein Goldesel", sagt Herd, dessen schneller Aufstieg zum leitenden Ingenieur für Missgunst sorgt. „Einigen Leuten passte das gar nicht", sagt Russell. „Sie sagten: ‚Nur weil er ein Freund von Krasucki ist.' " Doch Herd bringt die Kritiker mit seinem entwaffnenden Sinn für Humor und seiner strengen Arbeitsmoral zum Verstummen.

Herd schreckt keineswegs vor Konflikten zurück, auch nicht mit Vorgesetzten. Manchmal wird es körperlich. „Krasucki arbeitete für den stellvertretenden Geschäftsführer, Lloyd Taylor. Ein großer, kräftiger Mann, unausstehlich und unhöflich. Wir nannten ihn Red, aber er hatte schon graue Haare. Jeder hatte Angst vor ihm", sagt Herd. Red Taylor gehört zu Tramiels Familie. „Er hatte eine alte Autohupe, und wenn er nach seiner Sekretärin verlangte, griff er nach dem Gummiball und lärmte sie herbei. Sie verdrehte ihre Augen und ging hinein."

Die Rigips-Wände im Gebäude in West Chester haben kaum eine Chance gegen Herd. Eines Tages hören die Ingenieure eine Reihe dumpfer Schläge. „Drei Köpfe lugten um die Ecke, um zu sehen, was los war. Taylor und ich rangen im Flur", sagt Herd. „Ich bekam sein Knie zu fassen und warf ihn gegen die Wand. Soviel zum Thema Angst vor dem stellvertretenden Geschäftsführer." Für die Z8000-Ingenieure sieht das wie ein klingonisches Ritual aus. „Er war ein brutaler Kerl und an einem Punkt trafen sich unsere persönlichen Gegensätze, und wir rangen", erklärt Herd. „Er schubste mich und ich schubste zurück. Ich hatte keine Angst vor ihm." Die Auseinandersetzung hat keine negativen Auswirkungen auf Herds Karriere. „Wir lachten dabei", sagt er. „Danach kamen wir prima miteinander aus. Ich glaube, er respektierte es, wenn sich jemand ein wenig gegen ihn auflehnte."

Herd stellt mit Hedley Davis und Terry Fischer zwei seiner ehemaligen Kollegen ein. „Davis, der später an der Xbox arbeitet, war damals ein bekannter Programmierer und Designer. Er hatte ein Diplom als Elektro-Ingenieur." Später engagiert Herd einen jungen Ingenieur namens Dave Haynie. „Ich kam 1983 zum TED-Projekt", erinnert sich Haynie. „Herd war der Chefingenieur und suchte nach jemandem, der Dinge konnte, die er nicht beherrschte. Ich traf ihn vor dem Gespräch und wusste nicht, dass er einer von denen ist, mit denen ich reden musste. Er war mir sofort sympathisch", sagt Haynie. Herd ist wiederum beeindruckt von Haynies Fähigkeiten. Er weiß, dass sie seine eigenen verbessern werden: „Haynie war der Jüngste in der Gruppe. Mit Abschlüssen in Elektronik und Mathematik von der Carnegie-Mellon Universität kam er meiner Vorstellung von einem System-Ingenieur am nächsten." Herd meint, dass die Universitäten damals zwar die Theorie vermitteln konnten, aber oft die Praxis der Hardware-Entwicklung übergingen. „Was sie einem auf der Uni nicht beibrachten, war, wie heiß die eigenen Teile laufen würden und wie sich die Situation im echten Leben darstellt." Herd hat eine gewaltige Wirkung auf die Ingenieure, die mit beiden Beinen in der Theorie stehen. Sie respektieren ihn, weil er praktische Elektronik wie kein Zweiter beherrscht. Tagtäglich beweist Herd seinen Wert für das Team. Seine unendliche Energie beeindruckt das Team. „Er war ein wilder Kerl", sagt Haynie. „Er arbeitete tagelang durch und hoffte, dass alle anderen das auch tun würden. Man war jung, Single, ohne Kinder und feierte genau so intensiv wie man arbeitete. Er tat ein wenig mehr als alle anderen und brannte schließlich aus."

Anders als die meisten Ingenieure ist Herd extrovertiert und verbringt genau so viel Zeit damit, sich mit den Leuten zu unterhalten, wie mit der Arbeit. „Herd kam mit den Leuten gut zurecht", sagt Russell. „Er passte in die lockere Commodore-Kultur, aber er schuftete sich den Hintern ab, wenn er nicht gerade betrunken oder high war."

Das Herz des TED-Computers bildet der neue 8-Bit-Mikroprozessor 7501, ein 6502 in HMOS-Technik, der mit 1,76 MHz getaktet ist. Ohne Charpentier und Yannes steigt Dave DiOrio zum Halbleiter-Guru bei MOS auf. „DiOrio war großartig. Er war mein Gegenstück bei den Chip-Designern, wenn es darum ging, Nägel mit Köpfen zu machen", sagt Herd. „Ich wusste, dass ich beim Plus/4 genau richtig war." DiOrio will die Anzahl der Chips verringern. Er entwickelt TED als günstigen Grafik- und Soundchip ähnlich dem VIC-I, jedoch mit höherer Auflösung und mehr Farben. TED wird einer der letzten Chips mit freundlichem Drei-Buchstaben-Namen.

Ursprünglich versuchen die Entwickler bei *MOS Technology*, einen Prototyp des TED-Computers mit einem VIC-II zu schaffen. „Sie spielten mit einem Board auf der Basis des VIC herum, was nichts mit dem TED zu tun hatte. Ich schmiss das Kabelwirrwarr weg, ohne es auch nur anzuschalten", sagt Herd. Die meisten Zeitgenossen betrachten den TED als einen außergewöhnlichen Chip und halten ihn für einen der besten von *Commodore*. Er kann 128 Farben anzeigen, 16 in je 8 Schattierungen; im Endeffekt ersetzen seine Funktionen fünf verschiedene Chips. TED-Mankos bleiben die fehlende Sprite-Fähigkeit und sein schwacher Sound.

Wie bei allen neuen Chips kämpft Herd anfangs mit Problemen: „Der TED durchlief viele Revisionen, bevor er brauchbar war. Hauptsächlich deshalb, weil Testgeräte fehlten. Als wir den TED an einen Prozessor anschlossen, fuhr das System hoch und auf dem Schirm war nur Durcheinander. Ich starrte das Zeug ein paar Stunden an. Mir stand kaum Werkzeug zur Verfügung, also dachte ich darüber nach, was, wenn überhaupt, zu reparieren war." Terry Ryan, der Herd beobachtet, sagt später: „Er starrte es nur an. Es war unheimlich." Herd denkt selbst auf dem Heimweg noch an das Problem. „In der Nacht, ich war in Gedanken noch auf der Arbeit, lenkte ich meinen Datsun 280Z zwischen einen Stacheldrahtzaun und eine Telefonzelle, als ich einem Auto auswich. Ich dachte die ganze Zeit an die Arbeit. Ich setzte zurück und fuhr weiter."

Die Ingenieure treffen sich gelegentlich bei Terry Ryan. „Einmal gab es dort eine Party mit schlechtem Bier und schlechten Filmen: Schmitz-Bier, ‚Plan 9 aus dem Weltall' und ‚Angriff der Killer-Tomaten' ", erinnert sich Herd. „Unglücklicherweise ließ ich meine Frustration in einem Trinkwettbewerb aus." Herd, der sich selbst als Alkoholiker bezeichnet, hat hier einen unfairen Vorteil gegenüber den anderen Ingenieuren. „Plötzlich rannte Nachwuchsprogrammierer Mike Isgar in den Garten, um sich zu übergeben. Aber er vergaß, die Glastür zu öffnen, bevor er durchging. In der Nacht hörte ich das erste Mal die Geschichte von meinem ersten ‚Programmierer-Mord' und machte das zum Thema einer Unterscheidung zwischen Männern und Programmierern", erinnert sich Herd.

Nach seinem ‚Mord' sehen die Ingenieure Herd als Fleischfresser, der die Zahl der Programmierer reduzieren will. Ryan rät Herd: „Versuche nicht mehr umzulegen, als du essen kannst."

Herd ist Peddle dahingehend ähnlich, dass er Partys für den besten Platz für kreative Ideen hält. „In dieser Nacht kam ich dem Problem auf die Schliche. Am nächsten Morgen bewegte ich das Kabel und es funktionierte innerhalb von fünf Minuten. Alkohol und Problemlösung gingen Hand in Hand für mich. Das ist das Problem eines Alkoholikers", erklärt Herd.

Ryan entwickelt den Großteil des ROM-Codes für den TED-Computer. Es entsteht eine freundliche Rivalität zwischen Software- und Hardware-Ingenieuren. „Ryan programmierte die BASIC Version 6", erinnert sich Herd, der Ryan anfangs für reserviert hält. „Er war so: ‚Lass mich in Ruhe, ich arbeite!' " Doch er lernt den Programmierer zu schätzen. „Er war so unglaublich zynisch. Die meiste Zeit wusste man gar nicht, ob man gerade beleidigt wurde."

Ryan findet eine kreative Lösung zur Orientierung in den verwirrenden Fluren von *MOS Technology*. „Die blauen Räume und Flure sahen alle gleich aus", erinnert sich Herd. „Ryan klebte das Bild eines Hasen an seine Tür, damit er das Büro fand." Um Spannung abzubauen, spielen sich die *Commodore*-Ingenieure studentische Streiche. „Ich nahm das Bild ab und machte etwa 200 Kopien", sagt Herd. „Ich verbrachte Stunden damit, sie in allen seinen Sachen zu verstecken. Ich steckte sie zu seinen Taschentüchern, in seinen Schuh und so weiter. Zwei Jahre später, wir unterhalten uns gerade, öffnet er eine Akte ... und ein Hase fällt heraus!"

Herd entscheidet, DRAMs mit 16 KB, die gerade auf den Markt kommen, im Computer zu verwenden. Den Prozess lizensiert MOS von der Firma *Micron*, um die Chips dann selbst zu produzieren „Wir hatten Probleme mit einer Spezifikation, und als sie Micron deswegen anriefen, meinten die: ‚Das schaffen wir auch nicht.' MOS erwarb einen fehlerhaften Prozess", sagt Herd. „Wir verklagten Micron und mehrere andere Firmen. Zum einen, weil Micron sie falsch herstellte, zum anderen, weil wir sie nicht richtig nutzten. So etwas passiert, wenn Chip-Designer Hardware entwerfen sollen. Aber Tramiel zog die Klage durch. Das war ziemlich cool."

Ira Velinsky, der für die Gehäuse der P- und B-Serie verantwortlich ist, entwirft auch das TED-Gehäuse. Tramiel nennt ihn seinen ‚jüdisch-japanischen Ingenieur'. „Er arbeitete unter Sam Tramiel in Tokio", sagt Herd. „Er sah jüdisch aus und sprach genug japanisch, um ständig in Ärger zu geraten - ein echtes Original. Sobald ich rüberflog, brachte er mich in Schwierigkeiten. Man durfte nicht glauben, was er aus dem Japanischen übersetzte."

Der TED-Computer erhält eigentümliche Joystick-Anschlüsse, die nicht der *Atari*-Norm entsprechen. „Velinsky gab als Grund an, dass nur die passen würden. Und wenn man sich sein Gehäuse ansieht, ist klar: da ist kein Platz für zwei 9polige Anschlüsse." Das kleine TED-Gehäuse ähnelt dem Computer, den es übertrumpfen soll. „Das Original war ein kleines Sinclair-Gehäuse", erklärt Herd. „Velinsky präsentierte auch einen Joystick. Ein Prototyp, $40.000 teuer. Der Handgriff war ziemlich cool, aber war nur wenige Zentimeter im Durchmesser oberhalb des Joystickfußes. Jeder sagte: ‚Das sieht zerbrechlich aus.' Ira sagte: ‚Der zerbricht niemals. Er ist *designed*.' Genau das Wort hat er benutzt. Und alle sagten: ‚Ira, der zerbricht! Kinder sind wild. Das hält vielleicht ein Jahr.' Er sagte: ‚Nein, der zerbricht niemals. Ich garantiere es.' " Velinsky beharrt auf seinem Standpunkt, also ändert Herd seine Argumentation: „Wir sprachen über etwas anderes, ich hielt den Joystick noch in den Händen. Plötzlich gab's einen Knacks und ich schob die Bruchstücke zurück in die Mitte des Tischs. Zugegeben: Ich musste ihn zwar härter biegen, als ich dachte. Aber wenn ich den Joystick im Sitzen brechen konnte, würde er oft zerbrochen werden. Ich zerbrach einen 40.000 Dollar-Prototypen, um etwas zu beweisen."

Als der Sommer näher rückt, verlangsamt sich die Arbeit. „TED schlummerte einige Monate bis zum Sommer vor der CES", sagt Herd. *Commodore* vollzieht eine drastische Umorganisation.

## Das Mega-Hauptquartier ****

Noch vor dem Weggang des Winterble-Teams entscheidet sich Jack Tramiel, die Firma an der Ostküste zu zentralisieren. „Wir bereiteten uns auf den Umzug in eine neue Einrichtung vor", sagt Winterble. „Tramiel erkannte, dass es viel günstiger war, Leute in Pennsylvania zu rekrutieren als in Kalifornien", sagt Charpentier. „Er wollte die große Einrichtung wohl auch zur Produktion nutzen." Tramiel selbst behält vorerst sein Büro in Santa Clara.

Das neue Gelände lockert die Situation im engen Gebäude von *MOS Technology*. „Wir hatten unsere Kapazitätsgrenze erreicht", sagt Russell. „Nach dem VIC-20 traten wir uns zwei Jahre lang auf die Füße. Wir hatten keinen Platz für niemanden. Als der C64 wirklich populär wurde, steckten sie noch mehr Leute ins Büro. West Chester nahm den Druck von uns."

Bis 1983 ist CBM eine diffuse Sammlung von Niederlassungen in Kalifornien, Pennsylvania und Arizona. Jetzt verlegt Tramiel alles in ein riesiges Gebäude nach West Chester, 1200 Wilson Drive. „Tramiels Idee war, alles in West Chester zu konsolidieren", sagt Winterble. „Das war eine alte Produktionsanlage für TV-Röhren von *Zenith*", sagt Charpentier. „Ein teures Gebäude. Commodore ließ es renovieren." Nach Zenith zieht eine Postkartenfirma ein, erinnert sich Russel: „Ich war bei der Räumung. Der Laden war voller Grußkarten, eine Postkarten-Druckerei."

Im Sommer 1983 bezieht *Commodore* die neue Zentrale. „Wir hatten 53.000 qm auf zwei Stockwerken", sagt Russell. „Das meiste davon war Produktion. Im vorderen Teil des Gebäudes saßen die Ingenieure, Geschäftsleitung, Software und solche Sachen." *Commodore* nutzt den größten Teil für die Produktion und als Lager. „Ein Fließband mit massig Lagerfläche", sagt Haynie. „Alle amerikanischen Produkte wurden dort montiert."

„Das Gebäude war so riesig verglichen mit dem, was wir gewohnt waren", sagt Russell. „Wir öffneten die Lagertüren – eine eigene Atmosphäre, Regenwolken hingen in einigen der großen Hallen!" Der Wechsel nach West Chester ist hektisch, besonders angesichts der auf Hochtouren laufenden C64-Produktion: „Wir hatten damals viele Eisen im Feuer."

Der Umzug stört die Systemingenieure bei der Arbeit. „Ich erinnere mich, dass ich von Sommer bis zum Spätherbst versuchte, Prototypen zu bauen, während wir umzogen", klagt Herd. Die neue Firma *Commodore* ist, verglichen mit der alten, auf dem Sprung ins Gigantische. „Die Teams waren recht klein, bis der C64 alles vergrößerte", sagt Russell. „Es gab damals nicht viele Ingenieure. In der Hauptsache waren Yannes und Charpentier die Chip-Entwickler."

Um den Ingenieurs-Pool aufzustocken, suchen Russell und Shivji ununterbrochen nach Talenten: „Shiraz und ich führten Bewerbungsgespräche mit so gut wie jedem", sagt Russell. „Zwischen 1982 und 1985 stellte ich etwa 80 Leute ein. Unser Boot in West Chester war voll besetzt. Wir suchten immer nach Personal, aber es war schwierig, Leute zu finden, die von irgendetwas eine Ahnung hatten." Tramiel beauftragt Russell mit dem Transport der Großrechner. „Ich musste die VAX-Computer von MOS Technology nach West Chester bringen", sagt Russell. „Ich war wohl der höchste der untersten Ränge auf dem Totem-Pfahl." David Haynie, der frisch von der Universität kommt, will unbedingt UNIX nutzen. „Wir hatten einen UNIX-Computer, weil viele der Programmierer und andere ihn verlangten. DEC UNIX auf einem kleinen VAX 11750, mit eMail und allem", sagt er.

Die Ingenieure müssen Code für die ROMs ihrer Systeme bislang mit alten PET-Computern kompilieren. „Sie gaben mir einen dämlichen PET zum Arbeiten", sagt Herd. „Ich war nicht in der Stimmung für die Probleme, die er mir machte. Wenn ich mich richtig erinnere, wollte die Kiste zwei verschiedene Disketten in einem Laufwerk gleichzeitig lesen. Ich riss sie vom Tisch und lief fluchend durch den Flur, den PET über meinem Kopf. Ich rief: ‚Nehmt ihn oder ich werfe ihn!' Ich wollte es eigentlich nicht, aber ich hätte ihn weggeworfen. Jemand, der noch keinen PET besaß, befreite mich von der Last." Haynie überzeugt Herd davon, auf VAX-Zugang zu bestehen. „Ich nutzte UNIX im College und über zwei Sommer bei den Bell Labs", sagt Haynie. „Ich wusste also, was das war und meinte: Das müssen wir haben!"

„Ich fragte also nach Zugang zu einem VAX-System", sagt Herd. „Sie sagten: ‚So ein Pech, wir haben keine Terminals übrig!' Das war eine Lüge, weil sie acht Terminals gekauft hatten. Ich sagte: ‚Kein Problem, zuhause habe ich ein paar.' " Wenn ein Hindernis auftaucht, reißt Herd es entweder ein, oder er umgeht es. „Das war eine Frage der Einstellung", sagt er. „Für jeden Mitarbeiter galt: Aus dem Weg, ich will durch! Man sagte mir: ‚Schätze, Du kannst Deinen Zugang haben, aber Du musst ihn Dir selber anschließen.' Sie wiegten sich in Sicherheit, dachten, ich hätte keine Ahnung, wie das ginge. Eine Stunde später war ich da und sie fragten: ‚Was machst Du da?' Ich antwortete: ‚So, jetzt noch das letzte Kabel.' Wir hatten alles bereits fix und fertig angeschlossen. Ich hatte ein Terminal von daheim mitgebracht und ging rein. Der achte Anschluss am VAX und der einzige außerhalb der Chip-Design-Gruppe. Haynie und ich nutzten ihn regelmäßig, wobei Haynie das anfangs nur von meinem Büro aus konnte."

Herds aggressive Art macht ihn nicht eben beliebt. „Die Leute, die für unser VAX-System verantwortlich waren, waren nicht da, um zu helfen. Sie waren nur da, um ihre Arbeit zu behalten", grollt er. Herd gerät oft mit dem VAX-Administrator aneinander, muss über den Mann im Rückblick aber Schmunzeln: „Am Telefon meldete er sich mit ‚Operationszentrale'. Er war verantwortlich für die Benutzer des VAX und wollte mir verklickern, was ich nicht tun könnte. Ich sagte ihm, dass ich jederzeit auf die höchste Zugriffsstufe kommen würde, innerhalb weniger Minuten. Er nahm die Wette an." Es ist unklug, gegen den findigen jungen Ingenieur zu wetten. „Ich nahm meinen Schraubendreher, verkabelte mein Terminal mit seinem und sah zu, wie er sein Login-Passwort eingab. Es dauerte keine fünf Minuten, bis er wissen wollte, was ich auf dem System-Level zu suchen hätte."

In das VAX-System einzubrechen, wird zum Sport für die Ingenieure. „Einmal spähe ich Sonntag Nacht in den Druckerraum und sehe die Tür zum VAX-Raum dort auf dem Boden liegen", erinnert sich Herd. „In der Dunkelheit erkannte ich Davis, der vor einem Terminal saß, vom Licht des Kassettenbackup-Systems erleuchtet. Die Maschine summte und Davis war aufgeregt, da er offensichtlich die Kassette mit Spielen lud, die mit der VAX ausgeliefert wurde. Ich sah auch seinen Schraubenzieher herumliegen, das einzige Werkzeug, das er gebraucht hat, um das vom Management installierte, mehrere tausend Dollar teure Kartenlesegerät an der Tür zu umgehen. Das Sicherheitssystem war installiert worden, damit wir die Computer nicht mitten in der Nacht starten konnten, falls wir sie für unsere Arbeit brauchten."

Das neue Gebäude in West Chester schafft eine kleine Gemeinschaft und beinhaltet sogar ein Elektronik-Geschäft, das *Commodore*-Produkte zu Discount-Preisen an Angestellte verkauft. „Restposten und das normale Commodore-Zeug", erklärt Haynie. „Man konnte dort Commodore-Taschenrechner kaufen. Das dürfte so ziemlich der einzige Platz in Nordamerika gewesen sein, der sie noch führte. Alles, was verramscht oder ausgemustert wurde, wurde im Mitarbeiter-Laden verkauft."

Während des Umzugs schließt Tramiel die Produktionsgruppe mit 35 Leuten, die für die C64-Herstellung verantwortlich war. Die meisten der Mitarbeiter werden entlassen, ein paar an andere Stellen in der Firma versetzt. Dieser Zug schockiert die Angestellten.

## Wie sie die Bombe bauten ****

Durch Umzug und andere Unterbrechungen fällt das TED-Projekt hinter den Zeitplan. Erst die anstehende CES im Januar 1984 sorgt für einen Motivationsschub. „Im Spätsommer schalteten wir einen Gang rauf", sagt Herd. „Ich glaube nicht, dass wir die Zeit besser genutzt hätten, wenn die CES nicht vor der Tür gestanden hätte." Unglücklicherweise verkompliziert sich das Projekt.

Haynie glaubt, dass Herd und sein Team das von Tramiel gesteckte Ziel für den TED erreicht haben. „Es steckten eine Menge gute Ideen in allem, was dort an Hard- und Software produziert wurde." Der Umzug nach West Chester bringt die Ingenieure näher an die Marketing- und Software-Abteilungen, zu Leuten wie Tomczyk und Hartmann, die Einfluss auf den TED-Computer nehmen. Leonard Tramiel findet, das Marketing hätte sich heraushalten sollen: „Die wissen nicht, was möglich ist. Wenn sie es wüssten, wären sie Entwickler. Lässt man Produkte von Leuten entwickeln, die davon nichts verstehen, kommt man nicht voran." Hartmann und Tomczyk schlagen vor, verschiedene Programme fest im ROM zu integrieren, Textverarbeitung, Tabellenkalkulation, Datenbank und Grafiksoftware, ähnlich dem populären *Lotus 1-2-3*.

Der TED-Computer wird in 264, später in Plus/4 umbenannt. „Der Plus/4 wurde von den Marketing-Leuten und anderen furchtbar verstümmelt", klagt Herd. Die Idee eingebauter Software ist schlecht durchdacht. Sie zerstört den Zweck eines Computers, die flexible Nutzung einer Bandbreite von Programmen. Die Anwender können die schnell veraltende Software nicht aktualisieren. Während Jack Tramiel das Marketing unterstützt, teilt Herd seine Meinung nicht. Doch ihm bleibt keine Wahl: „Ich respektierte seine Entscheidungskompetenz, nicht alle seine Entscheidungen".

Mit Tramiels Unterstützung verlangt das Marketing weitere Features. „Im Sommer 1983 wucherten die Features", erinnert sich Haynie. „Als ich hinzukam, war bereits alles festgelegt und nur noch eine Frage der Umsetzung." Haynie hält es für einen Fehler, dass andere eingreifen und den Kurs des TED-Computers ändern dürfen. „Man sieht das von Zeit zu Zeit im Management. Ob es nun an Egos oder sonst etwas liegt; solche Sachen passieren." Die relativ neuen Ingenieure fühlen sich an die Marketing-Anweisungen gebunden. „Ich war immer noch neu, als das passierte", sagt Haynie. „Es war nicht unbedingt Aufgabe der Ingenieure zu entscheiden, welches Modell produziert werden sollte." Russell findet es sinnlos, das minimalistische System durch Features aufwerten zu wollen. „Keiner der Ingenieure mochte das, weil wir wussten, dass es ein 50-Dollar-Computer sein sollte, der für $100 verkauft wird. Software zu integrieren und ihn Plus/4 zu nennen, war falsch." Den vermeintlichen *Sinclair*-Killer namens C116 wird *Commodore* trotzdem veröffentlichen. „Der 116 ist das ursprüngliche Konkurrenz-Design zum Sinclair", sagt Herd. Sowohl der C116 als auch der 264 sollen eine Taschenrechnertastatur ähnlich der des PET erhalten. „Er hatte die schlechte Tastatur, nur weil der Sinclair auch so eine hatte", erklärt Russell. Tramiel weiß, dass eine minderwertige Tastatur ein neues Produkt töten kann. Trotzdem bleibt er bei seiner Entscheidung.

Programmierer Terry Ryan, der die BASIC-Software für die TED-Serie erstellt, wird von seinem Manager aufgehalten. „Als Ryan ein strukturiertes BASIC für den Plus/4 schrieb, bekam er Schwierigkeiten", erinnert sich Herd. „Man sagte ihm: ‚Keine LOOP-WHILE-Befehle und ähnliches!' Er erhielt eine schlechte Bewertung für einen großartigen Code. Die gute Nachricht war, dass sein Boss wenig später entlassen wurde." Ryan fügt neue Befehle hinzu, die Anwendern das Erstellen von Grafik und Sound erleichtern, ein Fortschritt gegenüber den POKE-Befehlen von VIC-20 und C64.

Das vielleicht größte TED-Potential liegt in der Implementierung eines grafischen Betriebssystems. Feagans, der zuvor am Magic-Desk-Modul arbeitet, ist immer noch von grafischen Oberflächen angetan. Er stößt zum Projekt und entwickelt Magic Desk II. *Compute!'s Gazette* berichtet in der April-Ausgabe 1984: „Das Menüsystem nutzt Icons und Bildsymbole statt Wörter, um verschiedene Funktionen auszuführen, ähnlich Apples komplexer und geschäftsorientierter Lisa." Kurz vor der CES verlangt das Marketing weitere Features. „TED wurde verstümmelt, beschnitten und beschissen", sagt Herd. „Das Management entschied, ihm noch einen letzten Schlag zu versetzen."

Commodore engagiert zwei der führenden Köpfe auf dem Gebiet der Spracherzeugung. „Tom Brightman und Richard Wiggins hatten Speak & Spell für den TI gemacht", erinnert sich Herd. „Richard besaß einen Doktor-Titel, Tom war einfach extrem intelligent. Als TI Speak & Spell herauskam, gab es nichts Vergleichbares. Es entstand sogar ein Film darüber."

Die beiden Pioniere arbeiten in einem *Commodore*-Forschungslabor in Texas. Sie entwickeln ein Sprachmodul namens *Magic Voice*, sowie ein neues TED-Modell namens 364. „Das war ein 264 mit Ziffernblock in der Tastatur und integriertem Magic-Voice-Sprachsynthesizer", erklärt Haynie. Der Einbau von Magic Voice in den TED-Rechner ist nicht schwer. „Die Software war ja schon fertig; wir nannten es Tragic Voice", sagt Haynie über die monotone Stimme, die wie ein deprimierter Roboter klingt. „Ein festes Vokabular von 260 Wörtern und das war's. Es hatte keine phonetische Aussprache, so dass man es kaum Dinge sagen lassen konnte, die man wollte." Kollege Herd ist trotzdem von der Technik begeistert. „Das war der erste sprechende Computer, den ich kannte, und es war mir egal, wie er sprach. Er sagte ‚gerple' statt ‚purple'." Die magische Stimme lockert die tägliche Routine der Ingenieure auf. „Ich arbeitete daran, und jemand kam mit etwas an, das sich S.A.M. nannte. Ein Sprachprogramm für den C64", sagt Haynie. „Man konnte beeindruckende Wörterketten bauen. Wir versuchten uns, schmutzige Dinge zu sagen und ich fühlte mich mit den 364 Wörtern sehr beschränkt. S.A.M. machte mich total fertig, wir hatten eine Menge Spaß."

Nach monatelanger Entwicklung ist der 264 über das Ziel eines billigen *Sinclair*-Killers hinausgewachsen. Er hat kaum eine Chance auf dem Markt. „Als wir gingen, schlug die Firma den Kurs des Plus/4 ein. Das war falsch", sagt Charpentier.

Je näher die CES rückt, desto klarer wird das Ausmaß der Arbeit. „Wir wurden im Herbst vor der CES fast wahnsinnig", sagt Herd. „Durch die parallele Entwicklung von 264, 364 und 116 wurde die Zeit knapp." Die Arbeitsmoral seiner Projektingenieure beeindruckt Russell: „Berlin und Herd waren der harte Kern. Sie arbeiteten sich den Hintern ab, um Probleme zu lösen und alles zum Laufen zu bringen. Sie wurden Freunde für immer, nach diesem Kriegserlebnis." Die Ingenieure schlafen, wie Peddle vor ihnen, auf Feldbetten am Arbeitsplatz. „Diese Jungs gaben 199% und arbeiteten 20 Stunden am Tag", meint Russell. „Sie schliefen dort, weil sie nicht nach Hause gingen. Wir hatten längliche Cubicles und man konnte unter dem Tisch schlafen. Eine anstrengende Umgebung." Über die weniger enthusiastischen Ingenieure ist Herd enttäuscht. „Die Jungs von der ‚Zweiten Schicht' – also die, die nur auftauchten, wenn das Management weg war – gaben jedes erkennbare Zeichen ihrer vorgetäuschten Arbeit auf. Die wahren Arbeiter waren Tag und Nacht dort."

Um den immensen Druck auszuhalten, spielen Herd und sein Team regelmäßig. „Wir hatten einen Rennsimulator. Es war einer mit diesen alten Atari-Pong-Paddles. Wenn jemand Druck ablassen wollte, fuhr er eine Runde", erklärt Herd. „Man kam hinein und jemand stand dort, mit offenem Mund und Schaum auf den Lippen, und spielte dieses Rennteil. Es erforderte kein Nachdenken, nur das Drehen eines Knopfes. Nach einer Stunde war man wieder bereit für Commodore."

Wenige Wochen vor der CES stößt Herd auf unvorhergesehene Schwierigkeiten. „Die Sicherheitsleute verschlossen die Türen. Eine Anweisung besagte, dass alle Freitag nachts verschlossen werden mussten. Ich kam also samstags nicht in mein Büro. Es gab keinen Schlüssel für die Tür, weil die Firma sie noch nicht geliefert hatte."

Angesichts der Deadline versucht Herd, das Problem zu umgehen. „Ich musste zurück an die Arbeit", sagt er. „Davon kann mich niemand abhalten. Ich stieg also über die Decke ein, schnitt und versaute mich dabei, aber ich öffnete die Tür und ging zurück an die Arbeit."

Damit sich der Vorfall nicht wiederholt, hinterlässt Herd eine freundliche Nachricht an der Tür. „Ich hing ein Schild auf, auf dem stand: ‚Bitte schließen Sie diese Tür nicht ab, es gibt keinen Schlüssel dafür' ", erinnert er sich. „Sie schlossen wieder ab. Wir schrieben mehrere Notizen. Die erste war sehr freundlich. Auf der zweiten stand: ‚Sie haben wieder abgeschlossen. Wir können nicht hinein, um unsere Arbeit zu machen. Schließen sie diese Tür nicht ab, es gibt keinen Schlüssel!' " Herd geht davon aus, dass damit alles geklärt ist. Doch der Befehl des Managements überstimmt seine Bitten. „Jemand kam zu mir und sagte: ‚Ich komme nicht rein. Es ist schon wieder abgeschlossen.' Sie gaben mir den Raum für mein Projekt, somit war es mein Raum. Ich schlug also ein Loch in die Wand, durch das man die Tür aufsperren konnte. Dabei verfehlte ich nur knapp einen Lichtschalter auf der anderen Seite."

Für Herd ist der anonyme Willenskampf damit auf dem Höhepunkt. Aber er geht weiter. „Sie schlossen die Tür wieder ab! Man musste durch das Loch greifen und sich den Arm mit Gipsstaub verschmutzen, um aufzuschließen. Auf meiner letzten Notiz stand: Okay, Ihr Arschlöcher. Da ist ein verdammtes Loch in der Wand neben der Tür. Ihr könnt jetzt mit dem Abschließen aufhören!" Als Herd am Montag wiederkommt, ist das Management nicht erfreut. „Das passierte Freitag, Samstag, Sonntag. Am Montagmorgen sagte Qualitätsprüfer Bob Shamus: ‚Sie suchen nach dem, der das Loch in die Wand gemacht hat. Der wird Schwierigkeiten bekommen.' Er ging herum und sagte diesen Satz, bis jemand meinte: ‚Bil Herd hat das Loch in die Wand geschlagen. Da ist ein Schild, das Sie lesen sollten'. Da gab Shamus Ruhe."

# KAPITEL 16

# Der Rauswurf

1984

16

Jack Tramiel ist einen weiten Weg gegangen: Er, der vor 50 Jahren in Polen davon träumte, eigene Fabriken zu führen, produziert nun täglich ein paar tausend Computer für den Weltmarkt. Tramiel lebt in Winz-Appartements und fährt Taxi, um seinen Traum zu erfüllen. Sein einfacher und effizienter Lebensweg durchdringt *Commodore* von den Führungsetagen bis zur Fertigungshalle. Als Chef genießt er seine Fabrik-Visiten und das Gespräch mit den Arbeitern.

Börsenfachleute nennen sein Unternehmen nun in einem Atemzug mit dem Giganten IBM, den Tramiel seit den 1960ern nachahmen will. Nichts verschafft ihm mehr Befriedigung als die Fließbandproduktion seiner Computer – außer vielleicht seine Söhne zu Männern heranwachsen zu sehen. Die Kinder sind für ihn das Wichtigste im Leben, verrät er Anfang1986 dem deutschen Fachmagazin *Data Welt*. „Meine Familie wurde sehr wichtig für mich. Ich glaube sehr an das Leben; man muss sich gegenseitig helfen, man muss untereinander Vertrauen entwickeln und eine Verlässlichkeit in allen Tätigkeiten erreichen." Tramiel hegt den Traum, *Commodore* an seine drei Söhne weiterzugeben, die den Wirtschaftskampf als Familie weiterführen sollen.

## Tramiels Söhne ****

Über Jahre bereitet Jack Tramiel seine Söhne darauf vor, gemeinsam die Firma zu führen. Er weiß, dass es drei wichtige Positionen in einem Technologie-Konzern gibt: einen Geschäftsführer, einen Technik-Guru und einen Finanzfachmann. In der Vergangenheit sind dies er, Chuck Peddle und Irving Gould. Tramiel wünscht sich, die Tradition mit seinen Söhnen fortzusetzen.

Auf den ersten Blick haben die drei wenig von ihrem Vater. Der ist glatt rasiert, die Söhne tragen Vollbart. Er ist rundlich, seine Söhne sind groß und schlank. Keiner allein reicht an die Zielstrebigkeit und Entschlossenheit des Vaters heran, doch gemeinsam können sie *Commodore* führen. Sam sieht seinem Vater am ähnlichsten – hervorquellende Augen, durchdringender Blick – und teilt dessen harten Management-Kurs, wenn auch weniger aggressiv. Sam studierte an der York University in Kanada und ist bereit, das Geschäft zu führen. Obwohl er von seinem Vater nach dem Tod seiner Frau auf eine fernöstliche Strafexpedition geschickt wird, begrüßt Jack ihn nach der C64-Veröffentlichung mit offenen Armen. Peddle erzählt: „Sam verliebte sich wieder, aber seine Eltern waren nicht unbedingt einverstanden. Sie heirateten und das Mädchen tat das Richtige: sie machte kleine Babys. Danach änderten Helen und Jack ihre Meinung."

Leonard, der mittlere Sohn, promoviert 1984 an der Columbia University in Astrophysik. Peddle zufolge ist Jack verärgert, dass sein Sohn keine praktische Fachrichtung als Ingenieur einschlägt. Trotz seiner Berufswahl sammelt Leonard Erfahrung in *Commodores* Ingenieursabteilung. Er hilft beim PET und gelegentlich bei anderen Computern. Im Gespräch mit *Data Welt* meint der Vater: „Ich habe mich immer bemüht, ihnen zu zeigen, was ich tue, sie einzubinden und mit ihnen über die Erfolge und Misserfolge zu diskutieren." Der Jüngste, Garry, ist Finanzexperte. Er studierte am Manlow Park College, arbeitet für *Merrill Lynch* als Börsenmakler und verwaltet das Multimillionen Dollar schwere Finanzpaket der Tramiels.

Es gibt wenig Grund daran zu zweifeln, dass Tramiel seine Söhne in Schlüsselpositionen bei *Commodore* bringen will. „Er traute niemandem außerhalb seiner Familie", meint Yannes. Tramiel über seine Söhne in *Data Welt*: „Mein Traum war, dass meine Söhne versuchten, die besten in ihren Feldern zu werden, so wie ich versuchte, der Beste auf meinem Gebiet zu sein, sie aber nicht zu zwingen, in der gleichen Branche zu arbeiten. [...] Es geschah ohne Planung, dass sich alle drei in verschiedene Bereichen der Firma einarbeiteten."

Einige Mitarbeiter bezweifeln, dass Tramiels Söhne die gleiche Magie erzeugen wie ihr Vater. Er ist ein Unikat und es ist den Kindern gegenüber unfair, zu erwarten, dass sie das überlebensgroße Image des Vaters schlagen. „Sie waren keine kleinen Jacks", meint Dave Haynie und erinnert sich, dass Gould jedes Vertrauen in die Söhne fehlt: „Als größter Anteilseigner und Vorstand war er nicht glücklich über Tramiels Pläne, sie als Nachfolger aufzubauen." Ein vernichtender Crash unvereinbarer Überzeugungen ist unausweichlich.

## Tramiel und Gould ****

Äußerlich wirkt es so, als habe Tramiel die völlige Kontrolle über *Commodore*. Doch obwohl Firmengründer und CEO, ist er nicht der mächtigste Mann der Firma. Gould, der 17,9% der Aktien besitzt, ist die eigentliche Macht bei *Commodore*. Er hat Häuser in New York (wo seine Frau lebt), Toronto und aus steuerlichen Gründen auf den Bahamas. „Er hatte einen Stundenplan, der ihm zeigte, wie viel Zeit er außerhalb des Landes verbringen musste", erklärt Russell. „Irving tauchte unerwartet auf, wenn es wieder Zeit für die Vereinigten Staaten war." Peddle zufolge genießt Gould das Ansehen, das ihm *Commodore* einbringt. „Irving war reich. Er hatte ein Container-Geschäft gegründet und verkauft. Aber es genügte ihm nicht, nur in New York reich zu sein. Als Boss einer großen Firma erhielt er eine völlig neue soziale Stellung. Er war gerne der Besitzer dieser gut laufenden Firma, deren Kurs stieg."

Gerüchten zufolge denkt Gould, dass Tramiel zu viel Ruhm einstreicht, und will als Finanzier mehr öffentliche Anerkennung. Unter den Angestellten ist er wegen seines ausschweifenden Lebensstils verrufen. „Irving war der Typ, der mit einem umwerfenden Mädchen im Jet herumflog; das blieb er, solange ich bei Commodore arbeitete", sagt Russell. „Ich sah ihn niemals mit seiner Frau, sondern nur mit diesem hübschen Ding."

Goulds Reichtum lässt ihm alle Freiheiten. Eines seiner kostspieligen Hobbys sind fernöstliche Schnitzereien und Vasen; der *Toronto Star* bringt einen Artikel über seine berühmte Sammlung. Eine andere Leidenschaft ist seine 70-Fuß-lange Yacht, die 24 Stunden am Tag bemannt ist. Leonard Tramiel besucht Goulds großzügige Residenz auf den Bahamas. „Reiche Leute reisen gerne, und er besaß eine Reihe schöner Plätze", sagt Leonard. „Ich war auf seinem Boot auf den Bahamas und sah sein Haus dort. Er hatte schöne Sachen." Trotz seiner regelmäßigen Besuche in den USA bleibt Gould ein Rätsel für seine Angestellten. „Obwohl wir wichtig für Irving waren, war Irving uns niemals nahe", sagt Peddle. „Es war ein kühler, distanzierter Mensch. Ich mochte Irving, aber er konnte über den Tisch langen, dir den Kopf mit einem Taschenmesser abschneiden und dabei keine Miene verziehen. Ich sage nicht, dass er nicht freundlich war, aber dahinter steckte nicht viel. Er war ohne Emotionen. Einer der rücksichtslosesten und zielstrebigsten Typen die ich kenne." Russell spricht verschiedene Male mit Gould, kann aber nicht hinter den Schleier blicken. „Ich fand es schwierig, Irving zu verstehen. Er nickte mehr als er sprach." Auch Leonard Tramiel fällt wenig zu Gould ein: „Ich traf ihn einige Male, aber ich sprach nicht mit ihm und kannte ihn kaum." Winterbles Erfahrungen sind ähnlich. „Ich erstellte die Finanzpräsentationen, hielt Besprechungen mit Börsenfachleuten in New York und San Francisco. Er war stets nett und lobte meine Vorträge. Wir fuhren in seinem Rolls Royce durch New York. Aber ich kann nicht sagen, dass ich ihn gut kannte."

Gould trifft Tramiel 1966, als ein kanadischer Finanzskandal *Commodore* zu ruinieren droht. „Das waren dunkle Machenschaften, aber die gingen eher von Jacks Partner aus", meint Russell. „Irving ließ so etwas nicht passieren, soweit ich weiß."

18 Jahre lang führen Gould und Tramiel die Firma gemeinsam und sind für ihren gegenseitigen Erfolg verantwortlich: Tramiel sorgt dafür, dass aus Goulds $500.000-Investition von 1966 200 Millionen Dollar 1983 werden. Gould seinerseits leiht Tramiel Geld für *Commodore*, als niemand sonst dazu bereit ist, und bürgt danach für alle Kredite. Nachdem Tramiel das Ruder wieder herumreißt, gibt ihm Gould als Zeichen des Vertrauens und der Wertschätzung einen Anteil von 8% an der Firma. Diese Geste ist 1983 90 Millionen Dollar wert. Seine Macht als Vorstandsvorsitzender dehnt Gould aus. Steht es Spitz auf Knopf, hält der Vorstand eher zu Gould als zu Tramiel. Jener leitet *Commodore*, aber Gould behält das letzte Wort. Als die Firma über eine Milliarde Dollar umsetzt, will Gould sie wie eine Top-500-Firma führen. Im Rückblick findet auch Bob Yannes, dass Tramiels Führungsstil nicht mehr zum expandierten Unternehmen passt: „Commodore wurde wie ein kleiner Laden geführt. Tramiel war der Chef und er traf alle Entscheidungen. Dass daraus ein Milliardenunternehmen wurde, war fast Glück. Unter normalen Umständen wäre keine Firma, die so geführt wird, derart groß und erfolgreich geworden."

Im Januar 1983 erscheint ein Artikel namens ‚Albatross' im *Forbes Magazine*. Darin steht: „Jack Tramiels düstere Vergangenheit und sein autokratischer Führungsstil stören die ansonsten rosigen Aussichten für Commodore International." Merkwürdig, dass der Artikel im besten Jahr von *Commodore* erscheint. Will jemand Tramiels Führungsanspruch unterminieren und den Weg für einen neuen Mann bereiten? Im Artikel sagt Gould nichts Gutes über Tramiel, sondern unterstreicht vielmehr den eigenen Anteil am Erfolg. *Forbes* schreibt: „Gould hielt Tramiel finanziell an der kurzen Leine. ‚Ich gab ihnen nicht genügend Geld, um irgendwelche echten Risiken einzugehen'." Der negative Artikel scheint wie ein erster Schlag, um Tramiel abzusetzen, und überrascht Yannes nicht. „Die Finanzwelt mochte Tramiel nicht, weil er unberechenbar war und völlige Kontrolle über die Firma hatte. Wenn er eine schlechte Entscheidung traf, gab es keine Möglichkeit, ihn zu bremsen."

Tramiel erhält weitere negative Schlagzeilen. „Es gab einen furchtbaren Artikel im Barron's Magazine, der ihn wütend machte. Er war sehr verletzend", erinnert sich Yannes. Charpentier glaubt, dass Tramiel große Fehler hatte. „Er war kein guter Zuhörer", meint er. „Hatte er sich eine Meinung gebildet, war es schwierig, diese zu ändern. Das ist nicht ungewöhnlich für Unternehmer: Die glauben an das, was sie tun. Aber es führt zu den meisten Problemen."

Das schrulligste an Tramiels Führungsstil ist die Ablehnung von Budgets. Yannes erklärt: „Er hielt Budgets für eine Lizenz zum Stehlen: Wer einmal gesagt hat, dass er 50 Millionen brauche, der gab dann auch 50 Millionen aus – egal ob er sie brauchte oder nicht. Deshalb vergab Tramiel kein Budget. Wie kann man ein Geschäft führen, wenn man den Leuten Budgets verwehrt?" Alle Geschäftsausgaben über 1.000 Dollar zeichnet Tramiel persönlich: „Man sagte ihm, was man ausgeben würde, und er stimmte entweder zu oder nicht – wie soll man so seine Arbeit machen?" beklagt Yannes. War Tramiel auf Geschäftsreise, war keine Ausgabe möglich. „Er war überall: in Japan, auf den Bahamas, in Kalifornien, Pennsylvania und Europa. Außerdem nahm er sich noch viel Zeit für sich. Auf diese Weise kann man kein großes Geschäft führen."

Ende 1982, zwei Monate vor dem *Forbes*-Artikel, wird Robert H. Lane neuer Präsident. Viele glauben, dass Tramiel die Ernennung nicht unterstützt, sondern Gould dahinter steht. Während Tramiel sich einige Monate in Asien ausruht, verfolgt Lane Tramiel-treue Angestellte.

Peddle glaubt, dass Tramiel sich nicht wohl dabei fühlt, kompetente Führungskräfte einzustellen: „Um seine Ziele zu erreichen, musste er Leute hereinholen, die besser waren als er. Nach dem Unternehmens-Einmaleins engagiert man Leute, die besser sind als man selbst. Das ist der Weg zum Erfolg, weil sie die Firma dorthin führen, wo man selbst nicht hinkommt. Viele Unternehmer scheuen diesen Schritt, und darum haben sie keinen Erfolg." Tramiel stellt sicher, dass er der einzige Machtfaktor bei *Commodore* ist. „Tramiel brachte nie jemanden ein, der eine Gefahr für ihn war", sagt Peddle. „Manchmal brachte er jemanden und sagte: ‚Ich nehme mir etwas Zeit und übergebe ihm einen Teil meiner Aufgaben.' Wir wussten, dass das nicht wahr war. Jack ließ dem Kerl genügend Seil, um sich zu erhängen. Dann entließ er ihn." Manager bleiben nur selten länger als sechs Monate. Jim Finke beklagt gegenüber *Forbes* den Abgang von fünf Top-Managern innerhalb weniger Monate.

Ist es unmöglich, neben Tramiel zu bestehen? Es scheint, als habe die Rotation der Exekutive mehr mit Tramiels Machterhalt als mit dem Wohl der Firma zu tun. Schwache Führung ist die Folge. *Commodore* braucht erfahrene Manager, die es mit der Computerindustrie aufnehmen. Doch Führungskräfte bekommen kaum die Möglichkeit, sich bei *Commodore* umzusehen, bevor sie bereits wieder vor der Tür stehen. Gegenüber *Forbes* macht Ex-Geschäftsführer Finke seiner Frustration über das schwache Management Luft: „Nach Machiavelli ist das stärkste Königreich das mit den stärksten Baronen und einem starken König. In Jacks Reich gibt es keine starken Barone. Nur einen starken König."

Ingenieure bleiben länger als Manager, doch auch sie hält es nicht bei *Commodore*. In der kurzen Geschichte der *Commodore*-Computer gibt es viele Abgänge fähiger Leute wie Bill Mensch und den 6502-Ingenieuren Chuck Peddle, Bill Seiler, Al Charpentier und Bob Yannes. Die Firma wäre erfolgreicher, könnte sie ihre wichtigsten Ingenieure halten. Doch Tramiels Geschäftsphilosophie beinhaltet Fallen, juristische Klagen und die Ausbeutung anderer Firmen, nicht den Aufbau langfristiger Beziehungen. So sind nur wenige Firmen zum Geschäft mit *Commodore* bereit, wenn es sich vermeiden lässt. Auch Tramiels Kostenreduzierungen vergraulen wichtige Partner. *Apple*-Chef Steve Jobs klagt später im Malone-Buch *Infinite Loop* über *Commodore*: „Ich traf nicht einen Menschen, der mit denen Geschäfte machte und damit glücklich war. Jeder fühlte sich betrogen." Nur die Kunden sind zufrieden.

Während andere seine Führung beklagen, strebt Tramiel weiter nach völliger vertikaler Integration. Durch die Masse der Computerverkäufe des Jahres 1983 entsteht ein weltweiter Mangel an RAM-Chips. Die Preise steigen. Tramiel versucht abermals, RAMs intern herzustellen. Er kauft die Produktionsrechte für einen 64-KB-Chip und errichtet Ende 1983 eine Fabrik in Costa Mesa, Kalifornien – *Commodore* ist auf dem Weg, die gefährlichste Firma der Industrie zu werden.

Peddle glaubt, dass Tramiels hartes Geschäftsgebahren aus *Commodores* turbulenten Tagen stammt. „Es gab definitiv eine Zeit, als Commodore kaum Geld hatte und Jack das als Entschuldigung nutzte, alles Mögliche zu machen. ‚Verklagt mich!' und dergleichen, nur um zu überleben." In den Erfolgsjahren setzt Tramiel sein rücksichtsloses Taktieren fort. „Als die Firma viel Geld verdiente, kümmerte sie sich immer noch nicht um die Leute. Zur Zeit des VIC-20 und des C64 hatte sie haufenweise Geld." Yannes weiß, dass Tramiels Taktik nicht ewig aufgehen kann. „Commodores ganze Philosophie und Kultur war nicht tragfähig. Die Firma musste anders geführt werden."

Tramiel ist hart, aber auch charismatisch. Angestellte empfinden ihm gegenüber ein starkes Pflichtgefühl: Leben und Handlungen erscheinen ihnen konkreter, so als ob es wirklich zählt, was sie tun. Tramiel liefert seinen Leuten Erfolge und fühlt sich bei den Angestellten unter seinesgleichen. Im Interview mit der *Data Welt* erklärt er: „Wenn Sie die Leute fragen, die mit mir zusammengearbeitet haben, werden Sie erfahren, dass ich mich in den letzten 25 Jahren praktisch nicht verändert habe. Ich war immer einer von ihnen."

Bil Herd glaubt, Tramiels Antrieb zu verstehen: „Da war seine Anwesenheit und all das, aber auf seinem Arm auch diese Tätowierung." Die Registriernummer erinnert an Tramiels Zeit im Konzentrationslager: „Man sah das und wusste ein wenig mehr über ihn."

*Commodores* Aufstieg zum Milliarden-Dollar-Konzern bringt Gould in ein Dilemma. Wiegen Tramiels gute Qualitäten die schlechten auf? Schlägt sich die Firma ohne ihren Gründer besser?

Im Juni 1983 verliert die Firma mit Robert Lane einen weiteren Präsidenten; den letzten in einer Reihe von Leuten, die nur ein oder zwei Jahre durchhalten.

Gould will *Commodore* mit Lane professioneller machen, Tramiel behalten und gleichzeitig *Commodore* durch Lane in eine Top-500-Firma verwandeln. Als das nicht klappt, wird Don Richard übergangsweise Präsident, während der Aufsichtsrat nach Ersatz sucht. Yannes erinnert sich an die allgemeine Stimmung gegenüber Tramiel. „Die Leute fragten sich: ‚Was machen wir mit Commodore? Die Firma ist sehr erfolgreich, auf dem neuesten Stand der Technik und wächst weiter. Aber was machen wir mit Jack?' " Tramiel hat eine Lösung, um Kontinuität in den Posten des Geschäftsführers zu bringen: Er nominiert seinen Sohn, Sam Tramiel. Gould hat andere Pläne.

## Der Commodore-Fluch, sechster Teil ****

Der Konflikt zwischen Tramiel und Gould erreicht seinen Höhepunkt, als Tramiel seine Söhne in Schlüsselpositionen der Firma bringen will. „Jack sah das als Familienunternehmen, das er seinen Söhnen übergeben wollte", erklärt Haynie. „Soweit wir hörten, wollte Gould nichts damit zu tun haben."

Tramiel legt Gould seinen Plan auf der Sommer-CES 1983 dar. *Commodore* mietet eine 90m-Yacht, um die neue Software vorzustellen. „Dort nahm das Übel seinen Anfang", sagt Russell. Wenig später ernennt Tramiel Sam zum Geschäftsführer von *Commodore Japan*, Garry Tramiel erhält einen Posten in der Finanzabteilung. „Zwischen Juni und Januar wies er seinen Söhnen die Positionen zu", erinnert sich Russell. „Man sagte mir, wir müssten einen Platz für Leonard finden. Und ich suchte nach einer Möglichkeit." Leonard bereitet sich auf seinen Uni-Abschluss vor: „Ich war unsicher. Als Physik-Doktorand der Columbia University wäre ich zufrieden gewesen, für Bell Labs zu arbeiten, oder in die Forschung zu gehen. Oder zu Commodore."

„Leonard war der einzige, der sich nicht festlegte", sagt Russell, der glücklich ist, einen Platz für ihn zu finden. „Wir verstanden uns, weil wir beide Software-Jungs waren. Wir unterhielten uns und ich schickte ihm Informationen, wenn er mich bat oder wenn mir danach war." Ende 1983 begrüßt Russel Leonard Tramiel als neues Mitglied der Ingenieur-Gruppe „Als ich zu Commodore ging, konnte ich nicht gleich eine führende Funktion in der Ingenieursabteilung erhalten", sagt Leonard. „Ich würde mich hocharbeiten müssen. Vielleicht als eine Art leitender Ingenieur, aber eher als Programmierer."

Am 13. Dezember 1983 feiert Jack Tramiel seinen 55. Geburtstag auf seiner Ranch in Kalifornien. Seine Familie schenkt ihm einen neuen Sportwagen und er verbringt einen entspannten, glücklichen Tag. *Commodore* ist seit sechs Monaten ohne festen Geschäftsführer. Tramiel will seinen Sohn Sam als Nachfolger. Gould will Marshall Smith, den ehemaligen Geschäftsführer des Stahlriesen *Thyssen Bornemisza*. Keiner von beiden gibt nach. Ebenfalls im Dezember feiert Tramiel das 25jährige Firmenjubiläum. Es ist eine aufregende Erfahrung für Jack, der sonst kaum zurück blickt. In Toronto ausgestellt werden Taschenrechner, Schreibmaschinen und der PET-Prototyp im Holzgehäuse. Tramiel sieht, wie weit er *Commodore* gebracht hat.

Am 10. Januar beginnt die CES in Las Vegas und mit ihr *Commodores* alljährliches Produktdebüt. Die Show ist mit über 90.000 Besuchern die bis dahin größte und *Commodore* präsentiert seinen ambitioniertesten Stand, in dessen Mittelpunkt der Schriftsteller Jim Butterfield den 264 und Magic Desk vorstellt. Überall ist neueste Software, überwiegend für den C64, zu sehen, ebenso das Magic-Voice-Modul. Herd zufolge fragten ihn die Leute bei der Präsentation des 264: „Warum ist der nicht C64-kompatibel?" Herd sieht auf das Resultat von monatelanger harter Arbeit und entgegnet: „Was soll ich sagen? Ich brachte es zum Laufen! Ist das nichts?" Herd hofft, dass sein Computer gut ankommt. Er fühlt sich niedergeschlagen. Die Frage nach Abwärtskompatibilität überrascht ihn: Das ist das letzte, woran er bei der Entwicklung des 264 denkt.

Herd hat die Chance, die *Commodore*-Ingenieure aus Texas zu treffen, die Magic Voice entwickeln, und bringt ihnen seinen harten Lebensstil nahe: „Es war klasse diesen Jungs zu begegnen und ein Bier mit ihnen zu trinken. Ich und ein Kerl, mit dem niemand sprach, terrorisierten in der Nacht eine Bar in Vegas."

**Bil Herd auf der CES 1984**
Foto: Dave Haynie

Den größten Teil des Messestands nimmt eine Spielhalle ein, mit 30 C64-Neuheiten. Hier können Besucher die Automatenumsetzungen **Wizard of Wor** und **Satan's Hollow** spielen, ebenso das Textadventure **Zork**; alle unterstützen die Magic-Voice-Sprachausgabe. Auch unkonventionelle Titel wie **Dancing Monster** und **Buffalo Roundup** werden präsentiert.

Tramiel und Gould geben eine Presseerklärung ab und verkünden, dass *Commodore* 1983 drei Millionen Computer verkauft hat. Insgesamt setzt die Firma Produkte im Wert von über einer Milliarde Dollar um. Das Unternehmen lädt zu einer Dinner-Party für Angestellte und Branchen-Insider.

Über der Spielhalle befindet sich ein großer Konferenzraum. „Unser Stand bei der Januar-CES hatte Bürofläche im zweiten Stock; einen Demonstrationsraum für die Händler", sagt Russell. Hier stehen auch Sofas für müde Angestellte. Außerdem gibt es eine kleine Kabine für Vertragsabschlüsse sowie ein exklusives Büro für Tramiel.

Als Russell und andere Ingenieure sich auf die Show vorbereiten, hören sie eine laute Unterhaltung aus Tramiels Büro. „Wir fingen früh mit dem Aufbau an", sagt Russell. „Dort hörte ich den Streit. Ich stellte Sachen neben der Tür auf, wo es rund ging. Soweit ich hörte, ging es um Jacks Söhne. Jack wollte sie in der Firma positionieren, und Irving sagte: ‚Nein, ich hab's mir anders überlegt.' Jack sagte: ‚Du weißt, dass ich das will.' Irving meinte: ‚Nein!' Er regte sich auf. Das war das einzige Mal, dass ich ihn wütend erlebte", erinnert sich Russell. „Ich war mit Irving im Aufsichtsrat, als weit schlimmere Neuigkeiten besprochen wurden, und Irving zuckte nicht einmal." Gould denkt, dass Tramiel mit seinen Söhnen in Schlüsselpositionen zu viel Macht gewinnen würde. „Es ging definitiv um Tramiels Kontrolle über die Firma durch das Einsetzen seiner Söhne in Machtpositionen", meint Russell. „Man muss bedenken, dass Sam schon einen großen Teil der Firma leitete." Während des Streits bleibt Tramiel uncharakteristisch ruhig. „Jack machte seinen Standpunkt klar, statt Irving anzugreifen", sagt Russell. „Er argumentierte und Irving blieb beim Nein. Es war, als würde man etwas hochgehen sehen." Tramiel, ansonsten stets Herr der Lage, fühlt sich von Goulds herrischer Art herausgefordert. „Ich war schockiert, dass das vor meinen Augen zerfiel. Irving war der Typ, der mit hübschen Frauen in einem Jet reiste. Er kam mir nie wie ein Teil der Firma vor." Russell kann aus dem Ton des Streits heraushören, dass die Beziehung zwischen Gould und Tramiel am Ende ist. Damit steht Russell kurz davor, seinen wertvollsten Trumpf zu verlieren: den Jack-Joker. „Man spielte den Jack-Joker und sagte: ‚Wenn Du mir nicht glaubst, dann frag doch Jack!' Plötzlich ging die Quelle meiner Macht durch die Tür. Das schockte alle." Der Streit endet abrupt, als Tramiel in dem Wagen, den ihm seine Familie schenkte, abreist. „Jack stieg ins Auto und fuhr weg. Er kam nicht wieder. Das war's", sagt Russell. „Seine Söhne standen dort herum. Alle fragten, ob Jack zurückkäme. Wir sagten: Wahrscheinlich nicht, nach der Unterhaltung."

Am Freitag den 13. Januar trifft sich Jack mit dem Vorstand in New York hinter verschlossenen Türen. „Ich weiß genau, was passierte, aber aus persönlichen Gründen sind weder mein Vater noch Mr. Gould an einer Dokumentation der Ereignisse interessiert", sagt Leonard Tramiel. „Ich wünschte es gäbe einen Weg, meinen Vater zu überzeugen, die wahre Geschichte zu erzählen, aber das wird er nicht." Jack Tramiel erklärt gegenüber der *Data Welt:*[1] „Kurz gesagt: Unsere Philosophien waren unterschiedlich. Es kam zu dem Punkt, an dem ich ihm sagte: ‚Entweder, ich kann die Firma so führen, wie ich es für richtig halte oder ich muss gehen.' Man sagte mir ganz freundlich: ‚Wenn Du es nicht wie ich machen willst, dann geh.' Und ich bin gegangen." Den *Commodore*-Angestellten zufolge verlässt Tramiel die Sitzung vorzeitig. „Er setzte eine Milliarde im Jahr um. Angeblich sagten sie ihm damals: ‚Das ist wahr, aber Du führst

1) Auch alle folgenden Aussagen von Jack Tramiel sind dem Gespräch in der Data Welt-Ausgabe 3/86 entnommen.

uns nicht zu 10 Milliarden.' Ich weiß nicht, ob das wahr ist, aber Irving war damals CEO", erinnert sich Herd. Laut Yannes beschuldigt Gould Tramiel, dem Wachstum der Firma zu schaden. Yannes hält die Einschätzung und die Entscheidung für richtig: „Die Branchenfachleute hatten Recht, wenn sie sagten, dass er keine 500-Millionen-Dollar-Firma leiten könne. Man kann so etwas nicht wie seinen eigenen kleinen Laden führen."

Tramiel erklärt, dass hohe Ausgaben ein Grund für den Streit waren. „Nur weil wir ein Milliarden-Dollar-Unternehmen waren, mussten wir nicht wie ein Milliarden-Unternehmen das Geld zum Fenster rauswerfen. Gibt man mehr aus, muss man die Preise erhöhen. Der Mann, für den ich arbeitete, war anderer Ansicht. Als die Geschäfte besser liefen, wollte er mehr ausgeben. Das war einer der Punkte, in denen wir unterschiedlicher Ansicht waren." Goulds engstirnige Ablehnung, Aktienerlöse in *Commodore* zu investieren, bringt Tramiel zusätzlich auf. „Uneins waren wir auch in der Frage der Finanzierung. Ich war der Auffassung, dass wir in dem Augenblick, als unsere Aktien hoch gehandelt wurden, neue Aktien hätten ausgeben sollen; zumal wir nie eine Erhöhung hatten, seit wir 1962 an die Börse gingen. Mit den 120 Millionen Dollar, die wir durch 2 Millionen neue Aktien verdient hätten, hätten wir all unsere Schulden bei den Banken bezahlen und die Stellung des Unternehmens stärken können. Damit hätten wir jeden Sturm überlebt, ohne uns auf Banken verlassen zu müssen. Der Mann, für den ich arbeitete, meinte, er würde dabei seinen Anteil an der Firma verwässern und Einfluss verlieren – das war absolut falsch."

Obwohl der CES-Streit Tramiels Pläne für seine Söhne behandelt, bezweifelt Leonard, dass sie der Hauptgrund sind: „Die verbreitetste Geschichte besagt, dass mein Vater uns Söhne in Führungspositionen einsetzen wollte, und dass Mr. Gould ein professionelles Management wollte. Dieser Streit sei die Grundlage für den Weggang meines Vaters gewesen. Das ist nicht wahr, es hatte absolut nichts damit zu tun." Dave Haynie widerspricht. Er glaubt, dass Tramiels Söhne ein Grund für die Auseinandersetzung sind, räumt aber ein: „Als Arbeitsbienen von Commodore waren wir bei den Chef-Sitzungen nicht dabei, aber das waren Sam oder Leonard auch nicht. Es ist unmöglich, das als Grund für seinen Abgang auszuschließen. Ich denke schon, dass es eine Rolle spielte." Peddle sieht dies ähnlich. „Ich sage nicht, dass er lügt, denn Leonard ist ein sehr ehrlicher Mensch. Aber er ist zu einem gewissen Grad voreingenommen, weil er seinen Familienstandpunkt vertreten muss." Tramiel will seine Söhne eindeutig bei *Commodore* unterbringen. Er spricht oft darüber und wird sein Familienunternehmen schließlich schaffen.[2] Peddle denkt, dass Tramiel die Firma als sein Eigentum betrachtet, obwohl Gould mehr Anteile besitzt. „Er kam nie darüber hinweg, dass es nicht mehr seine Firma war", sagt Peddle. Tramiel sagt später über seine Resignation: „Natürlich war das sehr, sehr hart für mich. Aber wenn ich die Firma nicht so führen kann, wie ich es für richtig halte, dann ist es nicht mehr meine Firma."

Wenige Tage später berichtet der *Philadelphia Inquirer* über Tramiels Abschied. Eine *Commodore*-Pressemeldung erklärt, sein Rücktritt habe persönliche Gründe: „Er hatte bereits darüber nachgedacht, und jeder Meilenstein den Commodore erreichte, rückte den Tag näher, an dem sich Tramiel anderen Dingen zuwenden wollte", schreibt das *RUN Magazin* in der März-Ausgabe 1984. Tramiel verlässt *Commodore* im Guten. Über 25 Jahre lang war er weltweit auf

2) **Nach dem Abschied von *Commodore* leitet Tramiel seine neue Firma (Atari) zusammen mit seinen Söhnen.**

Geschäftsreisen, aber er hatte nie Zeit für die Sehenswürdigkeiten der Welt. Jetzt plant er, das nachzuholen, Leute und Orte zu besuchen und in sich zu gehen. Er will mit seiner Frau Helen eine einjährige Kreuzfahrt um die Welt machen.

Nach Tramiels Weggang sind die Zeitungen voller Spekulationen. Am Tag nach der Aufsichtsratssitzung titelt die *New York Times*: „Commodores Gründer tritt unerwartet zurück." Und wenige Tage später: „Spaltung angeblich kein Grund für Tramiels Abgang."

Irving Gould will *Commodore* in ein professionelles Geschäft verwandeln. Doch er weiß nicht wie. „Er dache nicht an ein Technik-Unternehmen für 10 Jahre. Er dachte nicht wie HP", sagt Peddle. „Er musste so etwas noch nie zuvor machen, ihm fehlte die Erfahrung. Auch Jack hatte keinen entsprechenden Background."

Knapp eine Woche nach Tramiels Weggang erklärt die *New York Times*: „Commodore ersetzt Tramiel." Gould entscheidet sich für den 54jährigen Industriemanager Marshall Smith, der 17 Jahre bei *Thyssen-Bornemisza* war, davon acht Jahre als CEO. Gould zeigt jetzt Präsenz bei *Commodore*. „Ich sah Irving kaum, bis er diesen Kerl aus der Stahlindustrie einbrachte", sagt Russell. Die meisten Ingenieure zweifeln an Smiths Fähigkeit, ein Computerunternehmen zu führen. „Smith hatte das Herz am rechten Fleck, aber er gehörte nicht ins Computergeschäft", meint auch Haynie. „Er war nicht an eine Industrie gewöhnt, die sich derart schnell veränderte. Er kam aus dem Stahlsektor, der sich einmal in einer Generation ändert, nicht alle sechs Monate." Laut Haynie behalten Tramiels Söhne ihre Positionen bei *Commodore* noch für einige Zeit. „Sie blieben noch mindestens sechs Monate."

## Der Plus/4 ****

Das Marketing überzeugt Smith, nur zwei Computer der 264er Serie zu produzieren: einen mit 64 KB RAM und einen mit 16 KB. Der kleinere der beiden, C116 genannt, ist Herds ursprüngliches Ziel. *Commodore* wiederholt mit der billigen Tastatur einen Fehler der ersten PET-Generation. „Die Tasten war winzig, aber nicht so schlecht wie Sinclairs Folien; mehr wie eine Taschenrechnertastatur", sagt Haynie. *Commodore* produziert eine weitere 16-K-Version namens C16. „Der C16 kam nach der CES", sagt Herd angewidert. „Der C16 wurde ein abscheulicher C116. Sie steckten ihn in das Gehäuse des C64." Der C16 ähnelt dem VIC-20, doch das Gehäuse ist schwarz und die Tasten sind hellgrau. Der außergewöhnlichste Computer der Reihe, der sprechende 364, bringt es nach der CES nicht mehr weit. „Ich war zwei Wochen dafür verantwortlich. Erst wurde er mir zugeschoben, dann fallengelassen", sagt Haynie.

*Commodore* plant die Veröffentlichung der TED-Computer für Mai 1984, aber RAM-Engpässe und Probleme mit dem Zulieferer *Micron* erzwingen eine Terminverschiebung. „Wir mussten auf die 16-KB-DRAMs warten, die damals brandneu waren", erklärt Herd. „Das hätte nichts ausgemacht, weil wir sowieso auf den TED-Chip warteten." Wie der VIC-20 vor ihm wird auch das Produktionsdesign des C116 in Japan unter Geschäftsführer Sam Tramiel erstellt. Es muss Gould ärgern, den Sohn des ausgeschiedenen Firmengründers im Unternehmen zu haben. „Viele der Modelle kamen aus Japan, wo Sam Tramiel arbeitete", sagt Haynie.

Herd hilft bei der Fertigstellung des C116. „Sie flogen mich nach Japan, um ihn fertig zu machen. So fand ich einiges von dem raus, was los war", erinnert sich Herd, der in Japan Tony

Tokai trifft. „Es gibt nur zwei Arten von japanischen Geschäftsleuten: den Samurai und die anderen. Tokai war Jacks Killer im asiatischen Markt", erinnert sich Herd. Tokai und Tramiel gleichen sich. „Er wurde von Jack eingebracht und in seinem Management-Stil erzogen. Er war ein rauer Kerl. Man kam ihm nicht in die Quere, bevor man nicht selbst Zugkraft besaß." Herd spielt ein Spiel um Dominanz mit Tokai. „Ich bin auch ein Samurai. Ich bin zwar nicht so erzogen, aber so geboren worden. Wenn er auf einen Stuhl schlug, war das seine Art seinen Untergebenen zu zeigen, wo sie sitzen sollten. Ich war in seinem Büro und er schlug mit der Hand auf ein Stuhlpolster. Ich sah ihn danach an und legte meine Füße auf den Tisch. Ich sagte: ‚Ich bin Amerikaner, Bil Herd, und der Mist zieht bei mir nicht.' Danach kamen Tokai und ich ein wenig klar. Wir waren zwei Alpha-Rüden."

Herd ist verantwortlich dafür, dass die TED-Computer die FCC-Richtlinien erfüllen. „Ich machte bei der *Pennsylvania Scale Company* Erfahrungen mit der FCC, so dass ich damit zurecht kam", sagt Herd. Er will die Kommunikation mit seinen japanischen Kollegen verbessern. „Ich lernte japanisch, um ein besserer Ingenieur zu werden. Bald flog ich rüber und ging, wohin ich wollte." Die Zweitsprache wird in einer anderen Hinsicht wertvoll. „Ich sprach genug japanisch, um meinen Boss in einem Raum voller Leute als Idioten zu outen, wenn er sich daneben benahm: ‚Beachtet ihn nicht. Er ist ein Idiot.' Sie lachten alle, er sah mich an und meinte: ‚Was soll das?' Ich sagte: ‚Er wird bald tot sein. Mich kümmert's nicht.' Das bedeutete, dass er gefeuert werden würde."

Herd stößt auf unvorhersehbare Fehler. „Es geschahen eine Reihe komischer Dinge mit dem Plus/4, als Jack weg war, seine Söhne aber nicht." Die erste Anomalie, die Herd entdeckt, hat mit dem Kunststoffgehäuse zu tun. „Das Gehäuse sollte aus schwer entflammbarem Plastik sein. Die Spezifikation wurde in brennbares Plastik geändert. Wir meinten: ‚Wir verfolgen die Änderung der Entwürfe gut, und diese scheint gelöscht und nachträglich eingetragen worden zu sein.' " Anfangs entscheidet Herd, das C64-Netzteil auch für die TED-Computer zu nutzen. „Was uns wirklich stutzig machte war, dass wir einen runden DIN-Stromanschluss für das Netzteil des C64 entwarfen. Die Gehäusezeichnungen waren Eigentum von Commodore Japan. Sie gingen in Vorserie und hatten eckige Löcher. Ich sagte: ‚Das passt nicht ans Board.' Das Prototyp-Board kam heraus und sie sagten: ‚Wir werden noch einen eckigen Anschluss einbauen.' Ich sagte: ‚Das haben wir mit der FCC nicht abgestimmt, aber ich kann einen eckigen Anschluss auf dem Master einfügen, wenn Ihr wollt.' So arbeiteten wir einige Zeit mit einer eckigen und dann mit einer runden Buchse."

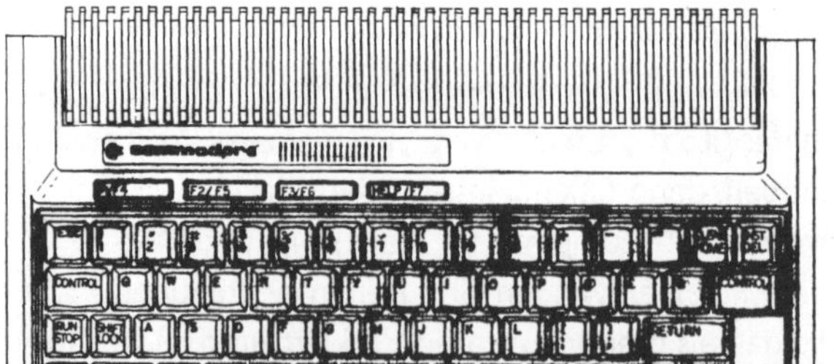


**Neues Gehäuse, integrierte Büro-Software: Der Plus/4 wird in seiner Heimat USA ab Mitte 1984 nur wenige Monate angeboten, danach in Osteuropa (und in Deutschland bei Aldi) verramscht – einer der größten Commodore-Misserfolge.**

Eine dritte Überraschung erlebt Herd, als die Netzteile ankommen. „Die Anschlüsse waren plötzlich aus Plastik – das leitet keinen Strom! Wir konnten wieder nicht durch die FCC, außerdem ging ich davon aus, dass sie leicht kaputt gehen würden. Wir brauchten schnell Netzteile mit Metallanschluss. Solche Sachen sind dort passiert." Haynie glaubt, die Änderungen seien aus Kostengründen vorgenommen worden, will aber Sabotage nicht ausschließen. „Es ist möglich, aber Kosten wurden ständig reduziert. Alle Änderungen müssen von den Ingenieuren abgenommen werden. Wir hatten ein System, wonach ein verantwortlicher Ingenieur alles nach einer Funktionsprüfung abzeichnet. So was sollte nicht durchgehen. Wenn also solche Sachen passierten und wir das zufällig herausfanden, dann lief irgendwo etwas schief."

## Der Rückschlag ****

Jede erfolgreiche IT-Firma hat eine Galionsfigur, die motiviert und inspiriert. *Microsoft* hat Bill Gates, *Apple* hat Steve Jobs. *Commodore* hatte Jack Tramiel. Mit ihm verliert die Firma ihre Seele und ihren Antrieb. „Jack war die Firma. Es gab keinen anderen", sagt Russell. Obwohl er seine Angestellten harsch angeht, sind sie bereit, ihm zu folgen. „Ohne Jack fragte man sich: ‚Was zum Teufel wird Irving tun?' Als man jemanden wie Marshall Smith sah, meinte man: ‚Das soll wohl ein Scherz sein.' "

Gould steht zu seinem Wort und vergrößert *Commodore*. Er will nicht die schlanke, chronisch unterbesetzte Firma der Vergangenheit. „Commodore blähte sich damals auf, mit all den Jungs, die von der Northern Telecom aus Kanada rüber kamen. Wie Martin Shibilski.", sagt Russell. „Das waren Großunternehmer, die Firmenimperien aufgebaut hatten." Unter Tramiel zählen Resultate. Das ändert sich nach seinem Weggang. „Plötzlich wurden Positionen wichtig", sagt Russell. „Man lief lange als Ingenieur auf seiner Visitenkarte herum, was okay war. Dann musste man plötzlich ein Manager von etwas oder sonst wer sein." Ohne den Jack-Joker, der Manager vom Überschreiten ihrer Autoritäten abhält, ist es schwer für Ingenieure wie Russell, ihre Arbeit zu machen. „Die Ingenieure, die ich engagierte, dachten wie ich: ‚Das ist großer Mist.' Leute wie Shiraz sagten: ‚Wir sind hier, um unsere Arbeit zu machen, nicht um Shibilski und Krasucki gegenüber zu sitzen und darüber zu streiten, wie man's am besten macht.' "

Unterdessen sind die Tramiels auf ihrer Weltreise. Das Paar kommt bis Sri Lanka und Hong Kong, bevor Tramiel erkennt, dass das nicht sein Leben ist. Im Frühjahr 1984 beendet Tramiel die Reise und kehrt nach New York zurück, um das zu tun, was er am besten kann: Geschäfte machen. In New York besucht er bekannte *Commodore*-Angestellte. Er gründet *Tramel Technology Limited* (Tramel statt Tramiel, wegen der leichteren Aussprache), kurz TTL. Tramiel deklariert das mysteriöse Gebilde als Technik-Holding. In Wirklichkeit will Tramiel zurück ins Computergeschäft, um *Commodore* zu zerstören. Ab Mai treten mehrere Top-Manager bei *Commodore* zurück. Sam Tramiel ist der erste; der Stellvertretende Geschäftsführer von *Commodore Japan*, Tokai, folgt. Etwas passiert hinter den Kulissen, und Tramiel hat dabei offensichtlich die Fäden in der Hand.

Tramiel plant einen C64-Killer. Er übergibt den Auftrag seinen *Commodore*-Ingenieuren, mit Shivji an der Spitze. Russell zufolge entsteht das Design überwiegend bei *Commodore*. „Shivji und ich aßen damals gemeinsam zu Mittag und arbeiteten an unserem Computer der nächsten Generation." Herzstück des neuen Computers ist die leistungsfähige 68000-CPU von *Motorola*.

Der Computer ist definitiv nicht für *Commodore* vorgesehen, die Verwendung eines Motorola-Prozessors zu dieser Zeit undenkbar. Russells Z8000-Ingenieure helfen bei der Entwicklung von Tramiels Neuem: „Meine Ingenieure arbeiteten am Z8000, überwiegend Hardware-Leute. Dann aßen wir alle gemeinsam mit Shivji zu Mittag. Der Computer entstand während unserer Mittagspausen bei Commodore in einem billigen Imbiss. Wir wählten den Chip-Satz und sprachen über das Design und die Fertigung. Wir zeichneten alles auf eine Serviette." Bald beginnt eine Abwanderung von *Commodore*-Ingenieuren: „Shiraz ging, eine Reihe von meinen Hardware-Ingenieuren ging, einschließlich meines besten Freundes." Shivji nimmt drei Ingenieure mit: Arthur Morgan, John Hoenig und Douglass Renn. „Was die abgehenden Hardware-Ingenieure anging, betraf es größtenteils meine Gruppe", meint Russell. Er weiß, warum seine Freunde und Kollegen zum Ingenieurs-freundlichen Tramiel überlaufen. „Es war eine Gelegenheit, raus zu gehen und etwas Neues zu schaffen. Die meisten sprach Jacks Persönlichkeit an. Wer ambitioniert war und einen C64-Nachfolger schaffen wollte, konnte das offensichtlich einfacher bei Jack als bei Commodore." Russell entscheidet sich hingegen wieder für *Commodore*. „Ich lehnte ab und sagte: Ich habe alles, was ich brauche, schon von Jack gelernt. So sehr ich Euch auch mag, aber ich will etwas anderes."

Einer der empfindlichsten Abgänge ist Feagans, der an Magic Desk II für den Plus/4 und den C64 arbeitet. Die grafische Benutzeroberfläche des Plus/4 ist nun ohne Programmierer. Niemand kann seine Arbeit fortsetzen.[3] Andere folgen: Neil Harris, Programmierer von VIC-20-Spielen; Ira Velinsky, Produktdesigner bei *Commodore Japan*; Bernie Witter, stellvertretender Finanzmanager; Sam Chin, Finanzmanager in Ostasien; dazu Joe Spiteri und David Carlone aus der Produktion. Gould beunruhigen die Auswirkungen, die der Exodus auf *Commodore* haben kann. Nicht der Verlust von Talenten, sondern der Eindruck, den dies auf die Aktionäre macht, gibt ihm zu denken. Als Gegenmaßnahme veröffentlicht er eine vage Erklärung, Smith sei dabei, aufzuräumen. Doch es ist nichts dergleichen. Sie laufen zu Tramiel über, um *Commodore* zu bekämpfen. Bald wird *Atari* Tramiel gehören.

## Die Bombe platzt ****

Presseberichte über den Plus/4 konstatieren, er sei professioneller als der C64, und schüren damit falsche Erwartungen. *Commodore* scheint nahe daran, ein Produkt herauszubringen, das der Markt wünscht. Gelänge eine funktionierende grafische Oberfläche für den günstigen Plus/4, hätten sie ein populäres Produkt in Konkurrenz zum überteuerten *Apple* Macintosh, der zur selben Zeit debütiert. Doch ohne Feagans liegt die Arbeit an Magic Desk II brach und *Commodore* sucht nach einem Software-Ersatz, um die Veröffentlichung im Mai einzuhalten. Sig Hartmann findet die Firma *TriMicro*, die eine Software-Sammlung namens 3+1 produziert, Dateiverwaltung, Textverarbeitung, Tabellenkalkulation und ein Grafikprogramm. Wegen der vier Anwendungen ändert *Commodore* den Namen des 264 in Plus/4. Die Ingenieure halten die Programme jedoch für unterdurchschnittlich.

Während der Entwicklung konzentriert sich Herd darauf, die angepeilten Produktionskosten von $50 nicht zu überschreiten. „Ich kannte die wöchentlichen Preise für ein 7407–Gatter

3) Feagans' GUI-Besessenheit endet nicht mit Magic Desk: Er entwickelt für *Atari* das grafische Betriebssystem GEM.

aus Hong Kong; so empfindlich achteten wir auf die Kosten." Unglücklicherweise ist Herds Engagement vergebens, die neue Software enttäuscht ihn. „Wir entwarfen einen 99-Dollar-Computer, was gelang: In der Produktion kostete er uns $49. Dann bekam ihn das Software-Management in die Hände, Hartmann und seine Jungs, bevor sie zu Atari wechselten. Ich glaube, sie wollten ihn mit der Software sabotieren." Die Programme erhöhen den Plus/4-Preis. „Sie schraubten die Kosten auf $299. Für 99 wär's ein guter Computer gewesen." Haynie sieht das Hinzufügen von Software als Teil eines größeren Plans. „Im Rückblick scheint es der ideale Weg, Commodore zu verwirren, während Jack sein Geschäft aufbaut", spekuliert er. „Kaum zu beweisen, aber für einige von uns sah's so aus. Wir hatten ein Produkt, das niemand wollte."

Dagegen klagt Russell übers schlechte Marketing: „Es war eines dieser Dinge, wo Marketing und Verkaufsabteilung etwas in die Hand nehmen wollten. Die Leute begannen zu murren, der C64 sei in die Jahre gekommen." Der Unterschied zwischen Tramiel und Smith ist deutlich: Tramiel bringt neue Produkte auf die CES und beobachtet die Reaktion der Leute. Fällt die Reaktion negativ aus, bricht er die Entwicklung einfach ab; das tut er bei der Max Machine und anderen Computern. Das neue Management ignoriert hingegen die schlechte Presse und hält am eingeschlagenen Weg fest. Als Marketing-Vize Myrddin L. Jones zur 264er-Serie interviewt wird, zeigt sich, dass er die Bedeutung von Software und Computern nicht erfasst. Der *Compute!'s Gazette*-Journalist Selby Bateman fragt: „Warum sollte man einen 264 statt eines C64 mit Textverarbeitung und Simon's BASIC kaufen? Das wäre das Äquivalent zum 264 für weniger Geld". Darauf Jones: „Der Unterschied ist, dass der Markt sich ändert. Der Verbraucher hat dazugelernt." Nicht sehr konkret und ein Fehlschluss.

*Commodore* veröffentlicht den Plus/4 nach der Sommer-CES. „Man konnte dort sehen, wie ein schlechter CES-Stand aussah. Auf den Sommer-Messen traten wir nie geballt auf", sagt Herd. Den Markt für seinen neuen Computer kann *Commodore* nicht erklären, und das Publikum fragt sich: „Wer hat das denn bestellt?" *Compute!'s Gazette* bezeichnet die Software als „mittelmäßig, verglichen mit den besten kommerziellen Programmen für den C64."

Der Plus/4 bildet den Schwerpunkt der 264-Serie. Der Computer kostet mehr als der C64, hat dabei aber nicht mal eine solide Tastatur. Wie vorauszusehen, verkauft er sich weltweit schlecht.

Anfang 1984 ist klar, dass der anhaltende C64-Erfolg der 264er-Serie jede Grundlage entzieht. Wenn überhaupt stören die neuen Computer den C64-Absatz, die Alt- und potentiellen *Commodore*-Kunden. „Andere Rechner nach dem C64 hatten dasselbe Problem – der war einfach zu beliebt", sagt Haynie. Statt Zeit zu verschwenden, den zum Untergang verdammten Plus/4 zu entwickeln, hätten sich die Ingenieure auf die Entwicklung eines C64-Nachfolgers konzentrieren müssen. Herd tröstet das Wissen, dass die Computer sich gut verkaufen, nachdem die Händler die Preise senken: „Über Versandfirmen und für $99 waren sie schnell ausverkauft. Man kann sagen was man will, aber es war ein großartiger 99-Dollar-Computer."

Fremdfirmen erstellen kaum Software für den Plus/4, wofür Charpentier Tramiel die Schuld gibt: „Jack unterschätzte die Macht von Software. Software ist die Hauptsache, und wenn Du das Spiel gewinnen willst, brauchst Du Unmengen von Leuten, die Software für Dein Produkt schreiben. Er verstand nicht, dass man den Markt füttern und für Software bezahlen musste, um gut aufgestellt zu sein. Er meinte: ‚Ich bringe viele Geräte auf die Theke und Software-Autoren sollten froh sein, Sachen für meine Geräte schreiben zu dürfen.' Das war unrealistisch." Haynie stellt fest, dass die 264-Rechner nie zur Konkurrenz für den C64 werden. „Man hatte zehntausend Programme für den C64, keines davon lief auf dem Plus/4. Er hatte null Chance."

*Commodore* schafft einen technischen Rückschritt und erwartet ein Interesse am verteuerten Produkt. „Der Sound war nicht so gut, die Grafik war ein klein wenig besser. Aber der C64 hatte zusätzlich Sprites, die man damals für Spiele brauchte. Die guten Eigenschaften wogen die schlechten nicht auf." Der Ruf der Firma leidet.

Obwohl Tramiel das glücklose Projekt initiiert, sieht es für viele nun so aus, als sei *Commodore* ohne den Ex-Chef nicht mehr konkurrenzfähig. Computer-Käufer fragen sich, warum *Commodore* so etwas heraus bringt. Selbst junge Anwender erkennen die schlechte Idee. Jeder, so scheint es, ist sich klar darüber – außer das Management und das Marketing bei *Commodore*.

Glaubt man Peddle, beschuldigt Gould Tramiel für den Heimcomputer-Fehlschlag: „Er ließ einen Nachfolger für den C64 entwickeln und massenweise produzieren, weil er glaubte, dass jeder upgraden würde. Das Produkt brachte es nicht weit. Sprach man anschließend mit Irving, sagte der: Jack hat fast die Firma zerstört – ich ließ ihn allein und unbeaufsichtigt."

Die Aufwärtsbewegung von *Commodore* ist vorüber, nur der C64 hält die Firma am Laufen. Gould braucht passenden Ersatz für den C64, sonst bleiben seine Aktien im Sinkflug.

# Der Nachfolger

1984

17

Plus/4 und C116 lassen Winterble und die Macher des C64 ziemlich kalt: „Wir waren enttäuscht, dass es keinen aufregenden Nachwuchs in der C64-Familie gab. Wo war die 128-KB-Version?" Nach dem Flop braucht *Commodore* dringend einen erfolgreichen Nachschlag. Die Firma erkennt, dass sie auf den C64-Erfolg bauen muss, statt ihm Konkurrenz zu machen. Bis 1987 steigen die Verkaufszahlen, *Commodore* sitzt auf viel Geld. Zeitdruck gibt's nicht. Bald wird *Commodore* die Entscheidung zum echten C64-Nachfolger fällen.

## Zur Abwechslung mal abwärtskompatibel? ****

1984 ist der C64 eine Größe in der Computer-Industrie und Yannes fest davon überzeugt, dass *Commodore* einen Nachfolger anstrebt. „Ich hätte etwas gemacht, dass die Weiterführung der C64-Linie erlaubt; einen verbesserten C64 mit 80-Spalten-Darstellung, mehr Speicher, besserer Sound, mehr von allem."

Das Management sucht einen Weg, den Erfolg des C64 in ein dauerhaftes Geschäft zu verwandeln. Da die Anwender nicht mit jedem Computer neue Software kaufen wollen, scheint ein kompatibler Nachfolger das Beste. Das Marketing bei *Commodore* weiß um die Bedeutung der Abwärtskompatibilität: Die Frühjahr-Ausgabe des Magazins *Commodore Microcomputer* beginnt mit dem Satz: „Fragen sie einen C64-Besitzer, welchen Computer er sich als nächstes wünscht. Er würde wohl kichern und sagen: ‚Ein kompatibles Upgrade zum C64.' "

Herd zufolge kommt die Idee weder Managern noch Ingenieuren. „Niemand dachte an einen C64-Nachfolger. Es gab diesen seltsamen B128, aber das war eher ein PET." Haynie glaubt dagegen, dass die Firma C64-Kompatibilität zumindest in Betracht zieht. „Es gab schon zuvor Fehlschläge bei dem Versuch, einen neuen, kompatiblen C64 zu entwickeln. Es gab einen Nachfolger von komplett anderen Ingenieuren, der nicht richtig funktionierte. Der D128 war ein Ableger des B128 und nicht C64-kompatibel." Der D128 hat beinahe dieselben Spezifikationen wie die erfolglose P- und B-Serie. Er enthält einen 6509 Prozessor, einen SID-, aber keinen VIC-II-Chip sowie einen neuen Video-Chip namens 8563, der seit 18 Monaten entwickelt wird. Russell leitet das D128-Team. „Wir nahmen einen C64, pflanzten einen Video-Chip aus dem Z8000-Projekt ein und versahen ihn mit einem zusätzlichen Prozessorsteckplatz, um ihn zu standardisieren. Wir nahmen Elemente der P- und B-Serie und verbanden sie mit mehr C64-Kompatibilität." Die praktischen Fähigkeiten des D128-Chefdesigners sind begrenzt. „Einer der Ingenieure war Dr. Cong Su, ein Chinese, der in den USA arbeitete", erklärt Haynie. „Er war ein schlauer Theoretiker, hätte aber nie in die Nähe einer Ingenieursabteilung kommen dürfen. Er hatte einige gute Ideen und konnte sie nicht umsetzen."

Echte Abwärtskompatibilität ist für die Konkurrenten IBM und *Apple* eine Selbstverständlichkeit. Ebenso für Fachzeitschriften, Computerhändler, Anwender und 13jährige mit Computer im Kinderzimmer. Auf der CES 1984 wird das auch Herd klar, als er bei der Präsentation des Plus/4 zum ersten Mal die Bedeutung von Abwärtskompatibilität erfährt. „Alle sagten: ‚Warum ist der nicht kompatibel?' Sie zeigten mir ihre Software, in die sie all ihre Zeit gesteckt hatten, und ich meinte: ‚Ja, warum eigentlich nicht?' " Während der Show teilt er Gould seine Besorgnis mit. „An dem Tag führte ich eine Unterhaltung mit Irving über die Kompatibilitätsprobleme des Plus/4. Ich war laut und roch womöglich nach Alkohol." Er konfrontiert Gould mit bissiger Kritik zum Unvermögen von *Commodore*, Abwärtskompatibilität zu gewährleisten. „Ich sagte: ‚Unser nächster Computer sollte kompatibel sein. Ich bekomme ständig Anfragen, und Kompatibilität wäre nicht so schwierig.' Er tolerierte das, aber ich wüsste nicht, dass er je etwas davon umsetzte." Ohne die ursprünglichen C64-Ingenieure halten Herds Techniker die Aufgabe für zu schwierig. „Niemand dachte an C64-Kompatibilität. Niemand dachte, dass wir das noch hinbekämen. Und niemand wusste, was das bedeutete, da die Macher des C64 weg waren", erklärt Herd. „Die Idee für einen C64-kompatiblen Computer hatte ich, als ich auf der CES mit all dem Mist herumstand. Das interessierte sonst niemanden. Ich schwöre bei Gott. Niemand sonst sprach von einem neuen C64. Ich will den Ruhm nicht an mich reißen, aber ich sagte: ‚Was immer wir machen, warum machen wir es nicht C64-kompatibel?' Sie fragten: Das kannst du?" Herd schreibt ein ausführliches Memo mit dem Titel ‚Yes, Virginia, there is Compatibility'.[1]

„Ich schrieb es einige Monate nach der Vorstellung des Plus/4 und legte meine Meinung über die Produktstrategie unverfroren dar." Das Memorandum des Schulabbrechers ist unkultiviert und schlägt harte Töne an. „Ich schrieb kein gutes Englisch und hatte keine Korrektur. Es sah aus wie von einem Verrückten an die falsche Person geschrieben. Ich schlug in ein, zwei Sätzen über die Stränge und machte eine abfällige Bemerkung. Ich schrieb, wie ich sprach und benutzte Schimpfwörter. Ich war leidenschaftlich und aufgebracht. Ich hatte wenig Geduld mit Leuten, die das Offensichtliche nicht erkannten."

Rückblickend versteht Herd nicht, wie er damit durchkommt. „Ich würde es hassen, jetzt so zu sein wie damals. Als ich es schrieb, wusste ich nicht, was daraus werden würde." Herd erhält keine Reaktion auf sein Memo und wird in der Zwischenzeit zum Projektleiter für *Commodores* ersten LCD-Computer. „Ich arbeitete am LCD-Rechner, der nicht C64-kompatibel war."

## Der Laptop ****

1984 verfügt *Commodore* noch über eine LCD-Fabrik, *Commodore Optoelectronics* in Texas, die aus der Zusammenlegung alter Fertigungsanlagen mit der 1979 übernommenen *Micro Display Systems* entsteht. „Wir besaßen eine LCD-Fabrik, die zu MOS gehörte", sagt Herd. „Ich denke, sie war wichtig für uns, weil sie Uhren und Taschenrechner versorgte." Herd zufolge ist die LCD-Fabrik einmalig in der Computerbranche. „Commodore hatte etwas, das sonst niemand hatte: Glas. Es gab außer uns keinen anderen US-Hersteller für LCD-Glas." Als *Commodore* nach West Chester zieht, kommen die Display-Spezialisten mit. „Ich stellte ihnen unsere dortige Anlage vor", sagt Russell. „Anfangs hatten sie die LCD-Produktion in einer vorderen Ecke des Gebäudes." Die Abteilung liefert vielen *Commodore*-Produkten zu. „Sie machten spezielle LCDs für echt große Uhren. Einige waren so groß wie ein Blatt Papier, 30x20 cm, mit unabhängigen LCD-Sektionen, um verschiedene Dinge zu beleuchten. Die gab's intern als Werbegeschenke."

1) Der Spruch „Yes, Virginia, there is ..." ist in den USA volkstümlich und geht auf die Frage eines Mädchens an die Zeitung *The Sun* vom 21.9.1897 zurück: Die 8jährige will wissen, ob es den Weihnachtsmann gibt. Die Antwort der Tageszeitung beginnt mit den Worten „Yes, Virginia, there is a Santa Claus."

Anfang der 80er denken die Computerhersteller über tragbare Computer nach. „Ich kam gerade vom Plus/4. Ich wusste, was unsere Chips konnten, und ich wusste, wie wir unsere eigenen Memory-Management-Einheiten entwickeln konnten. Also entwickelte ich den LCD-Computer", sagt Herd. Ein Ingenieur namens Jeff Porter unterstützt ihn dabei. „Ich zeichnete das Design auf Millimeterpapier, dann wandte ich mich dem D128 zu. Porter war offensichtlich kompetent genug, also gaben wir den LCD an ihn ab."

Porter ist bei seinen Kollegen beliebt. „Er wusste als einziger, wie man eine Krawatte bindet. Er war für das Management prädestiniert. Man konnte ihn noch um zehn Uhr nachts mit Krawatte sehen." Der ehemalige AT&T-Mitarbeiter entwickelt zuerst *Commodores* Modem-Technologie weiter. „Porter wurde eingestellt, um ein Modem für den D128 und C64 zu bauen, das schneller als 300 Baud war", erinnert sich Haynie. „Er brauchte drei Monate dazu. Dann kam das LCD-Projekt." Porter entschließt sich, dem Computer ein Modem mitzugeben. „Porter steckte sein ganzes Herz ins Design des LCD-Rechners", sagt Herd.

Das Gerät muss mehrere tausend Pixel anzeigen können. „Wir versuchten uns an etwas, dass ich Punkt-Matrix-LCD nennen würde", sagt Russell. „Michael North erstellte die Spezifikation." Verglichen mit anderen LCDs ist die *Commodore*-Anzeige bemerkenswert. Sie bietet 80 Spalten und 16 Zeilen für Textdarstellung, insgesamt also 1.200 Zeichen (verglichen mit den 1.000 Zeichen des Commodore 64). Die Bildschirmauflösung beträgt 480x128 Pixel.

Die LCD-Technik ist 1984 noch primitiv und die Herstellung schwierig. „Sie zeigten mir große fehlerhafte Anzeigen", erinnert sich Russell. *Commodore* will den Laptop-Computer des Mitbewerbers *Tandy* entthronen. „Er war wie ein aufgeputschter Tandy-100", sagt Haynie. „Der Bildschirm war größer, die Software ziemlich gut und er besaß tonnenweise ROM sowie eine Menge RAM. Es funktionierte keine andere Software darauf, aber er war ziemlich cool."

Der Computer wiegt nur 2,3 kg und läuft dank der effizienten 65C02-CPU von Bill Mensch mit vier AA-Batterien bis zu 15 Stunden. Er hat keine Festplatte, aber 32KB Batterie-gepufferten Speicher sowie einen seriellen Anschluss für Disklaufwerke und Drucker. Herd übernimmt die Idee der eingebauten Software vom Plus/4. „Das Interessanteste am LCD waren die integrierten und intern entwickelten Anwendungen", sagt Haynie. „Alles, was der Plus/4 nicht hatte." Die Software umfasst acht Anwendungen: Textverarbeitung, Dateiverwaltung, Adressbuch, Terminplan, Taschenrechner, Notizblock und Telekommunikations-Software fürs eingebaute Modem. *Commodore* veranschlagt einen Preis von nur 500 Dollar. Marshall Smith sagt Porter, der Laptop werde produziert, wenn er genügend Bestellungen auf der CES zusammen bekäme. „Sie sagten ihm: ‚Bring uns 15.000 und wir reden darüber", erinnert sich Herd.

## Der Nachfolger entsteht ****

Das langsame Voranschreiten der D128-Entwicklung frustriert den leitenden Ingenieur Russell. „Cong Su war einer von den Kerlen, bei denen man sich manchmal fragte, wozu sie überhaupt da waren", sagt er. Auch Herd erkennt den Unterschied zwischen Cong Sus Wissen und seiner mangelnden praktischen Erfahrung. „Er war mathematisch brillant, konnte aber nicht ein- oder ausparken." *Commodore* braucht jemanden mit Erfahrung. Ingenieure, die es bei *Commodore* nicht schaffen, erhalten Spitznamen. „Wir waren grausam", sagt Herd. „Weißt du was ein Dongle ist? Es ist eine Hardware, die man an ein Gerät anschließt, damit es funktioniert. Zum Beispiel ein Spiel-Dongle. Es gab einen Ingenieur, der nicht besonders gut war und der immer in Congs Nähe war. Ich prägte für ihn den Begriff ‚Cong Dongle'."

Herd arbeitet in einem Labor mit Dr. Cong Su und nimmt so Teil am D128-Projekt. „Freddy Bowen saß mit Cong Su im Labor hinter mir. Ich arbeitete am LCD-Computer und hörte ständig wie Cong Su sagte: ‚Ich weiß nicht, warum es das macht.' " Als Herd zuhört, erkennt er, dass es sich um einen Kurzschluss handelt. „Ich lehnte mich rüber und sagte: ‚Das liegt daran, dass es überlastet ist.' " Dr. Su verweigert sich Herds Erklärung: „Da liegst Du falsch." Herd geht dem Problem nach. „Ich nahm die Fotokopie seines PLAs. Er hatte es so knapp kopiert, dass eine Reihe am Rand fehlte. Das zeigte ich ihm." In wenigen Minuten löst Herd ein Problem, das die Ingenieure den Großteil ihres Tages kostete. Dabei ist er mit dem Projekt nicht einmal vertraut. „Bowen sah mich an und sagte: ‚Ich brauche Herd.' Ich sagte: ‚Das sieht interessant aus, aber können wir es kompatibel machen?' "

Herd erhält die Pläne für den D128. „Als Herd übernahm, hatten wir den D128 wiederholt entworfen und verändert", erinnert sich Russell. Haynie zufolge verwirft Herd die Pläne. „Wir sahen uns das erst an, als wir mit dem C128 begannen. Und dann war nur wenig von ihrer Beschreibung übrig." Herd teilt sich die Ingenieursaufgabe mit Dr. Cong Su und verfolgt sein Ziel der Abwärtskompatibilität. Unter dem ungestümen jungen Herd büßt Su bald seine Position ein. „Ich teilte eine Woche lang den Rang eines C128-Entwicklers mit ihm. Danach war er raus. Leute, die nicht dazugehörten, wurden schnell ausgeschlossen und beiseite gedrängt."

Für die Abwärtskompatibilität beginnt Herd von vorne. „Der D128 hatte einen merkwürdigen Prozessor und den 6845-Farb-Chip, keinen VIC. Was soll man ohne VIC anfangen? Ich sah mir die Schaltpläne an und begann dann eine neue Entwicklung basierend auf dem C64."

Herd dirigiert Planungssitzungen mit Software- und Halbleiteringenieuren. „Wir befehligten im Büro alles bis links zur Ingenieursreihe. Dazu zählten Bowen, Ryan, DiOrio und ich. Alles begann mit vier Leuten und einer Weißwandtafel, auf die wir große Blöcke zeichneten." Die Ingenieure entscheiden sich für zwei unterschiedliche Modi: einen 64er- und einen 128er-Modus mit mehr Fähigkeiten und einem größeren Speicher. Herd zufolge ist Bowen der Meinung, dass der 128er-Modus nicht kompatibel sein müsse. „Bowen begann damit und ich zog es durch. Für mich machte das Sinn", sagt Herd. „Er sagte: ‚Haltet sie auseinander. Versucht nicht einen größeren C64 daraus zu machen, denn dann versaut Ihr Euch die Kompatibilität.' Wir wollten keine selektive Kompatibilität, und ich bin dankbar für seine Anregung." Nach der Besprechung erstellt Herd die Schaltbilder. „Ich zeichnete die Pläne von Grund auf neu. Dabei begann ich mit dem VIC und dem abgewandelten 6510, der NMOS-Version namens 8502."

Herd ringt mit Porters LCD-Projekt um Ressourcen, ein Überbleibsel aus der Tramiel-Ära: „Jack war weg, aber er hatte Konkurrenz unter den Abteilungen initiiert". Haynie erinnert sich daran: „Ich arbeitete bereits einen Monat am LCD-Projekt, als Herd mich bat, ihm beim C128 zu helfen". Die Ingenieure wählen den Namen Commodore 128, kurz C128. „Als wir begannen, wussten wir, dass er Commodore 128 heißen würde", sagt Haynie. „Das war kein Geheimnis."

Das Marketing, das beim Plus/4 die Oberhand hatte, hält sich beim C128 zurück. „Was das Design anging, machte uns niemand Vorschriften. Wir leiteten das Design, eine einmalige Gelegenheit", erklärt Herd. „Das gab es weder bei IBM noch bei einer anderen Firma." Die Freiheit ist durch das Machtvakuum nach Tramiels Weggang begründet. „Ich glaube, dass eine strenge Überwachung durch das Marketing nicht stattfand, weil's das auch unter Jack nicht gab", sagt Herd. „Damals hatte Jack das Sagen. Ohne ihn meinten die Ingenieure einfach: ‚Seht mal, was wir für Euch haben, Jungs!' "

Ein aggressiver Ingenieur, der leidenschaftlich an Abwärtskompatibilität glaubt, führt das C128-Projekt. *Commodore* erhält seinen C64-Nachfolger. Obwohl es bereits August 1984 ist, wird der C128 zur CES im Januar 1985 fertig. Da sich die meisten Firmen auf 16-Bit-Technik konzentrieren, fragen sich Fachleute, ob der Markt noch Interesse an einem 8-Bit-Computer hat.

## Ein 6502 mit 16 Bit ****

Bereits Chuck Peddle plant einen Nachfolger zur erfolgreichsten CPU von *MOS Technology*: „Der 6502 war nie als Abschluss gedacht. Er war unser Markteinstieg in den Verkauf günstiger Prozessoren. Wir planten eine 16-Bit-Version." Der Erfolg des PET lenkt Peddle jedoch ab. Während *Motorola* und *Intel* 16-Bit-Nachfolge-Chips präsentieren, fällt MOS zurück. „Ich weiß nicht genau, warum sie keinen 16-Bit-Chip produzierten, außer dass Motorola tausendmal größer war. Über die Zeit waren immer weniger Prozessorhersteller erfolgreich. Die einzigen, die sich wirklich gut schlugen, waren Motorola und Intel", sagt Haynie.

Wegen der begrenzten Belegschaft während der frühen 80er-Jahre ist *Commodore* gezwungen, andere Prioritäten zu setzen, glaubt Russel. „Wir wollten einen 6502 mit 16 Bit, aber das war längst nicht so wichtig, wie die Computer-Nachfrage zu befriedigen. Der VIC-20 war erfolgreich und wir wollten etwas anderes auf den Tisch bringen. Wir hatten einen 80-Spalten-PET, den 8032, der außerordentlich erfolgreich im Business-Bereich war. Niemand wollte einen schnelleren Computer. Sondern mehr Features." Bill Mensch führt das Erbe des 6502 fort. Als Tramiels CMOS-Projekt fehlschlägt, setzt er Mensch frei, überlässt ihm aber das *Western Design Center* (WDC). „Wir beförderten ihn von Pennsylvania nach Phoenix und gaben ihn dann auf", sagt Peddle. „Er gewann Rockwell für eine CMOS-Version des 6502." Danach veröffentlicht Mensch den 65C02, der sowohl von *Commodore* als auch von *Apple* verwendet wird.

Während die anderen 6502-Ingenieure zurück nach Arizona gehen, entschließt sich Will Mathis für die Ostküste und kehrt schließlich für einen 16-Bit-Nachfolger zu *Commodore* zurück. „Er ging einer Beratertätigkeit in Philadelphia nach", sagt Peddle. „Mathis konsultierte Mensch." Russell erinnert sich an Mathis Arbeit bei *MOS Technology*. „Er arbeitete an einem 16-Bit-Design und war beratend für Commodore tätig. Aber es kam nicht viel dabei heraus, weil er zu beschäftigt mit der VIC-Produktlinie war", sagt Russell. Die schlechte Finanzlage behindert zudem das 16-Bit-6502-Projekt. „Die Investitionen reichten nicht aus, um eine Chipfirma konkurrenzfähig zu halten", sagt Haynie. „Mikroprozessoren hatten schlechte Karten."

Nachdem sich das Projekt bei *Commodore* totläuft, wendet sich Mensch an den schärfsten Konkurrenten. „Mensch machte es schließlich, weil Apple es wollte", sagt Peddle. „Gott sei Dank setzte Mensch es fort. Er brachte die Technologie zu Apple und schuf den 65816." Mensch verhandelt erstmals 1982 mit *Apple*. Er nennt den Chip 65816, weil er sowohl einen 8- als auch einen 16-Bit-Modus enthält. „Mensch arbeitete mit Mathis und später alleine. Er schuf den 65816 aus dem, was MOS hervorgebracht hatte", sagt Russell. Peddle zufolge liefert Mensch die gesamte Architektur des 16-Bit-Chips. Der 65816 übergeht viele der Beschränkungen des 6502, einschließlich der begrenzten Stapelgröße. Im Vergleich zu den bescheidenen 64 KB des 6502 kann er unglaubliche 16 MB RAM adressieren. Als *Western Design Center* leistet Mensch die Arbeit ganzer Ingenieursgruppen. Peddle glaubt an Menschs besondere Gabe: „Es gibt wenige große Komponisten und wenige große Künstler. Mensch ist ein großer Chip-Layouter und Ingenieur".

Menschs Schwester Kathryn hilft beim Layout. „Seine Schwester ist, wie er, eine großartige Person", sagt Peddle. „Es ist wohl erblich." Die Geschwister arbeiten mit geringen finanziellen Mitteln. „Das WDC bestand aus Mensch und seiner Schwester", sagt Herd. „Wir scherzten über die handgemachten Chips. Damit drückten wir aus, dass sie nicht die neueren Werkzeuge benutzten. Sie machten es wie früher, scheuten vielleicht gerade noch Rubylith und Klingen."

Russell vergleicht den 65816 mit dem Spezifikationsblatt des SY6516. „Ich sah den 6516 und sagte: ‚Das ist verdammt gute Architektur.' Aber er machte es dann noch besser."

Im März 1984 bietet Mensch *Atari* und *Apple* Muster an. Als er *Commodore* anspricht, gerät er an Herd. „Ich hatte eine Unterhaltung über die Verwendung des Chips", sagt Herd. „Er rief mich in meinem Büro an und sagte: ‚Du solltest den hier einbauen. Ich versuche, Apple dafür zu gewinnen und dann hättet ihr einen gemeinsamen Code.' Ich sagte: ‚Du willst mir weiß machen, dass ich ihn benutzen soll, weil die Konkurrenz ihn benutzt?' Ich respektierte seine Erfahrung, aber das Verkaufsargument war unlogisch. Der Apple-Bezug kam bei einem jungen Ingenieur nicht an, der die Dinge bestmöglich umsetzen will und nicht auf Verkäufer achtet."

Herd untersucht auch den 16-Bit-Prozessor von *Motorola*. Der 68000 nutzt zahlreiche Register, verglichen mit der minimalen Anzahl von Registern des 65816. „Ich bin nicht der Meinung, dass weniger Register besser sind", sagt Herd. „Sein letzter Überzeugungsversuch war: ‚Der 68000 hat 16 Register. Das ist eine Menge Zeug, was man bei jedem Interrupt speichern muss. Mein Chip hat nur zwei, das ist also einfach.' Das konnte ich nicht glauben. Ich meinte: ‚Du sagst also, dass er weniger leistet und darum schneller ist. Wenn ich wollte, könnte ich also zwei Register des neuen Chips nutzen, und er wäre wie deiner.' Er sagte: ‚Ich schätze schon.' Das war die einzige Unterhaltung, die ich mit Mensch über die Benutzung des 65816 hatte."

Herd vermutet, dass es besser gewesen wäre, wenn sich Mensch schon während der Entwicklung mit den *Commodore*-Ingenieuren ausgetauscht hätte: „Wenn Mensch mit Bowen gesprochen hätte, hätte er früher ein Feedback auf seine Arbeit erhalten. Der hätte ihm die Leviten gelesen, wie man einen Kernel für ein C64-kompatibles System erstellt."[2]

## Die C128-Tiere ****

Der C128 ist das erste Projekt nach dem Exodus der wichtigsten Ingenieure zur Firma *Atari*, die Jack Tramiel im gleichen Jahr übernimmt. Sechs von sieben Plus/4-Ingenieuren arbeiten am C128: Herd, Haynie und Frank Palaia entwickeln die Hardware, Bowen, Ryan und Von Ertwine die System-Software. Die Ingenieure wollen sich damit rehabilitieren. Das Management weiß, dass der enge Zeitplan Überstunden erfordert und tut alles, um sie in den späten Abendstun-

2) **Eine Firma namens CDM veröffentlicht später die C64-Erweiterung ‚SuperCPU', die den 65816-Chip enthält und den C64 auf 20 MHz und 16 MB RAM aufrüstet. Das System bleibt abwärtskompatibel und beschleunigt 3D-Spiele wie Freescape, Mercenary und Sentinel, bei korrektem Timing.**

den bei Laune zu halten. „Wir wurden gelegentlich bestochen", sagt Haynie. „Ein Manager sagte: ‚Wir bringen Euch gegen 22:00 bis 23:00 Uhr Bier und Pizza'. Aber es war nicht so, dass wir die ganze Zeit Bier tranken." Damit schafft das Management einen Präzedenzfall für Herd. „Die Wachen gewöhnten sich daran, dass ich mit einem Kasten Bier auf der Schulter zur Arbeit kam", erinnert sich Herd. „Mein Rekord lag bei elf Tagen, ohne das Gebäude zu verlassen. Da ich damals viel trank, konnte ich nicht ohne einen Kühlschrank voller Bier auskommen. Man ließ uns machen." Bier ist Herds ständiger Begleiter bei der Entwicklung des C128. „Ich hatte einen Kühlschrank in Greg Berlins Büro. Jeder konnte sein Bier dort hineinstellen, aber es gab eine Biersteuer: Wir nahmen uns so viel wir wollten. Einmal kam jemand mit einem Markenbier aus San Francisco, und als er es trinken wollte, war es schon weg. Wir sagten: ‚Tut uns leid, aber diesmal betrug die Biersteuer 100%.' " Die Ingenieurskultur verändert sich unter Herds Leitung drastisch verglichen mit der Leitung von Peddle oder Winterble. „Es war eher wild", sagt Haynie. „Das motivierte uns. Es gab Kameradschaftsgeist. Wir machten viele Überstunden und ich hatte einen Schlafsack unter meinem Schreibtisch. Das war eine äußerst kreative Umgebung."

Das zügellose Verhalten des 128er-Teams führt zu einem Spitznamen: „Wir waren als ‚C128-Tiere' bekannt", sagt Herd. „Der Begriff ‚Tiere' wurde in den höchsten, mir damals bekannten Manager-Etagen gebraucht und zeigte unseren Einsatz und Teamgeist." Heute lacht Haynie darüber: „Wir sahen wie Tiere aus. Herd und ich trugen lange Haare und rochen manchmal wie Tiere, wenn wir lange nicht mehr daheim waren." Besonders Herd wirkt unzivilisiert auf Außenstehende: „Ich lief oft ohne Hemd und sogar ohne Schuhe herum."

Computer-Ingenieure stehen im Ruf, ein ruhiges Leben zu führen. Herd bezweifelt, dass die C128-Tiere diesem Klischee gerecht werden. „Ich stieg mit wildem Enthusiasmus in den Plus/4 ein und ein Jahr später war ich übermütig wie ein Kampfflieger", sagt Herd. „Außer Ryan gab es keine Eierköpfe im Team. Er war der militante Vegetarier, der BASIC 7.0 schrieb."

In West Chester werden die *Commodore*-Angestellten zu Stammkunden der Margaritas-Bar. „Anfangs war es eine kleine Biker-Bar", erinnert sich Haynie. Margaritas floriert durch die Nähe zu *Commodore*.[3] „Wir nannten es ‚das Haus, das Commodore baute', weil sie einen schicken Anbau errichteten." Herd passt dort genau hinein. „Ich konnte in eine Biker-Bar gehen, ohne dass man mich für einen Computerfachmann hielt. Ich war vermutlich etwas gefährlicher als normale Leute durch das Testosteron, das meine Arbeit freisetzte."

Während Haynie seine Besuche im Margaritas auf Freitage beschränkt, arbeitet Herd manchmal in der Bar. „Wir gingen aus dem Büro zu Margaritas", sagt Herd. „Dave DiOrio und ich hatten die Barkeeper schon trainiert, wenn wir nachmittags aufschlugen. Wir rückten ein paar Tische zusammen und breiteten unsere Schaltpläne aus. So arbeiteten wir den ganzen Nachmittag. Einige Schaltbilder haben Abdrücke von Biergläsern an den Ecken."

Während die C128-Tiere ihre Freiheit genießen, wuchert das Management. „In den 128er-Tagen hatten wir eine unnötige Anzahl von Abteilungsleitern, die so ziemlich nichts machten, sofern ich das beurteilen kann", erklärt Haynie. „Anstatt dem Leiter der Ingenieursabteilung Bericht zu erstatten, gingen wir zu diesen Zwischen-Chargen." Herds Frustration wächst, als er

3) **Der Barkeeper, der Stammkundschaft damit belustigt, dass er einen Ventilator mit seiner Zunge anhält, siegt später in *David Letterman's Late-Night-Show*, in der Kategorie ‚Dämliche menschliche Tricks'.**

sieht, wie Ressourcen für unproduktive Projekte verteilt werden. „Um eine Vorstellung davon zu geben, wie sich die Abteilungsleiter stapelten: Wir hatten einen, der für Komponenten zuständig war. Er hatte keine Ahnung vom asiatischen Markt oder Preisen und Verfügbarkeiten in Übersee." Diese Ressourcenverschwendung wurmt Herd. „Er hatte offiziell ein höheres Gehalt und mehr Leute für die Mikrofiche-Benutzung, als uns für die Entwicklung des C128 zur Verfügung stand. Er stellte eine Reihe zusätzlicher Leute ein, die einen Computer-Index der Datenbücher auf Mikrofiche erstellte. Mikrofiche war veraltet und ich hatte einige Hundert Datenbücher, die schon viele Barbesuche überstanden hatten."

Sobald die C128-Tiere einen nutzlosen Mann finden, greifen sie an. „Ein Manager hieß Elroy, und wir nannten selten einfach seinen Namen", erklärt Herd. „Wir sangen ihn in einem Satz, wie in ‚Unser Junge Elroy' wie in der Zeichentrickserie ‚Die Jetsons'. Ganz egal, ob wir in einer Konferenz oder in einer Bar saßen: Man sagte nicht Elroy, man sang es."

Doch die Abteilungsleiter bieten einen Vorteil, wie Herd zugibt: „Ich beschwerte mich nie über das Mikrofiche-Programm, weil es meine bevorzugte Hintertür ins VAX-System mit Manager-Privilegien war, da sie es falsch installierten. Wenn man Ctrl-C zur richtigen Zeit drückte, gelangte man in die Eingabeaufforderung und war als ‚Unser Junge Elroy' eingeloggt. Das war großartig, um herauszufinden, was die Manager im Schilde führten."

Als das Marketing Werbematerial für den C128 veröffentlicht, steigert das Herds Zielsetzung. „Wir sagten nie, dass er 100%ig kompatibel ist. Wir nannten ihn nur kompatibel. Dann sahen wir, dass Julie Bauer aus der Marketing-Abteilung eine Broschüre erstellte: ‚100% C64-kompatibel!' Wir sagten: ‚Prima, wir lieben Herausforderungen.' Der C128 stand und fiel mit der Kompatibilitätsfrage. Jedes Mal, wenn jemand einen Gegenbeweis fand, sagten wir: ‚So wird er scheitern.' Wir erhoben C64-Kompatibilität zu einem Muss, und das bedeutete 100%, nicht 95%." Aus Herds Versuch, die Fehler des C64 zu beheben, resultieren neue Probleme. „Ich gehörte zu den wenigen, die die Fehler kannten. Ich behob sie, und was passiert? Alle Programme auf Modul liefen nicht mehr!" Die Probleme treten während der Nachbildung des 64er-Modus des ursprünglichen Teams auf. „Die Typen, die ihn erstellten, waren keine Hardware-Ingenieure, sondern Chip-Entwickler. Sie dachten anders. Ich habe nichts gegen die Jungs, die den C64 entwickelten. Sie waren Pioniere und sie machten es zum ersten Mal.", erklärt Herd, der die Fehler Yannes' Unerfahrenheit als Systementwickler zuschreibt. „Sie kannten einige der grundlegenden Regeln nicht."

Wegen der verspäteten Dokumentation des C64 finden Programmierer eigene Tricks bei der Software-Erstellung, die auf den Fehlern fußen. „Module nutzten einige Fehler zur Datensynchronisation. Ich meinte: ‚Nein, nein: Nutzt den Taktgeber, nicht die sich ändernden Adresszeilen!' Aber sie hatten etwas gefunden, das sich wiederholte." Es ist entmutigend, die Fehler wiederholen zu müssen.

**Chip-Entwickler Dave DiOreo (links) und Bil Herd**

Foto: Dave Haynie

„Ich musste sie wieder einfügen. Es gab da eine Leitung im C128 und neben der stand: ‚Baut den Fehler wieder ein.'" Man konnte nicht rumsitzen und sich beschweren, dass etwas nicht kompatibel war, und dafür den Erfinder beschuldigen. Man musste es kompatibel machen."

„Beim C128 war ich der Kompatibilitätsverantwortliche", sagt Haynie. „Ich bekam alle mögliche Zusatzhardware, und wenn die nicht lief, musste ich herausfinden, woran es lag und ob das in meinen Augen legitim war", sagt Haynie, der ein altes *Bally-Midway*-Spiel zur Überprüfung der Kompatibilität nutzt. „Unser Lieblingsmodul war Wizard of Wor, weil es alle möglichen irren Sachen machte." Herd bleibt für den C128 nur wenig Zeit, bis zum CES-Debüt sind es fünf Monate. „Wären wir clever gewesen, hätten wir ab Januar für den kommenden Januar entwickelt. Aber wir begannen im August", sagt Herd.

## Der Bau der Herdware ****

Software-Entwickler produzieren gewöhnlich für die größte verfügbare Plattform. Das ist der C64. Der 128er-Modus muss ihm sehr ähnlich sein, damit Programmierer Anwendungen erstellen, die sowohl auf einem normalen C64 als auch im fortgeschrittenen 128er-Modus laufen. Obwohl dieser Modus nicht vollständig kompatibel ist, wird er neuere C64-Software schneller und besser ausführen. Damit gibt er C64-Besitzern einen Anreiz zum Aufstieg. Sowohl IBM als auch *Apple* schlagen den Weg der ‚Aufwärtskompatibilität' ein. Der Großteil der Computerzeitschriften hält den C128 für einen aufgeputschten C64. Herd stellt einen Computer mit 128 KB RAM, 2 MHz und 80 Spalten in Aussicht. Aber wird er für Software-Entwickler interessant sein?

Die zusätzlichen 64 KB RAM erfordern einen Trick, da 6502-Prozessoren nur 64 KB ansprechen können. „Die CPU kann nur 16 Adressbits verarbeiten, oder 64 KB Speicher", erklärt Haynie. „Egal wie viel Speicher man hat, die CPU spricht nur 64 KB gleichzeitig an." Charpentier und sein Team hatten schon dem C64 mittels Adressspeicherumschaltung mehr Speicher erlaubt. „Es gab ein Register, das eine erweiterte Adressierung zuließ", sagt Charpentier. Doch diese Methode ist 1984 veraltet. „Wir benutzten das Bank Switching des 6510 nicht mehr, weil es suboptimal war", erklärt Herd. Stattdessen setzt das Team einen MMU-Chip ein. „Soweit ich weiß, erfand ich ihn, obwohl ich mir recht sicher bin, dass das eigentlich nicht sein kann", spekuliert Herd.[4] Die Resultate sind beeindruckend. „Das war der richtige Weg. Man setzt eine MMU ein und überlässt die Speicherverwaltung dem Programmierer", erklärt Haynie. Doch die MMU erschwert das Hinzufügen weiterer Features unter Beibehaltung der Kompatibilität. „Wenn man die Speicherbelegung ändert, verliert man Kompatibilität", sagt Haynie.

Ursprünglich will Herd einen schnelleren und besseren C64: „Wir brachten einen Über-64er zum Laufen. Es war ein C64 mit MMU. Es gab alle möglichen Adressmodi und andere Sachen und er lief doppelt so schnell." Die Beschreibung klingt nach etwas, das sich die meisten wünschen. Der ‚Über-64er' bieten mehr Features für Programmierer, ist aber weniger kompatibel. „Ein echter C128, dem alle Ressourcen zur Verfügung standen", erklärt Herd. Doch der VIC-II-Chip hält nicht mit dem 2-MHz-Prozessor mit. „Er wollte etwas Schnelleres, aber wieder gab es Probleme bei MOS, Chips auf der 6502-Seite schneller laufen zu lassen", sagt Russell.

---

4) **Die erste kommerzielle Hardware mit MMU ist das schon 1966 ausgelieferte IBM System/360 Model 67, nach dem Entwickler Gerrit Blaauw ‚Blaauw Box' genannt.**

Herd will, dass alte Software-Titel auf seinem Über-64er laufen. „Es gab kaum ein Spiel, das nicht in irgendeiner Weise spinnte, weil wir Speicher für die MMU brauchten", erklärt Herd.

Den Ingenieuren erscheint Abwärtskompatibilität bei einem erweiterten System sinnlos. „Das Programmierhandbuch für den C64 verriet den Usern jedes Bit. Leute produzierten verrückte Sachen mit PEEKs und POKEs, so dass eine 100%ige Kompatibilität zu schwierig war", erklärt Russell. Stattdessen entscheidet sich Herd für einen radikal unterschiedlichen 128er-Modus, der nur wenig Kompatibilität bietet. „Wir erstellten nicht nur einen besseren Kernel und ein besseres BASIC, sondern integrierten auch einen ROM-Monitor und andere Sachen", sagt Herd. „Darum ist er nicht kompatibel zum alten. Nichts davon passte."

Yannes meint, er hätte an Herds Stelle dasselbe getan. „Ich hätte den C64 vermutlich als separates Gerät integriert. Auch ich hätte den neuen Computer nicht für eine C64-Kompatibilität verstümmeln wollen." Ryan verbessert das BASIC umfassend, einschließlich besserer Grafikbefehle und Befehlssätzen, die *Microsofts* DOS ähneln.

Die Einschaltmeldung des C128 verkündet: ‚Microsoft BASIC Copyright 1977' – zum ersten Mal auf einem *Commodore*! Russell zufolge steckt *Microsoft* hinter der Änderung: „Sie forderten, dass wir das schrieben, obwohl sie nichts beigetragen hatten."

Während Herd dem Hardware-Design nachgeht, entwickelt Bowen die System-Software. „Bowen war ein praktisch veranlagter Software-Mensch. Herd und Bowen waren mehr für die Durchführung und echte Produktarbeit verantwortlich", sagt Russell. Da die Software-Ingenieure viel ROM-Speicher übrig haben, verewigen sich die Entwickler im Computer. Tippt man SYS 32800,123,45,6 erhält man die Nachricht:

Brought to you by...
Software: Fred Bowen, Terry Ryan, Von Ertwine.
Herdware: Bil Herd, Dave Haynie, Frank Palaia.

Ryan fügt eigene Nachrichten ein, darunter ein „Veni, Vidi, Vici". Er und Herd haben Probleme, die Nachricht im ROM-Code zu verifizieren. „Einmal verbrachten wir zwei Stunden damit, die Nachricht durch den ROM-Analyzer zu bekommen. Schließlich sagte ich: ‚Nix, nur eine Reihe von Vs.' Ryan hält inne, zupft seinen Schnurrbart und meint: ‚Shit.' " Herd kennt das Cäsar-Zitat nicht. „Ich erkannte das nicht als englisch; es hatte die ganze Zeit funktioniert!", sagt er. Ryan implementiert weitere Sprüche, die seine Einstellung zum Kalten Krieg widerspiegeln. „Natürlich ist er der Urheber von ‚Link arms, don't make them.' "[5]

Oft gerät Herd in Konflikt mit anderen Gruppen bei *Commodore*. Eine davon ist die Qualitätskontrolle (QA). „Anfangs dachte ich, dass die QA-Abteilung uns bei der Verbesserung des Designs helfen würde", sagt Herd, der sich öffentlich über Mitglieder des QA-Teams lustig macht. „Es kursierte die Kultur: Mal sehen, wer ein Loch in den C128 stechen kann", sagt Herd. „Das wurde ein Zeitvertreib für viele Gruppen." „Es gab Produktprüfer, die jede erdenkliche Software auf dem C128 abspielten", erinnert sich Haynie. „Sie kamen mit einem Zeichenpro-

---

5) **Das englische Wortspiel lebt vom doppelsinnigen „arms", das auf sowohl ‚Arme' als auch ‚Waffen' bedeutet und entspricht dem deutschen „Schwerter zu Flugscharen". Wörtlich: „Fallt Euch in die Arme, statt Waffen zu machen."**

gramm von Island Graphics, das recht verbreitet war." Herd ergänzt: „Jemand dort unten hatte Koala Paint ausprobiert, und ich bin froh darüber. Ein Bote raste zu mir hoch, um es mich wissen zu lassen. Ich wusste also eine Minute vor allen anderen, dass uns ein Problem bevorstand. Der Bote sagte nur, dass Koala Paint abgestürzt sei. Ich dachte: ‚Das könnte etwas Ernstes sein, mal sehen.' „

Herd stellt sich mental darauf ein: „Ich aß gerade ein Sandwich, lehnte mich zurück und versetzte mich in eine Zen-Trance. Sie kamen den Gang entlang wie die Hexen von Eastwick. Die Tür ging auf und einer der Manager kam herein, daneben ein QA-Mann und ein Tross von drei bis vier anderen, die sagten: ‚Wir haben es doch gesagt.' Sie hatten nur eines im Sinn: Sie wollten beweisen, dass der C128 ein Problem hatte." Herd fühlt sich angegriffen, will es aber nicht zeigen. „Ich aß immer noch ganz ruhig mein Sandwich und sagte: Okay, gehen wir ins Labor. Zeigt mir, was Ihr habt!" Haynie erinnert sich an den ungewöhnlichen Fehler. „Das Anfangsbild zeichnete ein nettes Bild mit den Malfunktionen von Island Graphics. Unter anderem las es den Zeichensatz aus, blies ihn auf und zeichnete die Buchstaben auf den Bildschirm."

„Wir steckten das Modul ein und dort stand ‚Koala Paint', doch ‚Koala' und ‚Paint' unter-, nicht mehr nebeneinander. Die Buchstaben waren mehrere Zentimeter groß", sagt Herd. Ryan hat den ursprünglichen C64-Zeichensatz für den C128 verbessert. „Den nannten wir Atari-Font, weil wir ihn von Atari übernahmen. 100%ig derselbe wie auf frühen Atari-Rechnern. Nun, für wen stellten wir die ROMs her? Gerüchten zufolge zogen wir den Font von einem ihrer Module. Falls wir das nicht taten, haben wir ihn damals wohl Bit für Bit, Byte für Byte abgeschrieben."

Den alten *Atari*-Font hat Ryan nun ausgetauscht. „Ryan setzte einen echten Times-New-Roman-Font in den 64er-Modus ein. Wir dachten nicht, dass ein anderer Font gleich zu einem anderen Verhalten führt." Die scheinbar harmlose Änderung wird zum Problem, wie Herd feststellt: „Das Malprogramm arbeitete sich durch alle Buchstaben, doch dem ‚i' von ‚Paint' fehlte der Punkt. Anstatt den Punkt über das ‚i' zu setzen, wurde er in den Hintergrund platziert." „Es füllte den gesamten Hintergrund aus", sagt Haynie. „Gleichzeitig löschte es dabei eine Menge Dinge. Der nächste erschien, und so weiter." Ryans gut gemeinte Änderung macht die Software unbrauchbar: „Auf dem C128 brauchte der 64er-Modus eine halbe Stunde für den Startbildschirm." Herd findet eine Übergangslösung. „Ich sagte: ‚Nehmt ein C64-ROM und überbrückt es.' Ich aß mein Sandwich weiter, und in weniger als zehn Minuten hatten sie ein C64-ROM über das C128-ROM gelötet. Es funktionierte."

Der Fehler verdeutlicht, wie eng die Ingenieure beim ursprünglichen Design des C64 bleiben müssen. „Alles was man sich vorstellen kann, war beim C64 Teil der Hardware-Beschreibung. Selbst Software, weil es Leute gab, die einen Weg zur Benutzung fanden, an den man gar nicht dachte", sagt Haynie. Herd fühlt sich durch die Problemlösung im Angesicht seiner Kritiker bestätigt. „Alle, die es auf mich abgesehen hatten, zogen murmelnd ab."

Herds Beziehung zum Management verschlechtert sich. „Als ich dort arbeitete, war die Entwicklung eines Computers nicht mein einziges Problem. Das schien noch einfach im Vergleich zu dem Versuch, den Sumpf von Abteilungsleitern zu durchdringen. Ich verärgerte sie. Wenn sie etwas falsch machten, ließ ich es jeden wissen. Sie hatten kaum Befugnisse und waren mir ausgeliefert, weil sie mir nichts anhaben konnten." Tramiels Abwesenheit verursacht das Management-Problem. „Sie wucherten geradezu. Es gab zu viel Wild, dass durch Jack-Attacken hätte ausgedünnt werden müssen", sagt Herd. „Missmanagement blieb ungestraft. Der Grundsatz ‚Du kannst bleiben wenn Du gut bist, sonst musst du gehen' galt nicht mehr. Jetzt gab es ein offenes Ende." Ein ehemaliger *Nortel*-Angestellter beurteilt die Manager. „Adam Chowaniec war Franco-Kanadier und arbeitete für die Northern Telecom", sagt Herd. „Er arbeitete unter Llyod Taylor, der stellvertretender Geschäftsführer unter Jack war. Chowaniec leistete ganze Arbeit als Technik-Leiter und ich kam sehr gut mit ihm aus." Herd findet, dass Chowaniec strenger mit seinen Angestellten hätte sein müssen. „Lange Zeit entließ er keine Leute, die hätten entlassen werden müssen, deren Anstrengungen nicht in positive Bahnen zu lenken waren."

Herds Verderben bei *Commodore* ist ein Software-Manager namens Julian Strauss, der auch der Vorgesetzte von Bowen und Ryan ist. „Julian war einer der Manager, die sagten: ‚Ich finde es besser, jetzt keine Entscheidung zu treffen.' Ich sagte: ‚Du bist also so tollkühn, Dich zu entscheiden, nichts zu entscheiden? Tolle Sache, Julian.' Ich konnte mangelnde Entscheidungsfreudigkeit nicht leiden, denn ich lernte dort, wie man Entscheidungen trifft."

Wie gewöhnlich ist Herd auf offene Konfrontation aus. „Einmal stellte ich eine Topfpflanze neben ihn, um zu entscheiden, von wem ich die besseren Antworten erhielt. Ich hasste diesen Kerl." Herd gerät auch mit dem QA-Manager Bob Shamus aneinander: „An einem Punkt erklärte der leitende Qualitätsprüfer, dass der C128 nicht funktionieren würde. Ich schätze, er dachte, es sei nur eine Frage der Zeit, bis wir seine Erleuchtung teilen würden. Er nutzte jede Gelegenheit, sie zu rechtfertigen." Mit so vielen Gegnern wird es fraglich, ob Herd lange genug bei *Commodore* bleibt, um den C128 fertig zu stellen.

## CP/M ****

CP/M ist 1973 das erste Betriebssystem für Personal Computer, dessen Programmierer Gary Kildall den Anwendern als Co-Moderator der TV-Sendung *Computer Chronicles* bekannt ist. TV-Kollege Stewart Cheifet beschreibt Kildall als „seltene Mischung aus Genie und Gentleman". Der Software-Pionier und *Visual-Basic*-Erfinder Alan Cooper sagt: „CP/M war 5 KB groß und lieferte nicht mehr und nicht weniger als das, was ein Betriebssystem tun sollte." Es ist das verbreitetste Betriebssystem vor MS-DOS, das als CP/M-Nachahmung fast die gleichen Befehle hat.

Herd möchte seinen C128 kompatibel machen zum existierenden CP/M-Modul von *Commodore*, das auf dem Z80-Chip basiert. „Ich musste feststellen, dass das Z80-Modul nicht mit dem C128 funktionierte. Am C64 eigentlich auch nicht." Herd entdeckt das Problem. „Ich ging Jahre später einen Stapel von Unterlagen durch und entdeckte den Schaltplan für das Z80-Modul. Und siehe da: es war die Z80-Coprozessorkarte für Apple! Die hatte sich unser toller Entwickler unter den Nagel gerissen; darum funktionierte es nicht."

Herd stellt fest, dass das Modul mehr Strom verbraucht, als der C64 liefert. „Ich wurde dafür bezahlt, günstig zu entwickeln. Ich konnte das Gerät nicht für ein halbes Ampere verteuern, das nur Leuten mit diesem Modul nützte. Ich konnte auf die Produktionskosten des C128 nicht noch fünf Dollar drauf legen." Herd sucht nach Alternativen und testet ein anderes Modul. „Dann bekamen wir das Magic-Voice-Modul aus Texas, und auch das funktionierte nicht. Ich sah es mir an, um herauszufinden, warum es meinen C128 zum Absturz brachte, denn bislang funktionierte das meiste Zeug. Der C64 hatte ‚game lines', die eine Verschiebung des Speicherplans bewirkten. Die wurden [von Magic Voice] auf neue, unvorhersehbare Weise genützt." Um das Problem zu beheben, muss der C128 bei Speicheradresse Null starten, doch der 8502 beginnt anderswo. „In einer Nacht – alle waren weg, das Ding funktionierte nicht – sagte ich mir: ‚Es gibt keine Chance, das zu beheben, wenn er nicht bei der Adresse einspringt.' Ich sagte: ‚Hey, Von Ertwine, ein Z80-Prozessor, der beginnt doch bei Null, oder?' Er sagte ja. Ich sagte: Gut. Ich brauche jemanden, der heute Nacht Wickelverbindungen macht." Es ist zu spät, um einen Z80-Chip zu kaufen, also sucht Herd Ersatz. „Jeder hatte einen Sinclair als Türstopper", erinnert er sich. „Ich nahm also den Z80-Chip aus meinem Türstopper."

Die C128-Tiere verbringen die Nacht damit, den C128 zu rekonfigurieren. „Bis zum Morgen hatten wir genügend vom Kernel umgeschrieben und verkabelten den anderen Prozessor. Wenn man das Ding einschaltete, sprang es bei 0000 ein, konfigurierte die MMU und suchte dann nach einem Modul, bevor es die Kontrolle an den 8502 abgab." Mit dieser Änderung funktioniert Magic Voice.

Herd nutzt den Z80-Chip auch dazu, Programme automatisch zu laden, sobald der Benutzer seinen C128 einschaltet. Dadurch wird das Disketten-basierte Betriebssystem brauchbar. Man kann sich zudem den gewünschten Betriebsmodus des Rechners aussuchen, indem man beim Einschalten eine bestimmte Tastenkombination drückt.

Somit hat Herd drei gute Gründe, einen Z80-Prozessor im C128 zu verwenden: „Erstens konnten wir uns das CP/M-Modul nicht leisten. Zweitens wollte ich die Inkompatibilität zum Magic-Voice-Modul beheben. Drittens fuhr das Ding damit hoch. So wurde der erste Heimcomputer mit Dual-Prozessor geboren."

Kollegen, die morgens zur Arbeit erscheinen, sind überwältigt von der rasanten Wandlung des C128. „Als sie abends gingen, gab es nur einen Prozessor, und als sie morgens wiederkamen, waren es zwei", sagt Herd. „Das Sprach-Modul funktionierte und ich musste mir um das CP/M-Modul keine Sorgen mehr machen."

Andere sind weniger erfreut über den zusätzlichen Prozessor. „Commodore Australien schrieb uns ein Telex, das drohte: ‚Wir werden den Z80 aus jedem C128 herausreißen, bevor wir ihn verkaufen.' Wir fanden das sehr komisch. Sie hätten es versuchen können, aber woher sollte dann der Code kommen, mit dem der Rechner läuft? Er bootet schließlich mit dem Z80."

CP/M erfüllt einen taktischen Zweck. „Wir hatten CP/M, weil wir wollten, dass dem C128 von Anfang an eine Reihe von Programmen zur Verfügung stand, die für geschäftliche Zwecke nützlich waren", erklärt Haynie. „Besonders nach dem Plus/4 und TED erkannten wir, dass es nicht leicht war, Leute für die Erstellung ganz neuer Programme zu gewinnen."

Die Ingenieure sind sich wohl bewusst, dass CP/M bereits antiquiert ist und 1984 Marktanteile verliert, erinnert sich Haynie. „Aber wir sahen dem mit offenen Augen entgegen. Wir wussten, dass dies eine Übergangslösung war."

18

# Gerangel um den C128

1984 - 1985

Nach dem Exodus talentierter Ingenieure ist die Weiterentwicklung von Halbleitertechnik bei *Commodore* gefährdet. Yannes erinnert sich, dass die Firma zum Zeitpunkt seines Weggangs kaum noch Chip-Entwickler beschäftigt. Charpentier stimmt zu: „Unser Abgang hinterließ eine Lücke, aber einige gute Leute saßen dort noch."

Während *Commodore* nach West Chester zieht, bleibt *MOS Technology* in Pennsylvania. Dave DiOreo trägt nun das Erbe des VIC und kümmert sich um das Design des kommenden C128-Computers. Die Fortentwicklung der Chips ist weniger ambitioniert als zu C64-Zeiten. So nutzt der C128 einen 8580 SID für die Soundausgabe, der dem alten 6580-Soundchip nichts voraus hat. „Der einzige Unterschied ist, dass er 9 statt 12 Volt braucht. Wir integrierten kein Stereo, obwohl wir das diskutierten", sagt Haynie. Yannes plant ursprünglich, den SID weiterzuentwickeln. „Wäre ich bei Commodore geblieben, hätte ich ihn überarbeitet." Nun versucht *Commodore,* den SID ohne Yannes zu verbessern. „Jemand namens Rudolfsky versuchte sich daran, aber er war der Falsche für den Job", meint Herd. „Er war fürs Analoge zuständig und versuchte eine NMOS-Version des SID. Die Überarbeitung, die ich gesehen habe, war sichtbar schlechter." Rudolfskys Änderungen sorgen für einen lauten Rumms wenn der SID aktiviert wird. „Der Sound-Chip war analog und mit Kondensatoren bestückt. Die Dinger waren dazu da, um Ladung zu speichern, das sollte man respektieren. Rudolfsky wollte den SID verbessern, stattdessen machte er Rückschritte. Er brachte den Einschaltknack zurück", erklärt Herd.

Den VIC-Chip versucht *MOS Technology* erst gar nicht zu verbessern. „Von der Entwicklerwarte aus gesehen, war das nach Charpentiers Weggang eine Nummer zu groß für MOS", sagt Winterble. „Der VIC war nicht besonders stabil. Er war so komplex, dass sich nach Charpentier niemand mehr daran wagte." Stattdessen greift Herd auf einen 8563-Videochip zurück. Der 80-Spalten-Chip ist die Erfindung eines Ehepaares: „Kim Eckert war sehr intelligent, ebenso seine Frau Anne", sagt Herd. „Sie kamen aus Texas. Kim kam von Motorola und hielt Patente auf logische Bausteine des 68000-Chips; er hatte hervorragende Referenzen." *Motorola* funktioniert mit geregelten Arbeitszeiten, *Commodore* durch Leidenschaft. „Es wurde ein Kampf der Unternehmenskulturen", sagt Haynie. „Wir mochten Eckert nicht sonderlich, denn er war kein Commodore-typischer Chip-Designer."

Der 8563 ist ursprünglich für den UNIX-Computer C900 vorgesehen. „Bob Olik, DiOrios Chef und leitender Entwickler, sagte mir: ‚Ich habe einen Chip für Dich.' Ich wollte den Industriestandard 6845 nutzen und meinte: ‚Der sieht gut aus, ein 6845 mit Zusatzfunktionen' ", sagt Herd.

Der 8563 bietet mehr Funktionen als der VIC-II, neben 80-Spalten-Darstellung auch eine Auflösung von 640x200 Pixel.[1] Dennoch fehlen ihm Besonderheiten des VIC-II wie z.B. Sprites.

1) Die Bezeichnung 8563 deutet auch auf ein Update des 6563 hin, der Jahre zuvor von Bil Seiler für das TOI-Projekt entwickelt wird. Russell zufolge „hatte der schon früh hochauflösende Grafik."

Da der 8563 die Grafikmodi des VIC-II nicht unterstützt, benötigt der C128 einen separaten VIC-II. Herd hält die Technik für stabil. „Den Chip gab's immerhin schon seit anderthalb Jahren."

Er setzt den 8563 in seinen Prototypen und stößt auf Probleme. „Ich beging den Fehler, den Chip nicht wie sonst auf Timing-Unterschiede zu prüfen; passiert eigentlich nur dem Amateur."

Das 8563-Projekt ist schon vor der Übergabe des Chips an Herd von Problemen gebeutelt, obwohl die Eckerts über modernere Mittel als Charpentier verfügt. Ende 1984 ist der 8563 weit von seiner Fertigstellung entfernt. „Er brauchte neun Überarbeitungen, bevor er auch nur die Zeichen korrekt darstellte", sagt Herd. „Ein problematischer Chip."

Haynie enttäuscht die mangelnde Kommunikation mit Kim Eckert. „Die mäßige Dokumentationsfreudigkeit der Ingenieure war immer ein Problem für mich. Sie sagten: ‚Mach etwas mit diesem Chip – wir sagen Dir aber nicht, wie er funktioniert.' Dazu gaben sie dir ihre Notizen aus der Entwicklung, die die Funktion des Chips manchmal verrieten, manchmal auch nicht."[2]

Herd wird zunehmend unzufriedener mit dem grundlegenden Design des 8563. Aufgabe eines Video-Chips ist es, Pixel auf den Bildschirm zu zeichnen. Hat der Videochip eine Zeile abgearbeitet, meldet er dem Prozessor, dass er fertig ist, so dass er die nächste Datenzeile erhält. Programmierer nennen die Benachrichtigung des Videochips an den Prozessor ‚Interrupt'. Zu Herds Verblüffung kennen die ersten 8563-Versionen keinen Interrupt.

Herd beschwert sich mehrmals und setzt sich dann mit Kim Eckert zusammen. Der erklärt Interrupts für überflüssig, weil der Prozessor den Status des Videochips jederzeit überprüfen kann. Mit anderen Worten: Nicht der Videochip teilt der CPU mit, dass er fertig ist, sondern der Prozessor fragt regelmäßig beim Videochip nach, wie's denn so aussieht. Die Begründung amüsiert Herd. In Eckerts Vorstellung tat das System fast nichts anderes, als mit seinem 8563-Chip zu kommunizieren. Herd nutzt die Analogie zum Telefon, um die schlechte Idee zu karikieren: Klingelt ein Telefon, unterbricht es uns kurz mit dem Signal, dass uns jemand erreichen will. Eckert hält es für besser, diese Unterbrechung dadurch zu tilgen, dass man selbst ständig das Telefon abhebt und ‚Hallo?' fragt. Die Sache wird zur Streitfrage zwischen Eckert und den C128-Tieren, wobei Teilnehmer an den hitzigen Interrupt-Diskussionen plötzlich inne halten, sich entschuldigen und ans Telefon gehen – mal hören, ob jemand anruft. „Damit überzeugten wir nicht, aber es amüsierte uns stundenlang." Wann immer Herd oder einer seiner Mitarbeiter ein Telefon sieht, nimmt er den Hörer ab: „Hallo?" Die Betreiber der Margaritas-Bar wundern sich über die Fixierung der *Commodore*-Mitarbeiter auf ihr Münztelefon.

Die CES rückt näher, der September verfliegt und MOS hat Probleme, funktionierende 8563-Chips zu fertigen. Einige Versionen zerstören sich buchstäblich selbst und mit beißendem Gestank. Um dem beizukommen, wendet sich Herd der Zauberei zu. „Manchmal musste ich nur die Platine berühren und unter rituellem Sprechgesang langsam zurückgehen. Das wurde als mein feierliches Handauflegen bekannt", sagt Herd.

Ihm kommt es langsam so vor, als seien alle gegen die C128-Tiere. „Die mittleren Manager konnten oder wollten nicht begreifen, was wir wirklich taten", sagt er. „Sie wollten ihr Revier abstecken, waren indigniert, dass Regeln gebrochen wurden, oder wollten Aufmerksamkeit."

---

2) **Nach der Veröffentlichung des 8563 tauchen undokumentierte Features auf. „Der Chip war so spärlich dokumentiert, dass Programmierer z.B. noch einen 80-Spalten-Bitmapmodus fanden", grinst Haynie. „Hat Eckert nie erwähnt."**

Herds Streit mit QA-Manager Shamus geht nach einem kostspieligen Fehler in die nächste Runde. „Wir hatten keine Prüfgeräte und erstellten den Zeichensatz für das Gate-Array von Hand. Wenn man das grün-weiße Computerpapier ausfaltete, reichte es fast bis zum Boden. Jede Zeile enthielt einen Term, und einer von ihnen war falsch." Herd gibt den Code frei, bevor er verifiziert werden kann. „Wir gaben ihn an MOS weiter, weil ich wusste, dass wir Probleme bekämen, wenn wir bremsen und die Chips nicht rechtzeitig fertig würden."

Ohne den Fehler zu bemerken, produziert *MOS Technology* über 10.000 PLA-Chips. „Es dauert fünf Wochen nach Abgabe, bis Chips aus der Produktion kommen", erklärt Herd. „Wir hatten die ersten Hälfte – alle defekt!" Der Ultimax-Modus läuft nicht korrekt im 64er-Modus des neuen Rechners. „Wer den Ultimax-Modus benutzte? Naja, zum Beispiel das englische International Soccer, wie sich herausstellte. Steckte man das Spielmodul in den C128, erschien ein schwarz-weißes Schachbrettmuster."

Herd lokalisiert das Problem am Gate-Array. „Ich suchte den Fehler und fand ihn auch auf dem Riesenpapier. Wo eine 1 stehen sollte, stand ein X." Der Fehler ist klein, aber kostspielig. „Das kostete mehrere hunderttausend Dollar. Im Grunde war es meine Schuld. Jemand in meinem Team übersah es, aber ich übernahm die Verantwortung für alles."

Herd wird zur Chefetage zitiert. „Ich ging zur Besprechung und sah die beiden Leiter der QA-Abteilung dort; einer war von der QA-Ingenieursgruppe, die nichts Nützliches tat." Anwesend sind auch der Geschäftsführer von *MOS Technology* und der stellvertretende Geschäftsführer von *Commodore*. Herd spürt die schlechte Stimmung. „Einer der QA-Jungs schiebt seinen Papierstapel vor sich auf den Tisch und sagt: ‚Wir haben Beweise, dass Du einen fehlerhaften Zeichensatz genehmigt hast.' Ich sagte: ‚Ja, ich habe Scheiße gebaut!' Genau das sagte ich auf der großen Besprechung. Und auch ‚Hier ist mein Plan, wie wir das wieder beheben.' "

Herd macht sich mehr Sorgen um das Problem als um seinen Arbeitsplatz. „Sie wollten mich entlassen, aber ich dachte nicht eine Sekunde daran, dass mein Job auf dem Spiel stand." Der Manager unterbricht Herd. „Er räusperte sich und sagte: ‚Wir haben Beweise, dass Sie das vermasselt haben.' Ich antwortete: ‚Ja, ich hab's verbockt. Und hier ist mein Plan, wie wir das wieder hinkriegen.' Ich begann, meinen Vorschlag darzulegen." Der QA-Manager will Herd in Verlegenheit bringen, doch Herd hat einen Verbündeten im Raum. „Der Geschäftsführer von MOS, der mir beibrachte, wie man Entscheidungen trifft, hüstelte und alle waren still. Dann sagte er: ‚Ich denke, Bil ist dran und versucht Ihnen zu sagen, wie wir das beheben.' " Herd hat einen Plan, wie er die andere Hälfte der Chips mit einer kleinen Änderung in einer der Belichtungs-Schichten retten kann. „Wir hatten eine Maske, die wir nicht mehr für die sechste Schicht verwendeten, deren Metall ergänzten wir. Wir korrigierten den Gate-Array-Fehler in weniger als einer Woche und bekamen den halben Produktionslauf heraus."

Die Aufgabe, den C128 bis Januar fertig zu stellen, überrollt den Nationalfeiertag Thanksgiving. Die jungen Ingenieure lassen das Fest mit der Familie ausfallen und konzentrieren sich auf den Computer. Das Management bringt Herd und seinen C128-Tieren einen gefüllten Truthahn.

Anfang Dezember ist die 8502 CPU der einzig Custom-Chip, der funktioniert. Herd erwartet andere Lieferungen von *MOS Technology*, die stets in großen Glasbehältern kommen. Doch auch die jüngste Ladung von 8563-Chips ist unbrauchbar. Beinahe wahnsinnig vom Testen der vielen Chips erstellt Herd nachts einen kleinen Wettbewerb für Kollegen. Er klebt einen Zettel auf den großen Behälter: Rate, wie viele funktionierende 8563 in diesem Glas sind und gewinne! „War die Antwort eine positive, reelle Zahl, so war sie falsch", sagt Herd. Die C128-Tiere laufen Gefahr, die CES zu verpassen.

## Panik vor der CES ****

Im Dezember, fünf Wochen vor der CES, steigt der Stress unter den Angestellten. Manchmal erscheint es wichtiger, die Deadline zu halten, als einen funktionierenden Computer zu präsentieren. „Eine gruselige Zeit, weil man nicht mehr sein Bestes tat", sagt Herd. „Man hatte ein enges Zeitfenster, um alles unter ein Dach zu bringen, und verbrachte den Rest der Zeit damit, daraus ein gutes Dach zu machen." Keiner zweifelt, dass sie es bis zur CES schaffen.

‚Showstopper' nennt man Fehler, die das Funktionieren eines Geräts verhindern; an einigen Tagen stoßen die C128-Ingenieure auf drei solcher Fehler. Alle im Team konzentrieren sich jetzt auf die Showstopper-Beseitigung. Um kleinere Probleme kümmert man sich nicht mehr. „Oft behoben wir etwas nicht richtig, sondern lediglich rechtzeitig", sagt Herd. „Anders hätten wir die Deadline nicht schaffen können." Herd weiß, dass sie sich zusammenreißen müssen und zitiert jetzt häufig Italo-Cowboy Clint Eastwood: „Wenn es schlecht aussieht und so, als würdet Ihr es nicht schaffen, dann müsst Ihr gemein werden. Ich meine mies, ganz hundsgemein."

Der hektische Zeitplan bringt den Rhythmus der Ingenieure völlig durcheinander. „An den meisten Plätzen durfte man nicht schlafen, aber ich schlief am helllichten Tag, wenn ich müde war", sagt Herd. „Ich war die Nacht zuvor oder zwei Nächte hintereinander wach. Zum Schlafen hing ich ein Schild an meine Tür: ‚Nicht stören. Genehmigt von Adam Chowaniec und Ed Fix.' Man musste auf deren Level oder höher sein, um anklopfen und mich wecken zu dürfen."

Herd inspiriert das Team durch seinen Hardcore-Einsatz. „Ich blieb oft mehrere Tage", sagt Haynie. „Ich ging heim, gönnte mir eine Nacht Ruhe und kam dann für weitere Tage zurück." Im letzten Monat vor der CES ist Herd dauerhaft erschöpft. „Eines Nachmittags klingelt das Telefon. Es klingelte lange, obwohl drei Leute an einem Terminal saßen, nur wenige Schritte entfernt", erinnert sich Herd, der im Nebenraum schlafen will. „Meine Tür geht auf und ich komme mit einem Metallbein heraus; das hatte ich von einem Tisch abgerissen. Ich marschiere zum Telefon und prügel wie ein Samurai darauf ein. Das Klingeln hört sofort auf. Die drei Leute drehen sich um und starren auf das Telefon, als sei es gerade erst dort erschienen, und ich, das Metallbein geschultert, gehe zurück in mein Büro und schlafe weiter."

Die C128-Tiere haben wenig Zeit für Familie, Privatleben, Pendeln zur Arbeit, Essen oder Schlaf. *Commodore* ist ihr Leben. Herds Rekord liegt bei 11 Tagen, ohne das Gebäude zu verlassen. Er hat stets eine Luftmatratze unterm Schreibtisch, falls ihn die Müdigkeit übermannt, und pocht darauf, dass er sich auch ohne Dusche sauber hält. „Ich mag zwar dort gelebt haben, aber ich hatte gedient und ich wusste, wie man sauber bleibt", sagt er. „Ich machte eine Vogelwäsche. So nannten wir es." Herd und seine Ingenieure haben Zahnbürsten, Schwämme und Waschhandschuhe dabei. „Es war nicht ungewöhnlich, dass jemand um sechs Uhr morgens ins Herren-WC ging und mich dort in meiner roten Unterhose sah, wie ich mich mit kaltem Wasser am Waschbecken wusch. Um Energie zu sparen, gab es nachts kein warmes Wasser." Doch Herd findet eine Alternative. „Ich hatte einen braunen Abfalleimer, den ich mit heißem Wasser aus der Kaffeemaschine des Vize-Geschäftsführers füllte. So hatte ich wenigstens warmes Wasser für meine Vogelwäsche."

Als die CES näher rückt, wird der Mangel an funktionierenden Chips zum Insider-Witz unter den Ingenieuren. Besonders der 8563 macht Probleme und hat viele Defekte. Die neueste Version erzeugt keine zuverlässige Anzeige mehr. Die ersten Zeichen jeder Zeile fehlen oder sind nur zur Hälfte sichtbar. Wenn der Chip heiß wird, verschwinden alle Zeichen, während andere erscheinen – es ist wie verhext. „Der 8563 hatte auch ein Problem mit dem 256-Bytes-Transfer, der manchmal Zeichen auf dem Bildschirm zurück ließ. Die scrollten dann wirr nach oben." Weitere mysteriöse Probleme folgen, so werden einzelne Pixel plötzlich unsichtbar.

Die Fehler bereiten den Ingenieuren Alpträume. Ausgerechnet zu dieser Zeit nehmen die beiden Entwickler des 8563 Urlaub. Kim und Anne hinterlassen einen funktionsunfähigen Chip: „Keine Ahnung, ob sie damals schon verheiratet waren. Aber sie waren weg, auf einer Insel oder so", sagt Herd. „Wir gingen mit einer Chip-Ausbeute von 0,001% in den Dezember. Der Wert sank auf drei oder vier funktionierende Chips im letzten Lauf." Ein Produktionslauf bringt mehr als 10.000 Chips hervor und kostet zwischen $40.000 und $120.000. „Das waren ziemlich teure Chips."

Es ist die Aufgabe von Haynie und einigen Managern, in den 8563-Bergen ein paar funktionierende Chips zu finden. „Wir gingen durch eine enorme Zahl von Chips, um eine Handvoll zu finden. Das war kaum ertragreich. Natürlich machten wir das auf die letzte Minute zwischen Weihnachten und Neujahr." Doch selbst die funktionierenden 8563-Chips machen Probleme. „Wenn sie denn liefen, stimmte die Synchronisation nicht", erinnert sich Haynie. Herd entschließt sich für eine Timing-Schaltung, um den Chip-Schaltkreis zu umgehen. Während Haynie Chips sortiert, erstellen die Ingenieure eine 7,5x7,5 cm große Platine.

Bei *Commodore* zu überleben, heißt an die Grenzen zu gehen. „Ingenieure waren wie Kampfpiloten", sagt Herd. „Wir waren eingebildet, weil wir es sein mussten. Es war ganz egal ob sie dich mochten. Du warst entweder gut oder im Weg. Dazwischen gab es nichts."

Mit seinem Manager Krasucki überwirft sich Herd wegen des MMU-Designs. „Die MMU war so ausgelegt, dass sie 512 KB ansprechen konnte", sagt Herd. Doch Krasucki beschränkt sie auf 128 KB. „Wir hatten die MMU schnell fertig gestellt, damit wir weitermachen konnten. Jetzt schlug ich eine Überarbeitung mit mehr Adressleitungen vor. Krasucki zog die Bremse." Herd kann diesmal seinen Manager nicht umgehen. „Er sagte: ‚Nicht genehmigt.' Er verbot MOS, einen weiteren Chip herzustellen. Wenn er die ganze Transaktion zwischen den beiden Firmen nicht genehmigte, an wen sollte ich mich bei MOS wenden und sagen: ‚Hallo, ich brauche eine neue Version dieses Chips'? Wir blieben also bei maximal 128 KB." Diese Entscheidung macht Herd wütend. „Obwohl Krasucki sein Vorgesetzter war, musste Herd für das kämpfen, was er für richtig hielt", sagt Russell. „Ich respektierte diese Jungs. Krasucki machte etwas Dummes und man fragte sich, was zur Hölle die [Manager] rauchten."

Die Leidenschaft, einen neuen Computer zu entwickeln, treibt Herd und sein Team voran. „Mein Ausbilder sagte einmal: ‚Meine Herren, ich weiß dass es weh tut. Ich weiß, dass es Qualen sind. Lebt einfach damit.' Und so war es." Weihnachten wird für Herd und seine

Freundin eine kleine Sache: „Wir gingen zu Greg Berlin. Unser Heiliger Abend bestand darin, auf dem Nachhauseweg bei jemandem vorbeizuschauen."

Anfang Januar reagieren einige der Chips immer noch unvorhersehbar. Herd zufolge verdampft der Video-Chip stinkend, sobald er die Zeichensätze lädt. Die Lösungsvorschläge der Ingenieure werden bizarrer. „Es gab Gespräche über eine Kette von Kältespraydosen mit Fußschalter für die CES-Messe."

## Die Winter-CES 1985 ****

Die Ingenieure stellen ihre Vorführrechner für die CES um 2:00 Uhr morgens fertig – gerade noch rechtzeitig vor dem 6:00-Abflug! Während des Packens spielt das Radio die inoffizielle Erkennungsmelodie des C128, Peter Gabriels ‚Salisbury Hill'. Herd sieht das als gutes Omen für die CES. „Viele glücklose Programmierer wurden in dieser Nacht vor dem rituellen Opfertod bewahrt. Sie verdanken ihr Leben einem unbekannten Diskjockey", sagt er.

Die Ingenieure stellen eine rekordverdächtige Anzahl von Prototypen auf der CES aus, wie sich Haynie erinnert: „Anfang Januar hatten wir etwa 30." *Commodore* richtet die Marketingkampagne direkt gegen die Konkurrenz: „Auf den Bildern steckten Pfeile in Charlie Chaplins Hut von IBM und in einem Apfel", sagt Haynie, der nach der Landung zunächst geschockt ist. „Herd und ich teilten uns ein Taxi vom Flughafen. Wir sahen eine große Werbetafel für den C128, auf der stand ‚erweiterbar auf 512 KB.' Davon wussten wir nichts! Selbstverständlich mussten wir in West Chester einen Weg finden, ihn erweiterbar zu machen."

Ärger bahnt sich an, als die C128-Tiere das *MGM Grand Hotel* betreten, um ihre Reservierungen abzuholen. „Wir gingen in die Lobby und wussten, dass etwas nicht stimmte, weil die Schlange vor der Rezeption aus lauter Commodore-Mitarbeitern bestand", sagt Herd. „Wir erfuhren, dass die Reservierungen von jemandem storniert worden waren; der Beschreibung nach war dieser Jemand ein Atari-Angestellter." Die Commodore-Ingenieure wollen sich rächen. „Wir hatten eine Vermutung. Ich hörte jemanden am Telefon sagen: ‚Hallo, hier Sam Tramiel. Löschen sie bitte meine Reservierung, wir brauchen die Zimmer nicht.' " Haynie ist sich nicht sicher, ob *Atari* verantwortlich ist. „Wir hatten schon öfters Buchungen vermasselt. Vielleicht waren es nur die Marketing-Jungs, die sich einen Spaß mit den Ingenieuren machten." Auch Herd ist nicht besonders wütend. „Es ist keine große Sache, in Las Vegas eine Nacht ohne Hotel zu verbringen. Dort ist es ohnehin schwierig, die Tageszeit einzuschätzen. Ich würde bei jemandem abhängen, der ein Zimmer hat, oder die ganze Nacht feiern."

Die Lage verschlimmert sich, als CP/M-Programmierer Von Ertwine im Hotel ankommt und Herd entdeckt. „Er ist ein großer Kerl, ein Wrestler. Er wog um die 110 bis 120 kg, nicht ganz so groß wie Greg. Wir standen alle in der Schlange und fragten uns, warum wir keine Zimmer bekamen, als ich plötzlich ein lautes Rumpeln hörte. Ich drehte mich um und der Kerl hetzte durch die Lobby des MGM und sprang mich an. Er traf mich schwer und ich glaube, wir flogen drei Meter, bevor wir auf meinem Gesicht landeten und ich auf dem Teppich weiterrutschte. Ich verlor einen Schuh und hatte für den Rest der Show eine verbrannte Backe."

Ein *Commodore*-Manager versucht, die Situation im Interesse aller zu retten. „Er tauschte einen unserer SX64-Computer gegen mehr Zimmer", sagt Herd. „Ich glaube, wir trugen die

Rechner als Währung mit uns herum. Der SX64 ging über die Theke und plötzlich gab's mehr Zimmer." Nachdem die Ingenieure Quartier bezogen haben, präsentieren sie Marshall Smith den C128 in der *Commodore*-Suite. „Ich war der Typ, der Smiths Fragen beantworten musste", sagt Herd. „Er fragte: ‚Wo kommt die 512-KB-Erweiterung hin?' Mein Vorgesetzter, Krasucki, paffte seine Zigarre und meinte: ‚Hinten.' Ich und ein anderer Typ sahen uns an und machten uns auf den Weg. Wir wussten, dass wir die Änderungen machen mussten, die Smith angesprochen hatte und von denen mein Boss sagte, dass sie existierten, wo sie doch nicht existierten." Herd ist frustiert von Krasucki, der die 512-KB-Erweiterung zuvor abgelehnt hatte. „Der Rechner sollte vom ersten Tag an auf 512 KB erweiterbar sein, und es wurde uns verboten. Ich sagte ihm: ‚Du sagst also, wir sollen das machen, was wir von Anfang an machen wollten?' Ab da gerieten Krasucki und ich mehr und mehr aneinander. Er sagte nur: ‚Sei still.' "

Der Messe-Stand ist ihr bislang größter. „Commodore hatte einen schlachtschiffgrauen, riesigen Stand", erinnert sich Haynie. Der C64 nimmt den Großteil der Fläche ein, obwohl er schon seit drei Jahren erhältlich ist. „Als der C128 angekündigt wurde, zogen die Verkäufe des C64 noch einmal an. Sie hatten das herkömmliche Zeug sowie einen speziellen Bereich für den C128, wo neue Sachen gezeigt wurden. Auch der Commodore-LCD war da."

Das Marketing stellt die vielfältigen Funktionen des C128 vor. „Verschiedene Stände kümmerten sich um verschiedene Sachen", sagt Herd. „Einer zeigte CP/M, einer C64-Spiele, einer die 80- und 40-Spalten-Anzeige." Die unterschiedlichen Stände halten die Ingenieure auf Trab. „Normalerweise war das ganz entspannt und man konnte eine gute Zeit haben, weil man hart dafür gearbeitet hatte. Diesmal war das nur Teil der Wahrheit", sagt Haynie. So benötigen die instabilen C128-Prototypen die besondere Aufmerksamkeit ihrer Macher. „Wenn man die Spannung zu hoch schraubte, lief der 80-Spalten-Chip nicht. Wenn man sie zu niedrig einstellte, lief der VIC nicht korrekt im Multicolor-Modus", erklärt Herd. „Ich bastelte ein regulierbares Netzteil, das mir das Leben rettete. Und ich trug ein kleines blaues Optimierungswerkzeug bei mir. Einige Netzteile waren auf 5,25 V und einige auf 4,75 V eingestellt. Ich stellte sie der Präsentation entsprechend ein." Den Marketing-Leuten erteilt Herd strenge Anweisungen. „Jemand kam zu mir und zeigte mir Bildschirmblitzer. Ich ging an das Gehäuse und die Blitzer verschwanden. Dann sagte ich: ‚Lass niemanden die Präsentation verändern, ohne dass er vorher bei mir war.' Wir schufen, was dort zu sehen war."

Überhitzung ist ein weiteres Problem, das auf den unfertigen 8563 zurückgeht. „Die 80-Spalten-Chips benötigten eine Nachlaufsynchronisation", erklärt Haynie. „Deren Regler veränderten sich, wenn sie zu heiß wurden. Man musste sie mit einem kleinen Werkzeug anpassen." Haynie eilt von Stand zu Stand, um die Temperatur niedrig zu halten. „Eine meiner Aufgaben war klar: Ich lief mit einer Dose Kältespray und meinem Werkzeug herum. Jedes Mal, wenn ein Marketing-Angestellter einen ausgeschalteten Computer nicht mehr einschalten konnte, ging ich diskret dorthin und machte das Gerät wieder betriebsbereit. Eine Woche lang."

Nicht alle C128 können alle Modi korrekt anzeigen. Doch einige übereifrige Marketing-Mitarbeiter wollen sie dennoch vorführen. „Man konnte sie nicht überzeugen", sagt Haynie. „Es gab welche, bei denen der 80-Spalten-Chip funktionierte, aber nicht gut genug für eine Präsentation. Es war nicht leicht, die Marketing-Jungs davon abzuhalten, die 80-Spalten-Darstellung auf solchen Geräten vorzuführen." Da überall Besucher stehen, müssen die C128-Tiere verdeckt operieren, um einen schlechten Eindruck zu vermeiden. „Ich musste gelegentlich hinübergehen und sagte: ‚Sie werden dort drüben verlangt.' Dann stellte ich es um, bevor jemand merkte, dass es furchtbar aussah", erklärt Herd.

Die *Commodore*-Angestellten achten auf Tramiel. „Die Sichtung von Jack und Sam Tramiel in einem weißen Lieferwagen in der Gegend, wo unser Stand entladen wurde, wurde zum Running Gag", sagt Herd. „Während der Präsentation des C128 verhängten sie Sanktionen gegen Leute, die zu Atari hinüber gingen. ‚Wer am Atari-Stand erwischt wird, ist entlassen!' Uns Ingenieuren sagten sie das nicht, aber dem Rest der Leute am Stand."

Gegen Ende der Show verpflichtet sich Herd, *Atari* zu besuchen: „Ich war im oberen Stockwerk unseres Stands, wo die Leute arbeiteten und sich ausruhten. Das Telefon klingelte und ich hob ab. Jemand vom Marketing sagte: ‚Ich möchte, dass du zum Atari-Stand rüber gehst und dort etwas überprüfst.' Ich sagte: ‚Das wäre keine gute Idee. Drüben kennen mich alle. Keine Chance, dass ich unerkannt bleibe!' Der Kerl zankte mit mir herum und drohte: ‚Ich denke, das ist nicht zu viel verlangt. Weißt du, mit wem du sprichst?' Ich sagte: ‚Gut, ich gehe.' Ich ging hinüber und fiel natürlich sofort auf. Tom Brightman, der mit Jack gegangen war, begann ein Gespräch mit mir. Sig Hartmann kam hinzu, dann Shivji. Eine kleine Menge formte sich um mich. Bald danach kam Jack dazu und bot mir eine Stelle an."

Obwohl Herd beinahe ein Jahr unter Tramiel bei *Commodore* arbeitete, spricht er hier zum ersten Mal mit ihm. „Ich sprach erst bei der C128-Vorstellung mit ihm. Und selbst da wusste ich nicht, dass er meinen Namen kannte." Herd nimmt das Angebot nicht ernst. „Wir lachten, als ob es ein Scherz gewesen wäre", erinnert er sich. „Dann nahm mich Sig beiseite und meinte: ‚Das war echt.' " Herd lehnt höflich ab. „Ich war dabei, etwas zu erschaffen. Es fiel mir schwer genug, ans Essen zu denken, geschweige denn an einen Arbeitsplatzwechsel. Ich wusste, wo ich arbeitete. Bowen sagte später: ‚Das ist der Moment, in dem man in seine Tasche greift und den Splint aus der Granate zieht. Einer für alle – oh ja.' Wir lachten darüber."

**1985 gibt Commodore den LCD-Laptop auf und verkauft die Tochterfirma Commodore Optoelectronics. Der Prototyp wiegt 2 Kilo.**

Foto: Bil Herd

Nach der CES entscheidet das Management über das Schicksal des LCD-Computers. „Porter leistete hervorragende Arbeit, ihn anzupreisen", sagt Herd. „Er holte 15.000 Bestellungen auf der CES ein. Wir waren bereit für die Produktion." Smith ist weniger enthusiastisch. „Der Geschäftsführer von Tandy hatte ein Gespräch unter vier Augen mit Smith und sagte: ‚Es ist kein Geld im LCD-Geschäft.' Marshall brach das Projekt ab", sagt Herd. „Commodore stellte keinen LCD-Computer her, nachdem uns die Konkurrenz beriet."

Herd denkt, dass *Radio Shack* Smith belügt. „An meiner Wand hing ein Artikel mit der Überschrift: ‚Tandys Nummer-Eins-Produkt', und darunter ein Bild ihres dummen kleinen LCD-Geräts. Die Anzeige war golden-blau und es hatte 30 Spalten und 8 Zeilen." *Die Commodore*-Ingenieure spüren, dass die Zukunft den Laptop-Computern gehört. „Ich ging zu den Shows, brachte alle Unterlagen und speicherte sie in einzelnen Dateien. So wusste ich, was die Konkurrenz ankündigte oder draußen hatte", sagt Russell. „Es gab Probleme mit dem LCD von Tandy, aber das war nur vorübergehend und lag am minderwertigen Bildschirm. Sie hatten eine Platte mit einem winzigen LCD, das war mit einem LCD-Computer nicht vergleichbar." Russell hat wenig Einfluss auf die Entscheidung. „Ich hatte nichts mit dem LCD zu tun, außer dass ich ihn kritisieren sollte; zu dieser Zeit forderte die UNIX-Maschine meine volle Aufmerksamkeit. Ich sprach mit Smith darüber, aber die Entscheidung stand fest. Er blieb dabei, dass Radio Shack sagte, dass LCD keine Zukunft habe." Haynie lacht bitter über die kurzfristige Entscheidung. „Es war eine von diesen Sachen. ‚Wer braucht schon einen tragbaren Computer?' "

„Das machte jeden Ingenieur in der Firma wütend", sagt Russell. „Mich ärgert das noch heute. ‚LCD hat keine Zukunft.' Argh!" Laut Herd stößt *Commodore* die LCD-Abteilung gegen 1986 ab. „Commodore verkaufte den LCD-Hersteller, da ja niemand LCDs brauchte", sagt Haynie. „Es ist schon witzig, wenn man auf einige Sachen zurückblickt."

## Vom finalen Design in die Produktion ****

Herd hat viele Gegner im Management, doch auf einen Mann kann er sich verlassen. „Chowaniec war mein Schutzengel", erinnert er sich. Doch mit Chowaniec verschwindet auch Herds Schutz. „Er war für zehn Tage in Deutschland und ein Abteilungsleiter sagte zu mir: ‚Wir geben dem C128 weniger Priorität. Das geht schon viel zu lange so.' Genau das waren seine Worte." Herd reagiert entsetzt. „Ich dachte: ‚Wirklich? Wie kann ich Dir nur klar machen, dass Du Dich um Deinen eigenen Kram kümmern sollst? Du hast entschieden, dass der C128 in dieser Phase nicht mehr die höchste Priorität haben soll."

In den zehn Tagen von Chowaniecs Abwesenheit fällt der C128 hinter den Zeitplan. „Adam kam zurück und wollte wissen, welches Arschloch den C128 gestoppt hatte", sagt Herd. „Ich sagte: ‚Wenn Du ihm später wehtust, finde ich das OK. Ich hole das wieder auf, aber ich will ihn später bluten sehen.' " Herd leitet drei 8-Stunden-Schichten von Platinen-Layoutern, um die verlorene Zeit wieder aufzuholen. Der Design-Bereich wird zu Herds vorübergehendem Zuhause. „Ich nahm Luftmatratze und meinen Armeemantel mit, weil es dort durch die Klimaanlage recht frisch war. Ich blieb drei bis vier Tage bei den Jungs. Pro Schicht arbeitete einer von drei Layoutern, aber ich war in allen Schichten da."

Der klimatisierte Raum ist gut für die Computer, doch die Ingenieure fühlen sich wie im Kühlschrank. „Diese Art von Arbeit lässt dich Junk Food mögen", sagt Herd. „Freitags kaufte ich Frühstückbiskuits bei Burger King, vier oder fünf, und legte sie auf mein Bücherregal. Der Raum war derart kühl, dass sie am Sonntag immer noch frisch waren und ich sie zu Mittag aß."

„Wir hatten zehn Tage Zeit, aber wir schafften es in drei. Wir machten uns fertig, um das aufzuholen, was ein Manager verschuldet hatte. Das ist ein Beispiel für Abteilungsleiter, die etwas versauen." Als Erinnerung an ihre Anstrengungen prägen die vier eine kleine Nachricht auf das Board, die nur sie zu schätzen wissen: ‚RIP HERD FISH RUBINO.'[3] „Die Layouter sind für das RIP verantwortlich", sagt Herd. „Sie spielen damit auf einen Insider-Witz an, demzufolge wir unser Leben gaben, um das FCC-Produktionsboard fristgerecht fertig zu stellen."

Das finale Board-Layout geht nach Japan, wo das Produktionsdesign ausgearbeitet wird. „Herd war ein oder zwei Wochen dort und spielte den Babysitter", sagt Haynie. „Sie erstellen dort die Platinen und verschifften sie zur Montage nach Europa oder Amerika." Die Kommunikation mit den Japanern erfolgt überwiegend in Englisch. „Sie sprachen alle Englisch, die einen besser, die anderen schlechter", sagt Herd. „Ingenieure haben eine gemeinsame Sprache." Herd hat seine Japanisch-Kenntnisse seit den Plus/4-Tagen verbessert. „Er war ganz wild darauf, Japanisch zu lernen", sagt Haynie. „Jedes Mal, wenn er mit Japanern aus war, mussten sie ihm ein oder zwei Wörter beibringen." In Amerika hat Herd die Gelegenheit, sein Japanisch mit Terakura und einem anderen japanischen Ingenieur zu verbessern. „Wir flogen hinüber und sie kamen zu uns", erklärt Herd. „Einer von ihnen, mein Freund Katayamo, wohnte bei mir, wenn er rüber kam." Für Herd dient das Japanisch-Lernen seiner Ingenieurskunst. „Man war ein besserer Ingenieur und es half dabei, die Mauer zwischen uns und Fernost niederzureißen. Ich nahm mir die Zeit, Japanisch zu lernen, weil das unsere Erfolgschancen erhöhte." Herd amüsiert die japanischen Ingenieure während Besprechungen mit seinen blumigen Beschreibungen des 8563. „Ich nannte ihn ein ‚totes Miststück.' Das brachte die Japaner zum Schreien."

Normalerweise passt die japanische Niederlassung das Platinen-Layout selbst an ihre Produktionsanlagen an, doch Herd gibt ihnen einen Vorsprung. „Anstatt es so zu entwerfen, dass es in Japan geändert werden musste, konnte meine Version direkt in Produktion gehen. Das hatte noch niemand zuvor gemacht", sagt Herd. „Jeder Chip konnte mit einer Panasonic-Maschine in Japan oder mit einer Universal-Maschine in Amerika eingesetzt werden."

Herds Trinkgewohnheiten helfen ihm beim Knüpfen eines Bandes zu seinen japanischen Kollegen. „Eines Nachts saßen wir zusammen und jeder sinnierte über die Bedeutung seines Nachnamens. Ich dachte darüber nach und sagte, mein Nachname bedeute ‚viele Tiere'. Die glücklich betrunkenen Japaner sagten unisono: ‚Aha!' Sie waren erfreut über diese Offenbarung und so wurde mein japanischer Spitzname ‚doobutsu' geboren – Tier."

Herds und Tokais aggressive Vorgehensweisen kollidieren, doch mit Tokais Stellvertreter versteht sich Herd gut. „Ich mochte den Kerl unter ihm, Okuba, der den Laden leitete. Wir wurden Freunde und er schrieb mir einen sehr bewegenden Brief auf Japanisch: ‚Hiermit wünsche ich Dir alles Gute für Dein Leben.' Ich wusste, dass er das ehrlich meinte. Er machte mir ein Geschenk, das ihm viel bedeutete – einen Füllfederhalter." Herd ist bei seinen japanischen Kollegen beliebt, aber er ist unruhig. „Es gab nichts zu tun", sagt Haynie. „Er wollte weg, weil er erkannte: ‚Es gibt keinen Grund für mich, hier zu sein.' Sie bestanden dort auf jemandem, also bat er mich, nach Japan zu kommen. Ich sagte: Okay, kein Problem!"

*Commodore Japan* besteht aus zwei Einrichtungen, dem Büro- und dem Fabrikkomplex. „Der Sitz in Tokio war nur ein Büro. Es sah genau so aus, wie man sich ein japanisches Büro Mitte der 80er vorstellt, mit einem Manager am Ende der Schreibtischreihe. Es gab auch ein paar Amerikaner, die in Vollzeit dort arbeiteten. Die konnten machen, was sie wollten", sagt

3) **Der Name des dritten Platinen-Ingenieurs fehlte. „Es sollte Guay dort stehen", sagt Herd.**

Haynie. Die japanischen Ingenieure sind im Finden von günstigeren Produktionsmethoden unübertroffen. „Sie leisteten gelegentlich ernsthafte Ingenieursarbeit, wie beispielsweise Kostenreduktion des C128. Hat man erst einmal tausende Geräte hergestellt, findet man ein Problem oder einen Weg, etwas besser zu machen. Nach hunderttausenden findet man einen günstigeren Weg." Auch Haynie fühlt sich bald überflüssig. „Zu dieser Zeit produzierten sie den C128. Sie brauchten jemanden, der sich damit besser auskannte als sie, falls etwas schief ging. Ich war für etwa zehn Tage mit Berlin dort, der für das 1571-Laufwerk zuständig war. Sie hatten ein paar Fragen, aber ich glaube eher aus Höflichkeit. Wir warteten auf einen Notfall, aber es kam keiner." Haynie und Berlin entwickeln einen verkürzten Arbeitsplan. „Wir kamen um zehn herein, blieben etwa bis zum Mittagessen, und weil nichts passierte, gingen wir dann nach Akihabara", erinnert sich Haynie. „Akihabara ist der Teil Tokios, wo es Elektronikartikel gibt. Man konnte einzelne Komponenten und ganze Stereoanlagen ab Lager kaufen. Greg rüstete sein Auto aus, und wir machten erst seine, dann meine Kreditkarte mit seinen Einkäufen leer." Obwohl sich Haynie unnütz in Japan vorkommt, ist die Reise eine willkommene Abwechslung nach der harten Arbeit am C128. „Es war einfach schön, dort zu sein. Es war wie Urlaub."

An der Heimatfront bekämpft Herd die Abteilungsleiter bis zum Ende der C128-Produktion. „Sie versuchten, sich einen Namen zu machen oder einen Bereich für sich abzustecken", sagt Herd. „Julian Strauss sagte: ‚Von jetzt an gebt Ihr ohne meine Zustimmung nichts an MOS weiter.' Ich sagte: ‚Wenn Du flott bist, habe ich kein Problem damit. Aber Du musst Dich meiner Geschwindigkeit anpassen.' Er sagte: ‚Kein Problem.' " Herd gibt das Zeichensatz-ROM wie gefordert an Strauss weiter – und wartet. „Wir gaben ihm den Font für den Zeichensatz und fragten: Ist es schon fertig? Er sagte: Nein, ich sehe es mir an."

Die Untätigkeit frustriert Herd, der das Problem auf seine Art löst. „Die Manager hatten würfelartige Büros", sagt er. „Es gab Diebstähle und es gab ein Memo, das besagte: ‚Wer beim Büroeinbruch erwischt wird, wird umgehend entlassen. Das gilt auch für Ingenieure.' Sie versuchten, es streng zu handhaben." Herd fühlt sich auf Grund seiner Bedeutung für das C128-Projekt sicher und fürchtet keine Repressalien. Wann immer ihm etwas im Weg steht, überwindet oder umgeht er es. Diesmal ist Strauss das Hindernis. „Wir brachen in sein Büro ein, indem wir die Decke herausnahmen und über die Wände kletterten. Ich verletzte mir den Arm an einem Metallding, nahm das EPROM aus seiner Schublade, fügte die Kacheln wieder an die Decke, kehrte die Sauerei auf und ging." Strauss fällt nichts auf. „Drei Tage später fragten wir: ‚Wie geht es mit dem Font voran?' Er sagte: Ich bin fast damit fertig. Ich sah ihn an und sagte: Ich bin in Dein Büro eingebrochen, habe es aus Deiner Schreibtischschublade gestohlen und vor drei Tagen an die Produktion weitergegeben." Das Bekenntnis drängt Strauss in die Ecke und stellt klar, dass er den Prozess eher aufhält, als

**Greg Berlin (links) und Dave Haynie überragen die japanischen Gastgeber. Auf Haynies T-Shirt steht: ‚Bier. Jetzt nicht mehr nur zum Frühstück.'**

Foto: Dave Haynie

dass er behilflich ist. „Ich saß dort und gestand etwas, das mich den Job hätte kosten können", sagt Herd. „Aber der Punkt war, dass es schon getan war und er gelogen hatte."

Herd übersteht die Konfrontation, büßt aber die letzten Sympathien im Management ein. Bald erscheint es so, als würden die Manager ihm nur noch Steine in den Weg legen. „Später versuchten sie uns zu sagen, was wir tun sollten, bis hin zur Destruktivität. Ich baute eine Sicherung in das Netzteil des C128, was ich nicht tun sollte. Sie nahmen sie heraus und rieben sie mir unter die Nase." Die Abteilungsleiter frustrieren Herd zunehmend. „Als es keine Jack-Attacken mehr gab, steckten wir bis über beide Ohren in Abteilungsleitern", sagt Herd. „Sie hatten aufgehört, die Herde zu schlachten. Diese Leute definierten ihre Existenz dadurch, dass sie störten. Für sie war's, als würden sie etwas Positives leisten, weil sie ihren Stempel aufdrückten."

Für Herd ist es wichtig, dass mit dem C128 ein 80-Spalten-Bildschirm auf den Markt kommt. Andernfalls müssen User auf die bessere Darstellung verzichten. Das Management hingegen verzögert die Veröffentlichung des Monitors. „Der C128 war einer der ersten Computer, der Monitore an Heimanwender verkaufen sollte", erklärt Herd. *Commodore* hält sich kaum an Standards. „Es gab keine Standardisierung für Monitor-Schnittstellen, weil es kaum Monitore gab. Einer hatte zwei negative Synchronisationen, ein anderer zwei positive. Joe Krasucki sagte mir, ich solle eine negativ und eine positiv machen, damit ausschließlich Commodore-Monitore damit liefen." *Mitsumi*, der Hersteller der Röhre, wartet auf das endgültige Design von *Commodore*. Herd entschließt sich, die Anweisung seines Managers zu übergehen und die Schnittstelle nach bestem Gewissen zu entwerfen. „Wir hatten widersprüchliche Informationen für die Umsetzung. Eines Nachts dachte ich darüber nach und sagte: ‚Wir machen das so.' Mitsumi fertigte die Monitore dementsprechend." Anstatt seinen Vorgesetzten damit zu konfrontieren, beschwindelt er ihn. „Ein paar Tage später sah ich Krasucki ins Gesicht und log ihn an. Ich sagte, ich hätte es wie gewünscht gemacht. Stattdessen hatte ich recherchiert, welcher der kompatibelste war und von welchem Monitor mehr auf dem Markt waren. Ich belog ihn und tat, was ich für richtig hielt. Es war mir egal, ob ich entlassen worden wäre. Wir waren am Ende der C128-Entwicklung und ich war entbehrlich." Heute weiß Herd, dass er die richtige Entscheidung traf, anstatt eine schlechte Management-Entscheidung durchgehen zu lassen.

Im Juni 1985 ist der C128 bereit zur Veröffentlichung, einschließlich Verpackung und Handbuch. Anders als beim C64 sind die Ingenieure noch bei *Commodore*, um zum Handbuch beizutragen. „Das Handbuch wurde intern von unseren technischen Schreibern verfasst", sagt Haynie. „Bowen und ich schrieben einen Teil der technischen Referenz." Auch Herd leistet seinen Beitrag. „Jeder Satz, der mit den Worten ‚Darüber hinaus' beginnt, stammt von mir. Leider waren meine Englischkenntnisse damals nicht so gut."

Herd verbringt einen Arbeitsmonat damit, ein Alternativ-Design zum C128 zu entwerfen: den C128D. „Wir entwarfen die Platine sowohl für den normalen C128 als auch für die D-Version. Das verlangsamte einiges und sorgte für Kummer, aber ich wollte eine eingebaute Floppy. Wir stellten die D-Version auf der Juni-CES vor." Das neue Modell nutzt ein Desktopgehäuse mit abgesetzter Tastatur und Floppy-Schacht.

Der Highschool-Abbrecher entwirft mit Erfolg einen Computer, der 100% abwärtskompatibel ist. „Daran zweifelte ich nie", sagt Herd. „Nicht aus Selbstüberhöhung, sondern weil ich wusste, dass ich alles in meiner Macht stehende dafür tun würde. Im Rückblick denke ich, dass dieser Antrieb uns erfolgreich machte." Trotz der Eingriffe des Managements sieht Herd seine C128-Vision erfüllt. „Ich kann nicht sagen, dass ich viel anders gemacht hätte."

## Die Software fehlt ****

*Commodore* gibt sowohl dem VIC20 als auch dem C64 eine Software-Bibliothek mit auf den Weg; jeder Computer wird von eindrucksvollen Titeln begleitet, die anderen Herstellern den Weg weisen. Unter Marshall Smith erhält der C128 keine Software-Unterstützung.

Monate vor dem Debüt des C128 auf der Winter-CES gerät der Leiter der Software-Abteilung, Sig Hartmann, mit Smith aneinander. Smith will die Abteilung beschneiden und sich auf Einkäufe von Software-Paketen von Fremdanbietern verlassen. Am 24. Oktober 1984 verlässt Hartmann *Commodore*. Die Softwareentwicklung der Firma tendiert gegen Null. Hartmann wechselt zu seinem ehemaligen Chef und jetzigem Geschäftsführer von *Atari*, Jack Tramiel.

Software verspricht eine hohe Gewinnspanne. Eine hochrangige Quelle kritisiert *Commodore*: „Sie wollten Rasierer herstellen, aber die Klingen anderen Firmen überlassen – so funktioniert das nicht." Winterble meint, dass sich *Commodore* unter Smith „als seriöse Computerfirma betrachtete, und darum keine Spiele veröffentlichte."

Smith ersetzt Hartmann durch Paul Goheen, der weniger Software-Entwicklung anstrebt und seine Position Mitte 1985 in einem Interview mit *Compute!'s* darlegt: „Vom geschäftlichen Standpunkt aus macht es keinen Sinn, eine Produktlinie von 100 Titeln zu führen. Die verbrauchen sich schnell. Ich verkleinere die Produktlinie und schaffe damit die nötige Ordnung." Während diese Strategie für Anwendungen Sinn macht, trifft sie nicht auf Spiele zu. Die Software-Abteilung produziert 1984 dreizehn (hauptsächlich unter Hartmann) und 1985 sechs Spiele für den C64. Damit ist klar, dass *Commodore* nicht länger für Unterhaltung steht. Das Lernprogramm *Odell Lake* ist der letzte C64-Titel, den die Firma veröffentlicht. Er stammt nicht von Mitarbeitern, sondern von einer externen Firma.

Ohne Tramiel sterben *Commodore*-Abteilungen ab. Die Beliebtheit des C64 tut ein Übriges, um Entwicklungen für den 128er-Modus zu schmälern. Der C128 vereint drei völlig unterschiedliche Computer in einem Gehäuse. Die meisten Anwender wählen wegen der umfangreichen Softwarebibliothek den 64er-Modus, während 128er- und CP/M-Modi Staub ansetzen. Hätte *Commodore* exklusive Titel für den C128 entwickelt, hätten die User Grund, den 128er-Modus zu nutzen. Stattdessen schreiben Programmierer weiterhin Software für den C64, der den größten Marktanteil besitzt.

Yannes glaubt, dass der Computermarkt sich zwischen 1982 und 1985 änderte. „1982 kaufte noch niemand Computer wegen der Software, Spiele ausgenommen. Es war ihnen egal, ob er Microsoft Word oder Excel oder was auch immer verarbeiten konnte." *Commodore* konzentriert sich auf die Hardware, während Software eine Nebenrolle spielt. „Das war die Achillesferse des Geräts", kommentiert Yannes. „Als der C128 herauskam, war Software wichtig. Die Leute kauften IBM-kompatible PCs, weil sie die Software für diese Geräte wollten."

Nur wenige Spielschmieden produzieren Titel für den C128. *Infocom* und *Mastertronic* gehören dazu, die meist noch separate C64-Versionen liefern. Das englische Action-Adventure **The Rocky Horror Picture Show** ist eines der wenigen Spiele, das die Fähigkeiten des C128 nutzt. Unterm Strich passen alle kommerziellen Spiele, die je für den C128 erschienen sind, in eine Einkaufstasche. Noch unbeliebter ist der CP/M-Modus. 1985 hat er bereits gegen MS-DOS verloren. *Osborne* und *Kaypro* sind die Hauptplattformen für CP/M, und *Osborne* meldete Konkurs an. CP/M wirkt veraltet. Obwohl *Commodore* plant, durch CP/M den Zugang zu Tausenden von Softwaretiteln für den Computer zu öffnen, wird das kaum beworben. Stattdessen konzentrieren sich Zeitschriftenanzeigen auf die umfangreiche C64-Bibliothek, geschätzte 3.000 Titel. Sinn des C128 ist es, dem User die Nutzung besserer Software zu ermöglichen, gleichzeitig jedoch die C64-Linie fortzuführen. Da die Softwareentwickler den 128er-Modus ignorieren, bleibt das Erbe des C64 bei 1 MHz und 64 KB RAM. Ohne Weiterentwicklung wirkt C64-Software bald obsolet, verglichen mit den Programmen für neuere Computer.

## Ein mittelmäßiger Erfolg ****

Robert Yannes, Co-Designer des C64, mag den C128: „Der C128 ist sehr nah an dem, was ich als C64-Nachfolger gemacht hätte." Der C128 bietet für $300 einen erstaunlichen Gegenwert, wenn man bedenkt, dass der C64 drei Jahre zuvor für $600 eingeführt wurde. Herd zufolge ist der 6502 mit 2 MHz schneller als sein *Intel*-Pendant. „Er war schneller als Intels 8088, der mit 4,7 MHz getaktet war. Sie veröffentlichten einen 6 MHz 8088, aber sie hätten 8 MHz gebraucht, um es mit uns aufzunehmen." *Commodore*-nahe Magazine begrüßen den C128. *Compute!'s Gazette* bringt einen siebenseitigen Überblick über den C128, der positiv ausfällt, hebt jedoch hervor, dass C64-Anwender drei Jahre auf einen Nachfolger ihres Lieblingscomputers warten mussten. Das *RUN Magazine* schätzt den C128 ähnlich positiv ein. Redakteurin Margaret Morabito ist begeistert vom Preis-Leistungsverhältnis im Vergleich zu IBM PC jr. und Apple IIc. Der C128 kostet mit Disklaufwerk $550, der Apple IIc hingegen $1.100 und der IBM PC jr. $1.000.

Yannes gefällt das Aussehen des C128, das ihn ans ursprünglich geplante C64-Gehäuse erinnert. Seine einzige Kritik betrifft den Zeitpunkt der Veröffentlichung: „Der C128 sah wie ein gutes Produkt aus, auch wenn ich selbst keinen hatte und nie mit einem spielte. Er hätte aber viel früher kommen müssen. Er kam drei Jahre später raus, und man fragte sich: ‚Wen interessiert's?' Ich hätte einen C64-Nachfolger innerhalb eines Jahres gebracht, damit die Leute der Produktlinie stufenweise nach oben folgen." Winterble beeindruckt der C128 nicht. „Sie haben das getan, was wir auf keinen Fall getan hätten", sagt er. „Sie brachten einen Computer heraus, der ein C64, ein C128 und ein CP/M-Computer war. Waren sie völlig übergeschnappt?"

Die vielleicht größte Schwäche des C128 ist der Unterschied zwischen 128er- und 64er-Modus, so dass Programmierer nicht für beide entwickeln. „Er war nur im 64er-Modus C64-kompatibel. Der 128er-Modus war nicht C64-kompatibel", erklärt Herd. „Er teilte nur dasselbe Gehäuse." Auf der Juni-CES wird Herd für den 128er-Modus offen kritisiert: „Ein Kind sprach mich an. Der kleine Rotzlöffel putzte sich die Nase am Pullover und verkündete mit weinerlicher Stimme, er hätte einen Weg gefunden hätte, die MMU im Speicherplan des C64 zu halten, wäre er an meiner Stelle als Ingenieur gewesen. Ich erklärte ihm, dass ich sie aus einem bestimmten Grund herausgenommen hatte. Ich war nicht so dumm, dass ich nicht wusste, wie man das macht."[4]

4) Die „kleine Rotznase" arbeitet später bei *Commodore*. „Der Name des Jungen war Bryce Nesbitt; nach meinem Weggang wurde er Ingenieur bei Commodore", sagt Herd. „Ich hatte nie die Gelegenheit, es ihm heimzuzahlen."

Russell, der bei der Entwicklung von *Commodores* drei vorhergehenden Erfolgscomputern hilft, hat gemischte Gefühle für den C128. „Ich mühte mich ab, um eine Z80-Karte in den C64 zu bekommen. Ich mochte die Tatsache, dass der Z80 jetzt verwendet wurde. Aber warum konnten wir nicht selbst einen Chip erstellen, der sowohl 40 als auch 80 Spalten darstellen konnte? Das wollte ich damals wirklich, aber uns fehlten die nötigen Chip-Entwickler." Russell zufolge fehlt MOS die Fähigkeit, einen VIC-III-Chip herzustellen. „Wir hatten nicht genügend Personal. Wir konnten einen einfachen 80-Spalten-Chip erstellen, aber keinen integrierten." *Commodore* lanciert eine kleine Werbekampagne für den C128. „Es gab einen Fernsehspot mit der Stimme von Burgess Meredith.[5] Darin bohrte jemand ein Loch in die Seite eines Apple IIe, und Burgess sagte: ‚Sie müssten mehr Stimmen und bessere Grafik in ihren Apple stecken, um tun zu können, was der C128 kann.' " Haynie ist mit der C128-Werbung zufrieden: „Sie machten das gut – sie gingen IBM und Apple direkt an." Herd fühlt sich dem Schauspieler verbunden, der 1997 verstarb. „Ich wollte ihn einmal treffen und sagen: ‚Hey, Sie waren die Stimme für meine Werbung.' " Die Printanzeigen von *Commodore UK* sind charakteristisch clever und zeigen eine Waage, deren eine Schale drei verschiedene Computer enthält, während auf der anderen der C128 ein Gegengewicht bildet. Darunter steht: ‚Ein Blick auf die Fakten verrät, dass unsere Argumente schwerer wiegen.' " Auch Herd ist erfreut über das Marketing. „Es war fair und überbrückte die Wartezeit auf die 16-Bit-Computer. Der C128 war für zwei Jahre konzipiert. Ein weiterer Grund, dass es nicht so wichtig war, ihn perfekt zu machen. Wichtiger war es, ihn herauszubringen."

Als größter C128-Rivale stellt sich der C64 heraus: Da nur wenige Spiele die Vorteile des schnelleren 128er-Modus nutzen, gibt es für die meisten C64-Besitzer keinen Grund für eine Neuanschaffung. *Commodore* will den C64 durch den C128 ersetzen und stellt Ende 1985 die C64-Produktion ein. Die Restbestände sollen abverkauft werden, damit man sich auf den C128 konzentrieren kann. Doch die Nachfrage nimmt nicht ab. Als die Restposten weg sind, verlangen die Händler weitere C64. Die Nachfrage zwingt *Commodore* zur Wiederaufnahme der Produktion. Peddle erinnert sich daran: „Der C64 wurde das Opfer seines Erfolgs. Als sie versuchten, ihn zu verbessern, biss der Markt nicht an."

Die Ingenieure verbessern das Design und veröffentlichen den C128D in der Hoffnung, einen Teil des Büro-Marktes damit zu gewinnen. Das Marketing unterstützt den C128D nicht besonders, und er wäre vermutlich auch wegen der Dominanz von IBM und MS-DOS ein Fehlschlag geworden.

Bis Ende 1985 setzt *Commodore* respektable 250.000 Einheiten des C128 ab. 1986 verkündet der Geschäftsführer von *Commodore USA*, Nigel Shepherd, im Interview mit der *Compute!'s Gazette*: „Wir schätzen, dass 20% bis 25% der C128-Käufer vom C64 kommen." *Commodore* verkauft insgesamt geschätzte vier Millionen Rechner der C128-Reihe[6] und ist damit fast so erfolgreich wie die viel gerühmte Apple II-Linie, die fünf Millionen Mal verkauft wird. 1989 wird die Produktion eingestellt. Der C128 ist der letzte 8-Bit-Computer von *Commodore*.

---

5) **Burgess Meredith ist der Trainer im Kinofilm *Rocky* und der Pinguin im 60er-Jahre-TV-*Batman*.**

6) **Die Zahl stammt von Dave Haynie: „Zahlen waren stets schwer aus Commodore heraus zu bekommen, selbst wenn man dort arbeitete. Manchmal wussten wir es sicher auf Grund von Chip-Lieferungen und Nachbestellungen."**

# KAPITEL 19

# Commodores Retter

1982 - 1985

19

Der C64 erobert den Spielmarkt, doch *Commodore* findet keinen Anschluss an den Heimcomputer. Für den C128 werden weder Spiele entwickelt, noch führt er die C64-Anwender an professionellere Computer heran. Es wird Zeit, dass *Commodore* auf den 16-Bit-Markt wechselt.

## Jay Miner ****

Der Mann mit der Vision für die nächste Hardware-Generation arbeitet nicht für *Commodore*, sondern für den Gegenspieler *Atari*. Jay Glenn Miner wird am 31. Mai 1932 in Prescott, Arizona geboren und gehört eher Tramiels und Peddles Generation an, als der, die *Commodores* jüngste Erfolge schafft. Seine Familie zieht in den Süden Kaliforniens, wo Miner nach dem Highschool-Abschluss zur Küstenwache geht. Seine militärische Ausbildung erhält er in Groton, Connecticut, wo er 1952 Caroline Poplawski heiratet. Wie Tramiel dient Miner im Korea-Krieg.

Erste Erfahrungen mit Elektronik sammelt Miner in der Technik-Schule der Küstenwache. Nach Beendigung des sechsmonatigen Kurses geht er zur Nordatlantischen Wetterpatrouille und schippert von Insel zu Insel, um Radarstationen zu reparieren. Ohne Ablenkung konzentriert er sich voll auf Elektronik. Nach drei Jahren Dienst im kargen Nordatlantik schreibt sich Miner an der University of California, Berkeley für Ingenieurswissenschaft ein. 1958 schließt er sein Studium mit einer Arbeit über Generatoren und Servomotoren ab und arbeitet selbstständig, bis er 1964 bei *General Micro Electronics* beginnt. Dort bereitet er den Weg für die ersten digitalen Voltmeter und hilft bei der Entwicklung des MOS-Taschenrechner-Chips.

1975 gehört Miner zu den Mitbegründern des Chip-Herstellers *Synertek*, der den 6502 von MOS produziert. Als *Atari* die Firma mit der Fertigung der Custom-Chips für das Atari 2600 beauftragt, engagiert *Cyan Engineering*, die *Atari*-Entwicklungsabteilung im Grass Valley, Miner für die Entwicklung des Videochips der Spielkonsole. Er designt die Computersysteme Atari 400 und 800, deren Grafikfähigkeiten Anwender und Spieler bewundern.

Bei *Cyan Engineering* fällt Miner nicht nur durch sein technisches Knowhow auf. Geht er durch die Gänge, folgt ihm ein winziger Schatten – seine treue Hündin Mitchy, eine Mischung aus Cockerspaniel und Pudel. „Mitchy war schon lange in der Computerindustrie, sie ging mit Jay zu Atari und half ihm, Systeme zu entwickeln", erklärt Miners Kollege R. J. Mical. Der Cockapoo wird zum festen Inventar bei *Atari*. Zwei Schilder hängen an Miners Tür: Ein großes mit dem Namen ‚J. G. Miner' und darunter ein kleines für ‚Mitchy'. Mitchy hat sogar einen eigenen Ausweis mit Lichtbild, der am Halsband baumelt, wenn sie fröhlich durch die Gänge tappt. Während Miner an bahnbrechenden Systemen arbeitet, sitzt Mitchy auf der Couch und beobachtet, wie Herrchen über Diagrammen und Schaltbildern brütet.

Anfang 1980 sammelt Miner Ideen für einen neuen 16-Bit-Computers auf Basis der angekündigten 68000-CPU von *Motorola*. Als Ingenieur weiß Miner, dass er über aktuelle Möglichkeiten hinausdenken muss, um an der technologischen Spitze zu bleiben. Leider glaubt das Management von *Atari*, es könnte den Computer von morgen auf Basis der Erwartungen von heute konzipieren. $100 für eine 68000-CPU scheinen den Entscheidungsträgern zu teuer; keiner denkt daran, dass der Preis schnell sinken würde. Im Glanz des aktuellen Erfolgs sind die Manager unbeeindruckt von zukünftiger Technik. Als klar wird, dass Miner *Atari* technisch nicht vorantreiben darf, kündigt er.

Er ist zu diesem Zeitpunkt 50 Jahre alt und sieht aus wie eine Mischung aus einem bibeltreuen Amish und dem Schlagersänger Kenny Rogers: Langer Kinnbart über pastellblauem Anzug mit großem Kragen oder grellem Hawaiihemd. Seine kräftige Statur ist nicht zu übersehen. Obwohl er immer mit einem Projekt beschäftigt ist, verbringt er seine Freizeit mit anderen Aktivitäten. Miner kultiviert Bonsai-Bäume mit seiner Frau Caroline, mit der er seit 30 Jahren verheiratet ist, er liebt Square-Dance, Wandern und Zelten. Daheim baut er Modellflugzeuge.

Nach seinem Weggang von *Atari* geht Miner zum Halbleiter-Startup *Xymos*, wo er bis 1982 Chips für Schrittmacher entwickelt. Dort kontaktiert ihn sein ehemaliger *Atari*-Kollege Larry Kaplan. Kaplan produziert ein halbes Dutzend Spiele für *Atari*, bevor er gemeinsam mit den damaligen Starprogrammierern David Crane, Alan Miller und Bob Whitehead die Firma *Activision* gründet und den Atari-VCS-Bestseller **Kaboom!** schreibt.

Doch Kaplan ist immer unzufrieden, und somit auch schnell unzufrieden mit *Activision*. Er schlägt Miner die Gründung einer neuen Spielschmiede vor und sucht einen Kapitalgeber. Miner spricht mit seinem Vorgesetzten bei *Xymos*, Bert Braddock, und sie finden eine Gruppe von Zahnärzten, die bereit sind, in das Projekt zu investieren. Die Mediziner erkennen das grassierende Videospielfieber und wollen davon finanziell profitieren. Der zukünftige Mitarbeiter R. J. Mical hält die Zahnärzte für naiv: „Eine Gruppe aus Florida, die mit Geld um sich warf. Die wussten nicht, was los war, sie kannten das Geschäft nicht und sie hatten ihre Hausaufgaben nicht gemacht." Viele Investoren haben ähnliche Ambitionen. „Als Videospiele Anfang der 80er boomten, war es leicht, Leute dafür zu gewinnen", sagt Dave Haynie.

Braddock mietet Bürofläche im Gebäude Nr. 7, 3350 Scott Boulevard in Santa Clara. Dave Morse, zuvor stellvertretender Marketing-Chef beim Spielzeughersteller *Tonka*, wird CEO und Vorsitzender der 1982 gegründeten Firma *Hi-Toro*. Deren Struktur ist simpel: Kaplan entwickelt Spiele für Atari 2600 und andere Systeme, Miner entwirft die Modul-Chips und Hardware, *Xymos* produziert. Der Traum währt nicht lange. 1982 kündigt Kaplan, weil die Entwicklung seiner Ansicht nach nicht schnell genug voran geht. „Er war schon weg, als ich dort anfing", sagt Mical. Morse fragt Miner, ob er Kaplans Posten als Vizepräsident übernehmen wolle. Miner stimmt zu und besteht auf einer Klausel, die ihm erlaubt, seinen Hund Mitchy mit zur Arbeit zu bringen. Da Morse keinen Einwand hat, kündigt Miner und beginnt bei *Hi-Toro*. Insgeheim träumt er immer noch von einer 68000er-Maschine. Trotz der Erwartungen und Wünsche der Finanziers versucht Miner, die Firma auf seinen Kurs zu bringen.

Jay Miner und Mitchy

Foto: R. J. Mical

## Die Amiga Corporation ****

Ohne Kaplan ist Miner der einzige mit technischem Know-how und einer Vision bei *Hi-Toro*, die als Videospielfirma geplant ist, sich jedoch in eine andere Richtung entwickelt. Miner bietet den Zahnärzten die Herstellung einer Spielkonsole an; die Geldgeber sind gerade dabei, sich zurückzuziehen, um in eine Eiscremekette zu investieren. „Sie waren nicht sicher, was sie tun wollten", sagt Mical. „Diese Jungs standen vor einer lachhaften Entscheidung: Investieren wir in Eis oder in einen neuen Computer?" Sie entscheiden sich für die Spielkonsole. Würden die Ärzte die Zeit und den Aufwand kennen, der für die Entwicklung einer Konsole nötig ist, zuzüglich der Kosten für Herstellung und Marketing, sowie die geringen Erfolgsaussichten, fiele ihre Entscheidung vermutlich anders aus. Für sie klingt es gut, mit sieben Millionen Dollar an einem Konsolenhersteller beteiligt zu sein.

*Hi-Toro* hat zwei Abteilungen: Die Spiel- und Zubehörabteilung und die Konsolen-Hardware-Entwicklung. Erstere dient als Deckmantel für die eigentliche Arbeit bei *Hi-Toro*. Miner wendet sich an seinen alten *Atari*-Kollegen Joe Decuir, der bei der Entwicklung des 16-Bit-Computers hilft. *Hi-Toro* engagiert Decuir im Oktober 1982 über dessen Entwicklerfirma *Standard Technologies*. Die beiden Systementwickler beginnen die Arbeit an einer Spielkonsole mit 3,5"-Disklaufwerk und Tastatur; die Plattform ist derart leistungsstark, dass man direkt darauf entwickeln kann. Wenig später entschließen sich die Investoren für eine Namensänderung, da sie Kaplans alten Begriff nicht mehr mögen. Sie finden, dass *Hi-Toro* einem japanischen Rasenmäherhersteller zu ähnlich klingt. Sie wollen einen Namen, der in Telefonbüchern vor *Apple* und *Atari* steht und greifen zum Wörterbuch.

Der Name soll freundlich klingen. ‚Amigo' ist eines der wenigen spanischen Wörter im Englischen – Freund. Das Wort ist positiv besetzt, klingt aber nicht sexy genug, weswegen man sich für die weibliche Form, *Amiga*, entscheidet. Miner will keinen spanischen Firmennamen: „Ich mochte ihn nicht. Ich dachte, ein spanischer Name sei keine gute Idee", erklärt er 1992 dem *Amiga User*[1]-Magazin; erst mit der Zeit lernt Miner den Namen zu schätzen.

Morse kümmert sich um die Änderung. Bis 1983 leitet er das Geschäft, während Miner und Decuir die Konsole entwickeln. *Amiga* hat ein klares Ziel.

## Lorraine ****

Bei *Atari* ist es Brauch, dass jeder Prototyp den Namen einer Frau oder Freundin trägt: **Pong** hat den Codenamen ‚Darlene', Atari 2600, 400 und 800 heißen Stella, Candy und Colleen. *Amiga*-CEO Morse setzt diese Tradition fort und benennt den Prototyp nach seiner Frau Lorraine.

Lorraine verfügt über maximal 4.096 Farben, eine Auflösung bis zu 640x480 Pixeln in 16 Farben, sowie eine 80-Spalten-Textdarstellung. Leider können die erweiterten Grafikmodi nicht auf einem Fernseher angezeigt werden. Anwender müssten dafür einen Farbmonitor kaufen. Das Team geht wenigstens sieben verschiedene Entwürfe durch, um ein unverwechselbares Äußeres für den Computer zu schaffen. Das System wird modular sein, ähnlich einer Stereo-Anlage. Frühe Entwürfe zeigen eine Basiseinheit, die die Tastatur in einer Schublade enthält.

1) **Auch die folgenden Miner-Zitate entstammen dieser Quelle.**

Die nächste Einheit enthält einen Modulschacht und Anschlüsse für weitere Geräte. Das oberste Gerät enthält zwei Disklaufwerke nebeneinander – das Ganze ist ein radikal neuer Denkansatz für Computer. Das Herz von Lorraine ist die 16-Bit-CPU 68000, die *Motorola* für ‚Haushaltsanwendungen' entwirft und 1980 vorstellt; Samples des Chips sind ab 1982 erhältlich.

Für Lorraines Grafik und Sound entwickelt *Amiga* Custom-Chips, die ebenfalls weibliche Namen tragen. „Wir brauchten Bezeichnungen für die Chips, und ich glaube, ich begann mit Jane", erinnert sich Mical. „Die Namen sollten grob mit der Funktion der Chips korrespondieren. Der Name gab Aufschluss darüber, was in dem Chip vor sich ging. ‚Portia' war der Chip für alle I/O-Ports." Der Chip erzeugt unglaublichen Vierkanal-Stereosound, viel klarer als SID. Die Sounds enthalten kein Hintergrundrauschen, der Chip spielt digitalisierte Klänge und Musik ohne Störgeräusche. David Needle, der dritte Ingenieur bei *Amiga*, kümmert sich um Portia.

Den Display-Adapter nennen die Ingenieure ‚Daphne'. Miner ist für ihn zuständig, sein Faible für Flugzeuge inspiriert ihn. Bei einer Flugsimulationsfirma namens *Singer-Link* sieht er eine innovative Anzeigentechnik, die Miner mit seiner Konsole imitieren möchte: „Ich hatte eine vage Vorstellung von einer primitiven Art von virtueller Realität." Daphne bietet vier verschiedene Grafikmodi: 320x200 oder 320x400 bei 32 Farben, sowie 640x200 oder 640x400 bei 16 Farben. Das beeindruckt, bedenkt man, dass der IBM PC nur acht Farben gleichzeitig zeigt.

Der letzte Chip ist Agnus, die MMU und gleichzeitig der ‚Bit Blitter' für schnelle Animationen. Da jeder der Chips ein Mikroprozessor ist, bezeichnen viele den Amiga-Computer als Multiprozessor-System. Die Hilfs-Chips sparen der 68000-CPU viel Zeit, was den Amiga zu einem der schnellsten Computer macht. Die Taktfrequenz von 7,16 MHz beschreibt die tatsächliche Leistungsfähigkeit im Vergleich zu anderen Computern nicht annähernd.

Mical führt diese Vision auf Miner zurück: „Jay schuf die gesamte Hardware des Systems." Die drei Ingenieure arbeiten beinahe zwei Jahre an den Custom-Chips. Die kleine Mitchy beobachtet geduldig jeden Schritt. „Wussten Sie, dass Mitchy den Großteil des Systems entwickelt?". Mical enthüllt: „Sie saß auf Jays Schoß als er Gatterschaltungen zeichnete. Er sah sie an, und wenn sie den Kopf schüttelte, löschte er alles und begann mit einem neuen Ansatz. Er sah wieder auf Mitchy und sie hechelte. Er entwarf mit seinem Hund."

1983 stellt Decuir seine Arbeit am Agnus-Chip fertig. Er verlässt *Amiga* und kehrt zurück zu *Standard Technologies*, wo er Peripherie für den neuen Computer entwickelt.

Nach der Fertigstellung der Schaltbilder gibt es keine Möglichkeit, die Chips herzustellen, denn im Gegensatz zu *Commodore* hat die kleine Firma keine Halbleiterfabrik. Die Ingenieure müssen einen anderen Weg finden, ihre Chips zu testen. Statt die Schaltungen zu miniaturisieren, bauen sie sie in Groß auf Lochrasterplatten. Diese ‚Chips' nehmen viel Platz ein.

Für Agnus verdrahtet ein Techniker namens Glenn Keller verschiedene ICs auf einer Platine. Sobald eine Platte voll ist, fügt Keller eine weitere hinzu, so als würde er ein Buch binden. Jede Lochrasterplatte enthält bis zu 250 ICs, insgesamt sind es 8 verdrahtete Platten. Und das nur für Agnus. Alle drei Custom-Chips werden auf diese Weise simuliert und sind im September 1983 fertig, doch durch die vielen Drähte sehr störanfällig. Die Ingenieure suchen ständig nach lockeren Kabeln und Kurzschlüssen. Miner erinnert sich: „Es war ein Albtraum, diese Dinger mit all den ausfallenden Verbindungen funktionsfähig zu halten." Die Ingenieure konstruieren eine spezielle Umgebung für ihre Chipsimulationen mit antistatischen Bodenbelägen und Wandverkleidungen. Der Raum ist gerade groß genug für eine Person und entspricht etwa einem Beichtstuhl. Im Raum warnt ein Schild vor der Spannung: ‚Ground Thyself', also in etwa: ‚Erde Dich!', was Mical den Eindruck vermittelt, er betrete den Altar eines Technik-Gottes.

## Die Freundin wächst heran ****

1983 beginnt Morse mit der Einstellung eines Entwicklungsteams. Innerhalb weniger Monate engagiert *Amiga* acht Ingenieure und Programmierer: Bob Burns, Glenn Keller, Dale Luck, Robert (RJ) Mical, Ron Nicolson, Bob Pariseau und Carl Sassenrath. Miner stellt die Ingenieure nach ihrem Enthusiasmus für die Spielkonsole ein und teilt das Team in zwei Gruppen: eine für die Hard- und eine für die Software-Entwicklung. Er selbst leitet die Hardware-Abteilung, während Bob Pariseau die Software übernimmt. Alle Mitarbeiter erhalten einen Anteil an der Firma. „Die besten Firmen, mit denen ich zu tun hatte, gaben alle ihren Angestellten einen Anteil an der Firma – so auch Amiga.", sagt RJ Mical. „Die wichtigeren Leute hatten 5% bis 7%." Als Neuankömmling erhält Mical weniger als die anderen. „Mein Anteil war klein, aber ich beschwere mich nicht. Es war den Versuch wert, nach Kalifornien zu gehen und mit diesen Verrückten zu arbeiten."

Als Mical eingestellt wird, erkennt er die Zwiespältigkeit der Konsole. „Es war eine Spielkonsole, aber wir waren uns nicht sicher, wie sie aussehen sollte. Beim Bewerbungsgespräch sagten sie mir: ‚Wir arbeiten an der Konsole der nächsten Generation. Sie wird leistungsfähig sein und die anderen überholen.' " Mical bemerkt ein paar eigenartige Spezifikationen. „Ich sprach beim Vorstellungsgespräch mit den Hardware-Jungs", erinnert er sich. „Ich sah einen Anschluss mit der Bezeichnung ‚kbdprt' auf der Weißwandtafel[2] – ein ‚Keyboard-Port' ? Und einen anderen, ‚extdrv'. Ein externes Laufwerk bei einer Spielkonsole?" Die Ingenieure zielen auf denselben Markt wie der C64. „Die ursprüngliche Philosophie hinter Amiga war, aus dem wachsenden Interesse für Computer Kapital zu schlagen", sagt Mical. „Computer wie der C64 beherrschten den Markt. Er verkaufte sich viele Millionen Mal. Anwender nutzten ihn nicht nur als Spielzeug wie das Intellivision oder die Atari-Konsolen. Der C64 war ein System, mit dem man arbeiten konnte und das eine Programmiersprache bot." Die Ingenieure wollen die Leistungsfähigkeit eines Bürocomputers in private Haushalte bringen. „Wir sahen die nützlichen Dinge aus dem Büro in die Wohnungen kommen", meint Mical. „Es war etwas anderes, ob man Software für den professionellen oder aber den privaten Bereich herstellt. Als ob wir im Büro andere Menschen wären als daheim." Der Amiga-Computer soll dagegen jedem offen stehen: „Wir wollten einen Heimcomputer, der leicht zu kapieren war und von Jedermann benutzt werden konnte. Man konnte das Konzept begreifen und mit ihm interagieren, egal wie alt man war. Ein guter, leistungsfähiger Computer, den jeder bezahlen konnte."

Während die Kern-Ingenieure Lorraine entwickeln, arbeiten andere an Spielen und Zubehör für das Atari 2600. Wie Miner erklärt, sollen diese *Amiga*-Produkte zum Teil unerwünschte

---

2) Laut Mical verewigen die Amiga-Ingenieure die Tafel mit dem ursprünglichen Lorraine-Design: „Später überzogen wir sie mit Schellack, und in die noch feuchte Oberfläche prägten wir unsere Daumenabdrücke in die untere rechte Ecke.

Aufmerksamkeit von Lorraine ablenken. „Wir engagierten viele Leute für die Entwicklung von Peripheriegeräten, was die notorischen Spione im Silicon Valley von unserem Büro fernhielt. Sie sahen nur Joysticks, und die waren keine Bedrohung."

„Wir taten heimlich, weil wir unsere Idee für ausgezeichnet hielten", sagt Mical. „Peripherie war immer der Deckmantel. Das war es, was wir den Leuten erzählten. Währenddessen verheimlichten wir, was wir wirklich taten."

Das Team entwickelt und vermarktet zügig Produkte für den Atari 2600 und veröffentlicht den ‚Amiga Power Stick'; eine Packung mit zwei kleinen, ergonomischen Joysticks, die unter *Atari*-Usern sehr beliebt werden. Zudem entwickelt es ein einzigartiges Peripheriegerät namens ‚Joyboard'. Dieses Eingabegerät wirkt wie das Mittelteil eines Surfbretts mit einer Fläche von 0,2 $m^2$. Um Spiele zu steuern, steht oder kniet der Spieler auf dem Gerät und lehnt sich in die gewünschte Richtung. Jedem Joyboard legt Amiga das Spielmodul **Mogul Maniac** bei, ein 3D-Ski-Rennen. Der Controller für den Fußboden nimmt **Wii Fit** von *Nintendo* um 25 Jahre vorweg.

Laut Mical ist die *Amiga*-Peripherie profitabel, doch mitten in der Entwicklung weiterer Produkte bricht der *Atari*-Markt zusammen. „Die Konsolenverkäufe gingen in den Keller und zahlreiche Spielhallen schlossen", erinnert sich Mical. Produkte für den Atari 2600 verlieren Marktanteile – *Amigas* Spielabteilung fährt Verluste ein.

Zwei Joyboard-Spiele werden fertig gestellt, bleiben aber unveröffentlicht. Vom Party-Quiz ‚Off Your Rocker' geht eine Großlieferung an die Etikettierfirma, doch da *Amiga* das Atari 2600 aufgibt, bleibt der Dienstleister auf den Modulen sitzen. Auch ‚Surf's Up', das ein simples Spielprinzip in gute Grafik packt, geht nicht in Serie. *Amiga* lässt alle weiteren Peripherie-Pläne für das Atari 2600 fallen, darunter ein so genanntes ‚Power Modul', das den Anschluss von Kassettenlaufwerk, RAM-Speicher und 3D-Brille erlaubt.

Der Zusammenbruch des Videospielmarkts erschreckt die Ingenieure. „Plötzlich standen wir kurz davor eine Konsole zu veröffentlichen, die niemand wollte", sagt Mical. Da Spiele in der Gunst sinken und viele Leute Konsolen nur für eine Mode halten, mit der es jetzt vorbei ist, klammern die Zahnärzte sich plötzlich an die Idee eines Computers. „Zum Glück für uns war es eigentlich schon ein Computer, der nur leichter Änderungen bedufte, um zum vollwertigen PC zu werden", sagt Mical.

## Die tanzenden Narren ****

Nun ist es an den Software-Ingenieuren, ein Betriebssystem für Lorraine zu entwickeln. „Pariseau war der stellvertretende Chef der Softwareabteilung", erklärt Mical. „Der Rest von uns erstattete ihm Bericht."

Zu den ersten Lorraine-Programmierern gehört Dale Luck. Der Mann aus dem Mittleren Westen trägt 80er-Jahre-typisch leicht lockiges Haar und einen Oberlippenbart. Seine Kollegen nennen ihn ‚Luck Trucking' (Glücksbringer) Dale. Mical und Sassenrath stoßen bald dazu. Mical, der ebenfalls aus dem Mittleren Westen stammt, versteht sich gut mit Luck: „Er ist ein brillanter Ingenieur und ein mitfühlender, liebevoller, anständiger und freundlicher, ein außergewöhnlicher Mensch. Er ist einer der Besten, die ich in meinem Leben kennen lernte." Miner treibt die Grafikentwicklung auf der Hardware-, Luck auf der Software-Seite voran. „Er war der

Grafik-Guru des Amigas", sagt Mical. Miner und sein Team beschließen die Architektur und Spezifikationen von Lorraine, während das Softwareteam sich damit begnügt, die Fähigkeiten des künftigen Betriebssystems zu planen. Sie listen die gewünschten Fertigkeiten auf und erstellen einen Entwicklungsplan. Doch sie müssen ihre Software ohne Hardware beginnen. Wie schreibt man Software, wenn die Hardware noch nicht existiert?

Im Optimalfall stellt das Team den Computer inklusive Betriebssystem auf der kommenden CES vor. Die Hardware ist jedoch nicht vor Ende 1983 fertig. Wenn die Programmierer das Betriebssystem rechtzeitig fertig bekommen wollen, müssen sie ohne den Computer beginnen. Dazu erstellen sie einen virtuellen Computer mittels Software, einen ‚Emulator'. Miner und sein Team teilen dem Softwareteam die Registeradressen ihres Computers mit. So entsteht Schritt für Schritt eine emulierte Lorraine. Anfang Sommer 1983 hat die Software-Gruppe genügend Informationen, um ihre Bibliotheken zu erstellen. Es bleiben sieben Monate bis zur CES. Während dieser Zeit verbringen die wichtigen Ingenieure 100-Stunden-Wochen bei der Arbeit.

Das Team entwickelt auf einem sparsamen *Sage*-Computer. „Der Sage war ein bemerkenswertes Gerät", sagt Mical. „Mit seiner 68000er-CPU war er ein sehr günstiger, leistungsstarker Mehrbenutzerrechner. Er unterstützte bis zu vier User gleichzeitig und machte das sehr gut." Anfangs genügt dieser Computer, doch das ändert sich bald: „Er war für vier User ausgelegt und wir waren zehn", erklärt Mical. „Du denkst gleichzeitiges Kompilieren mit vier Leuten sei langsam? Dann versuch's mal mit fünf, sechs oder sieben." Die Programmierer gewöhnen sich daran, ein paar Programmzeilen einzugeben und dann auf die Kompilierung zu warten. „Wenn man eine der entscheidenden Programmzeilen änderte, die das Herz des Systems sind, dann musste man gleich alles neu kompilieren, um alles sicher aktuell zu halten. Das konnte fünf bis zehn, bei einem vollen Ladevorgang auch 15 Minuten dauern. Wir fanden interessante Beschäftigungen, um die Wartezeiten zu überbrücken", sagt Mical.

Hardwareingenieure wie Miner arbeiten viele Stunden lang und gönnen sich nur ein Nickerchen. Luck findet es effizienter, während des Kompilierungsvorgangs zu schlafen. „Wir erstellten ein Programm für den Sage namens ‚Beep'. Wenn man den Befehl ‚Beep' eingab, ertönte ein unerträglich lauter Ton", erklärt Mical. „Unsere Computer hatten einen Befehlsspeicher, d.h. man konnte mehr Befehle eingeben als auf dem Bildschirm sichtbar waren. Luck gab seine Programmzeilen gefolgt von einem ‚Beep' ein. Sobald der Prozess verarbeitet war, führte der Computer den Befehl aus und piepte lautstark los. Luck hatte ein Kopfkissen auf seinem Schoß. Er legte seinen Kopf auf das Kissen und schlief dann für fünf Minuten. Dann piepste der Computer, und er setzte sich auf und arbeitete weiter. Das war ganz erstaunlich. Er nickte immer wieder für fünf Minuten ein."

Grafik-Guru Dale Luck
Foto: R. J. Mical

Die Programmierer legen oft Überstunden ein, da

nachts weniger Benutzer mit dem Sage arbeiten. „Wir machten lange Nachtschichten. Luck und ich arbeiteten durch", sagt Mical. Die beiden Programmierer kämpfen gegen ihre Müdigkeit. „Wir mussten uns irgendwie wach halten", sagt Mical. „Wenn es wieder später wurde und uns am nächsten Tag eine Fachmesse erwartete, mussten wir liefern. Wir ließen laute Musik laufen, um wach zu bleiben. Wir tanzten zu Led Zeppelin. Manchmal tanzten wir gemeinsam oder jeder mit seinem Computer." Die anderen Angestellten bemerken den nächtlichen Irrsinn ihrer Kollegen nicht sofort. „Eines Morgens kam jemand aus der Verkaufsabteilung früher zur Arbeit, etwa um 7 Uhr. Die Musik hämmerte aus der Software-Abteilung und er linste um die Ecke. Er sah uns mitten im Raum tanzen. Danach waren wir als ‚die tanzenden Narren' bekannt."

Mical entspannt sich auch auf dem Joyboard. „Wir spielten Guru-Meditation. Man legte das Joyboard auf einen Stuhl und setzte sich darauf. Das Spiel bestand darin, so lange wie möglich still zu sitzen." Die Entwickler lieben es und verewigen das Andenken daran im Betriebssystem der Lorraine. Systemfehlermeldungen waren im Alpha-Stadium keine Seltenheit. Die Entwickler taufen sie ‚Guru-Meditations-Fehler'. Wenn ein Fehler auftritt, erscheint die Mitteilung ‚Guru Meditation Error' auf dem Bildschirm.

Einer der wichtigsten Lorraine-Programmierer ist Carl Sassenrath. „Er schrieb den Multitasking-Kernel", sagt Mical. „Sein EXEC war ein Kunstwerk." Sassenrath arbeitete zuvor bei *Hewlett-Packard*. 1981 nimmt er eine Auszeit und geht als Forscher zum Antarktis-Team der Stanford University. Nach seiner Rückkehr vom Südpol entwickelt er eine grafische Benutzeroberfläche für die Sun Workstation, die ihm der Stanford-Student Andy Bechtolsheim, ein Mitbegründer von *Sun Microsystems*, ausleiht. Die Fähigkeiten der Benutzeroberfläche sind eindrucksvoll und beinhalten Bitmap-Darstellung, Icons, Fonts, einen Mauszeiger, Hyperlinks und eine Fernsteuerungsprozedur zur Kommunikation mit einem Datenserver.

Sassenrath ist wie kein Zweiter für die Entwicklung des Lorraine-Betriebssystems geeignet. Als das Team beschließt, statt einer Spielkonsole einen Computer zu bauen, muss Sassenrath nur wenig ändern. „Es war von Anfang an ein Multitasking-OS", sagt Mical. „Es wollte ein Computer sein." Der Kernel, von den Programmierer EXEC genannt, ist die Basis allen Programmcodes der Lorraine. Er erlaubt es, mehr als ein Programm gleichzeitig auszuführen. Mit dem Command Line Interface, kurz CLI, können Anwender Programme im Speicher starten und stoppen.

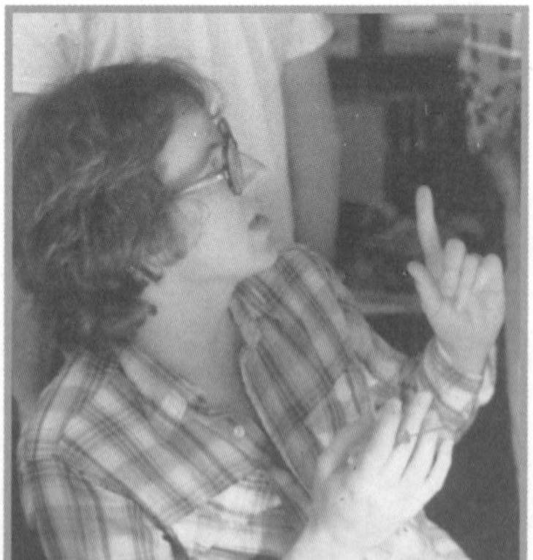
**Von der Antarktis zu Amiga: Carl Sassenrath**
Foto: R. J. Mical

Ende 1983 gerät das Team in Schwierigkeiten. *Amiga* hat kein Geld mehr und häuft Schulden an, ohne Aussicht, in naher Zukunft etwas zu verdienen. Keiner der Entwickler ist bereit, den Traum aufzugeben, nachdem so viel erreicht ist. Die meisten Manager nehmen Kredite und Hypotheken auf ihre Häuser auf und bezahlen Spesen mit der eigenen Kreditkarte. Morse erhält eine zweite Hypothek auf sein Haus. Es scheint, als steuere *Amiga* auf ein Desaster zu. Um ihre Firma zu retten, stattet das Team Miners ehemaligem Arbeitgeber *Atari* einen Besuch ab, der über die Mittel für die Fertigstellung und Produktion der Chipsätze verfügt. 1983 unterbreitet Morse *Atari* ein Angebot, wonach *Amiga* eine Kapitalspritze, *Atari* dafür Zugriff auf die Chiptechnik erhält. Die beiden Firmen einigen sich darauf, dass *Atari* den Chipsatz im ersten Jahr für eine eigene Videospielkonsole nutzen und diese im folgenden Jahr mit einer Tastatur zum Computer aufwerten darf. Zusätzlich darf *Atari* dann ein vollwertiges Computersystem anbieten.

*Atari* zahlt *Amiga* $500.000 für die Fertigstellung des Chipsatzes. Man will die Technik in einer fortschrittlichen Konsole verwenden, die 1985 erscheinen soll und den Codenamen ‚Mickey' trägt. Daraus wird das Projekt Atari 1850 XLD, ein vollwertiger Computer mit Tastatur, der auf dem Amiga-Chipsatz basiert.

## Die Boing-Demonstration ****

Die Winter-CES öffnet am 4. Januar 1984 und die Ingenieure arbeiten Weihnachten, um Lorraine fit zu machen. Für den Flug nach Las Vegas zerlegen sie den Prototyp; der Transport ist ein Albtraum. „Ein fester Kern von Ingenieuren war bei jeder Show, weil der Prototyp so fragil war", sagt Mical. Anstatt separat zu verschicken, bucht das Team einen Passagierflug und packt die Lochrasterplatten zwischen Kissen, um die Stöße zu absorbieren. Jeder belegte Sitz benötigt einen Namen: ‚Joe Pillow', der geheimnisvollste Amiga-Entwickler, ist geboren.[3]

**Joe Pillow, flankiert von R. J. Mical (links) und Dale Luck (rechts).**

Fotos: R. J. Mical

Auf der Show besichtigt Miner die Konkurrenz, ebenso wie 90.000 andere Besucher. *Commodore*, noch unter Tramiel, stellt den verlorenen Plus/4-Computer vor, *Atari* den 800XL, ein Update des von Miner entwickelten Atari 800. *Apple* ist nicht auf der Show, präsentiert den farblosen Macintosh jedoch im selben Monat. Beim Blick auf die Konkurrenz empfindet Miner Zufriedenheit. Sein Computer ist den Rivalen um wenigstens ein halbes Jahrzehnt voraus.

Trotz des Zusammenbruchs des Videospielmarkts entschließt sich Dave Morse, die *Amiga*-Peripherie für das Atari 2600 auf der CES vorzustellen. Es ist der letzte Versuch, ihre Anstren-

3) Auf dem Flug zurück von der *Softcon* im März belegen Mical und Luck einen Platz mit Rucksack und Mantel, als Kopf ein bemaltes Kissen. In der überbuchten Maschine rückt alles zusammen, doch Pillow fällt nicht auf. Die Stewardess zählt mehrmals durch und bemerkt den blinden Passagier zu spät: „Sie war so pissed, dass sie ihm den Kopf abriss: ‚Damit kommt Ihr nicht durch!' Doch wir waren bereits auf der Startbahn." Andere behandeln Pillow besser, erzählt Luck. „Er bekam zu Essen und las etwas. Wenn er einschlief, drehten wir das Kissen um und malten ein schläfriges Gesicht darauf." Die Ingenieure übertreiben es, fälschen ihrem Kollegen später sogar einen Führerschein.

gungen zu Geld zu machen und von Lorraine abzulenken, erinnert sich Mical: „Es gab eine Abteilung des Standes wo die Besucher Joysticks, Joyboards und Software für die Controller sehen konnten." Der Plan funktioniert. „Lorraine blieb bis zum Ende ein wohlgehütetes Geheimnis". *Amiga* mietet einen einfachen grauen Stand in der Westhalle der CES, dahinter einen verschlossenen Raum, in dem Lorraine vorgestellt wird. Unglücklicherweise hat der abgeschirmte Bereich keine Decke, so dass sportliche Besucher einen Blick auf den Amiga werfen können, indem sie die Rolltreppen hinauffahren und oben ihre Hälse recken.

„Es gab eine bewachte Tür, die ins Innere des Allerheiligsten führte", erinnert sich Mical. „Man kam nur in Begleitung von einem von uns durch die Tür. Innen befand sich der Computer. Es war immer noch der Prototyp. Die drei Chips standen als Prototypen auf einem ringsum verhüllten Tisch." Lorraine ist 1984 unglaublich, besonders im Vergleich zu den Rechnern von *Apple*, *Atari*, IBM und *Commodore*. Doch das System benötigt Software, um seine Fähigkeiten vorzuführen. Während des ersten Tages und bis in den Abend programmieren Mical und Luck ununterbrochen. „Wir hörten nicht auf zu arbeiten", sagt Mical. „Wir verfeinerten die Demos laufend, um sie noch beeindruckender zu machen."

Die Erfahrung ist unglaublich für die beiden Programmierer, die jetzt endlich eine Chance haben, kreativ mit ihrer Maschine zu arbeiten. Mical kommt von einer Spielautomatenfirma und ist mit auffälligen Grafiken und Sounds bestens vertraut. Die beiden planen eine ambitionierte Demo – einen rotierenden, karierten Polygon-Ball, der auf dem Bildschirm hin- und herspringt, von Stereo-Sound begleitet wird und unter dem Multitasking-Betriebssystem läuft. ‚Boing' wird zu einer der bekanntesten Demonstrationen der Computerwelt. „Wir waren die ganze Nacht auf, um an Boing zu arbeiten", sagt Mical. „Die Verkäufer und Marketing-Leute liebten uns. Jeden Tag kamen sie während der Messe herein und sahen uns abgearbeitet in einer Ecke des Konferenzraums mit unseren Köpfen auf dem Tisch schlafen."

Außerhalb des Standes ist das rhythmische Pochen des Demos durch die dünnen Wände zu hören, gefolgt von den erstaunten Lauten des handverlesenen Publikums. Die Demonstration beeindruckt: Es gibt nicht nur ein in Echtzeit generiertes 3D-Objekt, das sich sanft über den Bildschirm bewegt, sondern es ist auch noch groß. Der Ball wirft einen Schatten, der sich hervorragend an das dahinter liegende violette Gitter anschmiegt. Die Illusion ist perfekt. Das Gitter wird dort dunkler, wo der Schatten fällt. So etwas gab es noch nie zu sehen. Jedes Mal, wenn der Ball den Boden berührt, erzeugt Lorraine einen donnernden Stereo-Sound. Miner sagt: „Der hämmernde Krach des Balls stammt von Pariseau, der einen Schaumstoff-Base-

**Der Amiga-Stand der Winter-CES im Januar 1984. Man beachte die Joyboards auf dem Boden.**

Foto: R. J. Mical

ballschläger gegen unser Garagentor schlägt." Die Amiga-Mitarbeiter geben choreografierte Demonstrationen der Lorraine für aufeinander folgende Gruppen. „Wir erstellten eine ganze Präsentation", sagt Mical. „Wir sprachen über die Maschine und Pariseau stand auf und erklärte alles." Lorraine wirkt auf potentielle Investoren unfertig, so dass die Ingenieure versichern müssen, dass das finale Produkt besser aussieht. „Das war ein Teil der Masche", sagt Mical. „Wir mussten erklären: ‚Das ist der jetzige Stand, aber wir werden all das Kabelgewirr in drei Chips packen. Es wird ein schöner kleiner Computer, der wie diese Zeichnungen aussehen wird.' "

Die Ingenieure präsentieren ihre besten Demos. „Wir hatten besonders rasante zur Veranschaulichung der Systemfähigkeiten entwickelt", sagt Mical. „Ein Ingenieur saß an der Computer-Konsole und startete ein Demo nach dem anderen, um alle Fähigkeiten zu zeigen." Mical liebt die Demonstrationen. „Wir hatten eine wundervolle Sammlung von Demos, von denen wir vielleicht ein Dutzend zeigten." Viele Besucher stehen Lorraine skeptisch gegenüber und glauben an einen Schwindel. „Es war herrlich, weil immer mehr verblüffte Leute nach dem Demo einen Blick auf die Maschine warfen. Sie gingen auf die Knie und lüfteten den Vorhang, um unter dem Tisch den echten Computer sehen zu können. Sie hielten es für einen Trick, aber da gab es nichts als Stromkabel."

Mical genießt die interaktive Vorführung der Sprachfähigkeiten. „Ein Demo hieß ‚Talking Heads' (sprechende Köpfe). Es bestand aus einem Paar gut gemachter Roboterköpfe. Der männliche war Mr. Amiga und der weibliche war eine Reporterin, die Fragen stellte. Mr. Amiga beschrieb seine Fähigkeiten und die Technik." Das Publikum liebt den letzten Teil der Demonstration. „Der eindrucksvollste Teil war, als wir bewiesen, dass er nicht nur Sprache vom Band abrufen, sondern man ihn alles sagen lassen konnte. Wir baten das Publikum um Vorschläge und gaben die Sätze direkt ein. Diese Sätze sprach er dann. Das verblüffte die Leute."

Als das *Amiga*-Team einen Vertreter der Handelskette *Sears* erspäht, schneidern sie eine Demonstration für ihn. „Wir wollten, dass Sears das Gerät vertreibt. Als eines von den hohen Tieren das Demo sah, tippte jemand auf der Tastatur ‚Ich kaufe all meine Werkzeuge bei Sears' und alle brüllten vor Lachen. Das war ein wunderbarer Einfall."

*Amiga* hofft, auf der Show Investoren für das Projekt zu finden. „Commodore besuchte uns", sagt Mical. Nach der CES versendet *Amiga* Pressemeldungen an alle großen Magazine, in denen die Fähigkeiten des neuen Amiga-PCs angekündigt werden. Das *Byte Magazine* schreibt in der April-Ausgabe 1984: „Joystick-Hersteller Amiga entwickelt einen Heimcomputer auf der Basis des 68000ers mit eigenem grafischen Co-Prozessor. Mit 128 KB RAM und Floppy soll der Computer dieses Jahr für unter $1000 erscheinen." In *Creative Computing* berichtet Redakteur John J. Anderson im gleichen Monat: „Mein persönliches Show-Highlight war der erste Blick auf den Supermikro mit dem Code-Namen Lorraine von

**Dale Luck (links) und R. J. Mical schlafen im CES-Stand.**

Foto: R. J. Mical

Amiga. Für mich hat sich der Flug nach Las Vegas allein wegen der Amiga-Demos gelohnt." Die begeisterte Reaktion hebt die Erwartungen des Teams, doch konkrete Investitionsangebote bleiben aus. Auf dem sterbenden Atari-2600-Markt kann *Amiga* mit seinen Joysticks und Spielen kein Geld verdienen. Die Geldfrage wird bald zum größten Problem.

## Intuition ****

Obwohl die Ingenieure ihre Spielkonsole vor der CES in einen Computer verwandeln, wissen sie, dass noch etwas Wichtiges fehlt: „Wir hatten eine Liste mit Dingen, die ein Computer haben muss, und dem, was unser Computer bislang hat. Es fehlte eine Benutzeroberfläche", erinnert sich Mical, der für das GUI zuständig ist. „Ich stamme aus Chicago, bin 1956 geboren und erbte meine Liebe für Wissenschaft und Mathematik von meinen Eltern. Darin waren beide gut, zwei absolut logische Menschen." Mical entdeckt seinen Hang zur Wissenschaft, als er ein Kinderbuch von Bertrand R. Brinley liest. „Ich las das Buch ,The Mad Scientist's Club', als ich noch sehr jung war. Es ist eine schöne Geschichte über fünf Jungs, die einen Club gründen und alle möglichen Streiche aushecken."

Wie viele Elektroingenieure macht Mical seine ersten Erfahrungen mit einem Baukasten. „Als ich fast ein Teenager war, begann ich, die Wissenschaft zu lieben, und meine Eltern kauften mir ein ,Heathkit'. Das war ein elektronisches Lernspielzeug mit einer einfachen Platine und allen möglichen elektronischen Komponenten: Widerständen, Kondensatoren, Reglern, Drehpotentiometern und ähnlichem. Zum Bausatz gehörte eine großartige Einleitung, wie man sein eigenes Radio, seinen eigenen Telegrafen und mehr baut." Mical experimentiert mit den Komponenten. „Ich baute eigene Radios und Telegrafen. Das war super, aber dann stellte ich fest, dass man noch andere interessante elektronische Spielsachen damit basteln konnte. Meine Lieblingsentdeckung: Wenn man alles richtig einsteckte und dann einen der Kondensatoren mit dem Finger erdete, machte der Lautsprecher ein unheimliches quiekendes Geräusch." ,The Mad Scientist's Club' inspiriert Mical, mit seiner Entdeckung Unfug zu treiben. „Ich steckte den Lautsprecher in einen Schuhkarton und verlegte die Kabel unter den Dielenbrettern vom Wandschrank meiner Schwester zu meinem Zimmer, wo ich das Heathkit in ihrem Bett versteckte. In regelmäßigen Abständen brachte ich den Lautsprecher in ihrem Zimmer zum Quieken. Es klang nicht wie eine gewöhnliche Maus, sondern mehr wie eine Geister-Maus." Der Streich verwirrt die Familie, sehr zur Freude Micals. „Meine Eltern suchten wochenlang nach der Quelle des Krachs. Meine Schwester hatte Angst. Dann stand mein Vater eines Tages mit dem Schuhkarton in der einen und den Kabeln in der anderen Hand in meiner Tür."

Nach seinem enttarnten Streich wendet sich Mical nützlichen Projekten zu. „Als ich 14 Jahre alt war, baute ich meinen ersten Computer, eine Tic-Tac-Toe-Maschine aus Mono-Zellen, Blitzlichtlampen und Relais." Der junge Mical lernt, wie man mittels Relais logische Schaltungen herstellt. „Ich hatte gerade etwas über Relais gelernt und war fasziniert. Ein Relais ist eine elektromagnetische Schaltung, die bei Stromzufuhr schließt und ohne Strom offen bleibt. Es ist wie ein großer Transistor."

Ohne eingehendes Logik-Verständnis ist Micals erstes Spiel wenig effizient. „Die Relais waren klobig und ich benutzte Dutzende davon, um Tic-Tac-Toe zu implementieren. Ich war dumm und naiv. All die Tricks lernte ich erst später, und ich hätte das ganze Spiel mit zehn Relais bauen können." meint Mical. „Aber es funktionierte gut. Es verbrauchte einen Satz Batterien für drei Spiele, aber es funktionierte! Man konnte es nicht schlagen."

Micals idyllische Kindheit endet, als sein Vater die Familie verlässt. „Mein Vater war Chemotechniker. Nachdem er uns verließ, musste meine Mutter sich ein neues Leben aufbauen. Sie arbeitete wieder als Bürokraft in einer Arztpraxis." Mical besucht die Universität von Illinois und strebt einen Abschluss in Englisch an. Er will Journalist werden. Trotz seiner Kurse in Englisch wird Mical von Computern und Technik angezogen. „Jeder an der Universität hatte Zugang zu einem Account, und Studenten konnten an dem Computer spielen. Damals hatte ich mir das Programmieren schon selbst beigebracht und beherrschte BASIC und FORTAN."

1977 entwickelt sich Micals natürliche Neigung, Spiele zu schaffen. „Ich hatte einen Account und ich hatte eine Reihe eigener Programme geschrieben. Ich erstellte ein Star-Trek-Spiel. Raumschiff Enterprise war damals sehr beliebt und es gab ein Star-Trek-Spiel für die einfachen Terminal-Computer, bei dem man Koordinaten eingab und die Schiffe sich bewegten. Es war klobig und ich wollte ein besseres, also machte ich eines."

Wie andere Studenten ist auch Mical unsicher bezüglich seiner beruflichen Zukunft. „Ich verbrachte einen schrecklichen Nachmittag im Computerlabor. Ich überlegte mir, was ich später einmal werden wollte. Ich machte mir Sorgen, doch dann machte ich eine Pause und spielte mein Computerspiel. Da dämmerte es mir: ‚Ich könnte das machen! Ich würde es lieben!' " Mical schlägt eine Ingenieurslaufbahn ein. „Ich war besessen davon, Informatiker zu werden."

1981, vier Jahre später, arbeitet Mical für ein Unternehmen in Chicago. „Gleich nach der Uni erhielt ich eine gute Arbeit, wenn auch nichts mit Spielen. Ich arbeitete mit einem Elektronenstrahlschweißer." Das Unternehmen nutzt Mical bald für alle Computer-Belange. „Ich schrieb Hilfsprogramme und Datenbanken und verbrachte eine herrliche Zeit. Aber es fühlte sich immer wie Arbeit an. Ich machte nichts Bedeutendes. Ich verdiente Geld zum Leben und für die Wochenenden." Nach gut einem Jahr folgt Mical seinem Gefühl. „Es nagte an mir, bis ich endlich beschloss, zu gehen, mir die Welt anzusehen und meinen Kopf frei zu bekommen." Der junge Ingenieur nimmt sich neun Monate Zeit, um die Welt zu bereisen, einschließlich Japan, Sowjetunion und Europa. Diese Erfahrung verändert sein Leben. Als Mical wiederkehrt, trägt er langes, ungepflegtes Haar und einen noch längeren Schal. Der selbsterklärte Künstler, Poet und Musiker entschließt sich, seinen Traum zu verfolgen.

„Als ich zurückkam war es Zeit, mein Leben zu verändern und mich der nächsten großen Sache zu stellen. Ich wollte nicht einfach leben. Ich wollte etwas Bedeutungsvolles tun; etwas, das mir gut tat und all meine Fähigkeiten vereinte, meine künstlerische und musikalische Seite und meine Liebe für die Informatik. Ich wollte Videospiele machen." Mical sucht nach einer passenden Firma. „Ich ging in zwei Spielhallen und sah mir an, wer die besten Spiele machte. Williams hatte damals die bei weitem besten Titel: **Joust**, **Robotron** und **Defender**, allesamt herrliche Klassiker. Da wollte ich mitmachen." Mical fällt es schwer, in der Branche Fuß zu fassen. „Ich war komplett unqualifiziert für die Arbeit. Keine Fachqualifikation, keine Empfehlungsschreiben, keine Vergangenheit. Ich fragte, ob ich für sie arbeiten könne, und sie sagten: ‚Nein.' Ich sagte: ‚Bitte lasst mich für Euch arbeiten. Ich brauche dringend eine Arbeit.' Sie sagten: ‚Nein, das können wir nicht. Wir stellen jemand anderes ein. Du bist nicht qualifiziert.' Ich kam an diesem einen Mann nicht vorbei, der mich abwies." Mical fühlt sich zurückgestoßen, aber er gibt nicht auf. „Ich wusste, dass ich's gut machen würde, wenn sie mir eine Chance gäben. Das war einer meiner charakteristischen Sprüche bei Vorstellungsgesprächen: ‚Geben Sie mir eine Woche und ein gutes Handbuch, dann werde ich der verdammt beste Mitarbeiter, den Sie je hatten.' Ich musste sie davon überzeugen, mir eine Chance zu geben."

Der Möchtergern-Spielprogrammierer findet einen anderen Weg, *Williams*-Mitarbeiter zu kontaktieren. „Es ist mir peinlich, das zu sagen, aber ich begann ein Verhältnis mit der Empfangsdame der Firma. Ich habe sie nicht verführt, aber ich tat mein Bestes, um charmant zu sein und lud sie zu Dates im Austausch für eine Kopie der Telefonliste ein, die sie schließlich herausrückte." Mical ruft systematisch einen Mitarbeiter nach dem anderen an. „Ich ging die Liste durch und versuchte jeden überzeugen. Schließlich wurde jemand namens Noah Falstein aufmerksam.[4] Er war der erste bei Williams, der dachte: ‚Vielleicht sollten wir ihm eine Chance geben.' Er bot mir Arbeit an." Mical arbeitet gemeinsam mit Falstein am Kultspiel **Sinistar**. „Er gehörte schon zum Sinistar-Projekt, so dass ich einstieg. Das Projekt war fast fertig, als ich dazukam." Das Spiel ist eine Erweiterung des **Asteroids**-Gedanken, mit hochauflösender, scrollender Farbgrafik. Der Spieler hält eine Gruppe von Weltraumrobotern davon ab, ein gigantisches Schlachtschiff zu bauen. Dieses schockt den Arcade-Spieler mit dröhnender Sprachausgabe, ruft ‚I live!' und ‚Run, Coward!' – Lauf, Du Feigling!

„Ich machte ein paar Spezialeffekte und arbeitete an den Stimmen sowie am dahinter steckenden Code." Mical hält **Sinistar** für eines der leistungsfähigsten Arcade-Spiele überhaupt, da es ein Multitasking-Betriebssystem enthält.

Nach seiner Arbeit bei *Williams* führt Mical ein Bewerbungsgespräch mit Miner und wird im Juni 1983 *Amiga*-Mitarbeiter. Dort freundet sich Mical schnell mit dem wichtigsten Angestellten an. „Ich war Mitchys zweitbester Freund und hatte stets einen Beutel mit Hundekeksen in meiner Schublade. Mitchy tappte ohne Vorwarnung in mein Büro und sprang auf meinen Schoß. Ich hatte keine Familie und ich kannte kaum jemanden, aber dieser Hund war nett zu mir."

Kurz nach der CES 1984 entschließt sich das *Amiga*-Team, ein ‚Graphical User Interface' (GUI) für Lorraine zu entwickeln. Damals orientieren sich viele Computerfirmen an der grafischen Oberfläche aus den Labors von *Xerox*. „Der Mac beeinflusste unsere Entscheidung, aber weniger als andere, anspruchsvollere Computer", sagt Mical. „Wir benutzten Sun Workstations und die hatten sehr leistungsfähige Benutzeroberflächen. Sie waren besser als der Mac."

Mical nennt seine neue Oberfläche ‚Intuition'. „Intuition war der Eingabemechanismus für das ganze System. Es gab Anwendern das, womit wir heute vertraut sind: Programmfenster, Menüs, einen Mauszeiger und Optionsfenster, die wir ‚Requestors' nannten."

Mit dem Daphne-Grafikchip erschafft Mical Fähigkeiten, die es selbst auf heutigen Systemen noch nicht gibt, z.B. unterschiedliche Bildschirmauflösungen in verschiedenen Fenstern. „Es konnte die verschiedenen Screens überlappend auf demselben Ausgabegerät und genau so wie

4) **Falstein gehört später zum Gründungsteam von *Lucasfilm Games* und arbeitet an Koronis Rift, der militärischen Simulation PHM Pegasus und den Indiana-Jones-Abenteuerspielen.**

heutige Programmfenster darstellen, nur mit den unterschiedlichen Auflösungen, wie wir sie auf dem Amiga hatten." Der Software-Ingenieur verzichtet auf Dinge, die für andere selbstverständlich sind, wie freie Wochenenden, an denen man nachhause geht und schläft. „Ich nahm die Stelle an und arbeitete durchschnittlich sechseinhalb Tage in der Woche, um das Ding fertig zu bekommen. Es gab beinahe nur 100-Stunden-Wochen."

Die *Amiga*-Ingenieure achten darauf, keine Angriffsfläche für einen Rechtsstreit zu bieten. „Wir begannen damit, Design-Dokumente auszutauschen. Die Implementation fand komplett hinter verschlossenen Türen statt, so dass niemand wusste, was die anderen getan hatten".

*Amiga* erhält keine Klagen wegen Patentverletzungen. „Nicht eine einzige. Niemals. Ich schreibe das hauptsächlich der Tatsache zu, dass ich die Tür zuwarf, nachdem ich mich entschloss, eine Benutzeroberfläche zu schreiben, die Rollläden runterließ und es komplett auf eigene Faust erfand. Ich sah mir während dieser Zeit kein anderes Computersystem an. Wir wollten es so sauber wie möglich. Verschiedene Patente für die Sachen, die ich am Amiga machte, lies ich mir eintragen. Eines davon wurde von Microsoft noch bis vor kurzem verletzt.[5]"

Intuition übertrifft das Betriebssystem des Apple Macintosh und greift Windows 95 um viele Jahre voraus. Eine Fähigkeit, die das Amiga-Betriebssystem von dem des Macintosh unterscheidet ist das Command Line Interface (CLI). Damit steht Usern der Zugang zu DOS-Befehlen mittels Befehlszeileneingabe offen.

## Wer hat Angst vor Jack Tramiel? ****

Als der *Amiga Corp.* 1984 das Geld ausgeht, befindet sie sich sowohl im übertragenen Wortsinne als auch wortwörtlich auf wackeligem Boden. Am 24. April um 13.15 Uhr erreicht das Morgan-Hill-Erdbeben Kalifornien. „Das war sehr beeindruckend für mich, mein erstes Erdbeben", sagt Mical. „Man konnte erkennen, wer aus Kalifornien kam und wer nicht. Alle meine Kollegen tauchten unter ihre Tische, stellten sich in die Türrahmen oder begaben sich sonstwie in Sicherheit." Mical kommt aus Chicago, wo Erdbeben unbekannt sind. „Ich stand mitten im Raum und ritt mit ausgestreckten Armen auf dem Boden, während ich ‚Hui' sagte, fast wie ein Kind auf einem Surfbrett. ‚Komm unter den Tisch, du Idiot!' schrien die Kollegen." Doch anstatt in Sicherheit zu gehen, rennt Mical aus dem Gebäude, um einen besseren Ausblick zu haben. „Ich rannte an all den Glasfenstern vorbei nach draußen. Ich war so kolossal dumm, aber ich wusste es nicht besser. Ich rannte auf den Parkplatz und es war das Beeindruckendste, was ich je sah. Alle Autos hoppsten auf und ab und die Diebstahlsicherungen gingen nacheinander an; die Reihen von imposanten Bäumen, die sich bogen, als die Wellen unter ihnen hinweg wogten. Mein Gott, war das herrlich. Dann übergab ich mich."

Zum Glück übersteht die fragile Lorraine den Zwischenfall. „Nichts ging während der Amiga-Jahre zu Bruch.", sagt Mical. „Es war ein toller Ritt."

Als ob dieses Erdbeben noch nicht genug ist, steht *Amiga* ein weiteres bevor: ein Besuch von Jack Tramiel. Im April sucht Tramiel nach Technologie, um Shivjis C64-Killer zu beenden. Auf Anraten des *Commodore*-Managers Lloyd ‚Red' Taylor stattet er auch *Amiga* einen Besuch ab.

---

5) **Mical führt aus: „Wenn man über ein Icon fährt und die rechte Maustaste statt der linken drückt, erscheint ein Auswahlmenü mit verschiedenen Items. Wählt man einen Punkt aus, erscheint ein zweites Menü mit weiteren Möglichkeiten. Diese Technik lies ich patentieren."**

„Taylor lief den Jungs dort über den Weg, weil er gerne Sachen in Kalifornien erledigte", sagt Russell. Tramiel und Morse besprechen eine mögliche Übernahme. „Wir trafen uns meistens mit Sam und gelegentlich auch Jack", erinnert sich Mical. „Ich führte Tischgespräche mit ihnen über verschiedene Dinge. Ich traf auch Leonard einige Male." Zu ihrer Enttäuschung will Jack Tramiel nicht die *Amiga*-Ingenieure, sondern nur den Chipsatz. Es scheint, als würden sie mit dem Teufel paktieren. „Das waren knallharte Geschäftsleute", sagt Mical. „Sie begannen, unsere Situation zu verstehen. Je näher sie uns, und je näher wir einer Einigung kamen, je mehr sie unsere Finanzen sahen und wussten, was wir zu bieten hatten, desto mehr sahen sie, wie verzweifelt wir waren." Tramiel spürt die Verzweiflung dank seines feinen Geschäftsinstinkts. „Statt mit uns zu verhandeln und uns zur Zustimmung zu bewegen, wollten sie sehen, wie weit wir uns drücken ließen", sagt Mical.

Die *Amiga Corp.* hat etwa sechs Millionen Aktien. Ursprünglich verhandeln die beiden Gruppen über drei Dollar pro Aktie. Nach einigen Angeboten sinkt der Preis auf unter $1 pro Aktie. „Ihr Angebot wurde mit der Zeit immer schlechter. Es war erbärmlich und lächerlich", sagt Mical. Tramiels aggressiver Verhandlungsstil droht *Amiga* zu verprellen. Das letzte Angebot steht bei 98 Cent pro Aktie, und die Gespräche enden. Die Erfahrung mit den Tramiels hinterlässt einen üblen Nachgeschmack bei Morse und dem restlichen Team.

Die *Amiga*-Ingenieure entwickeln Lorraine zum Computer, doch ein wichtiges Merkmal fehlt noch: das Disketten-Betriebssystem. *Amiga* engagiert einen Drittanbieter. „Es war ein Ingenieursladen und wir sahen es einmal bei ihnen laufen", sagt Mical. Die Halbleiteringenieure verfeinern zudem das Chip-Design. „Mit der Zeit wurde Portia zu Paula. Sie konstruierten sie anders und entschieden sich für den Namenswechsel, um klar zu stellen, dass dies der neue Chip war." Das Team demonstriert Lorraine zum zweiten Mal auf der Sommer-CES in Chicago. Diesmal nutzt Lorraine integrierte Schaltkreise für Daphne, Agnus und Paula statt der sperrigen Lochrasterplatten. Auch Intuition wird vorgestellt. Der Computer erntet noch mehr Lob. Das *Compute! Magazine* wittert in Ausgabe 8/84 den „fortschrittlichsten Computer".

So wird die Show am 3. Juni zum Wendepunkt für Amiga. Hier sickert auch durch, dass Tramiel *Atari* wegen dessen großen Fertigungsanlagen und des Vertriebsnetzes für einen fast fertigen Computer übernehmen will. CEO Morse und der Rest des *Amiga*-Teams wissen um eine schwierige Vertragsklausel im Abkommen mit *Atari*: „Atari hatte uns auf den Vertrag festgenagelt und uns $500.000 im Voraus gegeben, damit wir unsere Gehälter zahlen und unsere Anstrengungen weiterverfolgen konnten", sagt Mical. „Wir hatten einen Zeitplan: Einen Monat um Ja zu sagen und den Vertrag anzunehmen, oder Nein zu sagen und ihnen das Geld zurück zu zahlen." *Amiga* würde die Technik an *Atari* verlieren, falls die $500.000 nicht bis Ende Juni zurückgezahlt werden. „Es war dumm, dem zuzustimmen, aber wir hatten keine Wahl", sagt Miner. In Erinnerung an Tramiels turbulenten Besuch im April und sein Desinteresse an den Mitarbeitern weiß das Team, dass *Amigas* Zukunft düster aussieht. Beunruhigt von der Vorstellung einer *Atari*-Übernahme durch Tramiel sucht Morse nach einem Ausweg. Er präsentiert die Technik bei *Sony*, *Hewlett Packard*, *Philips*, *Apple* und *Silicon Graphics*, doch die meisten Firmen haben Bedenken, weil der Amiga nicht PC-kompatibel ist. Steve Jobs kritisiert die Systemarchitektur der Lorraine und meint, es stecke zu viel Hardware in der Maschine. Es scheint, als sei *Amiga* für *Atari* bestimmt, als plötzlich *Commodore* die Bühne betritt. „Red Taylor brachte der Firma diese Chance", erinnert sich *Commodores* Bob Russell.

Mical zufolge kommt *Commodores* Anruf genau richtig: „Die Verhandlungen liefen nicht gut, und plötzlich tauchte Commodore als Übernahme-Interessent auf. Sie riefen aus dem Nichts heraus an. Es gab schon eine Verbindung, aber der Anruf lautete: ‚Wir haben Dinge gehört und wir wollen wissen, ob es da eine Möglichkeit für uns gibt." Mical glaubt, dass ein Antagonismus die Verhandlungen befeuerte. „Es fand ein Drama statt, von dem ich damals nichts wusste", erklärt er. „Alles was vor sich ging, enthielt eine Botschaft. Commodore entließ die Tramiels unter unglücklichen Umständen. Die Tramiels gingen zu Atari, um den Erfolg des C64 und von Commodore in den von Atari zu verwandeln. Sie wollten den Amiga-Chipsatz als C64-Killer und Commodores Schiff versenken."

*Commodore* merkt, dass es eng wird und entsendet eine Gruppe von Ingenieuren, um *Amigas* Technik zu begutachten. „Ich sollte die Gruppe leiten, die den Amiga bewertet", sagt Robert Russell. „Also fuhr ich schnell raus, weil wir das schaffen mussten, bevor Atari vertragsmäßig Besitz ergriff. Eine Reihe von Chip-Entwicklern, Software- und Hardware-Jungs kam mit." Russell findet *Amiga* in der Nähe der ehemaligen *Commodore*-Zentrale. „Sie lagen praktisch auf der gegenüberliegenden Straßenseite des Scott Boulevards. Dort gab es einen kleinen einstöckigen Büropark mit lauter Mini-Firmen." Die *Amiga*-Manager nehmen den Ingenieuren gegenüber kein Blatt vor den Mund und erklären die missliche Lage, in der sie durch *Atari* stecken. „Sie suchten nach anderen Quellen neben Atari", sagt Russell. „Atari war im Begriff, alles für den bereits gezahlten Betrag zu übernehmen, und diese Jungs würden leer ausgehen."

Russell zufolge versuchen die *Amiga*-Ingenieure ein letztes Mal eine Umpositionierung der Lorraine, um Investoren anzulocken. „Als ich dort war, suchten die Jungs verzweifelt einen Weg, Atari zu entkommen. Sie hatten hart gearbeitet und dachten über PC-Kompatibilität nach. Wir sprachen mit ihnen über das ursprüngliche Design des Produkts und was daraus werden würde. Wir fragten, warum sie es veränderten. Sie hatten Probleme mit Investoren, weil es nicht PC-kompatibel war." Russell erfährt viel über die Firma, ihre Situation, die Lorraine-Technik und präsentiert das seinen Vorgesetzten. „Ich telefonierte die Beurteilung zurück und sagte: ‚Hier ist mein Eindruck aus dem Stegreif. Sie machen mit der PC-Kompatibilität das Falsche, aber sie haben genau das, was wir brauchen, was die Features und den Chipsatz angeht. Definitiv ein Aufstieg.' Auch die anderen Ingenieure schalteten sich ins Telefongespräch ein." In Russells Vorstellung ist die *Amiga*-Technologie ideal für einen preiswerten C64-Nachfolger. Smith und Gould mögen, was sie hören. „Am Telefon klang es, als sei der Vertrag perfekt und wir könnten die nächsten Schritte planen", sagt Russell. „Sie waren bereit, uns die Rechte an den Chips für ein paar Millionen Dollar zu verkaufen, anstatt uns dazu zu bewegen, die ganze Firma zu übernehmen." Mical glaubt, dass Gould und Smith eine aktive Rolle in der Verfolgung der *Amiga*-Technik betreiben.

Russell befürwortet den Kauf der Chip-Rechte und will den Rest *Atari* überlassen: „Atari hätte lediglich das Recht bekommen, den Chip in einer Spielkonsole zu verwenden. Wir dachten: ‚Lasst ihnen die Konsole. Wir holen uns die Computer-Rechte für 2,4 bis 4 Millionen Dollar.'

" Vor der Unterzeichnung analysiert *Commodore* den Vertrag genau. Die Manager beraten sich mit ihren wichtigsten Ingenieuren, einschließlich Bil Herd. „Damals hatte ich den Ruf, jeden Mist zum Laufen zu bringen", sagt Herd. „Man fragte mich, ob Amiga in den Herstellungsprozess von Commodore passe, nichts Maßgebliches." Herd hat seinerseits einige Fragen bezüglich der Neuanschaffung, die auftauchen, als er am C128 arbeitet. „Adam Chowaniec hielt mich auf dem Laufenden. Es war witzig, diese Original-Dokumente zu sehen, mit all den kleinen Atari-Panzern drauf. Als sie meine Meinung über einige Dinge wissen wollten, fragte ich: ‚Was soll es denn können?' Das war eine selbstverständliche Frage, aber wir alle wussten, dass das nächste Gerät 16 Bit haben musste."

In Kalifornien erwartet das *Amiga*-Team sein Schicksal. „Die Verhandlungen mit Commodore auf die letzte Minute waren heftig", sagt Mical. „Ein spannender und furchterregender Drahtseilakt. Es war erschreckend, die Firma so nah am Abgrund zu sehen." *Commodore* und *Amiga* diskutieren die Technologie. Über Lorraines Speichergröße sind sie sich nicht einig. Der ursprüngliche Prototyp verfügt nur über 128 KB, genau wie der C128 und der *Apple* Mac. Die Ingenieure wissen, dass sie bald 512 KB brauchen werden. „Commodore wollte 256 KB, weil 512 zu teuer waren", sagt Miner. „Damals war RAM sehr kostspielig, aber ich sah, dass die Preise runter gehen würden. Ich sagte ihnen, dass es dafür zu spät sei, weil wir kurz vor der Fertigstellung standen. Es würde die Architektur ruinieren." Miner findet einen Kompromiss: 256 KB mit einer zusätzlichen Aufrüstungsmöglichkeit an der Vorderseite des Geräts. „Die 256 KB waren ein echtes Problem", sagt Miner. „Die Software-Leute wussten, dass es unpassend war, aber niemand konnte gegen Commodore anstehen. Wir stritten darum, ob der Expansionsschacht an die Seite verlegt werden solle. Das alles kurz bevor der Vertrag stand. Wir waren nahe daran, alles zu verlieren." *Commodore* zahlt *Amiga* den Betrag, den die Entwickler *Atari* schulden. Am 30. Juni 1984 überreicht *Amiga Atari* nicht etwa den Chipsatz, sondern einen Scheck über $500.000. *Atari* produziert weder einen Computer, noch eine Konsole mit Amiga-Technik.

Besitzer von *Atari* ist der Medienkonzern *Warner Communications*. Als die Videospiel- und Computerfirma gegen 1984 immer größere Verluste anhäuft, will *Warner* sie schleunigst loswerden. Ende Juni fragt Chairman und CEO Stephen Ross über Garry bei Jack Tramiel nach, ob er an der Übernahme der Computer-Abteilung von *Atari* interessiert sei. Tramiel verhandelt in einer Konferenz am 1. Juli gewohnt raffiniert. In den frühen Morgenstunden des 2. Juli besitzt seine Firma TTL *Atari*, ohne einen Dollar Bargeld dafür hinzulegen. Tramiel arrangiert die Übernahme so, dass *Warner* einen Aktienanteil von 32% der neuen Firma *Atari Corp.* erhält, sowie Langzeit-Schuldtitel in Höhe von 240 Millionen Dollar. Als *Warner* den Verkauf von *Atari* bekannt gibt, begrüßen die Aktionäre die Neuigkeit, der Aktienkurs schnellt in die Höhe. Tramiel verdient durch den Kursanstieg einige Millionen. Es ist die Art von Vertrag, die nur Jack Tramiel gelingt. Es ist ein süßer Erfolg für Tramiel, der für *Ataris* Sturz mitverantwortlich war und nun umgehend seine Söhne in Schlüsselpositionen setzt.

*Commodore* erlebt einen Exodus von Mitarbeitern zu *Atari*. Etwa 35 Manager, leitende Techniker und Ingenieure setzen auf Tramiel und verlassen *Commodore*. Es ist ein Beleg für Tramiels Charisma. Sie vertrauen darauf, dass er sie zum Erfolg führen wird – ein Wagnis angesichts von *Commodores* führender Stellung. Doch nicht jeder läuft über. Tomczyk wird nicht gefragt. Er verlässt *Commodore* Anfang des Jahres, da die Firma für ihn ohne Tramiel nicht länger die gleiche ist. Kit Spencer bleibt dagegen bei *Commodore*. Tramiel versucht ihn für *Atari* zu gewinnen, aber Spencer steht loyal zu *Commodore* und will Beständigkeit für seine Familie. „Er sprang nicht auf den Atari-Zug auf, was mich überraschte", sagt Russell, der fürchtet, einige seiner wichtigsten Ingenieure zu verlieren und deshalb ein Abkommen mit Shivji schließt. „Shiraz rief mich an, nachdem er die Firma verlassen hatte. Er sagte mir zu, dass er keine Ingenieure abwerben würde." Vor allem einen der Z8000-Ingenieure möchte Russell halten, bis dessen Arbeit getan ist. Doch Shiraz steht nicht zu seinem Wort. „Ich war bei einer Vorstandssitzung in London, als der Ingenieur kündigte. Ich erhielt einen Telefonanruf während der Sitzung und war verdammt sauer. Ich dachte, ich hätte ein Abkommen mit Shiraz."

Russell fragt die *Commodore*-Anwälte, ob eine Verfolgung wegen Diebstahls von Geschäftsgeheimnissen in Frage komme. Er hält es für eine gute Idee, zu inspizieren, was die Mitarbeiter von *Commodore* weglockt. „Wir erhoben Anklage und wir öffneten ihre Umzugskisten", erinnert sich Russell. „Sie nahmen die ‚persönlichen Sachen' der Leute unter die Lupe. Als die Anwälte die Umzugswagen aufbrachen, fanden wir alle möglichen Commodore-Unterlagen." Die Anklage wird am 10. Juli beim Chester Country Court eingereicht und behauptet, dass Shivji und drei weitere ehemalige *Commodore*-Mitarbeiter Informationen über zukünftige Produkte gestohlen hätten. Die *Washington Post* titelt „Commodore Says Four Stole Trade Secrets". *Commodore* erwirkt eine gerichtliche Verfügung, wonach *Atari* seinen neuen Computer nicht veröffentlichen kann. Tramiel tobt. Er hat erfolgreich den Vertrag des Jahrhunderts abgeschlossen und *Atari* übernommen, und nun hindert ihn ein Gericht an der Vermarktung des neuen Computers. Und noch schlimmer: ihm fehlen die Mittel, sofort zurück zu schlagen.

Tramiels Weggang, der Exodus von talentierten *Commodore*-Mitarbeitern und Tramiels Übernahme von *Atari* haben eine niederschmetternde Wirkung auf *Commodores* Aktienkurs. Wenn Gould gewusst hätte, dass der Kurs derart fallen würde, hätte er Tramiel womöglich auf der CES nachgegeben und nicht nach einem Ersatz gesucht. 1984 fällt der Aktienkurs von $60 auf $20. Es ist offensichtlich, dass die Investoren in Tramiel den wahren Grund für den Erfolg von *Commodore* sehen und Gould und Smith wenig Vertrauen entgegenbringen.

Weil *Commodore* derart viele Ingenieure verliert, beschließt die Firma die Übernahme von *Amiga*. „Ich kam zurück und dachte, wir würden die Rechte für die Chips für vier Millionen Dollar kaufen und sie in Computern verwenden", sagt Russell. „Am nächsten Tag sagten sie: ‚Wir kaufen die ganze Firma für 24 Millionen Dollar.' Ich sagte: ‚Wie jetzt? Wir hätten sie für ein Zehntel haben können. Warum kaufen wir die ganze verdammte Firma?' "

*Commodore* besitzt nun 100 % der *Amiga Corp.* Russell glaubt, Gould und Smith wollten die Tramiels ausbremsen. „Ich bin mir sicher, dass Gehässigkeit einen Teil der 24 Millionen Dollar erklärt." *Commodore* kauft *Amiga* für $4,25 pro Aktie und veröffentlicht die Presseerklärung am 15. August 1984. Die Mitinhaber von *Amiga*, einschließlich Miner und Morse, sind zufrieden. „Wenn man drei oder vier Prozent besaß, war man einer der großen Anteilseigner der Firma", sagt Mical. „Das war gut." Die Sache zahlt sich auch für die Zahnärzte aus Florida aus, die ursprünglich sieben Millionen Dollar investierten. „Soweit ich weiß profitierte jeder einzelne der Investoren von der Übernahme durch Commodore", sagt Mical, der selbst nicht zu den Hauptanteilseignern gehörte. „Ich war ein kleiner Ingenieur. Ich arbeitete mich zum Direktor hoch, aber ich erhielt keinen entsprechenden Anteil. Ich war jung und naiv und dachte nicht daran, danach zu fragen. Das hätte ich tun sollen."

Obwohl alle Beteiligten zufrieden scheinen, erinnert sich Yannes an die Frustration seines Freundes Russell. „Als Russell herausfand, was sie für die Firma bezahlt hatten – es war eine unerhört hohe Summe – rief er mich an und sagte: ‚Der Kauf war eine gute Entscheidung, aber nicht für diesen Betrag! Man hätte das Geld unter den Ingenieuren aufteilen können und jeder hätte mehrere Millionen Dollar bekommen. Ich garantiere dir, dass sie dafür etwas Besseres als den Amiga gebaut hätten.' " *Amiga Corp.* firmiert nun als Tochterunternehmen *Commodore Amiga* neu. Miner besteht auf einer Klausel in seinem Vertrag, wonach *Commodore* Mitchy als offiziellen Amiga-Entwickler anerkennt. „Ich würde nicht sagen, dass sie das gut fanden. Sie tolerierten es um Jays Willen, denn wer streitet sich schon mit Jay?" fragt Mical.

Jack Tramiel ist immer noch wütend über das von *Commodore* eingeleitete Gerichtsverfahren, aber er findet einen Weg, zurückzuschlagen. Leonard Tramiel und seine Mitarbeiter entdecken den ursprünglichen *Amiga*-Vertrag und ein Projekt namens ‚Mickey', das den Amiga-Chipsatz nutzen soll. Jack Tramiel holt zum Gegenschlag aus. Er benutzt die Information um das Abkommen mit *Warner* neu zu verhandeln. Er behauptet, dass *Ataris* Wert durch den Verlust des Amiga-Vertrags geringer sei. Am Montag, den 13. August (einen Tag vor dem Vertragsabschluss zwischen *Commodore* und *Amiga*) erhebt Tramiel eine 100-Millionen-Dollar-Klage wegen Vertragsbruchs gegen *Commodore* und Jay Miner persönlich. „Atari war damals klagelustig", sagt Mical. „Die Rechtsabteilung war ein Profitcenter. Ich weiß nicht, ob das stimmt, aber wir machten Scherze darüber, dass die Hälfte ihres Umsatzes aus Rechtsstreitigkeiten rührte, und die andere Hälfte aus Produktverkäufen. Sie verklagten jeden. Das war lächerlich."[6] Die Klage fußt auf der Behauptung, dass *Atari* die Rechte an der Lorraine-Technik besitze. Tramiel erklärt, *Atari* habe Zeit und Geld investiert, um die Chips für ‚Mickey' zu nutzen. Er hat nicht ganz Unrecht. Eine Woche bevor Tramiel *Atari* kauft, zahlt *Amiga* die $500.000 zurück mit der Begründung, man sei nicht in der Lage, die Chips zu produzieren. Dies ist fraglich, da die Technik auf der letzten CES vorgeführt werden kann. Tramiel und *Atari* beklagen, dass diese Chips nun erfolgreich in einem neuen *Commodore*-Computer verwendet würden und verlangen eine dauerhafte gerichtliche Verfügung, die es *Amiga* verbietet, die Chips an *Commodore* weiterzugeben, zusätzlich 100 Millionen Dollar Schadensersatz.

*Commodore* unterstützt seinen Neuerwerb durch die Zahlung der Anwaltskosten und stellt sich vor die Firma, um den Fall selbst in die Hand zu nehmen. „Es kam nichts dabei raus", sagt Mical. „Es gab kleinere Gerüchte, aber es verlief im Sande, weil es jeder Grundlage entbehrte. Wir hatten nichts falsch gemacht. Wir befolgten die Vereinbarung. Die waren nur frustriert und schlugen um sich."

*Commodore* und *Atari* legen den Streit bei. Die Vergleichsbedingungen bleiben ungelüftet, die Gerichtsunterlagen sind noch unter Verschluss. Im Ergebnis darf Tramiel seinen Computer weiter vermarkten und die Leute bei *Commodore* und *Amiga* fahren mit dem eigenen Computer fort.

---

6) *Atari* verklagt unter anderem Nintendo.

# KAPITEL 20

# Der Amiga I

1985 - 1986

20

Ende August 1984 wird Jay Miner Geschäftsführer von *Commodore-Amiga*. R.J. Mical und andere Amiga-Ingenieure sind begeistert von der Situation: „Commodore tat das Beste, um sicherzustellen, dass das neue Produkt ein Erfolg wird: Sie ließen uns in Ruhe."

## Commodore-Amiga ****

Die neue Tochterfirma zieht aus dem kleinen Büro im Scott Boulevard 16 km weiter in ein geräumiges Gebäude in Los Gatos, Kalifornien. Der neue Firmensitz liegt Mical: „Es war ein schönes Haus mit einer großen Küche und einem Büro für Jeden. Einfach großartig. Es gab einen Hof vor einer wundervollen, üppig bewachsenen Kulisse. Ein großer Park, ideal für Spaziergänge, lag ganz in der Nähe. Ich war schon immer ein Wanderer. Meine besten Besprechungen und Ideen hatte ich draußen. Der Platz war ideal." Das Areal in Los Gatos bedient alle kulturellen Ansprüche der jungen Ingenieure. „Es gab eine herrliche Pizzastube, in die wir zum Essen, Videospielen und Biertrinken gingen. Wir waren Kollegen und eng befreundet, also unternahmen wir abends gemeinsam etwas."

Dave Haynie erinnert sich daran, was ihm in Los Gatos am Besten gefiel: „Ich fuhr nur ein paar mal dorthin und mochte es, weil hier keine Commodore-Manager herumliefen".

Die Ingenieure genießen ihr Arrangement mit *Commodore*. „Eine brillante Gruppe von Ingenieuren baute die Maschine zusammen, und sie ließen uns alleine, ohne dazwischenzufunken", sagt Mical. „Wir liebten die Firma Commodore und ihre Art, Geschäfte zu machen. Durch sie hatten wir die Möglichkeit, den Amiga so fertig zu stellen, wie wir es wollten." *Commodore* stellt den Ingenieuren alle Werkzeuge und Ressourcen zur Verfügung. „Sie gaben uns viel Geld, von dem wir uns neue Computer kaufen und weitere Leute einstellen konnten." Endlich verfügt das Team über angemessene Computer-Leistung. „Bei Amiga nutzten wir den Sage, der war furchtbar und langsam. Wir stiegen von zehn Leuten an einem Sage zu einer SUN Workstation pro Person auf, mit massig Power, eigener Festplatte und CPU. Das waren himmlische Zeiten." Miner findet, dass man mit den enormen *Commodore*-Ressourcen IBM angreifen solle, weil dieser Konzern wegen seiner primitiven Technik verwundbar ist. Russell zufolge revidierte das Amiga-Team als erstes die IBM-Kompatibilität der Lorraine: „Sie gingen einen Schritt zurück und änderten einiges, um die 68000er-Basis wiederherzustellen."

Zwischen *Commodore*-Ingenieuren wie Russell, den Marketing-Leuten und Miner kommt es zu einer Auseinandersetzung über den Zielmarkt. Russell befürwortet einen preiswerten, leistungsfähigen C64-Nachfolger. Miner will einen teuren Computer für den professionellen Markt. Im Interview mit dem *Amiga User*-Magazin erinnert er sich 1992: „Der Kampf um die Kosten hörte nie auf - Team-intern ebenso wenig wie mit den Investoren und Commodore."[1] Russell macht geltend, dass *Commodore* seine größten Erfolge im Einsteigersektor errang, den der leistungsfähige C64 dominiert. „Ich wollte einen billigen C64-Ersatz", sagt Russell. „Darum

---

**1) Auch folgende Miner-Zitate entstammen *Amiga User International*, Ausgabe 10/92. .**

brachte ich Commodore dazu, den Computer zu kaufen. Es war ganz sicher kein PC-Kompatibler, und schon gar kein Bürocomputer." Russells Bewertung der Lorraine entspricht dem ursprünglichen Konzept: „Für mich war das ein Personal Computer".

Unglücklicherweise überzeugen Marketing-Profis *Commodore* davon, dass sie nichts tun müssen, um den Low-Cost-Bereich zu halten. „Die Marketing-Experten sagten: ‚Ihr habt diesen Platz, also braucht ihr nichts dafür zu tun' ", erinnert sich Russell. „So sehr die Leute auch protestierten, die Firma hörte auf sie." Russell erlebt eine Besprechung mit den Experten und kann es nicht glauben. „In eine Konferenz kamen plötzlich Marketing-Leute und zeichneten etwas auf. ‚Hier ist der Computermarkt, aufgeteilt in vier Quadranten. Sie besitzen diesen hier, in dem sich der C64 befindet. Sie brauchen hier kein neues Produkt.' Das Management sagte: ‚Ja, das macht Sinn.' Wir sagten: ‚Nein! Wir haben den Anteil, aber wie behalten wir ihn?'" Russell verlangt nach einem Plan, den Verkaufserfolg fortzusetzen, doch das Management denkt, man habe den Low-End-Markt mit dem C64 langfristig gesichert.

Die *Commodore-Amiga*-Ingenieure beginnen mit dem Bau eines neuen Prototyps, der sich von Lorraine unterscheidet. Haynie erklärt: „Lorraine war der erste Codename. Das war der im schwarzen Metallgehäuse und mit 5,25"-Disklaufwerk. Die nächste Generation hieß Zorro." Obwohl Miner Geschäftsführer ist, entwirft und korrigiert er seine Chips weiterhin selbst. „Ich habe Miner nie getroffen, aber ich respektiere ihn sehr", sagt Bil Herd. „Ich hörte nur, dass sein Hund stank. Einer der Programmierer sagte: ‚Ich hasse diesen Hund!' " Obwohl Mitchy langsamer wird, entwickelt sie weiterhin Chips mit Miner. „Mitchy war während der Amiga-Tage schon alt", räumt Mical ein.

Miner ist ein kreativer Mensch, der an Experimente, selbst im fortgeschrittenen Entwicklungsstadium, glaubt. 1985 entwickelt er einen Grafik-Modus namens HAM (Hold And Modify), der mit 4.096 Farben fast fotorealistische Bilder anzeigt. Das ist ein Novum für Personal Computer und eine Revolution in der Industrie. Miners Arbeit fasziniert Herd, der überrascht ist, derart viele Farben auf einem TV-Schirm zu sehen. Er hielt das für unmöglich. „Ich begann als TV-Elektroniker, also wusste ich, warum man nur eine begrenzte Anzahl von Farben in einer bestimmten Zeit erzeugen konnte", sagt Herd. „Die Frequenz des Farbträgers beträgt 3,58 MHz. Daher kann man nur 40 Übergänge auf dem Schirm haben. Wenn man die Information schneller verändert, erhält man einen Regenbogen-Effekt, bei dem der eine Teil eines Buchstabens rot und der andere grün ist." Der Regenbogen-Effekt plagt frühe Computer anderer Hersteller. „Der Coleco Adam hatte das", erinnert sich Herd. „Auf dem Amiga sagten sie: ‚Wir verändern die Farben so oft, wie es der Fernseher zulässt, aber wir verändern das Schwarz-Weiß-Signal des Fernsehers zweimal so schnell.' Sie hatten Recht. Das ist der Grund, warum man im Fernsehen eine dünne schwarze Linie zwischen den Zähnen der Leute sehen kann. Die Schwarz-Weiß-Modulation ist wesentlich schneller." Miner nutzt diesen Effekt, den Herd erklärt: „HAM setzte eine Farbe, und änderte dann die Helligkeit des nächsten Pixels. Man konnte die Farbe nicht verändern, sonst erhielt man diese Artefakte. Aber man konnte die Helligkeit der bestehenden Farben ändern. Es war das erste Mal, dass jemand die Grenze dessen überschritt, was man auf einem Fernseher sehen konnte." Die Änderungen machen Daphne zu ‚Denise'.

Mical entwickelt sein Betriebssystem ‚Intuition' weiter. „Das verschaffte mir den besten Titel meiner beruflichen Laufbahn", scherzt Mical. „Zeitweise war ich Commodores ‚Direktor der Intuition'." Commodore lizenziert ein Softwarepaket namens *SoftVoice*, ein einfaches, textbasierendes Sprachprogramm, das dem der Lorraine ähnlich ist. „Die Technologie war gut, aber daraus etwas sehr gutes zu machen, war ein Kunststück, an dem viele von uns beteiligt waren", sagt Mical, dessen Erfahrung mit *Williams* **Sinistar**-Spielautomaten ihm bei dem Projekt hilft.

Die Übernahme von *Amiga* hat eine tragische Auswirkung auf das Diskettenbetriebssystem, das die Ingenieure augenzwinkernd Commodore Amiga Operating System, kurz CAOS nennen. „Die Situation zog sich in die Länge", sagt Mical. CAOS ist der Teil des Betriebssystems, der für die Verwaltung der Dateien auf Diskette zuständig ist, unabhängig von EXEC und Intuition. „CAOS war das ursprüngliche Dateisystem für den Amiga", sagt Mical. „Es war wunderbar und bot alles, was man von einem modernen Multitasking-System erwartet." Mical bewundert die Arbeit der Drittanbieter, doch nach der Übernahme durch *Commodore* fordert die Gier ihren Preis. „Die Entwickler waren gute Ingenieure, aber eben auch Halsabschneider. Als Commodore uns übernahm, wollten die Jungs einen besseren Vertrag für ihr Betriebssystem mit Commodore aushandeln." Ohne *Commodore* war es einfacher, Geschäfte abzuschließen. „Amiga war ein kleines Startup hungernder Künstler, die etwas Großes leisten und die Welt verändern wollten. Jetzt verhandelten sie mit dem dicken Commodore-Konzern und dessen Scheckheften, großen Leuten, die Zigarren rauchen. Sie waren auf das große Geld aus. Sie wollten einen Haufen Geld zusätzlich bekommen. Commodore versuchte in gutem Glauben mit ihnen zu verhandeln, aber das scheiterte." Noch heute ist Mical verärgert. „Das schadete uns. Wir waren verlockend nah dran. Es brach uns das Herz, es nie benutzen zu können. Ich finde ihre miese Nummer enttäuschend. Sie wollten mehr Geld machen, statt zur Vereinbarung zu stehen, die sie mit uns trafen. Eine dumme Geschichte."

Die Ingenieure wünschen BASIC für den Amiga, doch *Commodore* kann das vor langer Zeit lizenzierte 8-Bit-BASIC nicht nutzen und muss mit *Microsoft* über ein neues 68000er-BASIC verhandeln. „Microsoft rächte sich, als Commodore ein BASIC für den Amiga wollte", erklärt Jim Butterfield. „Das war sehr kostspielig. Zudem bestand Microsoft darauf, dass Commodores nächstes 8-Bit-Produkt, der C128, den Microsoft-Schriftzug tragen müsse, andernfalls platzte der Deal." Hartmann verhandelt das Abkommen vor seinem Wechsel zu *Atari*.

Die Software-Ingenieure verstecken Easter-Eggs im System, kleine Gags, die von Amiga-Anwendern später entdeckt werden. Drückt man beide Alt- und beide Shift-Tasten und eine F-Taste gleichzeitig, erscheint eine Mitteilung. Wer F10 drückt, liest die Meldung: ‚Moral Support:Joe Pillow & The Dancing Fools' - moralische Unterstützung: Joe Kissen & die tanzenden Narren!

## Treffen der Generationen ****

Nach Tramiels Weggang im Januar 1984 fährt *Commodore* einen Rekordumsatz ein: 1,3 Milliarden Dollar, was die Firma auf Platz 380 der internationalen 500-Top-Unternehmen in der *Forbes*-Liste katapultiert; der Gewinn beträgt 144 Millionen Dollar. Dieser Erfolg ist dem C64 und den Jahren unter Tramiel zuzuschreiben. Unglücklicherweise holt der fehlgeschlagene Plus/4 *Commodore* schnell ein. Im zweiten Quartal 1984 sinkt der Gewinn um 94%. Im dritten Quartal meldet Smith einen beschämenden Verlust von 21 Millionen Dollar. Die meisten Analysten schreiben den Verlust dem Plus/4 zu, den Tramiel erdachte. Das *Fortune Magazine* zieht in der Ausgabe vom 6.1.1986 das Fazit, dass *Commodore* unter Tramiel „eine Ein-Produkt-Firma war, die sich wenig Gedanken über die Zukunft machte." Tramiel vernachlässigt während seiner Zeit Forschung und Entwicklung. So hat *MOS Technology* keinen 16-Bit-Prozessor, weil Tramiel keinen verlangt.

Um die enormen Verluste zu kompensieren, entlassen Smith und Gould fast die Hälfte der Angestellten, überwiegend Fabrikarbeiter. Gould entscheidet, dass er einen dynamischeren CEO braucht. Er bezieht Smith in die Suche nach einem Nachfolger ein und plant eine enge Zusammenarbeit mit ihm und dem Neuen, um einen reibungslosen Übergang sicherzustellen. Ende 1984 beauftragt Gould eine Headhunter-Firma, die bei den erfolgreichsten US-Unternehmen sucht. Zuvor engagiert Steve Jobs John Sculley, den ehemaligen CEO von *Pepsi*, um *Apple* zu führen. Gould will seinen eigenen Sculley. Er entscheidet sich für den ehemaligen *Pepsi*-Vorstand Thomas J. Rattigan, um die restrukturierte Firma *Commodore* zu leiten.

Rattigan wird im Juli 1937 in Boston, Massachusetts geboren. Sein Vater, Thomas F. Rattigan, ist ein Weltkriegs-Veteran. „Ich wurde während des Zweiten Weltkriegs groß und stamme aus einer Arbeiterfamilie", sagt Rattigan. „Ich wuchs in Boston auf, aber als mein Vater zur Armee ging, zogen wir nach Springfield, Massachusetts." Rattigans Erziehung bereitet ihn auf seine zukünftige Rolle bei *Commodore* vor. Er besucht das Boston College und macht 1960 seinen Abschluss in Betriebswirtschaft, 1962 seinen Master an der Harvard University Graduate School of Business Administration. Anschließend arbeitet er im Marketing für *General Foods*. „Ich verbrachte acht Jahre dort, von 1962 bis 1970." Danach ist er Marketingleiter der *PepsiCo Incorporated*. 1982 wird er Vorsitzender und CEO von *PepsiCo Bottling International*. Rattigan beschreibt seine Strategie gegen *Coca Cola*: „Wir versuchten uns wie der Vietcong zu verhalten: Wir wollten sie dort zu treffen, wo sie nicht waren, und griffen sie von der Flanke an. Ein direkter Angriff wäre verheerend gewesen." Vielleicht hilft seine Erfahrung, einen größeren Gegner zu bekämpfen, dem Überleben von *Commodore*.

Mitte der 80er ist *Pepsi* eine der dynamischsten und respektiertesten Marken in Amerika, was zum großen Teil am brillanten Marketing liegt. Der Slogan „Pepsi, die Wahl einer neuen Generation" schlägt ein, und *Pepsi* wächst rasant. *Pepsi* engagiert stets die neueste Pop-Sensation, um ein Produkt zu präsentieren. Gould hofft, dass er einen Teil des Erfolgs zu *Commodore* bringen kann. Es ist eine geniale Entscheidung von Gould, die *Commodores* Schwächen im Marketing-Bereich mehr als ausgleicht.

Rattigan ist nicht mehr bei *Pepsi*, als Gould seine Suche beginnt. „Commodore lockte mich nicht von Pepsi weg, weil ich die Firma bereits im Frühjahr 1984 verlassen hatte", sagt Rattigan, der 1984 viel Zeit mit seiner Familie verbringt. Mit seinen vier Kindern fährt er Ski im Norden Neu-Englands und im Westen in Utah, Colorado." Während der Auszeit liest Rattigan viel. „Überwiegend Sachbücher, Biografien und historische Bücher. Ich gehöre nicht zu den Leuten, die herumlaufen und aus Büchern zitieren. Ich lese zur Entspannung." Rattigans Sabbatjahr endet mit einem Telefonanruf. „Später im selben Jahr erhielt ich einen Anruf von einer Headhunter-Firma. Commodore suchte jemanden für das Nordamerika-Geschäft. Ich sollte dort nach einer gewissen Zeit die Nachfolge von Marshall Smith antreten." Rattigan spricht mit Gould und Smith. „Unter dieser Bedingung stieg ich bei Commodore ein, war für den US-Markt verantwortlich und erstattete Smith Bericht. Ich sollte (...) sein Nachfolger werden." Smith bleibt CEO bei *Commodore International* und behält die Kontrolle über Technik und Finanzen. Er bleibt außerdem als Vice Chairman im Aufsichtsrat.

Am 27. Mai 1985 kündigt das *Fortune Magazine* Thomas J. Rattigan als neuen Präsidenten von *Commodore North America* an. Rattigan scheint für eine neue *Commodore*-Kultur vielversprechend. Mit 44 Jahren ist er jung und sieht aus wie eine Mischung aus den Schauspielern Vince Vaughn und Adam West, dem Batman aus der TV-Serie. Die meisten *Commodore*-Ingenieure blicken einer strahlenden Zukunft unter Rattigan entgegen. „Rattigan sah es von der Marketing-Warte aus. Ich hielt ihn für einen cleveren Marketing-Mann", sagt Russell. „Er war sicher mehr auf Draht als Smith."

Der Wechsel von einem Limonaden-Konzern zu einer Technik-Firma erfordert eine schnelle Einarbeitung. „Das Geschäft war neu für mich. Die Firma lebte vom ökonomischen Standpunkt aus von der Hand im Mund. Plötzlich erstatteten mir eine Menge Leute Bericht, die ich nicht kannte. Die ersten Monate machte ich mich mit der Firma und den Leuten vertraut, so gut es eben ging." Seine größte Schwäche ist das fehlende Verständnis für Computertechnik. „Was uns damals am nächsten an Computer heranbrachte, waren unsere Sekretärinnen, die Wang-Workstations kauften. Wir standen technologisch gesehen im Mittelalter." Was ihm an Computer-Wissen fehlt, macht er mit seinem Geschäftsverständnis wieder wett. „Man musste die Sprache lernen, das gehörte dazu. Man musste verstehen, wo die Probleme lagen und welche Wahl man dabei hatte. Ich erörterte solche Sachen mit Smith und anderen Leuten. Es war eine kurze Eingewöhnungsphase, aber eine intensive." Für *Commodore* beginnt eine neue Ära. Wenn Rattigan die Computer-Käufer davon überzeugen kann, die „Pepsi-Herausforderung" gegen den Apple Macintosh und den IBM PC wahrzunehmen, wird *Commodore-Amiga* gedeihen.

## Commodores UNIX-Rechner ****

Während die Amiga-Technik an der Westküste in Fahrt kommt, geht auch die Entwicklung des internen Amiga-Rivalen an der Ostküste voran. „Die andere Gruppe war das C900-Team", sagt Dave Haynie. Das Projekt ist die Fortführung des Z8000-Computers, den Frank Hughes und Robert Russell 1983 beginnen. Zuerst versuchen die Ingenieure, aus dem C900 ein Entertainment-System zu machen. „Wir wollten eine Spiele-Version der Z8000-CPU, einschließlich Memory-Mapping-Chip und allem", erinnert sich Russell. „Als wir den Prototyp fertig hatten und BASIC darauf lief, wurde uns klar, dass das keine Spielkonsole war. ‚Es ist uninteressant, weil es keinen Weg gibt, ihn kompatibel zu machen. Was zum Teufel ist das mehr als ein ultraschnelles Ding, das wie ein C64 aussieht?' " *Commodores* hauseigener 16-Bit-Computer wird mehr zum seriösen Modell, dass auf den professionellen Bereich abzielt. „Wir wollten ein UNIX-ähnliches Betriebssystem auf dem Z8000 benutzen. Eindeutig ein Bürocomputer", sagt Russell.

Die Informatik-Pioniere Dennis Ritchie und Ken Thompson entwickeln UNIX ursprünglich als UNICS 1969 zusammen mit der Programmiersprache C. Der Quellcode für das Betriebssystem ist frei verfügbar und Unternehmen beginnen, verschiedene Versionen zusammenzustellen und zu verkaufen, die für bestimmte Computer optimiert sind.[2] *Commodore* verwendet Coherent und behauptet, es sei kompatibel mit Unix System V von AT&T. Es verfügt über eine grafische Benutzeroberfläche ähnlich dem UNIX-Standard X-Windows.

„Hughes leitete das Z8000-Projekt", sagt Herd. „Er stammte von der Westküste, ebenso wie Shivji und Russell. Er war auf seine Art ein Rebell. Kein Vorgesetzter mochte ihn." Herd begegnet Frank Hughes während seines ersten Vorstellungsgesprächs, das schlecht verlief. „Später war ich einer der wenigen, die mit ihm klar kamen. Ich mochte ihn. Die Sekretärinnen erkannten, dass er mehr wie ein Kater war, wenn er wie ein großer angriffslustiger Bär wirken wollte."

Die Ingenieure nennen den Computer wegen des Z8000ers nur die ‚Z-Maschine', das UNIX-Team bezeichnet Herd als ‚Z-Leute'. Die Ingenieure finden zu neuen absurden Höhen in der Bezeichnung von allem, was diese Leute benutzen oder essen. So entstehen Z-Stifte und Z-Mahlzeiten. „Sie wurden leider wie Bürger zweiter Klasse behandelt", sagt Herd, der von der Genialität der Leute und ihrem Aufblühen innerhalb *Commodores* beeindruckt ist.

Im großräumigen Gebäude in West Chester gibt es genügend Platz und viele leere Räume. Eines Nachts nehmen die Z-Leute das Mobiliar der *Commodore*-Lobby und richten ihre eigene Lounge ein, wo sie rauchen und entspannen können. Die nicht genehmigte Lounge wird nicht lang bestehen, wenn die Manager davon erfahren. Also verkleiden sie den Raum als Großrechner-Reparaturdepot für VAX-Maschinen. „Ich fand das so witzig, dass ich sie eine Woche lang nicht aufzog", sagt Herd. Die Ingenieure verwenden den Namen Z-Maschine untereinander, während *Commodore* von der ‚Next Generation' spricht. 1984 entscheidet man sich für einen neuen Namen, Commodore 900.

Nach Tramiels Weggang wird der Rang bei *Commodore* immer wichtiger, und das Management bietet Russell einen neuen: „Sie fragten mich, ob ich ‚Direktor der Büromaschinenabteilung' sein wollte; damit war der Z8000 gemeint." Der Exodus zu *Atari* hinterlässt ein schwaches Management bei *Commodore*. „Ich sagte: ‚Ich möchte den Aufstieg zum Direktor nicht, weil ich dort keine Mentoren habe. Niemand kann mir zeigen, wie man's macht.'" Trotzdem rückt Russell auf. „Ich kam ins Management, weil sie sagten: ‚Du bist am längsten hier und kannst den anderen etwas beibringen.' Ich stellte bereits Leute ein, obwohl ich kein Manager war, also warum nicht? War ich eben Manager."

1984 besucht Russell eine Konferenz in London, auf der ängstliche *Commodore*-Manager auf die drohende Gefahr durch Tramiel hinweisen. „Alle großen Geschäftsführer waren dort, vielleicht 20 Leute. Ich war dort, weil ich das Z8000-Projekt leitete und dem Vorstand über alle Ingenieursarbeiten berichtete. Der Amiga war ein Teil davon. Ich wusste, was mit Atari, Tramiel und deren Ingenieuren los war." Russell zufolge bleibt Gould trotz der schlechten Nachrichten gefasst. „Es gab nur schlechte Nachrichten", erinnert sich Russell. „Meine Ingenieure liefen zu Jack über. Sie wussten, dass er etwas plante. Der C64 verlor seine Bedeutung. [...] Für einige der regionalen Leute sah es schlecht aus. Sie wurden angegriffen."

Der Verlust der Schlüssel-Ingenieure an *Atari* behindert die Entwicklung des C900. „Es gab drei unterschiedliche Gruppen, die am C900 arbeiteten, bevor er korrekt lief", sagt Haynie. Die letzte Gruppe, George Robbins und Bob Welland, verbessert sie die Grafikfähigkeiten des

2) **Viel später, Ende der 90er, findet UNIX in Form von Linux eine breitere User-Basis.**

8563-Chips. „Welland entwarf Sachen, die sehr anspruchsvoll waren. Er versuchte Commodore dazu zu bringen, einige der Probleme mit Motorola zu vermeiden. Er entwickelte einen Grafik-Chip für den C900, der einen eigenen Blitter hatte, dem des Amiga in mancher Hinsicht voraus. Sie stellten womöglich Prototypen her, aber das war eines der Dinge, die nie fertig wurden."

Der zweite Ingenieur am C900-Projekt ist George R. Robbins, den Herd nur ‚Grr' nennt. „Er war ein wenig älter als die meisten von uns", sagt Haynie. „Er führte ein Künstlerleben. In den C128er-Tagen war er für die Low-End-Geräte zuständig. Er hatte einen grünen Van hinter dem Gebäude und lebte eine Zeit lang bei Commodore. Er ging einfach nie." Herd stimmt der Beschreibung zu. „Er lebte dort, selbst wenn es keine Projekte gab. Er hatte keinen Führerschein und ich glaube, dass sein Auto kaputt war." Die Ingenieure scherzen oft über den ausgeprägten Duft, den Robbins verströmte. Sie haben gut lachen, riechen sie doch selbst zeitweise streng, abhängig von ihrem Zeitplan. „Der Unterschied zwischen George und mir war, dass George sich nicht um seine Hygiene kümmerte", sagt Herd. „Das wussten wir alle."

Wenn Robbins Schlaf braucht, nistet er sich ein. „George war anders", erklärt Herd. „Er schlief auf Luftpolsterfolie. Wir nannten es ‚Nisten'. Man sah unter den Tisch und dort war ein Haufen Luftpolsterfolie, aus dem ein Fuß ragte. Nach dem Aufwachen lief er mit kleinen roten Abdrücken im Gesicht herum." Robbins lebt vom Essen in der Cafeteria und aus dem Automaten, wenn die Cafeteria geschlossen ist. „Er prügelte die Automaten", sagt Herd. „Vermutlich hatte er kein Kleingeld, aber Hunger."

Über Jahre hinweg verlangen die Ingenieure wegen der eigentümlichen Arbeitsstunden nach Duschen. Doch das Management lehnt ab. „Das war etwas, das wir nie bekamen", sagt Haynie, der immer noch frustriert klingt. „Herd schlug ein Geschäft vor, demzufolge wir nach der Fertigstellung des C128 Duschen bekommen sollten. Wir stellten über Jahre Bittschriften." Herd erinnert sich an die Verhandlung. „Ich sagte den Leuten: ‚Ihr braucht Duschen. Ich bin ununterbrochen hier. Ihr wollt, dass ich arbeite? Dann baut eine Dusche ein. Ich benutze einen braunen Papierkorb, den ich mit Kaffeewasser fülle.' "

Der exzentrische Robbins verbessert das Design des C900 und hat die Fähigkeiten, das Projekt fertig zu stellen. Einmalig ist der C900 in seiner Funktion als Großrechner. „Sie konnten Terminals an den UNIX-Computer anschließen", sagt Haynie. „Sie entwickelten einen Mehrfachanschluss, damit er mehr wie eine VAX, denn wie eine Workstation benutzt werden konnte." Der C900 verfügt über 512 KB Speicher, eine 20-MB-Festplatte und einen Z8001-Chip, der mit 10 MHz getaktet ist. Der Videochip entspricht dem des C128. „Der 8563 wurde ursprünglich für den Z8000 entworfen", sagt Russell. Der C900 erhält ein professionelles, kompaktes Gehäuse. „Das gesamte Kunststoffdesign, die Gehäusearbeiten, alle Formen und Schnitte stammten aus Japan", sagt Russell. „Nichts kam aus den Vereinigten Staaten." Ira Velinsky liefert das Gehäuse des C900, bevor er *Commodore* verlässt. „Unser US-Designer Velinsky verbrachte mehr Zeit in Japan mit Verhandlungen auf Japanisch als hier in den USA", sagt Russell. „Er ging später zu Atari und arbeitete dort an Gehäusedesigns."

*Commodore* bewirbt den C900 im *Commodore Microcomputers Magazine* mit Bildern, doch als er in Produktion gehen soll, zieht Gould den Stecker. Wie Tramiel schreckt auch Gould nicht davor zurück, Projekte einzustellen, denen er kein großes Potential beimisst. „Der Rechner wurde schließlich verworfen", sagt Herd. „Es war ein Produkt ohne Marketing und Nachfrage. Es war eines dieser von Ingenieuren vorangetriebenen Dinge, aber es brachte es nicht weit."

„Der C900 fiel dem Amiga zum Opfer", sagt Haynie. „Es brauchte Zeit das einzugestehen, aber als Commodore im Amiga die Zukunft erkannte, stand der C900 nicht länger in den Büchern. Nachdem sie ihn endlich funktionsbereit hatten, wurde er abgeschrieben." Haynie schreibt die Streichung der schlechten Finanzlage zu. „Diese Entscheidung wurde 1985 gefällt, als es Commodore nicht sehr gut ging. Sie nahmen überlebenswichtige Einschnitte vor. Sie glaubten nicht daran, dass sie zwei verschiedene, inkompatible Systeme einführen könnten." *Commodore* verkauft die begrenzte Produktion von C900-Geräten. „Wir hatten ein paar Versionen draußen, weil wir uns der Fertigstellung näherten", sagt Russell.

Bis zur Einstellung des Projekts bauen die Ingenieure etwa 500 Geräte, die *Commodore* 1985 für rund 4.000 Dollar pro Stück als Entwicklungssysteme in Europa abgibt. Wahrscheinlich die richtige Entscheidung, da weder der Z8000-Chip noch Terminals eine Zukunft haben.

## Die Fertigstellung des Amiga ****

Vor der Übernahme durch *Commodore* verspricht *Amiga* einen 16-Bit-Computer für 1984, verschiebt ihn aber danach auf Ende 1985. Als sich die Gerüchte um einen konkurrierenden *Atari*-Computer verdichten, drängt *Commodore* auf eine Veröffentlichung im Sommer 1985. Doch die Transformation vom Spielgerät in einen Bürocomputer verursacht Verzögerungen. „Das lag nur daran, dass wir einen echten Computer draus machen wollten", sagt Mical. „Nicht nur wegen der Benutzeroberfläche. Ein paar kleinere Dinge waren ähnlich wichtig. Wir brauchten eine Textverarbeitung, ein gutes Grafikprogramm, eine Grundausstattung für Büroanwender." Der Computer heißt bei *Commodore* jetzt nur noch Amiga. Während die Firma den C128 auf der CES im Januar 1985 enthüllt, wird der Amiga der Öffentlichkeit nicht vorgestellt, sondern ausgewählten Fachleuten nur hinter verschlossenen Türen gezeigt. Da der Computer unfertig ist und ihm noch ein DOS fehlt, spielen die Ingenieure die Demos mit einer SUN-Workstation auf.

Auf der CES treffen *Commodores* 8-Bit-Ingenieure erstmals mit dem Amiga-Team zusammen. „Sie riefen uns zu sich und zeigten uns die frühen Demos", erinnert sich Dave Haynie. „Es war Januar 1985 und sie hatten das Betriebssystem noch nicht fertig, aber Teile davon funktionierten. Wir sahen Boing, RobotCity und andere bekannten Demos." Haynie erkennt den Amiga als ein revolutionäres Stück Technik. „Das war wirklich eindruckvoll, keiner hatte so etwas bisher auf einem Computer gesehen. Es unterschied sich von dem, was andere Leute gemacht hatten, weil es sehr profund war – vor allem für Leute, die selbst Software entwickelten."

Die Chemie zwischen den Teams stimmt. „Eine Reihe wirklich brillanter Leute", erinnert sich Mical an die Ostküsten-Kollegen. „Herd war großartig. Ich war oft mit Bil auf der CES und anderen Shows." Herd erinnert sich an seine erste Begegnung mit Dave Needle, einem der Amiga-Chipentwickler. „Dave lief immer mit Sandalen herum – nicht gerade mein Look. Er war halt ein Sandalen- und Hawaiihemd-Typ, ich eher der mit den engen T-Shirts und engen Jeans. Als wir die Amiga-Jungs zum ersten Mal trafen, erklärte deren Hardware-Designer, er käme vom Jupiter. Wir erwiderten: ‚Wir sind vom Pluto.' Verglichen mit uns, gehörte er noch zu den inneren Planeten."

Die *Commodore*-Ingenieure erhalten eine umfassende Amiga-Einführung, als eines der Vorzeigemodelle zusammenbricht. „Einer ging kaputt und wir nahmen das ganze Ding auseinander, um es wieder zum Laufen zu bringen", sagt Mical. Haynie und Herd vertiefen sich in die Maschine, als die Amiga-Ingenieure sie zerlegen. „Herd und ich verbrachten eine Nacht mit den Amiga-Jungs. Ich glaube es waren Luck und Needle, der die Hardware und die Chips machte", sagt Haynie. „Wir gingen hoch in die Suite und sie zeigten uns das Innere des Amiga 1000." Die *Commodore*-Ingenieure stellen überrascht Ähnlichkeiten mit dem C128 fest, an dem sie noch arbeiten. „Wir sahen ins Innere und sagten: ‚Ihr habt auch so einen!' Wir hatten ein Problem mit dem 8563-Videochip, der eine Extra-Platine voller Chips brauchte, die wir in einen Sockel steckten. Sie hatten eine Zusatzplatine, ungefähr von der Größe unserer, im Sockel ihres Display-Chips - Daphne, der später zu Denise wird." Für Herd gehört zu einer guten Nacht auch Alkohol. „Danach gingen wir aus und betranken uns", sagt er.

Während der Entwicklungsphase des Amiga kümmert sich *Commodore* kaum um PR oder Werbung. Die „aggressive Stille" (*Compute!*-Redakteur Richard Mansfield) ist rätselhaft, da Firmen ihr Produkt am liebsten bereits vor der Veröffentlichung feiern und normalerweise alles tun, um einen Hype zu schaffen. *Commodore* hat den meisterwarteten Computer der Branche und tut das Gegenteil von dem, was getan werden müsste. *Compute!*-Redakteur Tom Halfhill geht der Sache auf den Grund und taucht Anfang Mai mit einem Kollegen unerwartet in Los Gatos auf. Die beiden Journalisten rechnen sich trotz ihres aufdringlichen Verhaltens Erfolg aus. Kostenlose Publicity kann *Commodore* nicht ausschlagen, oder? Sie liegen falsch.

Auf dem Parkplatz begegnet ihnen *Amiga*-Präsident Dave Morse, der nicht interessiert scheint und einfach davon braust. Sie bitten die Empfangsdame um einen Gesprächspartner, doch als eine Managerin eintrifft, meint die nur: „Wir sagen derzeit nichts öffentlich. Wir sagen überhaupt nichts." Die beiden bitten um ein Gespräch mit Geschäftsführer Miner - der ist außer Haus, heißt es. Später beschwert sich *Compute!* im Editorial, dass der Mitbwerber *Byte* den Amiga exklusiv zu sehen bekommt, man selbst aber leer ausgeht. Es scheint, als würde *Commodore* kostenlose Publicity beim Amiga geradezu meiden. Früher hätte *Commodore* einen Mann wie Tomczyk engagiert, der die Bedeutung von Öffentlichkeitsarbeit versteht. Die neue Firma betrachtet dagegen die Presse als Ärgernis. Der Vorfall bringt die *Compute!*-Redaktion nicht auf die Seite von *Commodore*.

Die Firma verändert die Hierarchie bei *Commodore-Amiga*, erinnert sich Mical. „Sie tauschten die Firmenspitze, nahmen Morse, der brillant war, heraus und brachten ihren eigenen Mann ein, Rick Geiger. Ein guter Mann, ich arbeitete gern für ihn." 1985 setzen sich die Verzögerungen mit dem Betriebssystem fort, da die CAOS-Anbieter sich unkooperativ verhalten. „Als es immer zweifelhafter wurde, dass sie das Richtige für uns taten, griffen wir zu Plan B", sagt Mical. Die Ingenieure suchen nach einem anderen Betriebssystem. „Plan B war TripOS, ein englisches Betriebssystem". Dr. Tim King entwickelte es ab Ende der 70er-Jahre im Computer Laboratory der Universität von Cambridge, ursprünglich für den IBM-Großrechner 3081. Später wird TripOS auf den PDP-11 portiert. Mical ist enttäuscht, das Betriebssystem ist CAOS klar unterlegen. „Nichts gegen den Entwickler, aber für einen Rechner wie den Amiga war es einfach nicht gedacht. (...)

Das Dateisystem hatte viele Probleme; das größte war, dass es für die 8-Bit-Welt entwickelt wurde, und der Amiga 16-Bit hatte", sagt Mical. „Ein großes Schlamassel! Alle Dateisystemzugriffe mussten eine Übersetzung durchlaufen, um ihren Code auszuführen." Mical findet den institutionell entwickelten Code wenig effizient. „Ihr Code besaß Uni-Qualität. Leistungsoptimierung spielte keine so große Rolle wie theoretische Reinheit. Wir erhielten schlechte, langsame und fehlerhafte Universitätsqualität." Nachdem sie hart für ein perfektes Dateisystem arbeiteten, fallen Kompromisse schwer. „Alle außer den TripOS-Jungs waren wütend", erinnert sich Mical.

Dr. King gründet die Firma *MetaComCo* und portiert das Betriebssystem schnell auf den Amiga, wo es von TripOS in AmigaDOS umbenannt wird. Das vollständige Betriebssystem umfasst zwei Disketten: ‚Kickstart' beinhaltet das System-ROM (das heutige BIOS) und fordert nach dem Hochfahren vom Anwender die zweite Diskette. ‚Workbench' (Arbeitsplatz) bringt dann die grafische Benutzeroberfläche und das Betriebssystem auf den Rechner.

Obwohl Denise als Grafikchip 1985 beeindruckt, ist Miner von einer bestimmten Funktion des Chips enttäuscht: Sein Traum von Echtzeit-berechneter 3D-Grafik und fantastischen Flugsimulationen lässt sich damit nicht erfüllen. Er hofft, dass Programmierer den HAM-Modus nutzen, um Polygon-Grafik in 4.096 Farben darzustellen. Doch während HAM im Bezug auf die Farben ideal ist, läuft dieser Modus viel langsamer, als Miner hofft: „Ich sagte, HAM sei nicht mehr notwendig und bat den Chip-Layouter, das heraus zu nehmen. Er sagte, dass es entweder ein riesiges Loch im Chip hinterlassen, oder eine dreimonatige Umgestaltung benötigen würde. Das konnten wir nicht machen. Ich dachte nicht, dass es irgendjemand nutzen würde. Ich irrte mich, da dies dem Amiga im Bezug auf die Farbpalette den letzten Schliff gab."

Ohne HAM wäre nur der EHB-Modus geblieben, der 64 Farben gleichzeitig zeigt. Obwohl auch das eindrucksvoll aussieht, reicht das nicht für eine realistische Grafik. Letztere avanciert zum wichtigen Verkaufsargument. „HAM leistete zwei Dinge: Er wurde zur Videobearbeitung genutzt sowie von einer speziellen Technik zur Digitalisierung von Einzelbildern", sagt Mical.

*MOS Technology* produziert die Custom-Chips des Amiga. „Sie stellten mehr Leute ein, als sie sich dem Amiga zuwandten", sagt Haynie. „Da gab's ein paar äußerst clevere Zauberer. Sie kamen von einer Chipfirma, wo es Sinn machte, nur einen bestimmten Chip herzustellen, zu uns, einer vertikal integrierten Firma für Verbraucherprodukte."

*Commodore* finanziert eine CMOS-Produktionsstrecke. „Sie installierten eine bessere Verfahrenstechnik für die Amiga-Chips", sagt Russell. „Sie räumten dafür die Seite des Gebäudes mit der Cafeteria. Damals hatte Commodore Finanzprobleme." Charpentier glaubt, dass MOS über die Jahre zu einer Bürde für *Commodore* wird. „Es war außergewöhnlich kostspielig, im Chip-Geschäft zu sein. Das war eher ein Verlust, als ein Gewinn", sagt er. „Es sorgte für ein Klima, bei dem sie nicht nach draußen schauen wollten, weil sie die Fabrik hatten. Sie sagten sich: ‚Das machen wir in unserer Fabrik.' " Dabei verkauft *MOS Technology* längst keine Halbleiter mehr an andere Firmen. „Sie produzierten nur noch Commodore-Chips", erinnert sich Russell. „Damit waren sie zu 95% ausgelastet. Manchmal verkaufte Commodore etwas an andere, aber nicht als großes Geschäft." Intern ist man unsicher, ob man sich weiterhin auf MOS verlassen soll: „Es hieß, wir könnten extern günstiger einkaufen".

Später im Jahr spricht *Commodore* über die IBM-Kompatibilität des Amigas, über eine Software-Emulation namens ‚Transformer'. Miner hält das für einen Fehler. „Für mich war die IBM-Kompatibilität nie wichtig. Ich sagte zu Commodore: ‚Wir sind eben anders. Versucht das zu unserem Vorteil zu nutzen, statt andere zu imitieren.' " Russell zufolge entschließt sich *Commodore*, das Gehäuse des C900 für den Amiga zu verwenden: „Er erhielt meine Z8000-Tastatur und das Gehäuse, weil es ein Bürocomputer sein sollte." In Anlehnung an Amigas Ur-Design kann die Tastatur unter das Gehäuse geschoben werden, was schön aufgeräumt aussieht.

Als das Produktionsmodell steht, verewigt Miner sein Team im Gehäuse. Alle 53 Mitglieder, einschließlich der ursprünglichen Amiga-Gruppe und der *Commodore*-Ingenieure, tragen ihre Unterschriften auf der Innenseite des Gehäuseoberteils ein. Zwischen den Unterschriften findet sich auch Mitchys Pfotenabdruck sowie die Unterschrift ‚Joe Pillow'.

## Eine Gala für die Freundin ****

Zum Debüt schmeißt *Commodore* ein großes Fest für den Amiga – das gab es davor für noch keinen neuen *Commodore*-Rechner. „Die Präsentationsgala war die Idee des Amiga-Marketings", sagt Mical. „Brillante Leute."

Am 23. Juli 1985 findet die offizielle Amiga-Gala in New York statt. Für die Veranstaltung mietet *Commodore* das renovierte Lincoln Center, dessen moderne Architektur und das gewaltige Theater eine ideale Bühne bieten. Mehrere hundert Leute besuchen die Veranstaltung, Technik-Journalisten, Redakteure und Reporter, Marktanalysten, Software-Entwickler und sogar Berühmtheiten wie Deborah Harry, die Sängerin der New-Wave-Band *Blondie*. Irving Gould stellt sicher, dass ein Großteil der Besucher aus Wall-Street-Investoren und Journalisten besteht und beeindruckt die Amiga-Entwickler mit Größe und Prunk.

Jay Miner und sein Team werden aus Kalifornien eingeflogen. „Wir waren am Aufbau beteiligt", sagt Mical. „Wir organisierten alles, brachten die Software und dachten über die Abläufe nach. Es war eine immense Gruppenanstrengung der ganzen Firma." Gould scheut keine Kosten und lässt auch die Frauen und Freundinnen der Ingenieure einfliegen. „Soweit ich mich erinnere, war es später Nachmittag. Es war immer noch hell, als wir ankamen", sagt Mical. „Wir sammelten uns und verteilten die Rollen." Die Besucher tragen ihre besten Anzüge. „Alle Ingenieure und Amiga-Mitarbeiter trugen Smokings[3]". Besucher strömen in die Empfangshalle des Lincoln, plaudern und holen sich Freigetränke an der gut bestückten Bar. Ein Holzbläser-Trio spielt sanfte Melodien, daneben unterhält eine Laser-Show die Besucher.

Marshall Smith gibt seinem Verlangen nach Martinis nach. „Marshall trank viel", sagt Herd. „Es gibt ein Video, auf dem er die Amiga-Einführung gibt und dabei bereits einige Martinis intus hat; es ist eher traurig." Thomas Rattigan, der im schwarzen Smoking wie James Bond aussieht, zieht die Aufmerksamkeit der Presse auf sich. „Das war eine teuflisch gute Party", sagt Rattigan. „Wir hatten gute Besucher und wir erhielten ein recht gutes Presse-Feedback." Die Blätter wollen mehr über die Amiga-Strategie wissen. Da Rattigan noch neu und deshalb unsicher ist, versucht er sein Bestes, um bedeutungsvolle Antworten zu geben.

3) *Commodore* filmt die Veranstaltung und gibt Kopien an Ingenieure und Mitarbeiter. „Ich hatte mir weiße Handschuhe für die Veranstaltung gekauft, was witzig war, denn so erkennt man mich auf dem Video deutlich im Publikum. Ich bin der mit den brillantweißen, höflich applaudierenden Händen", schmunzelt Mical.

Nach dem Empfang werden die Besucher für die Amiga-Präsentation in das verdunkelte Theater geleitet. Nach jahrelangen Anstrengungen dürfen die Ingenieure ihre Schöpfung präsentieren. „Wir waren nervös, weil wir Zuversicht und Professionalität ausstrahlen mussten", sagt Mical. „Hinter einer dünnen Fassade schwitzten die Ingenieure und beteten, dass die Demos nicht abstürzen und alles glatt laufen würde."

*Commodore-Amiga* entscheidet sich für einen aus ihren Reihen als Zeremonienmeister. „Mein Vorgesetzter, Bob Pariseau, war der Moderator. Er war stellvertretender Vizepräsident der Software-Abteilung.", sagt Mical. „Er sprach flüssig und routiniert, war ein hervorragender Präsentator." Kameras bringen Nahaufnahmen von Benutzern und Computern, daneben gibt es auch eine Amiga-Direkteinspeisung auf die Leinwand über der Bühne. „Es war eine sorgfältig ausgeklügelte Präsentation", sagt Mical. „Pariseau leistete sehr gute Arbeit bei der Materialbeschaffung und überlegte sich allerhand Tricks, falls etwas schief laufen sollte." Pariseau zeigt die Pracht von Intuition und betont die revolutionären Multitasking-Fähigkeiten. Mit dem Boing-Demo bringt er die Zuschauer zum Staunen: Diesmal hüpfen die Bälle, während im Hintergrund ein anderes Programm läuft. Erst als das Fenster mit der Boing-Animation sanft verschoben wird, enthüllt sich das zweite Programm – die Gäste erleben Multitasking!

Um die Fähigkeiten des Soundchips Paula vorzustellen, engagiert *Commodore* den Musiker Roger Powell von *Cherry Lane Technologies* und Mike Boom von *Everywhere Incorporated*, die Musik mit dem Amiga komponieren. Für viele Besucher ist es das erste Mal, dass sie Synthesizer-Musik aus einem Computer hören. Zum Finale betritt Andy Warhol mit Debbie Harry die Bühne, um die Grafik und die intuitive Benutzerführung des Amigas zu demonstrieren.

Warhol ist eine außergewöhnliche Wahl für die Vorführung, da er zwar prominent ist, aber Mitte der 80er-Jahre noch nicht den Geschmack des Mainstream anspricht. Zu seinen bekanntesten Werken zählen Colorationen von Campbell Suppendosen in verschiedenen Farben. Ein Besucher berichtet, laut *PC Magazine* vom 14.1.1986: „Warhol und Harry sahen nicht so aus, als ob sie wüssten, warum sie dort waren. Das entsprach wohl auch dem Gefühl der Besucher."

Warhol kennt sich mit Computern nicht aus, seine Ignoranz jagt den Ingenieuren Schauer über den Rücken. „Warhol war ein netter Kerl und ein faszinierender Künstler", sagt Mical. „Er erkannte, dass Technik alles verändern würde, aber er hatte mit dem Computer nichts am Hut. Das traf damals auf alle Maler zu, weil er ein brandneues Werkzeug war."

Um Warhols mangelnde Erfahrung auszugleichen, stellt *Commodore* sicher, dass Mitarbeiter ihn unterstützen. „Unser Chefgrafiker Jack Hager stand neben Andy

**R. J. Mical mit weißen Handschuhen auf der Amiga-Gala.**

Foto: R. J. Mical

und machte während der ganzen Zeit Witze", sagt Mical. „Er war das perfekte Gegenstück zu Warhol, der sich in einer befremdenden, eigenartigen Umgebung bewegte." Warhol benutzt eine Maus und das Grafikprogramm ‚Graphicraft' von *Island Graphics*, um ein Bild von Debbie Harry zu zeichnen. Ein Bildschirm zeigt Harrys Live-Auftritt, ein zweiter den Amiga-Bildschirm und ein dritter, wie Warhol am Computer arbeitet. Vor Hunderten von Besuchern erstellt er eines seiner unverkennbaren Porträts. „Es gab einige brisante Momente", erinnert sich Mical. „Er digitalisierte Debbie und dann bemalte er ihr Gesicht. Er sollte nur den Farbpinsel benutzen, weil die Füllfunktion jedes zweite Mal abstürzte. Er griff zum Pinsel und wählte die Füll-Funktion: Klick klick klick. Ich dachte: ‚Es wird abstürzen!' Aber das tat es nicht. Die Ingenieure im Publikum wollten das Programm. Wenn es so etwas wie ‚die Macht' gibt, dann nutzten wir sie an dem Tag dazu, dass die Füllfunktion nicht abstürzte." Zum Glück lenkt Hager Warhol zum Zeichenwerkzeug. „Das einzige Mal, dass wir eine Veränderung in Hagers Gesicht erkannten, war, als Warhol mit der Füllfunktion herumspielte", sagt Mical. „Hager blieb ruhig, aber man sah ihm an, dass er sich bereit machte einen Witz aufzusagen, falls wir die Maschine neu starten müssten." Zur Erleichterung des Amiga-Teams läuft die Präsentation problemlos. „Es war eine schöne große Feier und alles lief glatt", sagt Mical.

Nach der Gala bleibt Warhol ein Amiga-Unterstützer. Er nutzt den Computer, um in seinen Studios ein Video für MTV zu erstellen. Als Herausgeber des *Interview*-Magazins gibt er selbst keine Interviews; für die Zeitschrift *Amiga World* macht er eine Ausnahme.

Die Gala sorgt für viele Artikel in Zeitungen außerhalb der Computer-Branche. Rattigan sagt: „Die Handelspresse stand dem Amiga angesichts unserer bewegten Vergangenheit skeptisch gegenüber, da wir vor meiner Zeit mit Computerhändlern verhandelten, dann aber den Massenvertrieb wählten." Magazine wie *Popular Computing*, *Fortune*, *Byte* und *Compute!* berichten über die Veranstaltung. *Fortune* spielt die potentielle Wirkung des Amigas herab und meint: „Während anfängliche Artikel die technischen Fähigkeiten des Amigas priesen, hat es die krisengebeutelte PC-Industrie verstanden, dem verführerischen Glitzern fortschrittlicher Technologie zu widerstehen, zum eigenen Nutzen." *Commodore Microcomputers* engagiert einen freien Journalisten, Louis Wallace, der über die Veranstaltung berichtet: „Um Ihnen eine Vorstellung von seinen Fähigkeiten zu geben: Stellen Sie sich vor, Sie nehmen alle guten Eigenschaften des Macintosh, kombinieren das mit der Leistung des IBM PC-AT, verbessern ihn und reduzieren den Preis um 75%." Obwohl *Commodore* den Amiga mit der Gala erfolgreich bewirbt, taucht er erst Monate später in den Läden auf. *Commodore* muss den Computer noch herstellen und vertreiben, und es gibt noch genügend ungelöste Probleme.

**Bob Pariseau bei der CES-Präsentation.**
Foto: R. J. Mical

## Tramiel schlägt zurück ****

Auch beim größten Konkurrenten herrscht das 16-Bit-Fieber: Unmittelbar nach der Übernahme von *Atari* schließt

Tramiel dort alle 8-Bit-Computerprojekte und friert alle übrigen Tätigkeiten ein, um sie zu überprüfen. Er gibt ferner bekannt, die Anzahl der Mitarbeiter auf 200 zu reduzieren. *Atari* spricht schon zuvor größere Entlassungen aus: Im vorhergehenden Sommer fliegen 600 Mitarbeiter raus, im Winter landen monströse 6.300 weltweit auf der Straße.

An einem Donnerstag bekommen Mitarbeiter die Nachricht, dass die meisten Zweigstellen außerhalb der hauptsächlichen Forschungs- und Ingenieursabteilung geschlossen oder drastisch reduziert werden. Am Freitag darauf erhalten 95% der Mitarbeiter aller Abteilungen ihre Entlassung. Gleichzeitig kommen Leonard Tramiel und Shiraz Shivji zu *Atari* und beginnen mit der Befragung von Ingenieuren der Konsolen- und der alten Arcade-Abteilung. Letztere gehört noch *Warner* und wird in *Atari Games* umbenannt. Einigen wird angeboten, bei der neuen, Tramiel-Firma zu bleiben, andere werden abgefunden. Ehemalige *Atari*-Ingenieure wie Miner entwickeln jetzt *Commodore*-Computer, während Ex-*Commodore*-Ingenieure wie Shivji, Feagans und Leonard Tramiel *Atari*-Geräte entwickeln. Es ist eine Umkehrung der Verhältnisse. Obwohl das Amiga-Team seinen Computer geheim hielt, droht *Atari* nun direkt gegen den Amiga anzutreten. „[Der Atari ST] war ein geplanter Amiga-Killer, und auf seine Weise ein guter Computer", sagt Mical. „Er hatte viele Fähigkeiten und es gab sowohl soft- wie auch hardwaremäßig solide Ingenieursarbeit, aber der Amiga war überlegen."

Bei *Commodore* half Robert Russell Shivji und den anderen Ingenieuren mit der Entwicklung des Computers. Jetzt konkurriert dieser Computer mit *Commodore*. „Die Jungs, die die Entwürfe mit mir machten, gingen zu Jack", sagt Russell. „Sie machten den Atari ST." Shivji entwirft den ST schnell und nutzt günstige, verfügbare Teile. Es gibt keine Custom-Chips in seinem Computer. Der ST kennt lediglich 512 Farben, von denen 16 gleichzeitig dargestellt werden. Der Amiga dagegen bringt 4.096 auf den Bildschirm - Denise sei Dank. Nur für Sound-Tüftler ist der ST besser: Sein MIDI-Anschluss ist verbreitet unter Synthesizer-Musikern und bislang an keinem anderen Computer zu finden. Über MIDI-Ein- und Ausgang kann der ST-Anwender einen Synthesizer ansteuern, Songs einspielen, wiedergeben und bearbeiten.

Bei der *Atari*-Übernahme findet Tramiel fast fertige Hardware vor; was fehlt ist ein Betriebssystem. Tramiel wendet sich an *Digital Research*, der Firma von Gary Kildall, der vor einigen Jahren die grafische Benutzeroberfläche GEM entwickelte. Der ‚General Environment Manager' (GEM) ist kein Multitasking-Betriebssystem, so dass Amiga *Atari* in dieser Hinsicht übertrumpft. Für Tramiel spielte die Qualität keine große Rolle, er pflegt die Konkurrenz auf der Zielgeraden mit dem preiswertesten Produkt zu schlagen. So hält der Atari ST dem Vergleich mit dem Amiga nicht stand. „Der Amiga war wegen seines Zeitplans besser", sagt Mical. „Die Atari-Ingenieure hatten keine Zeit, ihn zu verfeinern und ihn dem Amiga ebenbürtig zu machen. Sie verfügten über das nötige Talent, aber Atari konnte nicht darauf warten, dass sie all das durchmachten, was wir bereits hinter uns hatten."

Die Vorstellung des Atari ST auf der Winter-CES im Januar 1985 ist eine große Überraschung. Der neue *Atari*-Slogan beschreibt Tramiels Philosophie: ‚Power Without the Price' (Hohe Leistung, kleiner Preis). Auf der Messe nimmt *Atari* Händlerbestellungen für den ST an, den Journalisten ‚Jackintosh' nennen. *Commodore* tut das noch nicht und lässt *Atari* damit einen Vorsprung. Auf der Comdex in Las Vegas im Herbst präsentiert *Atari* bereits Dutzende Software-Lieferanten.

Es scheint, als genieße der ST mehr Unterstützung als der Amiga, der – wie *Computer Chronicles* unterstreicht – durch Abwesenheit glänzt.

Trotz der offensichtlichen finanziellen Schwierigkeiten bei *Atari* und trotz der kürzeren Entwicklungsphase bringt Atari den 520ST Ende Sommer 1985 in die Läden. Es ist ein Beleg für Tramiels Antrieb, Entschlossenheit und Geschäftssinn. Er lässt Manager anderer Computerfirmen faul aussehen. Die schnelle Produktion des Atari ST bringt ihm Furcht und Respekt seitens des Amiga-Teams ein. Mical erinnert sich: „Das war eine Herausforderung. Atari setzte einen aggressiven Preis fest, also war es mehr als ein Herausforderer."

## Der Apple Macintosh ****

1984 ist der *Apple* Macintosh der beliebteste Computer mit grafischer Benutzeroberfläche. Ein brillanter Designer namens Jeff Raskin ersinnt den Mac, Steve Jobs streicht die Lorbeeren ein. „Raskin verdient sie, aber es gab eine Zeit, als die Leute das verbargen und sagten, es sei Jobs' Maschine", sagt Peddle. Nachdem Jobs das Lisa-Projekt verliert, übernimmt er das Design des Macintosh. Er erklärt Minimalismus zur Design-Philosophie, oft auf Kosten der Funktionalität. Jobs besteht auf 128 KB Speicher und verbietet seinen Ingenieuren, die Fähigkeit zur Aufrüstung zu integrieren. Sie tun es trotzdem, was den Macintosh vor der Überalterung bewahrt. In vielerlei Hinsicht tauschen *Apple* und *Commodore* ihre Philosophie: *Apple* entwickelt sich vom Apple II, einem farbfähigen Spielcomputer, zum schwarz-weißen Bürocomputer. Commodore entwickelt sich vom schwarz-weißen Bürocomputer PET zu Farbcomputern mit Schwerpunkt auf Spielen. Der Mac erinnert an Peddles PET-Design - ein voll integriertes System mit Monitor, Rechner und Tastatur in einem einzigen Gehäuse. Es gibt andere technische Ähnlichkeiten. „Wenn man einen Blick in die ursprüngliche Tastatur des Macintosh wirft und sieht, wie ihr serieller Anschluss funktioniert – ich schwöre, dass das eine Kopie unseres seriellen Busses ist", sagt Russell. „Es war genau dasselbe. Ich entwickelte später viel für den Mac, sah ihren Code und dachte: ‚Das kommt mir sehr bekannt vor.'"

Verglichen mit dem Amiga wirkt der Mac antiquiert. „Er war primitiv", sagt Mical. „Anfangs kein Konkurrent, weil er keine Farbe bot." Ein weiterer Schwachpunkt ist das Betriebssystem. „Sie schufen ein beeindruckend langsames Betriebssystem", sagt Mical. „Das änderte sich erst mit OS X, aber das war anders. Die Natur des Geräts und all die Umwege, die es nimmt, um Programmierer vor sich selbst zu schützen, machte es einfach langsamer." Selbst das TripOS des Amiga ist besser als MacOS. „Das Dateisystem war nicht richtig", erklärt Mical. „Es war nicht hierarchisch, ohne Verzeichnisstruktur." Thomas Rattigan sieht den technischen Vorsprung vor seinem ehemaligen *Pepsi*-Manager, John Sculley. „Ich fand die Amiga-Technik ziemlich interessant", sagt er. „Man hatte denselben Chip wie der Macintosh, aber der Amiga bot Multitasking, der Mac nicht." Auch Mical glaubt, dass Multitasking ein wichtiger Unterschied zwischen Amiga und Mac ist: „Vom technischen Standpunkt aus schlug der Amiga den Mac."

Ständige Diskettenwechsel treiben Macintosh-Anwender an den Rand der Verzweiflung. Um das Textprogramm ‚MacWrite' auszuführen, müssen User die Systemdiskette auswerfen, die Programmdiskette einlegen, auf das Einladen des Programmteils warten und dann wieder die Systemdisk einlegen. Dieser Prozess wiederholt sich mehrmals, bevor das Programm vollständig geladen ist - selbst beim verbesserten 512-KB-Macintosh. Im Krieg der Heimcomputer verspotten Amiga-User den Konkurrenz-Rechner als ‚Crapintosh'.

Der Mac bietet alle möglichen Sicherheitsfunktionen und ist ideal für Leute, die nichts von Computern verstehen. Der Anwender kann das Gehäuse nicht öffnen, bei frühen Modellen nicht einmal den Speicher erweitern. Selbst eine Taste für den Diskettenauswurf fällt dem Minimalismus der Designer zum Opfer. Obwohl *Apple* den Mac als High-End-Computer bewirbt ist klar, dass er in vielerlei Hinsicht unter den Hobby-Rechnern Atari ST und Amiga rangiert. Das *Byte Magazine* ordnet ihn trotz seines hohen Preises in die Low-End-Kategorie ein. Tatsächlich ist der Mac leistungsmäßig näher am C128 mit der grafischen Benutzeroberfläche GEOS. Amiga und ST spielen technisch eine Klasse höher. „Ich war kein Mac-Freund", sagt Haynie. „Er war die dumme Blondine der Computerwelt."

Steve Jobs sprichwörtliches ‚Reality Distortion Field' verzerrt die Realität, um den Macintosh der Mainstream-Presse vorzustellen, die oft die Alternativen nicht kennt. Der *New York Times* sagt er: „Der Macintosh wurde so gut, weil Musiker, Künstler, Dichter und Historiker an ihm arbeiteten, die gleichzeitig hervorragende Informatiker waren." Das geht an der Realität vorbei: Viele Ideen übernehmen die *Apple*-Ingenieure von anderen IT-Unternehmen und Erfindern, darunter die Maus, die Douglas Engelbart Anfang der 60er-Jahre in Stanford erfindet.

*Apple* bringt während des Football-Spektakels ‚Super Bowl' eine TV-Werbung, die in starken Bildern die Befreiung von IBMs Tyrannei durch den Rebellen *Apple* feiert. Die Ironie dieser Botschaft bemerken Anwender damals noch nicht: Während mit dem PC von IBM ein quasi offenes System erscheint, ein Standard, an dem später ungezählte andere Firmen partizipieren, ist der Macintosh ein geschütztes und geschlossenes System, das zudem höllisch viel kostet.

Nur *Apple*-Fans sind bereit, soviel Scheinheiligkeit zu ertragen. „Apple schlug eine Welle mit dem 1984er-Spot, aber das war nur ein dramatischer Effekt", sagt Rattigan, der *Apples* Ziel, den Einstieg in den Bürocomputermarkt, mit dem Mac nur marginal erreicht sieht. Der Kauf eines Macintosh nimmt dem Anwender jede Wahlmöglichkeit: Man ist beschränkt auf einen schwarzweißen 12"-Monitor, winzige Tastatur und Maus mit nur einer Taste. Obwohl die Werbung eine Welt voller identischer, mittelmäßiger PCs suggerierte, repräsentiert in Wahrheit der Macintosh eine monotone Dystopie, die schlimmer ist als die der PC-Welt mit offener Systemarchitektur.

*Apple* verhält sich wie der im TV-Spot abgewehrte ‚Große Bruder' und verklagt den kleinen GEM-Hersteller *Digital Research*. Das *Byte Magazine* tadelt im Januar 1986 den juristischen Vorstoß: „Wir von Byte rufen die Firma Apple dazu auf, die langfristigen Auswirkung ihrer Handlungen zu bedenken und sich auf die Verfolgung jener Fälle zu beschränken, die nicht auf Äußerlichkeiten, sondern auf Ähnlichkeit des Programm-Codes fußen."

Angesichts seiner biederen Technik und des hohen Preises beeindruckt der anfängliche Mac-Erfolg *Commodore*-Chef Thomas Rattigan. „In den Händen von Apple wäre der Amiga damals als echter Durchbruch erkannt und der Enthusiasmus und der Erfolg des Geräts eher sichergestellt worden als bei uns", räumt er ein. Die anfangs guten Mac-Verkäufe sinken jedoch rasch und werden vom Absatz des alten Apple II wieder überflügelt. Der plötzliche Einbruch ist auf die Konkurrenz durch Amiga und Atari ST zurückzuführen. „Das war damals ein Problem", sagt Mical. „Der Mac und der Amiga waren wie die Wählerschaft einer Partei, die zwischen zwei Kandidaten gespalten ist." Der schleppende Verkauf des Macs bringt *Apple* in finanzielle Schwierigkeiten, es kommt zu Entlassungen. Wie Tramiel und Jahre zuvor Nolan Bushnell von *Atari*, wird auch Steve Jobs aus der Firma verdrängt, die er mitbegründete und formte.

## Eine harte Marketing-Schlacht ****

*Commodore* entschließt sich, den Amiga im High-End-Büromarkt zu platzieren. Das scheint riskant angesichts der Tatsache, dass die Stärke der Firma im Einsteigermarkt liegt, den der C64 dominiert. „Gould zufolge war der Wechsel notwendig, weil der Büromarkt größer war und schneller wuchs als der Heimcomputersektor."

Über den Erfolg entscheidet die Marketingstrategie. Um den Amiga im professionellen Markt zu vertreiben, muss er dort stehen, wo Firmen ihre Computer einkaufen. Der Veröffentlichung muss zudem eine passende Werbekampagne folgen. Die Amiga-Ingenieure werden zu Zuschauern, die beobachten, wie *Commodore* das Marktschicksal des Computers schmiedet.

Mit einem Preis von $1.295 ohne Monitor konkurriert der Amiga mit dem Mac und ist für die meisten C64-Besitzer unerreichbar. Die Ingenieure glauben, sie haben eine Chance gegen IBM und *Apple*, solange sie den Computer aggressiv genug verkaufen. „Marketing war die Hauptsache", sagt Mical, der glaubt, dass eine gegen *Microsoft* gerichtete Stimmung dem Amiga helfen könne. „Es gab eine Lücke, durch die der Amiga einen Löwenanteil des Markts hätte erreichen können, wenn alles richtig gelaufen wäre. Die Leute suchten nach einer Alternative zu Microsoft, und die boten wir." Mical findet das *Commodore*-Marketing ausgezeichnet. „Zwei Leute leiten die Marketing-Anstrengungen: Jerry McCoy und Caryn Havis."[4]

Mit der technischen Entwicklung des Amigas haben McCoy und Havis nichts zu tun, doch jetzt ist es ihre Aufgabe, die Vermarktungsstrategie auszuführen. Auch Haynie spricht positiv vom Marketing: „Die beiden nutzten ihre Rolle mehr als Verkaufs-, denn als Marketingleute. Sie suchten nach Wegen, um Computer zu verkaufen." Seit den frühen 80ern verlässt sich die Firma auf große Einzelhändler und den Massenmarkt, um preiswerte Rechner anzubieten. Diese Strategie will *Commodore* nun ablegen, um *Apple* zu imitieren. „Alles rächte sich, als der Amiga heraus kam und man auf Vertrieb angewiesen war", sagt Haynie. „Das war kein Computer, der sich gut bei K-Mart verkaufen würde." *Commodores* größtes Hindernis beim Verkauf des Amigas stammt noch aus der Tramiel-Ära. Aufgrund seines Preises kommen nur Computer-Fachhändler für den Vertrieb in Frage. Doch bei denen hat *Commodore* keinen guten Ruf, seit Jack Tramiel sie mit dem VIC-20 und C64 verprellte. „Ein Teil des Problems war, dass der US-Markt durch den C64 derart verdorben war, dass Commodore ohne eine extrem präzise Strategie nicht viel ausrichten konnte", sagt Haynie. „Der C128 veränderte nicht viel, denn jeder, der einen C64 verkaufte, konnte auch den C128 anbieten."

Bereits lang vor dem Amiga stellt die Computerindustrie *Commodores* Fähigkeit in Frage, Bürocomputer erfolgreich in Amerika zu vertreiben. Richard Mansfield schreibt in der November-Ausgabe 1985 der *Compute!'s Gazette*: „Commodore hat mit dem Amiga einen phänomenalen Computer, aber eine ausgesprochen merkwürdige Marketing-Strategie." Er fragt: „Ist der Amiga anderen Geräten so weit voraus, dass Commodore ihn noch nicht zuordnen, positionieren und ihm das richtige Image geben kann?"

---

4) **„Sie heißt heute Caryn Mical", sagt R.J. Mical, der sie zur Amiga-Zeit kennenlernt und mit ihr vier Kinder hat.**

Rattigan weiß, dass es *Commodore* an Verbindungen zu Computerläden mangelt. „Commodore verlegte sich vor meiner Zeit auf den Massenmarkt", sagt er. „Die Frage war, wie man das Vertrauen der Fachhändler zurückgewinnen konnte, die Commodore zu Gunsten des Massenmarkts vernachlässigt hatte." Mical zufolge lehnt *Commodore* selbst *Sears* ab, um sich auf reine Computerläden zu konzentrieren: „Sears wollte den Amiga ins Sortiment nehmen. Sie hätten Sears haben können, aber sie lehnten ab. Sie verspielten viele Gelegenheiten."

Die Lieferung großer Stückzahlen verzögert sich. „Der Amiga kam nicht vor Ende August 1985", sagt Haynie. Nach dem Verkaufsstart sind die Ingenieure immer noch mit kleineren Fehlerkorrekturen und Veränderungen im Betriebssystem beschäftigt. „Anfangs war die Technik nicht so fehlerfrei und robust, wie sie hätte sein sollen", gibt Mical zu. „Der Rechner bekam einen schlechten Ruf, wegen der unzuverlässigen Technik, und erhielt daher in der Öffentlichkeit nicht den Schub, den er gebraucht hätte." Problematisch ist das instabile Betriebssystem. „Die Version 1.0 hatte viele Fehler und stürzte häufig ab", sagt Mical. „Die Leute nutzten das Gerät und begannen etwas, beispielsweise ein Kunstprojekt, und dann machte ein Absturz alles zunichte - Guru Meditation Error!"

In den Fachmagazinen erscheinen Praxis-Berichte und im August ziert der Amiga den Titel des *Byte Magazine*. Es kommt selten vor, dass es ein einzelner Computer auf die Titelseite schafft. Die Ausgabe enthält einen wohlwollenden Artikel über 13 Seiten - das führende Magazin der Branche begrüßt den Amiga. Im selben Monat startet das *Run Magazine* die Zeitschrift *Amiga World*. Erstmals erscheint ein System-spezifisches Magazin vor der Veröffentlichung des Computers. Der aggressive Veröffentlichungsplan macht die *Amiga World* zum führenden Amiga-Heft.

*Commodore* selbst scheint weniger zuversichtlich. *Compute!'s Gazette* meldet: „Der Commodore-Schriftzug und das Firmenlogo werden nicht auf dem Amiga oder dessen Peripheriegeräten angebracht. Commodores offizielle Stellungnahme dazu lautet, man wolle den Computer für sich stehen lassen. Vermutlich ist Commodore besorgt, dass der Name – lange Zeit mit Heimcomputern in Verbindung gebracht – die Geschäftswelt davon abhalten könnte, den Computer ernst zu nehmen." Wenn das Management kein Vertrauen in den Namen *Commodore* hat, wie können es die Käufer haben?

Im Oktober 1985 meldet *Compute!*, dass nur 50 Amigas existieren, die *Commodore* alle für Demonstrationen und Softwareentwicklung einsetze. Erst Mitte November 1985 erscheinen größere Mengen in den Geschäften. Zu wenig und zu spät. Unternehmen machen in der Regel 40% ihres Jahresumsatzes allein im letzten Quartal, von dem Commodore die Hälfte verpasst. Nur zwischen 25.000 bis 40.000 Amigas werden bis Anfang 1986 verkauft; weit weniger als erwartet. Herd sieht die Schuld beim lahmen *Commodore*-Marketing. „Als der Amiga kam, saßen sie mit den Füßen auf dem Tisch herum und sagten: ‚Endlich ein richtiger Computer, der sich von selbst verkaufen wird.' Natürlich lief das nicht so. Man muss ihn verkaufen." Herd führt den Marketing-Misserfolg auf das Fehlen einer klaren Führung zurück: „Als die Firma Tramiel verlor, verlor sie scheinbar auch die Fähigkeit, Entscheidungen zu treffen. Wir hatten eine Technologie wie den Amiga, und sie lag da wie ein gestrandeter Wal. Man hätte mehr daraus machen können."

## Der Commodore-Fluch, siebter Teil ****

Nach der Veröffentlichung des C128 nehmen Bil Herd und sein Team eine wohlverdiente Auszeit. „Nachdem der C128 im Juli erschienen war, holte ich meine Jungs zum Angeln raus aus dem Gebäude", sagt Herd. „Neue Mitarbeiter wunderten sich, warum wir drei Tage hintereinander nicht da waren." So macht sich Herd weiterhin Feinde bei *Commodore*. „Ich stellte jemanden ein, der sich danach prompt über meine Abwesenheit beschwerte."

Herd muss sich auch gegen seinen Intimfeind, den QA-Manager Bob Shamus, behaupten und sieht seine Chance, als *Commodore* mal wieder Entlassungen ausspricht. „Eines Tages rief mich Chowaniec zu sich: ‚Ich muss einige Leute entlassen.' Ich meinte: ‚Da habe ich jemand für dich.' " Herd denkt an die Neuanwerbung, die ihn wegen seiner Abwesenheit anschwärzt. „Ich deutete auf den Kerl und auf Shamus und sagte, sie sollten gehen. Beide wurden entlassen." Herd verliert wiederum seinen Vorgesetzten Joe Krasucki, dessen Position Ed Park einnimmt. „Zwischen Ed und mir gab's nie Streit", sagt er.

Der Ingenieur plant keinen weiteren C64-Nachfolger. „Der C128 trug das letzte 8-Bit-Zeug, während wir uns 16 Bit zuwandten. Weiter wollte ich die C64-Kompatibilität nicht treiben. Außerdem: War der Amiga nicht ein C64 auf Anabolika?" Obwohl Herd später mit einem japanischen Kollegen an einem kostenreduzierten C64, genannt C64 CR, arbeitet, fragt er sich, wo sein Platz sein wird, wenn *Commodore* den Amiga herausbringt. Außerdem geht Herds Beschützer. „Chowaniec verließ die Firma. Er war damals mein Schutzengel. Ich ging einigen Leuten mächtig auf die Nerven. Mein Alkoholismus wirkte sich aus, alles lief langsamer und ich war überzeugt davon, dass wir keinen weiteren Computer herausbringen würden."

Herds Freund Haynie erinnert sich an diese Zeit. „Er war ausgebrannt, müde und in gewisser Weise auch frustriert. Es gab viele Dinge, die wir beim C128 gerne anders gemacht hätten, aber das Management sagte: ‚Das sind Eure Ressourcen.' Er war es satt, auch die ganze Firmenpolitik. Er hatte die ganze Sache einfach satt."

Das Leben bei *Commodore* bietet Herd kein Ziel, seine Alkoholsucht verschlimmert sich. „All das was bei Commodore vorging, all der Irrsinn, von dem man hört – das war ein junger Alkoholiker in seinen besten Jahren, als alles noch funktionierte", gesteht er. „Es wurde schlimmer für die Leute in meiner Umgebung. Aus ‚Er ist ein verrückter Kerl' wurde ‚Er hört nicht auf. Er kann immer noch nicht aufhören.'"

Ende 1985 hat *Commodore* den C64-Nachfolger C128 und mit dem Amiga den fortschrittlichsten PC veröffentlicht. Die Firma beschließt, Weihnachten angemessen zu feiern. Doch die Party gerät außer Kontrolle. Im Dezember 1985 versammeln sich mehrere Tausend *Commodore*-Mitarbeiter im historischen Sunnybrook-Saal in Pottstown, Pennsylvania. „Nach dieser Weihnachtsfeier war jeder ziemlich umgekrempelt", erinnert sich Russell. „Es war das vielleicht größte und beste Commodore-Weihnachten überhaupt. Sie verteilten netten Geschenke und jeder wurde kostenlos abgefüllt." Niemand genießt die Freigetränke mehr als CEO Marshall Smith. Zur Überraschung aller tanzt der ehemalige Generaldirektor aus der Stahlbranche Pogo. „Smith ist ein recht großer Mann", sagt Russell. „Er war ein guter Trinker und konnte es beim Pogen mit den Besten unter ihnen aufnehmen, wie Herd bestätigen kann. Herd, Berlin und er tanzten Pogo. Trinken und zuschlagen – ich denke, das war das einzige, wozu er qualifiziert war." Herd erinnert sich an die Verbrüderung mit dem CEO. „Eines Nachts schlug ich Smith", sagt er. „Ich hatte viel getrunken und er wurde in der Nacht immer betrunkener. Zu dem Zeitpunkt hatte ich einen Gipsverband." Herd ist ständig gereizt, noch schlimmer, wenn Alkohol sein Urteilsvermögen trübt. „Er patschte einem ins Gesicht, wenn man mit jemandem sprach", erinnert er sich. „Ich schlug ihn mit meiner Gipshand zurück, so dass es etwas härter rüber kam. Es warf ihn ein Stück zurück." Die meisten Angestellten würden sich Sorgen machen, hätten sie ihren CEO geschlagen. Herd ist anders. „Wahrscheinlich dachte ich, er würde sich nicht mehr daran erinnern, doch das war damals nicht der Punkt. Ich sagte: ‚Mach das nicht noch einmal.' Er sah mich erstaunt an. Danach kamen wir einigermaßen klar."

Anfang 1986 erklärt *Commodore* Herd zum Produkt-Manager für den europäischen Amiga. „Er war für eine kurze Zeit dort, als das Amiga-Zeug losging", erinnert sich Haynie. „Er erhielt eines der ersten Bücher, die den Amiga beschrieben." Obwohl Herd vom Amiga beeindruckt ist, fühlt er sich durch das Projekt kaum herausgefordert. „Das war nur Papier. Ich änderte einige Timings und sagte ihnen, wie sie einen neuen Chip zuschneiden sollten, aber das war keine Herausforderung", sagt Herd. „Mein Ego ertrug es nicht, nichts zu tun. Und sie hatten kein Projekt für mich." In seiner ersten Woche im Projekt sieht sich Herd nach einer neuen Arbeit um. „Ich wollte unbedingt weiterhin das tun, was ich bisher tat. Ich kündigte und nahm eine Stelle als leitender Ingenieur eines Startups an, das sich mit Bilderkennung beschäftigte. Viele Commodore-Mitarbeiter stellten sich dort vor. Wir dachten alle, dass das etwas Tolles sei. Sie schafften es, das Ego eines jungen Mannes anzusprechen."

Herd ist ein Schürzenjäger und unterstreicht seinen Ruf als Tier an seinem letzten *Commodore*-Tag. „Es war bekannt, dass ich beiße", sagt er. „Ich glaube, dass die Frauen bei Commodore verglichen, welche wo gebissen worden war, einschließlich der Frau, die ich bei meinem Kündigungsgespräch biss." Herd verlässt *Commodore* mit gemischten Gefühlen. „Ich war ganz davon eingenommen, ein Commodore-Ingenieur zu sein. Warum sollte man sonst 11 Tage in seinem Büro schlafen? Es war ein toller Arbeitsplatz."

Trotz seiner mangelnden Schulbildung leistet Herd einen gewaltigen Beitrag für *Commodore*. „Er machte eine außergewöhnliche Arbeit", sagt Haynie. „Bis heute wünsche ich mir Bil an meine Seite, wenn ich irgendeine Hardware hinbekommen muss. Ich habe noch nie jemanden gesehen, der selbst kleine Fehler so präzise erkennt wie er. Und er lernte es auf der Straße." Wie die meisten Mitarbeiter hält Herd die Firma in guter Erinnerung: „Je mehr mein Gedächtnis verblasst, desto mehr erinnere ich mich an das Gute und vergesse das Schlechte. Erwähnte ich schon, dass Commodore ein lustiger Arbeitsplatz war?"

**Bil Herd in der Nacht, als er Marshall Smith schlägt.**

Foto: Dave Haynie

# KAPITEL 21

# Verspielte Chance ▌

21

1985 - 1987

Jay Miner und seine Ingenieure sind zufrieden mit *Commodore*, ebenso wie ihr Software-Guru R.J. Mical: „Der Amiga 1000 wurde fast genauso, wie er uns vorschwebte." Nun liegt es an *Commodore*, die Nachricht in die Welt zu tragen.

## Schlechte Werbung für die Freundin ****

Die Amiga-Ingenieure sind entzückt über *Commodores* Umgang mit dem Amiga – bis die Werbekampagne beginnt. „Etwas passierte, als der Amiga von unseren in Commodores Besitz überging", sagt Mical. „Die Marketing- und Verkaufsteams legten los und übernahmen die Sache. Dabei waren irgendwo in der Firma eine Person oder eine Gruppe – vielleicht alle – wahnsinnig: Dem Amiga wurden unglaublich, schockierend, fürchterlich dumme Dinge angetan."

Das *Commodore*-Marketing ersetzt den Boing-Ball mit einem Logo, das dem klassischen Regenbogen-Logo des C64 ähnelt: Ein bunter Haken repräsentiert die lebendigen Farben des Amiga. Das Amiga-Team findet jedoch, das neue Logo habe nicht annähernd das Potential des Boing-Balls, der in Fachkreisen schon populär ist.

Hinsichtlich der Werbung muss sich der Amiga von IBM PC und Macintosh unterscheiden. Beide Computer sind langweilig und wirken im Fernsehen nicht gut. Der Amiga dagegen ist wie geschaffen fürs TV. Mical meint, dass der Produzent der Fernsehspots den Amiga nicht verstand. „Sie hatten die lächerlichste Werbekampagne", erinnert er sich. „Es war verrückt. Ich könnte darüber lächeln, wäre es nicht die Maschine gewesen, an der wir so hart gearbeitet hatten, auf die sie nun sch...en. Sie wussten nicht, wie sie ihn populär machen sollten (...) Der erste TV-Spot für den Amiga zeigte Zombie-ähnliche Leute, die vermutlich ekstatisch sein sollten, aber geistig verwirrt erschienen. Sie gingen auf ein Podest zu, vom dem ein Licht ausstrahlte", sagt Mical. „Schließlich erkennt man einen leuchtenden Computermonitor." Die Werbung macht Mical ratlos. „Was immer das war, es warb nicht für unsere Maschine."

Mical ist enttäuscht, dass die Werbung die revolutionären Fähigkeiten des Amiga nicht hervorhebt. „Sie zeigten weder die coole Grafik noch den coolen Sound noch das Multitasking-Betriebssystem. Das ist ein Computer der nächsten Generation!"

Bil Herd erinnert sich an eine andere, mehrdeutige Werbung: „Da war dieser weinende Fötus und ein alter Mann, der weiße Stufen hinaufging. Es war ein wenig wie 2001: Odyssee im Weltraum. Wir dachten: ‚Wovon zum Teufel reden die?' Na ja, sie versuchten den Beginn einer neuen Generation rüber zu bringen." Unter den Ingenieuren wird der Fötus zum Running-Gag. „Wir sahen Bilder von der Entstehung der Werbung. Sie hielten den Fötus mit einem Stock vor die Kamera", erklärt Herd. „Es sah aus wie ein Leckerbissen für Dinosaurier. Ziemlich morbide. Ein Fötus am Stiel. Was dachten die sich beim Marketing bloß?" Die Agentur produziert auch eine Werbung in nostalgischem Schwarz-Weiß. Der Spot zeigt Fotos von Kindern, die in einen Swimmingpool springen, Abschlussfeiern und Jugendliche, die Twist tanzen. Der Erzähler sagt: „Beim Aufwachsen erkennt man, dass man in einer Welt voller Konkurrenz groß wird."

Schwarz-weiß-Fotografie benutzen auch Printanzeigen, deren Motto „Der Amiga gibt ihnen einen kreativen Vorsprung!" dadurch zur Ironie wird. Eine der frühesten Werbungen erscheint in der November-Ausgabe des *National Geographic* 1985 und zielt auf den Bildungsmarkt. Sie zeigt ein Schwarz-weiß-Bild mit Schulkindern. Darüber der Slogan: „Sie hatten immer eine Menge Konkurrenz. Jetzt können sie einen unfairen Vorteil haben." Die zweite Magazin-Anzeige (und die erste, die in *Byte* erscheint) zeigt Anfang 1986 ein Seifenkistenrennen: „Wer heute als Zweiter ins Ziel kommt, verliert das Rennen." Mical findet die altmodische Werbung fehlgeleitet. „Es war sepiafarben! Ist das die Botschaft, die man den Leuten vermitteln möchte? ‚Kaufen Sie diesen neuen Computer. Er hat echte Farben!' Sie waren irre. Unvorstellbar, dass jemand das für eine gute Idee hielt: Lasst uns diesen neuen, leistungsstarken Color-Grafikcomputer mit Anzeigen in Sepiatönen verkaufen." Die Werbung spricht die Zielgruppe kaum an. Stattdessen wirkt es, als wolle *Commodore* den Amiga an Rentner verkaufen.

Yannes meint, man hätte IBM und *Apple* direkt angehen sollen. „Die PCs waren langweilige, profane Geräte fürs Geschäft. Sie waren nicht für kreatives Zeug gedacht. Damit machte Apple eine Menge Geld, als sie den Macintosh veröffentlichten. Commodore hätte das auch versuchen können." Dave Haynie fragt sich, ob solch kryptische Werbung überhaupt Käufer gewinnen kann. „Ich erinnere mich vage an die ersten Spots. Man wusste nicht, wofür sie warben." Herd stimmt zu. „Man konnte sich einen Amiga-Spot ansehen, ohne zu merken, dass es einer war. Ich erinnere mich an Leute, die meinten: ‚Wofür warb das?' " Die neue Werbung bleibt hinter den VIC-20-Spots mit William Shatner zurück.

*Commodores* stärkste Verkaufsargumente sind direkte Vergleiche mit der Konkurrenz. Da der Macintosh audiovisuell schwach ist, bräuchte die perfekte Werbung die beiden nur zu vergleichen. Der Amiga bietet Farbe, die das schwarz-weiße Desktop-Publishing mit dem Mac, seines einzigen Nischenmarkts, alt aussehen lässt. Gäbe *Commodore* diese Botschaft aus, könnte die Firma den DTP-Markt beherrschen. Stattdessen verkauft sich der Mac im Verhältnis 2:1[1] gegen den Amiga – trotz des hohen *Apple*-Preises.

*Commodore* bleibt vor der Veröffentlichung bewusst leise, um den Auftrittseffekt zu verstärken. Doch die verpfuschte Werbekampagne lässt kaum jemanden in der Industrie an das Produkt glauben. „Sie tauchten ab, um dann eine große Welle zu schlagen", sagt Mical. „Aber es war nur eine Welle in einer Pfütze. Es war tragisch, den schlechten Absatz mitanzusehen. Nach meiner Meinung lag es hauptsächlich am fehlenden Marketing."

Eine der bekanntesten und effektivsten Anzeigen erscheint erst Ende 1986 - ein ganzseitiges Bildschirmfoto von Tutanchamun. Zum ersten Mal zeigt *Commodore* die Grafik-Fähigkeit des Amiga. Darüber steht: „Amiga unter $2.000. Alle anderen bis $20.000." Die Herangehensweise ist keck und zeigt genau, warum der Amiga sich von anderen Computern unterscheidet.

Im Rückblick distanziert sich Thomas Rattigan von den Werbeanstrengungen seiner Firma: „Was immer wir taten, es war wohl recht preisgünstig", sagt Rattigan, der sich an keine Werbung erinnert. „Ich war in die kreative Seite nicht involviert und sah mir keine Storyboards an." Der Grund für die kurze Dauer der Spots: „Im Grunde lebte die Firma von der Hand in den Mund. Zu meiner Zeit machten wir kaum Werbung, weil wir's uns nicht leisten konnten."

---

1) **Laut *Philadelphia Inquirer* verkaufen sich im ersten Jahr 100.000 Amigas, aber 200.000 Macs im selben Zeitraum.**

Im Jahr zuvor lässt *Commodore* für *Amiga* 24 Millionen Dollar springen, obwohl die Technik auch für 4 Millionen Dollar zu haben ist. Nun fehlt das Geld, die Neuerwerbung ausreichend zu bewerben. „Die Firma steckte im finanziellen Engpass", sagt Rattigan. „Sie verlor einige Hundert Millionen Dollar in sechs oder sieben Quartalen. Werbung außerhalb der Weihnachtszeit hatte keine Priorität. Das war Luxus, den sich die Firma nicht leisten konnte."

Doch selbst mit beschränktem Budget hätte *Commodore* intelligentere, effektivere Spots drehen, und die Amiga-Fähigkeiten zeigen können. Rattigan schiebt die Fehler auf die generelle Unerfahrenheit des Computermarketing in den 80er-Jahren. „Wenn man einen Blick auf Proctor and Gamble, Kraft oder Philip Morris wirft, ist deren Marketing-Erfahrung viel größer als die anderer Branchen. Ich glaube nicht, dass man in Computerfirmen viele Spitzen-Marketingleute findet." Das *Commodore*-Marketing braucht ein Wort, das beschreibt, was der Amiga hat und anderen fehlt. Der Amiga kann Videos und Farbfotos zeigen, Töne und Musik klar wiedergeben, handhabt die verschiedensten Medien. Kurz: Ein echter Multimedia-Computer. Doch *Commodore* fällt das Modewort nicht ein, das den Computer beschreibt. Jahre später preschen andere Firmen mit dem Begriff ‚Multimedia' voran.

Amerikaner erinnern sich an die alte IBM-Werbung mit Charlie Chaplin. Sie ist witzig, unverwechselbar und sehr effektiv. Andere haben die Orwellsche Macintosh-Werbung noch im Kopf. Doch niemand, nicht einmal der Präsident von *Commodore*, erinnert sich an die Werbungen für den Amiga. Mical ist immer noch frustriert über die Kampagne: „Ich weiß nicht, wer bei Commodore dahinter steckte. Ich kann auf niemanden verweisen", sagt er. „Irgendwer in der Organisation muss den Spots zugestimmt haben und da draußen ist irgendwo eine Agentur, die sie für eine gute Idee hielt. Dummheit an allen Fronten! Ich weiß nicht, ob Commodore der Agentur sagte: ‚Sie müssen Sepiatöne verwenden.' Ich weiß nicht, woher das kam. Irgendjemand sollte raus gehen und ihnen einen Eimer Eiswasser über den Kopf schütten. Dann wäre ich glücklich." Mical zufolge kündigt Rattigan der Agentur.

Obwohl *Commodore* in Nordamerika Marktanteile einbüßt, bleibt die Firma in Europa so stark wie in der Vergangenheit. „Eine der Eigenheiten bei Commodore war, dass jedes Land für eigene Werbung und die Art, wie dort Computer verkauft wurden, zuständig war", sagt Haynie. *Commodore Deutschland* nimmt in Europa die führende Stellung ein. „Sie hatten hervorragende Werbung dort, weil Deutschland stets ein wichtiges Land für Commodore war. Man sah Commodore-Werbungen auf Flughäfen. Das erste Mal als ich dort war, dachte ich: Unglaublich!" Die *Hannover-Messe*, aus der sich später die *CeBit* abspaltet, beeindruckt Haynie besonders. „Das war eine Riesenshow für Commodore. Ein zweistöckiger Stand mit Bar im obersten Geschoss – das war größer als alles, was wir in den USA machten."

Haynie glaubt, dass das Geschäft mit PC-Kompatiblen hilft. „Einige der europäischen Firmen wollten alles aus einer Hand. Vielleicht mochten sie die Amigas, aber wenn man keine PC-Kompatiblen im Angebot hatte, konnte man kein Geschäft machen. Darum ging es Apple in Europa auch so gut – natürlich nicht! Niemand kaufte Apple und sie waren völlig überteuert."

1986 ist klar, dass die Werbekampagne ein Fehlschlag ist. Marketing-Chef Nigel Shepherd, der den Verantwortlichen im Januar ablöst, veröffentlicht die Verkaufszahlen. „Weltweit verkaufen wir etwa 10.000 bis 15.000 Amiga pro Monat", erklärt er der *Compute!'s Gazette*.

## Runde Eins: Atari ****

Nach der Weihnachtssaison ist klar, dass der Atari ST die erste Runde gewinnt. Dank Tramiels aggressiver Strategie verkauft *Atari* mehr 16-Bit-Systeme und erhält größere Software-Unterstützung als der Amiga.

*Commodores* Marketing-Müdigkeit wird offensichtlich, als die Firma 1986 erstmals auf der Winter-CES in Las Vegas fehlt. Branchenexperten sind erstaunt, besonders da *Atari* dort den 520ST vorführt. Das *Ahoy! Magazine* berichtet in Ausgabe 4/1986: „Auf den letzten vier CES-Shows bekam der Commodore-Stand die meiste Aufmerksamkeit (...), der bestbesuchte Computer-Stand – wie es sich für den führenden Hardware-Hersteller der Branche gehört. Die Abkehr von der CES gleicht Russlands Rückzug aus der Sowjetunion."

Der CES-Ausstieg scheint freilich keine Katastrophe für den Amiga, da *Commodore* ja nicht auf den Privat- und Consumer-Markt, sondern auf den Fach- und Profisektor zielt. Doch auch auf der COMDEX, wo es vor Computer-Händlern wimmelt, fehlt *Commodore*. Die reservierte Standfläche bleibt ungenutzt. Jack Tramiel freut sich gegenüber der Presse: „Wir verkaufen mehr Atari STs als Commodore Amigas und wollen weitere Händlerverträge abschließen."

*Commodore* behauptet, dass alle produzierten Amigas verkauft und bereits genügend Händler am Start sind. In Wahrheit fehlt das Geld für die COMDEX. Die Firma zahlt Darlehen nicht zurück, daher verweigert die Bank den Kredit für die Show. *Commodore* hält auf der COMDEX lediglich eine Pressekonferenz ab und fehlt auch auf der Sommer-CES in Chicago, wo lediglich eine Suite für C64 und C128 gemietet wird. Robert Lock schreibt in der *Compute!'s Gazette* 9/86 „Die scheinbare Lethargie der Marktpositionierung, an der Commodore seit der Amiga-Veröffentlichung leidet, ist ein schockierender Wendepunkte der jungen Branche. Man fragt sich, ob nun die Banken das strategische Geschick der Firma führen."

Die *Commodore*-Ingenieure kommen als Besucher nach Chicago und geben Präsentationen in einer Hotel-Suite. „Bis das Geld wirklich knapp wurde, hatte Gould noch bei jeder Show eine Suite", erinnert sich Haynie. „Er ging immer einen oder zwei Tage früher, so dass sie gegen Ende der Woche leer war." Die *Commodore*-Mitarbeiter nützen die Gelegenheit. „Wir veranstalteten einmal im Jahr eine Feier in Irvings Suite. Das gehörte dazu. Alle kamen."

Während *Commodore* in Amerika Finanzprobleme plagen, fährt Europa weiterhin große Umsätze ein, die die Mutterfirma retten. In Europa vergrault *Commodore* seine Fachhändler während der VIC-20 und C64-Tage nicht. Das Vertriebsnetz bleibt intakt.

Seit Ende 1985 trägt Thomas Rattigan mehr Verantwortung: „Ich wurde in einem Zwischenschritt COO, während Technik und Finanzen weiterhin Marshall Smith unterstanden." Im Februar 1986 ernennt Gould Rattigan zum Vorsitzenden und CEO von *Commodore International*. „Im Februar gab es eine Vorstandssitzung auf den Bahamas", erinnert sich Rattigan. „Es wurde beschlossen, dass ich aufstieg und Smith uns verlassen würde." Rattigan kann nun etwas bewegen. Er erhält einen Fünfjahresvertrag, der am 1. Juli 1991 ausläuft. Rattigan, so scheint es, repräsentiert *Commodores* Zukunft. „Smith ging bald darauf und atmete stark auf", sagt Rattigan. „Er schuftete sich krumm und arbeitete sehr intensiv mit den Leuten. In gewisser Hinsicht hat das den Beitrag, den er hätte leisten können, vermindert."

Rattigan tut sein Bestes, um die Mitarbeiter auf allen Ebenen zu motivieren. „Man brauchte die richtigen Leute an Bord. Dann musste man sie dafür gewinnen, das Steuer herumzureißen." Rattigan ist beeindruckt von der Arbeitsmoral der einfachen *Commodore*-Arbeiter. „Einige Leute kamen samstags und arbeiteten ohne Lohn. Ich rede von den Leuten an den Fließbändern. Sie kamen und wir erstellten eine Lastwagenladung voll Zeug, so dass wir eine Lieferung für das entsprechende Quartal machen konnten." Rattigan tut sein Möglichstes, um die Mitarbeiter zu entlohnen. „Man kaufte ihnen 20 oder 30 Pizzas und 20 Kästen Bier. Man versuchte sie, an das Überleben der Firma zu binden und es zu schaffen. Glücklicherweise schafften wir's."

Am Erfolg lässt Rattigan die Mitarbeiter teilhaben. „Nachdem wir wieder auf Kurs waren, kam uns die Idee, den Leuten statt einer Lohnerhöhung – die sie seit einiger Zeit nicht mehr bekamen – eine Belohnung auf Aktien-Basis zu geben. Der Kurs lag damals bei etwa fünf Dollar pro Aktie. Wir stellten eine große Tafel in die Cafeteria und sagten, dass wir für jeden Punkt, den die Aktie stieg, einen Bonus von einem Prozent, insgesamt maximal 10% geben würden. In bar." Während der Tramiel-Ära verliert die Firma Top-Ingenieure, die vom Erfolg ausgeschlossen werden, wie z.B. Robert Yannes. Jetzt sollen alle Angestellten am Erfolg teilhaben.

## Es lebt! ****

Wall-Street-Analysten bezeichnen den Amiga als ‚Rette-die-Firma-Computer', doch diese Aufgabe erfüllt ein anderer *Commodore*-Rechner. Anfang 1986 sind zwischen fünf und sechs Millionen C64 verkauft. „Der C64 war, was die Gewinnspanne anging, unser profitabelstes Produkt ", sagt Rattigan.

Es ist offensichtlich, dass der C64 die Grundlage für *Commodores* Gewinne ist, aber die Ingenieure wissen nicht, wie sein Leben verlängern. Sie beabsichtigen nicht, ihn durch den C128 zu ersetzen. Letzterer „war kein Ersatz, sondern eher eine Aufwertung", laut Dave Haynie. „Ich glaube nicht, dass jemand versuchte, ihn als Ersatz für den C64 zu positionieren. Der C64 kostete in der Produktion nur $35. Wenn Leute ihn kaufen wollten, war man mehr als glücklich, ihn herzustellen." Die überraschende Verbreitung des C64 macht ihn immer noch beliebter. „Es lag nicht daran, dass der C64 so großartig war", sagt Haynie. „Er war ein guter Computer, der die kritische Masse erreicht hatte. IBMs waren aus demselben Grund verbreitet. Aber die waren klonbar und der C64 nicht." *Commodore* verteidigt das C64-Monopol. „Es gab Zeiten, als alles geschützt war und sie keine Disklaufwerke von Fremdherstellern wollten", sagt Haynie. „Sie wollten nicht, dass jemand den C64 oder den Amiga kopiert."

Die komplizierten Custom-Chips erschweren Nachbauten. „Commodore wollte nicht, dass andere etwas kopierten. Deshalb boten sie die Chips nur zu lachhaft hohen Preisen an", sagt Haynie. „Ein SID kostete ein paar Dollar in der Herstellung. Aber wenn man einen kaufen wollte, musste man den Listenpreis für das Ersatzteil zahlen, und der lag bei 20 bis 30 Dollar."

Der C128 trägt ebenfalls zum Umsatz bei. „Der C128 war als Übergangslösung gedacht", sagt Herd. „Nach einer Aufstiegsphase von einem Jahr sollte er im zweiten Jahr absterben und unseren 16-Bit-Jungs eine Chance geben. Als sie den Amiga nicht gut vermarkteten, hielten sie den C128 länger am Leben." Mitte 1986 hat *Commodore* bereits 600.000 Geräte verkauft und stellt 1987 einen geschäftsorientierten C128D im Desktop-Gehäuse, exklusiv in Europa, vor.

„Die D-Version hatte ein eingebautes Laufwerk und sollte gemeinsam mit dem C128 herauskommen, verspätete sich aber um Jahre“, sagt Herd. „Der C128D war etwas, nach dem Europa verlangte“, sagt Haynie. „Herd war anfangs dabei, ich brachte es zu Ende.“

Unzählige Fans fragen sich, ob *Commodore* einen weiteren C64-Rechner veröffentlichen wird. Das Management sieht keine Notwendigkeit für eine Fortführung des C64-Erfolgs. „Das versuchten wir eigentlich mit dem C128“, sagt Rattigan. „Man sprach mehr darüber, den C64 günstiger zu produzieren.“

Als auf der Sommer-CES in Chicago eine neue C64-Version angekündigt wird, reagieren die Anwender aufgeregt und hoffnungsvoll. Doch *Commodore* spricht von einem C64 mit denselben Spezifikationen im neuen Gehäuse, genannt C64CR (Cost Reduced).

„Es gab einen kostenreduzierten C64, der etwa zeitgleich mit dem C128 raus kam“, sagt Herd. „Ich half ein wenig, aber die meiste Arbeit machte ein japanischer Ingenieur namens Katayama.“ Herds C128-Erfahrung ist für Katayama wertvoll: Wie zuvor stellt Herd sicher, dass alle Fehler wieder in den C64CR einfließen. Sonst funktionieren nicht alle alten Programme.

Das Marketing nennt den Computer C64C. Obwohl die Leistung unverändert bleibt, lässt er sich preiswerter herstellen. „Bei Commodore war ‚günstig‘ ein Leistungsmerkmal“, sagt Herd. Das Motherboard ist kleiner, enthält weniger Komponenten und nutzt den 8510-Prozessor. Der alte C64 benötigt zig verschiedene Arten von Schrauben, der neue dagegen nur zwei. Rattigan zieht eine Parallele zum Unterschied zwischen ‚Coke Classic‘ und ‚New Coke‘. Das *Commodore Magazine* schreibt in der Jahresrückschau der Januar-Ausgabe 1987: „Anders als Coca-Cola hält Commodore einen Klassiker ohne großes Brimborium und öffentlichen Aufschrei am Leben.“

Das weiße C64C-Gehäuse sieht professioneller aus. Es stammt vom C128 und ist dem keilförmigen Ur-Design, das sich Robert Yannes und Al Charpentier 1983 wünschen, sehr ähnlich. CBM-Geschäftsführer Nigel Shepherd erklärt: „Wir wollten äußerlich mehr Synergie zwischen dem 64er und dem 128er.“ Im Juni 1986 endet die Produktion des alten Modells und die Produktion des neuen C64C läuft an. *Commodore* erhöht den Verkaufspreis von $159 auf $199. Der Hauptgrund dafür ist GEOS, eine grafische Benutzeroberfläche, die nahezu jede Funktion des Macintosh in 64 KB Speicher unterbringt. Der höhere Preis und die geringeren Produktionskosten machen den C64 für *Commodore* gewinnträchtiger als jemals zuvor. Shepherd gesteht in einem Interview: „Wir brauchten die höhere Marge.“

Im Februar 1986 belebt das Nintendo Entertainment System den Spielkonsolenmarkt. Das NES-Set kostet $249 und beinhaltet eine Lichtpistole und R.O.B, den ‚Robotic Operation Buddy‘. Bald darauf veröffentlicht *Nintendo* das ‚Action Set‘ für $199: Konsole, zwei Controller und **Super Mario Bros.** – ein Bombenerfolg. Das *Commodore*-Management erwägt, gegen *Nintendo* anzutreten. „Es gab Überlegungen, den C64 zu einer Spielkonsole zu machen“, enthüllt Rattigan. „Gould und ich hatten unterschiedliche Ansichten.“

Russell und Mathis untersuchen das NES. „Mathis nahm den NES-Chip auseinander und machte Fotos“, erinnert sich Russell. Die Untersuchung amüsiert Russell: „Der Nintendo-Prozessor war ein 6502 ohne den patentierten Teil. Wir bauten das Oberteil des Chips ab, um hineinzusehen. Es war ein exakter 6502. Wir sahen uns an, wo wir die Patente hatten und sie hatten eben jene Schaltkreise gelöscht.“ Trotz der Veränderungen versteht die CPU 99% des

6502-Befehlssatzes. „Einige Dinge liefen nicht richtig oder benötigten zusätzliche Berechnungen. Ich weiß nicht, ob irgendjemand das wusste, aber Rockwell hatte damals auch diesen Kern. Vielleicht hatten sie ihren von Rockwell."

Die Hartnäckigkeit der Japaner ist beeindruckend. Russell bietet eine Antwort, warum sie ihre Chips lieber nicht von nordamerikanischen Quellen beziehen. „Sie sahen sich die Patente an und wussten, dass wir sie nicht herüberkommen und mit uns konkurrieren lassen würden." *HAL Labs*, die japanische Firma, die früher Spiele für den C64 herstellt, produziert nun für das NES. Da das NES den 6502-Kern nutzt, fällt die Portierung leicht. „Die hatten keine Probleme bei der Erstellung von Nintendo-Spielen", sagt Russell.

Viele sehen das NES als Konkurrenz zum C64, wahrscheinlich zu unrecht. Eher verlängert die *Nintendo*-Konsole das Leben des C64, da viele Verbraucher vergleichen und sich für letztere Hardware entscheiden. Der C64 hat eine größere Auswahl an preiswerten Spielen und das grafische Betriebssystem GEOS, man kann einen Drucker anschließen und via Modem telekommunizieren. In der Gunst informierter Käufer rangiert der C64C vor dem NES, besonders bei Eltern. Das versteckte Verkaufsargument ist die üppige Software-Piraterie unter Jugendlichen: C64-Besitzer bekommen die neuesten Programme quasi umsonst. Obwohl dies für den Markt destruktiv ist, sichert es *Commodore* einen Vorsprung gegenüber Nintendo.[2]

Der Software-Markt für den C64 erreicht seinen Höhepunkt 1987/88. Internationale Hersteller honorieren das Durchhaltevermögen des 8-Bit-Rechners und produzieren einige der besten C64-Spiele. 1987 erscheinen Meisterwerke wie **Maniac Mansion**, **The Last Ninja**, **Pirates!**, **Legacy of the Ancients** und **The Great Giana Sisters** und über 1.000 weitere Titel, Public-Domain-Produktionen eingeschlossen. 1988 kommen 1.300 Neuheiten hinzu.

Erst 1989 setzt ein Rückgang von Neuerscheinungen ein, verstärkt erhält der C64 Umsetzungen anderer Plattformen, z.B. **Sim City**, **Tetris** und **Lemmings**. Computerspiele erscheinen meist für IBM PC, Amiga und C64 zeitgleich. Selbst technisch anspruchsvolle 16-Bit-Spiele wie **Defender of the Crown** und **Faery Tale**, deren Originalversionen alle Amiga-Fähigkeiten nutzen, schaffen es auf den C64. Bis in die 90er-Jahre fühlen sich C64-Besitzer nicht vernachlässigt.

*Commodore* selbst konzentriert die Softwareproduktion auf die neuesten Rechner: „Die Software-Entwickler wendeten sich langsam vom C64 ab", sagt Russell. „Wir hatten ein großes Problem. Plötzlich waren Hochsprachen wie C erhältlich, die einen Stapelspeicher benutzen. Von Anfang an war das mein Problem mit dem 6502-Chip und der Grund, warum ich ihn nicht mochte. Compiler benötigen tiefgehende Stapelunterstützung, um vernünftig zu funktionieren. Der C64 hat einen 8-Bit-Stapelzeiger, aber alle anderen Chips können den vollen Speicher ausnutzen." Das Fehlen eines guten C-Compilers macht die Erstellung von komplexen Spielen schwierig, meint Russell: „Der Apple II starb damals aus denselben Gründen."

Der C64 führt mehr Menschen an Computer-Technik heran, als jeder andere Rechner. Gegen fünf Millionen Apple-II-Systeme verkauft er sich 20 Millionen Mal. Es ist ein beeindruckendes Ergebnis angesichts der stagnierenden Technik des C64. Man kann nur ahnen, was passiert wäre, wenn *Commodore* den Computer-Bestseller mit 16-Bit-Technik weiterentwickelt hätte.

---

2) **Ähnlich hilft die CD-ROM der Sony Playstation zehn Jahre später gegen Nintendo. Im Gegensatz zu Floppy-Disketten und CDs lassen sich die Module von NES, SuperNES und Nintendo 64 kaum kopieren.**

## Der Commodore-Fluch, achter Teil ****

Nach der verpfuschten Marketing-Kampagne für den Amiga verliert das Team den Glauben an *Commodore*. „Alles lief super, aber viele Firmenentscheidungen, sowohl auf Ingenieurs- als auch auf Marketing- und Geschäftsebene, enttäuschten uns", sagt Mical, der seinem Arbeitgeber nicht die gesamte Schuld gibt. „Es lag zum Teil auch an der Reputation der Technik in den ersten Monaten. Die Version 1.0 des Betriebssystems war absolut mies und unser DOS war langsam. Vom Ingenieursstandpunkt aus gab es viele Defizite, aber sie waren vergleichsweise klein."

Die Frustration unter den Ingenieuren bezüglich der Firmenausrichtung steigt: „Am Ende hatten wir das Gefühl, dass wir ein wunderbares Kunstwerk geschaffen hatten und Commodore uns wegen ihrer mangelnden Erfahrung und mangels Verständnis für den Computer hängen ließ." Bei der Arbeit an der Workbench 1.2 verleihen die Ingenieure ihren Gefühlen Ausdruck. „Ich war damals verantwortlich", sagt Mical. „Eines Tages zeigten mir die Jungs voller Freude, was sie darin versteckten. Wenn man eine bestimmte Tastenkombination drückte, erschien die Nachricht: ‚Wir haben den Amiga gemacht und sie haben ihn versaut.' Als ich das sah, musste ich kichern: ‚Das ist nett, aber das können wir nicht reinbringen. Das ist inakzeptabel.' Sie sagten: ‚Ach komm' schon!' Ich sagte: ‚Auf keinen Fall. Ihr müsst es rausnehmen.' " Mical überprüft den Code zweimal, bevor er ihn absegnet.

„Als die finale Version des Betriebssystems fertig war, drückte ich ängstlich die Tastenkombination, um sicher zu stellen, dass es nicht mehr da war. ‚Der Amiga, ein geborener Champion' erschien jetzt als Nachricht." Mical weiß nicht, dass der beleidigende Text immer noch enthalten ist. „Sie nahmen es nicht raus, sondern versteckten es lediglich eine Ebene tiefer und verschlüsselten es. Darum brauchte einer der Fans etwa zwei Wochen, um es zu finden."

Die Programmierer versteckten ihre Geheimbotschaft außerordentlich umständlich. „Man musste eine Tastenkombination mit acht Fingern und beiden Daumen drücken, um die erste Nachricht zu sehen: ‚Wir haben den Amiga gemacht.' Wenn man jetzt, ohne die Tastenkombination zu lösen, irgendwie eine Diskette ins Laufwerk schob (z. B. indem man sich hinüberlehnte und sie mit seiner Nase hineinschob), erschien die andere Nachricht für 1/60 einer Sekunde. Sie blinkte auf und verschwand." Die Ingenieure glauben, dass der letzte Teil der Nachricht zu schnell verschwinde, um gelesen werden zu können. „Doch ein Kerl hat das schnell gelöst", sagt Mical. „Er schloss einen Videorekorder an den Amiga an und nahm es für die ganze Welt gut sichtbar auf." Die Entdeckung löst ein Chaos bei *Commodore* aus. „Das Gerät stand bereits auf englischen Ladentheken, als das bekannt wurde. Sie zogen zehntausende Geräte zurück und verkauften sie nicht, bevor sie neue ROMs hatten." Mical weiß um die finanziellen Auswirkungen des Streichs. „Der nette Witz eines Ingenieurs traf uns hart. Ich weiß, wer es war, werde seinen Namen aber nicht nennen. Ich balle meine Faust noch heute. Wir verloren viel Geld in England, weil sie ihn nicht mit dieser Botschaft verkaufen wollten. Wir brauchten dreieinhalb Monate, um neue ROMs in die Geräte einzusetzen und sie wieder in die Läden zu bringen." Nach diesem Fiasko binden Rattigan und seine Manager die Amiga-Ingenieure näher an *Commodore*. „Was immer ihre Gründe waren, das Management wollte nun direkte Aufsicht über die dortigen Vorgänge", sagt Haynie.

*Commodore* will die Amiga-Ingenieure zudem *MOS Technology* annähern. „Sie verfügten nicht über moderne Einrichtungen für Chip-Entwicklung", sagt Haynie. „Commodore sandte ihnen viel Equipment, um sie zu unterstützen, doch die Fabrik war hier. Es war vernünftig, wenigstens die Chip-Leute herüberzuholen." Rattigan bittet das Entwickler-Team nach Osten zu ziehen. „Ich arbeitete gerne für Amiga und Commodore, aber nicht für eine Firma an der Ostküste", sagt Mical. „Ich hatte unterschrieben, wilde und exotische Sachen in Kalifornien zu entwickeln; Startups und allerhand neues Zeug." Mical spürt, dass es Zeit ist, zu gehen. „Ich wollte frei sein", singt er. „Ich arbeitete vier Jahre am Amiga und hatte die Gelegenheit, (...) meine Karriere fortzusetzen und die Arbeit an etwas Neuem zu beginnen. Es war der richtige Zeitpunkt zu gehen. Ich verließ die Firma im Januar 1986."

Andy Finkel, Entwickler von **Omega Race** für den VIC-20, nimmt Micals Position als Software-Manager ein, während sich Mical der Amiga-Software- und Peripherieentwicklung zuwendet. „Ich verbrachte eineinhalb Jahre als unabhängiger Unternehmer mit Amiga-Kram. Ich machte eine Reihe von Sachen, die alle zusammenhingen." Mical engagiert sich in der Spielentwicklung, arbeitet für *Electronic Arts*, hilft der damals noch jungen Firma bei der Entwicklung ihrer Amiga-Tools und fungierte als Berater. Er beginnt sogar die Entwicklung eines eigenen 3D-Spiels. „Baal wäre ein sehr guter Titel geworden, hätte Spaß gemacht. Aber ich wurde von einer anderen Gelegenheit unterbrochen und setzte die Arbeit nie fort."

Monatelang arbeitet Mical an einem Videograbber, eine frühe Form von Film-Scanner. Die Technik gehört ursprünglich einer Firma namens *A-Squared*. *Commodore* will die Vermarktung übernehmen, steigt nach monatelangen Verzögerungen aber aus. Mical fasst den Plan, das Produkt fertig zu stellen: „Es gab einige interessante Scanner, die automatisch Farbfilter vor die Linse einer Schwarz-weiß-Kamera drehten. Es gab so viele interessante und verrückte Spielereien." Gemeinsam mit einigen Partnern gründet er die Firma *Grab Inc.* und vertreibt das Produkt. Tage nach der Demonstration des Videograbbers auf der *Siggraph* verlässt Mical das Unternehmen wegen ‚künstlerischer Differenzen', wie berichtet wird.

Der größte Verlust für *Commodore* ist der Weggang des Amiga-Visionärs Jay Miner, der in den folgenden Jahren nur noch beratend für *Commodore* tätig bleibt. Der Verlust des Teams stellt den verbliebenen *Commodore*-Ingenieuren eine düstere Zukunft in Aussicht. „Ich war besorgt deswegen, weil wir ihr Baby übernahmen", sagt Haynie. „Angesichts der Umstände verlief die Trennung gemäßigt." Obwohl der Amiga nicht die erhoffte Popularität erreicht, bauen die Entwickler doch die Maschine, die ihnen ursprünglich vorschwebt. „Es war aufregend", sagt Mical. „Eine tolle Zeit. Man konnte es nicht glauben. Die Arbeit bei Amiga war eine der magischsten Zeiten meines Lebens. Mein Gott, wir schufen Unglaubliches."[3]

## Erste Software ****

Kaum sind Amiga und Atari ST veröffentlicht, kritisieren die Medien den Mangel an Software. *Byte*-Redakteur Philip Lemmons schreibt in Ausgabe 3/86: „Der Atari 520ST und der Amiga bleiben beide hinter dem Macintosh zurück, sowohl hinsichtlich der System-Software wie

**3) Die Custom-Chips des Amiga revolutionieren Grafik und Sound im Mikrocomputerbereich. Das *Byte Magazine* zählt alle drei in der Septemberausgabe 1995 zu den 20 wichtigsten Chips der Welt.**

auch der Anwendungen." Das ist nicht überraschend, da der Mac ein Jahr vor dem Amiga erhältlich ist. Rattigan versteht die Bedeutung von Software. „Trotz aller Begeisterung erkannten wir, dass wir wenig Software für das Gerät hatten, und dass es sich schwer verkaufen würde. Programmierer schreiben ungern, bevor es nicht eine installierte Basis gibt. Sie wollen Geld verdienen." *Commodore* lockt anfänglich viele wichtige Entwickler, um Büroanwendungen für den Amiga zu produzieren. *Autodesk* arbeitet am bekannten 3D-Designprogramm *AutoCAD*, die *Lotus Development Corporation*, die *VisiCalc* übernimmt, beginnt mit der Umsetzung des populären *Lotus 1-2-3*-Pakets. Doch als sich der Amiga schlecht verkauft, brechen die Software-Häuser die Entwicklung ab. Mical weiß, dass das Gerät wesentlich bessere Anwendungen als der IBM-PC oder der Mac bieten kann. „Wir hatten IBM zweifellos geschlagen. IBM war uns nur hinsichtlich großartiger Büroanwendungen voraus, also verfolgten wir das. Wir dachten, wir hätten eine Chance, die Industrie mit dem Gerät zu übernehmen."

Um Entwickler zu unterstützen, installiert *Commodore* eine Abteilung namens *Commodore Amiga Technical Support* (CATS). Die Gruppe arbeitet eng mit externen Entwicklern für Soft- und Hardware sowie Peripherie zusammen.[4] „Die gesamte CATS-Organisation war erstklassig", sagt Mical. „Eine technische Support-Gruppe für den Amiga. Diese Jungs hatten was drauf. Sie waren brillante Helfer bei der Amiga-Software-Entwicklung."

CATS liefert qualitativ hochwertige Programme. „Jede nur denkbare Anwendung", sagt Mical. „Wir hatten eine gute Tabellenkalkulation und gute Textverarbeitungsprogramme. WordPerfect war gut, aber es gab viele andere, die genau so gut waren." Anfangs verhindert der kleine Arbeitsspeicher des Amiga das Ausführen von High-End-Programmen. Glücklicherweise bauten die Ingenieure in weiser Voraussicht einen Erweiterungsschacht ein, und *Commodore* veröffentlicht schnell zusätzliche 256 KB Speicher. Für die Benutzung kommerzieller Software sind Amiga-User auf diese Erweiterung angewiesen, da beinahe alle Programme volle 512 KB RAM erfordern. Dank CATS kommt die Software-Produktion auf Touren.

Einer der ersten und größten Unterstützer des Amiga ist *Electronic Arts* (EA). Die Firma wird auf dem Erfolg des C64 errichtet und ignoriert auch den jüngsten *Commodore*-Computer nicht, der offensichtlich ein technischer Quantensprung ist. Auf der Innenseite des Covers der Novemberausgabe 1985 von *Compute!* wirbt *Electronic Arts* mit einem Faltblatt: „Warum Electronic Arts sich dem Amiga verbunden fühlt." Trip Hawkins, der Gründer von EA, sagt darin: „Der Amiga wird die Heimcomputerbranche revolutionieren. Er ist der erste Computer, der alles hat, was man sich wünscht und braucht, um alle wichtigen Aufgaben eines Heimcomputers zu erfüllen: Unterhaltung, Erziehung und Büro."

*Electronic Arts* hat Erfahrung mit Spielen, will aber auch den Büromarkt erobern. Eines der ersten EA-Amiga-Produkte ist *Deluxe Video Construction Set*. Das Programmpaket verbindet den Rechner mit einem Videorekorder für Animationen, Untertitel und Abspänne; sowohl für Amiga als auch für *Electronic Arts* ein völlig neues Gebiet. Dann folgt ein Grafikprogramm. EA hat zuvor *Prism* für den IBM-PC veröffentlicht. Programmierer Dan Silva schreibt die glanzlose PC-Version für den Amiga um und zieht Vorteile aus der überlegenen Farbpalette. *Deluxe Paint* erscheint im September 1985 und wird dank eines Pixel-Bildes schnell berühmt: Tutanchamuns

4) *Commodore* benennt die Gruppe später in *Commodore Application and Technical Support* um.

goldene Maske auf dem Deckel der Packung. Das Aufsehen erregende Cover zeigt die unglaubliche Amiga-Grafik. Die sanften Farbübergänge erzeugen einen lebensechten Eindruck, den man bis dahin auf einem Personal Computer für unmöglich hielt. Das eingeschränkte *MacPaint* reicht nicht einmal ansatzweise an *Deluxe Paint* heran. Mical erinnert sich an die Wirkung, die das Programm auf Künstler machte: „Wir hatten über 10 Jahre das beste Malprogramm - absolut, auf allen Computern, plattformübergreifend." Obwohl er den Büromarkt anstrebt, ist Mical froh, dass Spiele für den Amiga verkauft werden. „Gute Spiele waren zweitrangig für uns. Aber um die Wahrheit zu sagen: Das stimmt nicht. Insgeheim wünschten wir uns gute Spiele. Und zum Glück hatte der Amiga wirklich starke Titel."

Dank der Bemühungen des Ur-Teams schafft es *Commodore*, zumindest ein Amiga-Spiel selbst zu veröffentlichen. Miner kennt aus seiner Zeit bei *Atari* viele Programmierer, darunter Bill Williams, der als Stanley Kubrick unter den Entwicklern gilt. Für den 8-Bit-Rechner Atari 800 programmiert Williams ab den frühen 80er-Jahren faszinierende und originelle Spiele wie **Necromancer** und zeigt sich beeindruckt von der Amiga-Technik. 1985 kommt er zu *Commodore* und programmiert das erste Amiga-Spiel, **Mind Walker**. Die bizarre Beschreibung lautet: „Du bist ein verrückter Physik-Professor. Die Jahre, die du mit dem Studium von Mikropartikeln und obskuren Formeln verbrachtest, haben dich innerlich verknotet. Du scheinst für immer in deiner inneren Welt verloren." Ziel des Spiels ist es, die verlorenen Scherben der geistigen Gesundheit zu finden und zusammenzusetzen.

Herd erinnert sich an Williams ausgefallenes Konzept. „Das einzige Spiel, an das ich mich außer **Marble Madness** erinnere, ist dieses wirre Abenteuer, bei dem man Sigmund Freud helfen muss, seinen Verstand wieder zu ordnen. Es hatte eine gruselige Hintergrundmusik, die man durch mehrere Büros hörte. Es lief womöglich immer noch auf meinem Amiga, als ich mein Büro zum letzten Mal verließ." Das Spiel ist unter Amiga-Usern sehr beliebt. Williams wechselt zu *Cinemaware*, wo er Soundtracks und andere Amiga-Spiele wie **Sinbad und der Thron des Falken, Pioneer Plague** und **Knights of the Crystallion** programmiert.[5]

Der Amiga erhält einen mächtigen Schub, als der Computerkünstler James Sachs ihm verfällt. Sachs entwickelte zuvor mit **Saucer Attack** ein recht unbekanntes, aber schönes C64-Spiel. 1985 beginnt er mit der Programmierung von ‚Timecrystal', das zu einem der grafisch spannendsten C64-Titel heranwächst, aber nie fertig gestellt oder veröffentlicht wird, wie Sachs bedauert: „Die zunehmende Software-Piraterie vertrieb mich vom C64-Markt. Ich wandte mich dem Amiga sofort nach seiner Veröffentlichung zu." Sachs gehört zu den glücklichen Entwicklern, die noch vor dem Debüt des Amiga mit ihm experimentieren können. Mit der *Graphicraft*-Software, die auf der Amiga-Gala vorgestellt wird, erstellt Sachs detailierte Bilder seines Hauses und seines Porsches. Das bringt ihm eine Anstellung bei *Master Designer Software* ein, der späteren *Cinemaware*. Diese Firma wirbt mit ‚interaktiven Spielfilmen' und plant ihr Debüt mit ‚Star Rush', für das *Byte*-Redakteur und SF-Autor Jerry Pournelle die Story und einen dazugehörigen Roman liefert.

Mit der Einstellung von Mical landet *Cinemaware* einen großen Coup. 1986 gibt es niemanden, der mehr über Amiga-Software weiß. Unter Spieldesigner Kellyn Beeck erstellt das

**5) Nachdem er *Bart's Nightmare* für die Super-Nintendo-Konsole entwickelt, tritt Williams einem evangelischen Priesterseminar bei. Er schließt seinen Master 1994 ab und stirbt 1998 an der Stoffwechselkrankheit Mukoviszidose.**

Team mit Mical und Sachs das legendäre Spiel **Defender of the Crown**. „Es war mehr als nur Defender of the Crown", sagt Mical. „Ich erfand das komplette Spielsystem für diese Jungs, die Engine des Spiels. Darauf setzten wir Defender of the Crown." Mical arbeitet gerne mir Beeck. „Kellyn gehörte zu den besseren Entwicklern; er war einer der zwei oder drei besten."

Mical sieht, dass Sachs den Amiga an seine Grenzen bringt. „Sachs ist ein Gott. Er ist einfach erstaunlich. Heutzutage sieht jeder solche Grafik, weil es viele gute Grafiker gibt. Aber vor 20 Jahren war es eindrucksvoll, jemanden zu haben, der so gut war." Das fertige Spiel ist ein Meilenstein der Videospiel-Geschichte. Spielentwickler Bob Lindstrom erinnert sich: „Defender schockierte uns, weil es die Latte für uns alle höher setzte." **Defender of the Crown** erklimmt eine neue Qualitätsebene. IBM hat **Kings Quest II** von *Sierra*, ein anspruchsvolles aber optisch primitives Spiel. Auf dem Mac gibt's Brettspiel-Umsetzungen, Dame, Backgammon und Risiko. **Defender of the Crown** zeigt prächtigere Grafik als andere Computer, Konsolen oder sogar Automaten, die damals das technische Nonplusultra bieten. Es ist eine Offenbarung.

Unglücklicherweise hält Mical seine letzten Wochen mit dem Projekt nicht in guter Erinnerung: „Ich hatte keine gute Zeit bei der Erstellung dieses Titels, besonders nicht am Ende. Heutzutage erzähle ich gerne, dass ich in meiner ganzen Karriere nur zwei Wochen wirklich arbeiten musste, und es waren zwei lausige Wochen." Mical fühlt sich von *Cinemaware* übervorteilt: „Sie waren sehr habgierig, sehr fordernd und bestanden darauf, dass ich viel mehr gab, als ursprünglich ausgehandelt. Das war mein erster Vertrag nach Amiga, und ich war noch unerfahren. Ich hielt es für das Beste, meine Verpflichtungen zu Ende zu bringen und die ganze Arbeit zu machen, obwohl sie sehr unfair waren."

Am Ende des Projekts distanziert sich Mical vom Spiel. „Mein Name steht auf der Packung, weil ich sie nicht davon abhalten konnte; aber aus dem Spiel nahm ich ihn heraus."

## Erfolg für Rattigan ****

Als Irving Gould im Mai 1985 Thomas Rattigan engagiert, gibt er ihm den Auftrag, *Commodore* in die Profitzone zurück zu führen. Nicht leicht für den Neuankömmling. Der Harvard-Absolvent macht sich an die Arbeit. „Ich wollte herausfinden, wie wir Waren verschieben, die Herstellungskosten verringern und unseren technischen Vorteil am besten nutzen."

*Commodore* ist in ernsthaften Schwierigkeiten, doch der Verlust von 21 Millionen Dollar zum März 1985 ist nur der Anfang. Die folgenden fünf Quartale schließt *Commodore* mit einem Minus ab, die Schulden häufen sich. Ende 1985 schreibt die Firma Verluste in Höhe von 184 Millionen Dollar. Daraus resultieren 178 Millionen Dollar unbezahlte Kredite. Als das *Commodore Magazine* Rattigan Anfang 1987 fragt, wie knapp die Firma 1985 vor dem Konkurs stand, antwortet er: „Ich schätze, das hängt von der Perspektive ab. Knapp ist ein komischer Begriff. Wenn man am Rand einer Klippe entlang läuft, die Tausend Meter tief ist, dann könnte man das knapp nennen. Ich nenne es erst dann knapp, wenn man runterruscht. Wir sind nicht über die Klippe gesprungen, obwohl wir dicht dran waren." Russell beschreibt, was *Commodore* nach dem Umzug nach West Chester falsch macht. „Sie wurden wahnsinnig. Sie waren eine milliardenschwere Firma und sagten: ‚Jetzt engagieren wir jeden und starten alle möglichen Projekte.' Wir waren außer Kontrolle. Dabei hätten wir durchaus profitabel sein können."

Dass der direkte Konkurrent Jack Tramiel heißt, macht die Sache nicht besser. Nur Rattigan zeigt sich unbeeindruckt von seinem Gegenspieler. Als man ihn über Tramiel befragt, antwortet er: „Er raucht Zigarren, also kann er so schlecht nicht sein."

Als Rattigan CEO wird, legt er seine Position als US-Geschäftsführer nieder. „Ich zog mich aus dem US-Geschäft zurück und traf in der Zeit die ranghöchsten Leute der Organisation. Ich bat Nigel Shepherd aus Australien, das Nordamerika-Geschäft zu übernehmen." Shepherd beeindruckt Rattigan mit seiner forschen Art. „Nigel machte es möglich. Wenn man ihm sagte, er soll durch eine Wand gehen, fragt er nur wie dick sie ist, damit er seinen Anlauf richtig abschätzt."

Rattigan konsultiert ehemalige *Commodore*-Mitarbeiter, darunter auch Charles Winterble, der *Coleco* nach dem Fehlschlag des Heimcomputersystems Adam verlässt. „Ich erhielt einen Anruf von Commodore: Möchtest Du bei uns arbeiten?", erinnert sich Winterble. Rattigan wünscht eine Expertise zur der derzeitigen *Commodore*-Produktlinie. „Ich warf einen Blick auf ihre gesamte Computerlinie. Sie gaben mir Muster und ich baute alle auseinander und gab ihnen Tipps, um Kosten zu senken. Rattigan wollte, dass ich die Arbeit ihrer Ingenieure begutachtete, um ein Zweitgutachten zu haben." Zu dieser Zeit schlägt sich Winterble immer noch mit einer Klage von *Commodore* wegen des Tastaturaufsatzes für den Atari 2600 herum. „Wenn das Management nicht weiß, ob man den eigenen Ingenieuren trauen kann, zeigt das das mangelnde Vertrauen in die Firma. Also bringen sie jemanden von außerhalb ein. Ich wurde von Commodore verklagt, und doch vertrauten sie meinem Urteil." Winterble bringt seine Meinung unverblümt zum Ausdruck. „Ich glaube nicht, dass ich ihnen eine Freude machte, als ich mir den C128 ansah. Als sie danach fragten, sagte ich: Seid Ihr verrückt geworden? Was ist das für ein Schrott, Commodore 128? Er hat CP/M und all das Zeug."

Nach der Besprechung stutzt Rattigan die breite Produktlinie zurecht. „Er entließ Leute, brach Projekte ab und verkaufte Dinge, die keinen Sinn machten", erinnert sich Russell. „Wir hatten immer noch die Büromöbelfabrik in Kanada und solche Sachen."

Rattigan beendet die PET- und CBM-, sowie die VIC-20-Produktion und begräbt die erfolglosen Plus/4- und C16-Rechner. Das Unternehmen konzentriert sich auf den C64C, den C128 und den Amiga, sowie die PC-Linie. „Es gab Entlassungen", sagt Haynie. „1985 und 1986 waren keine guten Jahre, weil sie viel Geld für den Kauf und die Einführung des Amiga ausgaben und nun auf Einnahmen warteten. In der Zwischenzeit starb das 8-Bit-Zeug schon wieder."

Rattigan beschließt drei Entlassungswellen. „Zurechtstutzung und die ersten Entlassungen waren eine gute Sache", sagt Haynie. „Die zweite Welle war fragwürdig und die dritte ging an die Substanz." Die erste Entlassungswelle betrifft Mitarbeiter, die keinen signifikanten Beitrag zu *Commodore* leisten. „Sie machten 1985 und 1986 eine Entschlackung. Wer seinen Wert nicht unter Beweis gestellt hatte, konnte nicht bleiben", sagt Haynie. Die zweite Welle betrifft auch Krasucki, der die Herstellung des C128 beaufsichtigte. „Joe ging kurz vor mir", sagt Russell. „Sie wollten meine Ingenieure entlassen, die bei der Firma bleiben wollten. Leute wie Welland." Nach dem Abbruch des Z8000-Projekts übernimmt Russell Spezialaufträge, wie die Untersuchung des NES. „Ich blieb Ingenieur", sagt er. „Wir erhielten Spezialaufträge und machten schließlich andere Sachen. Irving kannte uns und andere respektierten uns, aber das war nicht unbedingt das, warum wir bei der Firma anfingen und nicht das, worin wir wirklich gut waren."

Russell erkennt, dass er auf dünnem Eis steht. „Ich wurde später auch entlassen. Ich wusste, dass Irving meinen Arbeitsplatz hätte retten können, aber ich dachte mir: ‚Was soll's. Ich werde mich weiterentwickeln. Sie drängen mich heraus, weil sie mich aus politischen Gründen nicht mehr haben wollen.' " Die massiven Einschnitte machen *Commodore* wieder zur Selbstversorgerin. „Rattigan brachte alles unter Kontrolle, aber nur durch Enthauptungen."

Zurück bleiben zwei Ingenieursgruppen. „Man hatte die internen Leute in West Chester, die größtenteils an C64- und C128-Technik arbeiteten.", sagt Rattigan. „Dann hatten wir technologisches Know-How in Deutschland. Dort ging's um IBM-Kompatible und Büroanwendungen, während der Schwerpunkt in den USA auf Spielen lag." *Commodore Asien* hilft mit kostenreduzierten Weiterentwicklungen, Teileversorgung und Einkauf. Peddle, der *Commodore* auf dem europäischen Markt mit dem grafik- und sprachfähigen Büro-PC ‚Victor Sirius' bekämpft, meint, dass *Commodore Deutschland* die US-Mutter am Leben hält: „Speyer rettete die Firma einige Male. Er hielt Commodore im Geschäft, indem er IBM-PC-Kompatible verkaufte."

Mitte 1986 ist klar, dass Rattigan einen Unterschied macht. Die Verkäufe sind um 58% im Vergleich zum Vorjahreszeitraum gestiegen, und *Commodore* fährt erstmals seit sechs Quartalen wieder Gewinn ein. Es ist nur eine Million Dollar, aber immerhin schwarz, nicht rot.

In der ersten Hälfte 1986 beginnt Rattigan, andere Optionen für den Amiga auszuloten. „Apple hätte den Erfolg des Amiga damals besser gewährleistet als wir", gibt er zu. „Das Beste wäre gewesen, wenn Commodore sich einer finanzstärkeren Firma angeschlossen hätte." Rattigan versucht verzweifelt, *Commodores* Wert zu erhalten. „Die Frage war damals, ob die Firma ihren Hals selbst aus der Schlinge ziehen konnte", sagt er. „Man hatte das Gefühl, in einem Kamikaze-Flugzeug zu sitzen, das auf amerikanische Schlachtschiffe zustürzt. Ich fand, wir sollten alle Alternativen in Betracht ziehen."

Rattigan wendet sich direkt an den Rivalen *Apple*. Diese Firma fürchtet den Amiga, weil der dem Mac technisch überlegen und doch preiswerter ist. 1986 scheint es nicht ausgeschlossen, dass der Amiga den Mac verdrängt. Letzterer verkauft sich schleppend, und wie *Commodore* setzt auch *Apple* viele Leute auf die Straße. Rattigan präsentiert seine neue Strategie im Aufsichtsrat. „Ich sagte dem Aufsichtsrat ziemlich früh in meiner *Commodore*-Laufbahn: ‚Der ideale Übernahmekandidat für uns ist Apple. Erstens: Denen gehört der Erziehungsbereich. Und ob sie es mögen oder nicht, uns gehört der Massenmarkt. Wir haben beide den 68000-Chip. Wir haben Multitasking und sie nicht. Sie kaufen viele ihrer Custom-Chips auf dem freien Markt und wir produzieren unsere Chips selbst. Das würde eine signifikante Kostenersparnis für sie bedeuten.' Unser internationales Geschäfte war damals stärker als das von *Apple*. Also sagte ich dem Aufsichtsrat: ‚Wir sollten etwas mit Apple machen.' "

Rattigan muss Gould davon überzeugen, dass dessen Investition in *Commodore* nicht verloren ist, und sagt ihm: „Du hast sechs Millionen Anteile. Hier wäre ein Weg, deine Position zu stärken und, noch wichtiger, die Funktionsfähigkeit der Firma durch die Hilfe eines Mitbewerbers wiederherzustellen." Gould stimmt zu. Jahre zuvor versucht *Apple*, sich *Commodore* anzubieten. Jetzt will *Commodore* sich an *Apple* verkaufen. „Ich traf mich mit John Sculley", sagt Rattigan, der darauf hofft, den Vorschlag persönlich mit ihm zu besprechen. Aber die Konferenz verläuft anders als erwartet. „Wir setzten uns hin und Sculley brachte aus irgendeinem

Grund seine Leute rein." Es ist klar, dass Sculley den Feind auf den Knien sehen will. Trotz der Überraschung bleibt Rattigan gefasst und hält einen Großteil seines Angebots zurück. „Wir führten eine allgemeine Diskussion."

Nach der Konferenz hat Rattigan die Chance, das Angebot im Detail zu besprechen. „Danach trafen Sculley und ich uns privat. Ich sagte: ‚John, folgendes habe ich im Meeting nicht gesagt. Wir haben ein paar Handels- und Wettbewerbsvorteile, die sehr zu Eurem Vorteil wirken würden. International gibt es noch mehr.' " Doch *Apple* ist nicht an einer Übernahme interessiert. „Sie waren damals sehr von sich eingenommen", sagt Rattigan.

Auch andere Dinge stehen zwischen Plan und Umsetzung der Fusion. „Vor meiner Zeit trat der RCA-Konzern an Commodore heran", enthüllt Rattigan. „Soweit ich weiß, gab es Meinungsverschiedenheiten hinsichtlich der Zusammensetzung des Vorstandes und andere persönliche Dinge. Falls dem so war, wäre diese Variable in der Gleichung wohl wieder aufgetreten, selbst wenn Apple mitgespielt hätte."

Obwohl die *Apple*-Sache scheitert, sagt der Fusionsplan viel über Rattigan aus. Dem Namen *Commodore* fühlt er sich nicht verbunden. Würde sein Plan umgesetzt, verlöre Rattigan damit seine Arbeit: „Ich kümmerte mich um die Interessen der Firma; darum, was das Beste für die Leute und die Aktionäre war. Wenn das bedeutete, dass ich aus der Gleichung verschwand, ging mir das am Hintern vorbei."

Es ist vermutlich das Beste, dass der *Apple*-Deal platzt, denn 1986 hält der Erfolg für *Commodore* an. Trotz der Preiserhöhung des C64C schnellen die Verkaufszahlen in die Höhe, was auch dem Interesse am grafischen Betriebssystem GEOS zu verdanken ist. Der C64 überlebt als einer der letzten preiswerten Computer auf dem Markt. Das *Commodore*-Management erkennt, dass er noch viel vor sich hat, obwohl mit fünf Jahre Hardware-technisch bereits ein Opa. Shepherd sagt im Interview mit *Compute!'s Gazette*, Oktober 1986, die Zukunft des C64 voraus: „Er hat noch gut zwei bis drei Jahre vor sich."

Im Juni 1986 verschifft *Commodore* die ersten Amigas nach Europa. Sie unterscheiden sich leicht von ihren US-Pendants: Da das PAL-Videosignal geringfügig mehr Speicher erfordert, als die amerikanische NTSC-Norm, und die RAM-Preise gefallen sind, verfügen alle europäischen Amiga-Computer über serienmäßig 512 KB. Europa war schon immer ein anspruchsvoller Markt, der die beste Technik zum besten Preis anerkennt, und der Amiga nimmt schnell ein großes Segment des 16-Bit-Sektors ein. Die europäischen Verkäufe machen 70% des Gesamtabsatzes aus, der Großteil wird in England und Deutschland eingefahren.

In England führt der kompromisslose Geschäftsführer Bob Gleadow den Amiga zum Erfolg. Gleadow kommt in den 70er-Jahren zu *Commodore,* kennt die Firma gut und wagte es sogar, Tramiel im Streitgespräch Paroli zu bieten. Auch *Commodore Deutschland* unter Harald Speyer bleibt auf Erfolgskurs. „Deutschland war sehr", sagt Rattigan.

Laut *Forbes Magazine* steht *Commodore* bis zum Ende der 80er-Jahre knapp hinter IBM auf Platz 2 im Büromarkt, und auf Platz 1 der Heimcomputer. Wie in den PET-Tagen hält Europa *Commodore* am Leben. Will *Commodore* es in die 90er-Jahre schaffen, muss der Amiga auch ein US-Erfolg werden. Rattigan weiß, dass der Amiga in seiner jetzigen Form nicht gewinnen kann, aber er will ihn nicht aufgeben. Er soll neu geboren und besser vermarktet werden.

22

# Die neuen Amigas I

1986 - 1987

Der IBM-PC steht für Tabellenkalkulation, Datenbank und Buchhaltung, beim Apple Mac dreht sich alles ums DTP. Der Amiga dagegen verspricht Musik, visuelle Kunst, Animationen und unglaubliche Spiele. Verglichen mit der Konkurrenz ist er ein aufregender Computer, doch mangelndes Marketing bremst seine Verbreitung. Es wird Zeit für einen neuen Versuch.

## Ein neuer Konkurrent ****

Atari ST und Amiga zwingen *Apple* zu einem ähnlichen Computer. Der farblose Macintosh kann es hinsichtlich Grafik, Sound und – noch wichtiger – Preis mit keinem der beiden Rivalen aufnehmen. Als Antwort beginnt *Apple* mit der Entwicklung des Apple IIGS – die beiden Buchstaben hinter der römischen 2 stehen für Grafik und Sound.

Während *Commodore* Bill Menschs 65816-Prozessor ignoriert, begrüßt *Apple* ihn begeistert und fertigt auf Basis der 16-Bit-CPU einen Apple-II-kompatiblen Computer mit Mac-ähnlichem Betriebssystem. Die Schwachstelle des Mac ist das mickrige Software-Angebot. Der neue IIGS baut auf der großen Programm-Bibliothek des Apple II auf, stellt gleichzeitig aber einen technischen Quantensprung dar. Er verfügt über eine klare Textanzeige ohne verschwimmende Farben. Die Farbpalette umfasst wie beim Amiga 4.096 Töne. Bei einer Auflösung von 320x200 Pixeln stellt der IIGS 16 Farben gleichzeitig dar, bei 640x200 Pixeln sind es noch vier.

Am interessantesten für C64-Freunde ist der Soundchip, den Ex-*Commodore*-Ingenieur Rob Yannes mit seiner neuen Firma *Ensoniq* entwickelt und der damit die Herzen der SID-Fans höher schlagen lässt. Der Synthesizer-Chip Ensoniq 5503 erzeugt dank Multiplexing 16 Stereo-Kanäle und enthält 64 KB Speicher, damit er musiziert, ohne andere Systemressourcen zu beeinträchtigen. Das Erbe des SID liegt nun bei *Apple*.

Für C64-Besitzer ist der Apple IIGS ein schönes Beispiel dafür, was hätte werden können. Er verfügt eine weiterentwickelte CPU aus der 6502-Familie und einen weiterentwickelten Soundchip. Zudem steht er auf den populären Schultern des Apple II, der in der Gunst der Massen nur vom C64 übertroffen wird. *Apple* bietet den IIGS für $999 an, die sich mit Farbmonitor, Disklaufwerk und 256KB-Erweiterung auf gut $2.000 summieren.

Der Neue verkauft sich auf Anhieb besser als der Mac, den das Management gerne als Sieger sähe. Der IIGS wird kaum beworben und ist außerhalb der Apple-II-Kundschaft kaum bekannt. Heute, mit 25 Jahren Abstand, wirkt der GS dem Macintosh überlegen, auch wegen seiner sieben Erweiterungssteckplätze. Der Mac hat keinen und kostet $2.600.

## Der kleine Amiga: A500 ****

Das trübselige Amiga-Debüt bringt *Commodore*-Chef Rattigan zur Überlegung, seinen luxuriösen Desktop-Rechner durch einen kostenreduzierten Computer abzulösen, den Amiga 500.[1] Robert Russell beschuldigt die fehlerhafte Analyse des Marketing-Teams, dies nicht von

1) **Zur Unterscheidung benennt *Commodore* den ursprünglichen Amiga in A1000 um.**

Anfang an zu verfolgen: „Statt des A500, für den ich kämpfte, kam der Amiga 1000 raus. Ich dachte sofort, dass daraus ein Amiga 500 werden konnte", erinnert er sich. „Sie brauchten eine Weile vom A1000 bis zum A500, obwohl es dafür aus technischer Sicht keinen Grund gab."

Als der Amiga 1000 hinter den Erwartungen zurück bleibt, ändert Rattigan seine Taktik. Er lernt schnell und akzeptiert vergangene Fehler. Im ‚What Next for Commodore?'-Interview mit dem Commodore-Magazin, Mai-Ausgabe 1987, gesteht er: „Wir haben uns zu sehr auf einen IBM-kompatiblen Software-Emulator verlassen, den wir als Übergangslösung für die Zeit sahen, in der Amiga-Software entwickelt werden sollte. Das machte sich nicht in dem Maße bezahlt, wie wir hofften." Rattigan kennt die Missverständnisse über Computer und Preise auf dem Markt: „Der Preis verwirrte viele. Die Leute denken, dass Heimcomputer unter $1.000 und Bürocomputer über $1.000 kosten. Sie tendieren zu Vorurteilen darüber, was Heim- und Bürocomputer unterscheidet." Während Irving Gould und Marshall Smith blindlings versuchen, den Amiga im Büromarkt zu platzieren, erstellt Rattigan einen realistischen Plan. „Ich denke nicht, dass es der High-End-Amiga in Buchhaltungen schaffen wird, aber ich glaube, dass er es dort schaffen wird, wo Kreativität verlangt wird." Damit behält er Recht.

Rattigan will die breite C64-User-Basis zum Amiga führen. Ein preiswerter Amiga ist der natürliche Aufstieg. Sein Instinkt täuscht ihn nicht: Viele *Commodore*-Anwender wollen einen Amiga, aber nicht zum Preis eines PC fürs Büro. Dort hat Jack Tramiel bereits einen günstigen Computer platziert: Der 520 ST kostet $999, hat 512 KB RAM, Farbbildschirm und 3,5"-Disklaufwerk. 1986 veröffentlicht *Atari* den 1040 ST mit 1 MB und eingebautem Disklaufwerk für unter $1.000. Das erinnert an Tramiels Zeit bei *Commodore*, als er ständig Preisbarrieren niederreißt. Und wie zuvor zahlt sich die Strategie aus: Zeitgenössische Berichte schätzen, dass sich der ST im Verhältnis 10:1 zum Amiga verkauft. Rattigan muss diesen Trend umkehren. „Ich schlug den A500 vor, weil wir eine Alternative brauchten", sagt Rattigan. „Vielleicht sollten wir zu unseren Wurzeln zurückkehren, statt im Traum mit Apple zu konkurrieren."

Haynie schreibt den A500 den Ingenieuren George Robbins und Bob Welland zu. „Das Commodore-Management war nicht allzu begeistert. Sie sahen auf die $1.200 oder $1.500 die ein A1000 kostete, und meinten: ‚Das ist nicht unsere Kragenweite.' Als George und Bob den A500 vorschlugen, sagten sie sofort: ‚Ja, das ist's, was wir wollen.' " Haynie glaubt, dass keine andere Wahl bleibt: „Jeder Verantwortliche musste das verfolgen. Es war unvermeidlich, dass jemand einen günstigeren Amiga vorschlagen würde."

Rattigan hat nun zwischen seinen und den Amiga-Ingenieuren zu entscheiden. „Da war die Gruppe an der Westküste, die ungern mit ihrem Baby herumexperimentiert hätte", erklärt er. „Ich beauftragte die Technik-Gruppe in West Chester – die erschien mir blutrünstiger." Die Ingenieure in West Chester haben keine Erfahrung mit der Amiga-Technik. „Nur wenige Leute hier machten Amiga-Kram", meint Haynie. „Jeff Porter und Andy Finkel arbeiteten an der Telefonanbindung des Amiga, die nie veröffentlicht wurde." Die ursprünglichen Amiga-Ingenieure in Los Gatos fühlen sich beleidigt. „Das sorgte für Verstimmung", sagt Rattigan. „Offensichtlich war die Amiga-Gruppe an der Westküste enttäuscht, weil die alten Commodorianer den neuen Amiga schufen." Rattigan ersetzt Krasucki durch den Ingenieur des LCD-Computers. „Jeff Porter war Leiter der Produktentwicklung während der goldenen Amiga-Jahre", erinnert sich Haynie.

Um sicher zu stellen, dass die Ingenieure an Kostenreduzierung denken, engagiert Rattigan Spione: „Ohne jemandem zu informieren, schnappte ich mir zwei der niederen Ingenieure: Ich sage das nicht Eurem direkten Vorgesetzten, aber Ihr erstattet mir ab sofort Bericht! Ihr seid mein preisbewusstes Gewissen! Denn ehrlich gesagt, hat der Tag nicht genügend Stunden um Komponenten-Preise zu verstehen. Jedes Mal, wenn die Gruppe, die daran arbeitet, hereinkommt, reden wir danach unter sechs Augen darüber und kritisieren das Ding."

Robbins und Welland werden die leitenden Ingenieure des Projekts. Nach ihrer Arbeit am C900 kämpfen sie darum, für *Commodore* wichtig zu bleiben. „Robbins und Welland hatten ein Problem, ihre Existenz weiterhin zu rechtfertigen. Also schlossen sie sich dem Amiga an", sagt Haynie, nach dessen Ansicht Robbins ein erfahrener Ingenieur ist, Welland dagegen nicht. „Welland war theoretisch sehr gut, aber einer von den Jungs wie Cong Su. Man will ihn nicht zu nah an den Lötkolben lassen." Welland ist dafür zuständig, den Amiga-Chipsatz zu verbessern und erfindet ‚Fat-Agnus'. Dieser Grafik-Co-Prozessor erlaubt 1 MB Video-RAM und damit höhere Bildschirmauflösungen. Das alte Amiga-Team unterstützt die Änderungen nicht. „Los Gatos war sauer darüber", sagt Haynie. „Sie dachten nicht, dass es funktionieren würde. Aber das tat es." Wegen der Vorbehalte aus Los Gatos erstellt Welland einen Notfallplan. „Sie machten zwei Dinge: Sie bauten Fat-Agnus und sie bauten einen eigenen Fat-Chip, in den sie das ganze Fat-Zeug auslagerten, für den Fall, dass Fat-Agnus nicht funktionierte."

Mical zufolge wollen die Amiga-Ingenieure, dass ihre *Commodore*-Kollegen den Chip noch deutlich weiter vorantreiben. „Es gab viele Leute, die die Fat-Agnus-Entscheidung nicht mochten, weil sie nicht weit genug ging. Die Technik hatte nicht genügend zusätzliche Grafikmöglichkeiten, wie sie uns vorschwebten. Sie war ein Schritt in die richtige Richtung, aber sie verletzte die Idee der BUS-Architektur und verlangsamte das Gerät."

Mical räumt ein, einige der damaligen Gefühle seien vielleicht unangebracht: „Wir waren wohl besorgt, dass man uns die Erfindung nehmen wollte. Trotzdem achteten wir darauf, dass wir nicht nur emotionale Idioten, sondern unsere Proteste legitim waren. Ich denke, das waren sie." Schließlich ist Mical einverstanden. „Ich glaube, am Ende waren es überwiegend die richtigen Entscheidungen, die für Fat-Agnus getroffen wurden. Er war leistungsfähiger und er war die nächste Generation. Es war ein vorsichtiger statt eines riesigen Schritts nach vorne. Ein großer Teil der alten Software lief weiterhin."

Inzwischen arbeitet Robbins unermüdlich daran, die Produktionskosten des A500 weiter zu senken. „Sie suchten nach Möglichkeiten, das Motherboard günstiger zu machen", sagt Haynie. „Zusammen mit Porter arbeiteten sie an der Form und dem Erscheinungsbild." Der A500 sieht anderen Computern der *Commodore*-Familie ähnlich. „Er war eindeutig vom C128 inspiriert", sagt Haynie. Der neue Computer besitzt das gleiche Tastaturcomputer-Konzept mit externem Netzteil ohne Lüfter. Anders als den A1000 ziert ihn ein *Commodore*-Logo.

Miner ist begeistert, den Amiga in einem derart kleinen Gehäuse mit integriertem Disklaufwerk zu sehen. Der neue Computer beeindruckt auch Rattigan. „Sie leisteten hervorragende Arbeit und wir erreichten den anvisierten Preis." Nur die ursprünglichen Amiga-Ingenieure stehen dem A500 kritisch gegenüber. „Sie trafen Entscheidungen über den Amiga, die wir nicht mochten", sagt Mical. „Es war, als ob sie einen C64 aus unserem Amiga gemacht hätten. Es war eine Spielzeugversion, schwach und kaum erweiterbar." Doch als sich das Gerät verkauft, erkennt Mical, dass es näher am ursprünglichen Amiga-Konzept ist. „Ich freundete mich mit der Idee an, weil sie näher an unserer ursprünglichen Philosophie war: Computer-Power für den Massenmarkt. Es verlieh dem Computer mehr Popularität, als er sonst erhalten hätte."

Der A1000 kann an einen Farbfernseher angeschlossen werden, der A500 nicht mehr. Anwender müssen den Spezialadapter A520 oder einen Monitor kaufen.[2] Das verändert den Markt des A500 leicht, weil Ein- und Umsteiger eine teure Investition tätigen müssen, die z.B. der C64 nicht erfordert. Mical erklärt das Fehlen eines Farb-TV-Signals beim A500: „Es stellte sich heraus, dass viele Leute keinen Fernseher benutzten, weil er ihnen Kopfschmerzen bereitete. 60 Spalten sahen auf einem Top-Fernseher auch gut aus. Aber auf einem mittelmäßigen Fernseher musste man auf 40 Spalten runter gehen, und bei 40 Spalten ist ein einzelnes Zeichen riesig."

Mit dem CES-Besuch im Januar 1987 kehrt wieder Normalität ein. Zum ersten Mal seit Jahren hat *Commodore* wieder einen vollen Stand. Jetzt besteht eine Erfolgschance.

## Die Workstation: A2000 ****

Rattigan will einen günstigeren Amiga, aber den High-End-Markt nicht deshalb aufgeben. Nach dem Amiga 1000 konzentriert sich das Original-Team in Los Gatos auf technischen Support und Fehlerbehebung, und arbeitet außerdem an einem stärkeren Amiga. „Wenn man es vom Los-Gatos-Standpunkt aus betrachtet, war der Amiga 1000 ihr Billig-Produkt. Sie würden ihn nicht billiger machen – wie könnten sie auch? Sie wollten etwas Größeres und Besseres. Sie nannten es Codename Ranger", erzählt Dave Haynie.

Das *Commodore*-Management fordert IBM-Kompatibilität, doch die Techniker schaffen es nicht, den schnellen IBM-PC-Emulator ‚Transformer' zu entwickeln und ersinnen deshalb 1986 eine Hardware-Erweiterung namens ‚Sidecar' (Beiwagen). Bereichsleiter Rick Geiger, der die Verbindung zum Team in Los Gatos hält, beauftragt einen externen Vertragspartner mit dem Design, doch die Erweiterungskarte funktioniert nicht. *Commodore* entlässt Geiger und holt die Ingenieure aus Los Gatos an die Ostküste, um sie besser zu kontrollieren. Viele von ihnen verlassen die Firma unglücklich und ‚Ranger' wird nie fertig. „Es gibt verschiedene Aussagen darüber, wie weit sie damit kamen", sagt Haynie. „Ich habe keine Schaltbilder davon gesehen, aber das ist der Stoff, aus dem Legenden sind. Nicht wirklich zu widerlegen."

Die deutschen Ingenieure in Braunschweig entwickeln Sidecar, im Prinzip ein IBM-kompatibler PC-XT mit 5,25"-Laufwerk, zum externen Anschluss an den Amiga. *Compute!*-Redakteur Sheldon Leemon ist begeistert: „In Rekordzeit für Commodore (oder jede andere Computerfirma) wird Sidecar im Jahr der Ankündigung ausgeliefert. Knapp acht Monate, nachdem ich die ersten Prototypen auf der COMDEX sah, steht nun einer bei meinem örtlichen Amiga-Händler."

Unmittelbar nach dem Sidecar-Projekt arbeitet Braunschweig an einem erweiterbaren Amiga. Der deutsche A2000 beinhaltet einen Erweiterungsbus mit Zorro-II-Steckplätzen. „Er hatte Autoconfig[3] und alles, aber er war recht simpel und basierte auf dem 68000er Bus mit Zwi-

2) Dies trifft vor allem auf US-Geräte zu. In Europa sind dagegen TV-Geräte mit Scart-Buchse verbreitet, über die der A500 serienmäßig ein RGB-Bild liefert - noch ein Grund, wieso der Amiga hier erfolgreicher ist als in seiner Heimat.

3) Damals ist es schwierig, Adapter-Karten in IBM-PCs zu konfigurieren. Die Zorro-Steckplätze funktionieren bereits nach dem Plug&Play-Prinzip - der Amiga konfiguriert die Steckkarten automatisch.

schenspeicher. Er war nicht sehr kreativ, darum funktionierte er so gut." Haynie zufolge stammt der Name ‚Zorro' vom ursprünglichen Amiga-Team. „Im Anhang des Referenz-Handbuchs war ein Schaltbild namens Zorro. Jeder Amiga-Prototyp hatte einen Codenamen. Der erste war Lorraine - der im schwarzen Gehäuse mit 5,25" Laufwerk. Die nächste Generation hieß Zorro. So wurde der Erweiterungsbus benannt." Innerhalb von Monaten baut das Team in Braunschweig den erweiterbaren Amiga. Es stellt zudem eine schnelle und zuverlässige PC-Emulatorkarte her, die selbst den prozessorintensiven **Flight Simulator** abspielt. Doch das Management in West Chester findet, dass der deutsche A2000 nicht der erhoffte technologische Sprung ist. „Die Deutschen nahmen im Grunde einen A1000, fügten einen Erweiterungsbus hinzu und steckten alles in ein PC-Gehäuse. Das war der A2000", erklärt Haynie. „Das Management in West Chester sagte: ‚Das wird nicht funktionieren.' "

Nach der Enttäuschung über den deutschen A2000 und dem Ranger-Abbruch blickt Rattigan auf seine Ingenieure an der Ostküste. „Wir machten es dann größtenteils innerbetrieblich an der Ostküste, viel davon durch einen externen Berater angekurbelt", sagt Rattigan, dessen erfahrenster Mitarbeiter damals C128-Ingenieur Haynie ist.

Dave Haynie kommt aus der Elektrotechnik. „Mein Vater war Ingenieur bei den Bell Laboratories", sagt er. „Er war ein analoger Kerl aus Zeiten, als analog noch wichtig war. Für wenigstens vier Monate war er Leiter ihrer Glasfaser-Abteilung, bevor er erkannte, dass das zu viel für eine Abteilung war und es in drei unterschiedliche Projekte aufteilte." Haynie stammt aus einer malerischen Stadt an der Ostküste. „Ich wurde 1961 in Summit, New Jersey geboren."

Über die Jahre variieren Haynies Interessen von Schwarz-weiß-Fotografie und elektronischer Musik bis zu Computern. Durch den Vater hat er schon in jungen Jahren einen Einblick in Technik. „Ich brachte mir das Programmieren mit 12 bei und schrieb Programme, Jahre bevor ich eine formelle Ausbildung hatte. Mein erstes Programm war für die Steuererklärung." Haynie macht seine Programmiererfahrungen auf einem Tischrechner, einem Riesending, das sogar einen eigenen Monitor hat. „Mein Vater brachte einen programmierbaren Hewlett-Packard-Rechner mit nach Hause, eines von diesen Schreibtischgeräten mit Kathodenstrahlröhre und Magnetkarten. Ich spielte damit herum und lernte, wie man den Maschinen-Code auf den Karten auslas."

Haynie lernt bereits als Kind, mit einem Timesharing-System zu arbeiten. „Ich bat Vater oft, den HP-Tischrechner wieder mitzubringen. Er sagte: ‚Das kann ich nicht, wir haben nur einen davon.' Also brachte er stattdessen ein Terminal mit nach Hause. Jedes Wochenende machte ich mit dem TI-Terminal und einer Rolle Thermo-Papier alles Mögliche auf ihrem Timesharing-System, das am Wochenende niemand benutzte." Am anderen Ende der Leitung steht ein CDC Cyber Timesharing-System von 1972. „Ich brachte mir BASIC und FORTRAN bei, indem ich Programme auseinander nahm, die auf dem CDC Cyber gespeichert waren. Das machte ich einige Jahre." Haynies erster Einblick in die Welt der Personal Computer ist der Commodore PET: „Mein bester Freund bekam 1977 einen PET von einem Laden in Manhattan. Das war nur ein Raum in einem Bürogebäude. PETs standen auf der einen, und Apple-II-Rechner mit 4 KB auf der anderen Seite." Haynie ist der Einzige mit Programmiererfahrung in seiner Jugend-Clique und schreibt mehrere Spiele für seine Freunde. „1979 bekam ich meinen ersten eigenen

Computer. Ich wollte schon jahrelang einen, konnte mir den aber nicht leisten. Dann bekam ich einen Exidy Sorcerer. Exidy war damals eine große Videospielfirma an der Westküste. Der Computer war technisch ausgezeichnet, aber es gab für ihn keine Software." Haynie schließt sein System an einen modifizierten *Hitachi*-Fernseher an. Dann kauft er einen 1200-Baud-Akkustikkoppler und benutzt eine Technik namens ‚war dialing' (Kampf-Wählen), um zufällig andere Computer bei Bell zu finden. Er findet ein UNIX-System und hackt sich ein, was ihm ein tiefes Verständnis für UNIX gibt. Der junge Programmierer schreibt zudem Programme für seinen Sorcerer, darunter vier Titel, die *Creative Computing* für $7,95 pro Stück verkauft. Der Sorcerer-Markt umfasst nur 5.000 Geräte und Haynie setzt etwa 500 Kopien ab.

1979 beginnt Haynie ein Studium in Elektrotechnik an der *Carnegie Mellon*-Universität in Pennsylvania. „Ich studierte Elektrotechnik, Mathematik und Informatik und brachte mir den Informatik-Kram selbst bei." In seinem letzten Semester belegt Haynie Kurse in Compiler-Bau und Robotik. Während der Sommerferien arbeitet er für die *Bell Laboratories* und es sieht so aus, als trete er nach seinem Abschluss in die Fußstapfen des Vaters. Doch 1983 ist das Jahr des Zusammenbruchs von AT&T und der Telefonkonzern stellt niemanden mehr ein. Stattdessen arbeitet Haynie für *General Electric* in Philadelphia. Die Arbeit am Space Shuttle lockt ihn, doch bald stellt er fest, dass er fast nur mit Nuklearwaffen zu tun hat. „Ich war vier Monate bei General Electric und ich mochte es nicht. Ich kündigte, ging zu einem Headhunter und schrieb einen Lebenslauf." Eine Woche später arbeitet Haynie für *Commodore*.

Ende 1983 engagiert Bil Herd Ingenieure für das TED-Projekt. „Ich ging mit meinem Vorgesetzten Joe Krasucki", erinnert sich Herd. „Wir gingen in das Büro, in dem ich selbst eingestellt wurde. Da kommen ein Dutzend Leute pro Nacht herein." Herd ruht sich in der Lobby aus, als ein ungewöhnlich junger Ingenieur erscheint. „Ich saß auf einem Stuhl und las, als der Kleine mit einem selbstgemachten Shirt ankam und sich hinsetzte", erinnert sich Herd. Die meisten Kandidaten werfen sich für ihr Bewerbungsgespräche in Schale, doch der Junge scheint keine Gedanken an sein Aussehen zu verschwenden. „Es war schwarz und er hatte es selbst genäht. Es sah mehr aus wie ein Sweatshirt und war asymmetrisch. Man stelle sich ein Sweatshirt ohne guten Kragensaum und ohne Arme vor." Herd scheint zu jung zu sein, um Personal einzustellen. „Haynie war aufgeregt und hat einen irren Blick. Er sagte: ‚Du sitzt wegen des Vorstellungsgesprächs hier?' Ich sagte: ‚Ja, so was ähnliches. Wo arbeitest Du derzeit?' Er sagte: ‚Bei der Luft- und Raumfahrtabteilung von GE.' Ich fragte: ‚Warum willst Du da weg?' Er sagte: ‚Ich will keine Raketen bauen, die Menschen verletzen.' " Herd verbirgt die Tatsache, dass er bei *Commodore* arbeitet. „Ich stellte ihm all diese Fragen und wir unterhielten uns offen und ehrlich", sagt Herd. „Zu dem Zeitpunkt wusste er nicht, wer ich war. Dann baten sie ihn herein, um mit Krasucki zu sprechen." Auch Herd nimmt im Büro Platz und wartet auf die Bewerber. „Als sie Haynie reinbrachten, sagten sie: ‚Als nächstes wird dich Bil Herd befragen.' Ich sah ihn an und meinte: ‚Wir haben uns schon getroffen.' Sein Gesichtsausdruck war großartig." Haynie erinnert sich an seine Überraschung und das Vorstellungsgespräch. „Dann traf ich Bil wieder", lacht er. „Er stellte mir ein paar entsprechende Fragen und sprach über Dinge, die ich noch nie benutzt hatte, wie Laplace-Transformationen. Er wollte nur sicherstellen, dass jemand in seinem Team das Zeug kannte, falls es einmal auftauchen sollte." Herd zufolge gibt es keinen Zweifel daran, dass Haynie der Richtige für *Commodore* ist. „Er wusste nicht, dass er zu dem Zeitpunkt schon eingestellt war. Er hatte sein Bewerbungsgespräch bereits in der Lobby gemeistert."

Nach TED und C128 fragt sich Haynie, was noch kommen wird. „Ich spielte viel mit dem C128, aber sechs Monate nach seinem Verkaufsstart wechselte ich zum Amiga. Meine Gruppe, das heißt Frank Palaia und ich, versuchten herauszufinden, wie wir uns nützlich machen konnten, um nicht entlassen zu werden. Wir machten einige Präsentationen mit C128-Varianten." Die beiden Ingenieure entwickeln verschiedene potentielle Produkte. „Während vieler Phasen der Firmengeschichte baute man Produkte nach dem, was die Ingenieure hervorbrachten. Ich baute etwas, zeigte es meinen Vorgesetzten und sie sagten: ‚Okay, das ist sehr nett. Vielleicht versuchst du etwas anderes.' Oder: ‚Wir denken darüber nach.' " Nachdem Haynie die Arbeit am europäischen C128D fertig stellte, versuchen sich die Europäer an eigenen Modifikationen. „Wir verkauften den C128D. Dann gab es noch eine kostenreduzierte Version in Europa in einem PC-ähnlichen Metallgehäuse." Palaia und er versuchen den C128 weiterzuentwickeln, falls er so erfolgreich werden sollte wie der C64. „Frank und ich teilten das Problem: Er machte eine Version des C128 mit 4-MHz-Z80, ich eine mit einer leicht veränderterten MMU, die 256 KB RAM ermöglichte." Haynie nennt sein System ‚C256'. Die Ingenieure erwägen sogar, Menschs 16-Bit-Chip zu benutzen. „Wir dachten über die Verwendung des 65816 nach, aber das war vergebene Liebesmühe. Als der Amiga kam, interessierte sich niemand mehr für den C128."

So landet Haynie beim A500-Projekt. „Ich kam zum Amgia, weil Robbins und Welland Hilfe brauchten. Alle dachten: ‚Mit deinen Plänen für C128-Kram kommst Du nicht weiter. Vielleicht wäre es eine gute Idee, sich dem Amiga zuzuwenden.' Ich sagte: ‚Ja, das ist es!' " Haynie ist mit der Amiga-Technik vertraut. „Ich programmierte seit fast einem Jahr darauf. Ich besorgte mir schnellstmöglich einen [eigenen Amiga] und schrieb Programme darauf, bevor ich irgendwelche Arbeiten für Commodore darauf machte."

Als klar wird, dass Haynie etwas zur Amiga-Evolution beisteuern kann, denkt das Management über ein Projekt für ihn nach. „Sie hielten mich nach zwei Jahren bei Commodore für den erfahrensten Mann im Low-End-Bereich. Wir waren nur zu dritt, und ich hatte dabei die höchste Position. Robbins und Welland waren natürlich High-End-Leute, weil sie die kleine UNIX-Workstation bauten." *Commodore* teilt Haynie dem A500 zu, während sie Robbins und Welland mit dem High-End-Amiga beauftragen. „Ich sollte den A500 kennen lernen und dann übernehmen", sagt Haynie. „Aber das war Robbins' Baby." Robbins stellt sich schützend vor den A500, Welland hingegen nicht. „Welland wollte nicht auf diesem Level sein. Er wollte nicht für das System verantwortlich, sondern der Ideenlieferant für die Chip-Entwickler sein."[4] Haynie ist plötzlich verantwortlich für *Commodores* kommendes

Dave Haynie mit irrem Blick 1985.

4 **Welland arbeitete nach *Commodore* für *Apple* und *Microsoft*. „Ein Computerfirmen-Hattrick", scherzt Haynie.**

High-End-Produkt. „Wie sich herausstellte, sollte jemand das A2000-Projekt übernehmen und man konnte Robbins nicht einfach vom A500 wegschubsen, wenn er nicht wollte, weil es seine Idee war. Also setzten sie mich an den A2000, der mir perfekt passte. Es war ein wenig unheimlich, weil es, abgesehen von Besprechungen mit Robbins, ganz allein meine Bühne war."

Gould engagiert einen Vertrauten namens Henri Rubin für die Ausarbeitung einer Marketing-Strategie für die Amiga-Produktlinie. „Als Commodore schwankte, brachte Irving Rubin ein, der ausloten sollte, was vom Ingenieursstandpunkt aus getan werden konnte", sagt Mical, der *Commodore* im Januar 1986 verlässt, aber zusammen mit anderen Ehemaligen beratend tätig bleibt. Mit dem Fliege-tragenden Rubin versteht er sich gut: „Ich mochte ihn. Die Arbeit mit ihm war interessant." Obwohl Mical nicht länger bei *Commodore* arbeitet, behält er signifikanten Einfluss auf den Amiga. „Irving Gould setzte viel Vertrauen und Hoffnung in Rubin, mit dem ich in gutem Verhältnis stand. So verbrachte ich auch viel Zeit mit Irving. Ich gehörte zu den Leuten, von denen er sich Ratschläge holte - das waren schöne Zeiten." Micals Einfluss nimmt zu. „Ziemlich am Anfang, als die Beziehung der ursprünglichen Amiga-Leute zu Commodore abriss, gab es einige magische Monate, in denen ich die Ohren der Mächtigen bei Commodore hatte. Ich überzeugte sie davon, Carl Sassenrath zurückzuholen, damit er das Dateisystem überarbeitet. Commodore hielt das für eine gute Idee und wollte wenigstens die Forschung dafür bezahlen. Aber ich konnte Carl nicht überreden. Er war sehr enttäuscht von Commodore und dem, wie alles gelaufen war. Er lehnte die Gelegenheit ab. Das war schade, denn das hätte vielleicht einen großen Unterschied hinsichtlich des Erfolgs des Amigas gemacht." TripOS bleibt ein integraler Bestandteil des Amiga-Betriebssystems. „Dass sie das alte Dateiformat beibehielten, war eines der Dinge, die den Amiga bis zum Ende schwer verstümmelten."

Thomas Rattigan denkt, dass Goulds externe Berater ein Design-Gremium bilden. „Das war recht verstrickt. Rubin war ein Externer, der mit uns an der Technik arbeitete. Es gab viele Köche, die eigene Meinungen hatten, wie der Computer sein sollte." Viele Leute versuchen, ihren Einfluss auf die Amiga-Produkte auszudehnen. „Jeder gab Ratschläge", sagt Mical. Rattigan fällt es nicht leicht, *Commodore* zu lenken. „Es ist sehr schwer, in einer Besprechung zu Einigkeit in einer technologischen Entscheidung zu gelangen, wenn daran mehr als einer teilnimmt", erklärt Rattigan. „Jeder ist Experte und jeder hat ein Hühnchen zu rupfen. Das verlangsamt den Prozess erheblich." Rattigan versucht, einen Führungsstil in Opposition zu Gould zu etablieren. „Man sagt nur: ‚Zum Teufel damit! Das ist keine normale Firmensache, wo man wie die Japaner um einen Tisch sitzt und einen Konsens findet, sondern wir erzeugen eine interne Konkurrenz-Situation und hoffen das Beste.' " Rattigans Beziehung zu Gould bekommt erste Risse während der Entwicklung des A2000.

Die Amiga-Technik stimmt Haynie euphorisch. „Die Designs der Los-Gatos-Gruppe waren revolutionär für die Zeit. Sie brachten mich zum Nachdenken." Er will eine Erweiterung für den Amiga. „Ich nahm die Architektur des Fat-Agnus und kombinierte sie mit meinem eigenen Chip namens Buster, der für den Erweiterungsbus zuständig war. Er ermöglichte zudem die Steck-CPU, die meine Idee war. Man konnte eine Karte mit anderem Prozessor einstecken, ohne dafür andere Chips ausbauen zu müssen." Der Programmierer und System-Designer kann nun auch Chip-Entwicklung auf die Liste seiner Fähigkeiten setzen. „Ich bin vielleicht der Einzige, der zur Hardware, zur Software und zu den Chips eines Computers Beiträge leistete, weil ich ein wenig Software und ein klein wenig Gate Array-Design machte", sagt Haynie. „Der Buster-Chip war mein erstes Gate Array." Auch ein dezidierter Videokarten-Steckplatz ist Haynies Idee. „Die Deutschen hatten die Idee eines Genlock-Steckplatzes", sagt er und bezieht sich auf die Möglichkeit, Computerbilder über herkömmliches Video zu legen und auszugeben. „Sie nahmen im Grunde alle Signale des externen Videoanschlusses und ließen sie einen internen Anschluss durchlaufen." Haynie verfolgt das Genlock-Konzept und glaubt, dass sein Computer einen dezidierten Video-Steckplatz haben muss. „Robbins und ich sprachen darüber und fanden, dass das nicht richtig war. Wir sollten jedes Signal durch diesen Anschluss leiten. Dafür war der Video-Steckplatz da." Haynie ist der einzige Hardware-Ingenieur des Projekts. „Ich war das A2000-Design-Team - die Folge zahlreicher Entlassungen. Ich arbeitete Tag und Nacht und hatte trotzdem nicht genügend Zeit, um alles zu machen." Die Margaritas-Bar ist sein einziger Erholungsort. „Ich arbeitete Donnerstagnacht durch, ging dann zu Margaritas, danach heim."

Der Abgang des Amiga-Teams zwingt Finkel dazu, eine Software-Gruppe zu bilden, um das Betriebssystem zu verfeinern. Verglichen mit der Ein-Mann-Hardware-Gruppe ist das Software-Team riesig. „Alle 30 Leute in der Gruppe arbeiteten am Betriebssystem", sagt Haynie. „Das war viel Arbeit und nicht mit dem C64 zu vergleichen, wo zwei Leute so ziemlich alles machten. Dieses sehr anspruchsvolle Betriebssystem hatte unzählige Teile." Mical ist von den *Commodore*-Ingenieuren beeindruckt, die die Amiga-Entwicklung übernehmen. „Viele waren brillante Leute, mit denen man gerne zusammen arbeitete. Nicht alle. Es gab auch Bremser, aber die gab es auch unter den ursprünglichen Amiga-Leuten. Finkel und Haynie stachen als Helden heraus."

Der fertige A2000 enthält eine Festplatte und zwei Einschübe für 3,5"-Disklaufwerke sowie einen 5,25"-Schacht. Die Erweiterbarkeit ist unvorstellbar: Steckplätze für fünf Amiga- und vier PC-Karten, einen schnelleren Prozessor oder eine Video-Karte. Dafür ist das Gehäuse deutlich höher als das des A1000, nimmt aber die gleiche Fläche ein. Die Berichte über den A2000 sind positiv. *Compute!* schreibt über ‚Commdores neuen, erweiterbaren Amiga 2000' ganz vorne in der Märzausgabe 1987 : „Commodore antwortet auf die Kritik, dass der Amiga zu teuer für einen Heimcomputer und nicht leistungsfähig genug für einen Bürocomputer ist."

Mical ist anfangs mit dem Äußeren nicht zufrieden. „Der A2000 war in jeder Hinsicht eine gute Idee. Aber aus einem süßen kleinen Hitech-Kasten war ein großer, industrieller, metallener Computerpanzer geworden. Er hatte nicht den Sexappeal des ersten Amigas." Mical erhofft sich mehr vom A2000. „Wir dachten er wäre leistungsstärker, mit einem besseren Bus, schnellerem RAM und schnellerer CPU und mit einem besseren Grafikchip. Trotzdem war er letztlich eine gute Entscheidung, denn er war leistungsfähiger und abwärtskompatibel." Haynie spürt den Widerstand der Amiga-Ingenieure gegen das neue Erscheinungsbild. „Nach all den Jahren glaube ich nicht, dass jemand denkt, ich sei Teil des bösen Imperiums gewesen, nur weil ich den A2000 baute. Natürlich hatte der nicht die Form, die sich die Leute in Los Gatos vorstellten."

## Gould und Rattigan ****

Thomas Rattigan erfüllt Goulds Ziel, *Commodore* profitabel zu machen. Für das letzte Quartal 1986 schreibt *Commodore* einen Gewinn von 22 Millionen Dollar. Der Quartalsumsatz beläuft sich auf 270,8 Millionen Dollar. Das ist 68,4 Millionen weniger als im Vorjahreszeitraum, aber nachvollziehbar, da die Firma seit über einem Jahr kein neues Produkt mehr veröffentlichte. *Commodore* verringert die Schulden um 110 Millionen Dollar innerhalb von zehn Monaten. Bald macht die Firma genügend Profit, um im großen Stil werben zu können.

Rattigan verwandelt *Commodore* zudem in einen strategischen Erfolg. Als er die Leitung übernimmt, leidet die Firma noch unter den kurzfristigen Taktiken von Jack Tramiel, der inkompatible Computer lieferte, als ob es Taschenrechner wären. Jetzt kann sich Commodore darauf konzentrieren, Schlüsseltechnik weiter zu entwickeln: Mit dem A500 visiert Rattigan den Einsteigermarkt, mit dem Amiga 1000 den High-End-Bereich an. Der ursprüngliche A1000 wird bald zum Auslaufmodell. C64 und C128 sind Überbleibsel aus alten Tagen, die helfen, die Schulden zu tilgen, bevor sie sterben.

Für einen Mann, der keinen Computer benutzt, hat Rattigan eine sehr klare und weitreichende Vision. Im Interview mit dem *Commodore Magazine* gibt er Anfang 1987 eine präzise Prognose zur Entwicklung der digitalen Kommunikationsindustrie, die im Internet kulminiert. Auf die Frage, ob man QuantumLink mit dem C64C bündle, weil Telekommunikation die Zukunft der Computerei sei, beginnt er mit: „Die meisten Dienste sind ihrer Zeit voraus."[5]

Rattigan erhält Unterstützung von den größten Software-Herstellern. *Word Perfect* ist ohne Frage eine der verbreitetsten Textverarbeitungen der 80er-Jahre. 1987 schafft es Rattigan, die *Word Perfect Corporation* von einer Portierung für den Amiga zu überzeugen.

*Commodores* Aktienkurs steigt rapide: von knapp 5 Dollar ein Jahr zuvor auf 11¼. Rattigans Aktienplan zahlt sich für jeden Beschäftigten der Firma aus. Laut Rattigan steigt der Preis weiter. „Wir schafften es auf 15 Dollar und jeder erhielt 10% seines Gehalts als Bonus."

Gould beobachtet jeden von Rattigans Schritten. Mical zufolge ist Gould ein gerissener Finanzier. „Er überraschte mich. Anfangs dachte ich, er sei nur der Geldgeber, der nicht wusste, was eigentlich in seiner Firma vorging. Aber das stellte sich als falsch heraus. Er wusste genau, was sich in der Firma tat, was die Ingenieure machten und was das Unternehmen tun musste, um profitabel zu werden."

Seit der Übergabe an Rattigan besucht Gould die Zentrale kaum noch. „Er hatte eine Suite mit Büros im Seagram-Gebäude in New York", sagt Rattigan. „Während meiner Zeit bei Commodore war er nur einmal in West Chester, und ich musste buchstäblich darauf bestehen, dass er kam." Stattdessen kontrolliert Gould die Firma durch Telefonate mit ausgewählten Mitarbeitern. Dieses Vorgehen irritiert Rattigan. „Er verbrachte viel Zeit damit, mit Leuten zu telefonieren. Wenn er mit jemandem sprach, der etwas in seinen Ohren Schlaues sagte, klingelte sofort mein Telefon – ich wusste nie woher er es hatte." Die meisten Ingenieure haben eine positive Meinung von Rattigan. „Ich traf ihn einige Male; er schien ein guter Kerl zu sein", sagt Haynie.

Nach der finanziellen Wende sind die Mitarbeiter von ihrem CEO beeindruckt. Das *Commodore Magazine* führt ein detailliertes Interview mit Rattigan und feiert den Erfolg. Er wird zum Helden des Managements und der Angestellten. Glaubt man Mical, der regelmäßig mit Gould spricht, gab es auch andere Meinungen. „Er war stets der gute Geschäftsmann, wenn unsere

---

5) **Den C64-exklusiven Online-Dienst Quantum Link vertreibt *Commodore* nicht nur, sondern investiert auch in die Firma, die Gründer Steve Case später in America On-Line (AOL) umwandelt. 2000 ist AOL mehr wert als jede andere IT-Firma.**

Geschäftsleute mit ihm verhandelten. Ich weiß, das ihn einige für stark hielten, andere für recht schwach und dachten, er müsse gehen." Unglücklicherweise ist das Verhältnis zwischen Gould und Rattigan seit dem Abschluss des Fünf-Jahres-Vertrages 1986 zerstört. Der *Philadelphia Inquirer* schreibt am 3. Mai 1987: „Trotz seines Erfolgs verärgert Rattigans Prominenz Irving Gould ..." Goulds Auffassung geht an der Realität vorbei: Rattigan konzentriert sich auf das Geschäft und meidet dabei das Rampenlicht. Als ihn das *Commodore*-Magazin für die Mai-Ausgabe 1978 fragt, ob es ihn störe, dass Tramiel und Sculley berühmte Personen seien, doch kaum jemand seinen Namen kenne, antwortet er: „Wenn man in fünf Quartalen etwa 270 Millionen Dollar verloren hat, ist es nicht an der Zeit, prominent in den Medien zu sein. Es ist vielmehr an der Zeit, weiterzustricken und einen Weg zu finden, wie man die Firma profitabel macht." Auf die Frage, ob Gould eifersüchtig auf ihn sei, antwortet Rattigan: „Andere Leute behaupten das. Es gab einen Artikel in der Business Week oder im Wall Street Journal, in dem ein Zitat von Irving einen glauben ließ, dass er viel Zeit damit verbrachte, an mich heranzukommen." Tatsächlich verbringt Gould den Großteil seiner Zeit mit Reisen.

Es scheint, als wolle Gould einen Teil des frischen Erfolgs auf seine Fahne schreiben. „Vielleicht hatte es damit zu tun, wer den Ruhm erhielt", sagt Rattigan. „Ich glaube, dass das für viele Leute schwer zu verstehen war. Dort stand er, Chairman of the Board. Als die Dinge gut liefen, fragte er sich vielleicht: ‚Wie passe ich dort noch hinein?' "

Sind die Spannungen innerhalb von *Commodore* nur ein Gerücht? „Jeder sprach davon, aber ich sah es nie", sagt Mical. „Man wusste, dass es einen schonungslosen Schlagabtausch auf politischer Ebene bei Commodore gab, aber wir waren nicht eingeweiht." Haynie glaubt, dass Rattigans ausgedehnte Kontrolle über *Commodore* Gould stört. „Rattigan versuchte definitiv, seine Machtbasis auszudehnen", sagt Haynie. „Man konnte Gould nicht loswerden, aber man konnte sicherstellen, dass die Leute, die einem Bericht erstatteten, loyal waren; man konnte eigene Leute in Positionen bringen und so auf funktionaler Ebene das Ruder übernehmen." Rattigan baut ein loyales Team auf, einschließlich seiner rechten Hand in Nordamerika, Nigel Shepherd, und Finanzchef Mike Evans. Haynie zufolge versucht Rattigan sogar, seinen Sohn bei *Commodore* einzubringen – ein Zug, der an Tramiel erinnert. „Ich dachte zuerst, er sei ein typischer Sohn eines reichen Vaters, den man uns aufdrängte, aber er war einer von den Guten. Er gehörte dazu, aber man musste sich benehmen. Es schien so, als wolle er das Zeug wirklich lernen. Er lief herum und lernte. Ich glaube, er wollte ins Marketing. Er versuchte wirklich jedes Detail zu lernen, und das ist es, was ein Marketing-Mann tun sollte."

Rattigan übernimmt die Kontrolle, um *Commodore* zu reformieren. „Um Rattigan gegenüber fair zu bleiben, denke ich, das war absolut notwendig, um die Art zu ändern, mit der die Dinge gehandhabt wurden", meint Haynie. „Ich glaube, dass Rattigan das Richtige tat." Rattigan weiß um Goulds unlösbare Bindung zu *Commodore* und kennt die Gründe, warum Tramiel abgeht. „Gould hatte sechs Millionen von 30 Millionen Anteilen", erklärt Rattigan. „Das gab ihm die führende Position, wegen der er sich mit Jack überwarf." Rattigan will keineswegs die Macht ergreifen. „Gould war immer noch Chairman of the Board und kontrollierte den Vorstand, dem allein ich verantwortlich war", sagt er. „Wer das nicht erkannte, hatte einen IQ unter 60. So einen Kampf wünscht sich nur ein Lebensmüder." Einigen Zeitungsartikeln zufolge ist Gould ungeduldig mit den Verzögerungen bei den A500 und A2000. „Im November sagte Gould einem Analysten, dass er mit der Langsamkeit, mit der die Firma die zwei neuen Amigas einführe, unzufrieden sei" schreibt der *Philadelphia Inquirer* am 4. Mai. Nach der desaströsen Amiga-1000-Strategie von Gould und Smith will Gould nun einen schnellen Erfolg. Rattigan dementiert den Kommentar. „Das war eine Manifestation einer ganzen Reihe von Dingen, nicht nur eines einzelnen Kommentars über das Timing", sagt Rattigan. „Eines nahm ich aus diesem Industriezweig mit: Optimismus hinsichtlich Fertigstellungsterminen ist oft unangebracht."

## Der Commodore-Fluch, neunter Teil ****

Anfang April 1987 engagiert Gould Berater von *Dillon, Read & Co*, um die Management-Praktiken zu überprüfen – ein schlechtes Omen, wenn man an die Wende denkt, die Rattigan herbeiführte. Es ist ein Vorwand für Veränderungen, die Gould vornehmen will. Seinem Bekunden nach soll die Anlagebank und Maklerfirma mit *Commodore* arbeiten, um Wertsteigerungen auszuloten. Doch die kommenden sieben Tage sind unglaublich.

Rattigan erfährt vom Ergebnis der Untersuchung, das Mehdi Ali von *Dillon, Read & Co* zusammenstellt. „Es wurde intern diskutiert", sagt Rattigan. „Nur Gott weiß, was Dillon, Read & Co zusätzlich zu dem, was mit dem Management besprochen wurde, gesagt hat. Ich vermute, dass diese Besprechungen mehr enthielten, als ich damals heraushörte." Rattigan steht dem Berater misstrauisch gegenüber. „Es ist der Job jedes Beraters, sich zu fragen: ‚Wie bekomme ich meinen nächsten Beratungs-Auftrag?' Das ist der Selbsterhaltungstrieb. Das ist die Geschichte dieser Industrie." Rattigan weiß, dass etwas schief läuft, als Gould eine außerplanmäßige Aufsichtsratssitzung einberuft, ohne Rattigan einzuladen. „Jeder, der um seine Teilnahme gebeten wurde, erhielt eine Mitteilung. Ich erfuhr durch Mundpropaganda von der Sitzung", sagt Rattigan. Da er ein Mitglied des Aufsichtsrates ist, hat er das Recht, bei der Sitzung anwesend zu sein. „Meine Anwälte sagten damals: ‚Wenn es eine Aufsichtratssitzung ist, dann betrachte das als Versehen. Du solltest dabei sein.' Sie meinten es ironisch."

*Commodore* hat fünf Aufsichtsratsmitglieder einschließlich Rattigan und Gould. „Ein verhältnismäßig kleines Board", sagt Rattigan. „Außer Irving gab es zwei weitere Kanadier, einen von der Royal Bank und einen von der Bank of Montreal." Das bekannteste Aufsichtsratsmitglied ist Alexander Haig, Stabschef unter Nixon während des Watergate-Skandals[6] und ehemaliger Außenminister unter Präsident Reagan. Rattigan besucht zahlreiche Sitzungen und fühlt sich bei den Mitgliedern des Aufsichtsrats wohl. „Es gab Sitzungen in New York, eine in Toronto und mindestens eine Sitzung auf den Bahamas", sagt Rattigan.

In Toronto überrascht er die anderen mit seiner unerwarteten Teilnahme. Doch Gould ist vorbereitet. „Sie hatten einen externen Anwalt dort. Das war alles gut dirigiert. Als ich den Anwalt sah, wusste ich, was los war und wie sie instruiert worden waren." Rattigan hat keine Möglichkeit, vor dem Aufsichtsrat zu sprechen. „Wenn man von einer Sitzung weiß, zu der man nicht eingeladen wurde, was sagt man dann? Diese Sitzung dauerte 30 Nanosekunden. Sie beriefen umgehend eine Vorstandssitzung ein. Ich war nicht Mitglied des Vorstands. Alles lief

---

**6) Einige halten Haig für den mysteriösen ‚Deep Throat', der brisantes Material zu Nixons Watergate-Verwicklung an die Presse spielt. Die Vermutung wird 2005 widerlegt, als sich der echte Informant zu erkennen gibt.**

wie auf einem Spielbrett ab, mit Zügen, die im Voraus bestimmt worden waren. Die Loyalität des Aufsichtsrats gehörte Gould." Die Sitzung beginnt am nächsten Tag, ohne Rattigan. „Kurz danach saß ich im Flugzeug in die USA." Am nächsten Tag wägt er seine Möglichkeiten ab. „Ich sprach mit meinen Anwälten."

Am Donnerstag, den 16. April setzt *Commodore*-Anwalt Joseph Benedetti Rattigan davon in Kenntnis, dass *Commodore* ihn von allen Aufgaben entbunden hat. Weiter steht im Brief: „Der Aufsichtsrat wird die Auflösung der Anstellung in einer außerordentlichen Sitzung beschließen."

Selbst heute findet Rattigan keine klare Begründung für dieses Vorgehen. „Einige Leute glauben, dass ein Manager eben nur ein Manager ist", sagt er. „Wenn ich diesen Kerl engagieren kann, der in einiger Hinsicht gute Arbeit leistet, wir uns aber aus irgendeinem Grund überwerfen, kann ich einen anderen wie ihn, wenn nicht sogar einen besseren, engagieren." Haynie sieht einen anderen Grund. „Er wurde von Gould vernichtet, weil Gould immer die Fäden zog, wenn er die Fäden ziehen wollte." Am gleichen Tag erfährt Shepherd durch ein Telefonat mit Gould, dass der vier Top-Manager ausschaltet, die alle Shepherd Bericht erstatteten, Finanzchef, Controller, Schatzmeister und den Leiter der amerikanischen Computersystem-Abteilung. Shepherd hat Bedenken und fragt, ob er mit Rattigan sprechen könne, bevor die Entlassungen wirksam würden. Gould sagt ihm, dass Rattigan nicht länger zu *Commodore* gehöre. Nach seinem Gespräch mit Gould spricht Shepherd umgehend mit Rattigan. „Ich aß mit Shepherd zu Mittag. Er und ich hatten eine lange Unterhaltung und tranken ein paar Biere." Gould erfährt von dem Treffen, und Shepherd gerät in Goulds Fadenkreuz. „Er wurde diesbezüglich befragt und Nigel sagte ihm, er könne ihn mal", sagt Rattigan. Gould entlässt auch Shepherd. Die Situation gleicht einem Staatsstreich in der Dritten Welt. „Shepherd war der Firma und mir gegenüber loyal. Ich glaube, er hätte auch Irving gegenüber ähnlich loyal sein können", sagt Rattigan. „Aber er fand es ungerecht und trug sein Herz auf der Zunge. Er sagte es, wie es war."

Rattigan will nicht aufgeben. Am Montag, den 20. April fährt Rattigan wie gewöhnlich morgens zur Arbeit. Immerhin ist er laut Vertrag Vorsitzender und CEO bis 1991. Als er das Gebäude betritt, wird die Situation heikel. „Die Wachen waren angewiesen, mich nicht aufs Firmengelände zu lassen", sagt Rattigan. „Aber sie hielten mich nicht auf." Rattigan pflegt freundschaftliche Beziehung zu Leuten auf allen Ebenen der Firma. Die Wachen weigern sich, ihren Befehl auszuführen. Einer von ihnen kommentiert: „Was zum Teufel soll ich tun? Der Kerl leitet die Firma und riss sie herum. Jetzt soll ich ihm den Zutritt verbieten? Sind die verrückt?" „Sie hatten sie die Schlösser meines Büros ausgetauscht, ich konnte nicht hinein", sagt Rattigan. Die Anwälte erkennen ihn schnell. „Sie baten mich, zu gehen, und ich fragte: ‚Auf welcher Basis?' " Die Anwälte geben roboterhafte Erklärungen ab. „Das waren Feststellungen, keine Gespräche." Da Rattigan nicht wankt, verschlimmert sich die Situation. „Ich sagte, dass ich nicht gehen würde. Also riefen sie den Sicherheitsdienst." Die Situation ist unangenehm für die Wächter. „Sie sagten: ‚Würden Sie bitte mit kommen?' " Rattigan erkennt, dass er den Kampf hier nicht gewinnen kann, und nimmt die Sache mit Humor. „Ich sagte: ‚Natürlich komme ich mit, aber bitte werft mich nicht die Treppe hinunter.' " Obwohl Gould und seine Anwälte Rattigan abweisen, erhält er Unterstützung von den niedrigsten Leveln bei *Commodore*. „Wir gingen die Treppe hinab und Wachleute sagten mir, dass das irre sei." Rattigan versichert, dass er keinen Groll gegen sie hege. „Ich sagte: Das ist schon in Ordnung. Ihr macht Eure Arbeit." Ein anonymer Mitarbeiter sagt: „Es war surreal. Er konnte nicht einmal die Bilder von seiner Frau und seinen Kindern vom Schreibtisch nehmen." Rattigan sieht auf dem Parkplatz noch ein letztes Mal auf die Firma zurück, die er retten half, und fragt sich, was schief gelaufen ist. „Ich stieg in meinen Wagen und fuhr davon."

Gould und dem Aufsichtsrat bleibt ein Problem: Mit Rattigan besteht ein Fünf-Jahres-Vertrag, der erst am 1. Juli 1991 ausläuft. Aberwitzig wie *Commodore* ist, entlässt Gould Rattigan nach nur acht Monaten. Laut Vertrag soll Rattigan 600.000 Dollar für die ersten zwei Jahre erhalten, und 400.000 für die letzten drei Jahre. Im dritten Jahr als CEO würde Gould Rattigan erlauben, Anteile im Wert von 6 Millionen Dollar für $5.000 zu kaufen. Am Mittwoch, den 22. April verklagt Rattigan *Commodore* wegen Vertragsbruchs. Er will entgangene Löhne und Aktienoptionen im Wert von 9 Millionen Dollar. Im Verfahren macht Rattigan geltend, dass Gould seit Januar 1987 seine Autorität und Verantwortungen untergrabe. Rattigan wirft zudem dem Aufsichtsrat vor, ohne Rücksprache mit ihm leitende Angstellte zu entlassen und zu engagieren.

Die *New York Times*, das *Wall Street Journal* und der *Philadelphia Inquirer* berichten am 23. April über Rattigans Entlassung. Dem *Inquirer* zufolge „erstaunt und verwirrt" der Zug Mitarbeiter und Investoren. Die Zeitung enthüllt, dass Gould sich selbst zum CEO erklärt.

Die Intrige hat Auswirkungen auf den Aktienkurs: Am Tag, an dem Rattigan Klage einreicht, setzt ein Abwärtstrend ein, der Jahre anhält. Zuerst fällt der Wert um 50 Cent auf $12,37. Als die Neuigkeit nach außen dringt, fällt der Kurs um $1,50 auf $10,37. Gould wendet sich an die Presse, um seinen Standpunkt darzulegen. Er behauptet, seine Top-Manager wegen der enttäuschenden US-Verkäufe entlassen zu haben. Gould zufolge macht Europa 70% des Umsatzes von *Commodore International*. Tage nach Rattigans Weggang räumt Gould unter den Rattigan-Loyalisten auf. „Jeder, den ich einbrachte oder der oben stand, war in Gefahr." Am Freitag, den 24. April entlässt Gould 50 Verwaltungsangestellte. Alle, die Rattigan unterstützten, fliegen raus. Die Entlassungen unter den Rattigan-Anhängern dauern bis in den nächsten Monat.

Am 29. Mai entlässt Gould Michael Evans, den Vize-Präsidenten und Finanz-Chef. „Sie machten zwei gigantische Fehler: sie entließen Shepherd und Evans", sagt Rattigan. „Ich hörte später, dass Gould selbst sagte, dass die Entlassung von Evans einer seiner größten Fehler war. Das war töricht. Der Mann war verwaltungstechnisch wie auch vom finanziellen Standpunkt aus unentbehrlich." Rattigan glaubt, dass viele der Entlassungen auf die Berater von *Dillon, Read & Co* zurückgehen. „Man muss sich fragen, ob Irving die Entscheidung selbst traf, oder ob jemand anders das für ihn tat. Ich glaube, es hatte mit den externen Beratern zu tun. Sie dachten, sie müssten doppelte oder dreifache Treffer landen, um zu beweisen, dass sie wussten, wovon sie redeten und damit sie eine Vertragsverlängerung bekamen."

Ironischerweise druckt das *Commodore Magazine* noch im Mai ein optimistisches Interview mit Rattigan. Das firmeneigene Magazin arbeitet drei Monate im Voraus und befindet sich schon im Druck, als Rattigan geht. Der Artikel lobt ihn für die Wende, was Gould nicht ausstehen kann. Die langjährige Herausgeberin des Magazins, Diane LeBold, die ihre Kolumne verliert, als sie Jack Tramiels Vermächtnis erwähnt, kommt abermals in Schwierigkeiten. Ihre Zeit bei *Commodore* endet im August 1987.

Am 12. Juni richtet *Commodore* eine Gegenklage im Wert von 24 Millionen Dollar gegen Rattigan. Die Firma beschuldigt ihn „vorsätzlichen Ungehorsams", der das Unternehmen mehrere Millionen Dollar koste. Gould meint, Rattigan habe sich feindlich verhalten und dadurch die vertraglich vereinbarten Zahlungen verwirkt. Heute amüsiert Rattigan die Gegenklage. „Ich habe das immer noch ganz oben auf meinen Rechnungen. Eines Tages schreibe ich ihnen einen Scheck." Rattigan glaubt, dass Gould ihn zu einer geringeren Abfindung bewegen will. „Das ist alles Getue und Unsinn", sagt er. „Ich schätze, dass eine durchschnittliche Person, die eine solche Mitteilung erhält, sich an die Brust fasst und einen Herzinfarkt bekommt." Beide Seiten machen ihre Forderungen bei einem Bezirksgericht in New York geltend. „Es gab eine Reihe von Aussagen auf beiden Seiten", sagt Rattigan. „Sie protokollierten meine Aussagen fünf Tage lang. Shepherd erwies sich als unglaublich hilfreicher Zeuge im Prozess." Die *Commodore*-Anwälte ziehen das Verfahren in die Länge. „In den vier Jahren wurde viel Papier hin und her geschoben. Das ist eine typische Strategie." Erst Anfang der 90er-Jahre wird das Verfahren von einem Richter entschieden: Rattigan gewinnt seine Neun-Millionen-Dollar-Klage, *Commodore* verliert die Gegenklage. Obwohl der Prozess *Commodore* zweifelsfrei schadet, verlässt Rattigan die Firma mit einer guten Bilanz. „Als ich ging – eine schöne Formulierung dafür, dass man mich vor die Tür setzte – hatten wir eine beträchtliche achtstellige Summe in der Bilanz. Und wenn ich beträchtlich sage, meine ich sehr beträchtlich." Nach der konkreten Zahl befragt, antwortet Rattigan: „Man würde nicht falsch liegen, wenn man auf über 50 Millionen Dollar schätzt."

*Commodore* hat wieder Geld auf der Bank und kann sich Werbung für die neuen Amigas 500 und 2000 leisten. „Wir brachten die Firma vom Beinahe-Konkurs in die Gewinnzone. Wir schufen eine ungemein konservative Bilanz, die Commodore für eine ganze Weile oben hielt."

## Der Kampf gegen die Tramiels ****

Nach dem Marktsieg in Runde Eins bekämpfen Jack Tramiel und seine Söhne *Commodore* weiterhin mit ihrem Konkurrenzcomputer Atari ST. „Den versuchten sie groß herauszubringen. Sie sagten, er sei besser als der Amiga und habe mehr Power, mehr hiervon und davon und sei günstiger", sagt Mical. „Günstiger war er zwar, aber nicht leistungsfähiger. Er hatte nicht das richtige Betriebssystem und keine gute Grafik." Mical gibt Tramiels engem Zeitplan die Schuld für die Unzulänglichkeiten des ST. „Der Atari ST hatte viele gute Features und seine Ingenieure waren brillant. Sie leisteten gute Arbeit basierend auf dem, was sie hatten, aber sie hatten keine Zeit. Darum mussten sie viele Fähigkeiten abschreiben und konnten ihn nicht so leistungsfähig machen, wie er hätte sein können." 1987 sind viele Besitzer eines 8-Bit-Computers bereit, auf 16 Bit umzusteigen. Da der Amiga 1000 zu teuer ist, dominiert der Atari ST den neuen Markt. Erst mit dem A500 hält Irving Gould die geeignete Waffe gegen *Atari* in den Händen. Die von Rattigan veranschlagten Preise, $649 für den A500, $1.495 für den A2000, erhöht er umgehend. Der kleine Amiga kostet nun $699 und der A2000 $1.995. Das ist ein gefährlicher Zug zu einem Zeitpunkt, als der Amiga dringend Marktanteile braucht.

Im Juni 1987 gibt *Commodore* den A500 an die Händler weiter. Rattigan plante, den A500 auf dem Consumer-Markt anzubieten, doch Gould ignoriert die Sommer-CES 1987 und führt den Computer auf der COMDEX vor. Kann *Commodore* ohne CES viele Händler gewinnen?

Gould trifft sich in Atlanta mit über 200 *Commodore*-Händlern, denen unter anderem Werbung für den Amiga versprochen wird. Trotz des Versprechens vergehen Jahre ohne angemessene Werbung. So unterstützen die Händler den Amiga auf eigene Initiative durch Demonstrationen in Läden. „Das beste, was Commodore im Bezug auf den Vertrieb gelang, war die zweite Riege der Computerhändler, statt bei den High-End-Computerhändlern zu sein, wo das Geschäft lief", erklärt Rattigan. K-Mart war ein wichtiger Grund für den Erfolg des C64. Jetzt entscheidet sich *Commodore Business Machines* gegen die Kette. „Sie wurden richtig frech und verweigerten einige von K-Marts Rückgabe-Verträgen", sagt Haynie. „K-Mart hatte denselben Grundsatz wie Walmart jetzt: ‚Wir können das jederzeit remittieren, der Zustand spielt keine Rolle.' Dazu sagte Commodore Nein und ging über Sears, nicht K-Mart."

In anderen Regionen wird der Amiga anders vermarktet. Der kanadische Geschäftsführer Jim Dionne verkauft den A500 z.B. über K-Mart, wo er ähnlich erfolgreich ist wie in den Jahren davor der C64. *Commodore* entwickelt zwei Werbesendungen, die - auf Videokassette an Händler verteilt und trotz billiger Musik und Produktionsqualität - die Power des A500 zeigen. Das erste, neunminütige Video hebt die Technik des Amigas hervor - Intuition, echtes Multitasking, Grafik und Sound. Das zweite, 14-minütige Video zeigt die breite Softwarepalette.

Live-Präsentationen erweisen sich als die mächtigste verkaufsfördernde Maßnahme. Das Boing-Demo wie auch *RoboCity* werden gerne gesehen. Mit dem Aufkommen von perspektivischen, dreidimensionalen Bildern entwickelt *Commodore* ein neues Demo, in dem ein Computer-generierter Jongleur das Animationstalent des Amigas beweist. Die drei Glasbälle des virtuellen Artisten reflektieren das Licht und spiegeln die Umgebung! Die Animation läuft dabei nicht in Echtzeit, sondern liegt bereits berechnet im Speicher. 1987 ist ‚vorab-geredenderte' Grafik für die Meisten etwas völlig Neues, die bunten Amiga-Bilder werden Kult. [7]

Der Fehlschlag, den A500 nicht über Supermärkte zu verkaufen, wirkt auf den Aktienkurs, der im Oktober 1987 auf $8,50 absackt. Der Markt ist nicht angetan von Goulds Strategie. Trotzdem überholt der A500 bald die Verkäufe des Atari ST. Ende 1986 enthüllen Magazine, dass der ST nicht so erfolgreich ist, wie zunächst angenommen. Auf Druck der US-Wettbewerbsbehörde SEC räumt *Atari* ein, dass bis zum 30. Juni 1986 erst 150.000 Einheiten verkauft sind. Im Vergleich setzt Commodore 25.000 Amigas bis Anfang 1986 ab. Der ST hat den Amiga nicht im Verhältnis 10:1 geschlagen, wie zuvor berichtet. Mical erinnert sich an die Kämpfe zwischen ST- und Amiga-Usern. „Der Atari ST sprach viele Leute an. Religiöse Kriege wurden über die Frage entfacht, welcher Computer besser sei. Ich bin mir sicher, dass mir eine große Zahl ehemaliger ST-Fans widersprechen wird, wenn ich sage, dass der Amiga der überlegene Computer war."

Erst ist der Amiga hinsichtlich der Spiele-Veröffentlichungen nur Nummer Zwei hinter dem ST. Mit dem steigenden Absatz des A500 wendet sich die Software-Unterstützung dem Amiga zu. Der Amiga-Markt wird bald von Spielen überschwemmt. In der ersten Hälfte 1989 scheint klar, dass der ST stirbt. *Ataris* Umsatz bricht in diesem Zeitraum ein. Ab 1992 ist *Atari* mit niederschmetternden Verlusten konfrontiert, die das Ende der Firma einläuten.[8]

---

7) **Juggler ist in Tom Pettys MTV-Video *Jammin' Me* zu sehen.**

8) **Das Ende des Atari ST ist zugleich das Ende von GEM: Gary Kildall durchkämpft einen Rechtsstreit gegen Apple wegen der behaupteten Ähnlichkeit zwischen seinem Betriebssystem und dem Macintosh - ein Schlag ins Gesicht für Kildall, der das Betriebssystem für PCs erfand. Kildall verlässt Digital Research 1991. Im Juli 1994 prügelt sich der ehemalige Navy-Angehörige in einer Bar und stirbt drei Tage später an seiner Kopfverletzung im Alter von 52 Jahren.**

## Amigas überall ****

Vor allem Grafiker werden vom Amiga angezogen. Flachbett-Scanner, mit denen sich Bilder schnell von Papier- oder Dia-Vorlage in den Rechner holen - ‚digitalisieren' - lassen, gibt's noch nicht, so dass Hardware-Bastler mit Scanner-Technik für den Amiga experimentieren.

Frühe Scanner bestehen aus einer Stange mit Digital-Kamera an einem Ende; die bewegt man auf und ab, um das Bild manuell zu zentrieren und zu fokussieren. So lassen sich z.B. Fotos in den Speicher und auf den Bildschirm holen, die dann mit Programmen wie *Deluxe Paint* von *Electronic Arts* weiterverarbeitet werden. Spiele wie das englische Adventure **The Pawn** zeigen digitalisierte Grafiken, die so gut aussehen wie ihr Packungs-Cover. Der Amiga startet eine Revolution der preisgünstigen digitalen Bildverarbeitung.

Amiga-Technik findet auch einen Weg in die Spielhallen. Der Automatenhersteller *Bally*, dessen Beziehung zu *Commodore* bis in die VIC-20-Ära zurückreicht, benutzt die Amiga-Motherboards und -Chips 1987 für Spielautomaten. Als „Virtuelle Realität" später zum Modewort wird, betreiben aufgemotzte Amigas auch zahlreiche VR-Systeme. Die englische Firma *Virtuality* entwickelt ein System für den Einzelhandel und für Spielhallen, das dem Spieler mit einer stereoskopischen Brille 3D-Bilder, die ein A2000 in Echtzeit berechnen, auf die Netzhaut wirft.

Die ursprünglichen Amiga-Ingenieure wissen, dass ihr Rechner zum Abspielen und Nachbearbeiten von Videofilm genutzt werden kann, ein Gebiet, auf dem kein PC mithält. „Wir wollten den Amiga zur vorrangigen Plattform für Videobearbeitung machen", sagt Mical. „Commodore erkannte die Chance, das als Haupt-Verkaufsargument zu verwenden."

Die einmalige Fähigkeit macht ihn angemessen für Laserdisk-Spiele: Die US-Firma *American Laser Games* benutzt Amiga-Hardware für eine Reihe von Automaten, die Filmsquenzen mit Videospiel-Interaktion mischen und ist mit **Mad Dog McCree**, **Space Pirates**, **Who Shot Johnny Rock?** und vier anderen Ballerspielfilmen Anfang der 90er-Jahre erfolgreich.

Drittanbieter produzieren Genlock-Karten, die in den von Haynie entwickelten Videosteckplatz passen. Die führende Soft- und Hardwarekombination ist der *Video Toaster* der Firma *NewTek*, die 1987 mit der Entwicklung beginnt und das fertige Produkt ab Oktober 1990 verkauft. Der Amiga-Toaster erlaubt vielfältige Videomanipulation und -bearbeitung, Wisch- und Spezialeffekte, Ein- und Ausblendungen und Text über laufende Videos. Der zweite Teil der Software-Packung beinhaltet einen 3D-Renderer für professionelle Logos und Intros. Damit dominiert der Amiga den Markt für Videobearbeitung. „Der Amiga galt lange Zeit als der Computer für Desktop-Video", sagt Mical. Große Hollywood-Produktionen nutzen Amigas für ihre Spezialeffekte (z.B. *Robocop 2* und *Zurück in die Zukunft II*), ebenso TV-Science-Fiction-Serien wie *Babylon 5*, *Seaquest DSV* und *Star Trek: Voyager.*

Der Markt für digitales Video ist jedoch zu klein, um allein *Commodore* zu tragen. Massenmedien wie CD-ROMs sind noch nicht verbreitet, auch gibt's kein Internet für den Verkauf von digitalen Filmen. Der Amiga ist seiner Zeit so weit voraus, dass selbst bei *Commodore* Keiner das Potential sieht. „Die Langzeitstrategie der Firma war falsch", sagt Charpentier. „Der Amiga war ein gutes Produkt, aber das genügte nicht; jetzt war es zu spät."

# KAPITEL 23

# Eine radikale Neuausrichtung

23

1988 - 1992

Als Irving Gould das Ruder bei *Commodore* übernimmt, glauben Viele, er besitze nicht die richtige Einstellung und das Charisma, um seine Angestellten zum Sieg zu führen. Tramiels Kampfschrei war: „Computer für die Masse, nicht für eine Klasse!" Der neue CEO hat keinen Kampfschrei. *Forbes*-Redakteur Evan McGlinn meint, der „Jetsetter Gould soll die Führung besser einem anderem überlassen."

## Toy, Copperman und Ali ****

Goulds permanente Reisen zwingen *Commodore*, einen kompetenten Präsidenten für das US-Geschäft zu finden, der – das hat höchste Priorität – diesen Markt zurückerobert. Nach Rattigan und Shepherd dauert es diesmal sieben Monate, bis der Nachfolger steht: Im Oktober 1987 ernennt Gould Max Toy zum Präsidenten und COO von *Commodore* Nordamerika.

Toy bringt mehr Erfahrung in der Computerindustrie mit als seine Vorgänger: Er beginnt bei *IBM*, wo er im Sales- und Marketing-Bereich arbeitet, und wird danach Vize-Verkaufsleiter bei *Compaq*. Gould instruiert Toy, „die Firma mit dem Ziel der Rückeroberung unseres Marktanteils auf dem US-Markt" zu führen. An der Erfüllung oder am Scheitern dieses Ziels muss Toy sich messen lassen. Branchenbeobachter mögen die offene und ehrliche Art des Neuen, der in den 40ern ist, als er zu *Commodore* kommt. Vor allem glaubt Toy an den Amiga, dessen technische Überlegenheit ihm als IBM- und *Compaq* -Veteranen bekannt und bewusst ist.

Für einen *Commodore*-Präsidenten bringt er sich ungewöhnlich oft ins Gespräch. Im August 1988 gibt Toy *Compute!* ein Interview, einen Monat später taucht er in Anzeigen des Online-Services *Q-Link* auf, in den Rattigan vorher investiert. Die Angestellten stehen Toy positiv gegenüber. „Er machte eine gute Figur und er klang, als habe er Pläne", erinnert sich Haynie.

Im September 1988 fährt *Commodore* einen Quartalsgewinn von 6,3 Millionen Dollar ein – nicht gewaltig, aber immerhin kein Verlust. Unglücklicherweise erwartete Gould eine größere Wende und verliert die Geduld mit Toy schnell. „Er blieb nicht sonderlich lange", sagt Haynie.

Bereits 1989 hat Gould einen möglichen Nachfolger, einen Ex-*Apple*-Mann: „Es gab Annäherungen an Jean-Louis Gasse, dem technischen Leiter bei Apple", sagt Haynie, dem zufolge Gasse interessiert ist, aber mehr Kontrolle über die Firma fordert, als Gould ihm zugestehen will. „Sie wollten ihn als Leiter der Ingenieursabteilung. Er sagte: ‚Ich müsste drei Jahre lang alles im Griff haben, um diese Firma wieder auf Kurs zu bringen.' Er freute sich, das tun zu können", erinnert sich Haynie. Würde Gasse unter dieser Voraussetzung bei *Commodore* einsteigen, wäre er der erste Mann in der Geschichte des Unternehmens, der die Firma mit Technikverständnis und einer Vision leitet. „Natürlich sagten sie Nein", meint Haynie.[1] Stattdessen engagiert Gould einen ehemaligen Investment-Banker von *Dillon, Read & Co* als neuen *Commodore*-Präsidenten:

---

**1) Gasse entwickelt später die *BeBox*. Haynie zufolge „weckten die Gespräche mit Commodore sein Interesse für eine Startup-Computerfirma, um in den 90ern das zu tun, was Commodore in den 80ern getan hatte."**

Mehdi Ali. Der will das Unternehmen von Goulds Büro in New York aus leiten. Haynie glaubt, man wäre mit Gasse weitaus besser gefahren: „Schwer vorstellbar, dass Gasse schlimmer gewesen wäre als das Management-Team, das in den 90ern das Sagen hatte." Ali ist der Mann fürs Tagesgeschäft, während Gould in seinem Jet der Steuerbehörde davonfliegt. Laut denen, die Ali kennen, interessiert er sich nicht sonderlich für Computer oder den Amiga im Besonderen. Sein Hauptanliegen ist es, Gould bei Laune zu halten.

Ende April 1989 erklärt Gould, Toy werde das Unternehmen verlassen und andere Interessen verfolgen. Seinem Abgang fehlt die Dramatik der vorhergegangenen Entlassungen Tramiels und Rattigans, und noch am selben Tag ernennt Gould den neuen Präsidenten für die USKonzernzentrale: Harold Copperman, ehemaliger Vizepräsident und Geschäftsführer für das Ostgeschäft von *Apple*; zuvor 20 Jahre bei IBM. Da Gould jemanden will, der sich mit Werbung auskennt, ist Copperman eine logische Wahl – er soll *Apple*-Marketing zu *Commodore* bringen. Die Angestellten stehen dem verhältnismäßig jungen Mann aufgeschlossen gegenüber. „Ich hatte eine Unterhaltung mit Copperman", erinnert sich Haynie. „Ich mochte ihn sehr. Ich mochte, dass er verschiedene Verkaufsabteilungen in den Vereinigten Staaten organisieren wollte."

Jahren zuvor kündigt Gould eine große TV-Kampagne für den Amiga 500 an, die jedoch nicht umgesetzt wird. Als *Commodore* Ende Juni 1989 einen Quartalsverlust von 10,1 Millionen Dollar verzeichnet – die ersten roten Zahlen seit 1987 – ist klar, dass *Commodore* etwas unternehmen muss, um den Sinkflug zu stoppen. Nun bewilligt Gould die lang versprochene TV-Werbung und lässt dafür 15 Millionen Dollar für den Amiga springen. Copperman engagiert eine Werbeagentur, um die Spots zu produzieren, sowie *Amblin Entertainment*, die Firma von Steven Spielberg, um sie zu filmen. Mical sieht der überfälligen Kampagne optimistisch entgegen: „Später brachten sie dann endlich diese ziemlich coolen Spots, für die sie Spielberg angelten – wirklich coole Werbung!" Haynie glaubt, dass es das erste Mal für Spielberg war, das er so etwas machte: „Sie gewannen Spielberg für seine erste Werbekampagne, weil er den Amiga mochte. Das war viel mehr, als wir je erwartet hatten."

*Amblin* engagiert *Industrial Light and Magic* (ILM), die Trickfirma des Krieg-der Sterne-Produzentens George Lucas,[2] für die Spezialeffekte und beauftragt das Entwicklungshaus *Silent Software* für die Amiga-Animationen der Werbung. Die einmalige 15-Millionen-Dollar-Kampagne umfasst drei Spots des Hollywood-Regisseurs Matthew Robbins und dreht sich um Stevie Palmer, einen typischen Teenager der 80er, der mit seinem A500 die erstaunlichsten Dinge bringt. Im ersten Spot verfolgen drei Mädchen eine Musikpreisverleihung im TV, als plötzlich das Bild flackert und ihr Nachbar Stevie auf dem Fernseher erscheint – danke für die Auszeichnung! Ein Amiga mit Genlock und Videokamera verhilft Stevie zum TV-Debüt.

Der zweite, etwas anspruchsvollere Spot zeigt, wie Stevie das 3D-Modell seines Hauses mit einem CAD-Programm erstellt. „Das ist einfach unglaublich cool", kommentiert Mical. „Das ganze Haus hebt sich vom Fundament ab und schwebt in der Luft." Stevies Eltern werden unsanft geweckt, als sich ihr Bett plötzlich in Bewegung setzt. Die Werbung, unterlegt mit der Musik von Dave Grusin aus Spielbergs Teenie-Abenteuer *The Goonies* (1985), verfügt offensichtlich über ein höheres Budget als die ersten Amiga-Spots von 1985.

---

2) ILM nützt Amiga-Hardware im selben Jahr für die Effekte der Spielberg-Produktion *Zurück in die Zukunft 2*.

In der dritten Werbung pilgern grauhaarige Promis zu Stevie und werden von der erstaunten Mutter an der Tür empfangen. So benötigen die Astronauten Buzz Aldrin, Gordon Cooper und Scott Carpenter Stevies Hilfe bei einer Weltraumstation. „Dieser Junge spielt in seinem Zimmer und die Astronauten kommen mal eben vorbei. Er zeigt ihnen etwas auf seinem Computer, und sie machen alle ‚Ohh, ahhh' ", erinnert sich Mical. Auch die *Pointer Sisters* besuchen Stevie (weil's ohne Amiga mit dem neuen Song nicht vorangeht), dann Tommy Lasorda – der Manager der Baseball-Helden *Los Angeles Dodgers* bittet um statistische Unterstützung. Schließlich tritt der ehemalige Sprecher des Weißen Haus, Tip O'Neil, in Stevies überfülltes Zimmer.

Haynie zufolge liefen die Spots regelmäßig, aber nicht so häufig wie die der Konkurrenz: „Im ersten Jahr der N64-Spielkonsole gab *Nintendo* mehr Geld für US-Werbung aus, als die Entwicklung der Konsole kostete. Commodore ging zwar nicht so weit, aber die Spots liefen ziemlich regelmäßig. Sie waren kaum zu verpassen." Die Werbekampagne startet kurz vor Weihnachten 1989, zwei Jahre nach der Einführung des A500 und vier Jahre nach der Vorstellung des A1000. „Das ist doch erbärmlich, oder?", klagt Mical. Herd erinnert sich an seine erste Reaktion auf die verspätete TV-Kampagne: „Als ich Jahre später sah, wie sie versuchten den Amiga noch zu bewerben – das war traurig. Zu diesem Zeitpunkt war es schon zu spät."

*Commodore* lanciert zudem eine gut gemachte Anzeigenserie im *Time Magazine* und anderen Zeitschriften, mit Berühmtheiten wie Lasorda, O'Neil und dem Blues-Gitarristen B. B. King.

Unterm Strich wirkt die gesamte Kampagne positiv auf die Verkaufszahlen: Nach einem Quartalsverlust von 6,5 Millionen Dollar zum September 1989 bei einem Umsatz von 165 Millionen, rutscht die Firma zum Jahreswechsel mit 200 Millionen Dollar Umsatz und 7 Millionen Gewinn wieder in die schwarzen Zahlen. Insgesamt nimmt der Absatz der Amiga-Produktreihe um 50% zu. Leider bleibt es *Commodores* letzte Werbeoffensive.

## Die Evolution des Amiga ****

Während das *Commodore*-Marketing die Entwicklung des Plus/4 übernahm, bestimmen Ingenieure die Amiga-Jahre. „In der Amiga-Ära wusste das Marketing nicht, was es wollte. Wir mussten es ihnen sagen", meint Dave Haynie, der nach dem A2000 das System mit einem schnelleren *Motorola*-Prozessor und mehr Speicher weiterentwickelt. „1988 hatten wir den A2000/20, 1989 den A2000/30. Das waren A2000er mit 68020- bzw. 68030-Prozessor und erst 7, dann 14 und schließlich 25 MHz. Zudem gab es schnellen Arbeitsspeicher, 2 oder 4 MB." Für jede Revision entwickelt er ein neues Motherboard: „Ich begann mit Welland an der A2620, unserer ersten 68020-Platine. Als das Projekt halb fertig war, ging er zu Apple[3], so dass ich die A2620-Revision zu Ende brachte, sowie die A2630. Dann machte ich mich gleich an den Amiga 3000." Die Ingenieur-Gruppen bleiben klein. „Über Jahre machten wir die Arbeit ganzer PC-Konzerne", sagt Haynie. „Insgesamt vielleicht 40 Leute, die an all dem Zeug arbeiteten. Dagegen hatte eine Firma wie Apple 40 Leute für jedes einzelne Projekt."

Unter dem stellvertretenden Leiter der Ingenieursabteilung, Dr. Henri Rubin, entwickeln Haynie, George Robbins, Greg Berlin und Hedley Davis den Profi-Rechner A3000. Rubin fehlen

3) **Dort arbeitet Welland an Kernel, MMU und Betriebssystem für das Ur-Handheld Newton, das 1992 veröffentlicht wird.**

regelmäßig einige Knöpfe an seinem Hemd, dafür trägt er Fliege. „Er war ein bisschen verrückt, aber sonst OK", sagt Haynie. Die meisten Ingenieure mögen ihren Leiter, weil er einer der wenigen Manager ist, der an den Amiga glaubt. „Er musste den schnellsten und besten Amiga auf seinem Schreibtisch haben, den man bekommen konnte. Und er versuchte damit alles, was möglich war", sagt Haynie. „Daher wusste er, was ging. Mit anderen Worten tat er genau das, was ein Manager tun sollte." Ein anderer Manager, der den Amiga benutzt, ist Jeff Porter. „Porter hatte immer einen Amiga auf seinem Schreibtisch", erinnert sich Haynie. „In anderen Teilen des Gebäudes und den Finanzabteilungen gab es nur PCs."

Haynie hat ambitionierte Pläne für den A3000. „Es gab viele Dinge, die ich mit dem System machen konnte, weil für einen High-End-Rechner Alles nicht ganz so günstig sein musste." Der A3000 wird eine leistungsfähige Grafik-Workstation, die die Marktnische für digitale Videoproduktion füllen soll. Er nutzt das neue Amiga OS 2.0 und die schnelle *Motorola*-CPU 68030, die als ‚Großrechner auf einem Chip' gelobt wird.

Der neue Amiga ist mit beeindruckenden 25 MHz getaktet – dreimal schneller als der ursprüngliche A2000. Er enthält eine flotte SCSI-Festplatte, 2 MB RAM und die neuen Zorro-III-Erweiterungssteckplätze. Die Entwickler bei *MOS Technology*, Bob Raible und Victor Andrade, verbessern den originalen Amiga-Chipsatz (OCS) durch den erweiterten Amiga-Chipsatz ECS. Unter anderem kann die verbesserte Super-Denise die Auflösungen 640x480 (non-interlaced), 1280x200 und 1280x256 darstellen. „Ich verhandelte mit einem Chip-Entwickler nach dem anderen", sagt Haynie. „Gelegentlich hatten wir Konferenzen und besprachen alle Details zwischen System-Leuten, Software-Leuten und Chip-Entwicklern. Dann verschwanden sie für sechs Monate oder ein Jahr, kamen wieder und sagten: ‚Hier ist dein Chip!'"

1990 holen der IBM PC und der Macintosh von *Apple* hinsichtlich ihrer Grafikfähigkeiten auf. „Es gab VGA. Das war sehr langsam, aber hatte viel mehr Farben", sagt Haynie. „Der Mac-II hatte ebenfalls eine Karte mit 256 Farben." Verschiedene Faktoren sind schuld daran, dass der Amiga den Grafikvorsprung einbüßt, glaubt Haynie: „Der erste Grund war, dass die Chip-Gruppe nicht genügend Ressourcen hatte, so dass sie die Technik nicht schnell genug weiterentwickeln konnte. [Commodore] investierte Gewinne nicht wieder in die Technik. Wir arbeiteten hart, deshalb konnten wir trotzdem gut weitermachen."

„Der zweite Grund war, dass ich [die Grafikweiterentwicklung] auf dem System-Level nicht lösen konnte, indem ich den Grafikchip eines anderen verbaut oder meinen eigenen entwickelt hätte, weil unsere Software keine ‚retargetable graphics' (RTG)[4] unterstützte. Wir hatten große, leistungsfähige und keine einfache Grafik, waren zu nah an der Hardware." Für RTG müssen die Ingenieure das ursprüngliche Betriebssystem ändern. „Es musste überarbeitet werden, und das machten wir. Die Änderungen in OS 2.0 und OS 3.0 sind die Voraussetzungen für RTG."

Haynie arbeitet gerne für Henri Rubin. „Jeff Porter und er leiteten die Ingenieursabteilung, und Henri war derjenige, nach dem man ein bisschen schauen musste. Er war selbst Ingenieur und verstand die Verfahrenstechnik. Ich war sehr froh, mit ihm arbeiten zu dürfen, obwohl er auch seine verrückten Seiten hatte."

Die Ingenieure prägen den Begriff ‚ge-henrit sein'. Das bedeutet, der Tag ist ruiniert. „Er

4) **RTG (‚umleitbare Grafikausgabe') ist ein Treibersystem für einen Grafikchip, das hohe Bildschirmauflösungen erlaubt.**

trieb seine Software-Leute zu einem Punkt, an dem sie ihn umbringen wollten", glaubt Haynie. Oft kommen Ingenieure mit ihrem Tagesplan ins Büro, laufen dort Rubin über den Weg und haben nach kurzem Wortwechsel eine neue Direktive: Sie wurden ‚ge-henrit'.

Als sich die Deadline für den A3000 nähert, beschließt Rubin, seine Ingenieure ordentlich zu motivieren. Normalerweise spendiert das Management für Überstunden Essen, Limonade und Pizza. Diesmal glaubt Rubin, dass seine Jungs geistige Motivation brauchen. Rubin ruft den Software-Chef Andy Finkel in sein Büro und lässt ihn wissen, dass er den Ingenieuren ein paar aufmunternde Worte zusprechen will. Finkel antwortet nervös: „Ich halte das für keine gute Idee, Henri." Darauf Rubin: „Bin froh, dass du zustimmst. Los geht's!"

Rubin marschiert in die Ingenieursabteilung, wo sich alle von der Arbeit abwendet und um den Leiter versammelt. Rubin hält eine 15minütige Motivationsrede, die eher in den Umkleideraum eines Footballteams passen würde. Finkel zufolge benutzt er jedes nur denkbare Klischee. „Win one for the gipper![5] Schnappt Euch das Gold! Da ist ein Licht am Ende des Tunnels. Es ist immer am dunkelsten, kurz bevor die Sonne aufgeht!" Der Liebling der Ingenieure unter Rubins Kalenderweisheiten: „Wir brauchen eine einmalige Anstrengung ... noch mal!" Nach der Rede stehen die verstörten Ingenieure stumm da – die unmotivierendste Ansprache, die sie je hörten. Nach einigen peinlichen Sekunden schätzt Rubin: „Ich nehme das Schweigen als Zeichen Eurer Hingabe und Verpflichtung."

1989 wird Rubin in den Aufsichtsrat gewählt, was den Ingenieuren größere Einflussmöglichkeit innerhalb von *Commodore* gibt. Während sich ihr High-End-Amiga weiterentwickelt, bleibt der A500 zwischen 1987 und 1990 weitgehend unverändert. „Es gab ein paar Revisionen des A500 in der Zeit", sagt Haynie. „So konnte er mehr Speicher haben und neuere FAT-Agnus-Versionen nutzen." Erst die Einführung des neuen ECS-Chipsatzes rüstet den A500 1991 zum Amiga 500+ auf.

Der große A3000 wird am 24. April 1990 veröffentlicht. Die Reaktionen sind positiv, doch da *Commodore* den Computer in Amerika nicht bewirbt, bleibt er auf sich allein gestellt. In Europa sieht die Lage besser aus. Auf einer Entwickler-Konferenz für den A3000 in Paris trifft Haynie Amiga-Schöpfer Jay Miner: „Jay war zur Konferenz geladen, um eine Rede zu halten. Davor hatten wir uns nur flüchtig getroffen und uns kaum etwas zu sagen. Aber als wir den A3000 in Paris vorstellten, schien Jay ihn zu mögen. Ich glaube, ich gewann ihm ein, zwei Lächeln ab. Wir gingen mehrmals zusammen Essen, um den Amiga 3000 zu bequatschen."

## Der C65 ****

Mit Herds Weggang kommt die Weiterentwicklung der C64-Linie zum Erliegen. Mitte 1989 stellt *Commodore* die Produktion des C128 ein, dessen erweiterte Funktionalität kaum ein kommerzielles Programm nutzt. Trotz seiner Vorteile kann der C128 das C64-Erbe nicht antreten. Der alte C64 bleibt dagegen beliebt und erhält Spiele internationaler Hersteller, die ihn an seine Grenzen treiben: **Times Of Lore** (1988) des späteren **Wing Commander**-Erfinders Chris Roberts, 1989 **Myth: History in the Making**, **Project Firestart** und **Rick Dangerous** aus England, schließlich **Creatures** und das Jump'n-Run-Ballerspiel **Turrican** von Manfred

5) **Damit feuert Football-Held George Gipp seine Kameraden 1920 vom Totenbett aus an, glaubt der US-Volksmund.**

Trenz (beide 1990). Die alte Hardware schafft sogar dreidimensionale Polygon-Spiele wie **Total Eclipse**, **Mean Streets**, **Space Rogue** sowie das geniale **Stunt Car Racer** des englischen 6502-Spezialisten Geoff Crammond (alle 1989).

Auch *Commodore* selbst experimentiert mit neuen C64-Produkten, wie sich Thomas Rattigan erinnert: „Zeitweise wurde erwogen, ihn mehr wie eine Spielkonsole und weniger wie einen Computer zu fertigen. Das war in der Zeit, als Gould und ich unsere Meinungsverschiedenheit hatten." Lange nach Rattigans Abgang, im Herbst 1990, veröffentlicht *Commodore* England den C64GS. Die Buchstaben GS stehen für ‚Game System' und nicht für eine technische Verbesserung wie beim IIGS-Computer von *Apple*. Die Konsole hat keine Tastatur, zwei Joystickanschlüsse und einen Modulschacht und ist der Versuch, mit möglichst geringem Aufwand ein Stück vom *Nintendo*-Kuchen abzuschneiden – eine Max Machine, die um acht Jahre zu spät kommt. Von etwa 80.000 produzierten Systemen verkauft sich nur ein Viertel. Die übrigen Geräte schlachtet *Commodore* aus und verbaut die Teile im normalen Rechner C64C.

In regelmäßigen Abständen, 1986, 1988 und 1990, versucht die Firma die C64-Produktion einzustellen und hofft jedes Mal, dass die Anwender zum C128 oder A500 aufsteigen. Doch die Softwarepalette für den C64 ist viel zu verlockend, um sie aufzugeben.

Erst ab 1990 schrumpft der C64-Markt. IBM-kompatible PC sind schon seit Jahren die unangefochtenen Spitzenreiter in Büros. Jetzt erobern DOS-Geräte auch die Haushalte. Grundlage für den Erfolg ist die Abwärtskompatibilität des PC: Anwender können ihre alte Software auch beim Umstieg auf einen leistungsfähigeren DOS- oder Windows-Rechner nutzen. IBM und eine steigende Zahl anderer Hersteller behalten ihre alten User und gewinnen ständig neue. Im Gegensatz dazu verlieren *Apple*, *Commodore* und *Atari* mit jedem neuen Computer ihre Basis.

Ende der 80er sind zwei Dinge so offensichtlich, dass selbst das *Commodore*-Management sie nicht übersehen kann: Erstens ist der C64 ein anhaltender Erfolg, er bringt der Firma die größten Gewinne. Zweitens muss auf diesen Erfolg aufgebaut werden. Die Strategie ist einfach: *Commodore*-Ingenieure sollen die CPU-Geschwindigkeit und den Speicher des C64 erhöhen, ohne die Abwärtskompatibilität zu verlieren. Wie ein PC würde sich der C64 der Zeit und dem technischen Fortschritt anpassen. Vielleicht nutzt er eines Tages sogar die neuen 16- und 32-Bit-Prozessoren von Bill Mensch?

Der C64 erreichte den Höhepunkt seiner Beliebtheit 1987, so dass eine verbesserte Variante 1988 noch Relevanz hat – das wäre der optimale Zeitpunkt für die Einführung eines Next-Generation-C64. Die Entwicklung des C65 beginnt im Januar 1988. Ein Jahr später erklärt Gould gegenüber der *Süddeutschen Zeitung*, dass *Commodore* einen Computer entwickle, dessen Funktionalität zwischen Amiga 500 und C64 liege.

Die *Commodore Semiconductor Group* liefert die Custom-Chips, einschließlich eines neuen VIC-III und einer neuen CPU. Eine kleine Gruppe unter der Führung des Halbleiter-Ingenieurs Bill Gardei entwirft das System. „Er gehörte zu den Chip-Entwicklern und war kein freundlicher Kerl", erinnert sich Dave Haynie an Gardei. „Niemand arbeitete gerne für ihn."

Laut Haynie gebärt sich Gardei despotisch gegenüber seinen Chip-Entwicker. „Ich arbeitete nie mit Gardei, aber einmal rumpelte ich mit ihm zusammen. Auf einem der VAX-Computer lief Simulations-Software, die jeder für die Chip-Entwicklung nutzte. Regte sich Gardei jedoch über jemanden auf, verlor der seinen VAX-Zugang." Eher versehentlich nimmt Haynie Gardei die Quelle seiner Kontrolle. „Von all dem wusste ich damals nichts. Ich spielte mit dem Terminal und dachte: ‚Das ist zu langsam. Ich werde es reparieren.' Damals schrieb ich einen Artikel über den neuen SAS C++ Compiler für das Magazin *Amiga World*. Also kombinierte ich die beiden Jobs und schrieb einen Dateibetrachter mit dem neuen C++ Compiler." Haynies Programm verbessert die alte VAX-Software und befreit die Chip-Entwickler von Gardeis Herrschaft. „Gardei gefiel das nicht besonders. Ich löste mit dem Betrachter ein Problem und wusste nichts von dem kleinen Machtkampf, der in der Chip-Abteilung vor sich ging." Die Ingenieure lassen Gardei gerne seinen Traum eines verbesserten C64 verfolgen. „Der Hauptgrund dafür, dass der C65 fertig wurde war, dass Gardei ihn machte. Jeder war froh, nicht mit ihm arbeiten zu müssen und man ließ ihn gewähren", meint Haynie. Ein neuer System-Ingenieur namens Paul Lassa entwickelt die Hardware. „Er war der System-Mann für den C65. Gardei machte die Chips. Lassa war ein Nachwuchsingenieur, den wir während der Amiga-Jahre engagierten. Er arbeitete zeitweise für Robbins an einigen Peripheriegeräten für den A500 und stieg schnell auf."

Fred Bowen ist der Software-Ingenieur des Projekts, er kommt von *MOS Technology* zu *Commodore*. „Bowen war immer an der Ostküste und war der Erfahrenste von uns", sagt Russell. „Er saß auf dem Boden und schnitt die Lithos für die Chips." Bil Herd arbeitet mit Bowen am C128 und erinnert sich: „Fred war etwas kurz geraten und respektvoller. Er war der Älteste." Die Ingenieure nennen das Projekt 64DX und ändern den Namen später zu C65.

Während Jack Tramiel seine 8-Bit-Projekte gegen Ende eines Jahres startete und Prototypen für die Januar-CES erwartete, gibt es für den C65 keinen Abgabetermin. Haynie zufolge ist das Projekt selbst Firmen-intern kaum bekannt. „Ich hatte zu 100% nichts mit dem C65 zu tun, außer dass ich wusste, dass er existiert. Als ich davon erfuhr, waren sie schon bereit, Prototypen zu produzieren."

Im vorläufigen Handbuch skizziert Bowen das Konzept des C65: „Der C65-Mikrocomputer ist ein preiswertes, vielseitiges und konkurrenzfähiges Produkt für den internationalen Heimcomputer- und Spielmarkt. Der C65 ist ideal als Einstiegs-Computer und bietet einen ausgezeichneten Upgrade-Weg für Besitzer des kommerziell erfolgreichen C64. Der C65 besteht aus Konzepten, die dem C64 und dem C128 zugrunde liegen." Und weiter schreibt der Mann, der Bil Herd einst von begrenzter C64-Kompatibilität im C128-Modus abhielt: „Der C65 soll den 10 Jahre alten C64-Markt modernisieren und revitalisieren, gleichzeitig die große Softwareauswahl für den C64 nutzen. Dazu bietet der C65 einen C64-Modus, der einen angemessenen Grad an Software-Kompatibilität sowie einen moderaten Grad an Hardware- und Peripherie-Kompatibilität zulässt. Kompatibilität kann geopfert werden, wenn sie einer verbesserten Funktionalität oder Erweiterbarkeit hinderlich ist, so wie der C64 die Kompatibilität zum VIC-20 opferte." Schließlich: „Wir erwarten, dass die vielen Features und Kapazitäten des neuen C65 schnell die Aufmerksamkeit der Entwickler und Käufer erregen und damit den Heimcomputer-Markt beleben. Der C65 hat Fähigkeiten, die sonst nur auf teureren Computern zu finden sind und steht damit in der Commodore-Tradition, maximale Leistung zum günstigen Preis zu liefern. Der C65 bietet viele neue Gelegenheiten für Drittanbieter in den Bereichen Telekommunikation, Video, Instrumenten-Kontrolle (MIDI), professionelle Ansprüche und Unterhaltungs-Software."

Den Prozessor des C65 entwickelt Gardei zusammen mit dem MOS-Ingenieur Victor Andrade.

Der 4510 (‚Victor') hat einen 8-Bit-6502-Kern mit 3,54 MHz. „Gardei war sehr clever, denn der C65 besaß viel von dem, was wir damals in den C128 bauen wollten", sagt Haynie. „Der 4510 hatte einen verbesserten 6502-Kern mit einigen oder allen GTE-Erweiterungen, sowie zusätzlichen von Hedley Davis." Merkwürdigerweise ignorieren die C65-Ingenieure die existierende 16-Bit-Technik. „Welchen 16-Bit-Chip sollten sie benutzen? Den von Mensch? Der 65816 war ein merkwürdiger Chip", sagt Haynie. „Ich schlug ihn vor, und glaube, dass Fred ihn gar nicht mochte. Ein weiteres Problem war, dass er sehr teuer war. Er kostete mehr als ein 68000er und es war fraglich, ob er in großen Stückzahlen erhältlich war. Ein weiterer, einfacher Grund: Commodore hatte endlich einen eigenen CMOS-6502-Kompatiblen. Warum nicht den nützen?"

Gardei entwickelt den 4567 VIC-III, den die Ingenieure ‚Bill' nennen. Der VIC-III enthält alle ursprünglichen C64-Videomodi und ist daher kompatibel zu C64-Software. Gleichzeitig übertrifft er sogar die Grafikfähigkeit des Amigas mit Darstellungen von 320x200 Pixeln in 256 Farben, 640x400 in 16 und 1280x400 bei vier Farben. Die 256 Farben sind frei wählbar aus einer 12-Bit-Palette (4.096 Farben). Zudem zeigt der VIC-III 80 Spalten Text an.

Die verbesserten Fähigkeiten des VIC-III und die Abwärtskompatibilität beeindrucken Haynie und andere Ingenieure. „Ich wurde heftig kritisiert, weil er mehr Farben anzeigen konnte als mein A3000", erinnert sich Haynie. Die Ingenieure verbessern auch den Sound. Zwar nutzt der C65 mit dem SID 8580 denselben Chip wie der C64C (und bleibt im Klang hinter dem Amiga zurück), jedoch in doppelter Ausführung, um Stereo-Sound zu ermöglichen.

Im C64-Modus läuft der Computer mit 1 MHz und BASIC 2.2. Der C65 ist nicht so abwärtskompatibel wie der C128 und kann nur etwa 80% der C64-Software verarbeiten. Programme, die sich außerhalb des Kernels verirren, z.B. Hacker-Demos und Kopierschutz-Programme, stürzen entweder ab oder verhalten sich merkwürdig. Das C65-Gehäuse sieht dem des C128 ähnlich, verfügt jedoch über ein integriertes 3,5"-Disklaufwerk dort, wo der Ziffernblock war. Der Computer hat 128 KB RAM, die intern zu 8 MB aufgerüstet werden können. Ein Deckel auf der Unterseite der Tastatur verbirgt einen Erweiterungsschacht, ähnlich wie beim A500.

*Compute!'s Gazette* berichtet von Gerüchten über einen 16-Bit-C64, der ab November 1989 verkauft werden und zwischen $300 und $350 kosten soll – halb so teuer wie ein A500. Doch die Ingenieure verpassen die Weihnachtssaison und *Commodore* glaubt nicht, dass der C65 ohne ein Werbe-Wunder 1990 noch eine Chance hat. „Anfang der 90er gab es keinen Markt mehr für einen verbesserten C64", vermutet Haynie.

Herd hält Verbindung zu den *Commodore*-Ingenieuren und weiß vom strauchelnden C65. Am meisten kritisiert er Gardei: „Der C65 war zum Scheitern verurteilt. Sie wussten weder, was sie taten, noch womit sie anfangen sollten. Der Chip-Entwickler verstand nichts von Hardware-Entwicklung. Der Kerl nahm keine Vorgaben an und wusste nicht, was er tat. Bowen versuchte, daraus etwas zu machen, aber er konnte den Kerl nicht antreiben. Ich kann nichts Gutes über den C65 sagen." Ein Teil von Herds Frustration rührt von seinem unerfüllten Wunsch her, am Projekt teilzunehmen. „Man könnte mich beschuldigen, eifersüchtig zu sein, weil mich niemand bat, zurückzukommen und das zu machen. Zu dieser Zeit stand ich zwischen zwei Jobs, und fragte: ‚Kann ich wiederkommen?' Und das Regime meinte: ‚Das wäre keine gute Idee.' " Herd glaubt, dass das Management seinen Wiedereinstieg wegen seines einstigen

Umgangs mit Managern verwehrte: „Ich bin eine Gefahr für jeden, der Autorität hat." Trotz seiner Streitlust bleibt Herd der beste Ingenieur, wenn es um Problembehebung und Projekt-Fertigstellung geht. „Ich hörte einmal, wie jemand raus kam und sagte: ‚Sie gaben heute zu, dass sie wünschten, Du wärst hier, um das Problem zu beheben.' Ich sagte: ‚Aber das macht meine Defizite nicht wett, oder?' Er sagte: ‚Nein.' "

Der C65 versinkt in der Projekt-Hölle, hauptsächlich wegen kostspieliger Schwierigkeiten mit dem VIC-III. Im Frühjahr berichtet *Compute!'s Gazette*, dass der Rechner wohl nicht mehr ausgeliefert wird. Commodore zeigt den C65 nicht einmal intern über Weihnachten. Im März 1991 schreibt Bowen das erste und dritte Kapitel des Handbuchs. Darin erklärt er, dass *Commodore* mit dem C65 auf den internationalen Markt abzielt – mit anderen Worten überall, außer in den Vereinigten Staaten. Es ist das Eingeständnis einer verpassten Chance. Herd fragt sich, was aus dem C65 hätte werden können: „Ich will nicht arrogant klingen, aber ich hätte es richtig gemacht." Bis 1991 stellt *Commodore* knapp über 200 C65 her. Gould entscheidet jedoch, dass das Projekt nicht länger von Wert ist und stoppt es zum Ende des Jahres. „Der einzige Grund, dass sie so rar sind, ist, dass sie die Produktion nicht wert waren", sagt Herd. „Der C65 brachte es nicht auf große Stückzahlen. Er hätte den Usern nicht gefallen. Das wäre nichts geworden."

1992 endet die Produktion des C64 und *Commodore* gibt die 8-Bit-Linie ganz auf. Selbst in England und Deutschland sind die Verkaufszahlen gesunken, was *Commodore* zum nachträglichen Software-Bundling zwingt. Haynie bezweifelt, dass der C65 mit seiner 8-Bit-CPU sich je verkauft hätte: „Es gab zu der Zeit keinen Bedarf mehr für 8-Bit-Computer, außer – tut mit leid, das sagen zu müssen – aus nostalgischen Gründen.".

Software-Hersteller, die in den Erfolg des C64 investierten, sind enttäuscht. Vielleicht niemand so sehr wie der GEOS-Entwickler Brian Dougherty, dessen grafisches Betriebssystem von einem schnelleren Prozessor, eine besseren Auflösung und mehr Speicher profitiert hätte. GEOS ist so eindrucksvoll, dass es mit Windows konkurrieren kann.[6] Doch der Fehlschlag bei der Erweiterung der C64-Linie lässt Doughertys grafischem Betriebssystem keine Chance.

## Der Einstieg in den CD-ROM-Markt ****

Im Frühjahr 1990 verbreitet sich das Gerücht, dass *Commodore* ein revolutionäres Wohnzimmer-Gerät auf Basis der neuen CD-ROM-Technik ertüftelt. Die Strategie passt zu einer Firma, die sich durch die Massenproduktion von Verbrauchergütern zu Niedrigpreisen auszeichnet.

Der interne Codename lautet ‚Baby', Projekt-Direktor ist *Atari*-Gründer Nolan Bushnell. Das System wird intern von *Commodore*-Ingenieuren entwickelt. Bushnell glaubt an das Produkt und hat für sein ‚CDTV' eine klare Vision.

Das CDTV sieht wie ein Videorekorder (oder ein heutiger DVD-Player) aus. In der schwarzen Box, mit LED-Anzeige an der Vorderseite, stecken ein A500 (mit Kickstart 1.3-Betriebssystem im ROM) und ein CD-ROM-Laufwerk. Marketing-Chef David Rosen erklärt unter ‚Das Fernsehen von morgen' in der Dezember-1990-Ausgabe von *Compute!*: „Wir entschieden uns für die Trojanisches-Pferd-Taktik und packten Computer-Power in ein vertrautes Gehäuse." Statt Tastatur und Maus liegt eine Infrarotfernbedienung bei, sowie ein flaches Joypad mit zwei Knöpfen.

---

6) Die *Microsoft*-Chefs Bill Gates und Steve Ballmer versuchen Ende 1989, GEOS zu übernehmen, was Dougherty und seine Investoren ablehnen. Später drängt *Microsoft* GEOS und die PC-Variante Geoworks vom Markt.

Nach dem Einschalten zeigt das CDTV ein gerendertes Titelbild. Das elegante Menü erlaubt eine Auswahl zwischen Audio-Titeln oder dem Ändern der Systemeinstellungen. Doch was sollen Heimanwender konkret mit einem CDTV anfangen? Nicht einmal *Commodore* weiß das genau. David Rosen sieht das Gerät als fortgeschrittenen Audio-CD-Player, der zudem Lernprogramme und Spiele wiedergeben kann. Er kann Grafik-CDs (CD+G) abspielen und *Commodore* verspricht, CDTV werde auch die kommenden Multimedia-Standards VCD und CD-i unterstützen. „Wir wissen nicht, was wir in zwei Jahren aus der Technik machen", fügt Rosen hinzu.

Da CDs nicht beschreibbar sind, produziert *Commodore* kreditkartengroße Speicherkarten, die in die Front des Geräts gesteckt werden, und plant ein Erweiterungs-Set namens CD-1500 mit schwarzer Tastatur, schwarzer, schnurloser Maus, schwarzem Disklaufwerk und Workbench 1.3-Diskette. Damit verwandelt sich das CDTV in einen vollwertigen Amiga-Computer zurück.

Das CDTV ist auf der Sommer-CES 1990 in Chicago erstmals zu sehen. Der *Commodore*-Stand zeigt Amiga-Modelle, IBM-Kompatible und PC-Notebooks, während Bushnell sein Baby in einem eigenen Raum vorstellt. Leider läuft die Software noch nicht stabil und das CDTV hängt sich während der Präsentation dreimal auf – Guru Meditation Error. Industriebeobachter sind trotzdem beeindruckt. Die CES-Presseerklärungen geben an, dass das CDTV ab November 1990 zu haben sei – rechtzeitig zur lukrativen Weihnachtssaison. *Commodore* verspricht über 100 Software-Titel für den Start, was angesichts vorhergehender Versprechen und Vertröstungen bezweifelt wird. Doch diesmal strengt sich Commodore an, den Software-Support für das neue System zu sichern. Namhafte US-Hersteller wie *Accolade*, *Cinemaware*, *Data East*, *Origin*, *Lucasfilm* und *Sierra* wollen für das neue System entwickeln. Andere wie *Broderbund* und *SSI* zeigen zumindest Interesse. Lexikonverlag *Grolier* produziert eine elektronische Enzyklopädie auf CD-ROM. Das Line-up ist beeindruckend. Nur *Electronic Arts*, inzwischen zum größten US-Spielhersteller herangewachsen, wartet noch ab.

Die Presse mag, was sie sieht. Unter anderem geben *Amazing Computing* and *Infoworld* positive Bewertungen. *Compute!*-Autor Shay Addams schreibt im Einführungsartikel der Dezember-Ausgabe 1990: „Das CDTV hat gute Chancen, den Massenmarkt dazu zu bringen, Computer zu akzeptieren. Das blieb bisher aus, weil 98% der Öffentlichkeit noch ein Problem haben, Digitaluhren und Videorekorder richtig einzustellen. Commodore möchte es durch den Wegfall der Tastatur und den Verzicht auf die Bezeichnung ‚Computer' schaffen."

Wie viele vorhersagen, verpasst *Commodore* auch mit diesem Gerät den November-Termin und damit das Weihnachtsgeschäft 1990. Erst auf der CES im Januar wird das CDTV der Öffentlichkeit präsentiert. Das neue Design enthält MIDI-Schnittstellen und soll mit dem kommenden MPEG-Standard auch digitale Videofilme abspielen. Trotz dem entgangenen Weihnachtsgeschäft steigt *Commodores* Aktie von 4 ½ im Oktober 1990 auf 11 Anfang 1991 – dem Höchststand seit Rattigans Abgang. Zu dieser Zeit haben nur 20% der US-Haushalte Computer, aber 75% einen Videorekorder. Investoren spekulieren, dass das CDTV diesen Restmarkt erobern kann. Angeblich soll *Commodore* von *Hewlett-Packard*, *Apple* oder *Sun*, vielleicht sogar von *Disney* übernommen werden. Nichts davon stimmt, aber das Gerede hilft dem Aktienkurs.

CDTV steht eigentlich für ‚Commodore Dynamic Total Vision'. Doch die Leute nennen es letztendlich so, wie es im Englischen klingt: ‚Seedy TV', schäbiges Fernsehen.

Anfang 1991 wird das CDTV endlich verkauft. Das Marketing will es vom Amiga trennen, bewirbt es als Videoplayer der nächsten Generation und weist Händler an, es abseits der Computer zu platzieren. Die 50 Debüt-Titel sind weniger als versprochen, die meisten direkte Amiga-Portierungen von *Maxis*, *Lucasfilm*, *Cinemaware*, *Accolade*, *Psygnosis* und *Interplay*, keine exklusiven CD-ROM-Neuentwicklungen. *Disney* liefert klassische Geschichten und Lernsoftware für Kinder.

*Commodore* produziert eine Werbesendung für Händler, die Referenz-CDs wie *Grolier's*-Enzyklopädie, Weltatlas, Bibel, ein Wörterbuch und die gesammelten Werke von Shakespeare hervorhebt, außerdem Lernprogramme und Kinder-Software. Das Filmchen bewirbt selbst Genlock-Fähigkeiten und erklärt, wie das CDTV Hobbyproduktionen durch digitale Titel und Effekte bereichert. *Commodore* will das CDTV für $999 verkaufen, doch der US-Preis fällt bis zur Veröffentlichung auf $599. Das CD-1500 Profi-Paket kostet weitere $200.

Im Oktober veröffentlicht *Philips* das ähnliche Konkurrenz-System CD-i für $1.000, das den Multimedia-Markt wegen seiner Video-Wiedergabefähigkeiten dominiert. Zudem hat CD-i das exklusive Top-Spiel **7th Guest** sowie eine Umsetzung des Adventure-Bestellers **Myst** im Programm.

*Commodore* verkauft 25.800 CDTVs in Deutschland, unter 30.000 in England und wenige in den USA. Kelly Summer von *Commodore UK* fasst die Fehler zusammen: „Wir haben bei den grundlegenden Sachen gepatzt: Falscher Preis, falsche Spezifikationen, kein Support. Workbench 1.3, obwohl gleichzeitig 2.0 veröffentlicht wurde – das Betriebssystem war veraltet. CDTV hätte mehr RAM vertragen und, so denke ich, mit 3,5"-Disklaufwerk erscheinen müssen."

Der Fehlschlag des CDTVs trifft *Commodore* hart. Die Entwicklung, Vermarktung und Produktion kostet Millionen, und zahlt sich nie aus. *Commodore*, aber auch *Philips*, sind zu früh dran mit ihren CD-ROM-Systemen.[7]

## Speed Bumps . . . ****

... nennen amerikanische Verkehrsteilnehmer die absichtlich gesetzten Huckel in der Fahrbahn, die zum Bremsen und zur langsamen Fahrt zwingen. *Commodore* hat es mit solchen Hindernissen Anfang der 90er-Jahre nicht nur im Computer-Geschäft und im übertragenen Sinn zu tun, sondern auch ganz real mit Hügeln im Asphalt des Firmenparkplatzes.

Letztere werden von Joe Mecca errichtet, dem Hausmeister im *Commodore*-Gebäude 1200 Wilson Drive. Es gibt merkwürdige Rivalitäten zwischen den *Commodore*-Abteilungen, doch keine ist seltsamer als die zwischen der Gebäudeverwaltung und den Ingenieuren. Die Geschichte erreicht den absurden Höhepunkt eines Stanley-Kubrick-Films, Dave Haynie nennt sie: ‚Dr. Seltsamecca oder: Wie ich lernte, gigantische Speed Bumps zu lieben.'

Die Rivalität beginnt eines Morgens, als Mecca den Amiga-Ingenieur Joe ‚Augie' Augenbraun dabei beobachtet, wie er rücksichtslos auf den Parkplatz prescht. Anstatt Augenbraun zu bitten, nicht mehr so schnell zu fahren, handelt Mecca kreativer: Innerhalb weniger Wochen installiert er Bremshügel. Keine gewöhnlichen wie am Supermarkt, sondern genetisch veränderte, gedopte Riesen-Bremsschwellen. Die Schlimmsten sind wie halbe Fässer, die aus dem Straßenpflaster ragen. „Wir mochten sie nicht. Wir hatten alle Sportwägen, wollten 100 auf dem Parkplatz fahren und es sollte keinen Grund geben, das nicht zu dürfen", scherzt Haynie.

7) **CD-i dümpelt noch ein paar Jahre herum, bis Philips es (nach Sony-Playstation-Durchbruch und DVD-Debüt) aufgibt.**

Meccas Huckel sind nur sechs Meter voneinander entfernt. Zuerst versuchen die Mitarbeiter, ihnen auszuweichen, und fahren übers Gras. Doch im Sumpf neben dem Parkplatz, genannt ‚Lake Mecca', bleiben viele Fahrer stecken: Es gibt keine Möglichkeit, die Bremsschwellen zu umfahren! Selbst die härtesten Federn und Stoßdämpfer haben Probleme, sie zu überwinden. Einige Ingenieure behaupten, sie hätten Alpträume, in denen sie in der Hölle dazu verdammt sind, bis in alle Ewigkeit auf diesem Parkplatz nach einer Parklücke zu suchen. Doch das Maß ist endgültig voll, als Mecca sich selbst einen Platz reserviert. Laut Bryce Nesbitt, der das OS 2.0 des Amiga entwickelt[8], hat Mecca „den einzigen reservierten Parkplatz in der ganzen Firma. Und da er ein bescheidener Kerl war, war es Platz Nummer Eins, ganz vorne."

Die Ingenieure sehen der Ungerechtigkeit nicht tatenlos zu. Um 2:00 Uhr nachts, lange nachdem Manager und Belegschaft gegangen sind, macht sich Nesbitt mit zwei Kollegen an die Arbeit. Sie ersetzen Meccas Parkschild durch eines vom Behindertenparkplatz in West Chester. Mit außerordentlicher Sorgfalt und viel Abdeckband übersprühen sie die orangen Parklinien mit heller, blauer Farbe. Sie zeichnen sogar ein Rollstuhl-Symbol in die Mitte. Das fertige Werk ist von einem echten Behindertenparkplatz nicht zu unterscheiden.

Am nächsten Morgen beobachten die Ingenieure, wie Mecca auf den Platz rollt. Einige können kaum an sich halten, als der braune Cadillac sich dem Parkplatz nähert und sorgsam über die Bremsschwellen navigiert. Dann kommt der Wagen quietschend zum Stehen, Mecca springt fluchend heraus und telefoniert hektisch durch die *Commodore*-Abteilungen, um den Verantwortlichen zu finden. Innerhalb von Stunden übermalen Arbeiter die Linien orange, sandstrahlen das Rollstuhl-Symbol und entfernen das Behindertenzeichen. Die Ingenieure, die an Verzögerungen und lange Leitung der *Commodore*-Bürokratie gewöhnt sind, staunen über die Schnelligkeit der Umsetzung.

Mecca findet die Schuldigen nicht. Obwohl der Streich die Ingenieure freut, suchen sie nach einer permanenten Lösung. In Pennsylvania schneit es im Winter stark, Schneepflüge sind im Einsatz. Manchmal, wenn der Schnee eine Bremsschwelle bedeckt, gleicht sie der Pflug aus und reißt Brocken aus dem Pflaster. Die Ingenieure lernen daraus und bringen bald Schaufeln mit zur Arbeit, um die Bremsschwellen zuzuschaufeln. Das funktioniert. Um den Sieg zu feiern steckt Augenbraun ein Stück Asphalt mit der Aufschrift: „Ich glaube, das gehört Ihnen" in den Briefkasten von Manager Bob Greg.

Nachdem der Schnee geschmolzen ist, reparieren Arbeiter die Bremsschwellen. Für die *Commodore*-Mitarbeiter ist dieser Zyklus so natürlich wie die Jahreszeiten. Jeden Winter löschen die Schneepflüge die Bremsschwellen aus, und im Frühjahr verursachen das Salz, die Schmelze, und die stetige Abnutzung Schlaglöcher an deren Stelle. Sobald es trocken ist, beginnen Arbeiter mit dem Auffüllen der Löcher und dem Aufstellen neuer Bremsschwellen.

Die Speed-Bump-Saga wird zum beständigen Quell für Reibereien. Einige Manager sind die offene Missachtung ihrer Regeln leid. Eines Tages, als Augenbraun und einige Ingenieure Hardware abladen, sehen sie Mecca mit einem Straßenbaufachmann neben dem Parkplatz stehen und die Situation analysieren. Augenbraun beschleunigt zwischen den Bremsschwellen auf 90 km/h und bremst dann vor der nächsten Bremsschwelle wieder stark ab. Das ständige

8) **Die „kleine Rotznase", die Herds C128 auf der CES 1985 kritisiert (siehe Kapitel 18).**

Beschleunigen und Bremsen erregt Meccas Aufmerksamkeit, und er blickt mit verschränkten Armen auf die Ingenieure. Davon unbeeindruckt geht die Gruppe zum Wagen zurück und verlässt den Platz in derselben Weise. Mecca ist nicht glücklich über Leute, die seine Bremsschwellen verhöhnen. Augenbraun zufolge sind die Bremsschwellen am nächsten Tag 10 cm höher. Nesbitt kommt zu dem Schluss, dass die Situation noch nicht absurd genug ist und schreibt eine offizielle Memo, die die Situation karikiert:

> An: Alle Mitarbeiter
> Von: Gebäudeverwaltung
> Betreff: Bremsschwellen-Rotationsplan für Anfang Juli
>
> Ab Montag, dem 3. Juli beginnt, die Gebäudeverwaltung mit der täglichen Umstrukturierung und Erweiterung des bedeutenden Bremsschwellen-Netzwerks auf dem West-Chester-Gelände. Die Arbeit ist so geplant, dass sie maximale Störungen und Unannehmlichkeiten für alle Mitarbeiter mit sich bringt. Das Beschluss-Komitee trifft sich täglich, um über angenehme geometrische Formen der jeweiligen Bremsschwellen zu entscheiden.
> Der aktuelle Rekord für das Ändern des Bremsschwellen-Netzwerks liegt bei zwei Stunden. Diese Zeit muss für die Teilnahme an den Landesmeisterschaften unter 30 Minuten sinken. Dort wird es Punkte für das Senken der Arbeitsmoral, die Verzögerung wichtiger Ingenieursarbeiten und die Zerstörung von Stoßdämpfern geben.
> Die Commodore-Mannschaft erwartet harte Konkurrenz von einer Gruppe von Schlagloch-Gräbern des ehemaligen ‚Pennsylvania Department of Transportation.'
> Der Vorsitzende des Komitees, Robert Greg, sagte, dass die Angestellten „über unsere Anstrengungen lachten, die neuen, totalitären Parkplatzbestimmungen durchzusetzen."
> Und: „Die Bedeutung des Parkplatzbestimmungen kann nicht genug betont werden."[9]
>
> „Wenn es nach mir ginge, gäbe es zehn weitere Bremsschwellen auf dem Parkplatz." Mitarbeitern, die den Bremsschwellen durch Parken außerhalb des Platzes entgehen wollen, werden die Reifen zerstochen. Eine neu entwickelte, unsichtbare Tarnfarbe soll den Standort der Bremsschwellen geheim halten, um unerzogene Mitarbeiter davon abzuhalten, die Fahrt zu verlangsamen. Im August werden die existierenden weißen Parkplatzbegrenzungsmarkierungen verbreitert, um die Parkmöglichkeiten für die Mitarbeiter zu reduzieren. Ab September wird die Todesstrafe für alle verhängt, die die Höchstgeschwindigkeit von 20 km/h überschreiten.

Nesbitt verbreitet das Memo übers Schwarze Brett und in der Cafeteria, doch bald verbietet eine Anordnung den Aushang nicht-genehmigter Memos. Als Antwort darauf kaufen die Ingenieure ihr eigenes Schwarzes Brett und stellen es neben dem offiziellen auf. Nesbitt hängt ein Schild darüber: „Inoffizielles Schwarzes Brett".

---

9) **Dieser Teil des Zitats ist O-Ton Robert Greg.**

In der Hoffnung, das Management werde auf Druck von außen reagieren, verbreitet Augenbraun ein Gerücht auf dem Q-Link-Netzwerk, demzufolge die Bremsschwellen die Ursache für lose Chips beim A500 sind, da die Lastwagen über die Schwellen hoppeln. „Das war ein international verbreitetes Gerücht", sagt Haynie. Es entbehrt jeder Grundlage, wandert aber sehr zum Gefallen der Ingenieure in die Presse, in die *Amiga World* und ins *Info Magazine*. Augenbraun, durch dessen Raserei die Sache in Rollen kommt, lacht zuletzt.

Die Asphalt-Hindernisse sind eine amüsante Anekdote, doch die Bremsschwellen im übertragenen Sinne bringen die Ingenieure um ihren Schlaf. Gould verliert die Geduld mit seinem Management. Ende 1990 entlässt er sechs hochrangige Manager. Das Copperman-Team ist in Schwierigkeiten. Haynie meint, Gould ist zu ungeduldig. „Keiner blieb lange. Deine Aufgabe in jeder Position, ob du nun Geschäftsführer bei Commodore oder des US-Geschäfts warst, war es, das Ganze in einem Jahr wieder auf Kurs zu bringen. Wenn du das nicht konntest, entließ dich Gould und stellte den nächsten ein. Aber für diese Aufgabe brauchte man drei Jahre."

Neben der Werbekampagne für den A500 schließt Copperman das immer noch profitable *Commodore Magazine*. Er findet, dass *Commodore* im Verlagsbereich nichts zu suchen hat: „Commodore ist eine Computer-Firma", erklärt er der *Compute!'s Gazette*.

Anfang 1991 wird Copperman von allen Aufgaben entbunden. Um ein erneutes Fiasko wie bei Rattigans Klage zu vermeiden, wird er auf den repräsentativen Posten des Vize-Präsidenten von *Commodore International* abgeschoben.

Unter Copperman ist die Lage der Firma noch passabel. Der jährliche Umsatz beträgt knapp eine Milliarde Dollar. Dann kommt die Wende: „Die Dinge änderten sich von ‚Nicht so gut, aber wir sind zufrieden' zu ‚Besch...sen' irgendwann nach dem A3000, etwa im Frühjahr 1991", sagt Haynie. „Zu diesem Zeitpunkt übernahm Mehdi Ali und machte Commodore, Abteilung für Abteilung, zu seiner Firma." Gould widersteht Rattigans Machtergreifung 1987, nun erlaubt er sie Ali, wie er ein Mann aus der Finanzwelt. „Sie wurden gute Freunde während der Prudential-Sache[10], aus welchem Grund auch immer", sagt Haynie. „Er war ein Anlagebetrüger oder Retter in der Not, je nach Betrachtungsweise. Als er die Leitung bei Commodore übernahm, nannten ihn Goulds Kinder ‚Onkel Mehdi'." Das Duo maximiert die Einkünfte des jeweils anderen.

Die Aktionäre sind wütend, als sie herausfinden, dass Gould sein Gehalt 1989 von einer halben Millionen auf 1.250.000 Dollar heraufschraubte. Als Ali Präsident wird, beträgt Goulds Gehalt $1.380.769. Angesichts der prekären Finanzlage von *Commodore* erscheint die Vergütung der oberen Führungskräfte unangebracht. Um Beschwerden auszuweichen, spricht sich der Aufsichtsrat für eine Verlegung der Aktionärsversammlung von New York auf die Bahamas aus. Nur wenige Aktionäre können daran teilnehmen.

Die meisten Leute glauben, dass Ali *Commodore* mit sehr wenig Langzeitplanung führt. 1989 beginnt er einen fünfjährigen Kreuzzug gegen Budgets und für Entlassungen. Einige sind notwendig, doch angesichts schwacher Werbung und Marketing besteht die Gefahr, dass zu viele Streichungen jede Erfolgschance zerstören. Die Ingenieure glauben, der neue Chef stehle dem Amiga die Zukunft, um aktuelle Verbindlichkeiten auszugleichen. Haynie erklärt Alis

10) *Commodore* erhält in den 1970er-Jahren einen Kredit von *Prudential*, der die Fortführung der Geschäfte sichert.

Einstellung: „Er glaubte, dass jede Lösung eine Sache des Geldflusses sei. Wenn er Ausgaben kürzte, würde die Firma auf wundersame Weise profitabel werden." Ali weiß, dass die wirkliche Macht bei Gould liegt. „Er war nicht oft in West Chester", sagt Haynie. „Er verbrachte die meiste Zeit im Büro in New York, entließ alle Leute dort und brachte seine eigenen ein."

Haynie vergleicht Goulds Behandlung von Rattigan mit der von Ali: „Es ist ironisch, dass Rattigan rausgeworfen wurde, weil er die Führung bei Commodore übernehmen wollte. Ali tat genau das, ein paar Jahre später. Er war nur durchtriebener und freundete sich mit Onkel Irving an, bevor er es versuchte." Ali interessiert sich kaum für Computer. „Ich glaube nicht, dass er etwas vom Ingenieurwesen verstand. Ein Zitat von ihm lautete: ‚Warum in aller Welt ist es wichtig, dass Computer mit Fernsehern kommunizieren?' Der Kerl sah nicht fern und benutzte keinen Computer. Man konnte einen guten Mann von Pepsi engagieren, der nichts von der Computerbranche verstand. Ein guter Manager wird wegen seiner Fähigkeiten engagiert. Er kommt rein, lernt so viel wie möglich, hört den Leuten zu, die für ihn arbeiten und ihm sagen, was in der Branche los ist. Soweit ich das beurteilen kann, dachte Ali, dass er alles wüsste. So sehen das alle, mit denen ich sprach", sagt Haynie. Ali duldet keinen Widerspruch. „Er wollte nicht, dass ihm irgendjemand sagte, er habe Unrecht", erinnert sich Haynie. „Dafür konnte man entlassen werden. Er mochte Leute um sich, die das taten, was er ihnen sagte."

Anfang 1990 ähnelt *Commodore* zunehmend einem frühen Film der Coen-Brüder, *Hudsucker* von 1994, in dem ein finsterer Aufsichtsrat unter Paul Newman für schnellen Profit die eigene Firma sabotiert. „Es gab viele, viele Verträge, die Ali versaute", sagt Haynie. „Epson wollte mit Commodore verhandeln. Sie wollten Amigas in Japan verkaufen. Damals war der PC dort nicht so etabliert wie in den USA, weil der Markt zwischen IBM-kompatiblen und NEC-Computern geteilt war." Bisher sind die japanischen Verkäufe wenig beeindruckend: Obwohl *Commodore* jede neue Amiga-Version in Japan veröffentlicht, hat die Firma dort weniger als 10.000 Kunden, *Apple* dagegen 500.000 japanische Macintosh-Kunden. Die Vermarktung durch eine große einheimische Firma könnte den Amiga-Marktanteil steigern. Ingenieure und Manager legen sich für eine *Epson*-Partnerschaft ins Zeug: „Der Vertrag war schon fertig. Alle Untergebenen hatten ihre Vereinbarungen gezeichnet und waren drauf und dran, Amigas in Japan zu vermarkten. Wir arbeiteten bereits an asiatischen Zeichensätzen für den Amiga." Die Sache wendet sich zum Schlechten, als Ali die Bühne betritt. „Es sollte ein abschließendes Abendessen geben. Es war die japanische Art, Geschäfte zu machen, bei der sich die Bosse treffen. Ali kam herein und forderte, dass sie dies und jenes änderten und war einfach draufgängerisch. Das war ein Schlag ins Gesicht nach ihren Bräuchen, und sein Gegenüber sagte Nein", sagt Haynie. Der Vertrag scheint gestorben, doch *Commodore* erhält eine zweite Chance. „Der betreffende Epson-Manager ging. Sein Nachfolger sah sich die Vereinbarung und den Papierkram an, erfuhr vom Amiga und meinte: ‚Es wäre verrückt, sich das entgehen zu lassen. Wir müssen das unterzeichnen.' Sie versuchten es – und dasselbe passierte noch einmal! Sie riefen an und sagten, dass sie den Vertrag wollten. Ali traf sich mit ihnen, um es zu vollenden, und er versaute es schon wieder. Es gab keinen Vertrag mit Epson und keine Amigas in Japan."

In einer weiteren Machtausdehnung streicht Ali den Präsidenten-Posten von *Commodore Business Machines*. Nun arbeitet *Commodore US* wie jede andere nationale Niederlassung.

Harold Copperman wird durch Jim Dionne, den erfolgreichen Kanada-Geschäftsführer, ersetzt. Im selben Monat streicht Ali knapp 15% der 600 Mann starken Belegschaft in den USA, hauptsächlich aus den Verkaufs- und Produktionsabteilungen. Während *Commodore* die Produktion in Hong Kong festigt, werden die Fabriken in den USA und Europa stillgelegt.

Nach 1991 wird Ali zur gigantischen Bremsschwelle in den Augen der Ingenieure. „Sein Ego spielte eine große Rolle", sagt Haynie. Als kleiner, gedrungener Mann ähnelt er Jack Tramiel, doch ihm fehlen dessen Erfolge. Ali erhält schnell den Spitznamen ‚Little Brown Man' (Kleiner brauner Mann), oder kurz, wenn Manager zuhören, LBM.

## Der Amiga Junior ****

Auf den A3000 lässt *Commodore* schnell den A3000T folgen, der eine 200-MB-Festplatte und 32 MB RAM in einem großen Tower-Gehäuse enthält und als High-End-Grafik-Workstation für knapp $5.000 vermarktet wird. Die Ingenieure bei *MOS Technology* arbeiten währendessen an einem Chipsatz der nächsten Generation, der Advanced Amiga Architecture (AAA).

Bereits 1989 beginnt Dave Haynie die Entwicklung eines weniger ambitionierten Chipsatzes namens AA, den die Öffentlichkeit später als AGA kennt. „Ursprünglich Pandora, wurde daraus AA, schließlich AGA für Advanced Graphics Architecture – die Marketing-Abteilung wollte, dass es ähnlich wie VGA klingt." AGA kann bis zu 1280x512 Pixel (interlaced) mit 256.000 Farben aus einer Palette von 16,8 Millionen Farben darstellen.

Mit Jeff Porter und Eric Lavitsky werkelt Haynie an einem neuen System mit AGA-Chip, dem Amiga 3000+. „Ein A3000 mit AGA-Chipsatz und einem DSP-Coprozessor. Hätte ich genügend Zeit und Unterstützung gehabt, hätte ich eine 68040-CPU statt der 68030 verwendet. Die hätte mit wenigen Änderungen ins A3000-Gehäuse gepasst", sagt Haynie. Das ursprüngliche Amiga-Team bleibt beratend tätig, – Dale Luck hilft bei der Software, Jay Miner bei den Chips – doch laut Haynie sind die Fortschritte gering. „Die Chip-Entwicklung ging langsam voran, weil sie sie nicht so finanziert wurde, wie es nötig gewesen wäre."

Andere Ingenieure entwickeln Amigas für den Low-End-Markt. „George Robbins arbeitete an einem günstigeren Computer, den wir A300 nannten", sagt Haynie. Der Computer mit dem Codenamen *June Bug*[11] soll den Einsteigermarkt beleben, ist so groß und schwer wie der C64 und enthält ein Floppy-Disk-Laufwerk. Joe Augenbraun arbeitet am Projekt A1000+; einem AGA-basierten Einstiegscomputer mit 25-MHz-CPU für $800, der im April 1992 erscheinen soll.

A300, A1000+ und A3000+ werden von den Verkaufsleitern in England und Deutschland sehnlichst erwartet. Dann übernimmt Mehdi Ali und entbindet im Sommer 1991 die leitenden Ingenieure einschließlich Henri Rubin und Jeff Porter ihrer Aufgaben. Um Rubin auszuschalten, versetzt Ali ihn auf hoffnungslosen Posten in der Multimedia-Abteilung. „Es gab einen Running Gag, wonach man entlassen war, sobald man Multimedia-Leiter wurde", sagt Haynie, dessen Ingenieure Rubins Weggang bedauern: „Er war Teil des Prozesses und ein positiver Faktor." Ali nimmt auch Porter die Kontrolle. „Jeff leitete die Ingenieursabteilung eine Zeit lang – dann schob man ihn weg."

***Fortsetzung auf Seite 337***

11) **Robbins nennt seine Motherboards nach Liedern der Rockgruppe *The B52s*, z.B. das A500-Motherboard *Rock Lobster*.**

## Commodores Anfang

# Mechanische Schreibmaschinen

Die Firma des US-Immigranten und Ersatzteil-Spezialisten Jack Tramiel wird 1953 als Commodore Portable Typewriter Company gegründet, nach zwei Jahren in Commodore Business Machines (CBM) umgewandelt und ist auf tragbare Schreibmaschinen spezialisiert.

Anfangs verkauft die Firma mechanische Geräte aus japanischer Produktion, nach Übernahme eines deutschen Herstellers produziert CBM in eigenen Fabriken. 60er-Jahre-Modelle, wie das hier gezeigte, erwerben Kunden im Kunstlederkoffer mit Tragegriff.

## Die frühen 70er-Jahre

# Elektromechanische Tischrechner

Commodore erweitert die Produktpalette erst um mechanische Addiermaschinen, in den 70er-Jahren um elektronische Tischrechner mit Vakuum-Fluoreszenz-Anzeige. Rechts die 5 Kilo schwere Addier- und Subtraktions-Maschine Commodore 202, die 1969 im Tragekoffer verkauft wird und auf Papierrolle ausdruckt.

Der „Advanced Scientific Calculator" SR-1540 von 1976 (unten) ist mit fast zwei Kilo Gewicht ebenfalls ein ziemlich Brummer, für den technisch-wissenschaftlichen Einsatz geeignet und rechnet intern mit einer 12stelligen Mantisse. Seine minderwertige Tastatur wird später für den ersten PET-Computer übernommen.

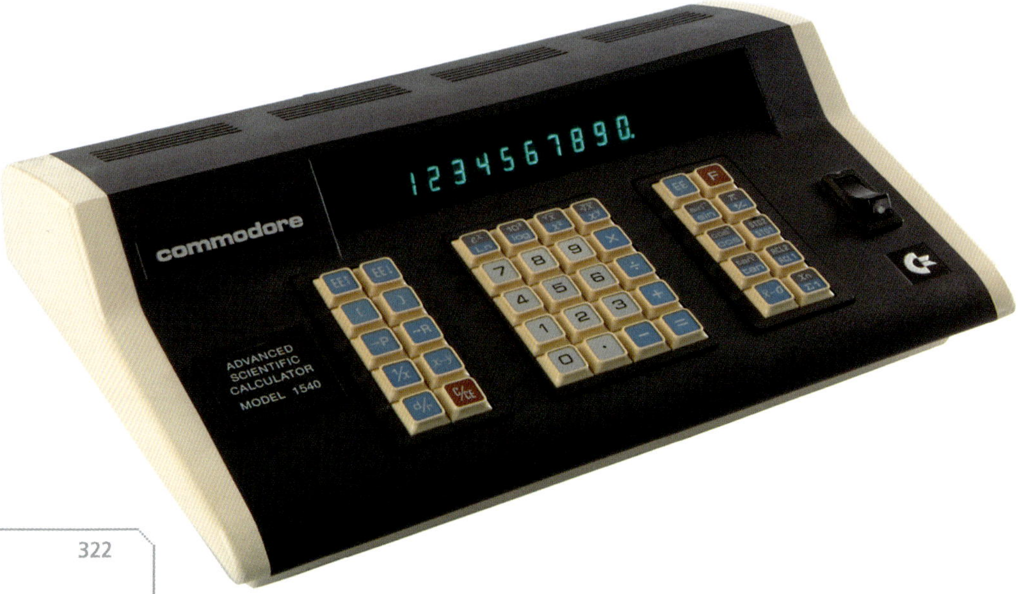

## Die frühen 70er-Jahre

# Elektronische und digitale Taschenrechner

Als Importeur startet Commodore ins Taschenrechner-Geschäft und 1969 die eigene Produktion preisgünstiger Geräte.

Der erste digitale Taschenrechner von Commodore erscheint 1971 und ist mit einem Chip von Texas Instruments bestückt. Mit dieser Firma tritt CBM wenige Jahre später in einen harten Wettbewerb und flieht vor dem Preisverfall vom Taschenrechner- auf den neuen Computer-Markt. Das Modell US-1 (unten) stammt aus dem Jahr 1972, der 776M (oben) wird 1975 vermarktet.

## Die 70er-Jahre

## Spielzeug und Armbanduhren

Vom Atari-Fieber gepackt, wagt Commodore den Schritt auf den jungen Markt der Telespiele und bezieht den Chip für das TV Game 2000K (schwarzes Gehäuse, Drehregler) bzw. 3000H (weiß, Schieberegler) vom Halbleiter-Start-Up MOS Technology. Der MOS-7600-Prozessor vereint CPU, Grafik-, Sound- und I/O-Funktionen und ist auf „Pong"- Varianten ausgelegt. Beide Telespiele werden 1975 nur in Europa veröffentlicht.

Ein kurzzeitiges Nebengeschäft sind ab Ende der 70er-Jahren digitale Armbanduhren, erst mit LED („Time Master"), später mit LCD-Anzeige („CBM Time"). Auch auf diesen Sektor kauft sich Commodore durch Übernahme eines Zulieferers ein.

## Commodores Mikroprozessor **MOS 6502**

Mit dem kleinen US-Unternehmen MOS Technology findet CBM den optimalen Partner für den Schritt ins Computer-Zeitalter. MOS produziert die frühe 8-Bit-CPU 6502 und vermarktet sie 1976 als Rechner-Bausatz KIM-1 (oben). Commodore schluckt MOS und verwandelt die Firma in ein internes Chip- und System-Labor.

Ein Abfallprodukt der Zusammenarbeit und Fusion ist Commodores Schachrechner „Chessmate" (rechts) – ein KIM-1 im anwenderfreundlichen Gehäuse und mit Peter Jennings „Microchess"-Programm statt Maschinensprache-Monitor im ROM. Chessmate wird von 1978 bis 1980 gefertigt und vermarktet.

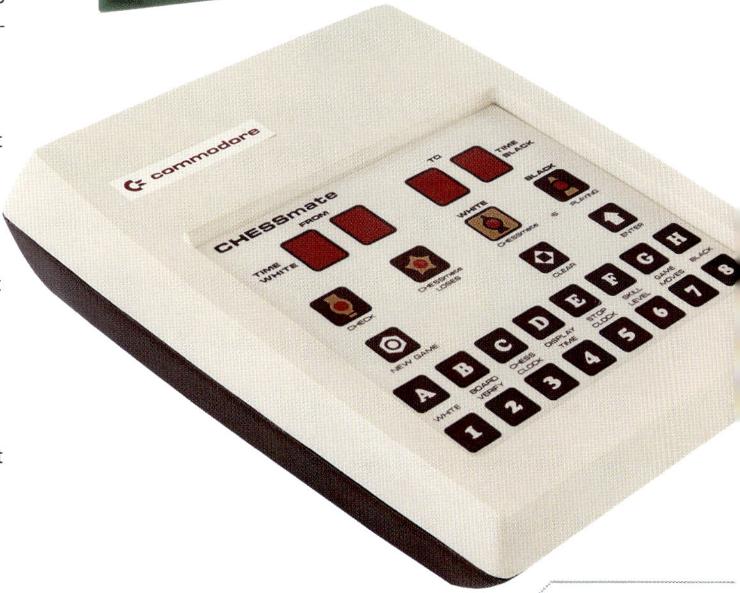

# Die späten 70er-Jahre
# Die PET-Serie

Mit dem eigenen Büro-Know-How und der neuen Technik von MOS erfindet Commodore 1977 den „Personal Electronical Transactor" PET, den Vorläufer heutiger Personal Computer. Das Ur-Modell erscheint noch mit eingebauter Datasette und Mini-Tasten, die Commodore von CBM-Rechenmaschinen übernimmt und die Anwender als „Mickymaus-Tastatur" verspotten.

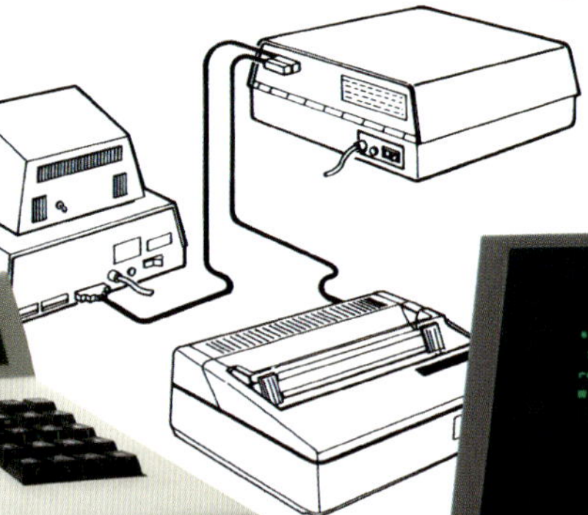

PET-Nachfolger, darunter die Rechner der Serien 3001 und 4001, besitzen eine ausgewachsene, professionelle Tastatur (für die das Kassetten-Laufwerk aus dem Gehäuse fliegt), ab 1980 außerdem einen größeren Monitor, 12 statt 9 Zoll (rechts).

Computer der 8000er-Serie sind die letzte PET-Ausbaustufe und erscheinen ab dem Modell 8032SK nicht mehr ihm eckigen, sondern im rundlichen Gehäuse mit abnehmbarer Tastatur. Der hier abgebildete 8296 mit 96 KB RAM besitzt zwei Floppy-Laufwerke. Auf dem 12"-Zoll-Monitor ist die 80-Spalten-Darstellung der späteren CBM-Computer zu sehen.

## Die frühen 80er-Jahre
# Volkscomputer...

Für den Einsteigermarkt gibt Commodore der bewährten CPU 6502 einen neuen „Video Interface"- und Sound-Chip, den MOS 6560, genannt VIC und dazu ein freundliches Gehäuse. Farbgrafik und Dreikanal-Sound erfreuen kreative Privatanwender und vor allem die junge Zielgruppe der Videospieler. Der VC-20 wird zum ersten Millionen-Seller der Computer-Geschichte.

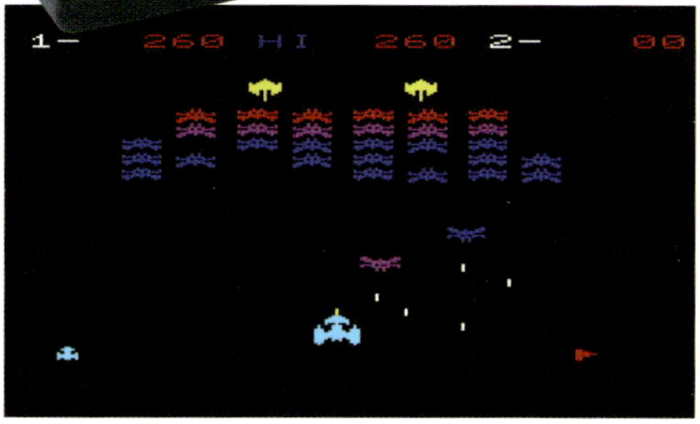


Frühe VC-20-Spiele kommen aus Japan, wo das Software-Haus HAL vor allem Automaten-Umsetzungen programmiert Den „Galaxian"-Clone „Star Battle" schreibt der 21Jährige Informatiker Satoru Iwata, der heute Präsident von Nintendo ist.

In ähnlichem Gehäuse („Brotkasten"), aber mit stärkeren Chips für Grafik (VIC-II) und Sound (SID) veröffentlicht Commodore eineinhalb Jahre nach dem VC-20 einen zweiten Kompaktrechner für Hobbyisten. Der C64 übertrifft die Erwartungen und wird in Amerika und Europa zum beliebtesten Heimcomputer.

# ...und Multi-Millionenseller

Zu teuer für die meisten User ist die tragbare Variante SX-64 mit abnehmbarer Tastatur, Tragegriff und Farbbildschirm von 1983.

Fürs Büro erweitert und in zwei Gehäusevarianten erscheint 1985 der Commodore 128 – die letzte große Modifikation der 8-Bit-Hardware.

Im goldenen Heimcomputer-Zeitalter ist Commodore ein Major Player auf dem Markt der Kreativ- und Unterhaltungs-Software. Über 100 VC-20-Spiele erscheinen auf teurem ROM-Modul, noch mehr veröffentlichen vor allem europäische Hersteller auf preisgünstigen Audio-Kassetten.

Den C64 versorgt Commodore kurz mit ROM-Cartridges (rechts), dann vor allem mit Software auf Floppy-Disk.

## Die 80er-Jahre

# Low-End-Totgeburten...

Der Erfolg bekommt erste Dellen, als Commodore mit der „Serie 264" preisgünstige Heimcomputer vorstellt, die weder mit dem Bestseller C64 kompatibel, noch ihm überlegen sind. Dessen bewährte Chips sind gegen modifizierte TED-Technik ausgetauscht (keine Sprites, beschränkter Sound), dem Flagschiff Plus/4 (rechts) ein paar neue Büro-Anwendungen ins ROM gegeben. Letztere fehlen dem C116 (unten), der statt Profi-Tastatur nur mickrige Gummitasten hat. Der nicht abgebildete C16 trägt die Technik und das Braungrau der beiden Neuen, aber noch das alte Brotkasten-Gehäuse des VC-20. Alle drei Geräte irrlichtern nur kurz durch die Computer-Szene, bevor sie im Osten Europas verramscht werden.

# ...und ein neuer Impuls: Die Firma Amiga

Während sich die internen Commodore-Labors bei der Suche nach der nächsten Computer-Generation verlaufen, werkelt ein unabhängiges Team von Arcade- und Videospiel-Veteranen an einer Hardware-Revolution. Auf Messen zeigt die Firma Amiga innovatives Zubehör für die Atari-Spielkonsole, den winzigen „Power-Stick" und den ulkigen Wii-Fit-Urahn „Joyboard". Alles nur Peanuts im Vergleich zu den Computer-Chips, an denen im Geheimen geforscht wird. Erst möchte Atari die Technik und die Firma Amiga, dann gelingt Commodore die Übernahme und macht mit Amiga den Schritt ins 16-Bit-Zeitalter.

Die späten 80er-Jahre

# Die Amiga-Familie und ihr Markt

Den Spielmarkt vernachlässigt Commodore und veröffentlicht nur ein einziges Programm für die neue Rechner-Serie: Das esoterische Action-Spiel „Mindwalker" erscheint 1986 mit Amiga-, nicht Commodore-Logo auf der Packung.

Der erste 16-Bit-Computer von Commodore ist ein schickes Desktop-Modell mit überragender Grafik-Power, das Andy Warhol und andere auf einer Gala in New York feiern. Der Amiga 1000 bleibt jedoch zu teuer, um den Massenmarkt zu knacken.

Mit der Einsteigervariante A500 kommt das Amiga-Geschäft ab 1987 in Schwung: Der Kompaktrechner (Computer, Tastatur und Floppy in einem Gehäuse) gibt das elitäre Konzept des A1000 auf und erreicht mit tadellosem Preis-Leistungs-Verhältnis auch den Mainstream, junge Hobbyisten und Spieler – ein würdiger Nachfolger für den 8-Bit-Bestseller C64.

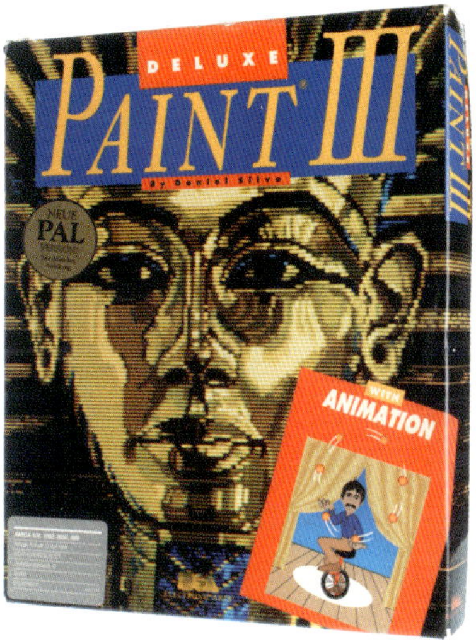


Große Software-Firmen wie Electronic Arts unterstützen den Amiga mit hervorragender Kreativ-Software. Zum Standard für private Grafiker, aber auch für Pixel-Profis werden die „Deluxe Paint"-Programme.

Rechts: Europäische Firmen überbieten sich mit genialen Amiga-Spielen: Mit einer 5-Level-Disk feiert Psygnosis auf der deutschen Amiga-Messe 1990 die „Lemmings"-Premiere.

Der A2000 ist 1987 der erste einer Serie von leistungsfähigen und gut erweiterbaren Profi-Desktop-Varianten des Amiga. Er und seine Nachfolger A3000 (mit 32-Bit-CPU 68030 und ECS-Chipsatz) und A4000 (68040-CPU, FPU, AGA-Chips) können an der DOS- und Macintosh-Dominanz jedoch nicht rütteln und setzen sich nur im Bereich Bild- und Video-Bearbeitung durch.

## Die frühen 90er-Jahre

# Versuche auf alten und auf neuen Märkten …

Während die Amiga-Familie floriert, gibt Commodore seine C64-Serie auf und stoppt die Einführung des lang erwarteten Nachfolgers. Der C65 wird 1990 zwar endlich fertiggestellt, doch nicht in Massen produziert oder vermarktet. Die zwei- bis dreihundert Prototypen des leistungsfähigsten 8-Bit-Heimcomputers (3,54 Mhz-CPU, 128 KB RAM, 4096 Farben, Stereo-SID) sind beliebte Sammlerstücke.

Statt Altes zu revitalisieren, versucht es Commodore mit etwas Neuem und präsentiert mit dem CDTV einen Vorläufer zu den DVD-Geräten des 21. Jahrhunderts. Doch da es 1990 weder Filme auf CD-ROM gibt, noch Spiele, die das optische Speichermedium nutzen, auch weil die Technik unterm Gehäuse nicht up-to-date ist, bleibt der Multimedia-Player ein halbherziger Versuch, der weder Amiga-Fans, noch neue Kunden begeistert.

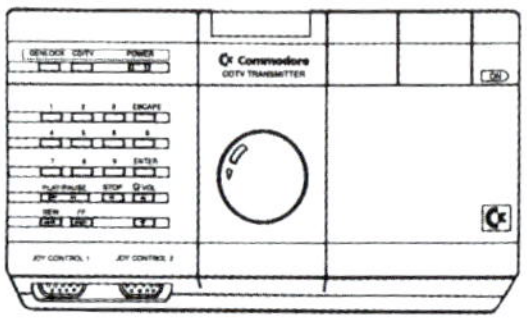

# ... und die letzten Amiga-Generationen

Ab 1990 häufen sich die Amiga-Varianten und -Modifikationen, so dass kein User mehr durchblickt. Den Dauerbrenner A500 löst Commodore 1992 mit dem A600 ab, doch der Computer im geschrumpften Gehäuse ohne numerische Tastatur ist nicht mit allen Spielen kompatibel, schlecht aufrüstbar, außerdem zu teuer für den anvisierten Low-End-Markt; Produktion und Verkauf werden nach wenigen Monaten eingestellt.

Konsequenter und technisch besser ist der A1200, den Commodore im Herbst des gleichen Jahres nachschiebt: Der – dank neuem AGA-Chipsatz – stärkste Einsteiger-Amiga wird bis zum Konkurs 1996 gefertigt.

## Die 90er-Jahre
# Spielkonsolen von Commodore

Sowohl die C64-Geschichte, als auch die Amiga-Ära endet mit erfolglosen Konsolen-Varianten: Das 64GS, technisch ein C64, dem Tastatur und die meisten Schnittstellen fehlen, erscheint 1990 und geht im Kreuzfeuer der Nintendo- und Sega-Geräte völlig unter.

CD-ROM statt Floppy-Disk: Mit dem CD32 wagt Commodore 1993 einen zweiten Anlauf. Die Tastatur-lose Amiga-1200-Variante wird nur in Europa vermarktet und hat gegen Sega, Sony und Nintendo keine Chance. Nach 100.000 verkauften Geräten begleitet das CD32 seinen Hersteller in den Konkurs.

***Fortsetzung von Seite 320*** „Bill Sydnes war für den PC Jr. verantwortlich, IBMs größter Fehlschlag", sagt Haynie. „Danach arbeitete er für Franklin Computer, die es für eine gute Idee hielten, das ROM des Apple II zu benutzen, ohne Apple dafür zu bezahlen. Er hat sie fast ruiniert." Sydnes ist eine fragwürdige Wahl von Ali.

Der Neue kontrolliert die Ingenieursprojekte, während Gould und Ali ihre Zeit in New York verbringen. „Gould sah ich nie", sagt Haynie. „Vielleicht kam er nur vorbei, um mit den Chefs zu reden und wir wussten nichts davon. Ali war meist ebenfalls in New York und Sydnes machte bei uns die schmutzige Arbeit." Sydnes dehnt seine Macht auf die leitenden Ingenieure aus. „Sydnes war ein PC-Mann, so dass er umgehend die PC-Leute beförderte", erinnert sich Haynie. „Seine erste Mission bestand darin, den Anschein zu zerstören, dass die Leitung unter Rubin und Porter gut organisiert und weitreichend war." Sydnes stoppt die AGA-Chip-Entwicklung und storniert den A3000+. „Er wurde nach drei Monaten gestrichen", sagt Haynie. „Bei der zweiten Revision des Boards wurde mir gesagt, dass daraus kein Produkt werden würde." Die 50 bereits produzierten A3000+ verscherbelt *Commodore* als Entwicklersysteme an Programmierer. „Ich wurde gezwungen, einige Fähigkeiten heraus zu nehmen, um ihn fertig zu bekommen", sagt Haynie. Sydnes stoppt auch den A1000+ und macht sich bei den Ingenieuren unbeliebt. In deren Sprache beschreibt ihn Haynie als ‚menschlichen Bus-Fehler.' „Sydnes konnte keinen Computer zum Laufen bringen, noch weniger eine Entwicklungsabteilung für Computer", sagt Haynie. „Die Software-Leute hatten den Begriff ‚menschlicher no-op'. Im Programmiererjargon ist ‚No Operation' ein Befehl, den man irgendwo einsetzt und der nichts bewirkt. Ein Mensch der herumsitzt und nichts tut ist also ein ‚menschlicher no-op', aber jemand, der überall Probleme hervorruft, muss ein menschlicher Bus-Fehler sein."

Sydnes ändert die Entwicklungsziele für den A300. „Er sagte: ‚Wir kürzen den A500-Preis um $50 und bringen diesen neuen Computer' ", erinnert sich Haynie. „Sie nahmen das, woran Robbins arbeitete und meinten: ‚Das müssen wir ändern.' Das Resultat war der A600, der $50 *mehr* kostete als der A500." Die zusätzlichen Fähigkeiten des A600 beschreibt Haynie als Seifenblasen: „Sie wollten neue Fähigkeiten, aber der A600 brachte niemandem etwas Brauchbares. Er lief nicht mit den Peripheriegeräten des A500. Er kostete mehr. Er hatte keinen Ziffernblock. Es gibt eine ganze Liste von Dingen, die daran nicht stimmen." Dazu Bil Herd: „Es gab keine Korrelation zwischen dem was verkauft wurde, dem was der Markt wollte und dem, was entwickelt wurde." Die Ingenieure machen ihrer Frustration Luft, indem sie den A600 ‚Amiga Jr.' nennen, und damit Sydnes' früheren IBM-Patzer verspotten. Herd, der mit Berlin befreundet bleibt, erinnert sich an diese Zeit. „Es gab ein Memo von Sydnes, in dem stand: ‚Der nächste, der ihn Amiga Junior nennt, wird entlassen.' "

Um Bedarf für den A600 zu schaffen, stoppt Sydnes schließlich den bekanntesten Computer der *Commodore*-Familie. „Der A500 war immer noch beliebt", sagt Haynie. „Sie stoppten den A500 und brachten den A600 heraus." Unter Tramiels Leitung können die regionalen Niederlassungen alle Geräte bestellen, die sie wollen – das war einmal. „Normalerweise hieß es: ‚Commodore, hier ist ein neues Produkt.' Dann bestellten die Marketingabteilungen oder eben nicht", erklärt Haynie. „Diese natürliche Auslese funktionierte gut. Das war das erste Mal, dass sie das umgingen, die Folgen waren katastrophal." Ali und Sydnes führen eine radikale

Neuausrichtung durch. „Sie machten unter sich aus, dass niemand Amigas haben wollte, sondern PCs. Sie verbrachten die ersten sechs Monate damit, zu entscheiden, was sie aus dem Amiga-Geschäft machen sollten. Daher machten sie nichts außer dem A600", sagt Haynie. Die Amiga-Entwicklung steht während dieser Zeit still. „Dann merkten sie, dass Commodore PCs nicht günstiger als Andere herstellen kann. Plötzlich war der Amiga wieder oben auf, aber sie hatten das ganze AAA- und AA-Zeug verzögert."

Zu dieser Zeit verliert Ingenieur Hedley Davis, sonst einer der Ruhigen, die Beherrschung und wirft ein Disklaufwerk in die Wand. Als Haynie die Abteilung betritt, fällt ihm sofort die halb aus dem Gips ragende Hardware auf. Er mag, was er sieht und verewigt das Laufwerk mit Rahmen und Plakette mit der Aufschrift: ‚Das Hedley-Davis-Gedächtnis-Laufwerk'.

Nachdem oben und unten abgeholzt ist, beschließen Sydnes und Ali, dass sie einen mittleren Amiga brauchen. Statt Augenbrauns gestoppten A1000+ wieder aufzunehmen, der bis April 1992 fertig wäre, entscheidet sich Sydnes für einen Neuanfang. Er bittet Greg Berlin, dafür einige Fähigkeiten des A3000 zu stutzen – statt AGA-Chips soll der veraltete EGS-Chipsatz verwendet werden. Der Amiga 2200 ist im April 1992 fertig. Keine Niederlassung bestellt ihn.

Sydnes ist durch den Fehlschlag alarmiert, so dass er Berlin im Mai mit einem neuen Computer beauftragt, dem Amiga 4000. Sydnes will das Unmögliche: Er gibt Berlin fünf Monate, um das Gerät zu produzieren, das im September verschifft werden soll. Es ist ein dringender Auftrag, also fügt Berlin AGA wieder ein, ebenso wie ein paar Elemente von Haynies Design des A3000+. „Ich wusste von den dortigen Entscheidungen, weil ich mit Greg Berlin in Kontakt blieb", sagt Bil Herd. „Greg sprach darüber, wie er an seiner neuen Version arbeitete, um sie preiswerter und leistungsfähiger zu machen. Dann sagte man ihm, er solle das heraus nehmen, was den Rechner leistungsfähiger gemacht hätte. Er war sauer, dass er mit einer Maschine auf den Markt gehen sollte, die schlechter war als die alte, aber mehr kostete." Im Sommer 1992 erkennt Ali, dass Sydnes nicht der Richtige ist, um die Ingenieursabteilung zu leiten. „Sydnes wurde bald darauf entlassen", sagt Haynie. „Zu dem Zeitpunkt war er schon ein Jahr da."

Durch die Einstellung und die Wiederaufnahme von AGA verlieren die Ingenieure sechs Monate. Der Chipsatz ist im August 1992 fertig. *MOS Technology* produziert Alice, Paula und Lisa rechtzeitig für den A4000, der planmäßig ab September ausgeliefert wird. Die Ingenieure entwickeln zudem mit dem A1200 einen AGA-basierten Nachfolger zum A500: Der A1200 kann intern um eine Festplatte erweitert werden und wird im Oktober 1992, rechtzeitig zum Weihnachtsgeschäft, veröffentlicht. Der Absatz des A1200 läuft gut.

Trotz des heroischen Einsatzes der Ingenieure gilt der US-Markt 1992 längst als aufgegeben. Obwohl Kunden Amigas noch in Nordamerika kaufen können, werden sie von IBM-PCs und Macs überschattet. „Ab da befand sich Commodore in einer Todesspirale", sagt Herd. Ein Vorzeichen für die trostlose Lage des Amigas in den USA kommt bereits im Februar 1991, als das *Compute! Magazine*, einst von PET-Usern gegründet, den Amiga nicht länger behandelt, sondern sich im großen Stil dem PC-Markt zuwendet. Die Spielentwicklung für den Amiga schwindet. Selbst die treuen *Commodore*-Freunde von *LucasArts* stellen ihre Unterstützung ein.

Das Europa-Geschäft bleibt stark genug, um *Commodore* am Leben zu halten, besonders in England und Deutschland. Doch auch hier kann der Amiga ohne Spiele nicht überleben.

# KAPITEL 24

# Der Niedergang I

24

1992 - 1994

Als Thomas Rattigan die Firma Ende der 1980er-Jahre vor dem Bankrott rettet, berichtet er dem *Commodor Magazine*: „Wir sind nicht über die Klippe gefallen, obwohl wir dicht dran waren." Nach seinem Weggang kommt *Commodore* dem Abgrund wieder gefährlich nah – und geht diesmal einen Schritt weiter. „Was auch immer sie versuchten, es funktionierte einfach nicht", sagt R.J. Mical. „An der Technik lag's nicht."

Ende 1989 schreibt Commodore erneut rote Zahlen, trotz der Amiga-Gewinne und hoher Europa-Umsätze. Die Computerwelt ist kurz davor, ihr schillerndstes Unternehmen zu verlieren.

## Chairman Gould ****

Irving Gould hatte viele gute Züge: Er sieht das Potential von *Commodore* 1965 und investiert sein Geld in die strauchelnde Firma. Auch erkennt er Führungsqualität, wenn er welche sieht – z.B. in der Person Jack Tramiels. Den echten, unzensierten Gould erlebt Rattigan als Teilnehmer von Aktionärsversammlungen: „Sein Lieblingsausdruck für Leute die er nicht leiden konnte war, dass er lange genug leben wollte, um auf ihr Grab zu pinkeln." Da *Atari* Ende der 80er-Jahre die größte Bedrohung für Commodore darstellt, denkt er dabei wohl an Tramiel.

Die Finanzwelt übt reichlich Kritik am *Commodore*-Chairman. Unter dem Titel ‚Verpasste Gelegenheit?' wirft *Forbes* Gould am 13. November 1989 „gutsherrenartigen Management-Stil" vor. Der Analyst Lee Isgur, der Gould seit über fünf Jahren kennt, fasst dessen Führung zusammen: „Irving versucht, so wenig Steuern zu zahlen wie möglich, hasst das Tagesgeschäft und mag es nicht, Produkte anzutreiben. So stellt er Leute ein, die das für ihn erledigen."

Um Steuern zu sparen, fliegt der 70jährige mehrmals wöchentlich zwischen den Bahamas, Kanada und den USA hin und her. Laut *Forbes* kann Gould „sich durchschnittlich nur drei Tage pro Woche in den Vereinigten Staaten aufhalten, bevor ihn die Behörden besteuern."

Nach der großen Kampagne 1989 stoppt Commodore die Amiga-Werbung in Amerika, so dass 1990 sogar das offizielle Commodore-Magazin (das in diesem Jahr mit RUN zu einer Publikation verschmilzt) keine Anzeige für den Amiga enthält. Obwohl er selbst Computer nicht nutzt, hätte Gould durch seinen Sohn die Zielgruppe kennen müssen: Jason Gould unterhält von 1988 bis 1991 ein Bulletin Board[1] unter dem Namen *Star Trek BBS* in Toronto und repräsentiert damit den typischen Amiga-User. Dave Haynie sieht eine von Irving Goulds größten Schwächen in seiner Ungeduld mit CEOs: „Er stellte jemanden ein, erwartete ein Wunder, und entließ ihn wieder, bevor sich das Wunder einstellen konnte. Problemlösung braucht Zeit, Onkel Irving verstand das nicht. In der Führungsetage von Commodore International gab's Leute mit Potential, auch bei Commodore Business Machines; aber die bekamen keine Chance, es zu beweisen." Gould denkt, dass Tramiel und Rattigan zu viel Anerkennung erhalten und entlässt sie. Er empfindet *Commodore* als seine Firma und beansprucht die Lorbeeren. Sobald ein Präsident oder CEO zu erfolgreich wird, drängt ihn ein verunsicherter Gould aus der Firma.

---

1) **Bulletin Boards (‚Schwarze Bretter') sind frühe textbasierte Online-Foren. Deutsche sagen dazu ‚Mailbox'.**

Außenstehende sehen einen unglaublichen Firmenaufstieg um 1981, doch die rasch eroberte Marktdominanz bröckelt nach Tramiels Weggang. 1987 sieht man Commodore mit dem A500 wieder steigen, und nach Rattigan in der Bedeutungslosigkeit verschwinden. Jedes Mal, wenn Gould seine Kontrolle ausdehnt, geht es mit der Firma bergab.

## Die Klonkriege ****

In den 80ern scheuen viele Anwender den Kauf eines neuen Computers, bevor sich nicht ein klarer Marktführer abzeichnet. 1987 wirkt der Amiga wie dieser Gewinner: Günstig, technisch stark, mit wachsender Software-Unterstützung. „Er war trotz Commodores mangelhafter Werbung erfolgreich", sagt Mical. „Aber er erreichte einfach nicht die kritische Masse, die er gebraucht hätte. Sie verkauften eine Menge, ich glaube es waren fast sieben Millionen."[2]

Seit den 80ern haben IBM-kompatible PCs eine breite Basis und werden – nach ersten Nachbauten von *Compaq*, *Gateway* und *Dell* – schnell billiger. Zum Unglück für *Commodore* verschmelzen die Märkte für Heim- und Bürocomputer. „Der C64 war eine Spielekiste", sagt 8-Bit-Veteran Chuck Peddle. „Er war nie dazu gedacht, das zu tun, was ein PC tat. Der PC war ein seriöser Computer, der alles hatte, also fingen die Leute an, diese Geräte zu kaufen, damit sie einen anspruchsvollen Computer für Textverarbeitung und vieles mehr hatten."

*Commodore* und *Atari* steigen in die PC-Revolution ein und entwickeln selbst IBM-kompatible Rechner. Während *Atari* die Computer mit GEM von *Digital Research* als grafischer Benutzeroberfläche ausstattet, können *Commodore*-Besitzer PC-GEOS von *Berkeley Softworks* benutzen. Robert Yannes findet es befremdend, dass *Commodore* IBM-Kompatible verkauft: „Sie hatten ihre Vision verloren. Sie wussten nicht, wo sie standen und was die Leute von ihnen erwarteten. Sie hatten sich mit Heimcomputern einen Namen gemacht, und es ergab keinen Sinn, in den Klonmarkt mit einem PC einzusteigen, der keinen Vorteil gegenüber der Konkurrenz bot." Er meint, *Commodore* hätte sich besser auf den Amiga konzentriert: „Sie hätten Sachen wie den Macintosh oder Multimedia-Geräte machen können. Der Amiga war der erste Multimedia-Computer, aber sie hatten absolut keine Idee, was sie damit anfangen sollten."

*Microsoft* ignoriert den Amiga – vielleicht wegen der im Vergleich zur DOS-Masse geringen Verkaufszahlen – und ohne die Unterstützung des weltweit größten Software-Herstellers hat der Rechner keine Chance auf dem Büromarkt. In den frühen 90ern suchen die meisten Anwender ein System für Spiele, DFÜ und Textverarbeitung. Amiga-, Macintosh-, und ST-Besitzer sind mit ihren Systemen zufrieden. Doch diese Situation ändert sich: Grafik- und Soundkarten machen PC-Spiele zunehmend konkurrenzfähig, und Spielentwickler wenden sich dem DOS- und Windows-Markt zu. Am 5. Mai 1992 veröffentlicht *id Software* das Shareware-Spiel **Wolfenstein 3D**, das viele Computerkäufer umdenken lässt: Schnelle Action ist auch auf dem PC möglich! Viele Spieler wechseln. Die 3D-Spielerevolution kommt mit PC-Titeln wie **Ultima Underworld** (1992), **Doom** (1993) und dem französischen **Alone in the Dark** (1993). Spielfirmen loben und unterstützen den PC als Plattform und vernachlässigen Amiga und *Apple* völlig. „Als der Spielmarkt für PC anlief, nahm das dem Amiga-Markt die entsprechenden 80%" meint Dave Haynie. Die IT-Industrie erkennt, dass Spiele der Hauptgrund für Privatpersonen sind, ihre

2) **Laut Unternehmensaufzeichnungen wurden weltweit 5.292.200 Amigas aller Baureihen abgesetzt.**

Computer aufzurüsten. 1993 werden CD-ROMs zum PC-Standard, und grafisch eindrucksvolle CD-Abenteuer wie **Myst** und **7th Guest** Bestseller. Dann kommt das Internet.

Obwohl das ‚Netz der Netze' schon seit den späten 1960ern existiert, wird es erst 1993 durch Marc Andreessens WWW-Browser *Mosaic*, dann durch *Netscape* zum Massenphänomen. Diese Browser gibt's anfangs weder für Amiga noch Mac. Computerkäufer wollen Zugang zum Internet, und da Netscape nur auf dem PC läuft, fällt die Entscheidung zugunsten eines Windows-Kompatiblen. Yannes glaubt, dass es für *Commodore* schwierig geworden wäre, auf dem PC-Markt zu überleben: „Es gibt nicht viele Unternehmen, die damit einen großen Gewinn einfahren", sagt er. „Compaq oder HP kleben die ganze Zeit am Boden und haben kaum Spielraum. Die Gewinnspannen sind furchtbar klein. Vom Riesenerfolg zum Konkurs ist's hier nicht weit."

## Die letzte Amiga-Maschine: CD32 ****

Im Oktober 1992, die Amiga-Modelle 1200 und 4000 sind schon ausgeliefert, kommt dem Ingenieur Jeff Porter die Idee, den AGA-Chipsatz mit dem CDTV zu einer zeitgemäßen, leistungsfähigen Konsole zusammenzufassen – seine CD32-Konsole soll mit *Sega* und *Nintendo* konkurrieren. Die Ironie am letzten Amiga-Kapitel: Ursprünglich war der Amiga als Spielkonsole gedacht, wurde dann aber zum Computer auf- und über fast ein Jahrzehnt ausgebaut. „Sie hätten schon 1984 eine Konsole haben können, wenn sie gewollt hätten", meint Haynie. Die Amiga-Strategie ist wieder an ihrem Ausgangspunkt angekommen.

Das CD32 basiert auf der *Motorola*-CPU 68EC020 mit 32-Bit-Architektur und einer Taktfrequenz von 14,28 MHz – es ist die erste 32-Bit-Konsole und konzeptionell ein Vorläufer der Playstation von *Sony*. Während der AGA-Chipsatz starke 2D- und Bitmap-Grafik liefert, plagt sich der ‚Akiko'-Videochip mit Polygonen und groben Texturen herum. Schnelles Echtzeit-3D kann die Konsole nicht; auch *Sega* und *Sony* starten erst zwei Jahre später ins Polygon-Zeitalter: „Die Konsole war Konkurrenzsystemen in einigen Punkten unterlegen, aber in anderen ziemlich gut."

Äußerlich unterscheidet sich das CD32 stark vom CDTV: Während letzteres eher wie ein Videorecorder aussieht, wirkt das CD32 wie eine echte Spielkonsole: Ein kompaktes, abgerundetes Kunststoffgehäuse mit CD-Deckel und Joypads mit bunten Feuerknöpfen. „Wie eine Sega-Konsole", kommentiert Haynie das Design. Mit zusätzlichem MPEG-Modul schluckt das CD32 nicht nur Spiele und CDTV-Scheiben, sondern auch Filme, und bedient sich dabei am CD-i-Angebot.

Bis Februar 1993 stellt Porters Team 15 Prototypen fertig. Da *Commodore* möglichst früh Software-Unterstützung benötigt, werden die CD32-Geräte auf der Juli-CES präsentiert – und ernten großes Händlerinteresse. Die Produktion läuft in einer Fabrik auf den Philippinen an und im September kommt das CD32 in den Handel. Das Konsolenpaket kostet in England 250 Pfund und enthält sechs Spiele, darunter den Computergrafik-Flug **Microcosm** von *Psygnosis*, den PC-Hit **Wing Commander** und das Baller-Abenteuer **Chaos Engine** der *Bitmap Brothers*. Trotz des Fehlens von Marketinganstrengungen erreicht das CD32 den frühen CD-Markt und übertrifft kurzzeitig die PC-CD-ROM-Verkäufe. In Europa werden in den ersten drei Monaten über 100.000 Geräte verkauft. In Amerika präsentiert *Commodore* die Konsole erst auf der Winter-CES 1994 für 399 Dollar. Alle sind überzeugt – überzeugt, dass mangelndes US-Marketing das CD32 schnell zur Bedeutungslosigkeit verdammt. „Das war kein Markt für Commodore, weil wir hier keine

Händlerverbindungen etablierten und pflegten, für überhaupt kein Produkt.", erklärt Haynie. „Commodore hatte es sich einerseits mit den kleinen Händlern verdorben, andererseits aufgehört, Computer zu verkaufen, die einen Platz in Supermarkt-Regalen gefunden hätten."

Die meisten CD32-Spiele sind Amiga-Portierungen, die nur ein paar Megabytes der CD-ROM-Kapazität von 700 MB beanspruchen. Kaum ein Titel ist größer als 10 MB. Um die CD dennoch zu füllen, packen die Entwickler animierte Einführungs-Sequenzen darauf. Insgesamt gibt es rund 100 Spiele für das CD32 – die durchschnittliche Anzahl für gescheiterte Systeme – und statt echten PC-Umsetzungen z.B. **Gloom**, als frühen 3D-Shooter für eine Spielkonsole.

Das CD32 ist das letzte Produkt der Consumer-Sparte von *Commodore*. Mit der 1995 im Westen eingeführten Playstation macht *Sony* das Rennen um den Markt, den *Commodore* zu beherrschen hofft.

## Das Ende naht ****

Obwohl sich *Commodore* seit 1993 im freien Fall befindet, verbessern Ingenieure weiterhin die Amiga-Technik. Dr. Ed Hepler leitet die Entwicklung des neuen AAA-Chipsatzes bei *MOS Technology*. „Er unterrichtete damals an der Villanova University", erinnert sich Haynie. „Ihm war das Fliegen zuwider. Daher war er froh, bei einem örtlichen Unternehmen arbeiten zu können." Die Arbeit am AAA-Chipsatz beginnt vor AGA. „Wir begannen 1988 mit AAA, 1989 mit AGA", erinnert sich Haynie. „Das war ein 64-Bit-Chipsatz, wohingegen AGA noch ein 16-/32-Bit-Hybrid war." Das Herz von AAA ist der Grafikchip ‚Andrea', der neben verbesserten Bildauflösungen auch simple 3D-Beschleunigung unterstützt. Haynie zufolge haben die Ingenieure sogar Pläne für einen ausgereiften 3D-Chipsatz: „Es gab einen AAA-Nachfolger namens Hombre mit einem eigenen, im Grafikchip integrierten RISC-Prozessor. Damit sollte Agnus ersetzt werden. In diesem Chipsatz gab es nur zwei Chips und das reichte entweder für eine komplette Spielkonsole oder als Grafikprozessor in einem normalen Computer." Hombre bietet Hardware-beschleunigtes Texture-Mapping und Gouraud Shading. OpenGL-Treiber unterstützen die Chips. Für den Texture-Mapping-Algorithmus programmiert ein *Commodore*-Softwareingenieur eine eindrucksvolle Simulation, die das Bild eines Buntbarschs um einen rotierenden Zylinder wickelt. Hepler zufolge kann die Hardware „mit jeder damals auf dem Markt befindlichen Konsole konkurrieren." Und mit angepeilten 45 Dollar für die beiden Chips wäre sie zudem günstig.

Doch Geld wird zum unlösbaren Problem für *Commodore*. Da *MOS Technology* in den 80er-Jahren die finanzielle Unterstützung fehlt, um einen 16-Bit-Prozessor zu entwickeln, werden Grafikchips jetzt zu einer schweren Bürde. „Commodore hatte talentierte Techniker, aber weder genügend Leute noch Geld, um angemessen umsetzen zu können", klagt Haynie.

An den Finanzproblemen sind zum Teil die Gerichtsverfahren schuld. „Ich verbrachte ein Jahr mit unseren Anwälten als technischer Berater für ein von IBM initiiertes Verfahren", so Haynie. „IBM hatte die Angewohnheit, jede Computerfirma mit Klagen heimzusuchen, indem sie sie mit einem Stapel von Patentrechtsverletzungen bombardierten und im Gegenzug Cross-Licensing[3] und Lizenzgebühren erhielten, weil sie etwa 20 PC-Patente hielten." Haynie zufolge sind die meisten IBM-Anstrengungen präventiv. „IBM war groß und ziemlich ängstlich, dass jemand sie

3) **Austausch von Patenten zwischen zwei Unternehmen.**

mit einem Patent konfrontieren könnte, für das sie keine Lizenz hatten. Einer der Hauptgründe für ihre Klagen war Cross-Licensing mit anderen Unternehmen." Für den IBM-Konzern bedeutet dies, dass er keine Lizenzgebühren zahlen muss, falls er unabsichtlich ein bestehendes Patent verletzt. Zudem kann das Unternehmen dadurch mehr Lizenzen für Technik anhäufen, die es selbst nicht entwickelt hat. IBM will vor möglichen Amiga-Patenten geschützt sein. „Da gab es diese ganze Streiterei um den Amiga", erinnert sich Haynie. „Wir wussten, dass sie eine Lizenz auf die Amiga-Patente wollten, um sie aus möglichem Ärger herauszuhalten, falls wir auf die Idee kämen, sie mit irgendeinem Patent zu konfrontieren und Gebühren für einige Millionen Geräte einzufordern. Es war eine von diesen Deck-deinen-Rücken-und-kassiere-dabei-noch-Geld-von-allen-anderen-im-Markt-Klagen." Haynie glaubt, dass IBM seine Anwälte wie Profit-Center führt: „Ihre Rechtsabteilung in Florida war größer als die ganze Ingenieursabteilung bei Commodore. Das war eine Profitmaschine. Da gab es einige Anwälte, die auch Ingenieure waren und sich prostituierten, indem sie einige der übelsten Patente verteidigten, die man sich vorstellen kann." Statt sich IBM entgegenzustellen, einigen sich die meisten Unternehmen außergerichtlich. „Die haben eine irrsinnige Anzahl von Patenten, die sie dir um die Ohren hauen können", erklärt Haynie. „Wenn man einen Stapel von 20 hat und weiß, dass IBM danach mit weiteren 20 und danach noch mal mit 20 auf einen zukommt, dann möchte man sich schnell einigen. Sie meinten also zu Commodore: ‚Ihr stellt PCs her. Ihr könnt nicht gewinnen. Also werdet ihr uns Lizenzgebühren zahlen.' "

Das ohnehin nicht rosige Geschäft von *Commodore Business Machines* in den USA kommt 1993 wegen eines fragwürdigen Gerichtsverfahrens abrupt zum Erliegen. Alles beginnt in den frühen 80ern, als die US-Behörde sich nicht entscheiden kann, welche Patente rechtmäßig sind. Ein fundamentales Konzept des Patentrechts konstatiert, dass ein Patent eine echte Erfindung sein muss; etwas, das „nicht offensichtlich sein darf für jemanden, der sich in der Materie auskennt." Damals hat die Patentbehörde keine Beamten mit Erfahrung oder Verständnis auf dem Gebiet der Software-Entwicklung, so dass sie praktisch nicht in der Lage ist, zu prüfen, ob ein Software-Patent legitim ist oder nicht. Das führt zu haarsträubenden Situationen, wie beispielsweise zum IBM-Patent für das Kopieren und Einfügen von Text mit zwei Puffern – etwas, das bei UNIX schon seit den späten 70ern üblich ist.

Software-Patente werden bewilligt, wenn kein ähnliches Patent existiert. Ein Unternehmen namens *CADtrack* erhält ein Patent für eine Programmiertechnik, die sich XOR-Cursor nennt. Das Programm besteht nur aus wenigen Zeilen und benutzt eine grundlegende logische Operation, um einen Cursor über der anderen Bildschirmgrafik anzuzeigen. Programmierer entdecken den Algorithmus üblicherweise selber, wenn sie mit dem Programmieren anfangen. Doch das Patentamt stuft ihn als neue Erfindung ein. „Fred Bowen hatte daran gearbeitet", erinnert sich Haynie. „Die hatten ein Patent auf ein exklusives *OR*. Fred sagte nur ‚Mist, ich hätte mir *AND*, *OR* und *NOR* patentieren lassen sollen.' " Ursprünglich ein Hardware-Hersteller, erkennt *CADtrack*, dass es lukrativ ist, andere Unternehmen wegen unberechtigter Nutzung ihrer angeblichen Erfindung zu verklagen. Die Firma verringert ihren Personalbestand auf fast Null und wird zur Anklagemaschine. „CADtrack bestand ausschließlich aus Anwälten", meint Haynie. CADtracks aggressives Vorgehen bringt Millionen, hauptsächlich durch außergerichtliche Einigungen. Commodore kämpft, und das Verfahren zieht sich bis in die 90er-Jahre. Die Anwälte von *CADtrack* wissen, was sie tun. Sowohl die Geschworenen als auch der Richter sind technische Laien, aber sie verstehen das Bild, das die Anklage präsentiert: Die Amiga-Oberfläche neben einem *CADtrack*-Bildschirm – beide Cursor sehen gleich aus. Die Form ist freilich nicht das Hauptkriterium in der Streitfrage, aber die überzeugendste und verständlichste Darstellung des Plagiatsvorwurfs. *Commodore* will den Schaden begrenzen, stößt bei den Geschworenen aber auf taube Ohren und wird zu Schadensersatz in Höhe von 10 Millionen Dollar an *CADtrack* verdonnert. *Commodore*s Zahlungsverweigerung führt zu weiteren Auseinandersetzungen.

Ende 1992, noch vor dem wichtigen Weihnachtsgeschäft, gehen *Commodore* die Chips für die Amiga-Serie aus. „Das Mehdi-Sydnes-Team streckte seine Hände nach den AGA-Chips aus. Als es an der Zeit war, diese zu verschiffen, orderten sie nicht genügend, denn sie wurden nicht bei Commodore, sondern bei Hewlett-Packard produziert", erklärt Haynie. „Wir hatten den A1200, von dem nicht genug produziert werden konnten, weil es an Chips fehlte. Dafür gab es massig A600, aber die wollte keiner. Vielleicht hätten die Kunden einen A500 gekauft, aber der wurde nicht mehr produziert. Ein schlimmes Jahr." *Commodore* leidet unter großen Umsatzeinbußen. Haynie vergleicht die Situation mit dem Absturz der Computerfirma *Osborne*, Anfang der 80er-Jahre: „In gewisser Weise haben wir uns ge-osborned. Zu Weihnachten 1992 hatten wir ein neues Produkt, den Amiga 1200, das jeder haben wollte und das kaum zu bekommen war, und das alte Produkt A600, das zwar reichlich vorhanden, aber nicht gefragt war."

Im Sommer 1993 hagelt es Entlassungen bei *Commodore*. Das West-Chester-Gebäude – früher Arbeitsplatz für über tausend – beherbergt noch einige Hundert. *Commodore* hält die Produktion aufrecht und sichert die Gehaltszahlungen für die Verbliebenen, doch mit dem geschrumpften Personalbestand schwindet jede Chance auf eine Wende. Ende des Jahres hat die Firma Schwierigkeiten, ihre Zulieferer zu bezahlen. Als die Differenz zu groß wird, stellen diese alle Lieferungen ein. „Das Problem war, dass Commodore vielen Leuten viel Geld schuldete und daher alles bar zahlen musste", berichtet Haynie. „Und sie hatten nicht mehr viel Bares."

Die Konsequenzen sind verheerend. Für Weihnachten 1993 kann *Commodore* Komponenten für gerade noch 100.000 CD32-Konsolen kaufen. „Ende Herbst 1993, als das CD32 herauskam, konnten sie nicht genügend Konsolen produzieren, weil das nötige Geld fehlte", sagt Haynie. Dabei muss *Commodore* rund 400.000 CD32 absetzen, um zu überleben. „Sie konnten vielleicht 125.000 produzieren, aber es gab potentielle Bestellungen für die doppelte Stückzahl." Zudem plagt das *CADtrack*-Urteil *Commodore*. Da man die Zahlung der 10 Millionen Dollar ablehnt, verbieten die US-Behörden die Einfuhr von *Commodore*-Geräten. Auf dem US-Markt steht man nun ohne Produkt da, weil die CD32-Konsolen von den Philippinen nicht verkauft werden können. Haynie vermutet, dass der Importstop kaum schadet: „Die Nachfrage war derart groß, dass man die Geräte wahrscheinlich auch in Europa absetzen konnte."

Im Herbst 1993 ist der AAA-Chip fertig, doch da *Commodore* kein Geld für die Entwicklung zukünftiger Projekte hat, geht die neue Hardware nie in Produktion. Gleichzeitig blicken Angestellte und Branchenbeobachter mit Unverständnis auf die hohen Gehälter, die die Chefetage einstreicht: Goulds Jahresgehalt beträgt etwa 3,5 Millionen Dollar, Mehdi Ali kassiert jeden

Monat 100.000 Dollar – ein Indiz dafür, dass die beiden das Unternehmen ausbluten lassen. Die Ingenieure fragen sich, was gewesen wäre, wenn auch nur ein Teil des Geldes an Zulieferer oder in Werbung geflossen wäre.

Die Verlustserie reißt nicht ab. Kostspielige Fehlschläge wie CDTV, A600 und A2200 ruinieren die finanzielle Zukunft der Firma. Am 31. Dezember 1993 meldet *Commodore* über 374 Millionen Dollar Verlust in 18 Monaten. Es ist offensichtlich, dass dem Unternehmen keine Handlungsfähigkeit bleibt. Hoffnungen auf eine mögliche Übernahme schwinden mit der zunehmenden Gewissheit, dass *Commodore* für potentielle Käufer nicht mehr attraktiv ist. Der Schuldenberg ist zu hoch, die Technik nicht mehr so überlegen wie einst. Die Angestellten glauben nicht mehr an ein Wunder und wechseln Ende 1993, Anfang 1994 zu anderen Unternehmen. Das Management stoppt die Entwicklung aller Projekte und weist die Ingenieure an, zwar weitere zu entwerfen, aber nicht zu fertigen. Die einzigen noch aktiven Projekte sind das MPEG-Modul für das CD32, der Amiga 4000T im Towergehäuse, sowie AmigaOS 3.1.

Im April 1994 stehen alle Bänder still. Etwa 80 Beschäftigte verbleiben in dem riesigen Gebäude, dessen massiver, jetzt unheimlich ruhiger Raum sie deprimiert. Es ist gespenstisch durch die leeren Gänge zu schreiten, die einst vor Mitarbeitern wimmelten.

Am 22. April entlässt *Commodore* weitere 47 Mitarbeiter, die vom Leiter der Personalabteilung zum Abschiedsgspräch geladen werden – mehr Tradition als Notwendigkeit. Auf die Frage, was sie am wenigsten an *Commodore* mochten, geben alle dieselbe Antwort: Mehdi Ali.

Mittags geht's in die Margarita's-Bar für ein gewöhnliches Entlassungs-Essen. Die Bar ist beinahe eine Außenstelle der Firma. 1983 noch ein heruntergekommener Biker-Treff, profitiert sie in den zehn Jahren neben *Commodore* von regelmäßigen Arbeitsessen, Feiern, Pensionierungen und Entlassungen und erlebte so Seite an Seite mit dem Computerhersteller und seinen Mitarbeitern einen Aufstieg. Obwohl es ein düsterer Anlass ist, herrscht eine unbeschwerte Stimmung mit viel Gelächter. Dave Haynie filmt den letzten Tag mit seiner Videokamera, die Angestellten lassen ihren angestauten Gefühlen freien Lauf. Lew Eggebrecht, der Manager der Ingenieursabteilung, fasst zusammen: „Wir sind am Arsch!"

Haynie ist sich sicher, dass *Commodore* an Fehlentscheidungen des Managements starb: „Wenn Du [Dein eigenes] Geschäft nichts verstehst, ist es hart, es richtig zu führen. Wir hatten einige der am härtesten arbeitetenden und fähigsten Leute, aber das allein bringt auf langer Strecke nicht ans Ziel." Lag es am Scheitern auf dem US-Markt? „Hätten sie viel mehr in den Vereinigten Staaten verkauft, hätten sie vielleicht eine Chance gehabt", schätzt Haynie. „Die Low-End-Geräte brachten es in Europa, die High-End-Geräte für Videobearbeitung hier in Nordamerika. Aber das kann nicht ewig halten, wenn die Technik nicht weiterentwickelt wird."

Am Mittwoch, den 27. April 1994 fährt Haynie wie gewohnt zur Firmenzentrale in West Chester. An diesem Tag sind nur noch etwa 30 Leute im Gebäude. Es wirkt surreal. Als er ankommt, bemerkt er, dass die US-Fahne vor den Toren auf Halbmast weht. Gould hat aufgegeben. *Commodore* war weder zahlungs- noch handlungsfähig. „Bis zum bitteren Ende war es Irvings Firma. Er hatte die Zügel in der Hand", sagt Mical.

Am 29. April 1994 meldet *Commodore International Limited* Konkurs beim Obersten Gerichtshof auf den Bahamas an. Innerhalb weniger Stunden entlässt die Firma die restlichen

Angestellten und schließt die Tore. Die Meldung erreicht die US-Konzernzentrale noch vor Ende des Tages. Plötzlich rasen Manager die Gänge hinauf und hinab, um noch zu retten, was zu retten ist: Einige rennen zur Bank, um den verbliebenen Angestellten wenigstens noch das letzte Gehalt in bar auszahlen zu können, bevor die Konten eingefroren werden.

Rund um den Globus haben *Commodore*-Fabriken Produkte hergestellt, die jetzt keiner mehr bezahlen kann. Auf den Philippinen beschlagnahmt die Regierung Hunderte von noch nicht verschifften CD32-Konsolen als Bezahlung für die Nutzung der Fabrik. Am 30. April 1994 bringt der *Philadelphia Inquirer* eine Schlagzeile, die noch einige Jahre zuvor als unfassbar gegolten hätte: „Commodore ist aus dem Geschäft!"

Al Charpentier zeigt sich überrascht, dass sich das Unternehmen so lange halten konnte: „Nach dem C64 haben sie den falschen Weg eingeschlagen und dabei zwei oder drei Jahre verloren, in denen sie mit IBM oder Apple mit einem besseren Computer hätten konkurrieren können. Dieses Versäumnis war kaum aufzuholen. Wer in der Computerwelt eine Generation verpasst, der geht schnell unter." Mical dagegen wird vom Ende der Firma überrumpelt: „Ich schätze, sie haben es nicht auf die Reihe bekommen, die Amiga-Verkäufe auf ein Maß hochzubringen, das den Geldfluss des Unternehmens gedeckt hätte. Ich habe nicht gedacht, dass sie so tief stürzen würden. Ich war schockiert, dass sie bäuchlings oben trieben." Bil Herd ist weniger überrascht. „Sie haben acht Jahre gebraucht, um unterzugehen. Das, was unter Tramiel begann, wurde ohne ihn noch schlimmer. Commodore suchte einen CEO, doch keiner von denen, die kamen, verstand den Markt. Das Scheitern von Commodore war keine Überraschung für jemanden, der dort einmal arbeitete." Chuck Peddle wiederum glaubt, dass der Anfang vom Ende die Schließung der Forschungs- und Entwicklungsabteilungen war: „Moore Park aufzugeben, war der Todesstoß für Commodore. Das katapultierte sie aus dem Computergeschäft. Der Heimcomputer war eine großartige Idee, brachte Unmengen Geld, aber er hatte weder Hand noch Fuß. Der Bürocomputermarkt hatte, wie man sieht, Hand und Fuß."

## Eine Feier bei Randell ****

Am Abend veranstaltet Software-Ingenieur Randell Jesup eine Feier für rund 50 Ex-Mitarbeiter. Haynie filmt das Treffen[4], das einer Totenwache gleicht. Man erinnert sich an die goldenen 80er-Jahre. Dale Luck und R.J. Mical, beide bei der neuen Firma 3DO angestellt, senden Blumen. Techniker Mike Rivers sorgt mit seiner Mundharmonika für die passende Begräbnisstimmung. Wie bei jedem Leichenschmaus gibt es viel zu trinken. Als die Sonne hinter dem Horizont verschwindet, lassen die Ingenieure ihren Frust an einem Berg von PC-Tastaturen aus: Sie schleudern sie am Kabel herum, zertrümmern sie mit Hämmern und ein besonders frustrierter Ingenieur zerbricht eine Tastatur auf seinem Schädel. Schließlich fährt einer der Ingenieure mit dem Wagen über den Trümmerhaufen.

Ingenieur Mike Colligan baut eine kleine Statue mit Namensschild. Auf den ersten Blick sieht es aus als stünde ‚I.B.M.' darauf; die Firma, die alle anderen zu Grunde richtete. Doch ein zweiter Blick verrät die wahre Aufschrift: L.B.M: Little Brown Man. Rivers wechselt von der

4) **Haynie veröffentlicht sein Filmmaterial über die letzten Tage bei Commodore auf der DVD „The Deathbed Vigil" (Nachtwache am Totenbett). Er bearbeitet das Material und fügt Effekte mit dem A3000+ hinzu.**

Mundharmonika zur E-Gitarre und stimmt die Nationalhymne an, während Colligan die Statue in Brand setzt. Als der Kleine brennt, kommentiert CATS-Manager Gail Wellington: „Das ist das erste Mal, dass der Kerl Wärme ausstrahlt." Rivers singt ein improvisiertes Lied namens „Chicken Lips Blues". Keith Gabryelski begleitet ihn auf der Mundharmonika:

Ich hab' den Hühner-Schnabel-Blues, ich hab' 'nen Computer, den ich nicht mehr brauch'.
Ich hab' den Hühner-Schnabel-Blues, ich hab' 'nen Computer, den ich nicht mehr brauch'.
(Außer diejenigen von Euch, die wissen, was man damit anfängt.)

In den letzten Tagen von Commodore schlendern Gläubiger durch die Hallen.
Und in den letzten Tagen von Commodore schlendern Gläubiger durch die Hallen.
Buchhalter überall, und Steuerfahnder und Gläubiger in den Fluren.
(Ich improvisiere hier, danke Leute.)
Verdammt, Mehdi, mir hängt 'ne Languste an den Eiern.
Wo zum Teufel soll ich jetzt nur hin? Ich schätze, dass ich dann mal bei 3DO bin.
Wo zum Teufel soll ich jetzt nur hin? Ich schätze, dass ich dann mal bei 3DO bin.
Aber wisst Ihr, ich weiß einfach nicht, wie die ihren CEO bezahlen.

Von einer Milliarde auf Null in nur drei Jahren, das ist ein seltsamer Geniestreich, Mehdi Ali.
Ich sagte, ich hab' den Hühner-Schnabel-Blues, 'nen Computer den ich nicht mehr brauch'.
(Außer diejenigen von Euch, die wissen, was man damit anfängt.)
Was mache ich, wenn meine 8520er hin sind?
Was mache ich jetzt, wo meine 8520er hin sind?
Oh Gott, ich muss einen PC kaufen! Oh nein.

Anschließend versammeln sich die Angestellten um das Feuer und erinnern sich an ihre Lieblingsgeschichten bei *Commodore*, die Bremsschwellen-Saga oder die 80er-Jahre-Versuche des Managements, eifrigen Ingenieuren das nächtliche Betreten der Gebäude zu verbieten. Es fällt allen schwer, die Feier zu verlassen. Viele, darunter auch Haynie, kommen als Jugendliche zu Commodore und lernen dort ihre wichtigsten Lektionen. Commodore war ihr Leben.

Irgendwann am frühen Morgen bricht einer nach dem anderen auf. Einige Ingenieure scheuen der Abschied, sie wollen ein letztes Abenteuer. Sie fahren zur *Commodore*-Firmenzentrale. Bryce Nesbitt, Keith Gabryelski und Dave Haynie erreichen den Parkplatz im Schutze der Dunkelheit. Die Tore zur West-Chester-Einrichtung sind längst von den Gläubigern verriegelt, um zu verhindern, dass Mitarbeiter sich mit Firmeneigentum aus dem Staub machen. Die drei nehmen Sprayfarbe und Abdeckband aus dem Kofferraum und kleben vorsichtig die Namen der verrufenen Manager aus *Commodore*s Vergangenheit ab. Passender Weise sprühen sie deren Namen auf die Bremsschwellen: Mehdi, McCook, Toy, Sydnes, Archie und Irving. Mehdi ziert die größte Schwelle. Nachdem das Werk vollbracht ist, stehen die drei stumm vor dem Gebäude, dass lange Zeit ihr Zuhause war. Nun ist es leer. Es sieht so aus, als verdiene es ein besseres Schicksal. Die drei fahren heim. Es ist vorbei.

# Die Akteure treten ab

„Todesanzeigen konzentrieren sich auf die Leistungen des Verstorbenen und nicht auf die unangenehmen Details seines Todes – besonders wenn alles auf Verwahrlosung und Selbstmord hindeutet und niemand einen Abschiedsbrief findet, der eine Begründung enthält. Commodore gibt keine Begründung mehr ab, und man wird ein Buch darüber schreiben können, warum die einst große Firma nun auf dem Totenbett liegt. Das Unternehmen verdient eine Laudatio, weil seine Rolle als Branchen-Pionier vergessen oder von revisionistischen Historikern ignoriert wird, die behaupten, dass alles mit Apple oder IBM begann." Thomas Halfhilll, Byte, August 1994.

Der Amiga-Ingenieur **Dave Haynie** arbeitet nach seinen letzten Modellen (A2000, A3000) bei *Scala*, einem Hersteller von Amiga-basierten Multimedia-Settop-Boxen, ebenso **Jeff Porter** und **Randell Jesup**. Im 21. Jahrhundert verbessert Haynie für *Nomadio* Funksteuerungs-Technik mit Mikroprozessoren. Als das Stammlokal Margaritas 2003 schließt, lädt Haynie seine ehemaligen Kollegen zu einem letzten Treffen. Sein Multimedia-Unternehmen findet man unter www.frogpondmedia.com.

**George Robbins** , verantwortlich für C900 und A500, wechselt in leitender Position zum Internetanbieter *Net Access* an die Ostküste. Er stirbt am 26.4.2002 im Alter von 48 Jahren. „Er starb nachts bei der Arbeit an einem Herzinfarkt.", sagt Bil Herd, der ihm mit anderen Ex-Kollegen die letzte Ehre erweist. „Wir hielten einen Gedenkgottesdienst für ihn ab und füllten ein Auditorium. Ich sprach über seine Zeit bei Commodore, von der viele Leute nichts wussten. Hedley Davis erzählte einige Geschichten, ebenso Leute, die für ihn arbeiteten. Wir fragten: ‚Das hat er gemacht?' Es war sehr interessant, das Leben eines Mannes über seine Karriere kennen zu lernen", sagt Herd. „Bevor er starb, hatte er eine Wohnung über einem Bahnhof gemietet. Ich weiß nicht, ob es dort fließend Wasser gab, aber er ging kaum weg. Angeblich war es voller Z8000-Computer. Unisys produzierte sie, verkaufte sie aber nie. Er kaufte eine ganze Reihe davon. Sein Motto war: ‚Kleine UNIX-Kästen, die die Welt übernehmen.' Seine Familie ging zu seiner Mietwohnung und räumte sie aus. Sie fanden Science-Fiction-Bücher und Server, aber keine Spuren von Leben. Wie sich heraus stellte, hatte er sich selbst Deutsch beigebracht." *Net Access* entdeckt auch einen großen Teil ihrer Infrastruktur in Robbins' Wohnung. „Dort liefen einige Server, von denen niemand gewusst hatte, wo sie waren", sagt Herd. „Er stahl sie nicht, sondern baute sie dort auf, brachte sie zum Laufen und bewegte sie nicht mehr. Sie fanden also einen Teil der Net-Access-Internet-Server, die in seinem Haus an einer T-1-Leitung hingen."

**Dave Morse**, erster Präsident und CEO von *Amiga*, geht als Chairman und CEO zum Spielentwickler *Epyx*, bekannt für den C64-Hit **Summer Games**. Mit Software-Guru **R.J. Mical** und **Dave Needle**, dem Macher der A1000-Chips, entwickelt Morse die tragbare 16-Bit-Spielkonsole Lynx, die ihrer Zeit voraus ist, von *Atari* vermarktet wird und auf dem Game-Boy-Markt böse scheitert. Von allen Leuten, die für dieses Buch interviewt wurden, sticht Mical durch seine Antipathie Jack Tramiel gegenüber hervor. „Es gibt da jemanden, mit dem ich nie wieder Geschäfte machen möchte. Er zerstörte alles auf seinem Weg, sogar Leute, die seine Freunde waren. Für mich gibt es die dunkle und die helle Seite bei Geschäftsabschlüssen. Er entschied sich für die dunkle Seite. Vielleicht ist er glücklich dabei und schläft nachts gut."

Mical zufolge holt Tramiels Ruf ihn während seiner *Atari*-Zeit ein. „Wenigstens einmal in seinem Leben schadete ihm seine Art, Geschäfte zu machen - als er das Lynx von uns kaufte. Als wir das Lynx bauten, schlossen wir sensible Verträge mit allen Zulieferern: ‚Seid gnädig! Tut uns den Gefallen und wenn die Geräte sich verkaufen, werden wir voll bezahlen und alle profitieren gemeinsam!' Wir erstellten die Sache so, dass wir das Gerät für $109 verkaufen konnten, und nach einem halben bis einem Jahr den Preis auf $99 senken würden – die magische Unter-100-Dollar-Grenze die man braucht." *Epyx* trifft zahlreiche Vereinbarungen mit Software-Entwicklern und beginnt 1989, mit *Atari* zu verhandeln. „Dave und ich wollten damit nichts zu tun haben. Wir versicherten Epyx, dass Atari einen Weg finden würde, uns aus dem Geschäft zu drängen und dann die Firma für 10 Cent pro Dollar aufkaufen würde. Sie glaubten uns nicht. Wir verließen die Firma lieber, als irgendetwas fürs Atari Lynx zu machen." Micals Prognose bewahrheitet sich. „Nachdem wir weg waren, bekam Atari den Lynx in die Hände und trieb Epyx aus dem Geschäft." Ironischerweise muss *Atari* Rechner von *Commodore* als Entwicklerplattformen benutzen. „Zu ihrem Pech lief die ganze Lynx-Entwicklung auf Amigas. Alle Werkzeuge: Debugger, Grafik- und Audioprogramme, Assembler; alles basierte auf dem Amiga."

Später besuchen Mical und Needle eine der *Epyx*-Auktionen. „Nach dem Konkurs ersteigert Atari die Epyx-Ausstattung aus der Masse. Wir waren dort, nachdem sie Epyx aus dem Geschäft gedrängt hatten, um einiges von dem Kram zu kaufen. Der Kerl von Atari, ein Freund von uns, war dort, um die Amiga-Computer für 10 Cent pro Dollar zu übernehmen." Die beiden Lynx-Entwickler entscheiden sich dafür, an *Atari* Rache zu üben. „Wir boten mit, nur um den Preis hochzutreiben. Das war eine billige, schwachsinnige und angeberische Rache, aber es brachte uns zum Lachen." Die Hardware-Zulieferer für den Lynx rächen sich ebenfalls an Tramiel. „Als Atari den Lynx in die Finger bekam und diese Leute plötzlich mit den Tramiels verhandeln mussten, sagten alle Zulieferer: Du bist derjenige, der uns letztes Jahr betrogen hat. Ich erinnere mich. Wir senken den Preis nicht und wenn Du Teile haben willst, dann nur gegen Vorkasse. Wir trauen Dir nicht mehr." Die Software-Entwicklung für den Lynx schwindet ebenfalls. „Wir hatten eine Legion von Entwicklern, die Software für den Lynx verkaufen wollten", behauptet Mical. „Alle traten von ihren Verträgen zurück." Der plötzliche Rückzug der Zulieferer und Entwickler ruiniert Atari. „Sie senkten ihre Preise nicht so, wie es nötig gewesen wäre. Anstatt $109 kostete ein Lynx $179, und statt 100 Softwaretiteln beim Verkaufsstart waren es nur ein paar." Für Mical ist der Lynx-Fehlschlag bittersüß. „All die üblen Geschäftspraktiken aus all den Jahren suchten die Kerle jetzt heim. Leider bedeutete das auch den Ruin einer wunderbaren Technik", seufzt Mical. „Das war eine Schande, aber auch einer der kleinen, befriedigenden Momente im Leben."

Nach dem Lynx arbeiten alle drei Ex-*Amiga*-Leute für Trip Hawkins, der seine Firma *Electronic Arts* zugunsten der 3DO-Spielkonsole aufgibt. „Hawkins wollte noch eine Software-Firma gründen und ins Konsolengeschäft einsteigen. Er sagte immer: ‚Das Traurige ist, dass man nicht einen Titel produziert, sondern 17 Versionen erstellen muss, um alle PC-Konfigurationen abzudecken.' Er träumte vom ultimativen Spielsystem, einem Standard, der sich zu einem noch leistungsstärkeren

System erweitern lässt. Anstatt einen Titel vielfach zu entwickeln, schreibt man ihn nur einmal für das großartige Gerät. Wir luden unsere Waffen und marschierten im Stechschritt in die Zukunft der Unterhaltung." Leider kann 3DO nicht mit *Nintendo, Sony* oder *Sega* konkurrieren. „Es war eine tolle Idee. Es wäre gut gewesen, wenn es funktioniert hätte, aber rückblickend betrachtet konnte es nicht klappen", kommentiert Mical das 3DO-Scheitern im Kreuzfeuer der japanischen Anbieter. 2005 geht Mical zu Sony in die Playstation-Entwicklung, wo er bis heute arbeitet.

Der *Atari*-Veteran und Amiga-Erfinder **Jay Miner** lebt mit schwachen Nieren, die ihm eine fleckige Gesichtsfarbe geben. Ende der 80er verschlimmert sich seine Krankheit, er ist an ein Dialyse-Gerät gebunden. 1990 spendet ihm seine Schwester, Joyce Beers, eine Niere. Die Operation verlängert sein Leben und ermöglicht es ihm, seine Elektronik-Karriere fortzusetzen; als letztes entwickelt Miner einen Mikrochip für den implantierbaren Kardioverter-Defibrillator von *Ventritex*. Er stirbt am 20.6.1994, kurz nach dem Konkurs von *Commodore*. Seine engsten Freunde kommen zum Trauergottesdienst. „Wir hatten eine schöne Zusammenkunft mit Freunden. Jeder stand auf und erinnerte sich an Jay", sagt Mical. „Jeder hatte die Chance, seinen Herzensfrieden zu finden und einen guten Menschen noch einmal zu feiern. Ich war froh, dass ich dabei war."

Nachdem der Tramiel-Nachfolger **Thomas Rattigan** seine Klage in Höhe von neun Millionen Dollar 1991 gewinnt, wird er Chairman und CEO eines Brauerei-Unternehmens in Illinois; sein ehemaliger Finanzchef bei Commodore folgt ihm. Zwischen 1995 und 2003 ist Rattigan Treuhänder des Boston College, spendet der Schule eine beträchtliche Summe und errichtet den Thomas F. Rattigan Lehrstuhl für Englisch in Erinnerung an seinen Vater. „Als ich mich schließlich zur Ruhe setzte, sagte ich zu meiner Frau: ‚Es gibt drei Dinge, die ich tun kann, geht man nach dem, was meine Freunde machen: Golf spielen, eine Yacht kaufen oder eine Geliebte anschaffen.' Sie sagte: ‚Wenn Du Dir eine Geliebte zulegst, solltest Du besser reich sein, denn Du wirst nichts mehr haben wenn ich mit Dir fertig bin.' " Rattigan ist jetzt pensioniert und spielt Golf. Jedes Jahr zu Weihnachten spricht er mit dem ehemaligen *Commodore*-Geschäftsführer **Nigel Shepherd**.

**Bil Herd**, der Entwickler des Plus/4 und C128 hat wenig Glück mit dem Startup-Unternehmen, für das er nach Commodore arbeitet. „Das war ein schlimmer Fehler", sagt er. „Ich wurde von Commodore verdorben. In gewisser Hinsicht wurde ich dort mit Samthandschuhen angefasst. Sie hatten eine Chip-Fabrik und all die Ressourcen, von denen andere nur träumten. Ich dachte, dass alle Firmen das tun könnten, was wir bei Commodore taten. Ich war sehr überrascht. Ich hätte nicht gehen sollen." Herds nächster Arbeitgeber ist weniger entgegenkommend als das Management bei *Commodore*. „Sie waren von mir schockiert, und ich dachte, sie wussten, was sie sich mit mir einfingen. Ich ging freitags mit der ganzen Abteilung aus und wir kamen nicht zurück. Wir gingen in die Bar und das haute sie um. Ich blieb keine sieben Monate, bevor sie mich freistellten." Über seinen Alkoholismus sagt Herd: „Ich bin jetzt Anti-Alkoholiker und habe seit 14 Jahren nichts mehr getrunken." Um mit seinen persönlichen Problemen fertig zu werden, nutzt Herd seine Erfahrung als Sanitäter bei der Nationalgarde. „Ich arbeitete in der Trauma-Ambulanz. Ich begann als Freiwilliger und sie sagten: ‚Wir müssen Dich aus Versicherungsgründen anstellen, so lange Du hier bist.' Ich hatte tausende von Notrufen, Tag und Nacht. Ich gab alles zurück, was ich in den Jahren einforderte."

Anfang der 90er erkennt Herd das Internet als mögliches Geschäftsfeld. „Er gründete einen Internetanbieter namens Interactive Network Systems", sagt Haynie. „Er ist groß. Er ist in Philadelphia, in New Jersey sowie in fast ganz South Jersey." Die Ingenieure treffen sich noch immer, um *Commodore* zu gedenken. „Wir sehen uns einmal im Jahr", sagt Herd. „Am 11. September 2004 versammelten wir uns bei Greg Berlin für eine Art Sommerabschluss: Bob Russell, Dave Haynie, **Terry Fischer** und **Andy Finkel**."

**Bob Russell**, der Miterfinder des VIC-20 und C64-ROM-Programmierer, ist heute Kopf der Ingenieursabteilung bei *Quadrant International*, einem Großlieferanten von DVD- und Videoprodukten für den PC-Markt. „Russell sieht noch genau so aus wie vor 20 Jahren. Man kann nicht einschätzen, wie alt er ist", sagt Herd.

Was aus **Kit Spencer** wurde, dem Mann, der VIC-20 und C64 einführt und zu einem gigantischen Erfolg macht, weiß über einen längeren Zeitraum keiner der für dieses Buch Befragten. Offensichtlich verbringt Spencer seine Zeit mit Familie und Tennis auf den Bahamas. Als Präsident der *Bahamas National Tennis Association* überzeugt er die *International Tennis Federation*, ihren Hauptsitz auf die Bahamas zu verlagern – wie schon zuvor *Commodore*. Spencer liebt das Reisen und besucht über 70 Länder. Seinen 60. Geburtstag verbringt er mit einem alten Schulfreund im Basislager des Mount Everest.

**Al Charpentier**, der Chip-Designer des VIC und VIC-II, erhält ebenso wie **Robert Yannes** (SID-Designer und Systementwickler für den C64) und **Charles Winterble** (VIC-II, SID, C64) eine Million Dollar von *Atari* für ‚My First Computer', einem Produkt, das in der Schublade verstaubt. Dieses Geld wollen die drei in einen neuen Computer stecken: „Als wir Commodore verließen, war es unser Plan, den nächsten großartigen Computer mit besserer Grafik und besserem Sound zu entwickeln", sagt Yannes, der damals mit Fimen wie *Electronic Arts* spricht: „Wir wollten herausfinden, wonach sie suchten. Auf unserem Computer sollten Spiele mit Grafikbeschleuniger und Bit-Blitter laufen. Wir hätten Sample-Sounds eingefügt und vieles von dem, was schließlich im Amiga landete." Doch ihr zuvor entwickelter Computer bringt ihre ambitionierten Pläne zu Fall. „Wir waren so gut wie auf dem Weg, aber der C64 war eine derartige Dampfwalze, dass niemand mehr Interesse daran hatte, eine Firma zu finanzieren, die gegen ihn antreten wollte", sagt Yannes. Stattdessen starten die drei die

1985 mit dem C64 online: Charles Winterble auf Quantum Link

Sound-Firma *Ensoniq*. „Wir landeten im Musikgeschäft, weil die Entwicklung des Sound-Chips weit fortgeschritten war", sagt Yannes. *Commodore*-Ingenieur **Bruce Crockett** stößt ebenfalls zu *Ensoniq*. Der fertige Chip findet seinen Weg in einen konkurrierenden Computer. „Wir versuchten Geld für die Firma aufzutreiben, kontaktierten Steve Wozniak und fragten, ob er Interesse an dem Chip habe. Er riet Apple, es sich anzusehen und so landete unser Sound-Chip im Apple II GS." 1997 kauft *Creative Technology* mit Sitz in Singapur Ensoniq für 77 Millionen Dollar und macht die drei damit zu Multimillionären. Charpentier ist immer noch ein aktiver Unternehmer und Ingenieur. Heute vermarktet er Körper-Scanner für die Bekleidungsindustrie: http://it-fits.info.

Yannes glaubt, dass die Medien *Commodore* schlecht behandelten. „Ich glaube die Firma verdient mehr Anerkennung. Auf viele Leute, die ich in den vergangenen 20 Jahren traf, hatte der VIC-20 und C64 einen großen Einfluss, und das wird nicht gewürdigt. Es ist nicht so, dass über 10 Millionen Leute die Rechner kauften und in den Schrank stellten. Sie spielten mit ihnen. Es half vielen Leuten, sich an Computer zu gewöhnen, sie zu mögen und dankbar für sie zu sein. Ich bin mir nicht sicher, ob's den aktuellen PC-Markt gäbe, hätte nicht Commodore den Weg geebnet."

Nach PET, TOI, VIC-20, dem Kernel des C64 und dem Magic Desk arbeitet Software-Ingenieur **John Feagans** bei *Atari*, wo er für Tramiel die grafische Atari-ST-Oberfläche GEM entwickelt.

Der 6502-Layouter **Bill Mensch** liefert mit seinem 65816-Chip die CPU für Apple II GS und die SNES-Konsole von *Nintendo*. Sein *Western Design Center* vermarktet noch immer 6502-Technik. „Über sechs Milliarden 65C02-Mikro-Controller sind das Herz von Auto-, Audio- und Videozubehör, Handys, Modems, medizinischen Geräten, Fabrik-Robotern und Messausrüstungen sowie automatischem Test-Equipment", schreibt die Firmen-Website www.westerndesigncenter.com.

Am 20.11.1996 feiert **Chuck Peddle** den 6502 zusammen mit den Gründern der Mikroprozessor-Revolution. „Die COMDEX veranstaltete eine Prämierung anlässlich des 25. Geburtstags des Prozessors", erinnert sich Peddle. „Jeder Entwickler eines wichtigen Mikroprozessors erhielt einen Preis. Ich erhielt einen für den 6502." Peddle hat endlich eine Chance, Bill Mensch seine Dankbarkeit zu zeigen. „Ich beglückwünschte ihn öffentlich. Ich sagte: ‚Ich gab meinen Mikroprozessor und damit meinen Traum auf. Bill entwickelte ihn weiter, und ich bin stolz auf ihn.' Bill leistete wunderbare Arbeit bei der Weiterentwicklung. Er machte alles selbst und ohne fremde Hilfe."

Als Erfinder des 6502 und Entwickler des PET konstruiert Peddle mit **Bill Seiler** und seinem Ingenieurs-Team den modernen Victor 9000-Computer, der ein Jahr vor dem IBM PC herauskommt. In Europa dominiert der Victor 9000 kurz den Büromarkt, bis der IBM-PC ihn in den späten 80ern überflügelt. Hätte *Commodore* seinen Computer produziert und vermarktet, hätte er den Büro-Markt erobern können, glaubt Peddle: „Ich bin mir nicht sicher, wie weit der IBM-PC gekommen wäre, wenn wir ein ähnliches Produkt gemacht hätten. Wir fügten IBM schon recht großen Schaden zu, und das ohne Ressourcen. Mit Commodores Ressourcen und der Fähigkeit, Geld aus Aktien zu schlagen, sähe die Welt heute vielleicht anders aus."

Jahre später besucht Peddle eine Veranstaltung zum Jubiläum des PC: „Ich brachte der Welt Personal Computer, dank Jack Tramiel. Er zerstörte mich, er zerstörte meine Familie, er tat allerhand schreckliche Dinge, aber er gab mir eine Chance, die mir sonst keiner gegeben hätte. Ich erinnere mich daran und dafür möchte ich ihm danken." Ein Jahr später begegnet er Tramiel bei dessen Firma JTS. „Ich bat ihn um eine Audienz und sagte: Ich glaube, dass Du mich betrogen hast und dass Du mir ein paar schlimme Dinge angetan hast. Aber Du gabst mir eine Chance, wie kein anderer zu sein, und das weiß ich zu würdigen."

Bob Yannes, der Ingenieur, der teilweise an Peddles Abstieg schuld ist, sagt: „Ich respektiere, was er tat. Er hatte viel Anteil am 6502, einem großartigen Prozessor, und er ist für den PET verantwortlich. Ohne den PET wäre Commodore nie ins Computergeschäft eingestiegen." Während Steve Wozniak beim Bau seines ersten Apple-Computers bereits auf verfügbare Teile zurückgreifen kann, beginnt Peddle mit Sand. Das *Byte Magazine* zur Geschichte des PC: „Mehr als jeder andere verdient Chuck Peddle, der Vater der PC-Industrie genannt zu werden."

Obwohl seine Erfahrungen bei *Commodore* niederschmetternd sind, fühlt Peddle, dass es das wert war: „Ich konnte ein Leben wie kein anderer führen." Heute verbringt Peddle seine Zeit mit Freundin, Kindern und Enkeln in Kalifornien. Er läuft immer noch gerne, ist Autoliebhaber, liest gerne SF-Bücher (einschließlich der Romane des ehemaligen *Byte*-Redakteurs Jerry Pournelle), besucht jedes Jahr die CES und bereist die Welt als Ingenieur bei *Celetronix*. „Jeder sieht mich an und sagt: ‚Du hast so viele Leute reich gemacht. Bist Du nicht reich?' Die Antwort ist Nein."

**Irving Gould**, der Chairman und Finanzier von *Commodore*, bleibt bis zum Schluss ein Rätsel und verstirbt im Dezember 2001 im *Mount Sinai Hospital* in Toronto. Seine Familie spendet dem Krankenhaus in seinem Namen eine große Summe.

Nach dem Fehlschlag mit Atari setzt sich **Jack Tramiel** zur Ruhe und überträgt die *Atari*-Aktiva an *Jugi Tandon Systems (JTS)*. Heute lebt er in Monte Serino in Kalifornien und bereist die Welt. „Seine Bereitschaft, Chancen zu ergreifen, machte das alles möglich", sagt Peddle. „Sein Unwille, mit dem Geschäft zu wachsen, brach ihm das Genick." Peddle, das wohl größte Opfer von Tramiels streitlustigem Stil, will ihn in positiver Erinnerung behalten. „Wenn man unter den richtigen Umständen mit ihm zusammen war, war er charmant und hilfsbereit. Er tat einige wunderbare Dinge für mich." Peddle glaubt, dass Tramiel nicht schlechter ist als andere Industriemagnaten. „Er glaubte daran, etwas umsetzen zu können. Wenn man sich mit der Geschichte von Rockefeller und diesen Jungs beschäftigt, sieht man, dass es keine Guten darunter gab. Manche erwarten Heiligenscheine auf den Köpfen von Leuten, die etwas bewegen. Ich glaube nicht, dass das auf die meisten zutrifft." Peddle meint, dass Tramiel ohne seine Rücksichtslosigkeit keinen solchen Eindruck hinterlassen hätte. „Man braucht einen Fanatiker. Bill Gates ist ein echter Fanatiker und Jack war auch einer. Die Industrie hat keine Fanatiker mehr, jetzt ist es nur noch ein Geschäft. Es gab eine Zeit, in der die Jack Tramiels bestimmten. Er half beim Aufbau eines großen Geschäfts, der PC-Industrie."

2005 ist Tramiel ein Kandidat für die Ruhmeshalle des Computermuseums in San Diego. 2007, auf der 25-Jahr-Feier für den C64 des kalifornischen *Computer History Museum*, trifft er mit Steve Wozniak zusammen: „Hi, we've never met before" sind seine Auftaktworte zu einem längeren Gespräch der beiden PC-Veteranen.

| Modell | 2000K | MOS Kim-1 | Chessmate | PET 2001 | CBM 3001 (3016, 3032) | CBM 4001 (4016, 4032) | CBM 8032, 8 8032SK |
|---|---|---|---|---|---|---|---|
| **Jahr** | **1975** | **1976** | **1978** | **1977** | **1979** | **1980** | **1981, 198** |
| Typ | Spielkonsole | Bausatz | Schachrechner | Komplettsystem | | | |
| CPU | MOS 7601 | MOS 6502 | MOS 6504 | MOS 6502 | | | |
| Takt | n.b. | 1 MHz | 1 MHz | 1 MHz | 1 MHz | 1 MHz | 1 MHz |
| Coprozessor | nein | nein | nein | nein | nein | nein | nein |
| **Speicher (in Byte)** | | | | | | | |
| RAM | nein | 1 K | 0,25 K | 4 K oder 8 K [1] | 16 K oder 32 K | | 32 K oder 96 |
| erweiterbar | nein | ja | nein | auf 64 K | nein | nein | nein |
| ROM | 0,5 K | 2 K | 4 K + 1 K | 14 K | | 20 K | 18 K |
| **Grafik** | | | | | | | |
| Grafikchip | nein | nein | nein | MOS 6545 | | | |
| Textauflösung | keine | 1x6 (x7) | 1x4 (x7) | 40x25 (x8x8) | | | 80x25 (x8x8) |
| min. Auflösung (Pixel) | keine | | | | | | |
| max. Auflösung (Pixel) | keine | | | | | | |
| Farbpalette | 4 | keine | keine | keine | keine | keine | keine |
| Hardware-Sprites | nein | | | | | | |
| **Sound** | | | | | | | |
| Soundchip | nein | | | | | | |
| Kanäle | 1 Piepser | keine | 1 Piepser | keine [1] | 1 Piepser | | |
| Wellenform | keine | | | | | | |
| Kanalmodulation | nein | | | | | | |
| **Anschlüsse** | | | | | | | |
| IEEE488 | nein | nein | nein | parallel | | | |
| Modul-/Erweiterungsschacht | nein | nein | nein | ja | ja | nein | nein |
| User-Port | nein | nein | nein | ja | ja | ja | ja |
| Joystick | 2 x DIN [9] | nein | | | | | |
| Composite Video (DIN) | nein | | | | | | |
| Audio (separat) | nein | | | | | | |
| weitere | Antenne | 2 x seriell (z.B. für Datasette) | nein | Datasette | 2 x Datasette | | |
| **Ausstattung** | | | | | | | |
| Netzgerät | extern [6] | nein | extern | intern | | | |
| eingebautes Laufwerk | nein | nein | nein | Datasette [1] | nein | nein | nein |
| eingebauter Monitor | nein | 6 LEDs | 4 LEDs | Monochrom, 9" | | Monochrom, 9" oder 12" | Monochrom, 12" |
| **Tastatur** | | | | | | | |
| Tasten | diverse Schalter | 24, Mini | 23, Folie | 73, Mini [1] | 53 + 20, solide | | |
| große SPACE-Taste | nein | nein | nein | nein | ja | ja | ja |
| numerischer Block | nein | ja | nein | ja | ja | ja | ja |
| separate Cursor-Tasten | nein | nein | nein | nein | nein | nein | nein |
| separate Funktionstasten | nein | | | | | | |

[1] spätere Versionen im neuen Gehäuse (solide Tastatur, keine integrierte Datasette), mit Piepser und serienmäßig 8 bis 32 KB RAM

[2] als 128D auch als Desktop-Computer mit integrierter Floppy, internem Netzgerät und abgesetzter Tastatur

[3] Die CPUs 8500 und 8501 (alias 7501) sind befehlsgleich mit MOS 6510. Der MOS 8502 hat einen 7-Bit-I/O-Port und ist umschaltbar auf 2 MHz.

[4] interlaced x400

[5] inkompatibel zum User-Port von C64 & Co.

[6] auch Netz-unabhängig, Batterie-Betrieb möglich

[7] C16 mit solider Tastatur und ohne abgesetzte Cursor-Tasten (VC-20/C64-ähnliches Gehäuse)

[8] Intel 8088; geplante Z80-Karte nicht ausgeliefert

[9] sowie zwei fest verdrahtete Controller; Variante 3000H besitzt zwei Regler und eine DIN-Controller-Buchse

[10] 15 Farben mal 8 Helligkeitsstufen sowie Schwarz

| VC-20 | CBM II (610, 620, 630) | Maxmachine (VC-10) | C64 | SX-64 | C16/C116 | Plus/4 | C128 | C65 | 64GS |
|---|---|---|---|---|---|---|---|---|---|
| 1981 | 1982 | 1982 | 1982 | 1984 | 1984 | 1984 | 1985 | (1990) | 1990 |
| Tastatur-Computer | | | | Portable | Tastatur-Computer | | Tastatur-Computer [2] | Tastatur-Computer | Spielkonsole |
| | | | | | | | | | |
| MOS 6502 | MOS 6509 | MOS 6510 | | | MOS 7501 [3] | | MOS 8502 [3] | CSG 4510 | CSG 8500 [3] |
| 1 MHz | 2 MHz | 1 MHz | | | 885 kHz und 1,76 MHz | | 1 oder 2 MHz | 3,54 Mhz | 1 MHz |
| nein | optional [8] | nein | nein | nein | nein | nein | Z80, MMU | Blitter | nein |
| | | | | | | | | | |
| 5 K | 128 K oder 256 K | 4 K + 0,5 K | 64 K + 0,5 K | 64 K + 0,5 K | 16 K | 64 K | 128 K + 16 K (VDC) | 128 K | 64 K + 0,5 K |
| auf 40 K | nein | nein | auf 320 K | nein | 64 K | nein | um 512 K | auf 8 M | nein |
| 20 K | 24 K | nur extern | 20 K | | 32 K | 64 K | 72 K | 128 K | 20 K |
| | | | | | | | | | |
| MOS 6560 VIC | MOS 6545 | MOS 6566 VIC-II | MOS 6569 VIC-II | | TED | | MOS 8566 VIC-II, MOS 8563 VDC | CSG 4569 VIC-III | MOS 8569 VIC-II |
| 22x23 (x8x8) | 80x25 (x8x8) | 40x25 (x8x8) | | | 40x25 (x8x8) | | 80x25 (x8x8) | 80x25 (x8x8) | 40x25 (x8x8) |
| 88x170/4 | keine | 160x200 | | | 160x200 | | 160/320x200 | 320×200 [4] | 160x200 |
| 176x184/2 | keine | 320x200 | | | 320x200 | | 640x200 [4] | 1280×200 [4] | 320x200 |
| 8 + 8 | keine | 16 | 16 | 16 | 121 [10] | | 16 | 4096 | 16 |
| nein | | 8 | 8 | 8 | nein | | 8 | n.b. | 8 |
| | | | | | | | | | |
| MOS 6560 VIC | MOS 6581 SID | | | | TED | | MOS 6581 SID | Stereo-SID | 8580 (SID) |
| 3 + 1 Rausch | | | | | 2 | | 3 + 1 Rausch | 6 + 2 Rausch | 3 + 1 Rausch |
| Rechteck | Dreieck, Sägezahn, Rechteck | | | | Rechteck | | Dreieck, Sägezahn, Rechteck | | |
| nein | ja | | | | nein | | ja | | |
| | | | | | | | | | |
| CBM-Bus (seriell) | parallel | nein | CBM-Bus (seriell) | | | | | | nein |
| ja | ja | ja | ja | ja | ja | ja | ja | ja | ja |
| ja | nein | nein | ja | ja | nein | ja [5] | ja, erweitert | ja | nein |
| 1 x D-Sub | nein | 2 x D-Sub | | | 2 x MiniDIN | | 2 x D-Sub | | |
| 5polig (A/V, Antenne) | 5polig (nur Video) | nein | 5- oder 8polig (A/V, Antenne) | 8polig (A/V) | | | | 5polig (A/V) | 8polig (A/V, S-Video) |
| nein | ja (Mono) | ja (Mono) | nein | | | | | ja (Stereo) | nein |
| Datasette | RS232C, Datasette | Antenne, Datasette | | Tastatur | Antenne, Datasette (MiniDIN) | | RGBI (D-Sub), Antenne, Datasette | RGB (D-Sub), Antenne, DMA-Port | Antenne |
| | | | | | | | | | |
| extern | intern | extern | | intern | extern | | extern [2] | extern | |
| nein | nein | nein | nein | Floppy | nein | nein | nein [2] | (Floppy) | nein |
| nein | nein | nein | nein | Farbe, 5" | nein | nein | nein | nein | nein |
| | | | | | | | | | |
| 66, solide | 94, solide | 66, Folie | 66, solide | | 66, Mini [7] | 67, solide | 92, solide | 77, solide | 1 Schalter |
| ja | ja | ja | ja | ja | ja | ja | ja | ja | nein |
| nein | ja | nein | nein | nein | nein | nein | ja | nein | nein |
| nein | ja | nein | nein | nein | ja [7] | ja | ja | ja | nein |
| 4 | 10 | 4 | | | | | | 12 | nein |

| Modell | Amiga 1000 | Amiga 500 | Amiga 2000 [1] | Amiga 3000 |
|---|---|---|---|---|
| **Jahr** | **1985** | **1987** | **1987** | **1990** |
| Typ [2] | Desktop-PC | Heimcomputer | Desktop-PC | |
| | | | | |
| CPU | MC 68000 | | | MC 68030 |
| Architektur | 16/32-Bit | | | 32-Bit |
| Cache in Byte, (i)nstruction, (d)ata | nein | | | 256 i, 256 d |
| Takt (PAL) [4] | 7,09 MHz | | | 16 oder 32 Mhz |
| Chipsatz | OCS | | OCS [5] | ECS |
| Co-Prozessor | nein | | | FPU |
| **Speicher (in Byte)** | | | | |
| RAM | 256 K [7] | 512 K | 1 M | 2 M |
| erweiterbar auf | 512 K | 1 M, ab 1990: 2 M | 8 M | 18 M |
| ROM (für Kickstart) | nein (8 K) | 256 K | 256 K, später 512 K | nein, später 512 K |
| Kickstart | 1.0 oder 1.1 | 1.2, später 1.3 | | 2.04 |
| **Grafik** [4] | | | | |
| Auflösung/Farben | 320x256/32 (Halbrite-Modus: 64 Farben) | | | |
| Auflösung/Farben | 640x256/16 | | | 640x512/16 [13] |
| Auflösung interlaced bis | 320x512/32 bis 640x512/16 | | | 1280x512/4 |
| Spezialauflösungen [14] | nein | nein | nein | ja |
| max. Farben gleichzeitig | 4086 (HAM-6) | | | |
| Farbpalette | 12-Bit (4096) | | | |
| **Sound** | | | | |
| Chip | Paula | | | |
| Kanäle | 4 x 8-bit PCM, Stereo | | | |
| **Anschlüsse** | | | | |
| parallel / Centronics | D-Sub, 25polig männlich | D-Sub, 25polig weiblich | | |
| seriell / RS232 | D-Sub, 25polig weiblich | D-Sub, 25polig männlich | | |
| PCMCIA | nein | | | |
| Floppy (extern) | D-Sub, 25polig weiblich | | | |
| Floppy (intern) | 1 x 34polig | | | |
| IDE (intern) | nein | nein | nein | nein |
| Erweiterungsschacht | seitlich | Trapdoor | rückwärtig | intern |
| RGB | D-Sub, 23polig männlich | | | |
| Composite Video | 1 x Cinch | | | nein |
| TV | 1 x Din | nein | nein | nein |
| Stereo-Audio | 2 x Cinch | | | |
| Joystick / Maus | 2 x D-Sub, 9polig | | | |
| Tastatur | RJ12 | nein | DIN, 5polig | DIN, 5polig |
| weitere *(interne Erweiterungs-Slots kursiv)* | *Zorro I* | Zorro II (seitlich) | *5x Zorro II, 4x ISA (inaktiv), Video* | SCSI, VGA, *4x Zorro III, 2x IS (inaktiv), Video, CPU* |
| **Ausstattung** | | | | |
| eingebautes Disketten-Laufwerk | 3,5"-Floppy | | | |
| eingebaute Festplatte | nein | nein | im A2000HD | ja |
| eingebautes CD-ROM-Laufwerk | nein | | | |
| Tastatur | abgesetzt | integriert | abgesetzt | abgesetzt |
| Tasten | 96 | 96 | 96 | 96 |
| große SPACE-Taste | ja | ja | ja | ja |
| numerische Tastatur | ja | ja | ja | ja |
| separate Cursor-Tasten | ja | ja | ja | ja |
| separate Funktionstasten | 10 | | | |
| Abmessungen (BxTxH) in mm | 440 x 330 x 105 | 470 x 320 x 65 | 440 x 400 x 160 | 400 x 375 x 120 |

1) als Amiga 2500 ab 1989 im Bundle mit 68020- oder 68030-Beschleuniger-Karte (14,3 Mhz, 256 Byte i-cache); 68000-CPU damit quasi überflüssig

2) Desktop-PC: Tischrechner mit abgesetzter Tastatur. Heimcomputer: Rechner mit integrierte Tastatur und integrierter Floppy. CD-Konsole: Spiel-/Multimedia-Gerät ohne Floppy oder Tastatur

3) ab 1993 erscheinen die Varianten A4000/030 sowie A4000-CR mit den Motorola-CPUs 68EC030 und 68LC040, jeweils ohne FPU

4) wo nicht anders angegeben, beziehen sich Angaben zu CPU-Takt, Grafikauflösung & Co. auf europäische PAL-Geräte

5) spätere Modelle des A2000 mit ECS-Chipsatz, dann 'Super-High Res'-Grafikauflösungen wie bei A500+ und A600 möglich

6) durch die 'Big Agnus'-Komponente des späteren ECS-Chipsatz erweitert

7) sowie weitere 256 KB für Kickstart

8) sowie bis zu 16 MB FastRAM auf Hauptplatine

9) ChipRAM-Ausbau auf 2 MB durch Agnus-Austausch. RAM-Erweiterungen durch proprietäre Speicherkarten (64 oder 256 KB), außerdem bis zu 32 MB FastRAM durch Turbokarte, 8 MB durch interne Erweiterung am Diagnoseport.

<table>
<tr><th>CDTV</th><th>Amiga 500+</th><th>Amiga 600</th><th>Amiga 4000</th><th>Amiga 1200</th><th>CD32</th></tr>
<tr><td>1991</td><td>1991</td><td>1992</td><td>1992</td><td>1992</td><td>1993</td></tr>
<tr><td>CD-Konsole</td><td colspan="2">Heimcomputer</td><td>Desktop-PC</td><td>Heimcomputer</td><td>CD-Konsole</td></tr>
<tr><td colspan="6"></td></tr>
<tr><td colspan="3">MC 68000</td><td>MC 68040 [3]</td><td colspan="2">MC 68EC020</td></tr>
<tr><td colspan="3">16/32-Bit</td><td>32-Bit</td><td colspan="2">32-Bit (24-Bit Adressbus)</td></tr>
<tr><td colspan="3">nein</td><td>4K i, 4K d</td><td colspan="2">256 i</td></tr>
<tr><td colspan="3">7,09 MHz</td><td>25 Mhz</td><td colspan="2">14,14 Mhz</td></tr>
<tr><td>OCS [6]</td><td colspan="2">ECS</td><td colspan="3">AGA</td></tr>
<tr><td colspan="3">nein</td><td>FPU [3]</td><td>nein</td><td>Akkiko</td></tr>
<tr><td colspan="6"></td></tr>
<tr><td colspan="3">1 M</td><td>2 M [8]</td><td colspan="2">2 M</td></tr>
<tr><td>2 M [9]</td><td>9,5 M</td><td>2 M [10]</td><td>um 16 M [11]</td><td>6 M [12]</td><td>nein</td></tr>
<tr><td>256 K + 256 K</td><td colspan="4">512 K</td><td>1 M</td></tr>
<tr><td>1.3</td><td>2.04</td><td>2.05</td><td colspan="2">3.0, später 3.1</td><td>3.0 oder 3.1</td></tr>
<tr><td colspan="6"></td></tr>
<tr><td colspan="3">320x256/32 (Halbrite-Modus: 64 Farben)</td><td colspan="3">320x256/256</td></tr>
<tr><td>640x256/16</td><td colspan="2">640x256/16 sowie 1280x256/4</td><td colspan="3">640x512/256 sowie 1280×256/256</td></tr>
<tr><td>640x512/16</td><td colspan="2">1280×512/4</td><td colspan="3">1280×512/256</td></tr>
<tr><td>nein</td><td>ja</td><td>ja</td><td>ja [15]</td><td>ja [15]</td><td>nein</td></tr>
<tr><td colspan="3">4086 (HAM-6)</td><td colspan="3">256.000 (HAM-8)</td></tr>
<tr><td colspan="3">12-Bit (4096)</td><td colspan="3">24-Bit (16,7 Millionen)</td></tr>
<tr><td colspan="6"></td></tr>
<tr><td colspan="6">Paula</td></tr>
<tr><td colspan="6">4 x 8-bit PCM, Stereo</td></tr>
<tr><td colspan="6"></td></tr>
<tr><td colspan="5">D-Sub, 25polig weiblich</td><td>nein</td></tr>
<tr><td colspan="5">D-Sub, 25polig weiblich</td><td>MiniDIN, 6polig</td></tr>
<tr><td colspan="2">nein</td><td>ja</td><td>nein</td><td>ja</td><td>nein</td></tr>
<tr><td colspan="5">D-Sub, 25polig weiblich</td><td>nein</td></tr>
<tr><td>nein</td><td colspan="4">1 x 34polig</td><td>nein</td></tr>
<tr><td>nein</td><td>nein</td><td colspan="3">ja</td><td>nein</td></tr>
<tr><td>rückwärtig</td><td>Trapdoor</td><td>Trapdoor</td><td>intern</td><td>Trapdoor</td><td>seitlich</td></tr>
<tr><td colspan="5">D-Sub, 23polig männlich</td><td>nein</td></tr>
<tr><td colspan="3">1 x Cinch</td><td>nein</td><td colspan="2">1 x Cinch</td></tr>
<tr><td>nein [16]</td><td>nein</td><td>1 x Cinch</td><td>nein</td><td colspan="2">1 x Cinch</td></tr>
<tr><td colspan="5">2 x Cinch</td><td>2 x Cinch, Kopfhörer</td></tr>
<tr><td>MiniDIN, 4polig</td><td colspan="5">2 x D-Sub, 9polig</td></tr>
<tr><td>MiniDIN, 5polig</td><td>nein</td><td>nein</td><td>MiniDIN, 6polig</td><td>nein</td><td>MiniDIN, 6polig</td></tr>
<tr><td>MIDI in und out (DIN), Video, Diagnose, Speicherkarten</td><td>Zorro-II-Bus (seitlich)</td><td>Zorro-II-Bus (seitlich)</td><td>4x Zorro III, 3x ISA (inaktiv), AGA Video, CPU, Audio</td><td>Uhrenport, CPU, Audio</td><td>S-Video (MiniDIN,4polig )</td></tr>
<tr><td colspan="6"></td></tr>
<tr><td>nein [17]</td><td colspan="4">3,5"-Floppy</td><td>nein</td></tr>
<tr><td>nein</td><td>nein</td><td>im A600HD</td><td>ja (IDE)</td><td>optional</td><td>nein [18]</td></tr>
<tr><td>single-speed</td><td colspan="4">nein</td><td>double-speed</td></tr>
<tr><td>nein (optional)</td><td>integriert</td><td>integriert</td><td>abgesetzt</td><td>integriert</td><td>nein</td></tr>
<tr><td>0</td><td>96</td><td>78</td><td>96</td><td>96</td><td>0</td></tr>
<tr><td>nein</td><td>ja</td><td>ja</td><td>ja</td><td>ja</td><td>nein</td></tr>
<tr><td>nein</td><td>ja</td><td>nein</td><td>ja</td><td>ja</td><td>nein</td></tr>
<tr><td>nein</td><td>ja</td><td>ja</td><td>ja</td><td>ja</td><td>nein</td></tr>
<tr><td>0</td><td colspan="4">10</td><td>0</td></tr>
<tr><td>430 x 320 x 90</td><td>470 x 320 x 65</td><td>350 × 245 ×75</td><td>380 × 395 x 130</td><td>480 x 250 x 75</td><td>310 x 210 x 70</td></tr>
</table>

[10] via PCMCIA-Slot um 4 MB SRAM erweiterbar

[11] via Zorro III um ein- bis viermal 256 MB, via Turbokarten auf 128 MB FastRAM erweiterbar

[12] außerdem via PCMCIA um maximal 4 MB erweiterbar

[13] de-interlaced. Non-interlaced: 640x256/16

[14] mit Spezial-Hardware und/oder -Monitor: A2024 (1024×1024), Euro36, Euro72, Super72, Multiscan

[15] wie Fußnote 14, aber mit 256 Farben sowie zusätzlich DblPAL-Modus (320×512 bis 640×1024 Pixel in 256 Farben)

[16] je nach Region unterschiedliche Videoschnittstellen: Antennen-Buchsen nur an amerikanischen, S-Video an englischen Geräten

[17] externes Floppy-Laufwerk optional erhältlich

[18] 1 KB Flash-ROM zur Spielstand-Speicherung

# Index

## Firmen und Personen



**Fettgedruckte Seitenzahl verweist auf Foto der Person**

# Index

## Spiele



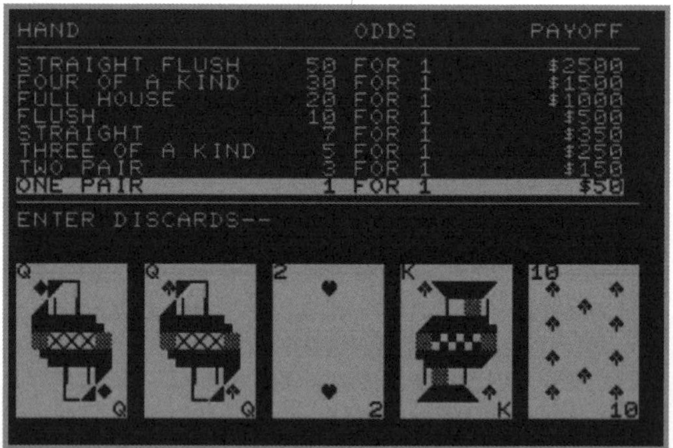


Obwohl frühe Commodore-Computer als seriöse Büro-Rechner ohne Grafik und Farbe erscheinen, wird auf ihnen bereits fleißig gespielt. Das Poker-Programm von David Hook nützt 1980 die Tatsache, dass neben Buchstaben, Zahlen, Strichen und Blöcken im PET-Zeichensatz auch Pik, Herz, Karo und Kreuz abgelegt sind. König, Dame und Bube bastelt Hook aus dem vordefinierten Zeichensatz zusammen.

**Adams, Douglas.** Salmon of Doubt (Harmony, 2002) S. 91
**Allison, David.** Smithsonian (Mitschnitt). „A Video History Interview with Mr. William „Bill" Gates" (1993)
**Bagamery, Anne.** Fortune Magazin. „The second time around" (8. Oktober, 1984) S. 42
**Bateman, Selby.** Compute! Magazin. "Software Power! The Summer Consumer Electronics Show" (August 1984) S. 32 – 41
**Bateman, Selby.** Compute! Magazin. "An Interview With Nigel Shepherd" (Oktober 1986) S. 22 – 31
**Beach, Bruce.** The Best of The Torpet. (Toronto: Copp Clark Pitman Ltd, 1984)
**Benford, Tom.** Ahoy! Magazin. "Commodore Software President Resigns" (Februar 1985) S. 9
**Bennett, Chris.** TPUG Magazin. "New Computers At The CES Show" (Februar 1985) S. 16 – 17
**Byte Magazin.** "Commodore Plans UNIX-Like Operating System for Z8000- Based Computer" (Februar 1984) S. 7
**Byte Magazin.** "Commodore Exhibits Computer Series" (Juni 1985) S. 39
**Chakravarty, Subrata N.** Forbes Magazin. „Albatross" (17. Januar 1983) S. 47 - 48
**Commodore Magazin.** "Commodore Appoints President" (Januar 1988) S. 8
**Data Welt Magazin.** „Interview mit Jack Tramiel" (März 1986)
**DeMott, John S.** Time Magazin. „A New Pac-Man: Jack Tramiel gobbles Atari" (16. Juli 1984) S. 50
**Barney, Douglas.** Amiga World. "Chief Concerns" (November 1991) S. 6
**Elko, Lance.** Compute!'s Gazette Magazin. "The Winter Consumer Electronics Show" (April 1986) S. 22
**Elko, Lance.** Compute!'s Gazette Magazin. "1987 Winter CES" (April 1987) S. 22
**Elko, Lance.** Compute!'s Gazette Magazin. "Editor's Notes" (Juli 1986) S. 6.
**Elko, Lance.** Compute!'s Gazette Magazin. "Editor's Notes" (September 1989) S. 4
**Elko, Lance.** Compute!'s Gazette Magazin. "Editor's Notes" (November 1989) S. 4
**Elko, Lance.** Compute!'s Gazette Magazin. "Editor's Notes" (März 1990) S. 6
**Faflick, Philip.** Time Magazin. „The Hottest-Selling Hardware" (3. Januar, 1983) S. 37
**Ferrell, Keith.** Compute!'s Gazette Magazin. "CES: Commodore Software Comes of Age" (September 1987) S. 16
**Ferrell, Keith.** Compute!'s Gazette Magazin. "Editor's Notes" (Januar 1988) S. 6
**Ferrell, Keith et al.** Compute!'s Gazette Magazin. "Tomorrow TV" (Dezember 1990) S. 14
**Fortune Magazin.** „Can Amiga find friends?" (19. August 1985) S. 10
**Fortune Magazin.** „Jack Tramiel: Survival and Starting Over" (13. April 1998)
**Fortune Magazin.** „The house that Jack rebuilt" (16. März 1987) S. 10
**Freiberger, Paul und Swaine, Michael.** Fire in the Valley: The Making of the Personal Computer, Collector's Edition. (McGraw-Hill Companies, 1999)
**Fylstra, Dan.** Byte Magazin. "User's Report: The PET 2001" (März 1978) S. 114 – 127
**Golden, Frederic.** Time Magazin. „Jack Tramiel: Survivor's VICtory" (3. Januar 1983) S. 29
**Gracely, Jim.** Commodore Microcomputers Magazin. "Commodore Announces its LCD Lap Computer" (März/April 1985) S. 74 – 75
**Gutman, Dan.** Commodore Microcomputers Magazin, "What Next for Commodore? Things look bright with Tom Rattigan at the Helm" (Mai 1987) S. 76
**Halfhill, Tom R.** Compute!'s Gazette Magazin. „Commodore 64 Video Update" (Juli 1983) S. 40 - 44
**Halfhill, Tom R.** Compute! Magazin. „Editor's Notes" (Juli 1985) S. 6
**Hawkins, William J.** Popular Science Magazin. „New home computers can change your life-style" (Oktober 1977) S. 30 - 36
**Heimarck, Todd.** Compute!'s Gazette Magazin. "Changing Your Computer's Personality" (Oktober 1986) S. 83
**Henry, Gordon M.** Time Magazin. „Adios, Amiga?" (24. Februar 1986) S. 52
**Herrington, Peggy.** Compute! Magazin. "CDTV Goes Prime Time" (April 1991) S. A-15 – A-22
**Info Magazin.** "Rumor Mill (Gould pay raise)" (Januar/Februar 1990) S. 28
**Knox, Andrea.** Philadelphia Inquirer Tageszeitung. „Commodore Ousts 6 Top Executives" (24. April 1987), S. A01
**Knox, Andrea.** Philadelphia Inquirer Tageszeitung. „A New Strategy may be Needed for Commodore" (4. Mai 1987), S. E01
**Kupfer, Andrew.** Fortune Magazin. „People to Watch" (27. Mai 1985) S. 118
**LeBold, Dianne.** Commodore Microcomputers Magazin. "Commodore Announces UNIX- Compatible Business System" (September/Oktober 1985) S. 10
**Leemon, Sheldon.** Compute! Magazin. "The Latest in Pictures and Words" (November 1987) S. 74
**Leemon, Sheldon.** Compute! Magazin. "The Great Amiga Reboot" (September 1987) S. 76
**Leemon, Sheldon.** Compute! Magazin. "You're Out, He's In" (März 1991) S. A-4
**Leemon, Sheldon.** Compute! Magazin. "Goofy Rumors" (November 1990) S. A-4

**Lemmons, Phil.** Byte Magazin. "Chuck Peddle: Chief Designer of the Victor 9000" (November 1982) S. 256 – 271
**Lemmons, Phil.** Byte Magazin. "Victor Victorious: The Victor 9000 Computer" (November 1982) S. 216 – 254
**Levitan, Arlan.** Compute! Magazin. "Things Are Getting Weird" (Januar 1991) S. A-14
**Libes, Sol.** Byte Magazin. "Personal Computers Going Great in Europe" (März 1979) S. 108
**Libes, Sol.** Byte Magazin. "Radio Shack Sales Over $100 M for 79" (April 1980) S. 116
**Libes, Sol.** Byte Magazin. "The Japanese Are Coming" (Dezember 1980) S. 216
**Libes, Sol.** Byte Magazin. "Tandy, Apple, And Commodore Are Top Personal-Computer Performers" (November 1980) S. 242
**Libes, Sol.** Byte Magazin. "Commodore Status Report" (November 1982) S. 540
**Libes, Sol.** Byte Magazin. "VIC-20 Tops a Million" (April 1983) S. 458
**Libes, Sol.** Byte Magazin. "Random Rumors (65000 Processor)" (November 1982) S. 540
**Libes, Sol.** Byte Magazin. "Price War Develops" (Dezember 1982) S. 500
**Lock, Robert C.** Compute! Magazin. „Editor's Notes" (Dezember 1983) S. 6
**Lock, Robert C.** Compute! Magazin. „Editor's Notes" (November 1986) S. 6
**Lock, Robert C.** Compute! Magazin. „Editor's Notes" (Mai 1983) S. 8
**Lock, Robert C.** Compute! Magazin. „The Editor's Notes" (November 1982) S. 8
**Lock, Robert C.** Compute!'s Gazette Magazin. „Editor's Notes" (Februar 1985) S. 6
**Lock, Robert C.** Compute!'s Gazette Magazin. „Editors Notes" (August 1985) S. 4
**Lock, Robert C.** Compute!'s Gazette Magazin. „Editor's Notes" (September 1984) S. 6
**Lock, Robert C.** Compute!'s Gazette Magazin. „Editor's Notes" (Dezember 1986) S. 6
**Lock, Robert C.** Compute!'s Gazette Magazin. „The Editor's Notes" (Dezember 1983) S. 6
**Loos, Barbara C. und Moulton, Dennis J.** Fortune Magazin „International 500" (19. August 1985) S. 182
**Machan, Dyan.** Forbes Magazin. „Cheap didn't sell" (3. August 1992) S. 52
**Malone, Michael.** Infinite Loop: How Apple, the World's Most Insanely Great Company, Went Insane. (Currency, 1999)
**Mansfield, Richard.** Compute!'s Gazette Magazin. „Editor's Notes" (Juni 1987) S. 6
**Mansfield, Richard.** Compute! Magazin. „Editor's Notes" (März 1985) S. 6
**McGlinn, Evan.** Forbes Magazin. „Lost Opportunity?" (13. November 1989) S. 288 - 292
**Morgan, Chris.** Byte Magazin. "The NCC: A Dallas Delight" (Oktober 1977) S. 54 – 56
**Moritz, Michael.** The Little Kingdom: The Private Story of Apple Computer. (William Morrow & Co, 1984)
**Olafson, Peter.** Amiga World Magazin. "CD32 Rollout at CES" (April 1994) S. 6 – 8
**PC Magazin** "Amiga Launch Party" (14. Januar 1986) S. 119
**Perry, Nancy J.** Fortune Magazin. „A Big Loss at Commodore" (16. September 1985) S. 11
**Petre, Peter.** Fortune Magazin. „Jack Tramiel is Back on the Warpath".(4. März 1985) S. 46 - 50
**Philadelphia Inquirer,** "Commodore Reports Lower Sales" (30. April 1987) S. E10
**Philadelphia Inquirer,** "Commodore Countersuit" (13. Juni 1987) S. D09
**Pournelle, Jerry.** Byte Magazin. "Survival" (Januar 1984) S. 62 – 66
**Pournelle, Jerry.** Byte Magazin. "Jerry's Best of 1985 Awards" (April 1986) S. 279 – 299
**San Jose Mercury News.** "Obituaries: Jay Miner" (22. Juli 1994)
**Sherrid, Pamela.** Forbes Magazin. „Faces Behind the Figures" (17. Juni 1985) S. 190
**Sullivan, Nick.** TPUG Magazine. "Inside Information" (August/September 1985) S. 2
**Tomczyk, Michael S.** The Home Computer Wars: An Insider's Account of Commodore and Jack Tramiel. (Greensboro, North Carolina: Compute! Publications, Inc., 1984)
**Torvalds, Linus und Diamond, David.** Just for Fun: The Story of an Accidental Revolutionary. (Collins, 2002)
**Walker, Rob.** Silicon Genesis: An Oral History of Semiconductor Technology, „Interview with William Mensch" (Atherton, California, 9. Oktober 1995)
**Wallich, Perry.** IEEE Spectrum. „Design case history: the Commodore 64" (März 1985) S. 48 - 58
**Wideman, Graham und Czerwinski, Mark.** Electronics Today Magazin. „Inside the Commodore Pet" (Februar 1978) S. 10 - 16
**Willard, Lawrence F.** Byte Magazin. "Random Observations and Conversations at the First West Coast Computer Faire" (Juli 1977) S. 25 – 30
**Williams, Bobby.** Compute!'s Gazette Magazin. „Using A 1540 Disk Drive And Commodore 64" (August 1983) S. 90
**Williams, Monci Jo.** Fortune Magazin. „How Commodore Hopes to Survive" (6. Januar 1986) S. 30 - 32
**Yakal, Kathy.** Compute! Magazin. "The Christmas Of The Computer?" (Dezember 1983) S. 32